»... wir wollen der Liebe Raum geben«
Konkubinate geistlicher und weltlicher Fürsten um 1500

Schriftenreihe der Stiftung Moritzburg,
Kunstmuseum des Landes Sachsen-Anhalt,
herausgegeben von Katja Schneider

Bd. 3: Vorträge der III. Moritzburg-Tagung (Halle/Saale)
vom 31. März bis 2. April 2006

»... wir wollen der Liebe Raum geben«

Konkubinate geistlicher und weltlicher Fürsten um 1500

Herausgegeben
von Andreas Tacke

WALLSTEIN VERLAG

Cranach-Werkstatt, Kardinal Albrecht von Brandenburg als heiliger Erasmus und seine Konkubine als heilige Ursula, Gemälde (um 1524?); Potsdam, Stiftung Preußische Schlösser und Gärten Berlin-Brandenburg (Eigentum des Hauses Hohenzollern, SKH Georg Friedrich Prinz von Preußen): Ausgestellt im Jagdschloß Grunewald, Berlin (Inv.-Nr. GK I 9369 und GK I 9370).

Inhalt

Geleitwort

Die ersten beiden Tagungsbände der noch jungen Schriftenreihe der Stiftung Moritzburg waren der Bau- und Nutzungsgeschichte des Baudenkmals sowie der Heiligen- und Reliquienverehrung im 16. Jahrhundert gewidmet. Damit leisteten sie nach vielen Jahren der Abstinenz einen wichtigen Beitrag zur Erforschung der Moritzburg und ihrer Ausstrahlung in vergangenen Zeiten. Im dritten Band steht nun ein weiteres, wiederum mit Kardinal Albrecht verbundenes Thema zur Diskussion: das Konkubinat geistlicher und weltlicher Fürsten in der Zeit um 1500.

Für unser Anliegen, das Leben und Wirken von Kardinal Albrecht in seiner Residenzstadt Halle aus verschiedenen Blickwinkeln zu beleuchten und in den Kontext größerer Zusammenhänge zu stellen, spielt dieses Thema eine wichtige Rolle: Schließlich ist das öffentliche Bild, das man heute – insbesondere in Halle – von Kardinal Albrecht als einem verschwenderischen und unmoralischen Kirchenfürsten pflegt, wesentlich durch seine Lebensweise im damals üblichen Konkubinat bestimmt. Es ist nicht nur unerläßlich, eine differenzierte und sachliche Sichtweise dagegen zu stellen, es tut sich zugleich ein wissenschaftlich reizvolles und noch wenig erforschtes Thema auf, das Gelegenheit zum interdisziplinären Gedankenaustausch bietet.

Mein besonderer Dank gilt auch diesmal Prof. Dr. Dr. Andreas Tacke, dem es ein weiteres Mal gelungen ist, einen Kreis von Referenten zusammenzubringen und sie zu bewegen, ein Thema an einzelnen Beispielen aufzurollen und unter verschiedenen methodischen Gesichtspunkten zu betrachten; so ist ein höchst anregender Dialog entstanden. Mit diesem dritten Tagungsband endet die als Trilogie angelegte Folge unter seiner Ägide – für uns war es eine ausgesprochen fruchtbare und anregende Zusammenarbeit. Sie wird in der großen Ausstellung über Kardinal Albrecht, die 2006 zum 1200jährigen Stadtjubiläum von Halle gezeigt wird, ihren Höhepunkt finden. In der Zukunft werden wir weitere historische Themen aus der Baugeschichte der Moritzburg oder aber der Sammlungsgeschichte des Museums aufgreifen und in dieser Schriftenreihe veröffentlichen. Ein sehr herzliches Dankeschön sage ich auch allen Referenten, die uns ihre teils langjährigen Forschungsergebnisse zur Verfügung gestellt haben. Die Tagung wurde von der Deutschen Forschungsgemeinschaft großzügig unterstützt, auch hierfür bedanke ich mich vielmals.

Katja Schneider
Stiftung Moritzburg, Halle

Vorwort

Wenn man, wie Kardinal Albrecht von Brandenburg, einen Widersacher wie Martin Luther hat, dann lacht stets die andere Seite: Bestens über Albrecht informiert, überzog der Reformator diesen mit beißendem Spott, dessen Sprachwitz bis heute überdauert. Vermutlich verdankt der Kardinal seine Verankerung in unserem kulturellen Gedächtnis auch dieser wortgewaltigen Gegnerschaft.

Auch zum Thema Konkubinate geistlicher und weltlicher Fürsten bezog Martin Luther Position. Im weitesten Sinne selbst von der Thematik (Stichwort: ›Priesterehe‹) betroffen, griff Luther Albrecht auch auf diesem Feld an und erteilte dem Brandenburger den Rat, in den Stand der Ehe zu treten und seine Bistümer zu säkularisieren. Der Angesprochene war davon weit entfernt – eine historische Leistung, die zu wenig Beachtung findet. Die aufkommende ›Moralisierung‹ von Konkubinaten war ihm, wie den anderen (Reichs-)Fürsten – ganz gleich, ob sie geistlichen oder weltlichen Standes waren – fremd. Doch fortan sollte Luthers Diktum, daß die »newen Bisschoven« allesamt »huren wirte« seien, bei diesem Thema mitschwingen und – so kann man mit Fug und Recht schreiben – seine weitreichenden Auswirkungen auch auf die Forschung späterer Jahrhunderte haben. Wie so oft, ist auch bei unserem Thema die Wissenschaftsgeschichte deshalb mit zu reflektieren; mitunter überwuchert diese das eigentliche Kernthema, so daß sie wie die ›Legendenbildung‹ selbst zum Untersuchungsgegenstand werden muß.

Wenn man mentalitätsgeschichtlich unser Thema betrachtet, dann muß man in Bezug auf Albrechts Hallenser Residenz feststellen, daß die Erinnerung an Albrechts ›Frauengeschichten‹ in der Saalestadt am lebendigsten ist – ansonsten läßt man sich auf diesen altkirchlichen Würdenträger (noch) wenig ein. Als ich 1987 als ›BRD-ler‹ zum ersten Mal in Halle war, erzählte man mir von unterirdischen Geheimgängen, über die Albrecht seine zahlreichen Mätressen ungesehen von der Stadtbevölkerung hätte besuchen können.

Den Nachweis haben wir nicht versucht, aber Halle an der Saale und darüber hinaus der Mitteldeutsche Raum bilden den Ausgangspunkt bzw. das eigentliche Untersuchungsgebiet für unser Thema; einige Exkurse führen weiter weg. Die Zeitangabe ›um 1500‹ dient dabei der allgemeinen Orientierung, da es bei den vorliegenden Beiträgen Ausschläge auf der Zeitskala um Jahrzehnte sowohl nach oben wie nach unten gibt.

Die III. Moritzburg-Tagung ist der Abschluß einer Tagungstrilogie, bei der es vor allem um Kardinal Albrecht von Brandenburg ging. Alle drei

Tagungen haben – so ist zu hoffen – den relativ kleinen Kreis derjenigen, die sich mit der Kunst- und Kulturgeschichte des Mitteldeutschen Raumes beschäftigen, weiter anwachsen lassen.

Zudem verstand sich die III. Moritzburg-Tagung – wie die beiden vorangegangenen Tagungen – als Vorbereitung zu der im Herbst 2006 stattfindenden Ausstellung »Der Kardinal. Albrecht von Brandenburg, Reichsfürst und Mäzen«. Es entbehrt nicht der Ironie, daß an der Wiege der Reformation, in der Lutherstadt Wittenberg, vor einigen Jahren die Idee zu dieser Ausstellung und damit auch zu den drei Tagungen zum ersten Mal Gestalt annahm: In einem langen abendlichen Gespräch breitete Frau Dr. Katja Schneider mir gegenüber ihre Überlegungen zu einer Hallenser Albrecht von Brandenburg-Ausstellung aus. Anläßlich des Hallenser Stadtjubiläums wollte sie 2006 in der ›Lieblingsresidenz‹ des Kardinals nach fast 500 Jahren zum ersten Mal jenen altkirchlichen Würdenträger ins Bewußtsein zurückholen, der landläufig als der Verlierer der epochalen Umwälzungen angesehen wird, die durch Luthers historisches Auftreten ausgelöst wurden. Es war sofort klar, daß zu dieser Ausstellung nach wie vor erheblicher Forschungsbedarf besteht, den teilweise einzulösen sich die drei Moritzburg-Tagungen vorgenommen haben.

Die III. Moritzburg-Tagung, die dankenswerterweise von der Deutschen Forschungsgemeinschaft gefördert wurde, war nun der Abschluß einer Tagungstrilogie, bei der zur Vorbereitung der Ausstellung vor allem »Der Kardinal« selbst im Mittelpunkt stand. Und dieser Ergebnisband versteht sich – wie die beiden vorausgegangenen[1] – als ein Sammelband im herkömmlichen Sinne, will heißen, daß er thematisch geschlossen, aber methodisch breit und offen angelegt wurde.

Viele habe ich auch diesmal während der Tagungsvorbereitungen um Rat fragen können, allen sei gedankt, für die Anfangszeit besonders Prof. Dr. Werner Freitag (Münster), Prof. Dr. Johannes Schilling (Kiel) und Prof. Dr. Ludwig Schmugge (Rom).

1 Siehe *Andreas Tacke* (Hrsg.), Kontinuität und Zäsur. Ernst von Wettin und Albrecht von Brandenburg. (Schriftenreihe der Stiftung Moritzburg, Kunstmuseum des Landes Sachsen-Anhalt, hrsg. von Katja Schneider; Bd. 1: Vorträge der 1. Moritzburgtagung, Halle/Saale, vom 23.-25.05.2003) Göttingen 2005; und *Ders.* (Hrsg.), »Ich armer sundiger mensch«. Heiligen- und Reliquienkult in der Zeitenwende Mitteldeutschlands. (Schriftenreihe der Stiftung Moritzburg, Kunstmuseum des Landes Sachsen-Anhalt, hrsg. von Katja Schneider; Bd. 2: Vorträge der 2. Moritzburgtagung, Halle/Saale, vom 08.-10.10.2004) Göttingen 2006.

Dem Verlag, aber besonders seiner Lektorin Andrea Knigge danke ich ganz herzlich für die Zusammenarbeit, nicht nur bei dem vorliegenden Band! Mit viel Verständnis und feinem Gespür ist Frau Knigge allen großen und kleinen ›Katastrophen‹ begegnet, die der Herausgeber ihr leider das ein oder andere Mal zumuten mußte. Ihre fachlichen Ratschläge und ihre unerschütterliche Geduld – ganz gleich, wie brenzlig der eine oder andere Termin auch näher rückte – haben den drei von mir betreuten Bänden von Seiten des Verlages eine gleichbleibende Qualität gesichert.

Der Abschluß meiner Danksagung soll aber diejenige an Frau Dr. Katja Schneider sein: Als ich in den späten 1980er Jahren an meiner kunsthistorischen Dissertation über Lucas Cranach den Älteren und seinen Auftraggeber Kardinal Albrecht von Brandenburg saß und mich doch häufig die damalige Randständigkeit dieser Thematik in der Kunstwissenschaft ›quälte‹, hätte ich nicht zu hoffen gewagt, daß ich einmal Gelegenheit erhalten würde, das Thema gleich auf drei Tagungen und gar in einer Ausstellung mitgestalten zu dürfen. Dieses Glück hat die damit verbundenen Mühen immer in den Hintergrund gedrängt, zumal die Zusammenarbeit mit Dr. Katja Schneider von stetem gegenseitigem Vertrauen geprägt war.

Es war mir eine Freude, daß ich in den zurückliegenden Jahren dabei so manche alte Verbindung auffrischen konnte, die bis zur großen Mainzer Albrecht-Tagung bzw. Ausstellung (1990) von Prof. Dr. Friedhelm Jürgensmeier bzw. Dr. Horst Reber zurückreicht. Beständig, um im Bild zu bleiben, jung geblieben, war aber der Austausch mit Dr. habil. Kerstin Merkel, da uns seit dem Mainzer Albrecht-Jahr das gemeinsame Forschungsfeld verband.

Meinen Anteil am Zustandekommen der III. Moritzburg-Tagung wie des vorliegenden Ergebnisbandes widme ich dem Andenken meines langjährigen Weggefährten auf dem Gebiet der frühneuzeitlichen Kunst- und Kulturgeschichte der Stadt Nürnberg *Friedrich von Hagen (1943-2005)* in tiefempfundener Dankbarkeit für die gemeinsamen und in Trauer um die durch seinen plötzlichen Tod entgangenen Forscherjahre. Eingeschlossen in meinen Dank ist *Edeltraud von Hagen*, die mit stiller Freude und steter Geduld unsere Arbeiten begleitet hat.

Andreas Tacke *Trier, den 10. April 2006*

PAUL-JOACHIM HEINIG

Fürstenkonkubinat um 1500 zwischen Usus und Devianz

Denn »es ist nicht ungewöhnlich, daß Fürsten Concubinas halten«, stellten Martin Luther und Philipp Melanchthon resigniert fest[1], als ausgerechnet ›ihr‹ Vorkämpfer Landgraf Philipp von Hessen durch sein bigamistisches Begehren, neben seiner angetrauten Gattin auch seine Geliebte ehelichen zu dürfen, die raschen Erfolge ihrer Bestrebungen konterkarierte, die nicht nur unter Fürsten, sondern auch unter Bürgern und Bauern sowie unter Laien wie Geistlichen usuellen Formen außer- und nichtehelicher Partnerschaften als deviante ›Unzucht‹ auszurotten. Vorbereitet durch die weltlichen Obrigkeiten, welche seit dem Wiener Konkordat (1448) ihren ›Ordnungsanspruch‹ zunehmend auf den geistlichen Sektor ausdehnten und somit die disziplinäre Schwäche der Kirche kompensierten, zogen sie mit ihrem moralischen Rigorismus und der vollständigen Ablehnung des klerikalen Zölibats die radikalen Schlüsse aus der Vergeblichkeit der mehrhundertjährigen Bemühungen der katholischen Kirchenhierarchie, Monogamie und Zölibat gegen die sozialen und ökonomischen Grundbedingungen der Gesellschaft(en) durchzusetzen, denen nach zahlreichen Anpassungsvorgängen schließlich sogar die römische Kurie und selbst die Päpste von Pius II. bis zu Paul III. erlegen waren.[2]

1 Zitiert *Michael Sikora*, Ungleiche Verbindlichkeiten. Gestaltungsspielräume standesverschiedener Partnerschaften im deutschen Hochadel der Frühen Neuzeit, in: zeitenblicke 4, 2005, Nr. 3, [13.12.2005] URL: <http://www.zeitenblicke.de/2005/3/Sikora> sub <16> mit Anm. 14.

2 Das bekannteste Beispiel ist Alexander VI. (1492-1503), welcher sich »in der Festigkeit des Glaubens von niemandem übertreffen lassen wollte« und dessen Pontifikat gleichwohl »nicht nur durch zahlreiche ›Affären‹ berüchtigt, sondern durchgängig bestimmt (war) von den Erfordernissen des fürstlichen Lebens und einer kanonistisch-juristischen Ausschöpfung aller sich bietenden Möglichkeiten« bis hin zur Nichteinhaltung des Zölibats auch in der Papstzeit, siehe *Arnold Angenendt*, Geschichte der Religiosität im Mittelalter. Darmstadt 1997, S. 82; vgl. *Ders.*, Sakralisierung und Säkularisierung im Christentum. Auswirkungen in Mittelalter und Reformation, in: *Peter Blickle/Rudolf Schlögl* (Hrsg.), Die Säkularisation im Prozeß der Säkularisierung Europas. (Oberschwaben. Geschichte und Kultur, Bd. 13.) Epfendorf 2005, S. 113-126. Siehe zum Ganzen konkret schon *Paul-Joachim Heinig*, »Omnia vincit amor«. Das fürstliche Konkubinat im 15. und 16. Jahrhundert, in: Cordula Nolte/Karl-Heinz Spieß u.a. (Hrsg.), Principes. Dynastien und Höfe im späten Mittelalter. (Residenzenforschung, Bd. 14.) Stuttgart 2002, S. 277-314; unlängst *Sven Rabeler*, Art. Mätressen, in: Werner Paravicini (Hrsg.), Höfe und Residenzen im spätmittelalterlichen Reich. Bilder und Begriffe. (Residenzenforschung, Bd. 15, II.)

Wie verbreitet konkubinäre Lebensformen in den europäischen Gesellschaften um 1500 waren, läßt sich wegen der in mehrfacher Hinsicht problematischen Quellenlage nicht mit mathematischer Präzision angeben. Aufgrund einiger lokaler und regionaler Auswertungen der pastoralen Visitationen rechnet man im gesamten nordalpinen Reich um 1550 mit mindestens 20 % konkubinär lebenden Priestern – andere Schätzungen gehen weit darüber hinaus. Obwohl zu diesem Zeitpunkt mancherorts und zeitweilig schon die Priesterehe freigestellt worden war, bildet diese Zahl auch für die vorreformatorische Situation einen realistischen Richtwert. Er wird z.B. dadurch bestätigt und zugleich sozial-ständisch differenziert, daß sich unter den 355 Bischöfen und Äbten (117 bzw. 238) des ›orbis christianus‹, deren uneheliche Kinder zwischen 1449 und 1533 an der römischen Kurie legitimiert wurden, ebenfalls rund ein Fünftel (nämlich 72) ›deutscher‹ Kirchenfürsten findet. Ob, wie bei diesen, auch bei den weltlichen Fürsten ein deutlicher Anstieg vom 15. zum 16. Jahrhundert zu konstatieren ist oder ob diese wegen ihrer spezifischen Existenzbedingungen nicht schon immer konkubinär »veranlagt« waren, wird sich schwerlich jemals beweisen lassen. Gewiß scheint indes, daß es in diesem Zeitraum unter den weltlichen Reichsfürsten relativ mehr Konkubinarier als unter den geistlichen Fürsten gab. Gleichwohl gibt die These, im Spätmittelalter (und zu Beginn der frühen Neuzeit) habe es »nur wenige Vertreter des Hochadels [...] gegeben [...], die keine Bastarde hinterließen«[3], vorerst nur eine maximale, vielen genealogischen und biographischen Idealisierungen diametral entgegenstehende Größenordnung an, zu deren Verifizierung es mühsamer Lokal- und Regionalstudien bedarf.

Erste Ergebnisse einer solchen Konkubinatsanalyse für die geistlichen und weltlichen Fürsten desjenigen Raumes, der im weiteren vereinfacht Mittel- und Nordostdeutschland genannt sei, sind hier vorzustellen. Dabei sehe ich mit dem Fürstenbegriff ab von den zahlreichen kleineren reichs-

2 Bde., Ostfildern 2005, hier Bd. 1, S. 61-63. Vgl. zu Teilaspekten *Ellen Widder*, Konkubinen und Bastarde. Günstlinge oder Außenseiter an Höfen des Spätmittelalters?, in: Werner Paravicini/Jan Hirschbiegel (Hrsg.), Der Fall des Günstlings. Hofparteien in Europa vom 13. bis zum 17. Jahrhundert. (Residenzenforschung, Bd. 17.) Ostfildern 2004, S. 417-480. Zur reichsrechtlichen Kriminalisierung siehe die Texte bei *Matthias Weber*, Die Reichspolizeiordnungen von 1530, 1548 und 1577. Historische Einführung und Edition. (Ius Commune. Veröffentlichungen des Max-Planck-Instituts für Europäische Rechtsgeschichte Frankfurt a.M. Sonderhefte: Studien zur Europäischen Rechtsgeschichte, Bd. 146.) Frankfurt a.M. 2002.

3 *Ludwig Schmugge*, Kirche, Kinder und Karrieren. Päpstliche Dispense von der unehelichen Geburt im Spätmittelalter. Zürich 1995, S. 227ff., Zitat S. 228.

unmittelbaren Graf- und Herrschaften[4] und konzentriere mich auf die großen weltlichen Dynastien respektive Territorien (wie Brandenburg, Braunschweig, Mecklenburg, Pommern und Sachsen) sowie auf die von diesen nach dem Wiener Konkordat im Wettbewerb zunehmend landeskirchlich dominierten Reichsbistümer, von denen die meisten sehr starke Verflechtungen des regionalen Niederadels aufweisen[5]: 1) das Erzbistum Magdeburg mit seinen Suffraganen Brandenburg, Havelberg, Merseburg und Naumburg; hierzu rechnen wir auch die Bistümer Kammin und Meißen sowie das Bistum Lebus; 2) das zur Kirchenprovinz Mainz gehörende Bistum Halberstadt und 3) das Bistum Schwerin in der Erzdiözese Bremen. Zur typologischen Verdeutlichung blicke ich im Einzelfall darüber hinaus auf die Metropoliten in Mainz und Bremen.

Die Annahme, der Anteil der Konkubinarier unter den Laien und der Geistlichkeit dieses Raumes im allgemeinen sei ebenso beträchtlich gewesen wie in anderen Regionen des nordalpinen Reichs, findet in der vorhin zitierten kurialen Zentralquelle als der einzigen Quelle ›seriellen‹ Charakters keine Stütze. Die Rangfolge der Reichsbistümer[6], aus denen die Anträge zur Legitimierung unehelicher Kinder kamen, weist vielmehr ein deutliches Gefälle von Süden nach Norden und von Westen nach Osten auf. Zwar folgt das Bistum Mainz nach den Bistümern Lüttich, Köln und Utrecht schon auf Rang vier, doch wird man wegen des Gefälles damit zu rechnen haben, daß die Verdichtung nichtehelicher Sexualbeziehungen (und somit auch der Konkubinate) im Umkreis der Metropole am Mittelrhein höher war als im mitteldeutschen Teil des Bistums mit seinen Zentren um Erfurt

4 Einige Fürsten wie die Anhaltiner und ›Fürstengenossen‹ wie die Henneberger bleiben gleichwohl unberücksichtigt. Siehe insgesamt zu einem Teil des Raumes den Sammelband von *Jörg Rogge/ Uwe Schirmer* (Hrsg.), Hochadelige Herrschaft im mitteldeutschen Raum (1200 bis 1600). Formen – Legitimation – Repräsentation. (Quellen und Forschungen zur sächsischen Geschichte, Bd. 23.) Stuttgart 2003.

5 Die engen vorreformatorischen Besetzungsverflechtungen lassen sich anhand des in Italien agierenden Dominikaners Nikolaus von Schönberg, der als Erzbischof von Capua (seit 1520) und Kardinal 1535 die höchste Position seiner Familie erlangte, exemplarisch aufzeigen: Kardinal Nikolaus war der Sohn Dietrichs von Schönberg und Katharinas von Maltitz. Zwei Brüder seines gleichnamigen Großvaters, Kaspar und Dietrich von Schönberg, waren einander als Bischöfe von Meißen (1451-63 und 1463-76) gefolgt. Dietrich von Schönberg († 1492), der Vetter des Vaters, war Bischof von Naumburg; diesem folgte dort dessen Neffe Johannes von Schönberg († 1517). Von seiten der Mutter war der Vetter Johannes von Schleinitz von 1518 bis 1539 Bischof von Meißen. Diesem folgte ein anderer Vetter, Johann von Maltitz.

6 Diese Rangfolge ist insofern zu relativieren, als keine Relation zur Gesamtzahl der möglichen Antragsteller, also zur Bevölkerungszahl, hergestellt wurde, sondern nur zur Fläche.

und dem Eichsfeld. Jedenfalls folgen die weiteren mitteldeutschen und nordöstlichen Reichsbistümer erst mit weitem Abstand: Halberstadt kommt mit seinen 160 Suppliken (oder 1,2% aller in über 80 Jahren) auf den 24., Meißen auf den 27. und Kammin auf den 28. Rang (152 bzw. 130 Dispense = 1,1 bzw. 1,0%). Alle anderen Bistümer ›unserer‹ Region fallen mit 0,4 bis 0,6% unter ferner liefen.

Dieser Befund muß allerdings wegen der strukturellen ›Papstferne‹ dieses Raumes, welcher die Fürsten noch am wenigsten unterlagen, relativiert werden. Aber wenn die regionalen Quellen hier dieselben Gewohnheiten hervortreten lassen wie andernorts, muß uns klar sein, daß wir das usuelle konkubinäre Ausmaß mangels eines Fixpunktes nicht einmal halbwegs korrekt fixieren können. Dennoch müssen wir vor allem die Visitationsprotokolle der ersten Hälfte des 16. Jahrhunderts[7] natürlich ernst nehmen, welche auch bei kritischster Auswertung die der äußerlichen Frömmigkeitsintensität inadäquaten Zustände[8] bestätigen, die z.B. von den sächsischen Wettinern längst vor den Naumburger Beratungen einer Landesordnung im Jahre 1500 moniert worden waren. Mit guten Gründen hatte z.B. das Merseburger Domkapitel schon 1464 das Formular des Propsteides um mehrere Bestimmungen erweitert, die das Konkubinat betrafen. Der neue Propst und spätere Bischof Thilo von Trotha mußte unter anderem geloben sowie schriftlich testieren, »quod focariam suspectam in domo mea non habeam nec eam extra domum publice nutriam«, und sich andernfalls der absoluten »correctio« des Kapitels unterwerfen.[9] Im Bistum Naumburg wetterte 1507

7 Wo vorreformatorische Synodal- und Visitationsprotokolle vorliegen, wurden sie nicht ausgewertet. Flächige Untersuchungen fehlen.

8 Hinsichtlich des brandenburgischen Klerus läßt sich stellvertretend resümieren, so rege das »äußere kirchliche Leben« im 15. Jh. gewesen sei, wie die Wallfahrt nach Wilsnack zeige, hätten »die Jagdliebhaberei der Geistlichen, die Gelage der Kalande, die Verstöße [...] gegen das Zölibat, die Unwissenheit und Sittenlosigkeit der [...] Domherren, die Possenreißerei bei den Passionsspielen« überhand genommen, Geschichtliche Einleitung zu *Paul Eichholz* u.a. (Bearb.), Die Kunstdenkmäler der Provinz Brandenburg, Bd. I,1: Der Kreis Westprignitz. Berlin 1909, S. 30-46, Internet-Version www.webisphere.de/geschichte/westprignitz/Prignitz.html, sub »Der Klerus im 15. Jahrhundert«.

9 Diesem kurz vor 1480 erhobenen Vorwurf des Abts von Weißenburg vorausgegangen war, daß Trotha noch als Student in Perugia zusammen mit dem Magdeburger Domherrn Nikolaus von Ammendorf einen anderen Kleriker »ad sanguinis effusionem« verletzt hatte. Daß er als Bischof seinen Dompropst Johann von Neustadt unter merkwürdigen Umständen inhaftieren ließ, paßt in dieses Bild, siehe *Thomas Willich*, Wege zur Pfründe. Die Besetzung der Magdeburger Domkanonikate zwischen ordentlicher Kollatur und päpstlicher Provision 1295-1464. (Bibliothek des Deutschen Historischen Instituts in Rom, Bd. 102.) Tübingen 2005.

eine Synode u.a. »contra concubinarios«, ohne daß sich diese Gepflogenheit ausweislich der Visitation von 1533 nachhaltig geändert hätte.[10] Im Bistum Schwerin wurden die Domherren zu Bützow bei der ersten (evangelischen) Visitation 1542 wegen Unzucht und Völlerei verwarnt, doch hatten sie zwei Jahre später das »hurerische Leben« fortgesetzt.[11] Möglicherweise übertrieb Bischof Julius Pflug von Naumburg nur mäßig, als er 1550 dem Papst meldete, alle seine Priester und mehrere seiner Domherren lebten im Konkubinat.[12]

Dieser Eindruck kirchenrechtlich usueller Devianz der mittel- und nordostdeutschen Geistlichkeit im allgemeinen läßt sich für die uns heute allein interessierenden episkopalen Spitzen, die Erzbischöfe und Bischöfe, schwerlich bestätigen. Im Unterschied zu Nordwestdeutschland, wo annähernd die Hälfte von rund dreißig Probanden des 16. Jahrhunderts im monogamen Konkubinat lebte und die entsprechenden Dynastenfamilien z.T. mehrere ihrer unehelichen Kinder auf Bischofsstühlen unterbrachten[13], war die große Mehrheit der rund sechzig aus fünfzig Familien stammenden Oberhirten ›unseres‹ Raumes zwischen 1450 und 1550[14] nicht nur persönlich ehe-

10 *Heinz Wiessner* (Bearb.), Das Bistum Naumburg, Bd. 1, T. 1-2. (Germania sacra. Historisch-statistische Beschreibung der Kirche des Alten Reiches, N.F., Bd. 35, 1.) Berlin/New York 1997-98, hier Bd. 1.1, S. 447-449.

11 Siehe dazu etwa *Franz Schildt*, Das Bisthum Schwerin in der evangelischen Zeit, in: Jahrbücher des Vereins für Mecklenburgische Geschichte und Altertumskunde 49, 1884, S. 145-279.

12 Wogegen er ebenso streng vorging wie das Mainzer Domkapitel, welches ausgesprochen streng auf Disziplin achtete.

13 *Schmugge*, Kirche (wie Anm. 3), S. 224, nennt exemplarisch die Familien Moers und Diepholz im Hinblick auf Utrecht, Köln, Osnabrück, Münster. Für Köln sei ergänzt, daß sich der seit 1471 faktische und zehn Jahre später dann auch formal eingesetzte Erzbischof Hermann IV. von Hessen (1449/50-1508) weder die Freude am selbständigen Regieren auf höchster Reichsebene noch die Lust an einem materiellen und sogar sexuellen fürstlichen Lebensstil versagte. Als Vorläufer der geistlichen deutschen Renaissancefürsten des 16. Jahrhunderts war er ein Pfründenjäger par excellence, der seit 1461 Kanonikate, Propsteien, Dekanate und Scholasterien an Kirchen in Aachen, Fritzlar, Köln, Mainz und Worms einheimste und nach einem fehlgeschlagenen Hildesheimer Versuch in dem weit bedeutenderen Köln zum Zuge kam, ohne nach zunächst siebenjähriger Weiheverzögerung schließlich noch das Bistum Paderborn zu verschmähen (seit 1495/98). Und er hatte außer einer denkbaren Tochter nachweislich einen illegitimen Sohn namens Hermann (ca. 1471-1523/29), den er in seinem Amtssprengel mit mehreren Kanonikaten versorgte, siehe dazu *Maria Fuhs*, Hermann IV. von Hessen. Erzbischof von Köln 1480-1508. (Kölner Historische Abhandlungen, Bd. 40.) Köln/Weimar/Wien 1995 (im Register).

14 Nimmt man die (vorreformatorischen) Gegenbischöfe sowie vor allem die Koadjutoren und Administratoren hinzu und berücksichtigt sowohl Versetzungen als auch die mehr-

lich[15], sondern scheint auch zölibatär gelebt zu haben. Gleichwohl waren andere nicht tadelsfrei, was u.U. ›Unkeuschheit‹ inkludiert haben mag und gelegentlich nachzuweisen ist. So wurde die Amtsführung Bischof Gebhards von Hoym von Halberstadt (1458-1479), der sich in seinen geistlichen Agenden vom Weihbischof und in seinen weltlichen von Amtleuten vertreten ließ, schon von den Zeitgenossen verspottet, so daß seine Resignation konsequent erscheint. Der schon erwähnte Thilo von Trotha in Merseburg hatte offenbar nicht nur einen fatalen Hang zur Gewalttätigkeit, denn er soll seinen Mitbrüdern »die oren abgeschnitten« haben, sondern scheint sich auch keineswegs sicher gewesen zu sein, den ihm abverlangten Verzicht auf eine »focaria« uneingeschränkt leisten zu können oder zu wollen. Die strenge Ermahnung der Domherren und ganzen Geistlichkeit durch den Havelberger Bischof des Jahres 1474, die »canones« einzuhalten[16], hat dessen Nachfolger Bischof Johann V. von Schlabrendorf (1501-1520) nicht davon abgehalten, »auf seiner Burg zu Wittstock als ein rechter Herr und Fürst zu leben [...]«.[17] Erzbischof Ernst von Magdeburg (1476-1513) aus dem Hause

fach anzutreffende Ämterkumulation, dann amtierten zwischen etwa 1450 und 1550 auf diesen alles in allem zehn Bischofsstühlen rund 60 verschiedene Personen aus etwa 50 Familien. Davon waren jeweils neun Familien hochadelig resp. bürgerlich, mit 33 Familien die große Mehrzahl hingegen niederadelig. Als besonders erfolgreich ragen aus diesen allen nicht nur die reichsfürstlichen Markgrafen von Brandenburg und – diesen nachgeordnet – die Herzöge von Sachsen heraus, sondern auch die landsässigen Adelsfamilien von Alvensleben, von Burgsdorf, von Schleinitz und von Schönberg, deren Kirchenkarrieren mit zunehmender Dauer nicht ohne die Patronage der großen Territorialfürsten denkbar waren.

15 Allerdings hält *Krause*, s.v. Konrad, Bischof von Havelberg, in: ADB 16, 1882, S. 580f., die Gerüchte für erwähnenswert, denen zufolge Bischof Witiko Gans von Putlitz von Havelberg (1461-1487) der uneheliche Sohn seines Vorgängers Konrad von Lintdorf (1427-1460) gewesen sei.

16 Die in Anm. 8 genannte Einleitung zu *Paul Eichholz* u.a. (Bearb.), Die Kunstdenkmäler der Provinz Brandenburg I,1, verweist z.B. auf *Adolph Friedrich Riedel* (Hrsg.), Codex diplomaticus Brandenburgensis. Sammlung der Urkunden, Chroniken und sonstigen Geschichtsquellen für die Geschichte der Mark Brandenburg und ihrer Regenten. 41 Bde., Berlin 1838-69, hier Bd. 1, S. 19 und 46 sowie Bd. 3, S. 94 und 257. Zu den im weiteren erwähnten Halberstädter Bischöfen siehe *Raphaela Averkorn*, Die Bischöfe von Halberstadt in ihrem kirchlichen und politischen Wirken und in ihrer Beziehung zur Stadt von den Anfängen bis zur Reformation, in: Dieter Berg (Hrsg.), Bürger, Bettelmönche und Bischöfe in Halberstadt (...). (Saxonia Franciscana. Beiträge zur Geschichte der Sächsischen Franziskanerprovinz, Bd. 9.) Werl 1997, S. 1-80.

17 »[...] und einen convenablen Hofstaat mit einem zahlreichen Gefolge von Rittern und Edelknaben zu halten [...]«, so zit. *Theodor Fontane*, Gröben und Siethen, in: Wanderungen durch die Mark Brandenburg. Hrsg. von Helmuth Nürnberger. Bd. 2, Mün-

Wettin, Kardinal Albrechts höchst pflichteifriger Vorgänger, hat mit einer oder zwei unbekannten Frauen zwei uneheliche Töchter gezeugt und starb wahrscheinlich an der von den Zeitgenossen als »böse blattern« oder »mal franzoso« genannten Syphilis.[18] Auch der Naumburger Koadjutor Johannes III. von Schönberg (1492-1517) soll – wie mancher seiner Vorgänger – wenigstens in seinen früheren Jahren gegen den Zölibat verstoßen und später der Völlerei gefrönt haben.[19] Unterhalb der episkopalen Ebene, die weitere Beispiele und ›Verdachtsmomente‹ birgt[20], hinterließ in Schwerin der letzte altgläubige Domdekan Henning von Pentz, dessen Familie zwei Generationen zuvor den Bischofsstuhl besetzt hatte, bei seinem Tod 1555 zwei Söhne.[21]

chen/Wien 1991, S. 782-836, hier S. 783, aus der Havelberger Stifts-Historie von Samuel Lentz (1750). Dieser nennt überdies »Koppeln und Meuten und einen wohlbesetzten Marstall [...]« und attestiert ihm dennoch, »ein rechter Geistlicher gewesen [zu sein], der fleißig in der Bibel gelesen und seine horas canonicas selber abgewartet [...] habe«.

18 Siehe den Beitrag von Leo Mock in diesem Band. Kirchenrechtlich ›legal‹ hätte der im Alter von zwölf Jahren postulierte Erzbischof sich die Krankheit nur vor seiner Priester- und Bischofsweihe (1485 bzw. 1489) zuziehen können; siehe zu ihm auch *Jörg Rogge*, Ernst von Sachsen, Erzbischof von Magdeburg und Administrator von Halberstadt (1476-1513), in: Werner Freitag (Hrsg.), Mitteldeutsche Lebensbilder. Menschen im späten Mittelalter. Köln u.a. 2002, S. 27-68. Siehe auch *Dieter Berg* (Hrsg.), Bürger, Bettelmönche und Bischöfe in Halberstadt (...). (Saxonia Franciscana. Beiträge zur Geschichte der Sächsischen Franziskanerprovinz, Bd. 9.) Werl 1997.

19 *Wiessner*, Naumburg 1,1 (wie Anm. 10), S. 447, mit Hinweis auf Bischof Johannes I. von Miltitz (1348-1351) und den Domscholaster Kaspar von Würzburg, der 1545 im Dom einen Schlaganfall erlitt, nachdem ihm die Existenz seiner längst verheirateten Tochter öffentlich vorgehalten worden war.

20 Bischof Matthias Jagow von Brandenburg (1526-1544) lebte im konkreten Konkubinat, siehe am Ende dieses Beitrags. Dies mag auch für dessen Havelberger Kollegen Busso X. von Alvensleben (1522-1548), den Protegé Kardinal Albrechts, gelten, aber im Unterschied zu Jagow bequemte sich dieser nach zehn bis zwölf Amtsjahren, die entsprechenden Weihen zu nehmen; *Gottfried Wentz* (Bearb.), Das Bistum Havelberg. (Germania sacra. Historisch-statistische Darstellung der deutschen Bistümer, Domkapitel, Kollegiat- und Pfarrkirchen, Klöster und sonstigen kirchlichen Institute. Die Bistümer der Kirchenprovinz Magdeburg, Bd. I, 2.) Ndr. Berlin/New York 1963, S. 74f.; vgl. *Annette Kugler-Simmerl*, Bischof, Domkapitel und Klöster im Bistum Havelberg 1522-1598. Bd. 1: Strukturwandel und Funktionsverlust. (Studien zur brandenburgischen Landesgeschichte.) Berlin 2003.

21 Wahrscheinlich aus dem Hause Redefin. Er war schon 1531 Propst zu Neukloster, wo er noch 1550 wohnte. Zugleich mit entsprechenden Domkanonikaten versehen, war er 1546 Domdekan in Schwerin und 1551 auch in Ratzeburg. Ebenfalls 1551 wurde er in Schwerin zum Dompropst gewählt und starb als solcher 1555. Verheiratet war er nicht, doch hinterließ er die beiden unehelichen Söhne Christoph und Henning. Daß er noch förmlich zum Protestantismus übergetreten sein sollte, ist zumindest sehr unwahrscheinlich.

Auch sein Havelberger Glaubens- und Amts-Kollege, Kurfürst Joachims I. von Brandenburg Rat Peter Conradi (1477-1561)[22], der 1541 beim Landtag gegen die Stürmung seiner Kurie durch einen protestantischen Mob, die Inhaftierung seiner Konkubine Katharina Hakenbek und die Beschlagnahme seines Hausrats Protest beim Landtag einlegte[23], hinterließ sein auf zahlreichen geistlichen Lehen gesammeltes Vermögen testamentarisch (1558) nicht nur den Bedürftigen, sondern auch seiner Lebensgefährtin und den illegitimen Kindern.[24]

In Anbetracht aller dieser Beispiele war Kardinal Albrecht in seinem mittel- und nordostdeutschen episkopalen Umfeld beileibe kein konkubinärer Solitär, aber er ist auch nicht auf so viele ›Gleichgesinnte‹ gestoßen, daß ihm dies geradezu als der habituelle Normalfall hätte erscheinen können. Eine Erklärung für dieses natürlich unter dem Vorbehalt einer sowohl quellen- als auch dissimulationsbedingten Dunkelziffer stehende Ergebnis mag die Tatsache bieten, daß etliche der mittel- und nordostdeutschen Bischöfe dieser Zeit zunehmend unter dem Druck landesfürstlicher Kirchenregimenter standen, was habituell disziplinierend gewirkt haben mag. Wie dem auch sei: An diesen politisch unselbständigen, überwiegend niederadeligen und wenig finanzstarken ›Kollegen‹ hat sich Kardinal Albrechts gesamter Renaissancehabitus schwerlich ausgerichtet, geschweige denn entwickelt. Maßgebend für ihn werden diejenigen gewesen sein, von denen er herkunftsmäßig und auf seinem Werdegang beeinflußt worden war und denen er z.B. auf Reichsversammlungen begegnete: zum einen seine hochadeligen Conepiscopi im Norden und Nordwesten des Reiches sowie in Oberdeutschland und zum anderen die weltlichen Fürsten hochadeliger Abstammung, allen voran seine eigenen Familienangehörigen.

Schon sein eigener Großvater Markgraf Albrecht »Achilles« von Brandenburg († 1486) hat wenn nicht das Konkubinat, so doch die außerehelichen Sexualbeziehungen der zollerschen Markgrafen gegenüber seinem

22 Nach (Jura-)Studium in Leipzig (1509) und Tätigkeit als Notar in der Kanzlei des Bischofs Hieronymus Schultz (Scultetus) von Brandenburg (1516) folgte Conradi diesem 1521 nach Havelberg, wurde dort Offizial, 1528 Domherr und 1548 Dekan. Conradi gehörte zu den entschiedenen Gegnern der Reformation, er förderte die Pilgerfahrten nach Wilsnack und verhinderte das Eindringen der luth. Lehre in das Domkapitel. Große Verdienste erwarb er sich um die Reorganisation des bischöflichen Kanzleiwesens. Kurfürst Joachim I. schätzte sein diplomatisches Geschick und bediente sich seines Rates.

23 *Wentz*, Havelberg (wie Anm. 20), S. 167.

24 Die Konkubine und die Kinder zu versorgen, mag auch bei seiner Stiftung eines Hospitals für sieben Beginen eine Rolle gespielt haben.

Bruder Kurfürst Friedrich II. († 1471) geradezu als »alte burggrafische gewohnheit«[25] bezeichnet. Natürlich wußte er, daß Friedrich dieser Tradition ebenso genügte wie sein anderer Bruder, Markgraf Johann »der Alchimist« († 1464), dessen päpstlich legitimierte Bastarde Johann Brandenburg und »Fricius« er persönlich bei seiner Tochter Barbara Gonzaga in Mantua untergebracht hatte.[26] Als Friedrich II. 1459 einen seiner Räte wegen eines »hurnübels« taktloserweise bei dessen Ehefrau angeschwärzt hatte, hielt dieser ihm unter Nennung entsprechender Namen seine eigenen Verfehlungen in Nürnberg, Frankfurt am Main und anderswo vor.[27] Diese Seitensprünge der Gemahlin des Kurfürsten zu hinterbringen wäre unnötig gewesen, weil sie durch den unehelichen Sohn Erasmus Brandenburg längst verbürgt waren, welchen der Kurfürst in Berlin zum Propst beförderte und sogar auf Reichstagen als Diplomat verwandte. Wohl auch dieser »alten burggrafischen gewohnheit« wegen begleitete Katharina von Sachsen ihren Gemahl an dessen Lebensabend nicht nach Franken, sondern blieb in der Mark.[28]

In den folgenden Generationen der (Hohen-) Zollern liefern die Markgrafen Joachim I. und Joachim II. von Brandenburg eindrückliche Beispiele auch dafür, daß die fürstliche Libido nicht selten von bereits verheirateten Frauen erregt wurde. Derartige Verstöße gegen das Zehnte Gebot ließen sich in der Regel nicht mehr familienintern regeln, sondern tendierten schon mit den Reaktionen der jeweiligen Ehemänner zum öffentlichen Skandal und beschworen persönliche, familiäre und Herrschafts-Krisen

25 Zit. nach *Johannes Schultze*, Die Mark Brandenburg. 5 Bde., 2. Aufl. Berlin 1961-69, hier Bd. 3, S. 96f. Ungeachtet aller Zweifel daran, ob das Frauenzimmer von Kardinal Albrechts Großvater Markgraf Albrecht »Achilles« von Brandenburg ein »Harem« oder dessen briefliches Verfügen über diesen lediglich Verbalerotik gewesen sei (siehe die Kontroverse zwischen *Peter Moraw*, Der Harem des Kurfürsten Albrecht Achilles von Brandenburg-Ansbach [† 1486], und *Cordula Nolte*, Verbalerotische Kommunikation, gut schwenck oder: Worüber lachte man bei Hofe? Einige Thesen zum Briefwechsel des Kurfürstenpaares Albrecht und Anna von Brandenburg-Ansbach 1474/75, in: Jan Hirschbiegel/Werner Paravicini [Hrsg.], Das Frauenzimmer. Die Frau bei Hofe in Spätmittelalter und früher Neuzeit. [Residenzenforschung, Bd. 11.] Stuttgart 2000, S. 439-448 bzw. S. 449-471), muß dieser doch eine außereheliche Praxis gewöhnt gewesen sein, wenn er seinem zu sich eingeladenen Bruder Friedrich II. 1470 ein »hupschs diernlein« bereitzustellen verspricht, »das euch den magen wermet, als man David dem konig gethan hat«. Ein solches »magenpflaster« zu bekommen, bezeichnet er geradezu als »alte burggrafische gewohnheit«.

26 Zu diesen *Schmugge*, Kirche (wie Anm. 3), S. 230-234, wobei »Fricius Burgani« ggf. als Friedrich Burggraf aufzulösen ist.

27 Dies und das folgende nach *Schultze*, Brandenburg (wie Anm. 25), Bd. 3, S. 76 Anm. 64, wo der Sohnescharakter zutreffend als noch nicht erwiesen bezeichnet wird.

28 Ebd., S. 98.

herauf. Die Skala reicht von dem Havelberger Domherrn Heinrich Goldochs, welcher den Ehemann einer von ihm vorehelich geschwängerten Frau durch die ihm gerichtlich auferlegte Zahlung einer kleinen Geldbuße entschädigte[29], bis hin zu dem berühmten, vergeblich als Exekution eines persönlichen Femeurteils gerechtfertigten Mord Herzog Ulrichs von Württemberg (1487-1550) an seinem Stallmeister Hans von Hutten (1515), nachdem dieser ihm nicht nur nicht erlaubt hatte, »das er seine Eeliche haußfrau liebhaben möge, wann Er kenn wol und mögs nit lassen«, sondern den Fürsten dieses frivolen Antrags wegen vor dem gesamten Hof desavouiert hatte.[30] Nicht ganz so schlimm wie diesem, der bald darauf aus seinem Land vertrieben wurde, erging es Kurfürst Joachim I. »Nestor« von Brandenburg (*1484, reg. 1499-1535).[31] Dieser seit 1502 mit einer dänischen Königstochter verheiratete Bruder Kardinal Albrechts hatte bereits 1516 einen unehelichen Sohn namens Achatius Brandenburg gezeugt[32], als er die »alte burggrafische gewohnheit« Mitte der 1520er Jahre durch eine Liaison mit Katharina von Blankenfelde aus einer auch in landesfürstlichen Diensten stehenden Berliner Großhandels- und Bürgermeisterfamilie steigerte.[33] Obwohl diese Ver-

29 *Wentz*, Havelberg (wie Anm. 20), S. 169.

30 Siehe detailliert dazu *Georg-Wilhelm Hanna*, Mänade, Malefiz und Machtverlust. Herzog Ulrich von Württemberg und Hans von Hutten – politische Folgen eines Mordfalles. Köngen 2003.

31 *Udo Krolzik*, s.v., in: Friedrich-Wilhelm Bautz/Traugott Bautz (Hrsg.), Biographisch-bibliographisches Kirchenlexikon. Bd. 3, Herzberg 1992, Sp. 107-110.

32 Seine Gemahlin schrieb später: »was dieselbe S(eine) L(iebden) für einen Wandel, wie leider noch bis auf den heutigen Tag, geführt hat, ist im Lande bekannt«; *Schultze*, Brandenburg (wie Anm. 25), Bd. 3, S. 210.

33 Siehe zum Skandal *Wolfgang Ribbe* (Hrsg.), Geschichte Berlins. Bd. I. 2., durchgesehene Aufl. München 1988, S. 293-295. Katharinas Vater Thomas von Blankenfelde (Blankenfeldt, um 1435-1504) war Bürgermeister und Hoflieferant, und ihr (älterer) Bruder Johannes (um 1471-1527 oder 1533 in Torquemada, Kastilien) hatte seinen Aufstieg zum Bischof von Reval (1514) und Dorpat (1518) sowie schließlich sogar zum Erzbischof von Riga (1523/24) zweifellos nicht nur der Gunst zweier Päpste zu verdanken, sondern auch der Diensteigenschaft zum Deutschordenshochmeister Albrecht von Brandenburg und zu Kurfürst Joachim I. von Brandenburg. Das Todesdatum des Johannes gibt *Theodor Muther*, s.v. Johann Blankenfeld, in: ADB 2, 1875, S. 689f. mit 1533 an; siehe *Reinhard Tenberg*, s.v., in: Bautz/Bautz, Kirchenlexikon (wie Anm. 31), Sp. 289f. Siehe umfassend zu den Blankenfelde *Yvonne Bökenkamp*, Das Blankenfelde-Haus in der Spandauer Straße 49 in Berlin. Die Geschichte eines Hauses und seiner Besitzer als Teil der Geschichte Berlins und der Mark Brandenburg – aus historisch-genealogischer Sicht. Berlin 2000 (Zieringer Nachrichten, 51. Jg., Sonderausgabe 2003 [http://www.sippenverband-z-m-a.de/ZN100_2003/Anhang_Blankenfelde-Haus_nurText.pdf]).

bindung »seit Jahren«[34] andauerte und in Berlin bekannt war, erfahren wir Genaueres erst 1527, als sie wegen mehrerer Besonderheiten zum öffentlichen Skandal mit überregionaler Publizität wurde. Erstens handelte es sich nämlich um eine Liaison zweier Verheirateter, denn auch Katharina war seit etwa 1524 mit dem Rüstmeister Wolf Hornung verheiratet und Mutter.[35] Zweitens nahm der gehörnte Ehemann dies nicht schicksalhaft hin, obwohl ihn der Kurfürst ausdrücklich dazu aufgefordert hatte. Deshalb wurde er nach einem angeblichen tätlichen Angriff auf seine Ehefrau im Klosterexil gefaßt, zu einem Schuldbekenntnis genötigt und des Landes verwiesen. Er wandte sich daraufhin ebenso nach Sachsen wie die betrogene Gattin seines Kontrahenten. Denn – und dies ist das dritte Spezifikum dieses Falles – Kurfürst Joachims Gemahlin Elisabeth, eine Nichte des Herzogs von Sachsen, sympathisierte so stark mit dem von ihrem Gatten scharf abgelehnten Luthertum, daß sie 1527 heimlich das Abendmahl in beiderlei Gestalt nahm[36] und im Jahr darauf aus der gegen sie verhängten Beugehaft zu ihrem sächsischen Onkel entfloh. Von dort aus schalteten sowohl sie als auch Wolf Hornung Martin Luther ein, dessen erster Verleger ausgerechnet mit einer Nichte der kurfürstlichen Konkubine verheiratet war. Unter diesen familiären und konfessionspolitischen Umständen versuchte Markgraf Joachim vergeblich, die Affäre als seine Privatsache herunterzuspielen.[37] Eine Flut privater Briefe war begleitet von, ja ging geradezu über in öffentliche Schmähschriften Luthers und des Kurfürsten.[38] Trotz aller Vermittlungsversuche kam dieser Eheskandal bis vor den Reichstag, so daß er schließlich zumindest in Norddeutschland zu einem »zentralen Gegenstand der

34 *Ribbe*, Geschichte (wie Anm. 33), Bd. 1, S. 294.

35 Beide bewohnten ein Haus in Cölln und hatten eine kleine Tochter namens Anna.

36 Der Kurfürst hatte daraufhin die Verhängung der Todesstrafe oder die Scheidung erwogen.

37 Der wütende Kurfürst ließ verlauten, er wolle sich nicht von einem »entlaufenen Mönch« beschimpfen lassen und Luther solle sich nicht in Sachen einmischen, die ihn nichts angingen.

38 Nachdem Katharina gegenüber Hornung mit ihrem Mädchennamen unterschrieben und Luther verspottet hatte, ließ Luther diesen Brief mit einer Vorrede drucken, die mit folgendem Satz schließt: »Pfui und aber Pfui, welch ein schendlich, unverschampt ding ist umb hurn und buben.« Es folgten weitere Schmähschriften sowie Briefe von und an Katharinas Mutter, siehe *Cordula Nolte*, Familie, Hof und Herrschaft. Das verwandtschaftliche Beziehungs- und Kommunikationsnetz der Reichsfürsten am Beispiel der Markgrafen von Brandenburg-Ansbach (1440-1530). (Mittelalter-Forschungen, Bd. 11.) Ostfildern 2005, S. 268 zit. in Anm. 399 *Julius Heidemann*, Die Reformation in der Mark Brandenburg. Berlin 1889, S. 157f.

Reformation«[39] und Luther gewissermaßen zum Richter über einen seiner schärfsten Gegner wurde. Mehr als eine temporäre Krise hat dies aber nicht bewirkt. Dem fortgesetzten Konkubinat des Kurfürsten in Berlin erwuchsen noch drei Kinder, deren Familienname und Schicksal unbekannt sind.[40] Katharina selbst scheint nach dem Tod des Kurfürsten bei Verwandten in Frankfurt an der Oder gelebt zu haben, wo ihr ›Gatte‹ ihr und den Kindern 1529 für 1.000 fl. ein Leibgedinge gekauft hatte.[41]

Nach diesen Erfahrungen seines Vaters scheint Kurfürst Joachim II. »Hector« (* 1505, reg. 1535-1571) versucht zu haben, dem Odium eines doppelt ehebrecherischen Konkubinats zu begegnen.[42] Öffentlich gezeigt zu haben scheint er sich mit der rund zwanzig Jahre jüngeren Anna Dietherich geb. Sydow[43] erst, nachdem seine Ehefrau, die polnische Königstochter Hedwig, seit 1551 unfallbedingt nur noch an Krücken gehen und ihres Gatten Jagdleidenschaft[44] nicht mehr teilen konnte. Jedenfalls wurde versucht, das vom Kurfürsten zweifellos als eheliches Verhältnis begriffene Konkubinat auf diese Weise zu rechtfertigen, und dennoch dissimulierte man insofern, als Anna auf der gemeinsamen Jagd Männerkleidung getragen haben soll. Annas Gatten Matthias[45] Dietherich († 1561), einen aus Lothringen eingewanderten Vorsteher der kurfürstlichen Gießhütte in Grimnitz in der Schorfheide, hat man offenbar so wirksam ›beruhigt‹, daß dieser sich mit der menage à trois arrangiert zu haben scheint. Noch vor dessen Tod dürfte »die schöne Gießerin«, als welche Anna im Volksmund überliefert ist, ihrem Kurfürsten 1558 die Tochter Magdalena geboren haben, welcher vier Jahre später der Sohn Andreas († 1569) folgte. Mit dieser ›Ersatzfamilie‹, zu welcher auch noch Annas drei eheliche Kinder gehört haben mögen, verbrachte der Kurfürst viele Tage im Jagdschloß Grunewald, ja, Anna blieb bis zu seinem Tod seine unentbehrliche Begleiterin und Ratgeberin und hat für

39 *Ribbe*, Geschichte (wie Anm. 33), Bd. 1, S. 294.

40 Mit Ausnahme der Tatsache, daß Katharinas Neffe, der landesfürstliche Küchenmeister Johann V. Blankenfelde, nach dem Tod des Kurfürsten († 1535) die Vormundschaft über Christoph und Martha (Joachim war wohl als Kind verstorben) übernahm.

41 *Schultze*, Brandenburg (wie Anm. 25), Bd. 3, S. 210. Katharinas Todesdatum ist unbekannt.

42 Ebd., Bd. 4, S. 96-98.

43 Annas Eltern waren Andreas Sydow und Gertraud Schneidewind. Sie muß um 1525 geboren sein und hatte eine jüngere Schwester Elisabeth, die mit dem Prediger Joachim Pasche verheiratet war.

44 Wegen seiner durch diese Passion angeblich bedingten Unlust, zu regieren, wurde er von seinen Landständen mehrfach getadelt.

45 Der Vorname variiert.

sich, ihre Kinder und ganze Verwandtschaft reichen Nutzen aus dieser Verbindung gezogen.[46] Aber mit Joachims II. Tod († 1571) waren sowohl alle Schenkungen als auch alle innerfamiliären Maßnahmen obsolet, die der Kurfürst zu deren Sicherung ergriffen hatte. Statt dessen griff die dynastische Räson Platz, und die Rachegelüste trafen wie üblich vornehmlich die Konkubine. Sofort nach dem Tod ließen der bereits 46jährige Thronfolger Johann Georg (1525-1598) und dessen so tief gedemütigte Mutter unter etlichen Günstlingen des Verstorbenen auch Anna Sydow verhaften, wegen angeblicher Erpressung verurteilen, depossedieren und in der Festung Spandau inhaftieren, wo sie 1575 verstarb.[47] Erheblich milder behandelte Johann Georg seine Halbschwester Magdalena († 1610).[48] Zwar mußte auch sie viele Geschenke zurückgeben sowie ihre Titel ablegen und kam schon deshalb nicht mehr als Gattin des Grafen von Eberstein in Frage. Aber er ebnete ihr durch die Verheiratung mit einem Hofrentei-Sekretär und die Schenkung eines Hauses in Spandau den Weg in eine gesicherte bürgerliche Existenz.

Joachim II. hat sein Konkubinat schließlich auch vor der Reichsöffentlichkeit gar nicht mehr verheimlicht. Diese Tendenz zu geringerer Verheimlichung der eigenen Konkubinate bei gleichzeitig verschärftem Vorgehen gegen die analogen Verhaltensweisen der eigenen Geistlichkeit und Untertanen zeigt sich im Verlaufe des 16. Jahrhunderts auch bei den hochadeligen

46 Ihre beiden Töchter aus ihrer regulären Ehe wurden hofnah verheiratet, und seinem angeblich Nikolaus heißenden »Stiefsohn« schenkte der Kurfürst wohl 1567 mit einer Rückfallsauflage das Rittergut Rosenthal (heute Reg.bez. Pankow); im Falle von Nikolaus' Tod ohne männliche Erben sollte Rosenthal an dessen Halbschwester Magdalena, die Tochter des Kurfürsten, und deren männliche Erben fallen.

47 Entgegen den urkundlichen Zusicherungen aller Zuwendungen ihres Geliebten beraubt, verstarb sie 1575 im dortigen Juliusturm.

48 Dieser hatte ihr kurfürstlicher Vater nicht nur gestattet, sich »von Brandenburg« zu nennen, sondern sie anläßlich ihrer Verlobung (1570) mit einem Grafen von Eberstein sogar zur Gräfin von Arneburg in der Altmark (heute Arneburg-Krusemark, Sachsen-Anhalt) erhoben und ihre Zukunft einschl. Aussteuer, Mitgift etc. geregelt, siehe *Friedrich Holtze*, Magdalena von Brandenburg, Gräfin zu Arneburg, in: Märkische Forschungen 20, 1887, S. 171ff. Nach Joachims Tod wurde Magdalena, die sich zu dieser Zeit bei ihrer eigenen Halbschwester Elisabeth Pasche aufhielt, von Kurfürst Johann Georg mit dem Hofrentei-Sekretär Andreas Kohl (von Kohlo, † 1605) verheiratet, welcher mit einigen lausitzischen Niederadelsfamilien verschwägert war (den Nostitz, Gersdorf und Straupitz). Als standesgemäßes Domizil schenkte der Kurfürst beiden ein Haus in der ›vornehmen‹ Spandauer Straße. Die Ehe blieb kinderlos. Magdalena starb 1610 als bekannte Wohltäterin. Sie begründete eine Familienstiftung und verfaßte ein umfangreiches Testament zugunsten der Familie Pasche. Auf das Vermögen, das ihr ihr Mann hinterlassen hatte, verzichtete sie zugunsten seiner Familie.

geistlichen Reichsfürsten aus der Nachbarschaft Kardinal Albrechts. An den vier Brüdern Heinrich d.J., Franz, Christoph und Georg von Braunschweig-Lüneburg-Wolfenbüttel, welche in der ersten Hälfte des 16. Jahrhunderts außer dem weltlichen Fürstentum auch die Bistümer ihres weiteren Einflußbereichs besonders ungehemmt als Versorgungsposten ohne geistlich-kanonische Verpflichtung begriffen, läßt sich dies leicht exemplifizieren. Von den als Erzbischöfe von Bremen[49] aufeinanderfolgenden Brüdern Christoph (1487/1500-1558) und Georg (1494-1566) soll Christoph ungeachtet seiner streng altgläubigen Amtsführung in allen seinen Residenzen Konkubinen gehalten und mehrere Kinder mit dem Zunamen »von Bremen« gezeugt haben; für eine seiner Geliebten soll er 1522 einen Taler haben schlagen lassen, dessen Legende den Satz »tu mihi sola places« aus Ovids »Ars amatoria« oder »Ars amandi« zitierte, also »Du gefällst mir wie keine«.[50] Der Argwohn, ihm könnte bewußt gewesen sein, daß Ovid diesen Satz intentional und kontex-

49 In Bremen hatte sich schon in der zweiten Hälfte des 14. Jahrhunderts Erzbischof Albrecht (oder Albert) II. aus dem Hause Braunschweig-Lüneburg (1360-1395) gegen den öffentlich wirksamen Vorwurf, ein Hermaphrodit zu sein, an mehreren Orten des Erzstifts »beschauen« lassen müssen, siehe *Krause*, s.v. Albert II., Erzbischof von Bremen, in: ADB 1, 1875, S. 180f. nach *Wilhelm Havemann*, Geschichte der Lande Braunschweig und Lüneburg. Bd. I, Göttingen 1853, S. 473ff. Erzbischof Johannes Slamstorf (1406-1420) hatte dann eine notorische konkubinarische Praxis seiner Vorgänger fortgesetzt. Er hatte angeblich drei Söhne, die er mit Billigung des Domkapitels versorgte. Ein Sohn namens Johann supplizierte 1421 an den Papst zwecks Legitimation, siehe *Heinz-Joachim Schulze*, Art. s.v., in: Erwin Gatz (Hrsg.), Die Bischöfe des Heiligen Römischen Reiches 1198 bis 1448. Ein biographisches Lexikon. Berlin 2001, S. 101f. Den Bremer Höhepunkt bildete im 16. Jh. dann zwar nicht ein Welfe, aber ein weiterer hochadeliger Dynastensproß. Allerdings war Herzog Heinrich von Sachsen-Lauenburg (1550-1585) schon so weit Protestant, daß er – bald auch in Osnabrück und Paderborn – nur als ›Administrator‹ fungierte und 1575 die Kölner Färbermeister- und Ratsherrn-Tochter Anna von Broich heiratete, mit der er seit seinem Studium an der Kölner Universität liiert gewesen war. Exzeptionell war, daß er bei seinem feierlichen Introitus in Paderborn seine Verbindung öffentlich zur Schau gestellt haben soll, indem er seine fürstlich gekleidete Gemahlin »auf prächtigem Zelter« an seiner Seite reiten ließ, siehe *Heinig*, »Omnia vincit amor« (wie Anm. 2), S. 291.

50 Der Hinweis darauf und auf Ovids »Ars amatoria« 1, 42 von *Krause*, s.v. Christoph, Erzbischof von Bremen, in: ADB 4, 1876, S. 235-239. Das ganze Zitat lautet nach *Wilfried Stroh*, Ovids Enzyklopädie der Liebe. Vorwort zur Neuausgabe von Viktor von Marnitz (Übers.). Ovids erotische Dichtungen. 3. Aufl. Stuttgart 2001: »dum licet et loris passim potes ire solutis, / elige cui dicas: ›tu mihi sola places‹«, also: »Solange du es noch darfst und du der Fesseln ledig einhergehen kannst, / wähle dir eine aus, der du sagst: ›Du gefällst mir wie keine‹.« Zu Erzbischof Christophs Münzen siehe *Johann Philipp Cassel*, Kurze Nachricht von Christoph, Erzbischofe zu Bremen und Bischofe zu Verden, einem geb. Herzoge zu Braunschw[eig.], Lüneb[urg] [et]c., und dessen Münzen (...). Bremen 1762.

tuell ohne jegliche eigene Verliebtheit, sondern geradezu heuchlerisch nach freier Wahl eingesetzt sehen wollte, wird unter anderem durch einen entsprechenden Lebenswandel seines Bruders Franz als Bischof von Minden (1492-1529) genährt.[51] Und weil bei diesem wiederum sein dritter Bruder und Nachfolger Georg seine Karriere (1554) begonnen hatte, war es fast konsequent, daß auch der als Erzbischof von Bremen und Bischof von Verden (beides 1558) niemals konsekrierte Georg mit seiner Lebensgefährtin Ottilie Loxima aus dem Elsaß und zwei mit dem Familiennamen Dux (von Erstein) versorgten Söhnen ein Familienleben führte.[52] Daß Herzog Heinrich d.J., der älteste dieser ganzen welfischen Brüdergeneration, durch das Scheinbegräbnis seiner Geliebten Eva von Trott einen der drei großen konkubinären Skandale der Reformationszeit provozierte[53], sei abschließend nur am Rande erwähnt, weil dies von den Protestanten weidlich genutzt wurde, um von der Bigamie ihres Protagonisten Philipp von Hessen abzulenken.

Mit dem in mehrfacher Hinsicht exzeptionellen Fall des hessischen Landgrafen läßt sich gut überleiten zu einer groben Sondierung der vielschichtigen strukturellen und individuellen Ursachen des gesamtgesellschaftlich usuellen Konkubinatsverhaltens im allgemeinen[54] und desjenigen der weltlichen und geistlichen Fürsten im besonderen. Wenngleich deren Mischung

51 *Hans-Georg Aschoff*, s.v., in: Erwin Gatz (Hrsg.), Die Bischöfe des Heiligen Römischen Reiches 1448 bis 1648. Ein biographisches Lexikon. Berlin 1996, S. 192f.

52 Sie waren Pfandbesitzer von Westen, fielen aber jung.

53 Heinrichs soeben genannter Bruder, damals noch zweifacher Propst in Hildesheim, gewährte der Konkubine seines des Landes vertriebenen Bruders und deren Kindern Aufenthalt in seiner Propsteikurie, wo sie 1567 starb. Evas drittem Sohn Heinrich Karl von Kirchberg verschaffte er seine beiden Hildesheimer Propsteien, siehe zu allem *Heinig*, »Omnia vincit amor« (wie Anm. 2), S. 307, sowie *Rainer Täubrich*, Herzog Heinrich der Jüngere von Braunschweig-Wolfenbüttel (1489-1568). Leben und Politik bis zum Primogeniturvertrag von 1535. (Quellen und Forschungen zur braunschweigischen Geschichte, Bd. 29.) Braunschweig 1991, S. 166-169.

54 Für den niederen Klerus ist einleuchtend darauf hingewiesen worden, daß dessen wirtschaftlich völlig unzureichende Lebensgrundlage im Rahmen einer »scheinbar ausweglos festgefahrene[n] kirchliche[n] Gesellschaftsstruktur« es diesem verunmöglicht habe, »sich auf der aszetischen und spirituellen Höhe der Zölibatsidee zu halten«; *August Franzen*, Zölibat und Priesterehe in der Auseinandersetzung der Reformationszeit und der katholischen Reform des 16. Jahrhunderts. (Katholisches Leben und Kirchenreform im Zeitalter der Glaubensspaltung, Bd. 29.) 2. Aufl. Münster 1969, S. 65; weiterführend *Eva Labouvie*, Geistliche Konkubinate auf dem Land. Zum Wandel von Ökonomie, Spiritualität und religiöser Vermittlung, in: Hans-Peter Ullmann (Hrsg.), Katholizismusforschung. (Geschichte und Gesellschaft, Bd. 26,1.) Göttingen 2000, S. 105-127, sowie *Stephen E. Buckwalter*, Die Priesterehe in Flugschriften der frühen Reformation. (Quellen und Forschungen zur Reformationsgeschichte, Bd. 68.) Gütersloh 1998.

sich weder jemals komplett benennen noch hierarchisieren und auf ein letztlich verantwortliches Prinzip hinordnen lassen wird, ist klar, daß man selbstredend vom zeitgenössischen Verständnis dynastischer und weltgeistlich-adeliger Existenz und Herrschaft auszugehen hat. So war Landgraf Philipp unter dem Einfluß der lutherischen Kriminalisierung nichtehelicher Partnerschaftsformen schon zur Bauernkriegszeit von der Befürchtung umgetrieben, er könnte sterben und »wegen unverziehener ›hurerei unnd unkeuschheit‹ der ewigen Verdammnis anheimfallen«.[55] Sein knapp 15 Jahre später angesichts einer – in seiner Familie allerdings nicht ungewöhnlichen – Syphiliserkrankung an die Reformatoren gerichtetes und scheinbar alttestamentarisch legitimiertes Begehren, neben der ihm seit fast zwei Jahrzehnten nach den Regeln der Staatsraison[56] angetrauten Christine von Sachsen offiziell auch deren Hoffräulein Margarete von der Saale heiraten zu dürfen, hat er unter anderem damit begründet, daß er in der Ehe mit seiner angeblich unfreundlichen, häßlichen und übelriechenden Gemahlin niemals Liebe oder sexuelles Verlangen verspürt habe.[57] Dies war niederträchtig, aber zweifellos eine Zweckargumentation. Denn diese Ehe war nicht nur deshalb kein Paradigma des recht verbreiteten Nebeneinanderherlebens beider Partner, weil sie nicht nur vor, sondern sogar nach dem Vollzug des Konzepts der Doppelehe mit etlichen Kindern gesegnet war.[58] Gleichwohl: Die Praxis der fast ausnahmslos ständisch, materiell sowie politisch kal-

55 *Stephan Buchholz*, Die Doppelehe des Landgrafen, in: Ursula Braasch-Schwersmann u.a. (Hrsg.), Landgraf Philipp der Großmütige 1504-1567. Hessen im Zentrum der Reform. Marburg/Neustadt a.d. Aisch 2004, S. 113-116, hier S. 114; zit. wird *William Walker Rockwell*, Die Doppelehe des Landgrafen Philipp von Hessen. Marburg 1904, S. 5. Zur angeblichen Triorchie des Landgrafen siehe *Gerhard Aumüller/Andreas Doll/Thomas Storm*, Medizinische Realität, Fehldiagnose oder politische Propaganda? Die Triorchie Philipps des Großmütigen, in: ebd., S. 117-121.

56 Eheverbindungen hatten die höchste Bedeutung für den Transfer von Besitz, Rang und Stand durch die Generationen und unterwarfen die Partnerwahl des Adels hohen strategischen Anforderungen.

57 Dieser Satz aus *Max Lenz* (Hrsg.), Der Briefwechsel Landgraf Philipp's des Großmütigen von Hessen mit Bucer. 3 Bde., Leipzig 1880-91, hier Bd. 1, S. 353, lautet wörtlich, daß »ich nihe liebe oder brunstlichkeit zu irr gehabt«, denn sie sei zwar fromm, »aber warlich sust unfreintlich, haslich, auch ubel geroch« – was ihn ausweislich weiterer Kinder nicht daran hinderte, ihr mindestens noch dreimal beizuwohnen.

58 Durchaus normal war vielmehr ein gegenseitiges Ignorieren, die Abschiebung der Ehefrau in eine Nebenresidenz, Kommunikationslosigkeit etc. etc. Ehekriege infolge von Kinderlosigkeit sowie Ausstattungs- und Versorgungsfragen waren nicht selten. Zumal, wenn der Frau ebenso gern wie vorgeschoben eheliche Untreue vorgeworfen wurde, endete dies gelegentlich mit deren Flucht zu ihren Verwandten.

kulierten[59] und im Falle der Elternplanung sogar unfreiwilligen Ehen weltlicher Adeliger mit ihrer auf zahlreiche Nachkommenschaft orientierten Pflicht-Sexualität[60] hat in der Regel bei den Männern, gelegentlich aber auch bei den Frauen, außer- und nichteheliche Liebesbeziehungen kräftig befördert. Zu Recht sind folgende, zweifellos nicht nur um voreheliche Beziehungen der Jugendzeit vermehrbare Motivlagen unterschieden worden:

> »Der Ehemann, der die ihm von der Familie zugeordnete Ehefrau emotional nicht akzeptierte; der Witwer, der nach dem Tod seiner Ehefrau nicht noch einmal heiraten und die Herrschaft mit weiteren legitimen Erben belasten wollte; der Ersatzregent, dem die Familie ein Heiratsverbot auferlegte [...].«[61]

Die Aussicht, daß eheliche Liebe bei den Usancen der Partnerwahl nicht mehr als eine Hoffnung, eine solide Partnerschaft schon ein Erfolg war[62], mag Kurfürst Friedrich »dem Weisen« von Sachsen (* 1463, reg. 1486-1525) zu

59 Dazu zuletzt *Tobias Weller*, Die Heiratspolitik des deutschen Hochadels im 12. Jahrhundert. (Rheinisches Archiv, Bd. 149.) Köln 2004.

60 Den männlichen Oberhäuptern der vor- und frühmodernen, hierarchisch strukturierten Familien fiel die Aufgabe zu, durch die Verehelichung der ihrer »Munt« Unterstellten den generativen Fortbestand der Familie zu gewährleisten. Dabei hatten sie darauf zu achten, den eigenen Status zu wahren und ggf. zu erhöhen, dann auch, materiellen, ggf. territorialen Zugewinn zu erzielen sowie Bündnis-, Friedens- und sonstige Verträge familiär zu befestigen, siehe dazu insgesamt *Karl-Heinz Spiess*, Familie und Verwandtschaft im deutschen Hochadel des Spätmittelalters. 13. bis Anfang des 16. Jahrhunderts. (Vierteljahrsschrift für Sozial- und Wirtschaftsgeschichte, Beihefte 111.) Stuttgart 1993, S. 20-28; *Paul-Joachim Heinig*, Maximilian I. und die Frauen. In den Fängen der dynastischen Politik, in: Georg Schmidt-von Rhein (Hrsg.), Kaiser Maximilian I. Bewahrer und Reformer. (Ausstellungskatalog) Ramstein 2002, S. 69-81.

61 *Spiess*, Familie (wie Anm. 60), S. 381. Moritz von Sachsen (1521-1553) liefert das konkrete Beispiel eines Fürstensprosses, der seine persönliche Partnerwahl ungeachtet eines Zerwürfnisses gegen den ausdrücklichen Elternwillen durchsetzte, siehe *Johannes Herrmann*, Moritz von Sachsen. Beucha 2003.

62 Eher selten findet sich ein Satz der Liebe, wie ihn der – natürlich auch mit wenigstens einem unehelichen Sohn gesegnete – Herzog Bogislaw X. von Pommern (1474-1523) auf dem Heimweg von seiner Reise ins Heilige Land seiner zweiten Gemahlin Anna von Polen schrieb: »Wir wollen mehr Freude miteinander haben, als ein Schiff von hunderttausend Last Rosenblätter zu tragen vermag, als Körner im Meere sind und Wasser durch die Schleuse von Rügenwalde läuft«; *Heidelore Böcker*, Bogislaw X., Herzog von Pommern (1474-1523), in: Eberhard Holtz/Wolfgang Huschner (Hrsg.), Deutsche Fürsten des Mittelalters. Fünfundzwanzig Lebensbilder. Leipzig 1995, S. 383-408, hier S. 399f. Ein zeitgenössischer Chronist resümiert dann auch wenig schmeichelhaft, sein Landes-

vage gewesen sein, als daß er eines seiner Eheprojekte zum Ziel geführt hätte. Eher wird man an einen frühzeitigen Verzicht zugunsten seines jüngeren Bruders denken, also an einen Vollzug dynastischer Räson, die dem Konkubinat weltlicher Fürsten eine auch im Falle Pfalzgraf Friedrichs »des Siegreichen« erkennbare kompensatorische Rolle zuweisen konnte.[63] Jedenfalls war Friedrich der Weise einer der wenigen weltlichen Reichs- und sogar Kurfürsten, die wenn nicht auf ein Sexualleben, so doch auf ehelich-legitime Erben verzichteten. Statt dessen fand er sein ›privates Glück‹ ebenso ausschließlich mit und bei einer Konkubine wie vor ihm z.B. Herzog Erich I. von Pommern (ca. 1382-1459)[64], welcher nach dem Tod seiner Gattin Philippa von Lancaster († 1430)[65] mit deren Hofdame Cäcilie zusammenlebte – zuletzt auf Schloß Rügenwalde (heute Darlowo, Polen)[66]. Wie dieser Cäcilie mag auch Friedrich seine »uxor iniusta«, deren Identität umstritten ist[67], womöglich klandestin geehelicht haben. Dennoch und obwohl er sie möglicherweise

fürst sei infolge der Härte, mit der er Widerstände habe brechen müssen, »ungeschlacht« geworden und unter anderem dem Laster der Hurerei, des Ehebruchs und des Wohllebens verfallen; siehe *Thomas Kantzow*, Chronik von Pommern in hochdeutscher Mundart. Bd. 1, (zuletzt) bearb. von Georg Gaebel. Stettin 1897, hier S. 381; zit. von *Böcker*, Bogislaw X. (s.o.), S. 402.

63 Beide haben ihren Sohn Friedrich ebenfalls mit päpstlicher Dispens kirchlich versorgt, siehe *Hubert Höing* u.a. (Bearb.), Repertorium Germanicum IX. Verzeichnis der in den Registern und Kameralakten Pauls II. vorkommenden Personen, Kirchen und Orte des deutschen Reiches, seiner Diözesen und Territorien 1464-1471. Bd. 1, Tübingen 2000, S. 196 Nr. 1322.

64 König der Nordischen Union (Norwegen, Dänemark, Schweden, 1396-1438), Herzog von Pommern-Rügenwalde (1449-1459). Siehe zu diesem *Heinz Barüske*, Erich von Pommern. Ein nordischer König aus dem Greifengeschlecht. Rostock 1997.

65 Diese Tochter König Heinrichs IV. von England war seit 1406 mit ihm vermählt.

66 Dort bot ihm das außerhalb der Mauern gelegene Kloster Marienkron einen geschätzten Aufenthalt. Daß seine Lebensgefährtin in Aufzeichnungen dieses Klosters zunächst mit ihrem bloßen Namen genannt, später aber als »uxor regis« und schließlich als »domina Caecilia regina« bezeichnet wird, legt zumindest die Annahme nahe, daß Erich sein Verhältnis zu Cäcilia in den 1450er Jahren legalisiert hat. Nach dynastischer Räson war dies schon deshalb unschädlich, weil beide Beziehungen Erichs kinderlos geblieben waren. Nur kurz überlebte Cäcilia ihren Mann, der im Sommer 1459 mit 76 oder 77 Jahren starb; sie selbst folgte ihm noch im selben Jahr.

67 *Schmugge*, Kirche (wie Anm. 3), S. 228, kennt sie nicht namentlich. Die frühere Annahme, es handele sich um Anna Weller aus einer von den Wettinern als »von Molsdorf« geadelten Freiberger Patrizierfamilie stellt Iris Ritschel im vorliegenden Band in Frage. Für die Richtigkeit ihrer Ansicht mag sprechen, daß Anna unter den vier um 1520 lebenden Kindern Johann Wellers von Molsdorf († 1509), der wie sein Vater Paul Bürgermeister zu Freiberg gewesen war, nicht genannt wird.

als heilige Maria, heilige Katharina und heilige Barbara gleich dreifach mit den drei gemeinsamen Kindern hat abbilden lassen, hat er sie im realen Leben kaum öffentlich vorgezeigt, sondern hat sie, wenn er sie sehen wollte, »bei Nacht im Geheimen« holen lassen.[68] 1518/19 ließ der Kurfürst seine wohl 1512 geborene Tochter und einen Sohn vom Papst legitimieren. In seinem Testament von 1525 versorgte er diese um einen weiteren Sohn angewachsene Familie durch die Überlassung des Schlosses Jessen an der Schwarzen Elster[69], welchen askanischen Witwensitz er Anfang des 16. Jahrhunderts gekauft hatte. Seine Söhne Fritz und Bastel bedachte er mit jeweils 1.000 fl., seine mittlerweile dreizehnjährige Tochter[70] mit 500 fl. per annum, also genauso viel, wie schon Erzbischof Ernst von Magdeburg seinen mutmaßlichen Töchtern zugewandt hatte. Alle drei waren noch zu klein, als daß sie wie viele andere illegitime Fürstensprosse zur Ausgestaltung eines möglichst umfassenden familiären Netzwerkes hätten herangezogen werden können, und über ihren weiteren Werdegang ist nichts bekannt.[71]

Von diesen konkubinären Motivlagen wich ungeachtet einiger übereinstimmender Spezifika diejenige der geistlichen Reichsfürsten ab. Die dabei erkennbaren Grundzüge der von ihnen und ihren Partnerinnen praktizierten konkubinarischen Lebensform sowie die Reaktionen der ›Umwelt‹ lassen außerordentlich plastisch zutage treten, daß sie die Ehe, aus der etliche ihrer weltlichen Standesgenossen (teils mit wechselnden Partnerinnen) ausbrachen, in Form eines monogamistischen Konkubinats geradezu suchten und ungeachtet der Zölibatsgebote imitierten. Ausschlaggebend dafür, daß Zölibatsversprechen und Enthaltsamkeitsgelübde für den hochadeligen Episkopat bis zur Säkularisierung um 1800 lebenspraktisch genauso obsolet geblieben sind wie für den niederen Klerus[72], war keineswegs eine allgemeine sittliche Verworfenheit[73], sondern eine Reihe struktureller und teils schichtenspezifischer

68 *Rockwell*, Doppelehe (wie Anm. 55), S. 153.

69 Dies liegt östlich von Wittenberg im Regierungsbezirk Dessau.

70 Leider ist deren Name nicht bekannt. Zum Todeszeitpunkt ihres Vaters war sie – vielleicht aus gesundheitlichen Gründen – bei einem gewissen Dr. Paßka in Leipzig untergebracht.

71 Allerdings: Spätestens post mortem principis waren durch plötzliche Erbansprüche der Konkubine und/oder Bastarde heraufbeschworene Familien- und Herrschaftskrisen nicht selten. Eine klandestine unebenbürtige Ehe konnte sich in dieser Hinsicht als problematisch erweisen, wofür etwa der Fall der 1435 hingerichteten Agnes Bernauer steht.

72 *Franzen*, Zölibat (wie Anm. 54), S. 97.

73 Was einige von ihnen dazu bewogen haben könnte, mag Kaiser Ferdinand I. richtig geargwöhnt haben, als er 1560 klagte, zu viele Kirchenfürsten hätten ihre Gelübde nicht in der Absicht abgelegt, die Keuschheit auch wirklich zu wahren, sondern allein, um

Ursachen[74]. Von diesen, die natürlich zu den Ursachen der Reformation zählen[75], seien hier nur und in der gebotenen Kürze die Feudalisierung des Episkopats, die volle Entfaltung des kirchlichen Präbendarsystems und des Dispenswesens einschließlich der Technik des Dissimulierens angesprochen.

1) Daß Adelsfamilien Teile ihres Nachwuchses auf Kosten der Kirche respektive der Allgemeinheit durch Präbenden versorgten, war systembedingt und hatte schon das ganze Mittelalter hindurch das Problemfeld ›Adel und Kirche‹[76] aufgeworfen. In der subjektiven Spiegelung der meisten hochadeligen Bischöfe bedeutete dies, daß ihre Entscheidung für die klerikale Existenzform, die ihnen kirchlicherseits unter anderem ein zölibatäres Leben abverlangte, ebensowenig freiwillig gewesen war wie die Partnerwahl ihrer weltlichen Brüder und Standesgenossen. Vielmehr hatten auch sie der Familienräson zu genügen, innerhalb welcher die kirchliche »Versorgung« eines der Ihren, möglichst die Erlangung eines Bistums, einen festen, im

fette Kirchenpfründen zu erlangen, und wenn sie sich vor der Weihe noch einigermaßen zusammennähmen, um ihren guten Ruf nicht zu gefährden, so ließen sie sich nach Erreichung des Zieles ungehemmt gehen. Aber wenn er zugleich glaubte, Enthaltsamkeit und Zölibat könnten ausschließlich in Verbindung mit Armut und Entsagung gedeihen, dann hätte ihn ein Blick auf den niederen Klerus eines Besseren belehren können, dessen Armut geradezu die Ursache seines konkubinären Verhaltens war, siehe das Zitat aus den Tridentinischen Konzilsakten bei *Franzen*, Zölibat (wie Anm. 54), S. 80-82. Schon 1521 hatte Herzog Georg von Sachsen in Worms Beschwerden gegen den Reichsepiskopat der Öffentlichkeit übergeben; *Manfred Schulze*, Fürsten und Reformation. Geistliche Reformpolitik weltlicher Fürsten vor der Reformation. (Spätmittelalter und Reformation, NRh., Bd. 2.) Tübingen 1991, S. 123-128.

74 Hinsichtlich der strukturellen Gründe dafür, daß sich auch der hochadelige Episkopat nicht »auf der aszetischen und spirituellen Höhe der Zölibatsidee zu halten« vermochte, wie *Franzen*, Zölibat (wie Anm. 54), S. 65, bezüglich des niederen Klerus treffend formuliert hat, läßt sich das von *Jörg Rogge*, Zum Amts- und Herrschaftsverständnis von geistlichen Fürsten am Beispiel der Magdeburger Erzbischöfe Ernst von Wettin und Albrecht von Brandenburg (1480-1540), in: Andreas Tacke (Hrsg.), Kontinuität und Zäsur. Ernst von Wettin und Albrecht von Brandenburg. (Schriftenreihe der Stiftung Moritzburg, Kunstmuseum des Landes Sachsen-Anhalt, Bd. 1.) Göttingen 2005, S. 54-70, entworfene Bild um etliche Aspekte erweitern.

75 Siehe zum folgenden die breiten Panoramen in *Marc Venard/Heribert Smolinsky* (Hrsg.), Die Geschichte des Christentums. Religion, Politik, Kultur, Bd. 7: Von der Reform zur Reformation (1450-1530). Dt. Ausg. Freiburg/Basel/Wien 1995, namentlich die einschlägigen Beiträge von *Francis Rapp*, Das Wiedererstarken des Papsttums – ein unvollständiger und kostspieliger Sieg, in: Ebd., S. 69-141; *Ders.*, Die Vielfalt der Reformbestrebungen, in: Ebd., S. 142-206 (hier S. 177-185: Der Bischof: Herrscher, Haupt oder Hirte?), und schließlich *Ders.*, Deutschland, in: Ebd., S. 305-329.

76 Siehe diesen klassischen Titel von *Aloys Schulte*, Der Adel und die deutsche Kirche im Mittelalter. Studien zur Sozial-, Rechts- und Kirchengeschichte. 3. Aufl. Darmstadt 1958.

15. Jahrhundert noch an Bedeutung gewinnenden Bestandteil finanzieller und politischer, fraglos aber auch ›religiöser‹ Erwägungen bildete.[77] Dieses Schicksal traf ausnahmsweise auch erstgeborene[78], gewöhnlich aber nachgeborene Söhne (und Töchter). Als charakteristisch für das Spätmittelalter kann vor diesem Hintergrund im wesentlichen das Durchschlagen der allgemeinen sozialen, politischen und verfassungsmäßigen Entwicklungen konstatiert werden: Dazu zählt allen voran die Tatsache, daß der deutsche Episkopat ja auf ein feudales Territorium festgelegt war, so daß er sich nicht zu jenem evangelischen oder paulinischen Ideal eines von allen weltlichen Bindungen befreiten Bischofs emporschwingen konnte, der sich später durchsetzte. Dies gilt um so mehr, als die Feudalisierung des Episkopats und die rasante Durchsetzung des landesherrlichen Kirchenregiments seit dem 15. Jahrhundert die Einflußmöglichkeiten der hochadeligen Familien auf die Reichskirche ungemein erweiterten. Damit und mit dem Niveau der weltlichen Herkunfts-Höfe stiegen aber zugleich die Ansprüche an eine standesgemäße Versorgung. Weil die feudal-ständische Gesellschaft davon ausging, daß jeder auf einer bestimmten Ebene Geborene rechtmäßig und pflichtgemäß angemessen leben müsse, um sich selbst und seinem Amt zu genügen, mußte ein Dynastensproß auch im Dienst der Kirche dasjenige ›genießen‹, was ihm qua Geburt zustand, ja eigen war. Alles, was dem nicht entsprach, war schmachvoll und unehrenhaft und ließ den Betreffenden im Konkurrenzkampf um Ehre, Stand und Ansehen scheitern.[79] Geistliche

77 Die Strategien, Versorgungsregelungen etc. skizziert eindrücklich *Nolte*, Familie (wie Anm. 38), S. 114 passim.

78 So hat wohl Herzog Albrecht »der Beherzte« von Sachsen sich dem Wunsch seiner Gemahlin Sidonia von Podiebrad widersetzt, für den erstgeborenen Sohn Georg mit einem Mainzer Domkanonikat eine (welt-)geistliche Existenz zu begründen. Während Georg vielmehr die Regierungsnachfolge antrat, mußte der überlebende jüngere Sohn Friedrich zur Erfüllung des angeblichen Gelübdes herhalten, der nach Domkanonikaten in Meißen und Mainz 1498 Hochmeister des Deutschen Ordens wurde; *Günther Wartenberg*, Herzog Albrecht der Beherzte als spätmittelalterlicher Christ und als Herr der Kirche seines Landes, in: André Thieme (Hrsg.), Herzog Albrecht der Beherzte (1443-1500) – Ein sächsischer Fürst im Reich und in Europa. (Quellen und Materialien zur Geschichte der Wettiner, Bd. 2.) Köln 2002, S. 197-212, hier S. 202.

79 Bei vielen führten der sozialständische Genußanspruch und der Wettstreit mit den gleichrangigen Geistlichen wie Weltlichen zum tatsächlichen Genießen. Allerdings hing dies nicht nur von individueller Genußsucht eines Fürstbischofs ab, sondern war längst zum System geronnen. Wer weder am Regieren seines Hochstifts Gefallen fand noch sich reichspolitisch engagieren wollte, delegierte alles auf seine Amtleute sowie seine Räte und verhielt sich nachgiebig gegenüber den Mitspracheansprüchen des Domkapitels. Die meisten privatisierten indes nicht völlig, sondern gaben wenigstens ihrem Hang zur Repräsentation auf Reichsebene nach.

Fürsten maßen sich in den mannigfachen Formen und Zwängen der Repräsentation an weltlichen Fürsten.[80] Dazu gehörten nicht nur die Ausgestaltung eines repräsentativen Hofes[81] und künstlerisches Mäzenatentum, der Aufbau von Bibliotheken und Wunderkammern, das Investieren in Bauten und Mobiliar sowie der Genuß von Turnieren, Theatervorführungen, Tafel- und Jagdfreuden, sondern wohl auch die Adaption einer gesteigerten Rolle der Frauen, die an weltlichen Höfen als Gastgeberinnen sowie zu Geselligkeit und Tanz unabdingbar geworden waren.[82]

2) Damit hängt nicht nur ein auf allen Ebenen der kirchlichen Hierarchie markantes individuelles Gewinn- und Machtstreben zusammen, sondern vor allem die volle Entfaltung des kirchlichen Präbendarsystems, welcher die vielbeschworene Veräußerlichung des kirchlichen Lebens parallel ging. Zum einen war eine einzige Pfründe im gesellschaftlichen Konkurrenzkampf nicht mehr einträglich. Je mehr Pfründen jemand zu kumulieren vermochte, desto aufwendiger konnte er sein an weltlichen Maßstäben orientiertes Leben gestalten. Diese Tendenz machte vor päpstlich dispensierten Bistumskumulationen nicht halt, wie das Beispiel Kardinal Albrechts zeigt, so daß die Nachteile finanzieller und politischer Einschränkung durch die Domkapitel aufgewogen wurden.[83] Zum anderen hatte die Lebensführung in den Kapiteln der Weltgeistlichen je mehr adelig-feudale Formen angenommen[84], desto elitärer sie vom Adel besetzt wurden und sich nach unten

80 Dies meint Ämterdifferenzierung, höfische Ausgestaltung, Zahl des Gefolges, Kleidungsaufwand, Gäste und Feierlichkeiten etc.

81 Zum Hofstaat des Naumburger Bischofs Julius von Pflug, welcher unter anderem wegen der Zulassung des Laienkelchs und der Priesterehe als einer der letzten Repräsentanten des humanistisch orientierten Reformkatholizismus im 16. Jh. gilt, gehörte wie selbstverständlich ein ›Zwerg‹, den der Bischof testamentarisch üppig bedachte; siehe *Wiessner*, Naumburg (wie Anm. 10), S. 726.

82 Die Zeiten, zu denen der Havelberger Bischof Dietrich II. von Man (1370-1385) seinem Klerus sogar bei feierlichen Anlässen verboten hatte, Damen der vornehmen Gesellschaft samt deren Begleitung zu empfangen – siehe zu 1375 *Wentz*, Havelberg (wie Anm. 20), S. 58 –, waren nicht nur an der römischen Kurie vorüber. Siehe zu den Berührungsängsten der Kurie in Avignon *Stefan Weiss*, Die Rolle der Damen am päpstlichen Hof von Avignon unter Papst Johannes XXII. (1316-1334), in: Hirschbiegel/Paravicini, Frauenzimmer (wie Anm. 25), S. 401-409; *Claudia Märtel*, Le papesse. Frauen im Umkreis der römischen Kurie nach der Mitte des 15. Jahrhunderts, in: ebd., S. 411-428.

83 Bischof wurde man in der Regel nicht, um zu genießen, sondern des Status wegen und um Einfluß auszuüben, was einen dann wieder dem persönlichen Regiment der weltlichen Standesgenossen parallelisierte.

84 *Hans Erich Feine*, Kirchliche Rechtsgeschichte, Bd. 1: Die katholische Kirche. Weimar 1950, S. 317f.

sozial abschichteten. Die kirchlichen Pflichten der Kanoniker[85] traten hinter deren Pfründerechten zurück. Mit den täglichen Gemeinschaftsgebeten schwanden Dormitorium, Mensa und schließlich die Residenzpflicht überhaupt. Man wohnte in der eigenen Kurie und finanzierte das individualisierte Leben aus den Erträgen der kumulierten Pfründen.

3) Wo sich normdeviante Verhältnisse ungeachtet aller Bemühungen nicht abstellen lassen, arrangiert man sich auf allen Ebenen mit ihnen. Den notwendigen Ausgleich zwischen der hehren, rechtlich sanktionierten Idee und der davon abweichenden gesellschaftlichen Praxis schufen objektiv das päpstliche und episkopale Dispenswesen[86] und subjektiv die Technik des Dissimulierens. Manche derjenigen, die durch eigene Kraft ein hohes geistliches Amt erlangt hatten oder die als Dynastensprosse gar durch den familiären Comment dazu gezwungen worden waren, empfanden dies und das bloße ›Regieren‹ als Adelsprivileg, hingegen die Implikationen ihres geistlichen Amtes als unstandesgemäß. Wollten sie sich dadurch in einem weltlichen Lebenswandel sowenig wie möglich einschränken lassen, boten ihnen das Kirchenrecht, dessen Auslegungspraxis an der Kurie und andernorts sowie namentlich das kuriale Dispenswesen zahlreiche Möglichkeiten, sich mit dem geistlichen Amt und dessen normativen Erfordernissen zu arrangieren. Alle Chancen, sich nicht durch Eide, Gelübde und Weihen zu intensiv sowie vorzeitig lebenslang an die Kirche zu binden, wurden ausgeschöpft. Diejenigen, die sich aus welchem Kalkül immer vorschnell gebunden hatten, vermochten mit der Erlangung von Dispens immer noch eine Rückkehr zu bewerkstelligen. Im hochadeligen Weltklerus verbreitet war die Anschauung, private Defekte bezüglich der Erfüllung der geistlichen Voraussetzungen zum Bischofsamt ließen sich im Falle eines zur Landesherrschaft Geeigneten dadurch ›heilen‹, daß der Betreffende »electus« blieb, daß er nur als Administrator oder als Koadjutor firmierte. Weil die Erzbischöfe und Bi-

85 Als da waren: Annahme der Weihen, Residenzpflicht, Teilnahme am Chordienst, insbesondere am Stundengebet, den Pontifikalhandlungen des Bischofs und an der täglichen Konventsmesse.

86 Die Bischöfe haben durch ihre einkommensträchtige Dispenspraxis ganz entschieden dazu beigetragen, das Konkubinat des niederen Klerus »gleichsam zu legalisieren und [...] der Ehe anzugleichen [...]. Wenn die Strafe bezahlt war, blieb alles beim alten«; *Franzen*, Zölibat (wie Anm. 54), S. 92. Taxlisten aus der Erzdiözese Mainz für die Jahre 1519-21 zeigen im übrigen, daß zölibatäre Verstöße im Vergleich zu Vergehen gegen die kirchliche Ordnung weitaus niedriger bestraft wurden; *Willy Andreas*, Deutschland vor der Reformation. Eine Zeitenwende. 5., neu durchges. Aufl. Stuttgart 1948, S. 114. Vgl. nunmehr *Christina Deutsch*, Ehegerichtsbarkeit im Bistum Regensburg (1480-1538). (Forschungen zur kirchlichen Rechtsgeschichte und zum Kirchenrecht, Bd. 29.) Köln 2005.

schöfe der 21 Fürstbistümer im Reich seit dem 14. Jahrhundert im wesentlichen mit den weltlichen Regierungsaufgaben befaßt waren, hatte sich geradezu eine Arbeitsteilung durchgesetzt, dergestalt, daß die Verwaltung von Generalvikaren organisiert wurde und die, wenn man so will, bischöflichen Aufgaben (Pontifikalhandlungen) den Weihbischöfen[87] oblagen. Dieses Amtsverständnis vieler erwuchs also nicht mehr einfach individueller Genußsucht eines Fürstbischofs, sondern war längst zum System geronnen. Sogar ein so reformorientierter Bischof wie Julius Pflug[88] hat es mit anfänglicher päpstlicher Dispens von der Bischofsweihe zeitlebens beim Subdiakonat belassen. Bei der Abwägung der ›Defekte‹ wog ihm das Fehlen der priesterlichen Weihegewalt offensichtlich weniger schwer. Maßgebend war ihm die von Rom verliehene Jurisdiktion, und seine Kandidaten für das Priesteramt schickte er zum Weihbischof von Bamberg oder Erfurt.[89] Eine solche veräußerlichte Form des ›Katholischseins‹ wurde auch nach dem Tridentinum von einem ansehnlichen Teil der Fürstbischöfe praktiziert.

Reichspolitische Brisanz erlangte das Konkubinat geistlicher Fürsten erst, als die ›neue‹ Glaubenslehre, die neue, protestantische Wertordnung mit ihrer radikalen Umdeutung von Zölibat und Ehe eine Möglichkeit zu eröffnen schien, die überkommenen privaten und dynastischen Interessen der Adelsgesellschaft zu realisieren und geradezu als gottgefälliges Werk zu definieren. Im Jahre 1525 hat Martin Luther bekanntlich dem Kardinalerzbischof Albrecht von Mainz geraten, »das sich Ewer Churfürstlich gnad in den Ehelichen standt begeben und das Bistumb zu weltlichen furstenthum macheten und den falschen namen und scheyn geystlichs standts fallen und faren lassen«.[90]

87 Zu den Weihbischöfen, die vor allem Firmungen zu spenden, Kirchen, Kapellen, Altäre, Kirchhöfe, Glocken und liturgische Geräte zu konsekrieren oder zu benedizieren, die Weihekandidaten zu prüfen, die Tonsur zu erteilen und den Klerikern von den niederen Weihen bis zur Priesterweihe alle Weihegrade zu spenden, Abts- und Äbtissinnenweihen zu erteilen und nicht selten als Konsekratoren an Bischofsweihen mitzuwirken hatten, siehe *Friedhelm Jürgensmeier* (Hrsg.), Weihbischöfe und Stifte. Beiträge zu reichskirchlichen Funktionsträgern der frühen Neuzeit. Frankfurt a.M. 1994.

88 Siehe zum folgenden *Jacques V. Pollet*, Julius Pflug, in: Martin Greschat (Hrsg.), Die Reformationszeit. (Gestalten der Kirchengeschichte, Bd. 6.) Stuttgart 1981, S. 129-146.

89 »Er selbst schien nie den Wunsch nach Erlangung der Priesterweihe gespürt zu haben. Die Jurisdiktion, die ihm von Rom verliehen worden war, genügte ihm zur Ausübung des bischöflichen Amtes so wie er es verstand«; *Pollet*, Pflug (wie Anm. 89), S. 139.

90 Diesem Rat, den *Andreas Tacke*, Agnes Pless und Kardinal Albrecht von Brandenburg, in: Archiv für Kulturgeschichte 72, 1990, S. 347-365, hier S. 347 zitiert, war 1523 derselbe an Albrechts gleichnamigen Vetter, den Hochmeister des Deutschen Ordens, vorausgegangen, welcher ihn befolgt hatte.

Dieses ›Angebot‹ zur Säkularisierung, welches Albrechts gleichnamiger Vetter im Deutschordensland/Herzogtum Preußen soeben angenommen hatte, war verlockend, schien es doch die Möglichkeit zur Generierung einer dynastischen Sekundogenitur oder auch, ggf. über die illegitimen Kinder, zur Begründung einer ganz neuen Dynastie zu eröffnen.[91] Im Unterschied einerseits zu Kardinal Albrecht, welcher wie viele andere der Verlockung widerstand, das bedrückende Prinzip des Dissimulierens aufzugeben und die beiden Körper des Fürsten miteinander zu versöhnen, andererseits aber auch im Unterschied zu denjenigen geistlichen Reichsfürsten, die aufgrund eigener ›Souveränität‹ protestantisch wurden oder die temporär eine konfessionelle Mischform praktizierten[92], konnte das Gros des ostelbischen Episkopats nicht frei entscheiden, sondern mußte sich dem jeweiligen Landesfürsten beugen. Ein schlagendes Beispiel ist der Brandenburger Bischof Matthias (Mathias) von Jagow (1526-1544). Dieser Sproß eines märkischen Adelsgeschlechts hatte im Dienst Kurfürst Joachims I. die Karriereleiter bis zum Bischofsamt erklommen. Um den Empfang der höheren Weihen und der Konsekration hatte er sich herumgedrückt, weil er im Konkubinat mit einer gewissen Else Fingerlein lebte, von der er zwei Kinder hatte. Einerseits war solches auch unter den Augen eines so radikal-altkirchlichen Kurfürsten wie Joachim I. möglich, andererseits mag durch dieses kirchenrechtliche ›Defizit‹ die frühzeitige, zunächst aber natürlich klandestine Sympathie[93] des Matthias für die reformatorische Lehre begünstigt worden sein. Als sich die Verhältnisse ausgangs der 1530er Jahre rasch in diese Richtung änderten[94], hat Jagow die Gelegenheit, die Kinder seiner wahrscheinlich verstorbenen Konkubine durch eine Heirat zu legitimieren, gleichwohl nicht persönlich ergriffen. Vielmehr war es

91 Während des ›Zeitfensters‹ zwischen dem Beginn der Reformation und dem reichsrechtlich verbindlichen »Geistlichen Vorbehalt« gab es derlei Erwägungen und Bestrebungen, der konkubinären Gewissensnot zu entkommen und zugleich die dem dynastischen Hochadel eigentümlichen Existenzstrategien zu befördern, analog zu der großen Zahl der Priesterehen tatsächlich vielfach.

92 Siehe etwa *Eike Wolgast*, Hochstift und Reformation. Studien zur Geschichte der Reichskirche zwischen 1517 und 1648. (Beiträge zur Geschichte der Reichskirche in der Neuzeit, Bd. 16.) Stuttgart 1995; *Ders.*, Die Reichskirche im konfessionellen Zeitalter, in: Peter Claus Hartmann (Hrsg.), Reichskirche – Mainzer Kurstaat – Reichskanzler. Frankfurt a.M. u.a. 2001, S. 27-51.

93 Auf Ziesar, welches seit 1327 ständige Residenz des Bischofs von Brandenburg war, wirkte sich dies negativ aus.

94 Am 01.11.1539 reichte Jagow dem Kurfürsten das Abendmahl in beiderlei Gestalt.

> »wohl eine praktische Nutzanwendung nach der Kirchenordnung [1540], wenn [Kurfürst] Joachim [II.] sowohl persönlich als auch durch den Generalsuperintendenten [..] Anfang 1541 auf den damals 60jährigen Bischof Matthias [...] einwirkte, eine Ehe einzugehen«.[95]

Jagows Hochzeit mit dem märkischen Edelfräulein Katharina von Rochow wurde im Frühsommer 1541 auf Schloß Ziesar gefeiert[96], und sogar zu der etliche Zeit später begangenen Zeremonie des ›Beilagers‹ wurden Gäste eingeladen.

Spätestens nachdem die protestantischen Reichsstände den Resten der altgläubigen Reichskirche schließlich mit dem »Geistlichen Vorbehalt« des Augsburger Religionsfriedens (1555) eine Bestandsgarantie konzedieren mußten, der zufolge mit jeder ›Konversion‹ zugleich der Amtsverlust verbunden war, galt der Grundsatz: Wer von den geistlichen Fürsten seinen Rang nicht verlieren wollte, der mußte altgläubiger Bischof bleiben. Zu diesem Zweck mußte er weiterhin dissimulieren und ein Mindestmaß an Diskretion wahren, zumindest aber einen öffentlichen Skandal vermeiden. Beginnend mit den Informativprozessen[97], sind die Beschlüsse des Tridentinums

95 *Gottfried Wentz* u.a. (Bearb.), Das Bistum Brandenburg. (Germania sacra. Historisch-statistische Darstellung der deutschen Bistümer, Domkapitel, Kollegiat- und Pfarrkirchen, Klöster und sonstigen kirchlichen Institute, I: Die Bistümer der Kirchenprovinz Magdeburg.) 2 Bde., Ndr. Berlin/New York 1963, hier Bd. 1, S. 57f.; *Schultze*, Brandenburg (wie Anm. 25), Bd. 4, S. 31 mit Verweis auf Spezialliteratur.

96 Aus diesem Anlaß verlieh ihm Joachim II. das Dorf Wachow auf Lebenszeit.

97 Wie aufschlußreich diese sowohl für die Verhaltensformen von Dynastensprossen als auch für den kurialen Pragmatismus nach dem Tridentinum sind, zeigt der von *Max Lossen*, Der Kölnische Krieg. 2 Bde., Gotha/München 1882-97, hier Bd. 2, S. 33f., gebotene und im folgenden danach zitierte Bericht des päpstlichen Nuntius Castagna über den zum Erzbischof von Köln vorgesehenen Gebhard Truchseß von Waldburg (1579): Gebhards Leben als junger Kanonikus in Augsburg sei nicht tadelsfrei gewesen, aber das sei »bei einem jungen, hübschen Mann, der zudem einen guten Trunk liebe, fast vorauszusetzen«. Daß sich Gebhard Freunde mache ohne Rücksicht auf ihr Bekenntnis, sei hierzulande Brauch. Zwar kein Spieler, sei Gebhard auch jetzt durchaus ein Freund von Gastereien, manchmal auch des starken Trunkes, »aber nach der schlechten Sitte dieser Lande gelte das eher für eine Tugend, denn für ein Laster, und diene dazu, einem gute Freunde zu verschaffen. Weil nun Bacchus gewöhnlich auch Frau Venus im Gefolge habe, habe er, der Nuntius, auch hierüber nachgeforscht, aber bisher nichts erfahren, als daß Gebhard entweder in diesem Punkt enthaltsam sei oder wenigstens jedes Aergernis zu vermeiden wisse«. Im übrigen habe Gebhard diese Attribute der Lebensführung mit den meisten Adeligen und geistlichen Standesgenossen gemein. Aufgrund dieser Daten gab die Kurie ihr »Nihil obstat«; am 19.03.1580 folgte die päpstliche Konfirmation. Zu

(1561/63) an der römischen Kurie und auf der fürstlichen Ebene in der Regel in diesem Sinne pragmatisch ausgelegt und die Verstöße gegen die aufrechterhaltene Zölibatsidee dadurch perpetuiert worden. Auch im Bereich der weltlichen Fürsten – nunmehr beiderlei Konfession – ›überlebten‹ konkubinäre Lebensformen das Reformationszeitalter, weil sie weiterhin die Folge und Kompensation schichtenspezifischer Existenzbedingungen, Verhaltensformen und Familienstrategien waren. Dabei waren das öffentliche Dissimulieren der weltlichen Akteure und das kirchliche Dispenswesen, welche im Mittelalter zur Versöhnung von Norm und Realität beigetragen hatten, kaum noch vonnöten. Von der rigoros disziplinierten Untertanengesellschaft abgeschichtet, schuf sich der weltliche Reichsadel katholischer wie protestantischer Konfession mit den Figuren der Ehe minderen Rechts, der Ehe zur linken Hand oder der morganatischen Ehe[98] die seinen fortbestehenden Bedürfnissen gerecht werdenden Rechtsmittel und imitierte im 17./18. Jahrhundert das französische Mätressenwesen[99], so gut dies eben ging.

Gebhards möglicherweise schon zwei Jahre zuvor gesponnener, in Skandal und Krieg mündender Beziehung zu der Gerresheimer Stiftsdame Agnes von Mansfeld siehe *Heinig*, »Omnia vincit amor« (wie Anm. 2), S. 288f.

98 Dafür, daß morganatische Ehen ziemlich dieselben erbrechtlichen Konsequenzen zeitigten, sei auf folgendes, von *Sikora*, Verbindlichkeiten (wie Anm. 1), sub ›19‹ kurz angesprochenes Beispiel verwiesen, welches *Hermann Hoogeweg*, Die Heirat Herzogs Otto des Älteren mit Metta von Campe, in: Zeitschrift des Historischen Vereins für Niedersachsen 65, 1900, S. 249-281, ausführlich behandelt: Als Herzog Heinrich der Mittlere von Braunschweig-Lüneburg (1468-1532) der Hildesheimer Fehde wegen 1520 der Reichsacht verfallen und nach Frankreich geflüchtet war, war es an dessen ältestem Sohn Otto von Braunschweig-Lüneburg (1495-1549), die Regierung auszuüben. Schon 1524 trat dieser aber davon zugunsten seines jüngeren Bruders Ernst (»der Bekenner«, 1497-1546) zurück und ließ sich mit einer ansehnlichen Apanage sowie dem Amt Harburg als kleiner Herrschaft abfinden. Zu den Motiven gehörte zweifellos seine Beziehung zu Metta (Mechtild) von Campen (Campe), der Tochter eines braunschweigischen Edelmannes, die er 1525 heiratete. Möglicherweise anläßlich des ersten Kindes einigte er sich zwei Jahre später mit seinem regierenden Bruder über die familienrechtlichen Konsequenzen dieser »morganatischen« Ehe: Otto verzichtete mit Ausnahmen auf seine Ansprüche auf das Fürstentum; Metta sollte sich nicht als »Herzogin«, sondern als »des Herzogs liebe Vertraute« titulieren; die Morgengabe sollte 400 fl. betragen; eventuelle Söhne sollten keinerlei Nachfolgerechte haben, sondern einmalig 3000 fl. erhalten; die Töchter sollten keine Versorgungsansprüche haben, sondern einmalig 1.500 fl. erhalten. Dennoch erhob nach seinem Tod sein Sohn Otto (II.), der übrigens hochadelig heiratete, differenzierte Erbansprüche auf das Herzogtum, was zu langen Prozessen führte.

99 Siehe dazu grundlegend *Rabeler*, Mätressen (wie Anm. 2).

ELLEN WIDDER

Skandalgeschichten oder Forschungsdesiderate?

Illegitime Verbindungen im Spätmittelalter aus geschichtswissenschaftlicher Perspektive

Die Akzeptanz nichtehelicher Verhältnisse ist in der Gegenwartsgesellschaft in den vergangenen Jahrzehnten deutlich gestiegen. Außerhalb einer Ehe geborene Kinder, die noch vor einiger Zeit mit dem nicht eben positiv gemeinten Prädikat »unehelich« versehen und damit abgestempelt wurden, tragen ebenso wie ihre »ledigen« Mütter heute nicht mehr das soziale Stigma, das ihnen noch bis vor circa zwei Generationen anhaftete. Begriffe wie »Konkubinat« und »Illegitimität« wirken distanziert, aber altmodisch und nicht mehr recht in unsere Zeit gehörig.

Blickt man aus der Gegenwartsgesellschaft auf die Sphäre der vormodernen Königs- und Fürstenhöfe, dann scheinen die alten moralischen Kategorien erneut aufzubrechen und »ungeordnete Verhältnisse« allenfalls in sublimierter Form in Literatur und Oper akzeptabel zu sein. Im Mittelpunkt des Interesses stehen selbstverständlich nicht die unehelichen Kinder, sondern deren Mütter – und natürlich nicht in ihrer Mutterrolle! Das Milieu der Konkubinen, Kurtisanen und Mätressen hat einerseits etwas Zweideutiges, Halbseidenes, aber auch – darin liegt sein Reiz – etwas die gesellschaftlichen und zeitlichen Zwänge Überwindendes, der »Liebe Raum Gebendes« (so auch der Titel dieses Bandes). Die Beschäftigung damit klingt damit zwar einerseits fast nach »voyeuristischer Hofberichterstattung«, anderseits aber auch nach romantischer, die Standesgrenzen überschreitender Liebe. Nur nach Wissenschaft klingt es so gut wie gar nicht.[1]

1 Die anhaltende Faszination des Themas belegt eine chronologische Auswahl an Neuerscheinungen aus den letzten Jahren: *Walter Fellmann*, Mätressen. Leipzig 1994; *Marita A. Panzer*, Barbara Blomberg (1527-1597). Bürgerstochter und Kaisergeliebte. Regensburg 1995; *Monica Kurzel-Runtscheiner*, Töchter der Venus. Die Kurtisanen Roms im 16. Jahrhundert. München 1995; *Klaus Thiele-Dohrmann*, Pikant wie ein Engel. Hetären, Kurtisanen, Mätressen. Hamburg 1995; *Caroline Hanken*, Vom König geküßt. Das Leben der großen Mätressen. Berlin 1996; *Susanne Dieterich*, Liebesgunst. Mätressen in Württemberg. Leinfelden-Echterdingen 1996; *Helga A. Thoma*, »Madame, meine teure Geliebte …«. Die Mätressen der französischen Könige. Wien 1996; *Andrea Weisbrod*, Von Macht und Mythos der Pompadour. Die Mätressen im politischen Gefüge des französischen Absolutismus. Königstein/Ts. 2000; *Sybille Oßwald-Bargende*, Die Mätresse, der Fürst und die

In diesem Beitrag soll danach gefragt werden, welcher Platz außerehelichen sexuellen Beziehungen und illegitimen Kindern von der geschichtswissenschaftlichen Forschung bislang eingeräumt wurde, welche Deutungsmuster bei ihrer Bewertung eine Rolle spielen, wie die Überlieferungssituation zu ihnen beschaffen ist, welche Aussagen man über sie treffen kann und ob sie über ihren wie auch immer beschaffenen Sensationsgehalt hinaus einen Platz in der Geschichtsforschung beanspruchen können.[2]

»Splendeurs et Miserère des Courtisans« (dt. »Glanz und Elend der Kurtisanen«), der 1838 bis 1847 in vier Teilen erschienene Roman Honoré de Balzacs[3], prägt bis auf den heutigen Tag mit seinem eingängigen Titel unsere Sicht auf diese vergangene Welt und gibt dem Thema einen eigenen, schon fast morbiden Reiz. So feierte etwa eine große Ausstellung vor wenigen Jahren Madame de Pompadour, die schöne und bis heute berühmte Mätresse Ludwigs XV. von Frankreich, als Kunstmäzenin des 18. Jahrhunderts. Auch hier herrschte die ›Schlüssellochperspektive‹ vor, wie der deutsche Titel der Ausstellung bereits in seiner französischen Wortwahl programmatisch verkündete: »Madame de Pompadour. L'Art et l'Amour«.[4] ›Natürlich‹ ist auch

Macht. Christina Wilhelmina von Grävenitz und die höfische Gesellschaft. (Geschichte und Geschlechter, Bd. 32.) Frankfurt a.M./New York 2000; *Dies.*, Sonderfall Mätresse? Beobachtungen des Typus des Favoriten aus geschlechtergeschichtlicher Perspektive am Beispiel der Christina Wilhelmina von Grävenitz, in: Der zweite Mann im Staat. Oberste Amtsträger und Favoriten im Umkreis der Reichsfürsten in der Frühen Neuzeit. (Zeitschrift für Historische Forschung, Beih. 32.) Hrsg. von Michael Kaiser/Andreas Pečar. Berlin 2003, S. 137-154; Nonne, Königin und Kurtisane. Wissen, Bildung und Gelehrsamkeit von Frauen in der Frühen Neuzeit. Hrsg. von Michaela Hohkamp/Gabriele Jancke. Königstein/Ts. 2004. – Auch im deutschen Fernsehen wurde das Thema Weihnachten 2005 mit einem dreiteiligen »Doku-Drama« gewürdigt: »Mätressen – Die geheime Macht der Frauen«; vgl. ›http://www.mdr.de/boulevard/1990762.html‹ (vom 18.04.2006).

2 Die diskutierten Beispiele werden sich auf das Spätmittelalter konzentrieren, wobei im Bedarfsfall auch einzelne Ausblicke in die Frühe Neuzeit gewagt werden; vgl. *Ellen Widder*, Konkubinen und Bastarde. Günstlinge auf Zeit oder Außenseiter an Höfen des Spätmittelalters?, in: Der Fall des Günstlings. Hofparteien in Europa vom 13. bis zum 17. Jahrhundert. Hrsg. von Jan Hirschbiegel/Werner Paravicini. (Residenzenforschung, Bd. 17.) Stuttgart 2004, S. 417-480.

3 Vgl. *Heide Eilert*, Art. »Splendeurs et Misères des Courtisanes«, in: Kindlers Neues Literatur Lexikon. Hrsg. von Walter Jens. Studienausgabe, Bd. 2, München 1996, S. 172-174.

4 Madame de Pompadour. L'Art et l'Amour. Hrsg. von Xavier Salomon/Johann Georg Prinz von Hohenzollern. München 2002. Die zuvor in Paris gezeigte, etwas kleinere Schau trug den weit weniger anspielungsreichen Titel »Madame Pompadour et les Arts«. Die ›Schlüssellochperspektive‹ hat Tradition. Dies belegen bereits die anonym auf uns gekommenen, 1752 in Köln erschienenen zweibändigen »Galanteries des rois de France« eines anonymen Verfassers aus der Glanzzeit der Pompadour. Zum Spätmittelalter hören

ihr Lebensende von Tristesse, Melancholie, Verlust der Schönheit und chronischer Erkrankung überschattet. Dies konnte man schon fast selbstverständlich annehmen und bekam es in der Ausstellung durch einen die Hintergründe erläuternden Dokumentarfilm auch gleich bestätigt. Kameliendamen erleiden ein solches Schicksal. Aber auch eine politische Botschaft transportierte die Schau: Die Pompadour wurde darin als »Todesengel« des Ancien régime gedeutet, als Symptom und Beschleunigungsfaktor eines Prozesses, der schon eine Generation später in der Französischen Revolution blutig eskalierte und zum Ende der Monarchie und des höfischen Frankreichs führte.

Der Umstand, daß aus solchen Beziehungen auch Kinder hervorgegangen sind, prägte bislang nicht wesentlich das Interesse am Thema. Vielleicht ist dies ebenfalls ein Ausdruck unserer zeitgebundenen Wahrnehmung, die Sexualität von Fortpflanzung abgekoppelt hat. Madame de Pompadour selbst bietet ein interessantes Beispiel dafür, daß es sich bei solchen Kindern nicht immer um eindeutige Fälle von Illegitimität handeln mußte: Jeanne-Antoinette Poisson, so ihr Mädchenname, wurde 1721 als Tochter des Verwalters François Poisson und seiner Gemahlin Louise-Madeleine de La Motte geboren. Nur am Rande erfuhr man in der Ausstellung, daß das junge Mädchen durch einen väterlichen Freund der Familie namens Charles François Paul Lenormant de Tournehem erheblich protegiert wurde. Dies lag offenbar nicht nur in ihrer großen Schönheit begründet, sondern in der schlichten Tatsache, daß dieser sich für ihren leiblichen Vater hielt. Indem er sie mit seinem Neffen verheiratete, verschaffte er ihr nicht nur einen Platz in seiner Familie, sondern auch den Zutritt zum Hof des Königs.[5] Heute

wir darin von »Intrigues de la Cour de France, sous le règne de Philippe le Bel« bis hin zu François I. (ebd., Bd. 1, S. 76-119). Ferner: Menantes [= *Christian Friedrich Hunold*], Der Europäischen Höfe Liebes- und Helden-Geschichte. Hamburg 1705; *Karl Ludwig von Pöllnitz*, Das galante Sachsen. Frankfurt a.M. 1753; ansonsten die verschiedenen Publikationen von Eduard Vehse über die europäischen Höfe.

5 Auch hier gehen die Meinungen auseinander. Alden R. Gordon spricht von »zahlreichen, in der zeitgenössischen Literatur verbreiteten Unwahrheiten«, ohne sich zu ihrem Inhalt näher zu äußern. Er verweist lediglich auf den Umstand, daß die Mutter nach der Flucht des Ehemannes »Schutz und Sicherheit für sich selbst und ihre junge Familie bei einem verwitweten Geschäftspartner [= Lenormant de Tournehem], dem Arbeitgeber ihres Mannes« suchte und dort fast neun Jahre lebte; vgl. *Ders.*, Das kunstsinnige Geschwisterpaar: Der Einfluß des Marquis de Marigny auf Madame de Pompadour, in: Madame de Pompadour. L'Art et l'Amour. Hrsg. von Xavier Salomon/Johann Georg Prinz von Hohenzollern. München 2002, S. 54-71, hier S. 57 mit Anm. 6. Demgegenüber bezeichnet Xavier Salomon Lenormant als den »natürliche[n] Vater von Jeanne-Antoinette Poisson«, ebd., Nr. 2, S. 87.

nimmt man an, daß mindestens zehn Prozent aller ehelich geborenen Kinder einen anderen Vater haben als den im Geburtsregister eingetragenen; die Dunkelziffer ist vermutlich noch höher. Dieses seit einiger Zeit immer wieder von den Medien aufgegriffene Thema der »Kuckuckskinder« und ihrer Väter hat einen aktuellen Hintergrund: Erst seit einigen Jahren sind wir in der Lage, eine biologische Vaterschaft mittels genetischer Untersuchung zweifelsfrei nachzuweisen.[6]

Für die fast ausnahmslos dem bürgerlichen Milieu entstammenden deutschsprachigen Historiker des 19. und 20. Jahrhunderts war das Thema Konkubinen und Illegitime bei Hofe keine vergleichende Untersuchung wert. Die »Priester der Klio«[7] mußten in ihm höchstens einen Ausdruck für die moralische Deformation der zu überwindenden bzw. nach 1918 überwundenen Adelswelt betrachten. Wobei hier ohnehin bewußt oder unbewußt in zwei Kategorien geschieden wurde: Auf der einen Seite standen die nichtehelichen Beziehungen von Königen und weltlichen Fürsten zu Frauen, die jedoch mehr oder weniger als eine »Privatangelegenheit« der Betreffenden aufgefaßt wurden und einer gewissen Pikanterie nicht entbehrten.[8] Wenn es sich dabei um geistliche Herren handelte, traten auch Kopfschütteln wenn nicht gar Entrüstung angesichts solcher Scheinheiligkeit hinzu. In diesem Fall bot sich ein weiteres Argument für die nach der Reformation bzw. spätestens nach der Säkularisation vollkommen zu Recht abgeschafften, da schlecht regierten und sittlich verkommenen geistlichen Fürstentümer.[9]

6 Vgl. u.a. das Buch: Der Kuckucksfaktor. Raffinierte Frauen? Verheimlichte Kinder? Zweifelnde Väter? Hrsg. von Hildegard Haas/Claus Waldenmaier. Prien 2004.

7 Vgl. zum Begriff und seinen Implikationen *Wolfgang Weber*, Priester der Klio. Historisch-sozialwissenschaftliche Studien zur Herkunft und Karriere deutscher Historiker und zur Geschichte der Geschichtswissenschaft. (Europäische Hochschulschriften, Reihe 3, 216.) 2. Aufl. Frankfurt a.M. u.a. 1987.

8 Dies läßt sich bis auf den heutigen Tag beobachten; vgl. die Aufmerksamkeit, die das Auftreten einer illegitimen Tochter auf der Beerdigung des französischen Staatspräsidenten François Mitterrand erregte (*Myriam Carlier*, Kinderen van de minne? Bastaarden in het vijftiende-eeuwse Vlaanderen. [Verhandelingen van de Koninklijke Vlaamse Academie van België voor Wetenschappen en Kunsten, Nieuwe reeks, Bd. 3.] Brüssel 2001, S. 252f., Anm. 115) oder die postume Nachricht über zwei illegitime Töchter des niederländischen Prinzgemahls Bernhard und das entsprechende Echo in der Boulevard-Presse (vgl. De Telegraaf vom 15.12.2004, Titelseite und S. T5).

9 Dieses (Vor-)Urteil zieht sich bis in moderne Darstellungen vgl. z.B. *Wolfgang Hug*, Die Katholische Kirche im deutschen Südwesten und die Große Säkularisation, in: Thomas Adam u.a., Kirchengut in Fürstenhand. 1803: Säkularisation in Baden und Württemberg. Revolution von oben. Heidelberg u.a. 2003, S. 17-24, bes. S. 17-19. In dieser Hinsicht

Auf der anderen Seite standen die aus solchen Verhältnissen hervorgegangenen Kinder, deren Bastardstatus der bürgerlichen Geschichtsforschung teilweise sogar Anlaß zu historischen Spekulationen bot. Diese Bastarde spielten nämlich in der verfassungsgeschichtlichen Diskussion des ausgehenden 19. Jahrhunderts eine interessante Rolle, die m.W. bislang kaum reflektiert wurde. Man sah in ihnen den Ausdruck eines innereuropäischen moralischen Gefälles mit weitreichenden verfassungsrechtlichen Implikationen. So konstatierte der Schweizer Historiker Jacob Burckhardt in seinem Klassiker »Die Kultur der Renaissance in Italien« für das 15. Jahrhundert ein seit dem Hochmittelalter ansteigendes politisches Gewicht der Bastarde in Italien und den westeuropäischen Monarchien Frankreich und Portugal.[10] Dies gipfelte in der These, das Spätmittelalter sei »die Ära der

aufschlußreich ist auch die Lektüre von Überblickswerken zur mittelalterlichen und frühneuzeitlichen Kirche. Wenn sie überhaupt angesprochen wird, dient ›Sittenschwäche‹ häufig als Ausdruck bzw. Indikator von Herrschaftsschwäche; vgl. z.B.: Die Bischöfe des Heiligen Römischen Reiches 1198 bis 1448. Ein biographisches Lexikon. Hrsg. von Erwin Gatz. Berlin 2001, S. 250, 482 und 530f. Zur Sittenlosigkeit des katholischen Klerus als antiklerikale, später protestantische »Forscherobsessionen« vgl. *Gabriela Signori*, »wann ein fruntschafft die andere bringt«. Kleriker und ihre Mägde in spätmittelalterlichen Testamenten (13.-15. Jahrhundert), in: Ungleiche Paare. Zur Kulturgeschichte menschlicher Beziehungen. Hrsg. von Eva Labouvie. München 1997, S. 11-32, bes. S. 30. Wie stark das Thema auch heute noch die Gemüter erregt, zeigt die Darstellung eines kopulierenden Bischofs, gemeint ist Albrecht von Brandenburg, am Stadtbrunnen auf dem Hallmarkt in Halle a.d. Saale durch den zeitgenössischen Bildhauer Bernd Göbel; siehe dazu den Beitrag von Kerstin Merkel in diesem Band.

10 *Jacob Burckhardt*, Die Kultur der Renaissance in Italien. Ein Versuch. Hrsg. von Walter Goetz. 10. Aufl. Stuttgart 1976, S. 19f.: »Mit der politischen Illegitimität der Dynasten des 15. Jahrhunderts hing wiederum zusammen die Gleichgültigkeit gegen die legitime Geburt, welche den Ausländern, z.B. einem Comines, so sehr auffiel. Sie ging gleichsam mit in den Kauf. Während man im Norden, im Haus Burgund etwa, den Bastarden eigene, bestimmt abgegrenzte Apanagen, Bistümer u. dgl. zuwies, während in Portugal eine Bastardlinie sich nur durch die größte Anstrengung auf dem Throne behauptete, war in Italien kein fürstliches Haus mehr, welches nicht in der Hauptlinie irgendeine unechte Deszendenz gehabt und ruhig geduldet hätte. Die Aragonesen von Neapel waren die Bastardlinie des Hauses, denn Aragon selbst erbte der Bruder von Alfons I. Der große Federigo von Urbino war vielleicht überhaupt kein Montefeltro. Als Pius II. zum Kongreß von Mantua (1459) reiste, ritten ihm bei der Einholung in Ferrara ihrer acht Bastarde vom Haus Este entgegen, darunter der regierende Herzog Borso selbst und zwei uneheliche Söhne seines ebenfalls unehelichen Bruders und Vorgängers Leonello. Letzterer hatte außerdem eine rechtmäßige Gemahlin, Maria, gehabt, und zwar eine uneheliche Tochter Alfons' I. von Neapel von einer Afrikanerin. Die Bastarde wurden schon deshalb öfter zugelassen, weil die ehelichen Söhne minorenn und die Gefahren dringend waren; es trat eine Art von Signorat ein ohne weitere Rücksicht auf echte oder unechte

Bastarden« gewesen. Dieses bis heute vielzitierte Diktum stammt aber nicht von Burckhardt, sondern ist der Titel einer im Jahre 1891 erschienenen relativ schmalen Monographie von Constantin von Höfler.[11] So bekannt der Titel ist, so wenig bekannt der Inhalt dieser Schrift. Höflers Studie war bei weitem kein wissenschaftlicher Selbstzweck, basierend auf der nüchternen Analyse von Sachverhalten, sondern er sah in den sogenannten »Bastarddynastien« den Ausdruck des ethisch-sittlichen Verfalls des westeuropäischen Königtums ab dem hohen Mittelalter. Wilhelm der Eroberer, selbst ein illegitimer Adelssproß, stand am Anfang dieser für Höfler unheilvollen, weil um sich greifenden Entwicklung. Die von ihm als Herrschaftsform grundsätzlich positiv bewertete Monarchie wähnte er von »schnöden Tyrannen abgelöst«, »denen hierauf die Republik ein Ende bereitete, die aber selbst stufenweise von der Aristokratie zur Demokratie und ihren schlimmsten Ausartungen herabsank [!]«.[12] Der ›Verfall‹ der Sitten an der Staatsspitze hatte demnach einen ›Verfall‹ der Staatsform in die Wege geleitet, an dessen Ende die Demokratie mit der Herrschaft des Pöbels stand. Die deutschen Herrscherdynastien waren – man möchte fast sagen natürlich – frei von derartigen Tendenzen geblieben. Welche Bedrohungsängste hier aufscheinen, ist nicht nur aufschlußreich, sondern erklärt möglicherweise auch den bis heute nachwirkenden starken Grad an Ausblendung des Phänomens Konkubinen und Illegitime an deutschen Höfen des Spätmittelalters und der frühen Neuzeit.

Geburt. Die Zweckmäßigkeit, die Geltung des Individuums und seines Talentes sind hier überall mächtiger als die Gesetze und Bräuche des sonstigen Abendlandes. War es doch die Zeit, da die Söhne der Päpste sich Fürstentümer gründeten!« Hierzu wäre zu sagen, daß auch der »große Federigo von Urbino« die größten Anstrengungen unternahm, seine illegitime Geburt und seine dubiose Herrschaftsnachfolge zu verschleiern bzw. durch ostentative Prachtentfaltung, geschickte Propaganda und nackte Gewalt zu überdecken; vgl. die neuere biographische Studie von *Bernd Roeck/Andreas Tönnesmann*, Die Nase Italiens. Federico da Montefeltro, Herzog von Urbino. 2. Aufl. Berlin 2005, bes. S. 16-83.

11 *Constantin R. von Höfler*, Die Ära der Bastarden am Schlusse des Mittelalters. (Abhandlungen der Classe für Philosophie, Geschichte und Philologie der königlich böhmischen Gesellschaft der Wissenschaften, 7. Folge, 4.) Prag 1891, S. 2f. Zum zeitgenössischen Illegitimitätsdiskurs in Preußen vgl. *Beate Harms-Ziegler*, Illegitimität und Ehe. Illegitimität als Reflex des Ehediskurses in Preußen im 18. und 19. Jahrhundert. (Schriften zur Rechtsgeschichte, Bd. 51.) Berlin 1991, die eine Verstärkung der negativen Bewertung ab den 1860er Jahren konstatiert (ebd., S. 361-371).

12 So ist ihm die englische Geschichte des Mittelalters, »verwachsen auf das Innigste mit dem englischen Königthum, […] Jahrhunderte hindurch eine fast ununterbrochene Gräuelperiode. Sie kann der Traditionen des Bastardkönigthums und seiner empörenden Wildheit nicht mehr sich entledigen«; *Höfler*, Ära (wie Anm. 11), S. 8.

Die Zeitgebundenheit der Wertungen des Jahres 1891 ist evident, zumal man sich in diesem Zusammenhang vergegenwärtigen sollte, daß seit der Mitte des 19. Jahrhunderts das soziale Ansehen illegitim Geborener signifikant absank und sie Ziel starker moralischer Bewertungen wurden, wie neuere Untersuchungen belegen.[13] Moderne Deutungsmuster – dies lehrt das Beispiel der Pompadour-Ausstellung – bezeugen aber ebenfalls nicht gerade Unvoreingenommenheit. Betrachtet man die Französische Revolution als säkulare Wende hin zu demokratischen Regierungsformen, dann zielen beide aus unterschiedlichen Positionen sogar in die gleiche Richtung![14] Diese Deutungsschemata haben offenbar – so merkwürdig dies auch klingt und so wenig dies bislang reflektiert wurde – den Gang der Forschung bis auf den heutigen Tag in starkem Maße beeinflußt. Gerade in bezug auf nichteheliche Partnerschaften und illegitime Kinder herrschen in England, Frankreich, Belgien und in den Niederlanden auffällig andere Forschungstraditionen als in Deutschland. Gerade in England hatte die sozialwissenschaftliche Forschung das Thema Illegitimität bereits seit den späten 1960er Jahren auch unter historischer Perspektive entdeckt. Ausgangspunkt bzw. Anlaß war offenbar das Problem der öffentlichen Sozialfürsorge, da die Illegitimenraten seit den 1960er Jahren dank sexueller Befreiung und trotz Antibabypille sprunghaft anstiegen.[15] Das historische Potential des Themas lag darin, daß man an ihm, seinem Vorkommen und seiner Akzeptanz historisch und regional unterschiedliche Einstellungen von Gesellschaften bzw. einzelnen sozialen Gruppen (»bastardy prone sub-society«) gegenüber Partnerschaft und Familie gut beobachten konnte.[16] Aufgrund der singulären

13 Vgl. *Harms-Ziegler*, Illegitimität und Ehe (wie Anm. 11).

14 Der Diskurs über den ›Sittenverfall‹ in Deutschland im Zuge der Französischen Revolution setzte bereits wenige Jahre nach dem Ereignis ein; vgl. Ignaz Heinrich Karl von Wessenberg, einen der Vordenker der katholischen Aufklärung mit seinem 1799 erschienenen Gedicht »Über den Verfall der Sitten in Teutschland. Eine poetische Epistel«, in: Alte Klöster. Neue Herren. Die Säkularisation im deutschen Südwesten 1803. Hrsg. von Volker Himmelein. (Ausstellungskatalog) Ostfildern 2003, Nr. II.27, S. 95.

15 Vgl. *Peter Laslett/Karla Oosterveen*, Long-term Trends in Bastardy in England. A Study of the Illegitimate Figures in the Parish Registers and in the Reports of the Registrar General, 1561-1960, in: Population Studies 27/2, 1973, S. 255-286, hier S. 255: »It creates one of the perennial problems in social welfare. It is at one and the same time demographic and social, biological and ideological«.

16 Entscheidende Impulse gingen damals von der Cambridge Group for the History of Population and Social Structure unter ihrem Leiter Peter Laslett aus; vgl. *Laslett/Oosterveen*, Bastardy in England (wie Anm. 15); ferner den Sammelband *Peter Laslett* u.a. (Hrsg.), Bastardy and its Comparative History. Studies in the history of illegitimacy and marital nonconformism in Britain, France, Germany, Sweden, North America, Jamaica and Japan.

seriellen Quellenüberlieferung bestand in England zudem die einzigartige Möglichkeit, statistische Untersuchungen in einer langfristigen Perspektive vom 16. bis ins 20. Jahrhundert vorzunehmen.[17] Zwar entzog sich das Mittelalter lange solchen statistischen Zugriffen, doch blieb der Zeitraum vom Forschungsinteresse nicht ausgespart. Hiervon war auch die höfische Sphäre nicht ausgenommen, wie die Studien von Mikhaël Harsgor über »L'essor des bâtards nobles au XVe siècle« aus dem Jahr 1975[18], das 1984 erschienene Buch von Chris Given-Wilson und Alice Curteis über »The Royal Bastards of Medieval England«[19] oder die Arbeiten von Miriam Carlier über Bastarde in der spätmittelalterlichen Grafschaft Flandern[20] belegen. Neben der vor-

(Studies in Social and Demographic History, Bd. 1.) London 1980. Vgl. darin (S. 1-68) bes. den thematischen und methodologischen Einführungsaufsatz *Peter Laslett*, Introduction: comparing Illegitimacy over Time and between Cultures; ferner *Ders.*, The bastardy prone sub-society, in: ebd., S. 217-246. U.a. ging es bei den Studien um die Überprüfung des »European marriage pattern« mit seinen umfassenden Heiratsbeschränkungen, das nennenswerte Bevölkerungsanteile von der Ehe ausschloß und zu einem relativ hohen Heiratsalter führte; *Pier Paolo Viazzo*, Illegitimacy and the European Marriage Pattern. Comparative Evidence from the Alpine Area, in: The World we have Gained. Histories of Population and Social Structure. Hrsg. von L. Bonfield u.a. Oxford 1986, S. 100-121. An neueren, von Peter Laslett angeregten Arbeiten vgl. *Richard Adair*, Courtship, Illegitimacy and Marriage in early modern England. Manchester/New York 1996.

17 Zu den seit der Zeit Heinrichs VIII. nachweisbaren Kirchenbüchern und dem in der 1. Hälfte des 19. Jh. eingeführten Registrar-General vgl. *Laslett*, Introduction (wie Anm. 16), S. 48f. Mit Illegitimität in geschichtlicher Perspektive befaßt sich auch *David Gill*, Illegitimacy, Sexuality and the Status of Women. Oxford 1977.

18 *Mikhaël Harsgor*, L'essor des bâtards nobles au XVe siècle, in: Revue Historique 253, 1975, S. 319-354; *Françoise Autrand*, Naissance illégitime et service de l'Etat. Les enfants naturels dans le milieu de robe parisien XIVe-XVe siècle, in: Revue historique 267, 1982, S. 289-303. Vgl. ferner die Literaturangaben bei *Neithard Bulst*, Illegitime Kinder – viele oder wenige? Quantitative Aspekte der Illegitimität im spätmittelalterlichen Europa, in: Illegitimität im Spätmittelalter. Hrsg. von Ludwig Schmugge. (Schriften des Historischen Kollegs, Bd. 29.) München 1994, S. 21-39, hier S. 35-38; für die Frühe Neuzeit auch *Claude Grimmer*, La femme et le bâtard. Amours illégitimes et secrètes dans l'ancienne France. Paris 1983.

19 *Chris Given-Wilson/Alice Curteis*, The Royal Bastards of Medieval England. London u.a. 1984. Ferner *T. R. Davies*, The glory of being a bastard?, in: The Coat of Arms n.s. III/108, 1978/79, S. 94-104.

20 *Myriam Carlier*, De sociale positie van de bastaard in het laat middeleeuwse Vlaanderen, in: Tijdschrift voor Sociale Geschiednis 13/2, 1987, S. 173-197; *Dies.*, Kinderen (wie Anm. 8). Ferner die ältere Arbeit von *Pierre Comte de Lichtervelde*, Les Bâtards de Louis de Male, in: Handelingen van de Genootschap voor Geschiedenis gesticht onder de benaming Société d'Emulation te Brugge 78, 1935, S. 48-58. Für die Niederlande vgl. *H. F. K. van Nierop*, Adellijke bastaarden in de zestiende eeuw, in: Bestuurders en geleerden. Bundel voor Prof. Dr. J. J. Wolbjer. Hrsg. von S. Groenveld. Amsterdam 1985, S. 11-22.

nehmlich auf das städtische Milieu bezogenen Arbeit von Carlier stellen die Forschungen zu den spätmittelalterlichen Herzögen von Burgund, ihrer Hofkultur und ihren Bastarden ein Dauerthema der historischen Forschung gerade in Belgien, aber auch in Frankreich und den Niederlanden dar.[21]

Im deutschsprachigen Raum fanden die in Westeuropa angestoßenen und von dort ausstrahlenden sozialgeschichtlichen Forschungen der 1970er und frühen 1980er Jahre zu außerehelicher Sexualität und Illegitimität lange wenig bis gar keine Resonanz.[22] Konzentriert man sich auf das Mittelalter, dann ist der Befund hier noch gravierender. Neben dem 1978 von Bernhard Schimmelpfennig verfaßten Aufsatz über »Zölibat und Lage der ›Priestersöhne‹ vom 11. bis zum 14. Jahrhundert« existierte ein 1986 im Handbuch zur Sozialgeschichte der Kindheit publizierter Überblick von Rolf Sprandel über die »Diskriminierung der unehelichen Kinder im Mittelalter«.[23]

21 *H. Nelis*, Bâtards de Brabant et bâtards de Bourgogne, in: Revue belge de Philologie et d'Histoire 1/1, 1922, S. 337-342; *Marcel Bergé*, Les Bâtards de la Maison de Bourgogne et leur descendance, in: L'intermédiaire des généalogistes 60, 1955, S. 316-408. An Untersuchungen zu einzelnen Konkubinen und Bastarden aus dem burgundischen Herzogshaus wären u.a. zu nennen *F. Brassart*, La fin d'une maîtresse de Philippe le Bon. Nicolle La Chastellaine, dite Du Bosquet, in: Souveniers de la Flandre Wallonne 14, 1874, S. 186-195; *S. Zilverberg*, David van Bourgondië, bisschop van Terwaan en van Utrecht. (Bijdragen van het Instituut voor Middeleeuwsche Geschiedenis der Rijksuniversiteit te Utrecht, Bd. 24.) Groningen 1951; *Jozef Sterk*, Philips van Bourgondië (1465-1527), bisschop van Utrecht, als protagonist van de Renaissance. Zijn leven en maecenaat. Zutphen 1980; *José Clement*, Antoine de Bourgogne, dit le Grand Bâtard, in: Publications du Centre européen d'Études bourguignonnes (XIVe-XVIe s.) 30, 1990, S. 165-182; *Christiane van den Bergen-Pantens*, Héraldique et bibliophilie. Le cas d'Antoine, Grand Bâtard de Bourgogne (1421-1504), in: Miscellanea Martin Wittek. Album de codicologie et de paléographie. Hrsg. von Anny Raman/Eugène Manning. Louvain/Paris 1993, S. 332-354.

22 Eine Ausnahme bildet *Michael Mitterauer*, Ledige Mütter. Zur Geschichte illegitimer Geburten in Europa. München 1983. Die Untersuchung über Deutschland im Zweiten Kaiserreich wurde 1980 von zwei in Amerika forschenden Historikern vorgenommen; vgl. *John Knodel/Sven Hochstadt*, Urban and rural Illegitimacy in Imperial Germany, in: Peter Laslett u.a. (Hrsg.), Bastardy and its Comparative History. Studies in the history of illegitimacy and marital nonconformism in Britain, France, Germany, Sweden, North America, Jamaica and Japan. (Studies in Social and Demographic History, Bd. 1.) London 1980, S. 284-312.

23 *Bernhard Schimmelpfennig*, Zölibat und Lage der »Priestersöhne« vom 11. bis zum 14. Jahrhundert, in: Historische Zeitschrift 227, 1978, S. 1-44; *Rolf Sprandel*, Die Diskriminierung der unehelichen Kinder im Mittelalter, in: Zur Sozialgeschichte der Kindheit. Hrsg. von Jochen Martin/August Nitschke. (Veröffentlichungen des Instituts für Historische Anthropologie, Bd. 4.) Freiburg/München 1986, S. 487-502.

Erst in den 1990er Jahren wurde das Thema Konkubinate und Illegitimität im Mittelalter von der deutschsprachigen Geschichtswissenschaft[24] unter spezifischen Fragestellungen in den Blick genommen. Hinzuweisen wäre an dieser Stelle auf Ludwig Schmugge und einen Kreis von Kollegen und Mitarbeitern. Anlaß dieser Forschungsoffensive waren aber keineswegs dringende Forschungsdesiderata, sondern der Umstand, daß bisher der Benutzung unzugängliche Archivbestände von seiten der päpstlichen Kurie überraschend für die Wissenschaft freigegeben wurden.[25] Hiervon soll weiter unten noch genauer die Rede sein. In dem von ihm untersuchten Quellenmaterial spiegelte sich die kirchliche Sphäre des Spätmittelalters; von daher spielte der Hof in seinem Untersuchungskontext nur eine marginale Rolle und blieb weitgehend ausgeklammert.[26] Noch neuere Studien gingen davon aus, daß es zwar Bastarde an deutschen Höfen gegeben habe, diese aber kaum Handlungsspielräume besessen hätten. Das gleiche gilt für Konkubinen, denen allenfalls eine Randexistenz zugebilligt wird.[27] Warum das Thema seit einigen Jahren auch in Deutschland diskutiert wird, lohnt die Überlegung. Die längste Zeit des 20. Jahrhunderts haben Historiker dem spätmittelalterlichen und frühneuzeitlichen Hof vornehmlich als Ort früher Behördenbildung Aufmerksamkeit geschenkt. Hier hat in den letzten beiden Jahrzehnten ein Paradigmenwechsel hin zum Hof als sozialem System stattgefunden; seitdem ist er zunehmend zum Objekt sozialgeschichtlicher Forschung geworden. Doch hier dominierten bislang ganz bestimmte Gruppen wie gelehrte, d.h. an Universitäten ausgebildete Räte, Kanzleipersonal, d.h. diejenigen, die an der Schaltstelle schriftgestützter Herrschaftsausübung saßen, sowie Geldgeber aus der – ich ergänze: bürgerlichen – Hochfinanz.[28] Es ist evident, daß hier bürgerliche Historiker ihre historischen Vorbilder jenseits der adeligen

24 Von kunsthistorischer Seite vgl. *Andreas Tacke*, Agnes Pless und Kardinal Albrecht von Brandenburg, in: Archiv für Kulturgeschichte 72, 1990, S. 347-365.

25 Illegitimität im Spätmittelalter. Hrsg. von Ludwig Schmugge. (Schriften des Historischen Kollegs, Bd. 29.) München 1994; *Ludwig Schmugge*, Kirche, Kinder, Karrieren: Päpstliche Dispense von der unehelichen Geburt im Spätmittelalter. Zürich 1995. Für das Frühmittelalter vgl. *Andrea Esmyol*, Geliebte oder Ehefrau? Konkubinen im frühen Mittelalter. (Archiv für Kulturgeschichte, Beih. 52.) Köln u.a. 2002.

26 *Ludwig Schmugge*, Schleichwege zu Pfründe und Altar. Päpstliche Dispense vom Geburtsmakel 1449-1533, in: Historische Zeitschrift 257, 1993, S. 615-645, bes. S. 625-629; *Ders.*, Kirche (wie Anm. 25), S. 227-236, zu anderen Adelsgeschlechtern vgl. S. 236-241.

27 Vgl. *Paul-Joachim Heinig*, »Omnia vincit Amor« – Das fürstliche Konkubinat im 15./16. Jahrhundert, in: Principes. Dynastien und Höfe im späten Mittelalter. Hrsg. von Cordula Nolte u.a. (Residenzenforschung, Bd. 14.) Stuttgart 2002, S. 277-314, hier S. 293 (Konkubinen), 298 (Bastarde).

28 Vgl. *Widder*, Konkubinen und Bastarde (wie Anm. 2), S. 429.

Eliten von einst suchten und fanden. Daß daneben der Herrscher und seine Dynastie Aufmerksamkeit verdienten, ist fast selbstverständlich und nicht zuletzt der langen Tradition dynastischer Geschichtsforschung geschuldet.[29] In den letzten eineinhalb Jahrzehnten sind sozialgeschichtliche und historisch-anthropologische Fragestellungen hinzugekommen wie die nach dem »Frauenzimmer«, »Erziehung und Bildung« sowie dem »Günstling bei Hofe«.[30] In der jüngsten Zeit sind in diesem Zusammenhang auch Konkubinen und illegitime Sprößlinge bei Hofe thematisiert worden.[31]

Warum tut man sich so schwer mit dem Thema? Sieht man einmal von den oben bereits angesprochenen älteren Forschungstraditionen ab[32], dann stoßen wir bei der Erforschung von Konkubinen und den Kindern aus illegitimen Verbindungen aus geschichtswissenschaftlicher Sicht auf eine Reihe von Problemen. Dies betrifft zum einen den Bereich der Wahrnehmung von Konkubinen und Illegitimen bei Hofe als »untersuchungswürdige« Objekte. Im Prozeß fortschreitender Rationalisierung und Modernisierung (man möchte ergänzen: hin zur modernen Gesellschaft) bilden Konkubinen und Mätressen ein vormodernes Element, konterkarierten sie doch mit ihrem unkontrollierten Einfluß auf den Herrn, ihrem »Unterrockregiment«, solche zukunftsweisenden Züge, wie sie gelehrte Räte, Kanzler und bürgerliche Hochfinanziers aufweisen. Man tröstet sich mit dem Verweis auf mentale Dispositionen und auf die sozialen Zwänge des spätmittelalterlichen Menschen, emotionalen Bedürfnissen in einer Zeit eingeschränkter Heiratsmöglichkeiten durch »endogame Heiratskreise« und innerfamiliäre Ratio Rechnung zu tragen.[33] Es handelt sich

29 Vgl. den aktuellen Überblick in: Höfe und Residenzen im spätmittelalterlichen Reich. Ein dynastisch-topographisches Handbuch. Hrsg. von *Werner Paravicini.* (Residenzenforschung, Bd. 51.1.) Bd. 1, Ostfildern 2003.

30 Das Frauenzimmer. Die Frau bei Hofe in Spätmittelalter und früher Neuzeit. Hrsg. von *Jan Hirschbiegel/Werner Paravicini.* (Residenzenforschung, Bd. 11.) Stuttgart 2000; Erziehung und Bildung bei Hofe. Hrsg. von *Werner Paravicini/Jörg Wettlaufer* (Residenzenforschung, Bd. 13.) Stuttgart 2002; Der Fall des Günstlings. Hofparteien in Europa vom 13. bis zum 17. Jahrhundert. Hrsg. von *Jan Hirschbiegel/Werner Paravicini.* (Residenzenforschung, Bd. 17.) Stuttgart 2004.

31 *Heinig,* Omnia vincit Amor (wie Anm. 27); *Widder,* Konkubinen und Bastarde (wie Anm. 2).

32 Nachwirkungen sind gerade in den Bewertungen der älteren Historikergeneration bis heute zu konstatieren; vgl. *Widder,* Konkubinen und Bastarde (wie Anm. 2), S. 432, Anm. 58.

33 Zur Begrifflichkeit und den Hintergründen vgl. *Karl-Heinz Spieß,* Familie und Verwandtschaft im deutschen Hochadel des Spätmittelalters, 13. bis Anfang des 16. Jahrhunderts. (Vierteljahresschriften für Sozial- und Wirtschaftsgeschichte, Beih. 111.) Stuttgart 1993, zu den Illegitimen speziell S. 381-389.

»um eine normale Begleiterscheinung der engen Heiratsschranken weltlicher Fürsten und sie gehörten zum üblichen Karriereverlauf geistlicher Fürsten, wo in der Regel die zweitgeborenen Söhne die kirchliche Laufbahn einschlugen und dabei mehrheitlich nicht auf ihre weltliche Lebensweise verzichten wollten«.[34]

Man muß sich aber auch fragen, warum die Reformation – so die allgemeine Bewertung – dem Thema zunehmende Brisanz verlieh. Vielleicht wirkt sich hier die Sicht der protestantisch geprägten Historikerschaft des 19. und 20. Jahrhunderts aus. Man darf sich vielleicht fragen, ob Luther damals allein als Theologe die konkubinären Bischöfe seiner Zeit kritisierte oder ob sich der einstige Augustinereremit, der er war, nicht selbst in einer Rechtfertigungssituation befand und, in Ehe mit der einstigen Ordensschwester Katharina von Bora, die Flucht nach vorne – in eine neue Moralität – antrat. Hier bietet sich noch ein weites Feld der mentalitätsgeschichtlichen Forschung zwischen Theologie, Kunstgeschichte und Geschichtswissenschaft, das mit ›Reformatorischem Drang‹ oder gar dem ›Prozeß der Zivilisation‹ nur pauschal beschrieben ist. Doch davon weiter unten mehr.

Die bereits hier anklingenden Probleme sind aber nicht nur der modernen Perzeption, den angesprochenen Forschungstraditionen und dem bislang vorherrschenden Forschungsinteresse geschuldet, sondern erstrecken sich leider auch auf den Bereich der Quellenüberlieferung, der methodischen Annäherungsweisen und der dadurch bedingten Aussagemöglichkeiten bzw. -grenzen. Um dem in der Titelankündigung des Beitrages formulierten Ziel gerecht zu werden und wenigstens in Ansätzen eine Gesamtperspektive auf das Phänomen zu bieten, sollen diese Ausführungen zwar auf die höfische Sphäre fokussiert, doch nicht darauf begrenzt werden. In die Überlegungen sollen nicht nur die Konkubinen, sondern auch die ›Folgen‹ sexueller Betätigung mit eingeschlossen werden: die vor dem Zeitalter der Anti-Baby-Pille nicht immer zu verhindernden oder vielleicht sogar gewollten Nachkommen, die Bastarde und sonstigen Illegitimen.

Schaut man in die Quellen und die wissenschaftliche Literatur, dann erscheinen Konkubinen und Bastarde nur sporadisch. Nur eine Ausnahme von dieser Regel gibt es, auf die zunächst eingegangen werden soll: Man findet die Illegitimen meist relativ zuverlässig in juristischen Texten, die das Spätmittelalter und die Frühe Neuzeit in vielfältiger Form – von der Rechtssumme über eine Vielzahl von Stadtrechten bis hin zum Einzelprivileg und

34 So der Flyer mit dem Programm der diesem Thema gewidmeten III. Moritzburg-Tagung im Frühjahr 2006.

zum juristischen Kommentar – zahlreich hervorgebracht hat. Ein Großteil der modernen Forschungsliteratur zum Thema stammt daher nicht zufällig aus der Feder von Rechtshistorikern. Ein wichtiger Grund dafür ist, daß nichteheliche Verhältnisse und illegitime Nachkommen aufgrund der versorgungs- und erbrechtlichen Implikationen bis auf den heutigen Tag in der Jurisprudenz Relevanz beanspruchen.[35] Dieses Faktum läßt sich nicht wegdiskutieren, doch fehlen in vormoderner Zeit häufig die Quellen, um die Hintergründe dieser normativen Regelungen zu beleuchten. Dabei stößt man wieder auf das altbekannte methodische Problem, nämlich die Frage, ob Rechtsnormen Wirklichkeit repräsentieren.[36] Rechtshistoriker wie Historiker wissen, daß sich Geschichte meist jenseits der normativen Regelungen entwickelt und gestaltet, wie uns heute für viele Bereiche, u.a. für die spätmittelalterliche Verfassungsgeschichte bewußt ist. Normative Quellen treffen von daher nur einen, vielleicht noch nicht einmal den zentralen Aspekt vergangener Wirklichkeit. Dennoch will es scheinen, daß sich auf dem hier interessierenden Gebiet in der allgemeinen Wahrnehmung immer noch die Standpunkte der traditionellen Rechtsgeschichte hartnäckig halten. Es soll hier selbstverständlich nicht geleugnet werden, daß Konkubinen und Illegitime Objekt der Rechtsnorm und -praxis waren, doch lohnt auch hier immer der Blick auf den Kontext. Meist war damit keine soziale Diskriminierung, sondern konkreter versorgungs- und erbrechtlicher Regelungsbedarf verbunden. Hinzu kommt, daß das spätmittelalterliche Eherecht

35 Vgl. die entsprechenden bibliographischen Nachweise bei *Widder*, Konkubinen und Bastarde (wie Anm. 2), S. 421-425. Die starke Berücksichtigung in der Rechtsgeschichte ist naheliegenderweise nicht nur eine deutsche Spezialität; vgl. *James E. Brundage*, Concubinage and Marriage in Medieval Canon Law, in: Journal of Medieval History 1, 1975, S. 1-17; *Laurent Chevailler*, Observations sur le droit de bâtardise dans la France coutumière du XIIe au XVe siècle, in: Revue Historique du droit français et étranger 4e série, Bd. 35, 1957, S. 376-411; *A. Lefebre-Teillard*, »Pater is est quem nuptiae demonstrant«. Jalons pour une histoire de la présomption de paternité, in: Revue Historique du droit français et étranger 69, 1991, H. 2/3, S. 331-342; *P. L. Nève*, Les comtes palatins aux Pays-Bas. Quelques observations sur leurs légitimations des enfants nés hors mariage, in: Conservare Jura. Hrsg. von P. L. Nève/O. Moorman van Kappen. Deventer 1988, S. 99-113.

36 So in einem jüngeren Buch über Illegitimität im 19. Jh.: »Von seiten der traditionellen Rechtsgeschichte bestehen zwar umfangreiche Aufarbeitungen des Nichtehelichenrechts, sie beschränken sich aber meist darauf, die Entstehung und Abfolge der Kodifikationen dogmengeschichtlich zu beschreiben und eine gradlinige Entwicklung zum modernen Recht anzunehmen. Die gesellschaftlichen Bedingungen und Wirkungen des Rechts bleiben jedoch weitgehend ausgeklammert«; *Eva Sutter*, »Ein Act des Leichtsinns und der Sünde«. Illegitimität im Kanton Zürich: Recht, Moral und Lebensrealität (1800-1860). Zürich 1995, S. 18.

eine ausgesprochen komplexe Materie war und sich keineswegs immer juristisch eindeutig manifestierte. Hier schufen erst die Ehegesetzgebungen des 16. Jahrhunderts sowohl auf protestantischer wie katholischer Seite eindeutige Regelungen.[37]

Begibt man sich auf die Suche nach Konkubinen und Bastarden bei Hofe, dann stößt man bereits auf die nächste Schwierigkeit. Diese hängt mit der landläufigen Vorstellung vom Hof zusammen. Aufgrund der traditionell verfassungsgeschichtlich orientierten deutschen historischen Forschungstradition erfolgt der Zugriff bis heute vornehmlich unter institutionengeschichtlichen Paradigmen. Schaut man bis in neuere Veröffentlichungen, dann präsentiert sich der engere spätmittelalterliche Hof, der Haushalt, wohlgegliedert in Einzelinstitutionen. An seiner Spitze der Fürst, flankiert von seiner engeren Familie, Frau und Söhnen. Auf der ›Organisationsebene‹ finden sich adlige und gelehrte Räte, Kanzler und Hofmeister, zuständig für Verwaltung, Finanzen, Repräsentation und Diplomatie.[38] Es versteht sich fast von selbst, daß Konkubinen, Mätressen und Bastarde in diesen wohlgeordneten Kosmos nicht hineinpassen. Wenn überhaupt, dann läßt sich das bereits angesprochene Etikett »Privatangelegenheit« für sie verwenden, was häufig genug geschieht.[39]

Neben der Rechtshistorie gibt es einen traditionellen Bereich der Geschichtswissenschaft, in dem Konkubinen und Bastarde als Forschungsobjekte eine Rolle spielen. Es handelt sich um die historische Familienkunde

37 Vgl. dazu den Aufsatz von Heiner Lück in diesem Band; ferner *Elisabeth Koch*, »Pater semper incertus«, in: Rechtshistorisches Journal 9, 1990, S. 107-124; *Brundage*, Concubinage and Marriage (wie Anm. 35); *Widder*, Konkubinen und Bastarde (wie Anm. 2), S. 422-425.

38 Vgl. das eingängige Schema bei *Ludwig Freidinger*, Herzogshof und Residenz um 1400. Topographie, Organisation, Funktionen, Gefolgschaft, in: Schatz und Schicksal. Hrsg. von Otto Fraydenegg-Monzello. (Ausstellungskatalog) Graz 1996, S. 89-112, hier S. 112; ferner die Gliederung der Artikel in: Höfe und Residenzen im spätmittelalterlichen Reich (wie Anm. 29), Bd. 1, hier S. XVII.

39 So wurde im Ausstellungskatalog zum Kölner Fürstbischof Clemens August und seiner Epoche in dem »Der Mensch hinter der Maske: Clemens August privat« betitelten Kapitel dessen illegitime Tochter Maria Anna (1735-1783) aus einer kurzen Liaison mit der Bonner Harfenistin Mechthild Brion erwähnt. Kurz nach der Geburt wird die Mutter mit dem Futtermeister und Truchsessen Gottfried Trogler verheiratet. Der Erzbischof sorgt für das Kind, das in einer Klosterschule in Metz erzogen wird. Durch Vermittlung an den Wiener Kaiserhof bekommt sie den Adelstitel einer Reichsgräfin von Löwenfeld. In dieser Position heiratet sie fünfzehnjährig ihren Cousin Ludwig, Grafen von Hohenstein, einen illegitimen Sohn ihres Oheims väterlicherseits; *Karl Albrecht*, Der Riß im Himmel. Clemens August und seine Epoche. Hrsg. von Frank Günter Zehnder/Werner

bzw. die wissenschaftliche Genealogie.[40] Gerade bürgerliche Genealogen beobachten solche Deszendenzen meist mit besonderer Faszination, verleiht doch ›blaues Blut‹ jedem nichtadligen Stammbaum eine eigene Würde und historische Tiefe.[41] Konkubinen und Bastarde bilden die idealen ›Brückenglieder‹ zwischen der Welt des hohen Adels und den ›Niederungen‹ bürgerlicher Existenz. Zwar ist auch bei diesen Studien der moralische Filter häufig genug eingebaut, konkurriert aber stark mit Ansippungsbemühungen an die einst sozial und politisch Hochgestellten. Es wäre eine eigene Untersuchung wert, auf welche Ursprünge diese Forschungstraditionen zurückgehen. Möglicherweise trug diese Mentalität bereits zum Funktionieren des vormodernen Staates bei. Verwiesen sei etwa auf das Selbstverständnis der sog. Württembergischen Ehrbarkeit in ihrer engen gedanklichen Verbindung zwischen bürgerlichem Leistungsbewußtsein und illegitimer Abkunft vom Landesherrn.[42]

Schäfke. Köln 2000, Nr. XVIII.16. Zur begrifflichen Problematik vgl. *Karin Hausen*, Öffentlichkeit und Privatheit. Gesellschaftspolitische Konstruktionen und die Geschichte der Geschlechterbeziehungen, in: Frauengeschichte – Geschlechtergeschichte. Hrsg. von Karin Hausen/Heide Wunder. (Geschichte und Geschlechter, Bd. 1.) Frankfurt a.M./New York 1992, S. 81-88; *Leonore Davidoff*, »Alte Hüte«. Öffentlichkeit und Privatheit in der feministischen Geschichtsschreibung, in: L'Homme 4, 1993, H. 2, S. 7-36.

40 Zum Ansatz und zur Methode vgl. *Ahasver von Brandt*, Werkzeug des Historikers. 10. Aufl. Stuttgart u.a. 1983, S. 39-47. Allerdings handelt es sich um eine Teilwissenschaft, die wie die übrigen Historischen Hilfswissenschaften im Fach inzwischen als ›überholt‹ gilt; vgl.: Geschichte, Ein Grundkurs. Hrsg. von Hans-Jürgen Goertz. Reinbek 1998 (wo – im Gegensatz zur Historischen Geographie – ein eigener Artikel dazu fehlt).

41 Vgl. exemplarisch *Eberhard Winkhaus*, Ahnen zu Karl dem Großen und Widukind. Bd. 1, Ennepetal 1950, und Bd. 2, Hagen 1953; *Erich Brandenburg*, Die Nachkommen Karls des Großen. Neustadt/Aisch 1995. Ferner: Europäische Stammtafeln. Stammtafeln zur Geschichte der europäischen Staaten, N. F., Bd. 3, Teilbd. 2: Nichtstandesgemäße und illegitime Nachkommen der regierenden Häuser Europas. Hrsg. von Detlev Schwennicke. Marburg 1983.

42 Vgl. die genealogische Tafel: »Das Haus Wirtemberg und Tübinger Professorenfamilien im 15. und 16. Jahrhundert«, in: *Hansmartin Decker-Hauff/Wilfried Setzler*, Die Universität Tübingen von 1477 bis 1977 in Bildern und Dokumenten. Tübingen 1977, S. 24f. An anderer Stelle (S. 88) ist dort die Rede von »der ›obligatorischen‹ Dynastenbrücke zum Hause Wirtemberg«. Zu weiteren verwandtschaftlichen Verbindungen zur sog. württembergischen Ehrbarkeit vgl. *Hansmartin Decker-Hauff*, Geschichte der Stadt Stuttgart. Bd. 1, Stuttgart 1966, S. 303; *Ders.*, Hochadel in altwürttembergischen Familien, in: Südwestdeutsche Blätter für Familien- und Wappenkunde 6, 1954, S. 312-315, bes. S. 313f. Vermutlich hat dies zu der bis heute andauernden intensiven prosopographischen Erforschung und Darstellung der Grafen und Herzöge von Wirtemberg geführt, in die auch illegitime Sprößlinge eingeschlossen sind; vgl. *Gerhard Raff*, Hie gut Wirtemberg allewege. Das Haus Württemberg von Graf Ulrich dem Stifter bis Herzog Lud-

Möglicherweise liegen die Wurzeln dieses Selbstverständnisses aber auch im 20. Jahrhundert. Als ein Beispiel möge hier der Aufsatz des Historikers Karl-August Eckhardt mit dem wenig sagenden Titel »Margarethe von Hessen« dienen, den er 1970 im Hessischen Jahrbuch für Landesgeschichte publizierte.[43] Nur auf den ersten Blick handelt es sich dabei um eine Studie über eine Prinzessin aus dem Hause der Landgrafen von Hessen. Der Hintergrund ist ein ganz anderer: Margarethe ist eine vor 1471 geborene illegitime Tochter Landgraf Ludwigs II. von Hessen, sie ist aber auch – und das macht sie für die familiengeschichtliche Forschung so interessant – »genealogisch wichtige Ahnfrau«. Der Verfasser – selbst ein Wissenschaftler – legte Wert darauf, daß die Forschung zu Margarethe und ihren Nachkommen »wissenschaftlich fundiert« ist und »jedem interessierten Familienforscher« ermöglicht, »sich selbst ein Urteil zu bilden, ob eine Familie, über die er arbeitet, auf diesem Wege von dem hessischen Landgrafenhaus abstammt bzw. ob er persönlich Hessenblut in den Adern hat«.[44] Nicht nur das Hessenblut interessierte, sondern auch die »qualitativ und quantitativ bedeutende Nachkommenschaft« Margarethes über ihre Ehe mit dem Kasseler Schultheißen Heinrich Furster. Beide begründeten eine Dynastie, aus der bedeutende landesherrliche Kanzler des 16. Jahrhunderts hervorgingen.[45] Doch nicht nur das »Hessenblut« und Margarethes Nachkommenschaft im höheren Beamtendienst des frühneuzeitlichen Fürstenstaates, sondern auch die über die fürstlichen Ahnen des Vaters »vermittelte vielfache Abstammung von Karl dem Großen« interessierte den Verfasser. Daneben traten persönliche Motive, da er Margarethe zu seinen Vorfahren rechnete.[46] Im Falle von Karl-August Eckhardt treten persönliche Motive und Forschungs-

wig. 3. Aufl. Stuttgart 1994; Das Haus Württemberg. Ein biographisches Lexikon. Hrsg. von *Sönke Lorenz* u.a. Stuttgart u.a. 1997 (zu den dort behandelten spätmittelalterlichen Illegitimen vgl. u.a. S. 27, 93 und 124). Neun aufgrund ihres Familiennamens gekennzeichnete illegitime Württemberger sind nachgewiesen bei *Peter-Johannes Schuler*, Illegitime Klerikerkinder im Bistum Konstanz, in: Zeitschrift für die Geschichte des Oberrheins 144, 1996, S. 183-214, bes. S. 213f.; ferner *Oliver Auge*, Der Kleriker Ulrich von Wirtemberg als ein Wegbereiter württembergischer Expansion? Ein biographischer Beitrag zur Rolle des Weltklerus im Werdungsprozeß des frühmodernen Württemberg, in: Blätter für württembergische Kirchengeschichte 96, 1996, S. 9-29; *Walther Ludwig*, Der Sohn des Grafen Eberhard im Bart heiratet eine Schöfferlin, in: Esslinger Studien 26, 1987, S. 37-45.

43 *Karl-August Eckhardt*, Margarethe von Hessen, in: Hessisches Jahrbuch für Landesgeschichte 20, 1970, S. 143-205.

44 *Eckhardt*, Margarethe von Hessen (wie Anm. 43), S. 145f.

45 Ebd., S. 144.

46 Ebd.; zum persönlichen Interesse des Verf. siehe S. 145.

traditionen der ersten Hälfte des 20. Jahrhunderts in einer moderne Wissenschaftler beunruhigenden Mischung auf, da er zu den führenden Mittelalter-Historikern im NS-Staat zählte. In die nationalsozialistische Lehre von Blut und Boden fügt sich die Bedeutung der »Blutsbande« für Eckhardt und sein vertrauter Umgang mit Ahnenforschung zwanglos ein. Trotz aller Einwände muß man ihm konzedieren, daß er großen genealogischen Scharfsinn in den Beitrag gesteckt hat, wovon später noch die Rede sein wird. Es hieße das Kind mit dem Bade ausschütten, wollte man alle Familienforschung seit 1933 und in der Zeit davor damit diskreditieren. Gerade in Laienkreisen stellt sie bis heute eine bevorzugte Beschäftigung mit historischen Gegenständen und Sachverhalten dar, wie jeder Archivar mit Blick auf seine Benutzerlisten bestätigen kann.

Allgemein wird man sagen, daß man noch heute bei entsprechendem Forschungsinteresse durch systematische Suche und Quellenstudium für viele hohe Adels- und Fürstengeschlechter illegitime Sprößlinge als Resultate illegitimer Verbindungen nachweisen kann. Ein jüngeres Beispiel aus der Feder Winfried Reicherts, der in seiner 1993 gedruckten Trierer Dissertation die Geschichte der Grafschaft Luxemburg in den hundert Jahren von 1250 bis 1350 analysiert und dafür intensive Quellenstudien betrieben hat, über illegitime Luxemburger belegt dies anschaulich.[47] Die seiner Studie beigefügte genealogische Tafel zeigt, daß illegitime Nachkommen über vier Generationen eher die Regel als die Ausnahme bildeten.[48] Ähnliche Befunde lassen sich auch für die späteren Luxemburger in Böhmen[49] sowie für

47 *Winfried Reichert*, Der fünfte Mann oder über Bastarde im Hause Luxemburg, in: »Das Wichtigste ist der Mensch«. Fschr. für Klaus Gerteis zum 60. Geburtstag. Hrsg. von Angela Giebmeyer/Helga Schnabel-Schüle. (Trierer Historische Forschungen, Bd. 41.) Mainz 2000, S. 365-401. Zu Luxemburg vgl. *Ders.*, Landesherrschaft zwischen Reich und Frankreich. Verfassung, Wirtschaft und Territorialpolitik in der Grafschaft Luxemburg von der Mitte des 13. bis zur Mitte des 14. Jahrhunderts. (Trierer Historische Forschungen, Bd. 24.) 2 Bde., Trier 1993.

48 *Reichert*, Der fünfte Mann (wie Anm. 47), S. 401.

49 Vgl. *Dieter Veldtrup*, Johann Propst von Vyšehrad. Illegitimer Sohn eines »impotenten« Luxemburgers, in: Studia Luxemburgensia. Fschr. Heinz Stoob zum 70. Geburtstag. Hrsg. von Friedrich Bernward Fahlbusch/Peter Johanek. (Studien zu den Luxemburgern und ihrer Zeit, Bd. 3.) Warendorf 1989, S. 50-78; *Widder*, Konkubinen und Bastarde (wie Anm. 2), S. 468, 472f. Zu den späteren Luxemburgern im westlichen Teil des Reiches vgl.: Europäische Stammtafeln (wie Anm. 41), Bd. 3,2, Taf. 202f. Zu den Vorgängern der Luxemburger im Königreich Böhmen, den Přemysliden, vgl. *Veldtrup*, Johann Propst von Vyšehrad (s.o.), S. 63f., 70, 73; ferner *Jörg K. Hoensch*, Geschichte Böhmens von der slavischen Landnahme bis ins 20. Jahrhundert. München 1987, S. 88, 104, 106 und 108; *Wilhelm Karl Prinz von Isenburg*, Stammtafeln zur Geschichte der europäischen

andere deutsche Königs- und Fürstengeschlechter des Spätmittelalters wie Habsburger[50] und Wittelsbacher[51] ermitteln. Hingewiesen werden sollte darauf, daß in allen Fällen ein hohes Forschungspotential besteht, d.h. die zur Verfügung stehende Überlieferung, ganz zu schweigen von nichtfürstlichen Hochadelsgeschlechtern, bei weitem noch nicht ausgeschöpft bzw. kritisch gesichtet und ausgewertet ist.[52]

Kommen wir zu den Quellen für Konkubinen und Bastarde bei Hofe. Der bis heute klassische Zugriff erfolgt über die urkundliche und historiographische Überlieferung. In der Tat hat gerade die materielle Versorgung

Staaten. Bd. 1, 3. Aufl. hrsg. von Frank Baron Freytag von Loringhoven. Marburg 1965, Taf. 198; *J. Žemlička*, Přemysliden, in: Lexikon des Mittelalters. Bd. 7, München 1995, Sp. 186-188, hier Sp. 188 (betr. den illegitimen Sohn König Otakars II. Přemysl, Nikolaus von Troppau [† 1318]); *J. J. Menzel*, Troppau, in: Lexikon des Mittelalters. Bd. 8, München 1997, Sp. 1045 (unter Nikolaus' Sohn, Nikolaus II. von Troppau [† 1365], wurde durch König Johann von Böhmen Troppau zum Herzogtum im Königreich Böhmen erhoben). Zu weiteren Geschlechtern vgl. *Schmugge*, Schleichwege (wie Anm. 26), S. 625-629 (Markgrafen von Brandenburg); Europäische Stammtafeln (wie Anm. 41), Bd. 3,2, Taf. 289 (Herzöge von Jülich).

50 Vgl. *Heinig*, »Omnia vincit amor« (wie Anm. 27), S. 299; Europäische Stammtafeln (wie Anm. 41), Bd. 3,2, Taf. 201a, 205a; *Rudolf Granichstaedten*, Uneheliche Kinder der Tiroler Landesfürsten, in: Adler. Zeitschrift für Genealogie und Heraldik 4, 1956-58, S. 33-40; *Herwig Wolfram*, »Des herren Corneli unzimblich begeren«. Der Versuch eines unehelichen Sohnes Kaiser Maximilian I., auf Kosten Klosterneuburgs versorgt zu werden, in: Jahrbuch des Stiftes Klosterneuburg N.F., Bd. 4, 1964, S. 77-97.

51 Vgl. *Widder*, Konkubinen und Bastarde (wie Anm. 2), S. 435-438, 450-460, 464, 467; *Heinig*, »Omnia vincit amor« (wie Anm. 27), S. 299f.; Europäische Stammtafeln (wie Anm. 41), Bd. 3,2, Taf. 210a und b, 211, 212, 213f.; ferner *Wolfgang von Moers-Messmer*, Schicksale und Identifikationsversuch der Gebeine Friedrichs I. (des Siegreichen) von der Pfalz. Ein Beitrag zum Problem der Kurfürstenbestattungen in Heidelberg, in: Forschungen und Berichte der Archäologie des Mittelalters in Baden-Württemberg 8, 1983, S. 185-208, hier S. 204-207.

52 Vgl. das Beispiel bei *Widder*, Konkubinen und Bastarde (wie Anm. 2), S. 435-438 (betr. die Pfalzgrafen bei Rhein). Zu Illegitimen aus dem nichtfürstlichen Hochadel vgl. *Karl Heinz Burmeister*, Illegitime Adelssprößlinge aus dem Hause Montfort, in: Montfort. Vierteljahresschrift für Geschichte und Gegenwart Vorarlbergs 46, 1994, S. 110-118; *Hansmartin Decker-Hauff*, Ständische Probleme im Spätmittelalter. Zur Herkunft des Geschlechtes Kapff, in: Südwestdeutsche Blätter für Familien- und Wappenkunde 10, 1957, S. 2-21; *Carl Knetsch*, Unebenbürtige Nachkommen west- und mitteldeutscher Herrengeschlechter, T. 1: Epstein, Hanau, Plesse, in: Familiengeschichtliche Blätter 21, 1923, S. 69-74, und T. 2: Bentheim, Diepholz, Isenburg, Katzenelnbogen, Sayn-Wittgenstein, Solms, in: ebd., Bd. 22, 1924, S. 109-116; *Spieß*, Familie und Verwandtschaft (wie Anm. 33), S. 381-390 (sowie die in den Anm. ebd. nachgewiesene weitere Literatur).

ihren Niederschlag in den Urkunden gefunden. Wir haben es hier mit einem zeittypischen Phänomen zu tun, denn auch Ehen wurden gerade in bezug auf Versorgungsansprüche juristisch abgesichert.[53] In diesem Zusammenhang wurden nicht nur die Konkubinen, sondern auch die illegitimen Nachkommen bedacht, wie die folgenden Beispiele zeigen. Am 23. Juli 1465 schenkte Pfalzgraf Friedrich I. der Siegreiche den gefreiten Garten genannt Bremeneck seiner Sängerin Klara von Augsburg und ihren Erben (»unser sengerin Clare[n] von Auspurg und ire[en] erben«).[54] Bereits hier zeigt sich ein methodisches Problem: Im Text ist an keiner Stelle die Rede davon, daß es sich bei der ›Sängerin Klara von Augsburg‹ um seine Konkubine Klara Dett gehandelt hat. Dies erschließt sich erst aus der sonstigen Überlieferung, die in diesem Fall relativ umfangreich und zudem gut aufgearbeitet ist.[55]

Ansonsten begegnen uns in der urkundlichen Überlieferung immer wieder Urkunden für Frauen, wobei in den wenigsten Fällen eine eindeutige Zuordnung zu einem Konkubinat oder einer Liebschaft vorgenommen werden kann.[56] Es handelt sich dabei meist um recht hohe Mitgiftzahlungen in Höhe von mehreren hundert Gulden oder Unterhaltszahlungen für Frauen oder Ehepaare und ihre Kinder, wobei der Wille des Schenkers sich besonders auf die Frauen und ihre Nachkommen richtet. So übertrug König Ruprecht einer Frau namens Anna *zengerynne* anläßlich ihrer Heirat mit Wiprecht von Hohenart (*Hoenrat*) die Hälfte des Schlosses Hohenart als Wittum. Ruprechts Sohn, Kurfürst Ludwig III. von der Pfalz, wandelte dies 1426 in eine Leibrente von 50 Gulden um. Diese sollte auf Annas Tochter Agnes übertragbar sein, sollte diese die Mutter überleben. Anna konnte ihrer Tochter aber auch statt dessen einen Gesamtbetrag von 400 fl. überschreiben.[57] Es existierten aber auch niedrigere Legate. So übertrug derselbe Ludwig III. seinem ehemaligen Kammerknecht und damals Ungelter in Heidelberg, Hensel, und seiner Frau *Nesen* zur Ehe 20 Gulden jährlich, ferner 20 Malter Korns und ein Fuder Weins aus dem Heidelberger Kasten.

53 Vgl. *Spieß*, Familie und Verwandtschaft (wie Anm. 33), S. 131-198; *Dieter Veldtrup*, Zwischen Eherecht und Familienpolitik. Studien zu den dynastischen Heiratsprojekten Karls IV. (Studien zu den Luxemburgern und ihrer Zeit, Bd. 2.) Warendorf 1988, S. 133-182.

54 Zeitgenössische Abschrift Karlsruhe, Generallandesarchiv: Abt. 67/812, Bl. 17r-v. Weitere Angaben zur Besitzgeschichte bei *Widder*, Konkubinen und Bastarde (wie Anm. 2), S. 448, Anm. 134.

55 Nachweise ebd., S. 452-454.

56 Vgl. die Nachweise ebd., S. 459f.; *Moers-Messmer*, Schicksale (wie Anm. 51), S. 204-207.

57 Karlsruhe, Badisches Generallandesarchiv: 67/810, Bl. 232r-v.

Diese Leistungen gingen an *Nesen* und galten nur für ihre Lebzeiten.[58] Möglicherweise richtete sich die Höhe der Zuweisungen nach der ständischen Zugehörigkeit der Begünstigten. Unklar bleiben in vielen Fällen die Hintergründe dieser Gunstbezeugungen.

In einer vergleichsweise besseren Situation sind wir bei den illegitimen Kindern, deren Status in den Urkunden relativ oft klar benannt wird und die vielfach nur im Rahmen solcher Versorgungsmaßnahmen überhaupt in der Überlieferung erscheinen.[59] Auch illegitime Töchter kamen in den Genuß der oben bereits angesprochenen Mitgiften.[60] Ein Vorfahr des oben erwähnten Ludwig III., Pfalzgraf Ruprecht I., verheiratete seine illegitime Nichte Anne im Jahre 1361 mit Richwin von Mandel (Mannendal) und versah sie mit einer Heimsteuer von 400 Gulden. In einer weiteren Urkunde verschrieb er ihr weitere 40 fl. jährlich auf den Zoll zu Bacharach.[61] Manche Informationen gewinnt man auch indirekt. Am 4. Oktober 1493 willigte König Maximilian I. als Landesherr von Tirol auf die Bitte Heinrichs von Rumblang sowie seines Sohnes und seiner Schwiegertochter Barbara ein, daß Barbaras Heiratsgut aus Erträgen des Zolles am Kuntersweg in die Nutzung eines angeheirateten Verwandten der drei überginge. Aus dem Kontext erfahren wir, daß es sich bei Barbara um eine illegitime Tochter Erzherzog Sigmunds des Münzreichen gehandelt hat. Ebenfalls dort erfahren wir, daß er seiner Tochter 800 rheinische Gulden aus dem Zoll angewiesen hatte, aus

58 Ebd., Bl. 256v-257r.

59 Vgl. *Markus Bittmann*, Kreditwirtschaft und Finanzierungsmethoden, Studien zu den wirtschaftlichen Verhältnissen des Adels im westlichen Bodenseeraum 1300-1500. (Vierteljahresschrift für Sozial- und Wirtschaftsgeschichte, Beih. 99.) Stuttgart 1991, S. 262, Anm. 45: »Für den adligen Bereich ist hier die Quellenlage besonders disparat. Diese Nachkommen tauchen meist nur einmal – eben in Zusammenhang mit der Versorgungsleistung – auf«.

60 Noch im Jahr 1569 schrieb der hessische Landgraf Wilhelm an seine Cousine, Gräfin Anna von Bentheim-Steinfurt, in deren Hände er seine illegitime Tochter Christine zur Erziehung gegeben hatte: »Was dan die mitgift betrifft, ist es an dem, dass unser grosvatter, auch unser her vatter gotteseliger gedächtnüß – wie solches gemeinlich aller fursten und sonderlich der landgraven eigen recht ist – dergleichen spilkinder [gemeint waren Kinder weiblichen Geschlechts] gehabt: da derselben eine verheuratet, ist keiner uber 500 thaler zur mitgift geben worden«; Hessische Chronik von 1487 im Staatsarchiv Darmstadt: Hs. 178, Bl. 92 (zit. nach *Eckhardt*, Margarethe von Hessen [wie Anm. 43], S. 156).

61 Regesten der Pfalzgrafen am Rhein 1214-1508, Bd. 1: 1214-1400, bearb. v. Adolf Koch und Jakob Wille. Innsbruck 1894; ebd., Bd. 2: Regesten König Ruprechts, bearb. v. Graf L. von Oberndorff und Manfred Krebs. Innsbruck 1939; hier, Bd. 1, Nr. 3354; vgl. dazu *Widder*, Konkubinen und Bastarde (wie Anm. 2), S. 345f.

deren Zinserträgen sie jährliche Einnahmen erzielte.[62] Besser dokumentiert als die Töchter sind allerdings die Söhne. Dies liegt nicht zuletzt daran, daß die Töchter bei ihrer Verheiratung ausgesteuert wurden und keine Ansprüche mehr gegenüber ihrer Herkunftsfamilie bestanden.[63] Als ein Beispiel für die Versorgung männlicher Illegitimer mögen die Urkunden König Rudolfs von Habsburg für seinen Bastard Albert († 1304) dienen. Nachdem sich dieser ursprünglich nach der Burg Schenkenberg benannte, belehnte ihn Rudolf am 11. November 1287 in Löwenstein mit der gleichnamigen Grafschaft in Unterschwaben.[64] Ebenfalls aus dem habsburgischen Bereich stammt das folgende Beispiel, das einen Sprößling des einer habsburgischen Seitenlinie entstammenden Erzherzogs Sigmund des Münzreichen, Grafen von Tirol betrifft.[65] Sigmund hatte 1490 auf die Herrschaft zugunsten seines Verwandten, König Maximilian I., verzichtet. 1494 ersuchte Sigmund einen Vertrauten namens Zyprian von Serntein, seinen natürlichen Söhnen Hieronymus (*Jeronimus*) und Konrad Unterstützung zu gewähren. Anlaß war laut Aussage der Urkunde, daß sich Hieronymus wegen seines und seines Bruders Unterhalt an den Hof König Maximilians begeben wollte.[66]

62 Ausgewählte Regesten des Kaiserreiches unter Maximilian I., 1493-1519. (Regesta Imperii, Bd. 14,1.) Bd. 1,1/2, bearb. v. Hermann Wiesflecker. Köln u.a. 1990, Nr. 2778.

63 Vgl. *Marie-Thérèse Caron*, Mariage et mesalliance. La difficulté d'être femme dans la société nobiliaire française à la fin du moyen âge, in: La femme au moyen-âge. Hrsg. von Michel Roche/Jean Heuclin. Paris 1990, S. 315-325, hier S. 316; *Spieß*, Familie und Verwandschaft (wie Anm. 33), S. 327-343.

64 Die Regesten des Kaiserreichs unter Rudolf, Adolf, Albrecht, Heinrich VII. 1273-1313, nach der Neubearbeitung und dem Nachlasse Johann Friedrich Böhmers neu hrsg. und erg. v. Oswald Redlich, Innsbruck 1898, fotomech. Nachdr. mit einem Anhang von Carlrichard Brühl. Hildesheim/New York 1969 (J. F. Böhmer, Regesta Imperii 6,1), Nr. 2129; ferner ebd., Nr. 1712 (1282 Sept. 22); ebd., Nr. 1785 (1283 Mai 18); ebd., Nr. 2488 (1291 Juni 18). Zur historiographischen Überlieferung vgl. ebd., Nr. 1841a (1284 Juni: Heirat mit Lukardis, Tochter Philipps von Bolanden, auf einem königlichen Hoftag in Basel). – Im Jahr 1441 wiederum verkaufen Alberts Urenkel, die Grafen Georg und Heinrich von Löwenstein, für 14.000 Gulden die Grafschaft an die Kurpfalz. 1453 verzichtet der einzig verbliebene Georg († 1464), Domherr zu Bamberg, auf alle Rechte. Die Grafschaft diente anschließend dem ältesten, 1463 geborenen illegitimen Sohn Friedrichs I. des Siegreichen, Ludwig, als Ausstattung; vgl. *Immo Eberl*, Art. »Löwenstein«, in: Lexikon des Mittelalters. Bd. 5, München/Zürich 1991, Sp. 2145f.; Europäische Stammtafeln (wie Anm. 41), Bd. 3,2, Taf. 201a.

65 Zu ihm vgl. *J. Riedmann*, Si(e)gmund, Herzog von Österreich, Graf von Tirol, in: Lexikon des Mittelalters. Bd. 7, München 1995, Sp. 1872; *Wilhelm Baum*, Sigmund der Münzreiche. Zur Geschichte Tirols und der habsburgischen Länder im Mittelalter. (Schriftenreihe des Südtiroler Kulturinstituts, Bd. 14.) Bozen 1987.

66 Ausgewählte Regesten des Kaiserreiches unter Maximilian I. (wie Anm. 62), Bd. 1,1/2, Nr. 2943 (1494 März 4, Innsbruck).

Eine weitere Gruppe von Urkunden sind Legitimierungen. Ihr Zweck bestand darin, durch einen Rechtsakt illegitim Geborene ehelichen Kindern gleichzustellen. Diese »Gleichheit« stieß im hohen Adel allerdings an bestimmte Grenzen. Der ganze Zusammenhang und der Aspekt der »Rechtswirklichkeit« sind für den deutschen Raum leider noch wenig untersucht. Konsultiert man die überlieferten Stücke, dann erfahren wir aus ihnen zwar wenig über die Mütter der Legitimierten, wohl aber über sie selbst, ihre Väter und die rechtlichen Grenzen ihrer neuen Position. So beauftragte Papst Alexander IV. am 21. Oktober 1260 seinen Gesandten Berard de Furconio, dem König von Böhmen Přemysl Otakar II. die erbetenen Legitimationsurkunden für seine illegitimen Kinder zu überbringen, ihm aber gleich zu eröffnen, daß diese unter keinen Umständen das Königreich Böhmen oder die Königswürde jemals erlangen könnten.[67] Die Verfügung bezog sich auf die wenige Wochen zuvor ausgestellte päpstliche Legitimationsurkunde für den böhmischen Königsbastard Nikolaus sowie die einen Tag jüngere für die nichtehelichen Töchter des Königs.[68]

Die Legitimation war im Mittelalter ein idealiter nur Kaiser und Papst zustehendes, aber delegierbares Recht.[69] Besonders die sogenannten Lateranensischen Pfalzgrafen genossen das Privileg, eine bestimmte Anzahl illegitim Geborener zu legitimieren. Allerdings findet sich in vielen entsprechenden Urkundenformularen die Einschränkung, daß sich dieses Recht nicht auf illegitime Kinder von Fürsten, Grafen und Herren erstrecke.[70] Dies blieb im Reich ein lukratives Reservatrecht von Kaiser, deutschem König und Papst, allerdings mit Einschränkungen, denn Fürsten haben für ihre höfische Entourage von diesem Recht Gebrauch gemacht. Fragt man nach den Modalitäten und den Begünstigten, dann sind wir auf den Überlieferungszufall angewiesen. In der Kanzlei der burgundischen Herzöge wurden die Legitimierungen in eigenen Registern aufgezeichnet und vor einigen Jahren von Myriam Carlier systematisch ausgewertet. Diese Untersuchung

67 Regesta Imperii, Bd. 5,2,3, Nr. 9245.

68 Ebd., Nr. 9244 (Anagni, 1269 Okt. 6 und 7).

69 Vgl. den Überblick des Rechtshistorikers *Ferd. Kogler*, Die »legitimatio per rescriptum« von Justinian bis zum Tode Karls IV. Weimar 1904.

70 *Julius Ficker*, Forschungen zur Reichs- und Rechtsgeschichte in Italien. 4 Bde., 1868-74, Nachdr. Aalen 1961, hier Bd. 2, Nr. 265f., S. 112-118. Zu den Einschränkungen vgl. die Urkunden König Ruprechts I. für eine Reihe von Lateranensischen Pfalzgrafen, in denen diesen zwar das Legitimationsrecht übertragen wurde, aber mit der Ausnahme der Bastarde von Fürsten, Grafen und Herren; vgl. Regesten der Pfalzgrafen bei Rhein (wie Anm. 61), Bd. 2, Nr. 377 (Köln, 1401 Jan. 7); ebd., Nr. 1761 (Trient, 1401 Okt. 15); ebd., Nr. 5022 (Alzey, 1407 Okt. 29).

hat aufschlußreiche Befunde zu den Legitimierten, ihren Fürsprechern, ihren Karriereverläufen und den Netzwerkbildungen am Herzogshof ergeben.[71]

Für den deutschen Raum fehlen solche Untersuchungen, es fehlen aber auch nach derzeitigem Stand der Erkenntnis derartig systematisch überliefernde Quellen. Dennoch lohnt die Suche nach einzelnen Zeugnissen, auch wenn sie mühsam ist.[72] Es mag dem Zufall geschuldet sein oder der prekären Finanzsituation, daß sich für die Regierung des chronisch unter Geldmangel leidenden deutschen Königs Ruprecht (1400-1410) eine Reihe von Legitimierungen fürstlicher Sprosse nachweisen läßt. Möglicherweise hat Rupecht das fiskalisch nutzbare Recht der Legitimierung dazu benutzt, seine leere Kasse aufzufüllen, bzw. es beabsichtigt. Zu nennen wären hier beispielsweise die königliche Legitimationsurkunde für Wilhelm, genannt das »Königlein« (*Kunixken*), datiert auf den Nikolaustag des Jahres 1407. Wilhelm war ein Bastard des verstorbenen gleichnamigen Herzogs von Geldern und Jülich und stammte aus einer Verbindung mit einer ledigen Frau (*ex conjugato genit[us] et soluta*) wie uns der Text in knappen Worten mitteilt.[73] Von einer anderen, verheirateten Frau (*ex coniugato genitus et coniugata*) hatte derselbe Herzog einen weiteren Bastard namens Johann. Auch für ihn datiert von diesem Tag seine entsprechende Urkunde.[74] Eine weitere galt Dietrich (*Theodorich*) von Jülich, Bastard des verstorbenen Herzogs Wilhelm von Jülich aus einer Beziehung mit einer ledigen Frau (*ex coniugato genitus et soluta*).[75] Ein Verwandter Dietrichs namens Wilhelm von Jülich, Bastard des Herzogs Reynald von Jülich und Geldern aus einer Beziehung des Junggesellen mit einer Ledigen (*de soluto et soluta genitus*), sollte damals ebenfalls legitimiert werden unter gleichzeitiger Verleihung der Lehensfähigkeit mit der bezeichnenden Ausnahme aller Fürstenlehen, Grafschaften und Herrschaften.[76] Im Jahre 1408 legitimierte Ruprecht schließlich Hilde-

71 *Myriam Carlier*, »Niet wederstaende dat hi bastaert es.« Legitimatie van onwettige kinderen in de Bourgondische Nederlanden als sociaal-politiek fenomeen, in: Jaarboek voor Middeleeuwse Geschiedenis 2, 1999, S. 96-161.

72 Im Kontext der sog. ›Standeserhöhungen‹ wurden Legitimierungen verschiedentlich behandelt und finden sich von daher meist in der genealogischen Fachliteratur; vgl. u.a. *Alfred Ritter Anthony von Siegenfeld*, Die Wappenbriefe und Standeserhöhungen des Römischen Königs Ruprecht von der Pfalz, in: Jahrbuch der heraldisch-genealogischen Gesellschaft »Adler«, 1895, S. 395-430. Ferner *Spieß*, Familie und Verwandtschaft (wie Anm. 33), S. 381f. mit Anm. 334.

73 Regesten der Pfalzgrafen am Rhein (wie Anm. 61), Bd. 2, Nr. 5101 (Alzey, 1407 Dez. 6).

74 Ebd., Nr. 5102.

75 Ebd., Nr. 5103.

76 Ebd., Nr. 5097.

gard, eine natürliche Tochter des Grafen Eberhard von Katzenelnbogen aus einer Beziehung des verheirateten Grafen mit einer Ordensfrau (*de coniugato et moniali genita*).[77] Für die Kinder weiterer Grafen haben sich ebenfalls Legitimationen erhalten.[78]

Inwiefern diese Personen und Geschlechter dem Königshof nahegestanden oder einflußreiche Fürsprecher gehabt haben, entzieht sich in den meisten Fällen unserer Kenntnis und müßte jeweils untersucht werden.[79] Zu den wohl bekanntesten Legitimationsfällen zählt die Urkunde, in der König Maximilian I. 1494 aus römisch-königlicher Machtvollkommenheit erklärte, daß Ludwig und Hans, die von zwei verschiedenen ledigen Frauen geborenen Söhne Eberhards im Bart, Grafen zu Württemberg, durch Urkunde Kaiser Friedrichs III. vom 16. Februar 1484 legitimiert worden waren und das Recht haben sollen, alle Güter, Renten und Gülten, die ihnen Graf Eberhard ohne Schaden und Nachteil der Grafen von Württemberg übergibt, unangefochten zu besitzen.[80]

Eberhard im Bart starb 1496, ohne legitime Erben zu hinterlassen. Die Grafschaft Württemberg war schon im Jahr zuvor vom selben Maximilian zum Herzog erhoben worden. Bei der Herrschaftsnachfolge spielten die Illegitimen keine Rolle, die Grafschaft fiel an eine jüngere Seitenlinie.[81] Seine illegitimen Söhne hatte der Herzog noch zu seinen Lebzeiten mit anderen Mitteln versorgt. Der eine, Ludwig Württemberger genannt, wurde

77 Ebd., Nr. 5613 (Lindenfels, 1408 Dez. 10).

78 Kg. Ruprecht legitimierte 1407 Johann von Leiningen (»Lyningen«), genannt »de Hassia«, Sohn Graf Friedrichs von Leiningen (»Lyningen«), dessen Vater unverheiratet und dessen Mutter Ordensfrau gewesen war (»genitu[us] ex soluto et moniali«); Regesten der Pfalzgrafen am Rhein (wie Anm. 61), Bd. 2, Nr. 4738 (Alzey, 1407 März 31); dasselbe geschah mit Wilhelm und Grete, illegitimen Kindern des Grafen Wilhelm von Wied; ebd., Nr. 5057f. (Düren, 1407 Nov. 16).

79 Vgl. die Legitimation der illegitimen Kinder seines »secretarius« Graf Berthold von Graisbach und Marstetten, gen. von Neuffen, aus einer Beziehung mit einer gewissen Agnes durch Kaiser Ludwig den Bayern; Regesten Ludwigs des Bayern, Bd. 1, Nr. 67f. (Cremona, 1329 Okt. 24). Zu den Hintergründen vgl. *Kogler*, Die »legitimatio per rescriptum« (wie Anm. 69), S. 114-120.

80 Regesta Imperii, Bd. 14,1, Nr. 640 (Kempten, 1494 Mai 7). Zu Eberhard vgl. *Dieter Mertens*, Eberhard V./I. im Bart, in: Das Haus Württemberg. Ein biographisches Lexikon. Hrsg. von Sönke Lorenz u.a. Stuttgart u.a. 1997, S. 93.

81 Vgl. *Widder*, Konkubinen und Bastarde (wie Anm. 2), S. 462. Zur Wahrnehmung und Akzeptanz der neuen Herzöge durch die alten und neuen Standesgenossen vgl. *Dieter Mertens*, Der Fürst. Mittelalterliche Wirklichkeiten und Ideen, in: Der Fürst. Ideen und Wirklichkeit in der europäischen Geschichte. Hrsg. von Wolfgang Weber. Köln u.a. 1998, S. 67-89.

nach einem Universitätsstudium zum Doktor promoviert und wurde darüber hinaus von seinem Vater 1493 mit der Herrschaft Sulz belehnt und mit dem Titel eines Herrn von Greifenstein versehen.[82] Sein ebenfalls damals legitimierter Bruder Johannes bzw. Hans fungierte als Beisitzer im württembergischen Hofgericht.[83]

Ebenfalls um Urkunden handelt es sich bei der nächsten Quellengruppe, in der man in Einzelfällen Spuren von Konkubinen und Illegitimen finden kann, den Fürstentestamenten. Im Gegensatz zu Westeuropa[84] wurde dieser spezielle Quellentyp von der deutschen historischen Mediävistik erst vor kurzem als Forschungsgebiet entdeckt und harrt noch weitgehend der Erschließung und Auswertung. Für die Niederlande kam Philipp Godding bereits vor knapp eineinhalb Jahrzehnten zu interessanten Ergebnissen. So ermittelte er, daß in Testamenten von Adeligen bereits im 14. Jahrhundert Verfügungen für Bastarde auftauchen, während dies unter den Fürsten wenn überhaupt sehr viel diskreter und zeitlich später geschah.[85] In einem überlieferten Testamentsentwurf des Grafen von Flandern, Louis de Male, wurden Hinterlassenschaften an Bastarde beiderlei Geschlechts erwähnt und weitere Legate vorgesehen für die, ›die bisher noch nicht zur Kenntnis gekommen sind‹ (»qui encore ne sont venu a cognoissance«). In seinem offiziellen Testament aus dem Jahre 1384 fehlt dieser Passus allerdings.[86] Legate für Bastarde erscheinen erstmals in den Testamenten Herzog Philipps des Guten von Burgund: 1426 für einen Sohn und eine Tochter, 1441 an fünf andere illegitime Kinder.[87] 1426, zur Zeit der Abfassung seines ersten Testamentes, hatte Philipp der Gute keine legitimen Erben, dennoch erbten auch hier die Illegitimen nicht die Herrschaft oder Teile von ihr, sondern seine verheirateten vier legitimen Schwestern.[88]

Blickt man nach Deutschland, dann klafft bei den Fürstentestamenten im Gegensatz zu Bürger- und Klerikertestamenten bislang noch eine breite

82 Er starb 1495, ein Jahr vor seinem Vater; vgl. *Mertens*, Eberhard V./I. im Bart (wie Anm. 80), Nr. 3.0.13, S. 93; *Schuler*, Klerikerkinder (wie Anm. 42), S. 213.

83 Ebd.

84 *Philippe Godding*, Le testament princier dans les Pays-Bas méridionaux (12e-15e siècles). Acte privé et instrument politique, in: Tijdschrift voor Rechtsgeschiedenis 61/2, 1993, S. 217-235, zu Bastardverfügungen vgl. S. 223.

85 Ebd.

86 Ebd., S. 223, Anm. 43.

87 Ebd., S. 223.

88 Ebd., S. 225.

Forschungslücke.[89] Von daher sollen an dieser Stelle nur wenige Beispiele angeführt werden. Das Testament Pfalzgraf Ruprechts II. (*1325-†1398) wäre ein solcher Fall. In seinem am 6. Januar 1398 aufgesetzten letzten Willen trug der damals Dreiundsiebzigjährige Sorge für drei »Buhlen«. Dafür hatte er in *eynem schank* zu Heidelberg 300 Gulden hinterlegt, von diesen sollte *Nese maren* 60 bekommen, eine andere, *ist auch sein bule gewest*, 40 und eine weitere 30 Gulden.[90] Eine illegitime Tochter, die *Strůmbergerin*, lebte als Nonne im unweit von Worms gelegenen Kloster Liebenau und wurde von ihm im gleichen Zusammenhang mit einer lebenslangen Rente bedacht.[91] Deutlich wird hierbei, daß im Text auch im Angesicht des Todes von emotionalen Regungen nichts zu spüren ist, auch nichts von vielleicht hier zu erwartender Reue angesichts der moralischen Verfehlungen, einzig der Versorgungsaspekt der Frauen spielt in dem Dokument eine Rolle und ordnet die Geliebten nach einer wie auch immer gearteten »Wertigkeit«. Ergänzt werden sollte, daß wir einzig aus dieser Quelle Kunde über diese Verhältnisse erhalten. Fragt man nach den Gründen für diese Verhältnisse, dann fällt auf, daß Ruprecht seit 1365 verwitwet war und nicht mehr neu heiratete. Ob dies der rationalen Erwägung geschuldet war, die Herrschaft,

89 Vgl. *Heinz-Dieter Heimann*, »Testament«, »Ordenung«, »Giffte under den Lebendigen«. Bemerkungen zur Form und Funktion deutscher Königs- und Fürstentestamente sowie Seelgerätstiftungen, in: Ecclesia et regnum. Beiträge zur Geschichte von Kirche, Recht und Staat im Mittelalter. Fschr. für Franz-Josef Schmale zum 65. Geburtstag. Hrsg. von Dieter Berg/Hans-Werner Goetz. Bochum 1989, S. 273-284. Vgl. ferner die von Brigitte Kasten im Februar 2006 veranstaltete Tagung »Herrscher- und Fürstentestamente im westeuropäischen Mittelalter«, vorläufig siehe: http://www.uni-saarland.de/fak3/kasten/testamentetagung/konzeption.pdf (vom 15.04.2006). Zu Bürger und Klerikertestamenten vgl. *Gabriela Signori*, Vorsorgen, Vererben, Erinnern. Kinder- und familienlose Erblasser in der städtischen Gesellschaft des Spätmittelalters. (Veröffentlichungen des Max-Planck-Instituts für Geschichte, Bd. 160.) Göttingen 2001; ferner *Dies.*, fruntschafft (wie Anm. 9).

90 *Alois Gerlich*, Seelenheil und Territorium. Testamentsrecht von Fürsten und Grafen im Spätmittelalter, in: Land und Reich, Stamm und Nation. Festgabe Max Spindler. Hrsg. von Andreas Kraus. Bd. 1, München 1984, S. 395-414, Anlage, S. 412-414, hier §§ 27-29, S. 414: »§ 27. Item hat er yn auch gesaget, daz in eynem schank zu Heidelberg liegen off druhundert hulden, davon sollent sie geben Nese maren LX gulden. § 28. Item einer anderen, ist auch sin bule gewest, XL gulden. § 29. Item aber einer anderen, auch sin bulen einer, XXX gulden [...].« Das von den 300 Gulden verbleibende Geld sollte an das Spital zu Heidelberg »und sust andern sinen armen luten zu Heidelberg [gehen], da daz aller bast bestalt ist unßerme heren gode zu lobe.«

91 *Gerlich*, Seelenheil und Territorium (wie Anm. 90), Anlage, S. 413: »§ 19. Item siner dechter, der Strůmbergerin zu Liebenauwe XX oder XXIIII gulden geltes ir leptage.«

die sich Ruprecht damals mit seinem gleichnamigen Onkel Ruprecht I. (*1309-†1390) und seinem gleichnamigen Sohn und Erben Ruprecht III. (*1352-†1410) teilte[92], nicht weiter zu belasten mit einem Hausstand und weiteren legitimen Erben, mag einleuchten.[93] Die Existenz von Geliebten war aber durchaus nicht nur bei solchen Junggesellen ›aus Vernunft‹ ein nachweisbares Phänomen.

Dem auch im europäischen Kontext frühen Zeugnis solcher testamentarischen Sorge um Geliebte und Bastarde lassen sich bislang wenige Stücke an die Seite stellen. Die Mutter des bereits erwähnten Grafen Eberhard im Bart, die österreichische Erzherzogin Mechthild, ›ordnete, setzte und verschaffte‹ in ihrem Testament von 1481 »Ludwigen, unnsers hertzlieben sons graf Eberharts naturlichen son, den wir erzogen hand, zwaytusent guldin rynisch« auf ihre beiden Morgengaben. Ferner benannte sie vier hochrangige Hofangehörige zu Ludwigs ›Pflegern‹, die das Geld bis zur Vollendung seines 20. Lebensjahres für ihn verwalten sollten.[94] Der um 1465 geborene Knabe war demnach am Hofe der Großmutter in Rottenburg am Neckar aufgewachsen und von ihr erzogen worden. Er studierte im Anschluß daran Rechtswissenschaften, die er mit der Promotion abschloß. Doch es blieb nicht bei der akademischen Laufbahn. 1484 legitimierte ihn Kaiser Friedrich III. Dr. Ludwig Würtemberger, so sein späterer Name, wurde von seinem Vater 1493 mit der Herrschaft Sulz belehnt und mit dem Titel eines Herrn von Greifenstein versehen.[95]

Ähnlich wie die Testamente diente auch die Stiftung von Jahrzeiten der Vorsorge für die Zeit nach dem Tod. Es handelt sich dabei um eine oder

92 *Meinrad Schaab*, Geschichte der Kurpfalz. Bd. 1, 2. Aufl. Stuttgart u.a. 1999, Genealogische Tafel, S. 223. Zu den illegitimen Kindern weiterer Pfalzgrafen im 14. Jh. vgl. *Widder*, Konkubinen und Bastarde (wie Anm. 2), S. 435-437.

93 Zu Konkubinaten hochadliger Männer mit unebenbürtigen Frauen als Alternative zu einer zweiten Ehe vgl. die Fallstudie von *Karl-Heinz Spieß*, Dynastie und Herrschaft der Grafen von Hanau im Spätmittelalter, in: Jahreszeiten der Gefühle. Das Gothaer Liebespaar und die Minne im Spätmittelalter. Hrsg. von Allmuth Schuttwolf. Ostfildern 1998, S. 34-42.

94 Es handelte sich um Mechthilds Hofmeister Kaspar von Kaltental, ferner um Merk von Halfingen, Dr. Johann Vergenhans und ihren Kanzler Dr. Bernhard Schöfferlin. Ed. bei *Joachim Fischer*, Das Testament der Erzherzogin Mechthild von Österreich vom 1. Oktober 1481, in: Eberhard und Mechthild. Untersuchungen zu Politik und Kultur im ausgehenden Mittelalter. Hrsg. von Hans-Martin Maurer. (Lebendige Vergangenheit, Bd. 17.) Stuttgart 1994, S. 111-163, hier S. 133; dazu auch *Schmugge*, Kirche (wie Anm. 25), S. 239; ferner *Widder*, Konkubinen und Bastarde (wie Anm. 2), S. 462f.

95 Er starb 1495, ein Jahr vor seinem Vater; vgl. *Mertens*, Eberhard V./I. im Bart (wie Anm. 80), S. 93; *Schuler*, Klerikerkinder (wie Anm. 42), S. 213.

mehrere Messen, die alljährlich am Todes- oder Begräbnistag eines Menschen für sein eigenes oder das Seelenheil seiner Vorfahren gelesen werden sollen. Diese Verfügungen finden sich recht häufig in Testamenten, können aber auch anderweitig überliefert sein. Sie bildeten ein Element der Totenmemoria, da in den wiederholten Messen für den Verstorbenen gebetet und seiner Seele gedacht wurde. Für den Basler Bischof Johann von Venningen (* 1409-† 1478)[96] ist eine ungewöhnliche Jahrzeitstiftung überliefert. Johann, ein Sohn des kurpfälzischen Hofmeisters Hans von Venningen, war zumindest zeitweilig am Hof der Kurfürsten und Pfalzgrafen bei Rhein in Heidelberg aufgewachsen. Hier hatte er in einem Heidelberger Bürgermädchen namens *Elsa* vermutlich eine Jugendliebe gefunden, die er nie vergessen hatte und deren er später mit einer Jahrzeitstiftung gedachte. Elsa war mit einem Heidelberger Bürger namens Heinrich Simelbeker verheiratet gewesen.[97]

Die »redefreudigste« Quellengattung ist zweifellos die zeitgenössische Historiographie; sie hat aber – dies lernt jeder Historiker im Proseminar – auch ihre Tücken. Mittelalterliche Geschichtsschreiber sind meist nicht um Objektivität bemüht, sondern vertreten Standpunkte. Diese können politisch, parteiisch, aber auch moralisierend oder didaktisch sein. Es muß sich darüber hinaus auch keineswegs um die gleichen moralischen Bewertungskategorien wie die des 19., 20. oder 21. Jahrhunderts handeln. Ebenfalls problematisch, aber keineswegs unbekannt ist die Tatsache, daß die Historiographie eher die Ausnahme als die Regel überliefert.[98] Unserer Mentalität würde es entsprechen, gerade Liebschaften und die bei ihrer Aufdeckung ausgelösten »Skandale« zahlreich in den Quellen zu finden. Um so enttäuschender ist der Befund, daß die Quellen einer anderen Logik und einem anderen Bewertungssystem gehorchen. Doch braucht man als Historiker die erzählenden Texte nicht nur kritisch zu betrachten, sondern muß sie auch interpretieren. Eine solche Interpretation kann zu durchaus überraschenden Ergebnissen führen, wie zwei Beispiele aus der bayerischen Historiographie

96 Zu Johann vgl. *Pierre Louis Surchat*, Art. Venningen, Johann von, in: Die Bischöfe des Heiligen Römischen Reiches 1448 bis 1648. Ein biographisches Lexikon. Hrsg. von Erwin Gatz. Berlin 1996, S. 723; weitere Angaben bei *Widder*, Konkubinen und Bastarde (wie Anm. 2), S. 465, Anm. 202.

97 *Kurt Andermann*, Die Jahrzeit Johann von Venningens († 1478). Zur Biographie des Speyrer Domdekans und Basler Bischofs, in: Palatia historica. Fschr. für Ludwig Anton Doll. Hrsg. von Pirmin Spieß. (Quellen und Abhandlungen zur mittelrheinischen Kirchengeschichte, Bd. 75.) Mainz 1994, S. 279-286, S. 285f.

98 Zu den methodologischen Implikationen vgl. *Arnold Esch*, Überlieferungs-Chance und Überlieferungs-Zufall als methodisches Problem des Historikers, in: Historische Zeitschrift 240, 1985, S. 529-570, hier S. 540-546.

des Spätmittelalters bezeugen. Um die Mitte des 15. Jahrhunderts berichtet der Augsburger Chronist Burkard Zink über den Aufenthalt des bayerischen Herzogs Stephan III. (ca. 1337-1413) in der oberitalienischen Stadt Padua:

> »Item hertzog Steffan lag zu Badaw und lept wol und hett ain gueten muet und trib groß huererei mit schönen frawen, und was im der her von Badaw gab, das verzert er alles pöslich. und also ritten sein ritter und sein knecht von im, wann er gab in nichts. sie verzerten ross und harnasch und kamen ain tail zu fueß wider haim. und also hueb sich hertzog Steffan auf und rait mit ainem klainen volk gen Rom und lag wol drei monat in großer armuet und gar unfürstlich [...].«

Das Problem war in diesem Fall nicht primär die ›große Hurerei mit schönen Frauen‹, sondern der Vorwurf, daß der Herzog bei seinem Wohlleben alles Geld verpraßt hatte, so daß nichts für die Bezahlung seines ritterlichen Gefolges übriggeblieben war. Viele Ritter und Knechte waren daraufhin gezwungen, ihre Ausrüstung zu veräußern und teilweise zu Fuß nach Hause zurückzukehren, anstatt nach Rom weiterzuziehen. Der Herzog zog mit (zu) kleinem Gefolge nach Rom und lebte dort drei Monate in Armut ›gar unfürstlich‹. Hier spielte also Herzog Stephans mangelndes Verantwortungsgefühl für sein Gefolge die entscheidende Rolle, der aufgetretene Geldmangel und der damit einhergehende Ehrverlust. Beide schädigten nicht nur das Ansehen und das Vermögen des ritterlichen Anhangs, sondern auch sein eigenes fürstliches Ansehen.[99]

Zum Jahre 1488 überliefert ein späterer Fortsetzer der zwischen 1478 und 1481 entstandenen Bayerischen Chronik des Ulrich Fuetrer, daß Herzog Georg der Reiche von Bayern-Landshut mit ›unbeleumundeten Weibern und öffentlichen Buhlerinnen schamlos und öffentlich sein Wesen getrieben, sie mitgeführt, prächtig ausstaffiert und an hochgestellte und edle Leute verheiratet hatte‹. Dies war – für uns überraschend – für den Chronisten kein Skandal an sich, sondern wurde offenbar deshalb als anstößig empfunden, weil Georg seine Frau im Schloß zu Burghausen »eingesperrt« (so heißt es ausdrücklich) hatte und selten zu ihr kam.[100] Vielleicht war selbst dies nicht an-

99 Chronik des Burkard Zink, in: Die Chroniken der schwäbischen Städte, Augsburg. Bd. 2, hrsg. von C. Hegel. (Die Chroniken der deutschen Städte, Bd. 5.) Leipzig 1866, S. 43f. Zum Verf. vgl. *K. Schnith*, Art. Zink, Burkard, in: Lexikon des Mittelalters. Bd. 9, Sp. 619f.

100 »[...] er was ain man kains sundern wesen, dann allain mit unbeleumbten weibern und offenlichen puelerin het er unverschambt und offenlich vil wesen und füert dy vil bey

stößig, wenn wenigstens ein männlicher Nachkomme aus der Verbindung hervorgegangen wäre. Dies war aber nicht der Fall, womit die Sache zum Politikum wurde. Georg verletzte seine Pflichten als Dynast und als Landesherr, mit seinem erbenlosen Tod drohte Ungemach. Dies und nichts anderes warf der Verfasser ihm vor. Ein Blick in die Geschichtsbücher lehrt, daß nach seinem Tod tatsächlich der Katastrophenfall eintrat und im ganz Süddeutschland erschütternden Landshuter Erbfolgekrieg seinen Ausdruck fand.[101]

Selbst bei solchen Quellenaussagen gehen die modernen Deutungen auseinander. Denn ob man dies als grundsätzliche Kritik des Chronisten an der »zügellos ausgelebte[n] Sexualität außerhalb der Ehe werten kann«, zumal wenn dynastische Pflichten und die Rechte der Ehefrau vernachlässigt wurden[102], wäre zu diskutieren. Dagegenzuhalten wäre, daß sich das notorische Gefallen der Fürsten an Frauen immer wieder in der historiographischen Überlieferung findet. So dichtete Johann von Soest, der sich in den Jahren 1469 bis 1471 am Hof Landgraf Ludwigs II. von Hessen in Kassel aufhielt:

> »Syn nam, merck, lantgraff Ludwig wass, den hubschen frewlyn nyt gehass,
> Eyn schoner furst wass von person, By dem hatt ich eyn gutten lon [...]
> Hett lantgraff Lodwyg blyben leben, Zu Cassel wer ich blyben kleben«.[103]

im und begabet dy hoch mit klaydern und klainaten und verheyrat dy hoch und edel leuten und andern und ließ sein gemachel zu Purgkhawsen eingespert im schloss, kam vast selten zu ir.« Fortsetzer von *Ulrich Füetrer*, Bayerische Chronik. Hrsg. von Reinhold Spiller. München 1909, Nachdruck Aalen 1969 (Quellen und Erörterungen zur bayerischen und deutschen Geschichte N.F., Bd. 2,2.), S. 219.

101 Zum 1503 begonnenen Landshuter Erbfolgekrieg vgl. *Reinhard Stauber*, Herzog Georg von Bayern-Landshut und seine Reichspolitik. Möglichkeiten und Grenzen reichsfürstlicher Politik im wittelsbachisch-habsburgischen Spannungsfeld zwischen 1470 und 1505. (Münchener Historische Studien, Abt. Bayerische Geschichte, Bd. 15.) Kallmünz/Oberpfalz 1993; *G. Schwertl*, Art. Landshuter Erbfolgekrieg, in: Lexikon des Mittelalters. Bd. 5, München, Zürich 1991, Sp. 1678f.

102 Vgl. *Cordula Nolte*, Verbalerotische Kommunikation, »gut schwenck« oder: Worüber lacht man bei Hofe? Einige Thesen zum Briefwechsel des Kurfürstenpaares Albrecht und Anna von Brandenburg-Ansbach 1474/75, in: Das Frauenzimmer. Die Frau bei Hofe in Spätmittelalter und früher Neuzeit. Hrsg. von Jan Hirschbiegel/Werner Paravicini. (Residenzenforschung, Bd. 11.) Stuttgart 2000, S. 449-461, hier S. 452. Die politischen Probleme Georgs lastete der unbekannte Fortsetzer der Chronik dem »törsch wesen« des Herzogs an; ebd., S. 219-221, Zit. S. 219.

103 Zitiert nach *Eckhardt*, Margarethe von Hessen (wie Anm. 43), S. 157. Zu Johann (Grummelkut) von Soest vgl. *Gesa Bonath*, Art. Johann von Soest, in: Die deutsche Literatur des Mittelalters, Verfasserlexikon. Bd. 4, 2. Aufl. Berlin/New York 1983, Sp. 744-755, hier Sp. 753f., und *Dies.* in: ebd., Bd. 11, 2004, Sp. 796.

Nach allem, was wir wissen, besaß Landgraf Ludwig um diese Zeit neben drei ehelichen Kindern noch acht Bastarde.[104] Auch zu Pfalzgraf Friedrich dem Siegreichen (*1425-†1476) wußte sein Historiograph Matthias von Kenmat nur Lobendes über dessen außereheliche sexuelle Aktivitäten und sogar über deren Folgen zu berichten:

»Doch der gemelt pfaltzgraff hett bei ime ein stetige beiwonung, ein jungffrawn, Clara genannt, von Augsburg geborn, die ein hoffejungfrawe zu Monchen was gewesen. Die bracht er zu vall vnd macht mit ire hubscher naturlicher sone zwen. Der ein Friderich genant, der was ein thumherr zu Spier vnd Wormbs vnd des babstes prothonotarius. Der starb im xv jar. Der ander, Ludowicus naturalis genant, wie sich der hoit gehalten, wirt hernach gesagt«.[105]

Matthias ging in der Panegyrik auf seinen Helden Friedrich sogar so weit, ein Lob auf die Konkubine statt auf die nicht vorhandene Ehefrau zu singen: Nimmst du eine Ehefrau, so

»bistu allezeit in sorgen vnd engsten, in stettem krieg mit dem weib, mit der schwiger, mit iren frunden, mit vffhebung des heirathsguts, inn verdechtlichkeit mit andern mannen vnnd in vngewissheit der kinder«.[106]

Will man nicht davon ausgehen, daß er sich oder den Pfalzgrafen unfreiwilliger Komik angesichts absurder Thesen habe aussetzen wollen, dann muß man zumindest von einer wie auch immer gearteten Akzeptanz des hier eindeutig positiv gewerteten Konkubinates ausgehen.[107]

Es fragt sich zudem, warum in der Chronik mehrfach von dem Verhältnis überhaupt die Rede ist. Friedrich hatte sich im Kontext seiner Herrschaft zur Ehelosigkeit verpflichtet, um die Ansprüche des legitimen Erben,

104 Vgl. *Eckhardt*, Margarethe von Hessen (wie Anm. 43), S. 145f.

105 *Matthias von Kemnat*, Chronik Friedrich I. des Siegreichen. Hrsg. von C[onrad] Hofmann, in: Quellen zur Geschichte Friedrich's des Siegreichen. Bd. 1, München 1862, Nachdruck: Aalen 1969 (Quellen und Erörterungen zur bayerischen und deutschen Geschichte, A.F., Bd. 2.), S. 138. Zum Historiographen vgl. *Birgit Studt*, Fürstenhof und Geschichte, Legitimation durch Überlieferung. (Norm und Struktur, Bd. 2.) Köln/Weimar/Wien 1992, S. 15-45.

106 *Kemnat*, Chronik (wie Anm. 105), S. 139.

107 Zur Beziehung zwischen Friedrich dem Siegreichen und Klara Dett vgl. *Widder*, Konkubinen und Bastarde (wie Anm. 2), S. 448, Anm. 134, S. 452-454.

des Sohnes seines älteren Bruders, nicht zu schmälern.[108] Das Konkubinat des Landesherrn stellte von daher eine Alternative zur standesgemäßen Fürstenehe dar. Als Skandal wurde es nicht empfunden.

Grundsätzlich kann man nicht davon ausgehen, daß Phänomene nicht existiert haben, nur weil sich davon keine Spuren in der zeitgenössischen Historiographie finden. Ein letztes Beispiel möge dies verdeutlichen. Im sog. Tagebuch des Basler Chronisten Hans Knebel findet sich eine gezielte Invektive gegen einen der großen Karrieristen des 15. Jahrhunderts, Georg Heßler. Dieser hatte es vom Sohn des Würzburger Stadtschultheißen über eine erfolgreiche Universitätsausbildung bis hin zum hohen, schließlich mit dem Kardinalspurpur bekleideten Kirchenmann gebracht. Als Politiker und Diplomat war er in Diensten mehrerer Herren und fädelte schließlich die politische und dynastisch hochbedeutende Heirat des deutschen Thronfolgers Maximilian mit der burgundischen Erbtochter Maria ein. Zum Jahre 1478 schrieb Knebel folgendes: Der Kaiser habe sich beim Heiligen Stuhl dafür eingesetzt, daß Heßler den Kardinalspurpur erhält, und er habe ihm Pfründen und Würden in Deutschland im Wert von 10.000 Gulden aus der Kammer reserviert. Heßler, dieser Narr, sei durch Niederdeutschland gezogen, habe seine Mutter bei sich gehabt und mit diesem großen Aufwand großes Ärgernis erregt.[109]

Es ist dem Text deutlich anzumerken, daß der Verfasser auf den von ihm Beschriebenen nicht gut zu sprechen war. Im Jahr zuvor war er in seinem Diarium schon einmal noch deutlicher geworden. Dort hieß es angesichts der kurz zuvor erfolgten Kardinalserhebung von Georg Heßler, dieser sei nicht nur ein Gauner und großer Lügner, sondern auch Bastard eines verstorbenen Würzburger Bischofs (»spuri[us] fili[us] quondam episcopi Herbipolensis«).[110] Heßler muß ein Mann gewesen sein, der nicht nur ehrgeizig und in seinem Karriereverlauf äußerst erfolgreich war, sondern auch Kon-

108 Nachweise ebd., S. 452f.

109 »Dominus noster imperator apud dominum nostrum sanctissiumum instetit pro quodam spurio filio quondam episcopi Herbipolensis nomine Haseler, ut idem fieret cardinalis, et huic reservavit beneficia et dignitates in Alamania ad valorem decem milium florenorum de camera. hic fatuus circuit Alamaniam inferiorem et ducit secum suam matrem et scandalizat totam ecclesiam cum magna pompa.« Johannis Knebel capellani ecclesiae Basiliensis diarium, in: Basler Chroniken. Bd. 3, hrsg. von Wilhelm Vischer, Leipzig 1887, S. 1-271, hier S. 211.

110 »et alius dicebatur Georgius Heszler de Herbipoli, spurius, magnus trufator et mendax homo, ab omnibus malum testimonium habens, quem tamen dominus Fridericus imperator pro cardinali habere voluit«; Johannis Knebel diarium; ebd., S. 177 (vgl. auch dort die textkritischen Anmerkungen).

troversen nicht scheute. Der Kreis seiner Gegner oder Neider war gerade unter den Gelehrten beträchtlich. Es fragt sich aber, ob es sich hier nur um einen Fall von unbegründeter übler Nachrede handelte oder ob etwas Wahres daran gewesen sein könnte. Ich habe an anderer Stelle ausführlich dargelegt, daß dieses Gerücht durchaus nicht aus der Luft gegriffen gewesen sein muß, obwohl man für Heßler keinen Bastardstatus nachweisen kann.[111] Argumentationsbasis war die Überlegung, ob es auch Formen klandestiner Illegitimität gegeben hat, die sich in den Formen einer Beziehung zu einer mit einem Untergebenen verheirateten Konkubine manifestierte. In diesem Fall wäre an eine Beziehung des Würzburger Bischofs Gottfried Schenk von Limburg mit Heßlers Mutter als Frau eines hohen bischöflichen Amtsträgers zu denken.[112] Die Tatsache, daß dieser Umstand in die Quellen kam, ist allein dem Zufall zu verdanken. Hätten diese Ressentiments in Heßlers Referenzgruppe nicht bestanden, die seine extrem erfolgreiche Karriere auslöste, wäre uns kein konkreter Anhaltspunkt überliefert.

Eine systematische Sichtung der Historiographie auf diese Fragestellung wäre ein Forschungsdesiderat. Allerdings ist hier noch einmal zu betonen: Normalität findet sich in der Geschichtsschreibung nicht verzeichnet, bzw. es erfordert spezifische methodische Anstrengungen, um »Alltägliches« daraus zu extrahieren. Spuren und Reflexe des Alltags finden sich hingegen in einem anderen Quellentyp in reicher Form überliefert. Die neuere deutsche Forschung zu den Illegitimen ist sich einig, daß das größte Aussagepotential dazu in einer Quellengruppe liegt, von der wir immer noch viel zu wenig wissen. Gemeint sind die spätmittelalterlichen landesherrlichen Rechnungen.[113] Anders als wir zu denken gewohnt sind, dienten diese Rechnungen

111 Vgl. *Widder*, Konkubinen und Bastarde (wie Anm. 2), S. 439-443.

112 Vgl. ebd., S. 442, 477f.

113 Vgl. *Bittmann*, Kreditwirtschaft (wie Anm. 59), S. 262, Anm. 45: »Lediglich im landesherrlichen Bereich läßt sich die Zahl der natürlichen Nachkommen umfassender belegen, da die – erstaunlich gute – Aussteuerung in den Rechnungsbüchern Niederschlag fand«; ähnlich *Reichert*, Der fünfte Mann (wie Anm. 47), hier S. 390: »Denn eines der auffallendsten Merkmale dieses Kreises bildet die dürftige Quellenlage. Bis zum Aufkommen – oder besser: bis zur Überlieferung – der zentralen Rechnungen des landesherrlichen Hofes, denen in erster Linie die Nachrichten zu den Söhnen Herzog Wenzels I. zu verdanken sind, bewirkte im Grunde allein die kirchliche Laufbahn mit ihrem Zwang, den päpstlichen Dispens ›super defectu natalium‹ einzuholen, sowie den sich im kurialen Schriftgut niederschlagenden Suppliken und Pfründenvergaben die Anlage prosopographisch verwertbarer und vor allem als überlieferungswürdig erachteter Schriftquellen.« Zu spätmittelalterlichen Rechnungen vgl. grundlegend *Mark Mersiowsky*, Die Anfänge territorialer Rechnungslegung im deutschen Nordwesten. Spätmittelalterliche Rechnungen, Verwaltungspraxis, Hof und Territorium. (Residen-

die längste Zeit des Mittelalters nicht der Erstellung eines Staatshaushaltes, sondern zur Kontrolle der Amtsträger, die im Auftrag des Landesherrn tätig waren.[114] Aufgrund der chronischen Geldknappheit der spätmittelalterlichen Landesherrschaft wurden viele Forderungen oder Ansprüche Dritter direkt auf Einnahmen aus den Ämtern angewiesen und finden sich so entsprechend als mit Summen und knappen Erläuterungen versehene Einträge in den spätmittelalterlichen Amts- und Hofrechnungen.[115] Dies ermöglicht zum einen teilweise tagesgenaue Informationen über Anschaffung, Verbrauch und Abrechnung bestimmter Güter und erbrachter Leistungen, zum anderen besteht in günstigen Fällen, d.h., wenn ganze Rechnungsserien überliefert sind, die Möglichkeit, die in den Rechnungen enthaltenen Angaben und Einzelposten einer statistischen Auswertung zu unterziehen. Hier besitzt der westeuropäische Raum einen deutlichen Überlieferungsvorsprung. Unsere Kenntnisse vom Hof der Burgunderherzöge aus dem Hause Valois oder dem der englischen Könige fußen in starkem Maße auf der dort vorhandenen Rechnungsüberlieferung. Für den burgundischen Hof haben sich zudem die sog. Gagenlisten überliefert. Auch diese entstammten der Finanzkontrolle und dienten der Rechnungslegung. Sie bilden aber ein unschätzbares Reservoir an Namen und Personen, unter denen sich auch die Geliebten und illegitimen Kinder der burgundischen Herzöge nachweisen lassen.[116] Diese Überlieferung fehlt in Deutschland für die Sphäre des Hofes weitgehend bzw. setzt erst in der zweiten Hälfte des 15. Jahrhunderts dichter ein.[117]

zenforschung, Bd. 9.) Stuttgart 2000. Die Aussagemöglichkeiten zur adeligen Alltags- und Sachkultur zeigt exemplarisch *Ders.*, Aspekte adligen Lebens um 1400. Frühe westfälische und rheinische Adelsrechnungen im Vergleich, in: Vestigia Monasteriensia. Westfalen – Rheinland – Niederlande. Hrsg. von Ellen Widder u.a. (Studien zur Regionalgeschichte, Bd. 7.) Bielefeld 1995, S. 263-304.

114 *Mersiowsky*, Rechnungslegung (wie Anm. 113), S. 291-336.

115 Ebd., S. 314-327.

116 Vgl. *Monique Sommé*, Isabelle de Portugal, duchesse de Bourgogne. Une femme au pouvoir au XVe siècle. Villeneuve d'Ascq 1998, S. 65-70; *Eric Bousmar/Monique Sommé*, Femmes et espaces féminins à la cour de Bourgogne au temps d'Isabelle de Portugal (1430-1471), in: Das Frauenzimmer. Die Frau bei Hofe in Spätmittelalter und früher Neuzeit. Hrsg. von Jan Hirschbiegel/Werner Paravicini. (Residenzenforschung, Bd. 11.) Stuttgart 2000, S. 47-78, S. 49, 72. Zu den Gagenlisten vgl. *Holger Kruse*, Hof, Amt und Gagen. Die täglichen Gagenlisten des burgundischen Hofes (1430-1467) und der erste Hofstaat Karls des Kühnen (1456). (Pariser Historische Studien, Bd. 44.) Bonn 1996. Für England siehe *Given-Wilson/Curteis*, Royal Bastards (wie Anm. 19), S. 150 u.ö.

117 Für Nordwestdeutschland vgl. *Mersiowsky*, Rechnungslegung (wie Anm. 113), S. 276.

Aus den Rechnungen stammen wichtige Informationen, die die subjektiv oder situativ gefärbten Aussagen der Historiographie ergänzen, erweitern oder revidieren. Aus der Rechnungsüberlieferung der bayerischen Herzöge konnte beispielweise Sigmund Riezler wesentliche Informationen zu der 1435 unter tragischen Umständen in der Donau ertrunkenen Augsburger Baderstochter Agnes Bernauer gewinnen. Sie war die Konkubine oder Ehefrau des Herzogsohnes und Erbprinzen Albrecht (III.) von Bayern-München.[118]

Auch Karl-August Eckhardt bezog einen Großteil seiner Informationen zu Margarethe von Holzheim aus der umfangreichen landesherrlichen Rechnungsüberlieferung. Sie war die Mutter Margarethes von Hessen und von 1463 bis zum Tode des Herzogs 1471, d.h. über neun Jahre, Konkubine Landgraf Ludwigs II. von Hessen. Das Paar hatte mehrere gemeinsame Kinder. Spröden Angaben wie ›auf Sonntag nach Michaelis, als die Jungfrau und mein gnädiger Herr im Haus des Rentmeisters waren, habe ich für Eier zum Kuchenbacken ausgegeben‹ (»of sontag dar nach [Michaelis], als die jungfr. und myn genediger herre in des rentmeisters huse worn, gebin fur eiger zu kuchen«) oder ›als mein Herr in der Fastnacht hier war und für die Jungfrau zu zwei Mählern‹ (»alß myn herre in der fastnacht hir waß, und für die jungfern zu zcwen maln«) oder ›für zwei Stüber Weins, mit Margarethen von Holzheim vertan in Lobers Haus, Sonntag vor Mariä Himmelfahrt‹ (»vor II stop. vini, mit Margrethen von Holtzheym verthon in Lobers huß, sontag ante Assumpcionis Marie«) bilden die Grundlage für Aussagen über Länge und Charakter des Konkubinates.[119] In diesem konkreten Fall ließ sich die ›Jungfrau Margarethe‹ über acht Jahre regelmäßig in der Rechnungsüberlieferung nachweisen. Die Eintragungen sind banal und trotzdem aufschlußreich. Bis auf den gebackenen Kuchen, die gemeinsame Feier

118 Vgl. *Sigm(und) Riezler*, Agnes Bernauerin und die bairischen Herzoge, in: Sitzungsberichte der königlich bayerischen Akademie der Wissenschaften, Hist. Classe, 1885, S. 285-354. Dazu *Widder*, Konkubinen und Bastarde (wie Anm. 2), S. 451f. Ferner *G. Schwertl*, Art. Albrecht III. der Fromme, in: Lexikon des Mittelalters. Bd. 1, München/Zürich 1980, Sp. 315; *G. Schwertl*, Art. Bernauer, Agnes, in: ebd., Sp. 1980f; *Heinz Friedrich Deininger*, Agnes Bernauer, in: Lebensbilder aus dem Bayerischen Schwaben. Bd. 1, München 1952, S. 131-160; *Gisela Uellenberg*, Augsburger Frauen. Agnes Bernauer, Philippine Welser, in: Augusta 955-1955. Forschungen und Studien zur Kultur- und Wirtschaftsgeschichte Augsburgs. Hrsg. von Hermann Rinn. Augsburg 1955, S. 137-143.

119 *Eckhardt*, Margarethe von Hessen (wie Anm. 43), S. 158f. (die Beispiele stammen erstens aus der Rechnung des Rentmeisters in Spangenberg zum Jahr 1466 und zweitens aus der des Reichenbach-Lichtenauer Schultheißen und Rentschreibers zum Jahr 1471).

der Fastnacht mitsamt zwei Gastmählern (?) und die Tatsache, daß sich die Margarethe betreffenden Einträge regelmäßig über einen langen Zeitraum nachweisen lassen, findet man über die Ausgestaltung des beiderseitigen Verhältnisses so gut wie nichts. Wohl aber scheint der Alltag auf in Mitteilungen über Aufenthalte Margarethes in Willershausen und Fritzlar, Besuche bei ihrer Schwester in Trendelburg an der Diemel und Teilnahme an der Hochzeit von Heinrich Aufseß in Kassel.[120]

Margarethe verhielt sich wie andere adelige Frauen auch, sie verschenkte Schönbrot zu hohen Kirchenfesten an Freunde und Bekannte, verzehrte Nüsse in Gesellschaft ihrer Schwester und hatte 1470 eine Jungfrau namens Henne und vielleicht einen Schreiber.[121] Durch die Rechnungseinträge läßt sich ihr Hauptaufenthaltsort lokalisieren. Es handelte sich offenbar um das landgräfliche Schloß Spangenberg in der Nähe von Melsungen. Hier empfand man sie als Hausherrin mit der entsprechenden Bezeichnung ›meiner Jungfrau‹ (*myner jungfern*) durch die lokalen Amtsträger und hier standen die Reitpferde, mit denen sie ihre Reisen unternahm.[122] Zwei Generationen später wurde Spangenberg noch einmal Residenz einer landesherrlichen Konkubine. Es handelt sich um das sächsische Edelfräulein Margarethe von der Saale, den »Sündenfall« des protestantischen Musterfürsten Philipp von Hessen.[123]

Margarethe von Holzheims sozialer Hintergrund erschließt sich aus den Rechnungen nicht unmittelbar. Doch die Hinweise auf das standesgemäße Verhalten einer adeligen Frau lassen sich durch andere Quellen bestätigen. Sie war die Tochter des landesherrlichen Rates Sittich von Holzheim. Dieser diente bereits Ludwigs gleichnamigem Vater Ludwig I. und zählte 1453 zum Hof- und Hausgesinde des Fürsten in Kassel.[124] Die Verbindung von Mar-

120 Vgl. die Quellenzitate und Nachweise ebd. S. 158f.

121 Vgl. ebd. Zum Alltag adeliger Frauen aus der Rechnungsüberlieferung um 1400 vgl. *Mersiowsky*, Aspekte adeligen Lebens (wie Anm. 113), S. 298-300.

122 *Eckhardt*, Margarethe von Hessen (wie Anm. 43), S. 159. Zu Spangenberg, einer der bis ins 16. Jh. bevorzugten Residenzen der Landgrafen, vgl. *Eckhart G. Franz*, Spangenberg, in: Hessen. Hrsg. von Georg Wilhelm Sante. (Handbuch der historischen Stätten Deutschlands, Bd. 4.) Stuttgart 1960, S. 386.

123 Zu ihr und ihrer »Nebenehe« mit dem Landgrafen vgl. am eindrücklichsten *Karl E. Demandt*, Geschichte des Landes Hessen. 3. Aufl. Kassel 1980, S. 213f.: »ein politisch unbegreifliches, moralisch untragbares und menschlich nur schwer zu rechtfertigendes Verhalten, das ihn [= Philipp], anstatt ihn zu retten, ins Verderben gestürzt hat [!]«.

124 Vgl. *Karl E. Demandt*, Der Personenstaat der Landgrafschaft Hessen im Mittelalter, Ein »Staatshandbuch« Hessens vom Ende des 12. bis zum Anfang des 16. Jahrhunderts. (Veröffentlichungen der Historischen Kommission für Hessen, Bd. 42.) Marburg 1981, Nr. 1304, S. 374.

garethes Familie zum Hof war aber bereits älter. Ein Hermann von Holzheim zählte 1414 zu den Räten und Amtleuten Landgraf Ludwigs I. Sein Bruder (?) Heinrich von Holzheim ist in den Jahren 1400, 1421 und 1424 als Amtmann zu Spangenburg nachweisbar. Betrachtet man das Tableau der Tätigkeiten für seinen Herrn Ludwig I., dann kann man ihn getrost zu den engsten Vertrauten des Landgrafen zählen.[125]

Es ist unverkennbar, daß die Geliebte Ludwigs II. aus dem seit mehreren Generationen eng mit dem Fürstenhaus verbundenen landsässigen Adel stammte. Ebenfalls aus der Rechnungsüberlieferung zeichnet sich ab, daß Margarethe als aktive Netzwerkknüpferin für ihren eigenen Familienverband fungierte.[126] So protegierte sie tatkräftig ihren Bruder Wiegand von Holzheim, sorgte aber auch für weitere Verwandte. Zur Taufe des Kindes ihrer auf Trendelburg verheirateten Schwester erschien laut Ausweis der Rechnungen nicht nur der gemeinsame Bruder Wiegand, sondern ebenso der Landesherr persönlich mit zahlreichen Amtleuten und Dienern.[127] Auch nach Ludwigs II. Tod blieb die enge Verbindung Wiegands zum Hof bestehen.[128] Man darf sich hier allerdings fragen, ob diese lediglich dem Konkubinat der Schwester geschuldet war oder ob sie hier ebenso an die bereits vor Margarethe bestehende Familientradition anknüpfte.

Man darf sich zudem die Frage stellen, ob nicht auch zwei weitere Holzheimer, Kurt (Kunz) und Wittekind, ebenfalls zur Verwandtschaft Margarethes zählten.[129] Dies ist wahrscheinlich, weilte ein Kunz von Holzheim laut Ausweis der Rechnungen 1469 häufiger in der Umgebung des Landgrafen in Spangenberg[130], während Wittekind in diesen Jahren als Amtmann von Melsungen und Vormund des Klosters Heydau fungierte. Mit Heydauer Pferden war Margarethe 1469 von Fritzlar nach Spangenberg zurückgekehrt.[131] Diese Verflechtungen, über die uns vornehmlich die Rechnungen

125 Ebd., Nr. 1302, S. 373f. (Hermann von Holzheim); Nr. 1301, S. 372f. (Heinrich von Holzheim).

126 *Eckhardt*, Margarethe von Hessen (wie Anm. 43), S. 161: »In der Folge haben Vater, Bruder und Schwestern – die Mutter war anscheinend nicht mehr am Leben – die Beziehung nicht nur gebilligt, sondern auch Vorteile daraus gezogen«. Zum Begriff vgl. *David Knoke*, Political Networks. The Structural Perspective. (Structural Analysis in the Social Sciences, Bd. 4.) 2. Aufl. Cambridge 1994, bes. S. 149-174.

127 *Demandt*, Personenstaat (wie Anm. 124), Nr. 1306, S. 375, mit Anm. 2 (mit Archivaliennachweis).

128 Ebd., Nr. 1306, S. 375.

129 Ebd., Nr. 1303, S. 374 (Kurt/Kunz), und Nr. 1307, S. 377 (Wittekind).

130 Ebd., Nr. 1303, S. 374.

131 Vgl. den Rechnungsbeleg aus dem Futterregister des Spangenberger Schultheißen vom [22.10.] 1469; *Eckhardt*, Margarethe von Hessen (wie Anm. 43), S. 158.

Auskunft geben, sind bis heute kaum untersucht bzw. systematisch ausgewertet.

Es verdient der Erwähnung, daß drei Söhne aus der Verbindung Margarethes mit dem Landesherrn den Familiennamen »von Hessen« führten.[132] Einer von ihnen, Wilhelm der Jüngere, wurde gar als ›Halblandgraf‹ bezeichnet. Er diente treu seinem legitimen Halbbruder Wilhelm II. Dieser betrieb als Gegenleistung bei Maximilian I. die Erhebung zum Freiherrn. Als dies mißlang, belehnte er ihn 1509 gegen den Widerstand seiner Räte mit Burg und Herrschaft von Landsburg.[133]

Quellenkritisch sollte man noch einmal betonen, daß ähnlich wie in den Urkunden, die Konkubinen betrafen, deren Status kaum hervortritt geschweige denn deren Status innerhalb der Beziehung. Auch Margarethe begegnet uns in den Rechnungen nicht als Konkubine, sondern als »Jungfrau Margarethe«. Dies macht aber eine eindeutige Definition ihrer Position kaum möglich, diese kann man immer erst im Kontext der sonstigen Überlieferung vornehmen, oder es bleibt bei begründeten Vermutungen. Hier greifen aber bei der Bewertung vielfach bereits die bekannten Denk- und Interpretationsmuster, die das Ganze entweder als Sensationshascherei oder nicht nachweisbare Unterstellungen bzw. Topoi abtun. Wie breit die hier bestehende Grauzone ist, erschließt sich auch aus anderen Beispielen wie dem der Grafschaft Katzenelnbogen[134] und der Grafschaft Flandern[135], auf die hier nur hingewiesen werden kann.

132 *Demandt*, Personenstaat (wie Anm. 124), Nr. 1229, S. 352f. (Johann von Hessen); Nr. 1230, S. 353f. (Wilhelm der Jüngere von Hessen), und Nr. 1231, S. 355 (Wilhelm der Jüngste von Hessen).

133 Ebd., Nr. 1230, S. 353.

134 Aus der hervorragend erschlossenen Überlieferung der Grafen von Katzenelnbogen kennen wir eine Jungfer Hildegard, die laut Karl E. Demandt eine »undurchsichtige Rolle« spielte. Sie erhielt schon 1429 und noch 1442 eine Besoldung vom Rheinfelser Kellner, ferner 1451 einen »goldenen Ring«, den der Darmstädter Landschreiber aus seinen Einnahmen bezahlte und Rechnung darüber legte. Hildegard war »vielleicht die Betreuerin, wenn nicht gar die Mutter der beiden unehelichen Söhne des Junggrafen«; *Karl E. Demandt*, Rheinfels und andere Katzenelnbogener Burgen als Residenzen, Verwaltungszentren und Festungen 1350-1650. (Arbeiten der Hessischen Historischen Kommission N.F., Bd. 5.) Darmstadt 1990, S. 88; ferner: Regesten der Grafen von Katzenelnbogen 1060-1486. 4 Bde., bearb. v. Karl E. Demandt, Wiesbaden 1953-54, 1956-57 (Veröffentlichungen der Historischen Kommission für Nassau, Bd. 11.), hier Bd. 3, Nr. 6095, §§ 35, 56, S. 1824, 1836; ebd., Nr. 6209, § 2, S. 2037; ebd., Nr. 6256, § 9, S. 2077.

135 Auch aus der westeuropäischen Überlieferung kennen wir derartige Bezeichnungen und Funktionen, wobei es auch hier eine Frage der persönlichen Entscheidung ist, ob man

So aufschlußreich diese Einzelbelege aus der landesherrlichen Rechnungsüberlieferung sind, sie reichen nicht aus, um die Geschichte ganzer sozialer Gruppen zu untersuchen. Hierzu bilden serielle Quellen die Grundlage. In diesem Zusammenhang hat eine Gruppe von Mittelalterhistorikern unter der Leitung von Ludwig Schmugge vor etwa zwei Jahrzehnten damit begonnen, einen echten Schatz zu heben. Es geht um die fortschreitende Erschließung der ab 1449 erhaltenen Supplikenregister der päpstlichen Pönitentiarie.[136] Diese »erlauben eine fast lückenlose Auswertung der in Rom eingegangenen und positiv beschiedenen Gesuche«[137] um die Befreiung vom *defectus natalium*. Dieser ›Makel der Geburt‹, d.h. die illegitime Abkunft, war ein Grundhindernis bei dem Anstreben einer geistlichen Laufbahn. Der Dispens war nur in Rom erreichbar, an das man sich entsprechend häufig wandte. Der Forschergruppe sind seitdem beeindrukkende Einblicke in die spätmittelalterliche Pfründenpraxis und in die Schicksale der vom *defectus natalium* Betroffenen gelungen. Doch muß man sich verdeutlichen, daß es sich dabei mehr oder weniger um einen glücklichen Überlieferungzufall einer einzigen Institution handelt, die diese weit-

in der »Jungfrau« die »Gouvernante« und die Mutter der illegitimen Kinder sehen will. So unterhielt der Graf von Flandern, Ludwig von Male, 1384 auf Schloß Gosnay – so die herrschende Meinung – eine Art »Bastardenpensionat« unter der Leitung einer »demoiselle Lisebette de Lichtervelde«. Die Burg diente aber gleichzeitig als beliebtes gräfliches Jagdschloß und erlebte in derselben Zeit einen mehrtägigen Aufenthalt des französischen Königs Karl VI. in Begleitung des Grafen; vgl. *Lichtervelde*, Les Bâtards de Louis de Male (wie Anm. 20), S. 48-58 (der sicher nicht zufällig für die ›Gouvernantenversion‹ optierte).

136 Für den Pontifikat Eugens IV. sind nur Registerfragmente erhalten; vgl.: Verzeichnis der in den Supplikenregistern der Pönitentiarie Eugens IV. vorkommenden Personen, Kirchen und Orte des Deutschen Reiches. 1431-1447. Bearb. v. Ludwig Schmugge u.a. (Repertorium Poenitentiariae Germanicum, Bd. 1.) Tübingen 1998, »De defectu natalium« (36 Belege, vgl. Indices, S. 143); Verzeichnis der in den Supplikenregistern der Pönitentiarie Nikolaus' V. vorkommenden Personen, Kirchen und Orte des Deutschen Reiches. 1447-1455. Bearb. v. Ludwig Schmugge. (Repertorium Poenitentiariae Germanicum, Bd. 2.) Tübingen 1999, »De defectu natalium« ebd., Nr. 1067-2785, S. 115-198; Verzeichnis der in den Supplikenregistern der Pönitentiarie Calixts III. vorkommenden Personen, Kirchen und Orte des Deutschen Reiches. 1455-1458. Bearb. v. Ludwig Schmugge/Wolfgang Müller. (Repertorium Poenitentiariae Germanicum, Bd. 3.) Tübingen 2001, »De defectu natalium« ebd., Nr. 1052-1649, S. 102-130; Verzeichnis der in den Supplikenregistern der Pönitentiarie Pius' II. vorkommenden Personen, Kirchen und Orte des Deutschen Reiches. 1458-1564. Bearb. v. Ludwig Schmugge u.a. (Repertorium Poenitentiariae Germanicum, Bd. 4.) Tübingen 1996, »De defectu natalium« ebd., Nr. 1846-2900; sowie »De uberiori« ebd., Nr. 2901-3108.

137 *Schmugge*, Schleichwege (wie Anm. 26), S. 620-623, Zit. S. 621.

reichenden Aussagen ermöglicht. Gleichzeitig muß man sich die Beschränkung der Quellen auf geistliche Karrieren vergegenwärtigen; vornehmlich für diese Zwecke wurde der Dispens erbeten.

Ein von Ludwig Schmugge selbst mehrfach angeführtes Beispiel mag hier zur Veranschaulichung der Aussagefähigkeit genügen. Vom Jahre 1484 stammt der Supplikeneintrag eines Johannes' ›des Brandenburgers‹: »Johannes Brandenburgensis scolaris Brandenburgensis diocesis de Illustri coniugato et soluta genitus etc. In prima forma. Et committatur Episcopuo Mantuan. cum ibidem moram trahat. Fiat J.«[138] Der Genitiv seines Zunamens bezieht sich in irgendeiner Weise auf Brandenburg. Wir hören ferner, daß Johannes damals ein Scholar war, sich also vermutlich noch in jugendlichem Alter befand. Er entstammte – so der Registereintrag – einer Beziehung zwischen einem verheirateten Mann, der als *illuster*, also von sehr hoher Abkunft, bezeichnet wird, und einer ledigen, nicht näher bezeichneten Frau. Bei dem Petenten handelte es sich um einen illegitimen Sohn des Markgrafen Johann des Alchimisten von Brandenburg, der sich um diese Zeit offenbar am Hof seiner Tante Barbara, verheiratete Gonzaga, in Mantua aufhielt. Der Dispens ging an den Bischof von Mantua, damit der sich weiter für Johannes verwende.

Über Johannes' Mutter ist bis auf die knappen Aussagen im Registereintrag nichts Weiteres bekannt; die exakte Bezeichnung des »Familienstandes« der Eltern entspricht dem Formular, das auch für die Legitimation weltlicher Bastarde verwendet wurde. Doch nicht nur Individuen kann man mit den Registereinträgen nahekommen. Hier sind aber immer ergänzende Forschungen zur Erhellung des Hintergrundes vonnöten. Mit den Pönitentiarie-Registern steht uns hingegen eine einzigartige Quelle zur Verfügung, die zum ersten Mal Auskunftsmöglichkeiten über die Häufigkeit und Verbreitung des Phänomens Illegitimität und Konkubinat eröffnet und sozialhistorisches Arbeiten ermöglicht.[139]

138 *Ludwig Schmugge*, Illegitime Magdeburger. Dispense vom Geburtsmakel für das Gebiet der Kirchenprovinz Magdeburg aus den Supplikenregistern der Pönitentiarie (1449-1533), in: »Vera Lex Historiae«. Studien zu mittelalterlichen Quellen. Fschr. für Dietrich Kurze. Hrsg. von Stuart Jenks u.a. Köln 1993, S. 63-79, hier S. 75.

139 Zu den Auswertungsergebnissen vgl. *Ludwig Schmugge*, Einleitung, in: Ders. (Hrsg.), Illegitimität im Spätmittelalter. (Schriften des Historischen Kollegs, Bd. 29.) München 1994, S. 1-9; ferner die Ergebnisse dieses Sammelbandes sowie *Schmugge*, Kirche (wie Anm. 25); *Ders.*, Schleichwege (wie Anm. 26); *Ders.*, Illegitime Magdeburger (wie Anm. 138).

Ich habe hiermit die wichtigsten historischen Quellen vorgestellt, aus denen wir Kenntnisse über Konkubinate gewinnen können. Es bleibt dennoch eine kaum zu durchdringende Grauzone. Diese betrifft auch den Bereich der mentalen Dispositionen, in den wir bislang nur begrenzt Einblicke gewinnen. Einige hier formulierte Fragen mögen dies veranschaulichen: Beispielsweise die Frage nach Mesalliancen. Was wurde als nicht standesgemäß empfunden? Wie oft kam es vor, daß aus Konkubinaten Ehen entstanden? Wann kam es dabei zu Konflikten, wann nicht? Wie verhielten sich die rechtmäßigen Ehefrauen gegenüber langjährigen Geliebten? Heißt die Tatsache, daß in den Pönitentiarie-Registern signifikant wenig verheiratete Frauen als Mütter von Petenten erscheinen, daß es keine Beziehungen zwischen verheirateten Partnern (wohlgemerkt mit anderen verheirateten Partnern) gegeben hat?[140] Wurden Fürstenkonkubinen erst am Ende der Beziehung verheiratet?

Wie das Beispiel Georg Heßler lehrt, sollte man sich auch hier nicht darüber hinwegtäuschen, daß wir mit Fällen klandestiner Illegitimität zu rechnen haben. Hier lohnt ein Blick auf die zeitgenössischen juristischen Diskurse, wie sie in Rechtskommentaren überliefert sind. Sie ermöglichen auch einen Blick in Mentalitäten, die uns ausgesprochen fremdartig erscheinen. In einer Ehe geborene Kinder hatten einen Vater im Ehemann der Mutter. Ausnahmen galten nur im Falle mehrjähriger Abwesenheit oder erwiesener Impotenz. Sollten die Kinder wider Erwarten nicht dem ehelichen Vater ähnlich sehen, sondern einem anderen, dann bestand für die Juristen der Zeit kein Anlaß zum Argwohn. Es läge daran, daß die Frau beim Zeugungsakt an einen anderen Mann gedacht habe.[141] Vor diesem Hintergrund wäre aber unsere gesamte Vorstellung zur Rolle der spätmittelalterlichen Frau und ihren eingeschränkten sexuellen Handlungsmöglichkeiten noch einmal neu zu überdenken. Auch die Vaterschaft sollte man nicht mit modernem medizinischen Vorverständnis definieren, sondern auf der Basis des Denkens der Zeit:

> »Als sicherer Hinweis für die Vaterschaft galt zunächst die Tatsache, daß ein Mann sich um die Kinder gekümmert hatte, sei es, daß er sie alimentiert, zu Erben eingesetzt oder ins Haus aufgenommen hatte, denn diese Handlungen stellten nach allgemeiner Auffassung ein konkludentes Vaterschaftsanerkenntnis dar.«

140 Vgl. das Diagramm bei *Schmugge*, Kirche (wie Anm. 25), Graphik 12, S. 83.
141 *Koch*, »Pater semper incertus« (wie Anm. 37), S. 108.

Auch das Zusammenleben von Vater und Mutter galt als Vaterschaftsbeweis eines bestimmten Mannes. Beim Konkubinat führte man entsprechend eine analoge Beweisführung wie bei der Ehe.[142]

Die oben aufgeworfenen Fragen lassen sich zwar fortsetzen, aber erst in Ansätzen beantworten. Auch stellt sich die Frage, ob der Westen und Süden Europas mental (und rechtlich) wirklich so anders geartet waren, wie es heute in den Handbüchern erscheint. Die Ergebnisse von Schmugge erhärten diese These nicht in der gewünschten Form.[143] Was wurde generell aus den Müttern und aus ihren Kindern? Weilten sie am Hofe oder nicht? Waren sie Bestandteil der Alterskohorten, in denen die Prinzen aufwuchsen?[144] Worin bestanden die »Aussteuern« der Illegitimen, worin bestand die Ausstattung ihrer Mütter? Wann geraten Nachrichten über Konkubinen in die historiographische Überlieferung? Wann entstehen Illegitimen-Diskurse, wodurch wurden sie ausgelöst?

Viele dieser Fragen lassen sich heute noch nicht allgemein beantworten. Bevor ich zu einem Resümee komme, sollte noch auf einige ausgesprochen erfolgversprechende Möglichkeiten interdisziplinären Arbeitens auf diesem Feld verwiesen werden. Dies betrifft gerade den bislang noch wenig ausgeleuchteten Bereich der mentalen Dispositionen. Die Beispiele entstammen in zwei Fällen dem wesentlich besser überlieferten westeuropäischen Bereich und führen auf das Feld der Bildüberlieferung und ihren Kontext.

142 Ebd., S. 109.

143 Vgl. das Diagramm bei *Schmugge*, Kirche (wie Anm. 25), Graphik 13f., S. 94f. Ferner die Rezension von *Götz-Rüdiger Tewes*, Illegitimität im Spätmittelalter, in: Quellen und Forschungen aus italienischen Archiven und Bibliotheken 75, 1995, S. 601-608, bes. S. 605.

144 Vgl. *Ellen Widder*, Karriere im Windschatten. Zur Biographie Erzbischof Ruprechts von Köln (1427-1478), in: Vestigia Monasteriensia. Westfalen – Rheinland – Niederlande. Hrsg. von Ellen Widder/Mark Mersiowsky/Peter Johanek. (Studien zur Regionalgeschichte, Bd. 7.) Bielefeld 1995, S. 29-72, hier S. 31-41; *Dies.*, Der Amberger Hof 1474. Entstehung und Funktion der ältesten kurpfälzischen Hofordnung, in: Manipulus florum. Aus Mittelalter, Landesgeschichte, Literatur und Historiographie. Hrsg. von Ellen Widder/Mark Mersiowsky/Maria Leuker. Münster 2000, S. 271-306, hier S. 290-292; *Widder*, Konkubinen und Bastarde (wie Anm. 2), S. 464f., 479; *Mark Mersiowsky*, Adelige Sozialisation im spätmittelalterlichen Süddeutschland, in: Gelungene Anpassung? Adelige Antworten auf gesellschaftliche Wandlungsvorgänge vom 14. bis zum 16. Jahrhundert. Hrsg. von Horst Carl/Sönke Lorenz. (Schriften zur südwestdeutschen Landeskunde, Bd. 53.) Ostfildern 2005, S. 103-138, hier S. 126-130. Für das Herzogtum Burgund vgl. *Werner Paravicini*, »Acquérir sa grace pour le temps advenir«. Les homme de Charles le Téméraire, prince héritier (1433-1467), in: À l'ombre du pouvoir. Les entourages princiers au Moyen Âge. Hrsg. von Alain Marchandisse/Jean-Louis Kupper. (Bibliothèque du Faculté de Philosophie et Lettres de l'Université de Liège, Bd. 283.) Genf 2003, S. 361-383, bes. S. 364-367, 380f.

Zum einen handelt es sich um einen Kodex, der sich Ende der 1460er Jahre in der Bibliothek Philipps des Guten von Burgund befand. Auftraggeber des 1456 entstandenen Werkes war aber nicht der Herzog, sondern laut Ausweis der Wappen auf der Eingangseite der Seigneur de Forestel, Jean de Wavrin. Dieser war aber nicht nur Sammler schöner Bücher, sondern auch Geschichtsschreiber. Am bekanntesten ist sein *Receuil des chroniques et anciennes istoires de la Grant Bretaigne*, in dem er die Geschichte des englischen Königreiches von seinen sagenhaften trojanischen Anfängen bis in das 15. Jahrhundert zusammenstellte.[145] Ob das vorliegende Werk ebenfalls aus seiner Feder stammt, ist nicht sicher. Die mit zahlreichen Miniaturen versehene Handschrift erzählt die Abenteuer des Louis de Gavre, einer fiktiven Gestalt des 13. Jahrhunderts.[146] Bereits eine der ersten Miniaturen gibt eine dramatische Szene wieder: Der Herr de Gavre kehrt nach langer Fahrt heim und muß feststellen, daß seine Frau zwischenzeitlich einen Sohn geboren hat, der unmöglich von ihm stammen kann. Der Herr entbrennt in Zorn und will den jugendlichen Bastard ins Feuer stoßen, wird aber gerade noch von seiner Frau daran gehindert.[147] Die Handlung nimmt nun einen bezeichnenden Verlauf: Anders als zu erwarten, kommt es weder zum Rechtsstreit noch zur Verstoßung der Ehebrecherin. Statt dessen erklärt der Vater öffentlich, daß er nicht bereit sei, den Sohn zu versorgen. Als symbolische Geste weist er ihm einen alten Hut zu, der an einem Nagel hängt.[148] Der junge Mann akzepiert und beschließt, durch das Vollbringen von Heldentaten die Anerkennung des Vaters zu gewinnen. Dies gelingt ihm, von den dabei bestandenen Abenteuern handelt der Ritterroman. Er wird schließlich Herzog, heiratet eine griechische Herzogstochter und kehrt als berühmter Held in Begleitung seiner schönen jungen Frau nach Hause zurück, wo ihn Vater und Mutter einträchtig empfangen.[149]

145 Zu ihm vgl. auch *J. Richard*, Art. Wavrin, Jean de, in: Lexikon des Mittelalters. Bd. 8, München 1997, Sp. 2080f.

146 Bruxelles, Bibliothèque Royale: Ms. 10238; vgl. *Pascal Schandel*, Histoire des Seigneurs de Gavre, in: L'Art de l'Enluminure 3, 2002, S. 4-16 (zum Roman und seinen Vorlagen vgl. S. 5f., Beschreibung der Handschrift auf S. 16); *Ders.*, Commentaires des Miniatures du Manuscrit, in: ebd., S. 17-60 (mit den betr. Abb. aus der Handschrift).

147 Maître de Wavrin, Histoire des Seigneurs de Gavre, Bl. 4v; Abb. in *Schandel*, Commentaires (wie Anm. 146), S. 18.

148 Ebd., Bl. 10v; Abb. in *Schandel*, Commentaires (wie Anm. 146), S. 19 (die Abb. ist betitelt: »Comment Loÿs de Gavres vint vers son père, et du viel chappel qu'i luy requist, lequel il luy donna«).

149 Ebd., Bl. 242v; Abb. in *Schandel*, Commentaires (wie Anm. 146), S. 60.

Die Geschichte paßt in eine Gesellschaftsschicht und in eine Zeit, die an ritterlichen Heldentaten Gefallen fand.[150] Dennoch birgt sie weitere Deutungsebenen. Die eine ist, daß sich die De Wavrin mit dem Helden Louis de Gavre verwandt wähnten, also mit ihm ein Stück eigener Familiengeschichte erzählten.[151] Die andere betrifft die Tatsache, daß es sich beim Besitzer bzw. Auftraggeber Jean de Wavrin selbst um einen Bastard handelte, der erst 1437, also mit knapp 40 Jahren legitimiert worden war und im selben Jahr eine reiche Großbürgerstochter aus Lille heiratete.[152] Doch nicht nur dies, sein Vater Robert, Sire de Wavrin, stammte zwar väterlicherseits aus dem hohen Adel des Artois. Seine Mutter war hingegen eine illegitime Tochter des Grafen von Flandern Louis de Male gewesen[153], zu dessen Herrschaftsgebiet auch das Artois gehört hatte. Jean de Wavrin wie auch sein legitimer Neffe Waleran machten am Hof der burgundischen Herzöge Karriere.[154] Den Herzögen war noch im 14. Jahrhundert das flandrische Erbe über die Hochzeit Philipps des Kühnen mit Margarethe, Erbtochter Louis' de Male, zugefallen.[155] Wenn meine Berechnungen stimmen, müßte es sich bei Jeans Vater, Robert de Wavrin, und Johann ohne Furcht (Jean sans Peur), dem Vater Philipps des Guten, um Halbcousins gehandelt haben.

Die hier geschilderte Darstellung lehrt einiges: Zum einen war es auch in Westeuropa für einen legitimierten Adelssproß nicht selbstverständlich, die volle soziale Akzeptanz zu erfahren. Dies belegen auch sonstige sozialhistorische Untersuchungen.[156] Über die Identifikation mit sagenhaften Vorbildern, die in diesem Fall sogar in die dynastische Tradition der väterlichen Herkunftsfamilie integrierbar waren, wurden Wege gesucht, vielleicht auch gefunden und in einer bebilderten Handschrift visualisiert. Aufschlußreich sind nicht nur die Tradierung der Handschrift im höfischen Kontext, son-

150 Jean de Wavrin selbst wird als Autor von Ritterromanen in Erwägung gezogen; vgl. *Richard*, Wavrin (wie Anm. 145), Sp. 2080; *Schandel*, Histoire des Seigneurs de Gavre (wie Anm. 146), S. 5.

151 Ebd., S. 4f.

152 Vgl. *Richard*, Wavrin (wie Anm. 145), Sp. 2080f. Zu dieser Ehe und den Hintergründen vgl. *Carlier*, »Niet wederstaende dat hi bastaert es« (wie Anm. 71), S. 125.

153 *Lichtervelde*, Les Bâtards de Louis de Male (wie Anm. 20), S. 51.

154 *Richard*, Wavrin (wie Anm. 145), Sp. 2090f.; *J. Paviot*, Art. Wavrin, Waleran de, in: Lexikon des Mittelalters. Bd. 8, München 1997, Sp. 2081f., hier Sp. 2081.

155 Vgl. ebd., Sp. 2081f. Ferner *W. Prevenier*, Art. Ludwig von Male, Graf von Flandern, in: Lexikon des Mittelalters. Bd. 5, München/Zürich 1991, Sp. 2196; zur Grafschaft Artois vgl. *R. Fossier*, Art. Artois, Grafschaft, in: ebd., Bd. 1, 1980, Sp. 1072f., hier Sp. 1073.

156 Vgl. *Carlier*, Positie (wie Anm. 20), S. 184-189; *Dies.*, »Niet wederstaende dat hi bastaert es« (wie Anm. 71), S. 143 u.ö.; *Dies.*, Kinderen (wie Anm. 8), S. 52-54.

dern auch die Lösungsmuster, die sie anbot. Legt man die Geschichte auf die Goldwaage, was hier natürlich nur sehr eingeschränkt geschehen soll, dann kann man sagen, daß Louis' Mutter zumindest zeitweise eine sexuelle Beziehung zu einem anderen Mann unterhalten haben muß. Für unsere Auffassung vom Mittelalter sehr untypisch, kam es hier keineswegs zur Katastrophe, sondern zu einer Lösung. Der Weigerung des Vaters, den Sohn in seine Familie aufzunehmen, d.h. ihn zu versorgen, folgte die Heilung des Problems, indem der Sprößling seine adelige Idoneität durch die Vollbringung ritterlicher Heldentaten erfolgreich unter Beweis stellte. Ob dies verallgemeinerbarer Ausdruck einer mentalen Disposition in der zeitgenössischen Adelswelt ist, wäre sowohl in Hinblick auf spätmittelalterliche Ehrkonzepte wie auch in bezug auf die Frage, wer als illegitim angesehen wurde, eine interessante Fragestellung. Eine weitere Frage zielt noch einmal auf den Auftraggeber der Handschrift und seinen Werdegang. Hier wäre zu fragen, ob Jean genau wie sein Enkel Waleran gezielte Karrierevorteile dadurch genossen, daß sie mit den regierenden Landesherren direkt verwandt waren.

Das zweite Beispiel stammt aus einem um 1475 in Poitiers entstandenen, illuminierten Stundenbuch. Kodikologisch ist es dem höfischen Bereich zuzuweisen, der Künstler (oder Auftraggeber) Robinet Testard war 1484 *valet de chambre* am Hofe Charles' de Valois, Graf von Angoulême. Das Stundenbuch enthält ganzseitige bildliche Darstellungen der sieben Todsünden im Kontext der sieben Bußpsalmen. Die Wollust ist dargestellt als Höfling, der auf einem weißen Ziegenbock reitet und einen Singvogel, vom Gefieder her möglicherweise eine Nachtigall, in der rechten Hand hält. Nach zeitgenössischer Auffassung ermunterte die Nachtigall zu unerlaubter Begierde. Im unteren Bilddrittel findet sich links der Dämon Asmodius, der Männer und Frauen zur Fleischeslust verführt. Dies ist in zwei kleinen Szenen dargestellt: Erstens, zwei Höflinge sprechen gestenreich mit einer vornehmen jungen Frau in goldgelbem Kleid und offen getragenem Haar, ein dritter greift ihr von hinten um die Taille. In einer zweiten Szene faßt ein Höfling eine Frau, die ein Mantelkleid und eine Haube trägt und sich heftig wehrt, gewaltsam unter den Rock, eine zweite Frau in Schürze und Schleier nähert sich dem Paar mit erhobener Hand von hinten.[157] Der hier gegeißelte Deliktbereich bewegt sich offenbar zwischen Unkeuschheit und Vergewal-

157 New York, Pierpont Morgan Library: MS M.1001, Bl. 98r. Vgl. *Roger S. Wieck*, Painted Prayers. The Book of Hours in Medieval and Renaissance Art. New York 1997, Nr. 75, S. 96 (mit Abb.); ferner *Widder*, Konkubinen und Bastarde (wie Anm. 2), S. 431 mit Anm. 53.

tigung. Man muß sich bewußtmachen, daß diese Darstellungen konkreten Zwecken dienten. Als negative Beispiele sollten sie zur Reue führen, sie waren demnach ein beliebtes und drastisches Mittel im Rahmen der Bußpraxis. Dies erklärt ihre Darstellung im Stundenbuch im Kontext der Bußpsalmen.[158] Allerdings wäre hier zu ergänzen, daß trotz der Beliebtheit dieses in der spätmittelalterlichen Welt des Adels und der Höfe weitverbreiteten Handschriftentyps, der oft prächtig mit Buchmalerei ausgeschmückt wurde[159], derartige Sündendarstellungen sehr selten überliefert sind.[160]

Es stellt sich am Ende dieses Überblicks die Frage, ob und wie man dem vielbeschworenen Mentalitätswandel zu mehr Rigidität in Beziehungsangelegenheiten in der Reformationszeit auf die Spur kommen kann. Mit dem Kirchenrecht befaßte Historiker vertreten die Auffassung, daß erst die Ehegesetzgebung im 16. Jahrhundert die Bewertung des Konkubinates grundsätzlich veränderte, wobei die 1563 gefaßten Beschlüsse des Konzils von Trient auf katholischer Seite den normativen Rahmen schufen.[161] Wie sich dieser Prozeß im einzelnen vollzogen hat, kann hier nicht weiter verfolgt werden. Auf protestantischer Seite dürfte die vor dem Hintergrund der Diskussion auf dem 5. Lateran-Konzil 1514 im Jahre 1522 formulierte Ehelehre Martin Luthers (»Vom ehelichen Leben«) ihre Wirksamkeit entfaltet haben.[162] In England ließ 1538 Thomas Cromwell, Generalvikar Heinrichs VIII., in allen Pfarreien des Königreichs das Führen von Registern anordnen, in denen Tag und Jahr der Heirat, Taufe und Begräbnis eingetragen werden sollten. Erst hierdurch war eine Grundlage zur Kontrolle und Ahndung von Konkubinaten und illegitimen Geburten gegeben. Allerdings muß man hinzufügen, daß sich die Praxis, solche Register zu führen, flächendeckend erst für das späte 16. Jahrhundert nachweisen läßt.[163] Wiederum weitere 50 Jahre sollte es dauern, bis die geforderten Verhaltensnormen

158 Zu den Todsünden und zur spätmittelalterlichen Bußpraxis vgl. *Arnold Angenendt*, Geschichte der Religiosität im Mittelalter. Darmstadt 1997, S. 614-625 (Sünde bzw. Todsünden), S. 626-658 (Buße und Beichte).

159 *John Harthan*, Stundenbücher und ihre Eigentümer. 3. Aufl. Freiburg u.a. 1989; *Dagmar Thoss*, Stundenbuch, in: Lexikon des Mittelalters. Bd. 8, München 1997, Sp. 259.

160 *Wieck*, Painted Prayers (wie Anm. 157), Nr. 75, S. 96.

161 *Brundage*, Concubinage and Marriage (wie Anm. 35), S. 1, 10; *Nierop*, Adellijke bastaarden (wie Anm. 20), S. 12f.

162 *Andreas Nehring* u.a., Art. Ehe, in: Die Religion in Geschichte und Gegenwart. Bd. 2, 4. Aufl. Tübingen 1999, Sp. 1069-1090, bes. Sp. 1076 und 1083f.; ferner *Heiner Lück*, Zur Grundlegung des evangelischen Eherechtes in Wittenberg, in: Katharina von Bora, die Lutherin. Hrsg. von Martin Treu. Wittenberg 1999, S. 161-177.

163 *Laslett*, Introduction (wie Anm. 16), S. 48.

verinnerlicht, d.h. zum Bestandteil der Mentalität geworden waren. Englische Sozial- und Familienhistoriker konnten bei ihren Langzeitstudien vom 16. bis zum 20. Jahrhundert beobachten, daß die nichteheliche Sexualität mit den Illegitimenzahlen als Indikator um die Mitte des 17. Jahrhunderts ihren Tiefpunkt erreichte, um dann bis 1800 wieder kontinuierlich anzusteigen.[164]

Zur Fragestellung, ob, wann und in welchem Umfang diese Veränderungen im höfischen Bereich ankamen und dort umgesetzt wurden, ist noch viel zu forschen. Wie offen die Situation lange Zeit noch war, verdeutlicht das bereits oben einmal kurz angesprochene Beispiel Landgraf Philipps von Hessen († 1567), eines der politischen Hauptakteure der Reformation. Dieser unterhielt neben einer bestehenden, aber offenbar nicht sonderlich glücklichen Ehe ein Konkubinat mit der sächsischen Edelfrau Margarethe von der Saale. Dies war an sich völlig unproblematisch, wenn Philipp nicht doch das Gewissen bedrückt hätte. Es stellt sich hier die Frage, warum sich der Landgraf überhaupt in Gewissensnöten befand, während seine Fürstenkollegen und Standesgenossen zuvor offenbar keine Probleme verspürt hatten. Der Landgraf wandte sich in dieser Angelegenheit an die Theologen seines Vertrauens, beichtete und erwartete eine praktikable Lösung des Problems. Hierdurch kam es zu einem regelrechten Diskurs in dieser Angelegenheit. Luther und Melanchthon plädierten für die Einehe, argumentierten aber – um Unzucht und Ehebruch zu verhindern – ausnahmsweise für eine Nebenehe mit besagter Margarethe. So geschah es auch am 4. März 1540. Doch nun erst wurde die Angelegenheit zum Rechtsproblem, damit zum Reichspolitikum und darüber hinaus zu einer bis heute hochnotpeinlichen Angelegenheit für traditionelle evangelische Profan- und Kirchenhistoriker.[165]

Es wurde bereits angedeutet, daß im 15. Jahrhundert nichts dafür spricht, daß Fürstenkonkubinate in irgendeiner Form als problematisch galten. Auch negative Visualisierungen existierten nicht; selbst Vielehen wurden, wenn

164 Vgl. *Laslett/Oosterveen*, Bastardy in England (wie Anm. 15); *Laslett*, Introduction (wie Anm. 16), S. 18; *Mitterauer*, Ledige Mütter (wie Anm. 22), S. 34.

165 Vgl. *William W. Rockwell*, Die Doppelehe des Landgrafen Philipp von Hessen. Marburg 1904; *Wilhelm Maurer*, Luther und die Doppelehe Landgraf Philipps von Hessen, in: Luther 24, 1953, S. 97-120; *Demandt*, Geschichte des Landes Hessen (wie Anm. 123), S. 213f. Der gesamte Diskurs ist aufgearbeitet von *Stephan Buchholz*, Rechtsgeschichte und Literatur. Die Doppelehe Philipps des Großmütigen, in: Landgraf Philipp der Großmütige von Hessen und seine Residenz Kassel. Hrsg. von Heide Wunder u.a. (Veröffentlichungen der Historischen Kommission für Hessen, Bd. 24,8.) Marburg 2004, S. 57-73.

sie überhaupt verbildlicht wurden, ausgesprochen harmonisch dargestellt. In den im Spätmittelalter kursierenden Exempla-Sammlungen finden sich hier ausgesprochen interessante und der Auswertung harrende Zeugnisse. Dies lehrt das Beispiel des assyrischen Königs Sardanapal, das sich in der unter ihrem antiken Verfassernamen Valerius Maximus firmierenden, seit dem 14. Jahrhundert zunehmend beliebten und im 15. Jahrhundert stark verbreiteten Sammlung von historischen und moralischen Exempla aus dem Altertum findet.[166] Sardanapal lebte angeblich mit mehreren Frauen zusammen und gilt heute als Inbegriff für »sexuelle Exzentrik«.[167] Aus dem Besitz Antoines, eines illegitimen Sohnes Philipps des Guten von Burgund, der den Titel Grand Bâtard de Bourgogne führte, stammt eine um 1470 in seinem Auftrag entstandene illuminierte Valerius Maximus-Handschrift. In dieser wird im siebten, »Von der Liebe außerhalb der Ehe« (*Damistié lors mariage*) betitelten Kapitel dieses Zusammenleben des Königs mit drei Konkubinen alles andere als »sexuell exzentrisch«, sondern als ausgesprochen harmonisch, familiär und in jeglicher Beziehung unspektakulär dargestellt.[168]

166 Vgl. *F. Brunhölzl*, Art. Valerius Maximus im Mittelalter, in: Lexikon des Mittelalters. Bd. 8, München 1997, Sp. 1390f., hier Sp. 1391: »und aus dem 15. Jh. liegen so viele Hss. vor, dass der Eindruck entsteht, in humanist. Zeit sei das allermeiste, was man an Exempla und anekdotenartigen Geschichten aus dem Altertum kannte und zitierte, aus V. entnommen worden«.

167 So die Bewertung in: Der kleine Pauly, Lexikon der Antike. Bd. 4, München 1975, Sp. 1550f., hier Sp. 1550.

168 Berlin, Staatsbibliothek Preußischer Kulturbesitz, Depot Breslau; Abb. in *Albert Châtelet*, Le Valère Maxime du Grand Bâtard, in: Art de l'enluminure 16, 2006, S. 8-88, hier S. 51, Handschriftenbeschreibung auf S. 14, 30; ferner *Christiane van den Bergen-Pantens*, Héraldique et bibliophilie. Le cas d'Antoine, Grand Bâtard de Bourgogne (1421-1504), in: Miscellanea Martin Wittek. Album de codicologie et de paléographie. Hrsg. von Anny Raman/Eugène Manning. Louvain/Paris 1993, S. 332-354, Anhang Nr. II, S. 334. Die Handschrift gehört in eine ganze Gruppe von Valerius-Maximus-Handschriften, die am burgundischen Hof seit 1450 entstanden; vgl. *Châtelet* (s.o.), S. 11. Die »Von der Liebe außerhalb der Ehe« (»Damistié lors mariage«) handelnde Abb. zeigt den am Spinnrocken sitzenden König im Kreise von drei um ihn stehenden Konkubinen, die ebenfalls handarbeiten. Albert Châtelet als Verf. des Beitrages kommentierte: »Il faut avouer que l'amour hors mariage trouve ici une illustration bien bourgoise!« (S. 51). – Ein Exempel für echte Unzucht kann man an anderer Stelle ebenfalls in der Handschrift bewundern: Auf Bl. 244r findet sich unter dem zeitgenössischen Titel »Von der Wollust und der Begierde« (»De luxure et de libidinosité«) die Darstellung einer veritablen Orgie im öffentlichen Bade, wobei sich diese Darstellung anders als die oben besprochene nicht zwangsläufig auf einen höfischen, wohl aber auf einen luxuriösen Kontext bezieht; Abb. in *Châtelet* (s.o.), S. 80. Zu dem vom Text vorgenommenen historischen Zusammenhang der angeblichen Gründung der öffentlichen römischen Bäder durch König Sergius Orata vgl. ebd.

Um dem Mentalitätswandel wenigstens in Ansätzen auf die Spur zu kommen, lohnt der Blick auf den normativen Rahmen, in dem sich Mentalität entfaltete. Dies war der der christlichen Normen und Werte. Man muß sich hier weiter fragen, welche Inhalte hier vermittelt wurden. Waren es im Frühmittelalter vornehmlich Glaubensbekenntnis und Vaterunser gewesen, so weitete sich dies im Hoch- und Spätmittelalter bedeutend aus. »Zum Kanon des pflichtigen Glaubenswissens gehörten nun zusätzlich die Zehn Gebote und das Ave Maria, und sie bildeten zusammen mit noch weiteren Stücken den Katechismus«.[169] Die Vermittlung bereitete aber ausgesprochene Schwierigkeiten, wobei erst die Papierherstellung und der Buchdruck seit Mitte des 15. Jahrhunderts für die Verbreitung sorgten. Die seit damals kursierenden Beichtbüchlein waren »oft nicht mehr nach Hauptsünden, sondern nach den Zehn Geboten aufgegliedert«.[170] Der breite Übergang zur volkssprachlichen Erbauungsliteratur vollzog sich um die Wende zum 16. Jahrhundert mit Werken wie dem in 30 Drucken verbreiteten Christenspiegel des Dietrich Coelde († 1515). Es verwundert daher kaum, wenn der aus dem Einflußbereich der Devotio Moderna stammende Martin Luther in seinem 1529 erschienenen ›Kleinen Katechismus‹ ebenso wie in dem wenig später erscheinenden ›Großen Katechismus‹ die Zehn Gebote neben Glaubensbekenntnis, Vaterunser und Belehrungs- und Segenstexten für den Hausvater zu einer der Grundsäulen der christlichen Glaubens- und Lebenspraxis machte.[171]

Dieses verstärkte Rekurrieren auf den Dekalog hat möglicherweise auch die fürstliche Mentalität beeinflußt. Es sei noch einmal daran erinnert, daß Martin Luther und Philipp Melanchthon 1539 gegenüber Landgraf Philipp von Hessen damit argumentierten, eine Nebenehe des Fürsten sei zur Vermeidung von Unzucht und Ehebruch das kleinere Übel. Diese Argumentation fußte ebenso wie der damit verbundene Verweis auf das Vorbild der alttestamentlichen Patriarchen auf Rechtssätzen des Alten Testamentes, nämlich den Zehn Geboten. Mit ihnen stand ein moralisch-ethisches Regelwerk zur Verfügung, das auch auf die fürstliche Lebenspraxis konkret anwendbar war, während die in den Stundenbüchern anklingenden sieben Todsünden über die in diesem Buchtyp zum inhaltlichen Standard gehörenden Bußpsalmen in ihrer Aussage viel unspezifischer waren und sich einer Verbildlichung darin weitgehend entzogen.

169 Vgl. *Angenendt*, Geschichte der Religiosität (wie Anm. 158), S. 471.

170 Ebd., S. 651f., Zit. S. 651.

171 Ebd., S. 471. Zu Luther vgl. den neueren Überblick bei *Reinhard Schwarz* u.a., Art. Luther, in: Die Religion in Geschichte und Gegenwart. Bd. 5, 4. Aufl. Tübingen 2002, Sp. 558-600, bes. Sp. 558-560, 570.

Das ganze Ausmaß dieser Veränderungen verdeutlicht anschaulich das berühmte, 1516 entstandene Tafelbild Lukas Cranachs des Älteren mit der großformatigen Darstellung der Zehn Gebote. Der aus dem fränkischen Kronach stammende sogenannte ältere Lukas Cranach (*1472-†1553) war seit 1505 Hofmaler Herzog Friedrichs III. des Weisen von Sachsen (†1525).[172] Der sächsische Kurfürst Friedrich ist in die Geschichte eingegangen als der große Förderer Martin Luthers, doch hatte er – was vielfach dabei übersehen wird – auch eine ›typisch‹ mittelalterliche ›Vorgeschichte‹. Friedrich, der im Jahre 1463 geboren wurde und seit 1486 an der Regierung war, galt als großer Reliquiensammler und sorgte mit dem 1509 erschienenen Heiltumsbuch für einen kräftigen Aufschwung der Wallfahrt zum Reliquienschatz nach Wittenberg.[173] Trotz verschiedener früher Heiratsprojekte blieb er zeit seines Lebens unverheiratet, besaß aber zwei illegitime Söhne aus einer Verbindung mit einer Konkubine.[174] Das für die Ratsstube der Residenzstadt Wittenberg[175] im Jahre 1516 gefertigte Bild beansprucht in vielerlei Hinsicht Einmaligkeit, da es mit seinen 1,6 mal 3,4 Metern Größe zu den frühesten monumentalen Darstellungen des Sujets überhaupt zählt.[176] Es ist in der unteren linken Ecke mit dem Wappen der Markgrafen von Meißen und rechts mit demjenigen der Herzöge von Sachsen ge-

172 *Monika und Dietrich Lücke*, Lucas Cranach in Wittenberg, in: Lucas Cranach. Ein Maler-Unternehmer aus Franken. Hrsg. von Claus Grimm u.a. (Veröffentlichungen zur Bayerischen Geschichte und Kultur, Bd. 26/94.) Augsburg 1994, S. 59-65; *Dieter Stievermann*, Lucas Cranach und der kursächsische Hof, in: ebd., S. 66-77; Cranach. Hrsg. von Harald Marx/Ingrid Mössinger. Köln 2005; vgl. *Reinhard Butz* u.a., Art. Sachsen, Kurfürstentum, Kurfürsten von, in: Höfe und Residenzen im spätmittelalterlichen Reich. Ein dynastisch-topographisches Handbuch. Bd. 1. Hrsg. von Werner Paravicini. (Residenzenforschung, Bd. 51.1.) Ostfildern 2003, S. 446-454, hier S. 452.

173 *Reinhard Butz*, Art. Wittenberg, in: Höfe und Residenzen im spätmittelalterlichen Reich. Ein dynastisch-topographisches Handbuch. Bd. 2. Hrsg. von Werner Paravicini. (Residenzenforschung, Bd. 51.2.) Ostfildern 2003, S. 634-637, hier S. 636. Siehe auch: Wittenberger Heiltumsbuch. Wittenberg 1509, Faksimileausgabe Unterschneidheim 1969. Erst vor wenigen Monaten wurde das für die Heiltümer gebaute Schatzgewölbe neben der Wittenberger Schloßkirche von Archäologen wiederentdeckt, siehe: Schwäbisches Tagblatt vom 11.04.2006.

174 Vgl. *K. Blaschke*, Art. Friedrich III. der Weise. Kurfürst von Sachsen, in: Lexikon des Mittelalters. Bd. 4, München/Zürich 1989, Sp. 957f.

175 Zu Wittenberg als Residenz Friedrichs des Weisen vgl. *Butz*, Wittenberg (wie Anm. 173), S. 634-637.

176 Das Tafelbild befindet sich heute in Wittenberg, Lutherhaus. Zur Ikonographie vgl. *M. Lechner*, Zehn Gebote, in: Lexikon der christlichen Ikonographie. Bd. 4, Rom u.a. 1972, Sp. 564-569.

schmückt. Die Bestimmungen des Dekalogs sind in zehn illustrierenden Szenen festgehalten. Die Darstellungen übernehmen keine biblischen Vorlagen, sondern illustrieren in eigenständiger Weise die jeweils beigefügten Gebote. Allerdings hat der Künstler das sechste Gebot »Du sollst nicht unkeusch sein« (*Du solt nit unkeusch sein*)[177] und das siebte Gebot »Du sollst nicht stehlen« (*Du solt nit stehlen*) miteinander vertauscht; ebenso verhält es sich mit dem neunten Gebot »Du sollst nicht begehren deines Nächsten Gut« (*Du solt kains anderen gutt begeren*), das mit dem zehnten Gebot »Du sollst keines anderen Gemahl begehren« (*Du solt keins andern gemahel begeren*)[178] vertauscht ist.

Worin die Gründe dafür liegen, ist bislang offen. Die zehn Weisungen bestehen sowohl aus Geboten wie aus Verboten. Die beigefügten bildlichen Exempla verdeutlichen jeweils den Zusammenhang, wobei als Akteure verschiedene Figuren auftreten. Positiv Handelnde werden jeweils von Engeln begleitet, negativ Handelnde von Teufeln oder Dämonen. Aufschlußreich ist der Umstand, daß es nicht immer die gleichen Personen bzw. Personentypen sind, die in den einzelnen Szenen handelnd in Erscheinung treten. Auch die dargestellten Milieus sind unterschiedlicher Natur, sie wechseln zwischen Außenszenerien und Interieurs. Es wurde bereits bemerkt, daß ein bestimmter männlicher Personentypus auf mehreren Bildern in Erscheinung tritt, der bislang als »Landsknecht« interpretiert wurde.[179] Betrachtet man die einzelnen Szenen genauer, dann ist diese These in ihrer pauschalen Aussage nicht aufrechtzuerhalten. Der »Landsknecht« tritt immer nur dann auf, wenn es um nackte Gewaltanwendung geht wie im fünften, das Töten betreffenden Gebot oder in dem auf der Wittenberger Tafel zum sechsten Gebot gewordenen »Du sollst nicht stehlen«.

Neben dem »Landsknecht« gibt es jedoch eine andere markante männliche Figur, die in insgesamt vier dargestellten Szenen erscheint. Bei ihnen handelt sich um das zweite Gebot »Du sollst Gottes Namen nicht unnütz in deinen Mund nehmen« (*Du solt gots name[n] nit vnnütz in dein munt nehmen*), ferner um das oben bereits erwähnte »Du sollst nicht unkeusch sein«, ferner um das Gebot »Du sollst kein falsches Zeugnis geben« (*Du solt kein*

177 Das Gebot ist heute bekannter unter dem Titel »Du sollst nicht ehebrechen«.

178 Die beiden Gebote sind in ihrer modernen, auf den Kleinen Katechismus Martin Luthers zurückgehenden Fassung anders formuliert: »Du sollst nicht begehren deines Nächsten Weib, Knecht, Magd, Vieh oder alles, was sein ist« sowie »Du sollst nicht begehren deines Nächsten Haus«; vgl. Der kleine Katechismus Doktor Martin Luthers, Gebete – Sprüche – Lieder. 16. Aufl. Gütersloh 1975, hier S. 5.

179 Vgl. den Internetlink http://www.kdg.de/ (vom 14.04.2006).

falsch gezeugnus geben) und das ebenfalls bereits erwähnte »Du sollst keines anderen Gemahl begehren«. Anders als der Landsknecht ist dieser Mann mit spezifischen Standesepitheta ausgezeichnet. Er trägt gelbgrün gestreifte Beinlinge, die von zu Schleifen gebundenen rötlich-weißen Strumpfbändern gehalten werden. Die gelben Schlitzärmel, die aus einem halbärmeligen Überrock herausragen, sind grün unterlegt. Der Überrock ist aus schwerem roten Stoff gefertigt, der auf der Brustseite ebenfalls geschlitzt und golden bestickt, an allen Kanten jeweils mit einem schmalen und einem breiteren Randstreifen aus schwarzem Samt (?) eingefaßt ist und von einem breiten Gürtel an der Taille gehalten wird.[180] Um den Hals trägt der Mann einen aufwendig gefältelten oder geschlitzten goldgelben Hemdkragen über einem ebenfalls geschlitzten roten Gewandkragen. Er trägt einen Bart und auf dem Haupt ein goldbesticktes rotes Barett samt durchhängendem Hutband über einer das Haar abdeckenden goldenen Haarhaube. Auf derjenigen Abbildung, die das Verbot der Unkeuschheit thematisiert, stecken am Barett überdies zwei große silberne Straußenfedern. Der Mann trägt ein langes Schwert, das an einem eigenen schmalen Schwertgürtel hängt. Er ist durch spezifische Tätigkeiten gekennzeichnet: Er ist derjenige, der, stets in Begleitung von Teufeln oder Dämonen, erstens, in der Kirche den Namen Gottes unnütz im Munde führt, der, zweitens, mit einem silbernen Becher in der Linken eine prächtig gekleidete, rechts neben ihm sitzende, tief dekolletierte, mit einer dicken goldenen Hobelspankette geschmückten und eine gold- bzw. perlendurchwirkte Haube tragende schöne junge Frau bedrängt, der, drittens, in einer Gerichtsverhandlung mit einer doppelt besiegelten Urkunde in der Hand und assistiert von einem mit dem Finger auf die Seite eines geöffneten Buches weisenden Rechtsgelehrten gegen einen vor Entsetzen hilflos die Arme emporstreckenden Mann die Anklage führt und der, viertens, eine schöne junge nackte Frau des nachts aus dem Ehebett fort von ihrem schlafenden Ehemann lockt.

Die hier dargestellten Verbrechen betreffen damit zum einen die Gotteslästerung und die Rechtsbeugung sowie zweimal sexuelles Fehlverhalten. In allen Fällen konnten diese Delikte, so die klare Aussage der Tafel, nur von einer Person begangen werden, die den Rang und die Macht dazu besaß. Besonders die beiden letzten Szenen sind im hier diskutierten Zusammenhang von hoher Relevanz. Anhand der Gesamtkomposition des Bildes mit dem Regenbogen, der in den beiden die unteren Ecken füllenden sächsisch-

180 Vgl. die einschlägigen Art. in: Bildwörterbuch der Kleidung und Rüstung vom Alten Orient bis zum ausgehenden Mittelalter. Hrsg. von Harry Kühnel. Stuttgart 1992 (Kröners Taschenausgabe 453), unter dem jeweiligen Stichwort.

meißnischen Hauswappen verankert ist und der die Einzelszenen überspannt, werden die drei Szenen in der unteren Mitte optisch und kompositorisch hervorgehoben. Dies sind aber genau die, die den vornehmen Missetäter mit seinen sexuellen und rechtlichen Verfehlungen ins Bild rükken.[181] Der bereits oben angesprochene zweimalige Austausch in der Szenenfolge könnte von diesem Kompositionswunsch veranlaßt worden sein.

Die Aussage der hier relevanten vier jeweils etwa 70 mal 70 Zentimeter großen Szenen ist an Deutlichkeit kaum zu übertreffen. Dies betrifft schon die Tatsache, daß das in der rechten unteren Ecke des Bildes angebrachte sächsische Wappen mit seinen gold-schwarzen Balken und dem quer dazu verlaufenden Blattband sowohl in der goldgelb-grün gestreiften Beinkleidung wie auch in den grün unterlegten goldgelben Schlitzärmeln des vornehm gekleideten Übertäters anklingt. Auch die meißnischen Wappenfarben Schwarz, Silber und Rot sind präsent im Rot-Schwarz des Mantels und dem Silber der Hutfedern. Betrachtet man zeitgenössische Abbildungen Friedrichs des Weisen wie die etwa sechs Jahre ältere Darstellung auf dem ebenfalls von Cranach dem Älteren gemalten und wohl für die Wittenberger Schloßkirche bestimmten Fürstenaltar[182] oder das Portrait des dreiunddreißigjährigen Herzogs von Albrecht Dürer aus dem Jahr 1496[183], dann sind auch auf diesen die sächsischen Wappenfarben in dessen Kleidung erkennbar. Die um diese Zeit in sächsischen Fürstenkreisen moderne Kombination von Schlitzkleidung und knielangem Übermantel in den meißnisch-sächsischen Wappenfarben findet sich in einer etwas prächtigeren Variante auch auf dem ebenfalls von Cranach fast zeitgleich anläßlich dessen Hochzeit gemalten Portrait von Friedrichs albertinischem Vetter Heinrich dem Frommen wieder.[184]

181 Auch die Darstellung der Gotteslästerung auf der zweiten Tafel ist immerhin so komponiert, daß der vornehme Lästerer durch den das Bild schneidenden Regenbogen nicht berührt wird, sondern innerhalb des Bogenfeldes bleibt.

182 Vgl. *Sybille Harksen*, Lukas Cranach d.Ä., Fürstenaltar 1509/10, in: Kunst der Reformationszeit. (Ausstellungskatalog) Berlin (Ost) 1983, Nr. B 47, S. 109f. (mit Abb. auf S. 92). Der Altar befindet sich heute in Dessau, Staatliche Galerie: Inv.-Nr. 7.

183 Berlin, Staatliche Museen Preußischer Kulturbesitz, Kupferstichkabinett; vgl. *Peter Strieder*, Albrecht Dürer. Das Gesamtwerk. Frankfurt a.M. u.a. 1979, Nr. 37, S. 20.

184 Dresden, Gemäldegalerie Alter Meister: Gal.-Nr. 1906 G; Abb. in: Bergbau und Kunst in Sachsen, Ausstellungsführer. Hrsg. von Harald Marx. Dresden 1989, S. 24; Erläuterungen ebd., Nr. 142, S. 23. Das Bild wird datiert auf das Jahr 1514; vgl. dazu auch die Bemerkungen bei Nr. 142, S. 23. Allg. *Jutta Charlotte von Bloh*, Kleidung und Waffe in den Fürstenbildnissen der Cranachs, in: Cranach. Hrsg. von Harald Marx/Ingrid Mössinger. Köln 2005, S. 174-181.

Auch zum Bildtypus der jungen, prächtig ausstaffierten Frau auf der Darstellung der Unkeuschheit finden sich Parallelen in der Kunst Lukas Cranachs. Hinzuweisen sei an dieser Stelle nur auf die um 1530 entstandene Darstellung der Salome mit dem Haupt Johannes' des Täufers. Salome wurde um diese Zeit offenbar in Antithese zur alttestamentarischen Heldin Judith als Verkörperung der Luxuria, d.h. der Sinnlichkeit bzw. Unkeuschheit, aufgefaßt.[185] Ähnlich wie Salome, die das Haupt Johannes' des Täufers in einer flachen Schüssel in den Händen hält, trägt auch die Frau auf der Zehn-Gebote-Tafel eine flache Schale in den Händen.

Wie man die Inhalte der Tafel interpretieren soll, bleibt aber letztendlich fraglich. War es eine schlichte Darstellung von Exempla zu den alttestamentarischen Geboten, war es unverhohlene und massive Kritik an dem Gebaren des Landesherrn, war es der permanente Hinweis auf die Perversion der von Gott delegierten Macht durch Mißbrauch, oder war es der Hinweis auf die eschatologische Dimension menschlicher Existenz? Diese Fragen müssen bislang noch offenbleiben, stellen aber ein zukunftsweisendes Thema im Spannungsfeld von Mentalitäts-, Politik-, Rechts-, Kirchen- und Kunstgeschichte dar.

Am Ende dieses Aufsatzes können vielleicht nicht die erwarteten Ergebnisse in Form gesicherter Tatbestände stehen. Doch sind aufgeworfene Forschungsfragen bisweilen interessanter als vorläufige Antworten. In einer Art Resümee sollen hier einige Thesen formuliert und Ausblicke auf künftige Forschungsfelder vorgestellt werden.

1.) Die Erforschung von Konkubinaten und Illegitimen steht erst am Anfang.
2.) Hinderlich sind Probleme der Quellenüberlieferung, der Forschungstraditionen und der Deutung zeitgebundener Mentalitäten.
3.) Das Thema hat Potential, und zwar in mehrerer Hinsicht:
3.1.) Historisch-anthropologisch: Bietet es doch die Möglichkeit, Paarbindungen und Familienstrukturen außerhalb der normierten bzw. legalisierten Formen (Ehe) für die Vormoderne zu untersuchen.
3.2.) Sozialgeschichtlich: Es ermöglicht Einblicke in die Struktur und (gegebenenfalls generationenübergreifende) Konsolidierung höfischer, hofnaher und außerhöfischer Gruppen.

185 *Susanne Urbach*, Salome mit dem Haupt Johannes' des Täufers, in: Kunst der Reformationszeit. (Ausstellungskatalog) Berlin (Ost) 1983, Nr. E 15, S. 303 (mit Abb. auf S. 305).

3.3.) Verfassungsgeschichtlich: Es vermittelt u.a. über den Nachweis von einschlägigen Netzwerken bei Hofe sowie über die Karrieren illegitimer Sprößlinge Einsichten in die Formen vormoderner Herrschaft.

3.4.) Mentalitätsgeschichtlich: Es handelt sich um ein noch weitgehend unerforschtes Feld der Normen und Werte einer (im Falle des Hofes) sozial privilegierten Gesellschaftsschicht.

3.5.) Genderhistorisch: Es stellt sich die interessante Frage, was eine Konkubine an Zeichen und Bewertungen von einer Ehefrau unterschied. Im übrigen stellt sich die berechtigte Frage, ob es auch das männliche Pendant zu ihr gegeben hat?

3.6.) Kulturgeschichtlich: Wie wurden solche Partnerschaften symbolisiert? Als Beispiel sei hier nur auf die in diesem Beitrag nicht diskutierten Darstellungen Kardinal Albrechts von Brandenburg und seiner Frauen (?) verwiesen.

3.7.) Interdisziplinär: Es bietet eine große Vielfalt interdisziplinärer Fragestellungen (Geschichte, Kunstgeschichte, Philologien, Theologie, Rechtsgeschichte, Kodikologie etc.).

3.8.) Wissenschaftsgeschichtlich: Es eröffnet aufschlußreiche Einblicke in die Bewertungs- und Deutungshorizonte vorangegangener Forschergenerationen.

3.9.) Last but not least bietet es ab einem gewissen Grad der Quellenerschließung unter Anwendung der erforderlichen methodischen Kontrolle in einer Art Gegenfolie sehr aufschlußreiche Einblicke in die mentalen Dispositionen unserer Gegenwartsgesellschaft.

HEINER LÜCK

Zwischen Rechtsgebot und Begierde: Mätressen geistlicher Amtsträger als Rechtsproblem des späten 15. und frühen 16. Jahrhunderts

Von dem wunderbaren Generalthema der III. Moritzburg-Tagung fühlt sich natürlich auch der Rechtshistoriker eingefangen, zumal die Rechtsgeschichte nur sinnvoll als Teil einer umfassenden Kulturgeschichte im Kontext mit Sprach-, Kirchen-, Literatur-, Kunstgeschichte etc. betrieben werden kann. Die Disziplin kann dazu gewiß einen kleinen Beitrag leisten, der möglicherweise hilft, das Bild vom Zusammenleben von Mann und Frau an der Wende zur frühen Neuzeit unter den Bedingungen rechtlicher Restriktionen abzurunden. Dabei sollen der Intention der Tagung entsprechend aus der Männerwelt die Gruppe der geistlichen Amtsträger[1] und aus dem weiblichen Gegenüber die Mätressen/Konkubinen ausgewählt und vor dem Hintergrund des für diese Konstellation im Untersuchungszeitraum geltenden Rechts näher betrachtet werden.

Das Wort »Mätresse« will zwar aus sprachgeschichtlichen Gründen nicht ganz zu der hier in den Blick genommenen Zeit passen, doch bezeichnet es eine Erscheinung, welche es unter dem exakteren Terminus »Konkubinat« seit der Antike dem Wesen nach immer gegeben hat und bis heute noch gibt. Der Begriff[2] geht zurück auf das lat. »magistra« (Vorsteherin, Leiterin, Lehrerin). Im Altfranzösischen wird es durch »maistre«, »maistresse« und schließlich im Französischen durch »maîtresse« (Herrin, Gebieterin, Eigentümerin,

1 Der Terminus »kirchliche Amtsträger« wird hier mit dem Begriff »Kleriker« gleichgesetzt. Nach dem kanonischen Recht sind Kleriker jene Teile des populus, die Anteil am kirchlichen Amt und an geistlicher Vollmacht haben (C. 12 q. 1 c. 7). Die ausdifferenzierten Typen und Rangstufen innerhalb des Klerus können hier unberücksichtigt bleiben. Zum Begriff vgl. *Hans-Jürgen Becker*, Klerus, in: Adalbert Erler/Ekkehard Kaufmann (Hrsg.) unter philologischer Mitarbeit von Ruth Schmidt-Wiegand, Handwörterbuch zur deutschen Rechtsgeschichte [= HRG]. Bd. 2, Berlin 1978, Sp. 876f.; *Johannes Baptist Sägmüller*, Lehrbuch des katholischen Kirchenrechts. Bd. 1, 3. Aufl. Freiburg i.Br. 1914, S. 194-273; *Bruno Primetshofer*, Klerus, in: Stephan Haering/Heribert Schmitz (Hrsg.), Lexikon des Kirchenrechts. (Lexikon für Theologie und Kirche kompakt.) Freiburg/Basel/Wien 2004, Sp. 561-565; *Bernd-Ulrich Hergemöller*, Klerus, Kleriker, in: Lexikon des Mittelalters. 9 Bde., München u.a. 1980-98 [= LexMA], hier Bd. 5, 1991, Sp. 1207-1211.

2 Das folgende nach: Etymologisches Wörterbuch des Deutschen. Erarbeitet unter Leitung von Wolfgang Pfeifer. 3. Aufl. München 1997, S. 848.

Erzieherin) abgelöst. Seit dem 15. Jahrhundert ist das Wort auch für »geliebte, umworbene, zur Ehe begehrte Frau« gebräuchlich. Durch die Übersetzung französischer Romane gelangte das Wort (ähnlich den maskulinen Wörtern wie »Kavalier« und »Galan«) wohl erst während des 17. Jahrhunderts in den deutschen Sprachraum, wo es mit einer Bedeutungsverschlechterung (in Verbindung mit »Soldatenliebchen«, »Hure«, »Konkubine«) Aufnahme fand. Erst für die anerkannte, einen gewissen Rang einnehmende Fürstengeliebte des 17. und 18. Jahrhunderts scheint sich die Bezeichnung im heutigen (in gewisser Weise auch spöttischen) Sinne etabliert zu haben. Um der Faszinationskraft eines vom Veranstalter gewünschten griffigen Beitragsthemas willen soll dieser kleine Anachronismus gestattet sein. Wie dem auch sei: »Mätresse« ist jedenfalls keine juristische Kategorie und daher im wesentlichen untauglich, die hier interessierenden rechtlichen Aspekte aufzuzeigen. Die Erscheinung muß in Rechtsbegriffe übersetzt werden, welche in den Rechtsnormensystemen des Untersuchungszeitraums vorhanden sind. In Kenntnis der für das hier umrissene Problem geltenden Rechtsvorschriften ist vorab festzustellen, daß das Erfassen des faktischen Zusammenlebens von Mann und Frau zum Zwecke geschlechtlicher Nähe, der gemeinsamen Haushaltsführung[3] oder auch des geistigen Austausches am ehesten mit den juristischen Kategorien des Zölibats und des Konkubinats gelingen könnte. Unter dem ersteren wird gemeinhin die Pflicht zur Ehelosigkeit und geschlechtlichen Enthaltsamkeit der Geistlichen[4], unter dem letzteren eine tolerierte Form des eheähnlichen Zusammenlebens von Mann und Frau[5] verstanden.

3 Vgl. dazu die interessante Fallstudie zu Lübeck *Wolfgang Prange*, Magd – Köchin – Haushälterin. Frauen bei Lübecker Geistlichen am Ende des Mittelalters, in: Elke Imberger (Hrsg.), »Der Stand der Frauen, wahrlich, ist ein harter Stand.« Frauenleben im Spiegel der Landesgeschichte. (Veröffentlichungen des Schleswig-Holsteinischen Landesarchivs, Bd. 39.) Schleswig 1994, S. 9-26 (Neudruck in *Wolfgang Prange*, Beiträge zur schleswig-holsteinischen Geschichte. Ausgewählte Aufsätze. Neumünster 2002, S. 455-472).

4 Zum Begriff und den damit verbundenen Rechtsproblemen vgl. *Paul Hinschius*, System des katholischen Kirchenrechts mit besonderer Rücksicht auf Deutschland. Bd. 1, Berlin 1869, S. 144-163; *Hans-Jürgen Becker*, Art. Zölibat, in: HRG 5, 1998, Sp. 1750-1753; *Th. Lentes/L. Hödl/H. Zapp*, Art. Zölibat, in: LexMA 9, 1998, Sp. 663-666; *Peter Krämer*, Art. Zölibat, in: Stephan Haering/Heribert Schmitz (Hrsg.), Lexikon des Kirchenrechts. (Lexikon für Theologie und Kirche kompakt.) Freiburg/Basel/Wien 2004, Sp. 1024f.

5 Vgl. dazu *August Franzen*, Zölibat und Priesterehe in der Auseinandersetzung der Reformationszeit und der katholischen Reform des 16. Jahrhunderts. (Katholisches Leben und Kirchenreform im Zeitalter der Glaubensspaltung. Vereinsschriften der Gesellschaft zur Herausgabe des Corpus Catholicorum, Bd. 29.) Münster 1969; *Georg Denzler*, Die Geschichte des Zölibats. Freiburg u.a. 1993; *Alfons M. Stickler*, Der Klerikerzölibat. Seine Entwicklungsgeschichte und seine theologischen Grundlagen. 2. Aufl. Abensberg 1994.

Im einzelnen liegen die Dinge, von denen hier aus rechtlicher Sicht ein Eindruck vermittelt werden soll, freilich vielschichtiger und komplizierter.

Der folgende kurze Beitrag versteht sich als Versuch einer Annäherung an die juristischen Aspekte des Zusammenlebens von Klerikern mit Frauen – und zwar von einem systematisch-normativen Ansatz her, der mit drei Fallbeispielen aus dem frühen 16. Jahrhundert untersetzt werden soll. Dabei stehen nicht die im Hauptthema der Tagung genannten Angehörigen des geistlichen oder weltlichen Fürstenstandes[6] im Verhältnis zu ihren Geliebten im Mittelpunkt, sondern vielmehr die täglichen Nöte der Kleriker auf der unteren Ebene der Amtskirche, denn Zölibat und Konkubinat sind strukturelle Probleme des Kirchenrechts, die sich nicht auf »geistliche Fürsten« reduzieren lassen.

Dabei soll in drei Schritten vorgegangen werden. In einem ersten Schritt ist die Rechtsfigur des Zölibats etwas näher vorzustellen. Ein zweiter Abschnitt wird sich mit dem Konkubinat, insbesondere mit dem Klerikerkonkubinat, beschäftigen. Ein dritter Abschnitt versucht, die spezifische Situation in den ersten Jahrzehnten des 16. Jahrhunderts anhand von Fallbeispielen zu illustrieren. Allerdings sind hier die Krise der alten Kirche und der Beginn der Reformation die treffenderen Kriterien für die zeitliche Begrenzung. Es mag sein, daß der Vorgriff auf die Anfänge der Reformation nicht mehr von der Zeitangabe im Tagungsthema »um 1500« gedeckt ist, doch liefern gerade die Auseinandersetzungen um Klerikerehe und Klerikerkonkubinat am Vorabend sowie in den ersten Jahren der Reformation interessante Einblicke in die Rechtswirklichkeit, die wiederum einige Rückschlüsse auf die Zeit um 1500 zulassen. Am Schluß soll eine Zusammenfassung der folgenden, gänzlich unvollkommenen Betrachtungen stehen.

I. Zölibat

Zölibat (von lat. »caelebs« = ehelos, unverheiratet) ist die Pflicht für Kleriker, sich einer Eheschließung und jeder Art sexueller Handlungen zu enthalten. Sie ergibt sich unmittelbar aus dem Kirchenrecht. Eines besonderen Gelübdes, wie es bei Ordensgeistlichen üblich ist, bedarf es nicht. Allein schon die natürliche Konstitution des Menschen als ein – zwei Geschlechter voraussetzend – sich durch Fortpflanzung regenerierendes Wesen läßt den Konflikt zwischen Natur und Gebot erkennen. Nach anfänglicher Unein-

6 Vgl. *Gerhard Theuerkauf*, Art. Fürst, in: HRG 1, 1971, Sp. 1337-1351.

heitlichkeit in der spätantiken und frühmittelalterlichen Kirche[7] unterliegen dieser Pflicht zur Enthaltsamkeit seit dem Zweiten Laterankonzil von 1139 alle Inhaber höherer Weihen (Subdiakon, Diakon, Priester und Bischof). Als Argumentationsgrundlage für diese Rechtssätze dienten u.a. Mt. 19,12 und 1. Kor. 7,7, 28-35, woraus die ungeteilte Hingabe zu Gott, der uneingeschränkte Dienst für den Menschen, Unabhängigkeit von irdischen Sachzwängen, vor allem aber die notwendige Reinheit für religiös-rituelle Handlungen, abgeleitet wurden.[8] Dennoch war der Zölibat von Anfang an umstritten, zumal sich im Neuen Testament keine Pflicht der Enthaltsamkeit findet.[9] Versuche, den Zölibat als gesetzte Rechtsnorm einzuführen, scheiterten auf dem Konzil von Nicaea 325. Dennoch wurde beschlossen, daß Kleriker grundsätzlich keine (fremde) Frau im Hause haben sollten. Ausgenommen waren weibliche Personen, die keinen Verdacht erregten: Mutter, Tante, Schwester.[10] Die Synode von Karthago von 397 fügte noch die Nichte hinzu. Diese Festlegung ist in die justinianische Gesetzgebung eingegangen (Cod. 1, 3, 19).[11] Spätere Synoden verboten den Klerikern generell jegliches Zusammenleben mit Frauen, auch mit den nächsten weiblichen Verwandten. Die Festlegungen fruchteten offenbar nicht. Im frühen 11. Jahrhundert war es nicht ungewöhnlich, daß Geistliche heirateten.

Das Zweite Laterankonzil 1139 beschloß schließlich den Kanon: »Höhere Kleriker, die geheiratet haben oder die eine Konkubine halten, verlieren Amt und Benefizium.«[12] Ehen, die Kleriker geschlossen hatten, wurden für nichtig erklärt. Diese Rechtsfolge stimmt überein mit dem römisch-justinianischen Recht (Cod. 1, 3, 44; Nov. 6, 1, 3-4; 6, 5; 123, 1). Die höheren Weihen wurden so zu einem trennenden Ehehindernis. Im Decretum Gratiani (um 1140) wurde dieser Rechtsgrundsatz näher ausgestaltet.[13] Ferner

7 Vgl. dazu den Überblick bei *Lentes/Hödl/Zapp*, Zölibat (wie Anm. 4), Sp. 663ff.

8 Vgl. ebd., Sp. 664f.; *Becker*, Zölibat (wie Anm. 4), Sp. 1750f.

9 Ebd., Sp. 1751.

10 *Sägmüller*, Lehrbuch (wie Anm. 1), S. 257; vgl. dazu auch X 3.2.1: »[...] Sed neque illas, quas canones concedunt, [scilicet] matrem, amitam et sororem [...]«.

11 Benutzt wurde die Ausgabe: Corpus Iuris Civilis. Editio stereotypa sexta. Recognovit Paulus Krueger/Theodorus Mommsen/Rudolfus Schoell/Guilelmus Kroll. Berolini 1895-99.

12 Zit. nach *Becker*, Zölibat (wie Anm. 4), Sp. 1751.

13 »Ut lex continentiae et Deo placens mundicia in ecclesiasticis personis et sacris ordinibus dilatetur, statuimus, quatinus episcopi, presbiteri, diaconi, subdiaconi, regulares canonici, monachi atque conuersi professi, qui sacrum transgredientes propositum uxores sibi copulare presumpserint, separentur.« (C. 27, q. 1 c. 40). Zit. nach der Ausg.: Corpus Iuris Canonici. Editio Lipsiensis secunda post Aemilii Ludouici Richteri (...) instruxit Aemilius Friedberg. Pars prior. Decretum Magistri Gratiani. 2. photomechanischer Nachdruck der 1879 in Leipzig bei B. Tauchnitz erschienenen Ausgabe. Graz 1995.

enthalten die »distinctiones« XXVI bis XXXIV des Decretum Gratiani weitere einschlägige Vorschriften. In den Dekretalen Gregors IX. (1234) wird dieser Grundsatz bekräftigt und spezifiziert.[14] Diese Normen sind von den Kanonisten immer wieder betont worden.

Diese Rechtsauffassung setzte sich seit dem 12. Jahrhundert weitgehend durch. Klerikern war es verboten, Ehen einzugehen; dennoch geschlossene Ehen waren ungültig.[15] Angesichts des Rechtssatzes »consensus facit nuptias«, welcher die Eheschließung nach dem römischen Konsensprinzip weitgehend formfrei und sogar konkludent gestattete[16], kann man sich das gut vorstellen.

Das Vierte Laterankonzil von 1215 konstituierte harte Strafen gegen Kleriker (c. 14), die das Gebot der Enthaltsamkeit verletzten (»crimen fornicatonis«, »sacrilegium carnale«). Die Sanktionen waren dabei nicht einheitlich, doch scheinen Entzug des Benefiziums, Amtsverlust und Exkommunikation (in abgestuften Formen) regelmäßig dazu gehört zu haben.[17] Die Motive waren nicht nur religiöser Art. Es ging nicht zuletzt auch um die Bannung der Gefahr einer Vererbung von Kirchengut[18] und eine grundsätzlich ausgeschlossene, aber dennoch gelegentlich praktizierte Sukzession der Klerikerkinder in die Pfründen ihrer Väter.[19] Die Eltern hatten ein verständ-

14 »Si qui autem clericorum ipsorum infra subdiaconatum acceperint uxores, ipsos ad relinquenda beneficia ecclesiastica, si qua habent, et retinendas uxores suas districtione ecclesiastica compellatis« (X 3. 3. 1); »Sane sacerdotes illi, qui nuptias contrahunt, quae non nuptiae, sed contubernia sunt potius nuncupanda, post longam poenitentiam et vitam laudabilem continentes officio suo restitui poterunt, et ex indulgentia sui episcopi eius exsecutionem habere« (X 3. 3. 4.); zit. nach: Corpus Iuris Canonici (wie Anm. 13). Pars secunda. Decretalium collectiones. Graz 1955.

15 »[...] Huiusmodi namque copulationem, quam contra ecclesiasticam regulam constat esse contractam, matrimonium non esse censemus« (C. 27, q. 1 c. 40).

16 Vgl. dazu *Gerhard Lingelbach*, Consensus facit nuptias, in: Albrecht Cordes/Heiner Lück/Dieter Werkmüller (Hrsg.), unter philologischer Mitarbeit von Ruth Schmidt-Wiegand, Handwörterbuch zur deutschen Rechtsgeschichte. 2., völlig überarb. und erw. Aufl., 4. Lieferung, Berlin 2006 (im Druck).

17 So auch Distinctio XXXII im Decretum Gratiani; vgl. auch *Sägmüller*, Lehrbuch (wie Anm. 1), S. 257f. sowie *Klaus Schreiner*, »Defectus natalium« – Geburt aus einem unrechtmäßigen Schoß als Problem klösterlicher Gemeinschaftsbildung, in: Ludwig Schmugge (Hrsg.), unter Mitarbeit von Béatrice Wiggenhauser, Illegitimität im Spätmittelalter. (Schriften des Historischen Kollegs. Kolloquien, Bd. 29.) München 1994, S. 85-114, hier S. 108, Anm. 87.

18 *Lentes/Hödl/Zapp*, Zölibat (wie Anm. 4), Sp. 666.

19 Zu den rechtlichen Aspekten vgl. *Peter Landau*, Das Weihehindernis der Illegitimität in der Geschichte des kanonischen Rechts, in: Schmugge/Wiggenhauser, Illegitimität (wie Anm. 17), S. 41-53, hier S. 48f.

liches Interesse daran, ihre illegitimen Kinder mit einer gesicherten Existenz zu versorgen. Dazu nutzten sie, insbesondere die Väter, ihren jeweiligen Einflußbereich, der auch die Entscheidung über die Besetzung einer Pfründe einschließen konnte.[20] Die aus den Priesterehen bzw. Konkubinaten hervorgegangenen Kinder waren in ihrer Rechtsminderung den nichtehelichen Kindern gleichgestellt, bildeten sie doch eine von mehreren Gruppen illegitimer Kinder.[21] Der Sachsenspiegel (zwischen 1220 und 1235) führt sie (»Pfaffenkinder«) ausdrücklich als Personengruppe auf, die im Falle ihrer körperlichen bzw. tödlichen Verletzung keine Schadenswiedergutmachung in Form von Geld oder materiellen Werten gerichtlich beanspruchen konnten (Landrecht III 45, 9).[22] Vielmehr war für sie – wie für die nichtehelich geborenen Kinder – eine sog. Schein- oder Schattenbuße[23] in Form eines Fuders Heu, welches zwei einjährige Ochsen ziehen können, vorgesehen.[24] Die Existenz dieser Reglung im bedeutendsten Rechtsbuch des deutschen Mittelalters weist wohl darauf hin, daß Klerikerkinder eine alltägliche Erscheinung waren. Trotz der Schwierigkeiten, dazu quantifizierende Aussagen treffen zu können[25], deutet alles darauf hin, daß die Klerikerkinder während des Spätmittelalters in nicht unerheblicher Zahl vorhanden waren.[26]

20 Vgl. *Christian Hesse*, Vorgezeichnete Karriere? Die Bemühungen von Eltern, ihre unehelichen Söhne mit Pfründen zu versorgen, dargelegt an Beispielen aus den Diözesen Basel und Konstanz, in: Schmugge/Wiggenhauser, Illegitimität (wie Anm. 17), S. 275-292.

21 Vgl. *Hans-Joachim Hoffmann-Nowotny*, Soziologische Marginalien zur Marginalisierung durch »illegitime Geburt«, in: Schmugge/Wiggenhauser, Illegitimität (wie Anm. 17), S. 11-20, hier S. 14f.

22 »Papen kindere unde de unecht geboren sin, den gift men to bute en vuder howes, alse ›is‹ twene jarege ossen geten mogen«. Zit. wird die Ausg. *Karl August Eckhardt* (Hrsg.), Sachsenspiegel. Landrecht (= MGH. Fontes iuris germanici antiqui, nova series 1, 1.) Unveränderter Nachdruck der 1973 erschienenen Ausgabe Hannover 1995.

23 Vgl. dazu *Dietlinde Munzel*, Art. Schattenbuße, Scheinbuße, in: HRG 4, 1990, Sp. 1358-1360.

24 Zur Rechtsstellung der nichtehelichen Kinder im weltlichen Recht vgl. *Dietmar Willoweit*, Von der natürlichen Kindschaft zur Illegitimität. Die nichtehelichen Kinder in den mittelalterlichen Rechtsordnungen, in: Schmugge/Wiggenhauser, Illegitimität (wie Anm. 17), S. 55-66.

25 Vgl. dazu *Neithard Bulst*, Illegitime Kinder – viele oder wenige? Quantitative Aspekte der Illegitimität im spätmittelalterlichen Europa, in: Schmugge/Wiggenhauser, Illegitimität (wie Anm. 17), S. 21-39.

26 Darauf weisen die verschiedenen Beiträge in dem von Schmugge (wie Anm. 17) hrsg. Sammelband hin. Hervorzuheben ist in diesem Zusammenhang vor allem jener von *Schreiner* (ebd.), hier insbes. der Abschnitt III.: Äbte und Mönche in ihrer Eigenschaft als Männer von Frauen und Väter von Kindern: Fallbeispiele und Situationsbeschreibungen (S. 106-113).

Die bis zum 13./14. Jahrhundert praktizierten Priesterehen waren schon seit dem Vierten Laterankonzil rechtlich nicht mehr möglich. An ihre Stelle trat zunehmend der Konkubinat, entweder durch konkludentes Handeln – also durch faktisches Zusammenleben – oder durch eine Eheschließung, die kraft Ehehindernisses[27] nichtig war. Als Lebensform war der Konkubinat sowohl im weltlichen als auch im kirchlichen Bereich im 14. und 15. Jahrhundert faktisch sehr verbreitet. Zahlreiche Synoden riefen das Verbot des Klerikerkonkubinats zwar immer wieder in Erinnerung, doch blieben diese Appelle offensichtlich ohne nennenswerte Wirkungen. Vielleicht waren diese auch gar nicht beabsichtigt. Es scheint, als ob u.a. diese Situation die Grundlage für die Dekretalen Papst Gregors IX. (1227-1241) von 1234 (Liber Extra) bildete, in denen das Modell von Nicaea festgeschrieben wurde. Danach war ein legales Zusammenleben mit Frauen – aber nur mit solchen, die über jeden Zweifel erhaben waren – zulässig.[28]

Spätere Konzile mahnten zur Einhaltung des Zölibats[29], ohne stichhaltige und eindeutige Aussagen aus der Heiligen Schrift als Argumentationshilfe beiziehen zu können – diese gibt es eben nicht. Da der Zölibat nicht auf dem göttlichen Recht (ius divinum), sondern auf einem positiv gesetzten Kirchengesetz beruht, eröffnete er immerhin eine Dispensationsmöglichkeit durch den Papst.

Das Erfordernis der Nicht-Ehe als eine aus dem Zölibat resultierende Pflicht konnte formaljuristisch mit dem Konkubinat erbracht werden. Wer in einem Konkubinat lebte, war nach kirchenrechtlicher Auffassung nicht verheiratet. Die zweite Pflicht, also jene zur vollkommenen geschlechtlichen Enthaltsamkeit, war demgegenüber nicht mit dem Konkubinat kompensierbar; im Gegenteil: der Konkubinat schloß im Regelfall gerade die sexuelle Gemeinschaft ein. Doch scheint immerhin ansatzweise in der Rechtsfigur des Konkubinats der Schlüssel zur juristischen Lösung des Problems, des Zusammenlebens von männlichen Klerikern und weiblichen Laien, zu liegen.

27 Zur rechtlichen Konstruktion und Bedeutung der Ehehindernisse im kanonischen Recht vgl. *Sägmüller*, Lehrbuch (wie Anm. 1), Bd. 2, S. 135-244.

28 »Inhibendum est et modis omnibus interminandum, ut nullus sacerdos feminas, sicut [et] in canone insertum continetur, de quibus suspicio potest esse, in domo sua retineat« (X 3.2.1).

29 *Becker*, Zölibat (wie Anm. 4), Sp. 1752.

II. Konkubinat

Der Konkubinat kommt, wie so vieles der spätmittelalterlichen und frühneuzeitlichen Privatrechtsordnungen, aus dem römischen Recht.[30] »Concubinatus, concumbere« heißt wörtlich: ›den Beischlaf vollziehen‹. In der römischen Rechtssprache bedeuten diese Begriffe seit Kaiser Augustus (27. v. Chr. – 14. n. Chr.) die formlose und ohne Eheabsicht eingegangene Geschlechtsverbindung von Mann und Frau. Das besondere besteht darin, daß dieser Verbindung Rechtswirkungen zuerkannt wurden. Das ist bis heute, freilich in ganz anderer Ausformung, so geblieben. Seit der umfassenden Kodifikation des römischen Rechts unter Kaiser Justinian I. (527-565) war der Konkubinat als Ehe minderen Rechts anerkannt (Dig. 25,7; Cod. 5, 26; Nov. 18, 9).[31]

In den germanischen Volksrechten, also in den Rechtsaufzeichnungen der Germanen zwischen dem 5. und 8. Jahrhundert, finden sich ähnliche Konstruktionen, vor allem in Gestalt der Friedelehe und Kebsehe, welche unterprivilegierte Formen des Zusammenlebens im Verhältnis zur Ehe (Muntehe) bildeten.[32] Der Konkubinat galt lange Zeit als völlig normale, gesellschaftlich tolerierte Form des geschlechtlichen Zusammenlebens von Mann und Frau. Die daraus hervorgegangenen Kinder wurden teilweise sogar in der Erbfolge berücksichtigt. Noch der Sachsenspiegel kennt immerhin den Rechtssatz, daß eine Kebsfrau heiraten und legitime Kinder haben könne (Landrecht I 51, 2), der wohl als rudimentäre Anlehnung an eine vergangene Normalität aufzufassen ist. Die Kirche bekämpfte freilich diese Lebensform, und zwar schon seit fränkischer Zeit. Dennoch blieb diese Lebens- und Rechtsform mit unterschiedlichen sittlichen und rechtlichen Bewertungen im Laufe der Rechtsgeschichte bis heute bestehen. Die

30 *D. Giesen*, Art. Konkubinat, in: HRG 2, 1978, Sp. 1074f.; *Peter-Johannes Schuler*, Art. Konkubinat, in: LexMA 5, 1991, Sp. 1335f.; *Severin Lederhilger*, Art. Konkubinat, in: Stephan Haering/Heribert Schmitz (Hrsg.), Lexikon des Kirchenrechts. (Lexikon für Theologie und Kirche kompakt.) Freiburg/Basel/Wien 2004, Sp. 599-601. Zum Konkubinat im Frühmittelalter vgl. auch die eindrucksvolle Studie von *Andrea Esmyol*, Geliebte oder Ehefrau? Konkubinen im frühen Mittelalter. (Beihefte zum Archiv für Kulturgeschichte, H. 52.) Köln/Weimar/Wien 2002.

31 *Max Kaser/Rolf Knütel*, Römisches Privatrecht. Ein Studienbuch. 18. Aufl. München 2005, S. 292f.

32 Vgl. *Willoweit*, Kindschaft (wie Anm. 24), S. 56f.; *Else Ebel*, Der Konkubinat nach altnordischen Quellen: Philologische Studien zur sogenannten ›Friedelehe‹. Berlin u.a. 1993; *Paul Mikat*, Art. Ehe, in: HRG 1, 1971, Sp. 809-833, hier Sp. 816-818; *Werner Ogris*, Art. Friedelehe, in: HRG 1, 1971, Sp. 1293-1296; *Hans-Wolfgang Strätz*, Kebsehe, -kind, in: HRG 2, 1978, Sp. 695f.; *Heinrich Mitteis/Heinz Lieberich*, Deutsches Privatrecht. Ein Studienbuch. 9. Aufl. München 1981, S. 58.

Bemühungen der Kirche waren auf das Ziel orientiert, die ursprünglich rein weltliche Eheschließung kirchlichen Formen und damit kirchlichen Einflußnahmemöglichkeiten zu unterwerfen, was mit dem Vierten Laterankonzil von 1215, jedenfalls auf der normativ-programmatischen Ebene, tatsächlich auch erreicht worden ist.[33]

Erst die Rezeption des an den oberitalienischen Rechtsschulen verwissenschaftlichten römischen Rechts[34] brachte, vor allem während des 15. Jahrhunderts, eine Ablehnung des Konkubinats mit sich. In der Reichspolizeiordnung von 1530 wurde sogar förmlich verboten, daß »leichtfertige Personen ausserhalb von Gott aufgesetzter Ehe, zusammen wohnen«.[35] Doch ebenso wenig, wie man sich im weltlichen Bereich an diese restriktiven Regelungen hielt, vermochte die Kirche in ihrer inneren Hierarchie des Klerikerkonkubinats Herr zu werden.

Die nichtklerikale Bevölkerung tolerierte überwiegend solche Verbindungen.[36] Sie gehörten zum alltäglichen Leben in ländlichen und städtischen Gemeinschaften. Bemerkenswert ist, daß die Städte auf dem Reichstag zu Speyer 1526 die Möglichkeit der Eheschließung für heiratswillige Priester einforderten.[37]

Innerhalb der Kirche war man weniger tolerant. Für Reaktionen auf die Verletzung kanonischer Pflichten war das kirchliche Gericht zuständig[38], welches insbesondere auf der bischöflichen Ebene professionell, d.h. mit studierten Juristen als bischöflichen Richtern (Offizialate)[39] und gelehrten Räten, etabliert war und sich der weltlichen Unterstützung sicher sein konnte. Die weltlichen Obrigkeiten hatten nach den im Mittelalter entwickelten Grundsätzen den kirchlichen Gerichten Amtshilfe zu leisten.[40] Die Auseinandersetzung um die rechts- und pflichtwidrige Priesterehe[41] sollte in den ersten

33 Vgl. *Mikat*, Ehe (wie Anm. 32), Sp. 818-821.

34 Zu diesem komplexen Prozeß vgl. *Hans Schlosser*, Grundzüge der Neueren Privatrechtsgeschichte. Rechtsentwicklungen im europäischen Kontext. 10. Aufl. Heidelberg 2005, S. 36-67.

35 Ordnung und Reformation guter Policey (Tit. XXXIII), in: Neue und vollständige Sammlung der Reichs-Abschiede. 2. T., Frankfurt a.M. 1747, S. 332-345, hier S. 343.

36 *Schreiner*, Defectus natalium (wie Anm. 17), S. 85.

37 Ebd., S. 85f.

38 *Hinschius*, System (wie Anm. 4), Bd. VI, 1, 1897, S. 294-304, hier S. 296.

39 Vgl. *Winfried Trusen*, Art. Offizialat, in: HRG 3, 1984, Sp. 1214-1218.

40 *Gerhard Buchda*, Art. Gerichtsverfassung, in: HRG 1, 1971, Sp. 1563-1576, hier Sp. 1567.

41 Vgl. *Stephen E. Buckwalter*, Sexualität und Priesteramt in Flugschriften der Reformationszeit, in: Martin Treu (Hrsg.) im Auftrag der Stiftung Luthergedenkstätten in Sachsen-Anhalt, Katharina von Bora. Die Lutherin. Aufsätze anläßlich ihres 500. Geburtstages. Wittenberg 1999, S. 93-104.

Jahrzehnten des 16. Jahrhunderts auch ein Prüfstein für die Fortsetzung oder Ersetzung der bischöflichen Jurisdiktion werden.[42] Manche Offiziale waren gewiß auch nicht ganz unempfindlich gegenüber der Anziehungskraft des weiblichen Geschlechts. So warf Herzog Georg (gen. der Bärtige) von Sachsen (1500-1539) den Offizialen in seinem Herzogtum 1521 vor, daß diese wegen ihrer eigenen Lüsternheit Eheleute »umb irer Schonheit willen citirn und furladen und ursachen furwenden [...] allein das sie versuchen dieselbigen frauen mit draue oder gelt zu irem bosen willen zu bewegen«.[43]

III. Beispiele

Dieses in den beiden oberen Abschnitten geschilderte Normengeflecht und -verständnis bestimmte auch die Situation am Vorabend der Reformation.

Der Angriff Luthers auf den Zölibat zugunsten einer allgemein gültigen Priesterehe war zunächst alles andere als frontal. Vielmehr ist vorerst ein vorsichtiges Agieren des Reformators festzustellen, stets nach Rückversicherung bei namhaften Wittenberger Kirchenrechtslehrern, etwa bei seinem bevorzugten Rechtsberater Hieronymus Schurff.[44] Bezeichnend sind Luthers Ratschläge für die im Konkubinat lebenden Kleriker in der Schrift »An den christlichen Adel deutscher Nation von des christlichen Standes Besserung« vom Sommer 1520.[45]

Er plädierte dafür, das faktische Zusammenleben von Priestern und Konkubinen subjektiv, nicht aber öffentlich, als Ehe anzusehen. Luther erwog sogar – man könnte fast meinen wie ein treuer Katholik –, die Aufhebung

42 Vgl. dazu auch *Heiner Lück*, Die kursächsische Gerichtsverfassung 1423-1550. (Forschungen zur deutschen Rechtsgeschichte, Bd. 17.) Köln/Weimar/Wien 1997, S. 50-78 und 142-155.

43 Ebd., S. 76.

44 * 12.04.1481 St. Gallen-† 06.06.1554 Frankfurt/O., 1494/95 Student in Basel, 1501 Student in Tübingen, 1502 Student in Wittenberg, 1503 Dr. iur. utr. in Wittenberg, 1504 Rektor der Universität Wittenberg, 1507 Prof. für den Codex in Wittenberg, ca. 1512 Eheschließung, Vertrauter und Rechtsbeistand Luthers, Begleiter Luthers auf dem Wormser Reichstag 1521, Mitbegründer des Wittenberger Konsistoriums, 1547 Prof. an der Juristischen Fakultät der Universität Frankfurt/O.; vgl. auch *Heiner Lück*, Hieronymus Schurff (1481-1554) – Mit dem Recht für das Leben, in: Wittenberger Lebensläufe im Umbruch der Reformation. Wittenberger Sonntagsvorlesungen. Evangelisches Predigerseminar. Wittenberg 2005, S. 52-74.

45 Vgl. dazu *Michael Beyer*, Luthers Ehelehre bis 1525, in: Martin Treu (Hrsg.) im Auftrag der Stiftung Luthergedenkstätten in Sachsen-Anhalt, Katharina von Bora. Die Lutherin. Aufsätze anläßlich ihres 500. Geburtstages. Wittenberg 1999, S. 59-82, hier S. 67f.

des Zölibats durch ein allgemeines Konzil – also auf dem regulären Wege kirchlicher Rechtssetzung – abzuwarten. Nicht wenige Schüler des Reformators und seiner engsten Mitstreiter fühlten sich durch die publizistischen Verlautbarungen Luthers ermutigt und heirateten ihre Haushälterinnen, Verwandten oder andere Frauen.

Luther selbst wird erstmals im Mai 1521 auf der Wartburg von ersten öffentlich wahrgenommenen Eheschließungen in Wittenberg erfahren haben. Drei beispielhafte Fälle mögen die Situation, vor allem auch im Hinblick auf die Rolle der geistlichen Gerichtsbarkeit, illustrieren. Die hier geschilderten Fälle sind von Ulrich Bubenheimer 1987 zusammengestellt und publiziert worden.[46] Sie sind insofern keine Neufunde. Dennoch können sie unter Beachtung der hier gewählten Fragestellungen noch weitergehend interpretiert werden.

Da ist zunächst die Eheschließung des Jakob Seideler. Dieser war seit 1519 Pfarrer in Glashütte. Im Mai 1521 heiratete er öffentlich seine Köchin Magdalena. Mit ihr hatte er, was hier besonders interessiert, bislang in einem Konkubinat gelebt. Der Bischof von Meißen, Johann VII. von Schleinitz (1518-1537), als zuständiger geistlicher Richter ließ durch Herzog Georg (gen. der Bärtige) von Sachsen, also auf dem Wege der üblichen Inanspruchnahme weltlicher Amtshilfe, den Priester verhaften und an den Bischof von Meißen als den iudex ordinarius überstellen. Dieser setzte ihn auf der Burg Stolpen fest. Namhafte Wittenberger Theologen intervenierten, und zwar erfolgreich. Bekannt ist die Argumentation, daß die Christen nicht dem kanonischen Recht, sondern der Heiligen Schrift unterstünden. Seideler wurde nach Bürgschaft von Verwandten tatsächlich entlassen. Es war ihm untersagt worden, seine geehelichte Köchin an seinen gewählten Aufenthaltsort – das war das sächsische Döbeln – nachzuholen. Seideler hielt sich aber nicht daran, sondern holte seine Ehefrau nach Döbeln. Der Bischof fühlte sich zu Recht provoziert und ließ den aufmüpfigen Priester wieder einsperren. Nach kurzer Zeit konnte dieser fliehen, wurde wieder eingefangen und danach endgültig entlassen sowie des Landes verwiesen. Am 3. August 1524 hat er in Wörth bei Nürnberg eine zweite Ehe geschlossen, die offenbar nicht mehr angegriffen wurde.

46 *Ulrich Bubenheimer*, Streit um das Bischofsamt in der Wittenberger Reformation 1521/22. Von der Auseinandersetzung mit den Bischöfen um Priesterehen und den Ablaß in Halle zum Modell des evangelischen Gemeindebischofs, Teil 1, in: Zeitschrift der Savigny-Stiftung für Rechtsgeschichte, Kanonistische Abteilung 104, 1987, S. 155-209, hier S. 166-203.

Einen zweiten interessanten Fall liefert das Vorgehen gegen den Propst von Kemberg bei Wittenberg, Bartholomäus Bernhardi.[47] Diese Stellung hatte er seit Ende 1518 inne. Spätestens am 26. Mai 1521 war er verheiratet. Er lebte zuvor offenbar nicht in einem Klerikerkonkubinat, sondern ehelichte eine Jungfrau. Er schloß die Ehe in aller Öffentlichkeit, worüber Valentin von Tetleben[48] im Auftrag Kardinal Albrechts (1513/14-1545) sogar nach Rom berichtete. Zuständiger iudex ordinarius für den Fall Bernhardi war kein Geringerer als Kardinal Albrecht in Halle. Die Anfänge des Prozesses gegen Bernhardi liegen im dunkeln, doch steht fest, daß Kurfürst Friedrich III. (gen. der Weise) von Sachsen (1486-1525) die übliche und rechtlich geforderte Amtshilfe gegenüber dem geistlichen Gericht seines kurfürstlichen Amtskollegen versagte. Der Prozeß gegen den Kemberger Propst brachte in Gestalt einer »Apologie«[49] eine aufschlußreiche Schrift hervor, in welcher die Priesterehe und der Klerikerkonkubinat in einen Kontext mit dem kanonischen Recht, der Heiligen Schrift und den sich entwickelnden reformatorischen Auffassungen über die Ehe gestellt werden. Darin wird dem kanonischen Recht jeglicher Geltungsanspruch abgesprochen und der gesamte Komplex Priesterehe einem höher stehenden göttlichen bzw. biblischen Recht untergeordnet. Verfasser und Adressaten der Verteidigungsschrift sind nicht eindeutig zu ermitteln. Vieles spricht jedoch dafür, daß der Verfasser Andreas Karlstadt[50] und die Adressaten die Räte Kardinal Albrechts in

47 *24.08.1487 Feldkirch (Vorarlberg)-† 21.07.1551 Kemberg, Studium in Erfurt und Wittenberg, Professor für Physik an der Wittenberger Artistenfakultät, 1518 Rektor der Universität Wittenberg, 1518 Pfarrer und Propst in Kemberg, 1521 Eheschließung; vgl. Deutsche Biographische Enzyklopädie. Hrsg. von Walther Killy/Rudolf Vierhaus. Taschenbuchausgabe, Bd. 1, München 2001, S. 469.

48 *vermutlich 14.02.1488 oder 1499 Laucha-† vermutlich 19.04.1551 Mainz, 1502/03 stud. theol. et iur. Erfurt, 1506 Fortsetzung der Studien in Bologna, 1511 Dr. iur. utr. Bologna, 1506 Domherr von Hildesheim, 1516 Domkanoniker in Magdeburg, 1523 Domizellar in Mainz, 1532 Domherr in Mainz und Generalvikar des Erzbischofs von Mainz (Kardinal Albrecht), 1537 Bischof von Hildesheim; vgl. Deutsche Biographische Enzyklopädie. Hrsg. von Walther Killy/Rudolf Vierhaus. Taschenbuchausgabe, Bd. 9, München 2001, S. 681.

49 Apologia pro M. Bartholomaeo praeposito, qui uxorem in sacerdotio duxit (1521). Zur Bedeutung dieser Schrift und zur Rolle Bernhardis in der Anfangsphase der Reformation vgl. auch *Jens-Martin Kruse*, Universitätstheologie und Kirchenreform. Die Anfänge der Reformation in Wittenberg 1516-1522. (Veröffentlichungen des Instituts für Europäische Geschichte Mainz, Abt. für abendländische Religionsgeschichte, Bd. 187.) Mainz 2002, S. 78-81 und 310.

50 Andreas Rudolf Bodenstein; *1486 Karlstadt/M.-† 24.12.1541 Basel. Seit 1499 Studium in Erfurt und Köln, seit 1505 Fortsetzung der Studien in Wittenberg, 1510 Dr. theol., Archi-

Halle[51] waren. Vor diesem Hintergrund erscheint diese Apologie als eine Verteidigungsschrift Bernhardis vor dem erzbischöflichen Gericht zu Halle. In einem Schriftwechsel zwischen Kardinal Albrecht und Friedrich dem Weisen machte ersterer deutlich, daß der sächsische Kurfürst mit seiner Haltung Ungehorsam nicht nur gegenüber dem Papst, sondern auch gegenüber dem Kaiser begehe. Die Verweigerung der Unterstützung durch Friedrich löste bei der römischen Kurie Entsetzen aus. Letztere drohte, den Kaiser einzuschalten. Schließlich wurden die Unstimmigkeiten beider Kurfürsten nach einer Audienz des kursächsischen Kanzlers Hans von der Planitz[52] am 12. September 1521 in Halle auf der Moritzburg beigelegt. Friedrich hatte jedenfalls durch seine Verweigerung, gerichtliche Hilfe zu leisten, die geistliche Jurisdiktion über die Priesterehe in seinem Territorium faktisch außer Kraft gesetzt.

Der dritte und letzte hier vorzustellende Fall ist jener des Pfarrers von Vatterode im Mansfelder Land – Balthasar Zeiger. Der spätestens seit Juni 1521 verheiratete Geistliche vermied dabei öffentliche Verlautbarungen, sondern erklärte den bisherigen Konkubinat, in dem er lebte, zur Ehe. Das erinnert

diakon am Allerheiligenstift in Wittenberg, 1512 Doktorvater Luthers, 1515/16 Dr. iur. utr. Rom, 1521 (während Luthers Wartburgaufenthalts) Anführer der radikalen reformatorischen Bewegung in Wittenberg, 1522 Eheschließung, 1523 Pfarrer in Orlamünde, danach zeitweise in Wittenberg, 1529 Diakon am Spital in Zürich, 1534 Professor an der Universität Basel; vgl. Deutsche Biographische Enzyklopädie. Hrsg. von Walther Killy/Rudolf Vierhaus. Taschenbuchausgabe, Bd. 5, München 2001, S. 450.

51 Zu diesen vgl. *Michael Scholz*, Residenz, Hof und Verwaltung der Erzbischöfe von Magdeburg in Halle in der ersten Hälfte des 16. Jahrhunderts. (Residenzenforschung, Bd. 7.) Sigmaringen 1998, hier Anhang (Die Räte der Erzbischöfe Ernst von Sachsen und Albrechts von Brandenburg) S. 327-345.

52 *1473/74-†10.7.1535 Weimar, Stammsitz der Familie war Planitz bei Zwickau mit dem Schloß Wiesenburg, 1491 an Universität Leipzig immatrikuliert, 1497 an Universität Ingolstadt immatrikuliert, 1498 (bereits als Doktor) Studium in Bologna, 1499-1501 Rektor der Natio Germaniae in Bologna, 1499/1500 Vorlesungstätigkeit in Bologna, 1506 Eheschließung mit Barbara von Schönberg, 1513 kurfürstlicher Rat, seitdem intensive diplomatische auswärtige Tätigkeit, 1516 Amtmann von Grimma, 1520 Amtmann von Geyer, Vertreter Kursachsens im Reichsregiment zu Nürnberg 1521-23 und bei vielen Verhandlungen mit reichsrechtlicher Relevanz. Die vorstehenden Angaben beruhen auf der gehaltvollen Kurzbiographie bei *Uwe Schirmer*, Untersuchungen zur Herrschaftspraxis der Kurfürsten und Herzöge von Sachsen. Institutionen und Funktionseliten (1485-1513), in: Jörg Rogge/Uwe Schirmer (Hrsg.), Hochadelige Herrschaft im mitteldeutschen Raum (1200 bis 1600). Formen – Legitimation – Repräsentation. (Quellen und Forschungen zur sächsischen Geschichte, Bd. 23.) Leipzig/Stuttgart 2003, S. 305-378, hier S. 368f.

an die von Luther in seiner Adelsschrift empfohlene »Umdeutung« des Konkubinats in eine Ehe ohne zusätzliche Erklärungen und Zeremonien. Graf Hoyer VI. von Mansfeld († 1540), Zeigers weltliche Obrigkeit, erfuhr davon und zeigte dem geltenden Recht zufolge den Pfarrer beim zuständigen Bischof als Richter an. Das war wiederum Kardinal Albrecht in Halle. Albrecht verfügte die Verhaftung unter Nutzung der Amtshilfe des Mansfelder Grafen. Letzterer wies die Ehefrau Zeigers aus der Grafschaft aus. Zeiger saß in erzbischöflichem Gewahrsam in Halle. Im August 1521 erstattete Valentin von Tetleben in Rom Bericht über den Fall Zeiger. Die Affäre Zeiger endete mit einer Urfehde, also mit einem Eid am Ende der Gefangenschaft.[53] Darin mußte er sein Verhalten verbal mißbilligen und seine Ehe als gröblichen Verstoß gegen den Glauben widerrufen. Eine Strafe erfolgte nicht; Zeiger kam frei. In bezug auf den Konkubinat als Rechtsfigur um 1500 ist nun interessant, daß es in den folgenden Auseinandersetzungen um Zeiger maßgeblich darauf ankam, ob dieser seine Lebensgefährtin als Ehefrau oder lediglich als Konkubine ausgab. Denn letzteres, also den Konkubinat, war man wohl bereit zu tolerieren, was auf eine gewisse ständige Praxis (katholischer) Geistlicher am Vorabend der Reformation hindeutet. Die Reformatoren sahen das aber anders, nämlich als Absage an das christliche Institut der Ehe bzw. sogar als erzwungene Ehescheidung. Allem Anschein nach wurde es Zeiger sogar ermöglicht, nach päpstlicher Absolution seine Pfarrstelle zu behalten. Näheres ist nicht zu ermitteln.

Auf Grund der realen Entwicklungen, über die bis heute kein hinreichend quantifizierbares Bild besteht, geriet der Konkubinat zunehmend in das kritische Blickfeld der Reformatoren. Sie traten dafür ein, daß die Konkubinarier konsequent in den Ehestand treten müßten – so nachdrücklich von Karlstadt am 20. Juni 1521 bei einer Disputation in Wittenberg gefordert. Er plädierte dafür, daß die Bischöfe die im Konkubinat lebenden Priester zwingen müßten, die Ehe einzugehen.[54] Wenig später forderte Luther in einem vielzitierten Brief vom 1. Dezember 1521 von Kardinal Albrecht, »[...] daß die Bischoffe zuvor ihre Hurn von sich trieben, ehe sie fromme Eheweiber von ihren Ehemännern scheideten [...]«.[55] Des weiteren sollte sich der geistliche Potentat »[...] in den Ehelichen standt begeben und das

53 Zum Rechtsinstitut der Urfehde vgl. *Stefan-Chr. Saar*, Art. Urfehde, in: HRG 5, 1998, Sp. 562-570.

54 Vgl. dazu auch *Kruse*, Universitätstheologie (wie Anm. 49), S. 293ff.

55 D. Martin Luthers Werke. Kritische Gesamtausgabe. Bd. 1-, Weimar 1883-, hier Bd. Br. 2, Nr. 442, S. 408.

Bistumb zu weltlichen furstenthum macheten und den falschen namen und scheyn geystlichs standts fallen und faren lassen«.[56]

Die drei skizzierten Fälle sind von Bubenheimer im Hinblick auf die krisengeschüttelte bischöfliche Jurisdiktion untersucht und interpretiert worden. Im Hinblick auf den Konkubinat um 1500 lassen sie aber noch einen weiteren wichtigen Aspekt erkennen, welcher von Bubenheimer nicht gesehen oder für sein Erkenntnisinteresse für entbehrlich gehalten wurde. Abgesehen von den vielen Details machen die drei Beispielsfälle deutlich, daß die alte Kirche um 1500 offenbar geneigt war, ein Zusammenleben von Geistlichen und Frauen in Form eines Konkubinates zu tolerieren. Eine Reaktion der Amtskirche auf solche Geschlechterbeziehungen scheint insbesondere dann erfolgt zu sein, wenn die Sache – von wem auch immer – öffentlich gemacht wurde. Blieb der Konkubinat im verborgenen, sah man wohl keinen Anlaß, gegen ihn vorzugehen. Diese Beobachtung geht einher mit der Praxis kirchlicher Disziplinargewalt im Hochmittelalter. Die Kirche kannte sehr früh die Möglichkeit, innerhalb ihrer hierarchischen Struktur von Amts wegen auf ein kirchenrechtswidriges Vorkommnis – »scandalon« – zu reagieren.[57] Im Vorfeld einer solchen prozessualen Reaktion lag immer eine Entscheidung darüber, ob überhaupt ein Verfahren eröffnet oder die Sache besser ignoriert werden sollte, um Schaden von der Kirche, aber auch von dem berüchtigten Kleriker abzuwenden. Ein wichtiges Kriterium dafür war u.a. das Ausmaß, welches ein Gerücht öffentlich erreicht hatte. Diese Eigenart des innerkirchlichen Verfahrens (»inquisitio famae«), welches als eine Keimzelle des frühneuzeitlichen Inquisitionsprozesses gilt[58], könnte der Grund dafür gewesen sein, daß Konkubinate hoher Kleriker im Regelfall nicht Gegenstand besonderer Prozesse waren, sondern vielmehr stillschweigend toleriert wurden. Hinzu kam, daß die betroffenen Amtsträger häufig – bei Kardinal Albrecht dürfte es ziemlich sicher so gewesen sein – in einem Verfahren selbst (als kirchlicher Einzelrichter) darüber entschieden haben, ob ein Vorkommnis kirchenrechtlich verfolgt werden soll oder nicht. Ob hier der Rechtsgrundsatz »princeps legibus solutus«[59] – der Gesetzgeber ist nicht an die von ihm erlassenen Gesetze gebunden – eine Rolle gespielt hat, bedarf einer speziellen Untersuchung. Persönliche Feindschaften innerhalb

56 Ebd., Bd. 18, S. 408.

57 Vgl. dazu *Günter Jerouschek*, Die Herausbildung des peinlichen Inquisitionsprozesses im Spätmittelalter und in der frühen Neuzeit, in: Zeitschrift für die gesamte Strafrechtswissenschaft 104, 1992, S. 328-360, hier S. 341-343.

58 Ebd.

59 Vgl. *Dieter Wyduckel*, Art. Princeps legibus solutus est, in: HRG 3, 1984, Sp. 1956-1962.

der Kirche und öffentliche Gerüchte engten die Möglichkeit des Verschweigens freilich ein. Sobald eine solche Beziehung öffentlich wurde, mußte mehr oder weniger zwingend darauf reagiert werden. In der frühen Phase der Reformation wurde – wie gezeigt – sogar öffentlich provoziert, so daß – folgt man dem hier skizzierten Verfahren – eine kirchliche Reaktion zwangsläufig erfolgen mußte.

Diese Konstellation wurde im Gefolge der Reformation beseitigt. Doch brachten das Verbrennen der kanonischen Rechtsbücher durch Luther als Reaktion auf die ihm übersandte päpstliche Bannandrohungsbulle am 20. Dezember 1520 und die Abschaffung der bischöflichen Jurisdiktion zunächst keine Lösung in bezug auf die Ehe- und Konkubinatssachen. Fest stand eigentlich nur, daß diese fortan nicht mehr der bischöflichen, sondern der weltlichen Jurisdiktion unterliegen sollten. Zwischen etwa 1520 und 1540 war im evangelischen Bereich oft nicht klar, ob eine Ehe rechtswirksam geschlossen worden war oder nicht. Viele Mischformen muß es in der Praxis gegeben haben.[60] Etwa der Streit darüber, ob die Eltern der Eheschließung zustimmen mußten oder nicht, war nur eine von vielen offenen Fragen.[61] Erst mit der Einrichtung des Wittenberger Konsistoriums 1539 und der Herausarbeitung eines evangelischen Eherechts durch die Wittenberger Universitätstheologen und -juristen wurden allmählich Klarheit und Stabilität erreicht.[62] Die katholische Kirche schrieb erst auf dem Tridentinum 1563 deutliche Eheschließungsformen fest. Der Zölibat und die Absage an den Klerikerkonkubinat wurden bei dieser Gelegenheit, ganz der mittelalterlichen Tradition entsprechend, erneut bekräftigt.[63]

60 Darauf deutet eine Sammlung von Eherechtsfällen hin, die jüngst von Ralf Frassek ausgewertet wurde; vgl. *Ralf Frassek*, Eherecht und Ehegerichtsbarkeit in der Reformationszeit. Der Aufbau neuer Rechtsstrukturen im sächsischen Raum unter besonderer Berücksichtigung der Wirkungsgeschichte des Wittenberger Konsistoriums. (Jus Ecclesiasticum, Bd. 78.) Tübingen 2005, S. 216ff.

61 Vgl. dazu *Heiner Lück*, Zu den Anfängen des evangelischen Eherechts in Wittenberg, in: Zeitschrift für das gesamte Familienrecht 1999, S. 1549-1557.

62 Vgl. dazu jetzt umfassend *Frassek*, Eherecht (wie Anm. 60).

63 *Franzen*, Zölibat (wie Anm. 5), S. 76ff. Zur gegenwärtigen Rechtslage vgl. *Lederhilger*, Konkubinat (wie Anm. 30), Sp. 600; *Krämer*, Zölibat (wie Anm. 4), Sp. 1024f.

IV. Zusammenfassung

Das Verlangen nach Nähe zur Weiblichkeit ist dem maskulinen Homo sapiens im Regelfall genetisch mitgegeben. Allein schon wegen der menschlichen Konstitution gilt das auch für Kleriker. Gelöbnisse und rechtliche Restriktionen konnten und können nur bedingt die natürlichen Kräfte bändigen. Der Konflikt zwischen Rechtsgebot einerseits und körperlichem wie geistigem Verlangen andererseits begleitet den Klerus seit seiner Etablierung in der Spätantike bis heute. Vom Grundsatz her ist die Stufe, welche ein Kleriker in der kirchlichen Hierarchie innehat, für diese Konstellation unmaßgeblich. Gleichwohl wurden im Kirchenrecht eine differenzierende Betrachtungsweise in Abhängigkeit von der Höhe des Amtes sowie entsprechende Regelungen angestrebt und auch praktiziert. Besonders augenfällig und öffentlichkeitswirksam waren freilich sichtbare (oder auch nur vermutete und hinreichend kommunizierte) Formen des Zusammenlebens von hohen Amtsträgern der Kirche mit Personen des anderen Geschlechts. Ein ganz reguläres innerkirchliches Vorverfahren ermöglichte, je nach Interessenlage der Kirche, das Ignorieren oder die gerichtliche Behandlung solcher Beziehungen. Mit vorbeugenden Regelungen wollte man allein schon die räumliche Nähe geistlicher Amtsinhaber zu Frauen, die entweder gewisse Funktionen in bezug auf die Kleriker innehatten oder in keinerlei besonderen Beziehungen zu diesen standen, reglementieren.

Das Verhältnis von Klerikern zu Frauen, mit denen sie zusammenlebten, ist weitgehend mit den Rechtskategorien des Zölibats und (Kleriker-) Konkubinats juristisch zu fassen. Der Konkubinat war im weltlichen Bereich des geschlechtlichen Zusammenlebens immerhin geduldet, wenngleich er (wie die nichteheliche Lebensgemeinschaft heute[64]), gemessen an den privilegierten Rechtswirkungen der Ehe, der regulären Form der Ehe erheblich nachstand. Die rechtlich relevante Frage war, inwieweit eine solche Konstruktion auch für die Kirche und ihre Glieder tolerabel war. Ein wichtiges

64 *Herbert Grziwotz*, Nichteheliche Lebensgemeinschaft. (NJW-Schriftenreihe, Bd. 39.) 4. Aufl. München 2004. Zur historischen Entwicklung vgl. *Hans-Jürgen Becker*, Die nichteheliche Lebensgemeinschaft (Konkubinat) in der Rechtsgeschichte, in: Götz Landwehr (Hrsg.), Die nichteheliche Lebensgemeinschaft. Göttingen 1978, S. 13-38; *Clausdieter Schott*, Lebensgemeinschaft zwischen Ehe und Unzucht, in: Albin Eser (Hrsg.), Die nichteheliche Lebensgemeinschaft. Paderborn u.a. 1985, S. 13-32; *Eva Schumann*, Die nichteheliche Familie. Reformvorschläge für das Familienrecht mit einer Darstellung der geschichtlichen Entwicklung und unter Berücksichtigung des Völker- und Verfassungsrechts. München 1998.

Kriterium für diese Art von Toleranz war die Nichtöffentlichkeit. Diese konnte auf Grund eines speziellen Verfahrenselements innerhalb des üblichen innerkirchlichen Disziplinarverfahrens gewährleistet werden. Der Spielraum wurde eingeengt, wenn die Ereignisse öffentlich gemacht wurden.

Allen gegenläufigen Bemühungen zum Trotz mußte der Klerikerkonkubinat in der Amtskirche letztlich faktisch hingenommen werden. Die so gewachsenen Zustände in den Lebensverhältnissen vieler Geistlicher an der Wende vom 15. zum 16. Jahrhundert boten einen zusätzlichen Ansatzpunkt für die Angriffe der Reformatoren auf die Grundfesten der alten Kirche. Mit der Einführung des Eheschließungsrechts für Geistliche der protestantischen Kirche war das Problem keinesfalls gelöst, zogen es doch nicht wenige Pfarrer vor, unverheiratet oder in unübersichtlichen Mischformen zwischen Ehe und Nicht-Ehe mit Frauen zusammenzuleben. Klare Trennungslinien zwischen Ehe und Nicht-Ehe bzw. Ehe und Konkubinat wurden im protestantischen Bereich erst mit der Etablierung eines evangelischen Eherechts und der Einrichtung entsprechender Ehegerichte (Konsistorien), im katholischen Bereich noch viel später, nämlich auf dem Tridentinum 1563 gefunden.

BRIGITTE STUPLICH

Die »unordentlich lieb« im Werk des Hans Sachs

Hans Sachsens Spruch »Die vier trefliche menner sampt ander vilen, so durch frawen-lieb betrogen sind und noch betrogen werden« (KG II, 290ff.)[1] aus dem Jahr 1534 gilt in der kunsthistorischen Forschung als frühes literarisches Zeugnis der ›Weibermacht‹. Unterstützt wird diese Interpretation durch die Annahme, dieser Spruch sei in vier Holzschnitten von Peter Flötner illustriert. Daß die Interpretation des Spruches eine solche Lesart nicht hergibt, soll im folgenden herausgearbeitet werden. Dabei wird der Spruch in Hans Sachsens Gesamtwerk eingeordnet, und zwar im Hinblick auf das vom Autor zeitlebens verfolgte Thema der »unordentlich lieb«.

Hans Sachs (1494-1576) ist als Meistersänger ein Begriff und genießt auch als Fastnachtspielautor einen gewissen Bekanntheitsgrad. Der Autor bediente sich der Gattung Spruchdichtung auch als proreformatorisches Propagandamittel. Da sie im folgenden eine gewisse Rolle spielen werden, sollen auch seine über 120 Komödien und Tragödien nicht unerwähnt bleiben, wagt sich der Autor mit dieser Gattung doch auf ein bislang kaum bearbeitetes Terrain.

Schon der Titel des Spruchs scheint sprachliche Probleme aufzuwerfen. Sachs verweist darin auf vier herausgehobene Exempel, denen viele weitere zuzuordnen sind, die alle um der Liebe zu Frauen willen irregeleitet wurden und noch immer werden.[2]

Der Text – wie für Hans Sachsens Spruchdichtung üblich – in Reimpaaren verfaßt, hat einen Umfang von 110 Versen. Der Autor bietet in acht Versen eine in sein Thema einführende Einleitung. Wir dürfen im folgenden demnach Beispiele von Männern erwarten, deren allzu heftige Liebe sie in arge Bedrängnis brachte, sie aber zumindest zu Toren machte.

1 *Hans Sachs*, Werke. Hrsg. von Adelbert Keller/Edmund Goetze. 26 Bde., Stuttgart 1870-1908. (Bibliothek des Litterarischen Vereins Stuttgart.) Ndr. Hildesheim 1964.

2 Die sprachlichen Probleme bei der Übersetzung betreffen das frühneuhochdeutsche »durch«, das im Neuhochdeutschen mit »wegen«, »um willen« zu übersetzen ist; vgl. *Alfred Götze*, Frühneuhochdeutsches Glossar, 7. Aufl. Berlin 1967, S. 58. Unter »frawenlieb« haben wir die Liebe zu Frauen zu verstehen, und der Begriff erscheint bei Sachs auch als »weiberlieb«; vgl. *Grimm,* Dt. Wörterbuch, Bd. 28, Sp. 398f. Das frühneuhochdeutsche Verb »betrügen« bedeutet nicht nur »täuschen«, sondern auch »irreleiten«; vgl.: Frühneuhochdeutsches Wörterbuch. Hrsg. von Ulrich Goebel/Oskar Reichmann. Bd. 3, Sp. 2113ff. Berlin/New York 2002.

Die bereits im Titel anvisierten vier trefflichen Männer bilden den Anfang des Exempelreigens. Das auch von bildlichen Darstellungen bekannte alttestamentarische Paar Samson und Dalida[3] wird dem Leser zuerst in Erinnerung gerufen. Dalida scheint durchaus zu den Frauen zu gehören, die das Vertrauen des Mannes mißbrauchen, ihn also täuschen. Sachs enthält sich im Spruch aber jeder Wertung, vertraut vielmehr auf den Bekanntheitsgrad der Episode.

Auch das zweite Exempel, König David, ist dem Alten Testament entnommen. Der Autor faßt auch hier die wesentlichen Elemente der biblischen Erzählung zusammen. David wird Jahre später auch zur Titelfigur des Dramas »David mit Batseba im ehbruch« (1552). Im Prolog des Dramas ruft der Autor seinem Publikum die biblische Geschichte ebenfalls in Erinnerung und hebt dabei den Ehebruch, den Mord an Uria und die von Gott verhängte Strafe hervor. Diese Fakten vermittelt auch der Spruch. Im Verlauf der Dramenhandlung treibt der König »bulerey« und nutzt seine Machtposition, um Batseba zu seiner Geliebten zu machen. David erscheint im Drama eindeutig als der Verführer. Und auch der Spruch weist Batseba keinen aktiven Part zu, David entbrennt ihrer Schönheit wegen in Liebe zu ihr. In einem weiteren Spruch aus dem Jahr 1532 »Künig David im ehbruch mit Batseba und mörderey mit Uria« stellt Sachs klar, daß David »in lieb entzündet« (KG I, 240, 9) war und aus »brünstiger begier« mit Batseba schlief. Der Epilog des Dramas baut die im Handlungsverlauf deutlich gewordene Kritik an David weiter aus. Die Begierde des Königs begründet eine nicht rechtmäßige »unördnlich lieb«, die im Ehebruch endet. Der Versuch, diesen Ehebruch zu verheimlichen, führt unweigerlich zu weiteren Vergehen. Für David enden sie im Mord am Ehemann, was Gottes Zorn und seine Strafe hervorruft. Weder in der Dramenhandlung noch im Epilog des Dramas läßt der Autor Zweifel daran aufkommen, daß David sowohl für den Ehebruch als auch für die daraus folgenden Verfehlungen verantwortlich ist. Der Epilog des Dramas weist eine Zweiteilung auf. Die erste Belehrung warnt vor der »unordentlichen lieb«, die zweite führt den Ehebruch, den Sachs mit Davids Begierde begründet, als Sünde vor. Die Darstellung Davids stimmt demnach in zwei Sprüchen der frühen Schaffensphase und einem Drama überein und läßt keinen Zweifel an seiner Schuld. David als Opfer der ›Weibermacht‹ zu interpretieren fällt in diesem Zusammenhang schwer.

3 Die Schreibung der Eigennamen entspricht der bei Sachs jeweils vorgegebenen.

Eine mit vier Szenen aus der Davidgeschichte bemalte Tischplatte, die Sebald Beham für Kardinal Albrecht von Brandenburg – wohl zeitgleich mit Flötners Holzschnitten – schuf, wird in der Forschung[4] dem Thema der ›Weibermacht‹ subsumiert. Die kunsthistorische Interpretation von Behams Darstellung eines biblischen Themas wird als signifikant für die Auffassung des 16. Jahrhunderts dargestellt.

> »Es geht hier in der Auffassung der Zeit nicht nur um die Schuld Davids, sondern auch um die Gefahr, die dem Mann durch die Lust der Frauen erwächst und der er sich allzu leicht ausliefert. Es ist die Gefahr, die Selbstbestimmtheit zu verlieren, sich zum Minnesklaven und durch seine eigene Liebestorheit zum Narren, ja zum Opfer zu machen.«[5]

Für die bildliche Darstellung mag dies zutreffend sein, wenn im folgenden aber im Zusammenhang mit Flötners Holzschnitten auch der vorliegende Spruch von Hans Sachs für die oben zitierte frühneuzeitliche Sehweise der alttestamentarischen Erzählung herangezogen wird, ist dem nicht zuzustimmen, denn Hans Sachsens Text thematisiert – wie wir gesehen haben – eher die Lust an den Frauen, aus der Gefahr erwächst. Die Intensität der Gefühle, die Maßlosigkeit des Verlangens machen den Mann zum Narren und im Extremfall zum Opfer – nicht der Frau, sondern der eigenen Triebe. In diesem Zusammenhang ist der Schlußfolgerung, »daß Bathseba zu den betrügerischen Frauen gezählt wird«[6], energisch zu widersprechen. Die sprachliche und inhaltliche Analyse der Davidpassage im Spruch und die Verarbeitung des Themas in anderen Gattungen haben einen anderen Weg gewiesen.

Das dritte, breit ausgeführte Beispiel des vorliegenden Spruchs nennt Salomon, der anfänglich explizit als weise konnotiert wird, aber im Bezug auf Frauen zu aktiv und leichtsinnig ist. Deshalb kommt er in die Situation, sich von ihnen beeinflussen zu lassen und fremde Götter anzubeten. Salomons Verfehlung besteht darin, daß er die Liebe zu Frauen der Liebe zu Gott überordnet.

Als Gegenpart zum weisen König des Alten Testaments ist als viertes Beispiel Aristoteles herausgearbeitet, dem in der Antike niemand an Wissen gleichkam. Allein seine Liebe zu einer Frau, genannt ist sie namentlich

4 *Michael Wiemers*, Der Kardinal und die Weibermacht. Sebald Beham bemalt eine Tischplatte für Albrecht von Brandenburg, in: Wallraf-Richartz-Jahrbuch 63, 2002, S. 217ff.

5 Ebd., S. 224.

6 Ebd.

nicht, machte ihn zum Narren. Gerade bei der Fülle der Überlieferung dieser Szene kann man davon ausgehen, daß dieses Exempel zum weitverbreiteten Erzählgut gehörte und dem Publikum bekannt war.[7] Die Episode, in der sich der Philosoph zum Reittier einer Frau machen läßt, verarbeitet Sachs 1554 in einer fünfaktigen Komödie (KG XII, 241ff.).[8] Hier ist es Persones, die als Frau Alexanders des Großen mit dem Philosophen ihr Spiel treibt. Alexander, von Aristoteles zur Schärfung der Sinne zum sexuellen Verzicht animiert, weist die Königin zurück. Von einer Hofdame angestachelt und unterstützt, sinnt Persones auf Rache. Nach anfänglichem Widerstand verfällt Aristoteles der List und den Reizen der Frau. Weder sein Alter noch seine Treue zum König können den einmal in Liebe entbrannten Philosophen zurückhalten, und es kommt zu der in der Literatur und darstellenden Kunst so bekannten Szene, daß Aristoteles sich zum Reittier – hier der Königin – machen läßt. Mit einer Tirade über die List und die undurchschaubaren Praktiken der Frauen versucht Aristoteles den Zorn Alexanders und damit das eigene Todesurteil abzuwenden. Sachs schließt – wie üblich – seine Lehren im Epilog an. Der Autor grenzt hier aber bewußt Frauen, die, wie Persones, Männer zu Narren machen, von den ehrbaren Frauen ab, denen »ehr und tugent lieber ist« (KG XII, 264, 16). Der Autor schließt mit dem Hinweis, daß selbst der Weise nicht vor Torheit gefeit sei. Diesen Aspekt des Epilogs, daß ein Weiser ob der Liebe zu einer Frau zum Toren mutiert, hat Sachs in seinem Spruch zum Leitmotiv dieses vierten Exempels herausgearbeitet.

Die vier einleitenden Beispiele sind deutlich umfangreicher ausgestaltet als die nun folgenden. Auf sie weist der Autor in wenigen überleitenden Versen[9] hin, wobei er betont, daß es sich auch hier um Männer handeln

7 Die Tradition geht im deutschsprachigen Raum bis ins 13. Jh. zurück und dürfte ihre schriftliche Fixierung am Oberrhein (Basel/Straßburg) erhalten haben; vgl.: Lexikon der antiken Gestalten in den Texten des Mittelalters. Hrsg. von Manfred Kern/Alfred Ebenbauer/Silvia Krämer-Seifert. Darmstadt 2002, S. 111ff.

8 Die im Spruch namenlose Geliebte wird im Drama mit der Frau Alexanders des Großen besetzt. Das Drama wird demnach in eine spätere Regierungszeit Alexanders verlegt, als Aristoteles schon nicht mehr um den König war. Sachs kann so aber das Thema des weisen und zugleich alten Mannes, der in Liebe entbrennt, mit der literarischen Tradition von Aristoteles als dem Narren, der sich von einer Frau als Reittier benutzen läßt, verknüpfen. Den Einstieg in die Handlung muß der Autor neu motivieren; er läßt daher Aristoteles den König warnen, seine Liebe zu Persones halte ihn von Regierungsgeschäften ab.

9 Die überleitenden Verse sind an das Aristoteles-Beispiel angereimt. Ihr Tenor entspricht dem der Verse, die den Spruch einleiten.

wird, die wegen der Liebe zu Frauen ihr Leben bzw. Besitz und Ansehen verloren haben. Er wartet in jeweils zwei Versen mit fünf Paaren aus dem Alten Testament auf.

Von den hier aufgeführten Vergewaltigungsopfern möchte ich die Thamar herausgreifen. Denn die Verurteilung der Vergewaltigung der Thamar findet sich nicht nur hier und in einer Tragödie aus dem Jahr 1556, sondern auch in der »Comedia oder kampff-gesprech zwischen Juppiter und Juno, ob weiber oder mender zun regimentn tüglicher seyn«, das auf April 1534[10] datiert ist und somit zeitnah zu unserem Spruch entstanden ist. Im Verlauf des Disputs lehnt Jupiter Frauen in Führungspositionen ab, da sie zu unbeherrscht – eben auch in Liebesdingen – seien. Juno kontert mit einer Sequenz von Frauen, deren Keuschheit und Standhaftigkeit außer Frage stehe. Aber gerade die Unbeherrschtheit der Männer habe zur Vergewaltigung eben dieser Frauen geführt. Thamar, Dina, des Leviten Weib und auch Lucretia, von der später noch die Rede sein wird, gehören in diese Gruppe. Junos Vorwurf, die Männer hätten diese Frauen »wütig not-zwungen« (KG IV, 24, 3), wird von Jupiter weder bagatellisiert noch zurückgewiesen; im Gegenteil, er scheint das böse Ende dieser »frawen-schender« als gerechte Strafe für ihr Tun zu verstehen. Das hält Jupiter allerdings nicht davon ab, auf die Bedrängnis hinzuweisen, in die viele »buler« aufgrund listiger Frauen geraten sind. Jupiter erkennt das den Frauen zugefügte Unrecht an, verweist aber gleichzeitig auf Gegenbeispiele.

Die von Jupiter angeführte Liste enthält mit Dalida und Samson, Achill, Holofernes, Herkules und Virgilius Beispiele, die auch unser Spruch erwähnt. Die Argumentationskette schließt sich, wenn Juno Frauen benennt, die Opfer männlicher List wurden, und Jupiter die Beständigkeit der Männer in Liebesdingen anhand der Beispiele Pyramus und Tristan entgegenhält. Für die Interpretation des vorliegenden Spruchs erhellt der Vergleich mit dem Kampfgespräch drei Gesichtspunkte: Sachs betont auch aus der Sicht des Mannes – hier Jupiters –, daß die Vergewaltigung ein Vergehen des Mannes darstellt (man beachte die gegenteilige Meinung im Mittelalter). Der Autor brandmarkt nicht nur Frauen als Verführerinnen; es gibt demnach gute und schlechte Frauen wie Männer. Für unseren Spruch bedeutet das, die als Opfer vorgeführten Männer sind nicht unbedingt Opfer von Frauen,

10 Sachs hat das Kampfgespräch auf einen Monat nach dem Spruch datiert. Die von Sachs vorgenommenen Datierungen halten indes nur das Datum der Fertigstellung fest, nicht den Zeitraum der Arbeit am jeweiligen Text. Das ist in diesem Zusammenhang deshalb interessant, weil Sachs wohl zeitgleich dieselben Beispiele in verschiedenen Gattungen bearbeitet hat.

sondern Opfer ihrer eigenen unkontrollierten Begierde. Zur Unterstützung dieser These sei ein Blick auf Hans Sachsens Drama »Thamar« von 1556 (KG X, 342ff.) geworfen, in dem er das im Spruch angeführte Beispiel von Ammon und seiner (Halb-)Schwester Thamar in drei Akten auf die Bühne bringt. Der Autor akzentuiert hier eine Ammonfigur, die vor Liebe krank, ohne jede Scham über die (Halb-)Schwester herfällt und sie schändet. Eine Schuldzuweisung an Thamar, sei es als Verführerin oder auch nur Mitschuldige, sucht man im Drama vergebens. Die Strafe, die Ammon trifft, wird als gerechtfertigt dargestellt und setzt demnach ein Vergehen Ammons, eine Schuld seinerseits voraus. Hans Sachsens Spruch von 1534 vermittelt bereits diese Haltung, wenn es heißt, Ammon »schwecht«, was »vergewaltigt« heißt, seine Schwester, und »darumb« ereilt ihn die Strafe. Ammon erscheint in der Rolle des Täters, die Frau Thamar in der Rolle des Opfers. Von ›Weibermacht‹ kann in diesem Zusammenhang nicht mehr die Rede sein.

Als ein weiteres Beispiel dieser Reihe alttestamentarischer Figuren fällt Holofernes (KG II, 291, 20f.) auf, wird er doch von Judith enthauptet. Im Alten Testament wird Judith, die Retterin ihres Volkes, selbstredend positiv dargestellt. Ein Blick auf den Spruch unseres Autors »Der ehren-spiegel der zwölf durchleuchtigen frawen deß alten testaments« (KG I, 203ff.) aus dem Jahr 1530 zeigt, daß er der Darstellung der Judith in der Bibel folgt. Er stellt sie daher in einer Reihe mit elf weiteren herausragenden Frauenfiguren des Alten Testaments dar und führt sie sogar als Beispiel der Mäßigung vor (KG I, 207, 26ff.). Holofernes ist es dann auch, der sich aufgrund ihrer Schönheit, die sie aber keinesfalls provozierend betont, in sie verliebt. Das Vergehen wird in diesem Spruch ebenfalls dem Mann zur Last gelegt, während Judith abschließend als Vorbild herausgestellt wird.

Diese Abfolge vorbildhafter Frauen soll 1530 als Einblattdruck zusammen mit Holzschnitten Erhard Schöns[11] erschienen sein. Es fehlt allerdings eine überlieferte Version von Text und Bild.

Schon die Häufung der folgenden 14 Beispiele (KG II, 291,22ff.), die jeweils nur in einem Vers vorgestellt werden, zeigt, daß es Sachs um eine Demonstration der Vielzahl von in Not oder gar ums Leben gekommener Männer geht. Der Autor erwähnt, auch wenn es um bekannte Paare geht, wie bei Jason und Medea, Paris und Helena, jeweils nur die Männer. Die Beispiele sollen nicht nur die Häufigkeit des Problems verdeutlichen, sondern auch die Belesenheit, das Wissen des Autors zur Schau stellen. Nicht von ungefähr verläßt Sachs die Sphäre der alttestamentarischen Beispiele und wen-

11 TIB 13 (Commentary), Nr. 120.

det sich vornehmlich literarischen zu. Diese sind auffällig häufig auch der antiken Mythologie und Literatur oder der Geschichte entnommen. Unter ihnen stoßen wir auf Sextus (KG II, 291, 30), der »durch frawen-lieb« aus Rom vertrieben wurde. Gemeint ist mit Sextus der Sohn des Tarquinius Superbus, der die untadelige Römerin Lucretia vergewaltigte. Sie wählt in Anwesenheit ihrer Familie und der Freunde den Freitod, um damit ihre Unschuld am Geschehenen unter Beweis zu stellen. Das Beispiel der Frau, die lieber in den Tod geht, als ihre Ehre zu verlieren, läßt die Männer erkennen, daß sie selbst sich zu lange dem Diktat der Königsherrschaft gebeugt haben, und sie vertreiben daraufhin die Tarquinier aus Rom. Sachs hat diese Episode römischer Geschichte, die bei Livius[12] zu finden ist, bereits 1527 in einer Tragödie verarbeitet. Das einaktige Drama bietet in drei Szenen die Themen Vergewaltigung, Freitod und Sturz der Monarchie. Sachs hat Jahre vor dem Entstehen unseres Spruchs ein Drama verfaßt, in dem er keinen Zweifel an der Integrität der Heldin läßt, vielmehr ihre Unschuld und Ehrbarkeit hinlänglich betont.

1531 verfaßt der Autor die »Historia der neun getrewen haydnischen frawen mit ihren wunder-getrewen thaten« und beschreibt Lucretia (KG II, 308,30ff.) als eine dieser herausragenden Frauengestalten. Die Sequenz ist als Einblattdruck erschienen mit Illustrationen von Erhard Schön.[13]

Den Lucretia-Stoff greift der Autor auch später in einem Spruch von 1548 »Die keusch Römerin Lucrecia erstach sich selber, ir er zu retten« (KG XXII, 448f.) und in einem weiteren von 1554[14] mit gleichem Tenor wieder auf.

12 Die Figur der Lucretia erscheint bei *Livius* in seinem Geschichtswerk »Ab urbe condita« I, 57-II, 3. Sachs benutzt als Quelle allerdings die Bearbeitung von *Bernhard Schöfferlin*, »Römische Historie uß Tito Livio gezogen«.

13 TIB 13 (Commentary), Nr. 152. Diese Sequenz vorbildlicher heidnischer Frauen ist als Pendant zu einer Reihe von neun vorbildlichen heidnischen Männern zu verstehen: »Historia der neun getrewen hayden sampt ihren wunder-getrewen thaten« (KG II, 299ff.). Auch die Folge vorbildlicher Männer existiert als Holzschnitt von Erhard Schön; vgl. TIB 13 (Commentary), Nr. 151. Allerdings sind keine Versionen von Text und Bild erhalten; vgl. auch KG XXI, 364.

14 Es handelt sich hierbei um den Spruch: »Dreyerley klagred dreyer weibsbild: Lucrecie, Thisbes und Virginie« (KG XXIII, 27ff.). Alle drei Figuren verkörpern unschuldige Frauen. Lucrecia und Virginia sind Opfer männlicher Übergriffe, Thisbe ist aus der dramatischen Liebesgeschichte bekannt, in der beide Liebende den Freitod wählen. Ihr männlicher Gegenpart Pyramus wird ebenfalls im Spruch erwähnt (KG II, 291, 27). Bei den drei Frauenfiguren geht es indirekt auch um die »unordentlich lieb«, denn Sachs stellt die Liebe zwischen Pyramus und Thisbe (KG XXIII, 30,36ff.) als eine heimliche Liebe dar, die »uberhand gewindt« und wegen ihrer Intensität von den Liebenden Besitz ergreift und sich letztlich zur Katastrophe auswächst.

Auch eine dem Ende der Tarquinier gewidmete Historia von 1553[15] spricht von der keuschen und ehrbaren Lucretia, die von Sextus vergewaltigt wurde. Es ist kaum vorstellbar, daß Sachs über Jahrzehnte hinweg einen Stoff immer mit demselben Blickwinkel auf die Frauenfigur verfaßt und nur im Zusammenhang mit unserem Spruch Lucretia als Verführerin verstanden wissen will.

In einer ebenfalls in der Frühphase seines dramatischen Schaffens entstandenen Komödie »Judicium Paridis« (KG VII, 41ff.) von 1532 greift Sachs auf den Troja-Stoff zurück. Paris sieht sich im Drama mit den drei Göttinnen konfrontiert, die ihn für sich einnehmen wollen. Venus macht ihm an berühmten Beispielen die Macht der Liebe – nicht der Frauen – deutlich. Zu ihrer Auswahl gehören einige hier bereits behandelte Figuren.[16] Minerva als Göttin der Weisheit führt in ihrer Rede Persönlichkeiten auf, die bereits in den Genuß ihrer Gunst kamen. Die Liste beginnt mit Sokrates, beinhaltet auch Aristoteles und endet mit den Humanisten Reuchlin, Policianus, Hutten und Pirckheimer.

Diese Hommage des Dramatikers an Gelehrte seiner Zeit ist nicht verwunderlich, da Sachs, wie auch andere Werke seiner frühen, experimentellen Schaffensphase zeigen, den Kontakt zu Humanistenkreisen suchte und unterhielt. Die Komödie »Judicium Paridis« ist wohl nach einer lateinischen Vorlage, dem »Judicium Paridis« des Humanisten Jakob Locher, entstanden. Locher, ein Schüler Sebastian Brants, bringt dessen »Narrenschiff« in der Gelehrtensprache Latein heraus und sorgt damit für eine internationale Wirkung. Brants »Narrenschiff«, das auch zu Hans Sachsens Buchbestand zählte, darf neben den biblischen Beispielen als eine, um nicht zu sagen die Hauptquelle für unseren Spruch gelten.[17]

Brant führt revueartig 112 Narrenfiguren an, die menschliches Fehlverhalten darstellen. Ein Holzschnitt leitet die thematisch gegliederten Kapitel ein; ihm folgen ein kurzes Motto und die Überschrift, der sich dann der eigentliche Spruch anschließt. Diese einheitliche Strukturierung verleiht der Kompilation von Einzelstücken, die eventuell als separate Spruch-

15 »Die mördisch meuterey könig Tarquinii Superbi zu Rom« (KG II, 311ff.).

16 Zu den Opfern der Venus gehören folgende Figuren, die auch als Exempel im Spruch genannt werden: Salomon, Virgilius, Ovidius, Hercules, Holofernes, Samson, Achill, Pyramus und Sextus.

17 Vgl. *Wilhelm Abele*, Die antiken Quellen des Hans Sachs. Bd. 1/2: Beilage zum Programm der Realanstalt in Cannstatt zum Schlusse des Schuljahres 1896/97 und 1898/99. Cannstatt 1897 und 1899, S. 100.

gedichte und Einblattdrucke existierten[18], den Eindruck einer Komposition.

Das »Narrenschiff« erschien zuerst 1494 bei Brants Freund Bergmann von Olpe in Basel. Dieser betrieb eine anspruchsvolle Druckerei, in der auch Reuchlin und Wimpfling publizierten. Mit Reuchlin, den Sachs in seinem »Judicium Paridis« als Exempel der Weisheit ehrt, verbindet unseren Autor weit mehr. Schon 1531, zu Beginn seines dramatischen Schaffens, bearbeitet Sachs Reuchlins »Scaenica Progymnasmata«, die 1498 bei Bergmann erschienen war, als Vorlage für seine Komödie »Henno«.[19] Im selben Jahr entstand die Bearbeitung eines antiken Dramas, die Komödie »Pluto«. Sachs kann seine Quelle, den »Plutos« des Aristophanes nicht im Original zur Kenntnis genommen haben, da er nicht über Griechischkenntnisse verfügte. Er benutzte die lateinische Übersetzung des Thomas Venatorius[20], der dem Humanistenkreis um Pirckheimer angehörte, zu dem auch Chelidonius und Dürer Kontakte unterhielten. Über die Beziehung zu Venatorius gelangte Sachs auch an den Text der »Voluptas cum virtute disceptio« des Chelidonius. Das lateinische Theaterstück diente Sachs als Vorlage für seine »Comedia, darin die göttin Pallas die tugent und die göttin Venus die Wollust verficht« von 1530. Der lateinische Titel des Chelidonius gibt bereits Hinweise auf den Inhalt: das Streitgespräch zwischen Venus und Pallas. Der Streit wird im dritten Akt der deutschen Fassung von keinem Geringeren als Kaiser Karl zugunsten von Pallas entschieden. Im von Sachs selbständig erarbeiteten Epilog (KG III, 26,29ff.) seines Dramas wird Pallas als Vertreterin der Tugend gepriesen, und Venus, die Vertreterin der Wollust, erfährt »spot und schand«. Der Autor löst sich vom Einzelfall und fügt eine Belehrung an »yederman« an. Es sei an dieser Stelle daran erinnert, daß auch Sebastian Brant in seiner Straßburger Zeit mit einem Herkulesspiel (1518) aufwartete. »Das Stück will anhand einzelner Fälle die im Bild der Wegscheide ausgedrückte moralische Grundalternative diskutieren. Am Zielpunkt triumphiert die gekrönte ›Tugend‹ über die ›Wollust‹.«[21]

18 Vgl. *Joachim Knape*, Sebastian Brant, in: Stefan Füssel (Hrsg.), Deutsche Dichter der frühen Neuzeit (1450-1600). Ihr Leben und Werk. Berlin 1993, S. 159.

19 Da keine gedruckte deutsche Übersetzung vor Hans Sachsens Bearbeitung bekannt ist, kann man davon ausgehen, daß er das lateinische Original benutzt hat.

20 Da die in Zusammenarbeit mit Pirckheimer entstandene Übersetzung des Thomas Venatorius erst sieben Monate nach Vollendung von Hans Sachsens Drama im Druck erschien, liegt es nahe, daß dem Dramatiker der Text bereits vor Drucklegung zur Verfügung stand.

21 *Knape*, Brant (wie Anm. 18), S. 168.

Hans Sachsens Bezüge zu Humanistenkreisen konnten andeutungsweise gezeigt werden.[22] Dazu gehört auch seine Vertrautheit mit der Narrenliteratur, die einen Teil seiner von den literarischen Erzeugnissen der Humanisten geprägten experimentellen Frühphase ausmacht. Die Benutzung von Sebastian Brants »Narrenschiff« – selbst ein Beitrag zur Narrenliteratur – als Vorlage für unseren Spruch zeigt, daß es Sachs um das Aufzeigen einer Torheit, einer menschlichen Schwäche geht, haben doch alle vorgeführten Figuren der leidenschaftlichen Liebe wegen Vernunft und Moral hintangestellt.

Hans Sachs hat bereits in den einleitenden Versen darauf verwiesen, daß die vorzuführenden Exempel um der Liebe willen zu Toren werden (KG II, 290, 9). Der Spruch, dessen thematische Einordnung in der kunsthistorischen Forschung uneinheitlich ist, gilt durchaus auch als Beispiel von ›Liebestorheiten‹.[23] Den Spruch in die Reihe der Beiträge zum Thema ›Minnesklave‹[24] einzureihen, halte ich deshalb für bedenklich, weil nur die Minderheit der vorgeführten Beispiele diesem Thema unterzuordnen ist. Gerade die Mischung der durch Frauen gefährdeten Männer wie Samson mit solchen, die der Liebe wegen an Frauen schuldig geworden sind, spricht für eine vom Tradierten abgehobene, eigenständige Intention des Autors.

Die Bezüge zu Brants »Narrenschiff« sind unverkennbar. Die deutlichsten inhaltlichen und personellen Übereinstimmungen bietet das Kapitel 13 des »Narrenschiffs«[25], das bezeichnenderweise mit »Von buolschafft«[26] über-

22 Vgl. *Stephan Füssel* (Hrsg.), Hans Sachs im Schnittpunkt von Antike und Neuzeit. (Pirckheimer Jahrbuch, Bd. 10.) Nürnberg 1994.

23 *Barbara Dienst,* Der Kosmos des Peter Flötner. Eine Bildwelt der Renaissance in Deutschland. (Kunstwissenschaftliche Studien, Bd. 90.) München/Berlin 2002, S. 191, kann sich bei der Titelgebung zu Hans Sachsens Spruch nicht zwischen ›Weibermacht‹ und ›Liebestorheiten‹ entscheiden.

24 Vor einer allzu einseitigen Festlegung der Beispiele ist auch deshalb zu warnen, weil Sachs z.B. in seiner Komödie »Judicium Paridis« Salomon, Holofernes, Herkules und Achill von Juno als Beispiele für Macht und Herrschaft heranziehen läßt (KG VII, 52, 15ff.), dieselben Exempel aber der Venus als Vorzeigeobjekte dienen (KG VII, 57, 9ff.). Koepplin, der Hans Sachsens Spruch und die Komödie hier als einen Beitrag zum Thema ›Minnesklaven‹ verstanden wissen will, kann nur auf die Sprechpartie der Venus abheben; vgl. *Dieter Koepplin,* Neue Werke zu Lukas Cranach und ein altes Bild einer polnischen Schlacht – von Hans Krell? Basel 2003, S. 17f.

25 *Sebastian Brant,* Das Narrenschiff. Nach der Erstausgabe (Basel 1494) mit den Zusätzen der Ausgaben von 1495 und 1499 sowie den Holzschnitten der deutschen Originalausgaben. Hrsg. von Manfred Lemmer. 2., erw. Aufl. Tübingen 1968.

26 »Buolschaft« bedeutet »Geliebte«, »Liebhaber« und auch »Verhältnis«; vgl. *Götze,* Frühneuhochdeutsches Glossar (wie Anm. 2), S. 43.

schrieben ist. Es ist bei Brant Venus[27], die die Macht besitzt, eine schier unzählbare Schar Liebender zu Narren zu machen. Anders als bei Sachs, dessen Exempelfiguren nur Männer sind, da sich die anschließende Lehre auch nur auf Männer bezieht, führt Brant Frauen aus Mythologie, Literatur und Geschichte an, die Opfer der Venus werden. Auf antike Quellen gehen auch Beispiele wie die von Dido und Medea zurück, die im Feuer der Liebe umkamen. Allein diese Figuren[28] zeigen, daß es Brant nicht um die Frau als Verführerin geht, sondern um die Macht der Liebe/Venus.

Die im Spruch herausgehobenen Beispiele Samson und Dalida, David und Batseba und Salomon werden auch bei Brant genannt, während Aristoteles in der Umschreibung: »Der wiß man als ein roß [...] gyng« Erwähnung findet. Die bei Sachs herausgegriffenen Beispiele, die eine Schuldzuweisung in Richtung des Mannes enthalten, wie Ammon, Sextus und andere, werden bei Brant hier in Kapitel 13 oder in Kapitel 33, das mit »Von eebruch« überschrieben ist, mit entsprechendem Tenor aufgeführt.[29]

In Kapitel 107 seines »Narrenschiffs« handelt Brant »Von lon der wisheit«. Er zeigt hier am Beispiel der antiken Fabel von Herkules am Scheideweg, daß der Mensch im Entscheidungsfall, wenn er nicht die Weisheit wählt, zum Narren werden kann und »boesen lon« ernten wird. Herkules sieht sich den allegorischen Figuren »wollust« und »tugent« gegenüber, wobei erstere »lust vnd freüd« verspricht, jedoch nur »dot mit we« bringt. »Man hat in solchen und ähnlichen Versen immer wieder eine grundsätzlich antihedonistische Haltung Brants sehen wollen«[30], dabei aber außer acht gelassen, daß der Autor bewußt literarisches Schaffen mit dem Anspruch der Vermittlung einer didaktischen Aussage verknüpft.

Diese Einstellung vertritt auch Hans Sachs, wenn er den Exempeln seines Spruchs eine Didaxe folgen läßt, in der er die Auslegung des Dargebotenen gleich mitliefert (KG II, 292,4ff.). Welchen Stellenwert er der Lehre beimißt und wie wichtig ihm die Steuerung des Verständnisses ist, unterstreicht schon der Umfang der didaktischen Auslegung. Sachs schlägt den Bogen von den angeführten Exempelfiguren zur Gegenwart seines Publikums. Mit diesem Gegenwartsbezug geht nicht nur einher, daß sich »buler« nicht auch im Jetzt zu Narren machen, sondern die in »alter zeyt« aus der Torheit resul-

27 Venus wird bei Brant von ihrem Sohn Cupido unterstützt.

28 Brants Text weist weitere Frauenbeispiele auf.

29 In Kapitel 33 erscheint auch David nochmals.

30 *Knape*, Brant (wie Anm. 18), S. 164.

tierenden Folgen für »leib, gut und ehr« erlangen eine realistische Dimension. Um seine Leser vor »schand und schaden« zu bewahren, spitzt der Autor seine Warnung auf drei Aspekte zu: »hurerey, ehbruch und jungkfrawen-schenden«. Unter »hurerey« sind der nicht gesetzmäßige Beischlaf, also mit fremden Ehefrauen, das Konkubinat bis hin zum Umgang mit Prostituierten gemeint.

Sachs umreißt in seiner Lehre die Folgen der »leichtfertig lieb« und entwirft dabei bewußt ein Horrorszenario. Zusätzlich bemüht er alte Sprichwörter, um das von ihm selbst Projektierte mit allgemein Bekanntem zu untermauern. Die Zielgruppe seiner Didaxe, die jungen Männer, nennt der Autor explizit (KG II, 292,28). Nicht von ungefähr verknüpft Sachs die Warnung vor der Hurerei, dem Ziehpflaster aller »untugent«, mit einer allgemeinen Warnung vor der Liebe, die als »flammende prunst« Schaden anrichtet. Um »wollust«, »voluptas«, »flammende prunst« – in welcher sprachlichen Ausformung sie bei ihm oder in den Quellen auch immer erscheint – geht es Hans Sachs in diesem Spruch. Unkontrollierte Triebe, Affekte, zu starke Emotionen, irregeleitete Liebe, all dies war Ursache und Antriebsfeder des vielfältig aufgezeigten Fehlverhaltens im Spruch. Männer erscheinen dabei als – bereitwillige – Opfer weiblicher List, als Verführer und Ehebrecher, als Triebtäter, aber auch als männlicher Part eines tragisch endenden Liebespaares. Eines hatten alle gemeinsam: die nicht dem Recht und der Ordnung entsprechende Liebe brachte sie ins Verderben. Der Autor weiß Rat und behält ihn auch nicht für sich, wenn er anmahnt, daß die Ehe Ziel der Liebe sein und sie weder vorher noch außerhalb der Ehe gelebt werden soll (KG II, 293,2f.).

Wollen wir diese Ermahnungen die Conclusio eines Moralisten nennen, so hieße das, Luthers Gedankengut dahinter zu verkennen. Denn in einer auf den Sommer/Herbst 1531 zu datierenden Tischrede formuliert Luther: »Coniugium sine mulieribus nullum esse potest. Remedium fornicationis ducere uxorem; vitae iucunda socia mulier.«[31] Und in seiner Schrift »Vom ehelichen Leben« (1522) nimmt Luther auf den Apostel Paulus (1 Cor 7) Bezug: »Es ist besser freyen denn brennen. Item : eyn iglicher hab seyn weyb und eyn yegliche yhren man, zu meyden hurerey.«[32] Luther spricht den christlichen Eheleuten weder Liebe noch Lust ab, betont aber, sich nicht von der Lust regieren zu lassen. Der Reformator empfiehlt die Ehe »auß viel ursachen. Die erst, das hurerey nicht alleyn die seel, sondern auch leyb, gutt

31 D. Martin Luthers Werke. Kritische Gesamtausgabe. Bd. 1-, Weimar 1883- (Ndr. Graz 1966ff.), hier Bd. Tr. 1, 1913, S. 5, Nr. 12.

32 *Luther*, Vom ehelichen Leben, in: Ebd., Bd. 10.2, S. 292.

ehre und freundschafft verderbt [...].«[33] Die in Hans Sachsens Auslegung des Spruchs wiederholte Warnung vor der »hurerey« kann auch Luther nicht oft genug betonen.

> »Denn wir wissen wol, das fast die grewlichsten plagen sind uber land und leutt gangen der hurerey halben [...] Und Sodoma und Gomorra mitt fewer versenkt, Gen.19., unnd viel ander plagen die schrifft mehr antzeygt, auch ynn heyligen leutten als David, Salomon, Sampson, und noch teglich gott new und ander plagen sendet [...].«[34]

Es verwundert in diesem Zusammenhang nicht, den drei den Spruch einleitenden Exempeln aus dem Alten Testament bei Luther zu begegnen, macht doch Sachs das Anliegen Luthers zu dem seinen.

Alle Beispiele unseres Spruchs haben gemeinsam, daß es sich um eine außereheliche, von Leidenschaft geprägte Liebesbeziehung, eine »unordentlich lieb« handelt, die erwartungsgemäß tragisch endet. Bereits in einem frühen Spruch aus dem Jahr 1526 (KG IV, 325ff.), der den bezeichnenden Titel trägt: »Von zweyerley lieb« grenzt Sachs die »ehlich lieb« von der »unehlich lieb« ab. Als Beispiele für die vom Autor selbstredend negativ bewertete »unehlich lieb« werden zahlreiche Figuren unseres Spruchs von 1534 genannt. Auffallend ist, daß es sich in beiden Sprüchen um eine gleichermaßen heterogene Gruppe von Negativexempeln handelt. Wir finden alttestamentarische Beispiele, wie Samson und Salomon, neben den durch Vergewaltigung schuldig gewordenen Männern, aber auch Beispiele aus Literatur und Mythologie. Es geht dem Autor demnach in beiden Sprüchen um die Absage an außereheliche Beziehungen.

Es ist dem Autor im vorliegenden Spruch ein Anliegen, sein Publikum, hier vornehmlich die jungen Männer, vor derartigen Liebesbeziehungen zu warnen. Die angeführten Exempel und der belehrende Kommentar stellen für unseren Autor nur gemeinsam ein einheitliches Ganzes dar. Dieses Prinzip prägt nicht nur die Spruchdichtung des Hans Sachs, auch seine Historien und Dramen sind nach diesem Muster verfaßt.

In den Dramen kommt Sachs seinem didaktischen Anliegen im Epilog nach. Da Sachs die Warnung vor der »unordentlich lieb« zeitlebens ein dringendes Anliegen ist, zieht sich das Thema wie ein roter Faden durch sein Werk, besonders sein dramatisches Werk. Sogar in einem seiner letzten Dramen, der »bulerin Tais« (1563), das Sachs nach einer Komödie des Terenz

33 Ebd., S. 299.
34 Ebd., S. 300.

arbeitet, widmet er sich diesem Thema. Gleich in den Einleitungsversen des Epilogs der »bulerin Thais« macht Sachs deutlich, daß er die Komödie als Warnung vor der Buhlerei verstanden wissen will (KG XX, 44,13ff.). Im Epilog (KG XII, 184,29ff.) seiner Tragödie »Tristrant«, einem Drama, das um das Thema Liebe kreist, nutzt Sachs die Gelegenheit, seine Vorbehalte gegen die »unordentlich lieb« zum Ausdruck zu bringen. Die »unordentlich lieb« wird als starker Trieb identifiziert, der Herz, Sinn, Vernunft und Gemüt verkehrt. Mißachtung von Sitte und Tugend sind die Folgen. Der Verlust von Gesundheit, Wohlstand und gesellschaftlichem Ansehen erscheint noch als geringfügig, verglichen mit dem Verlust der Gnade Gottes und damit des Seelenheils. Hans Sachsens Folgerung kommt uns nur allzu bekannt vor, wenn er rät, die Liebe bis zur Ehe aufzusparen, und eine weitere außereheliche Liebesbeziehung ablehnt. Auch in der als Komödie ausgestalteten Magelonensage, in der es um die abenteuerliche, aber glücklich endende Liebesgeschichte des jungen Grafen der Provence und der Königstochter Magelone geht, beschließt Sachs den Epilog mit dem Appell an die Liebenden, zu »sparn ir lieb biß in die eh, denn haben ein lieb und keine meh« (KG XII, 486,40f.).[35] Den Ehebruch fokussiert auch die »Historia von dem ehbruch unnd tyranney künig Xerxi« (KG II, 111ff.). Die Gefühle des Königs Xerxes zu seiner Schwiegertochter werden als »inbrünstig begier« beschrieben. Er macht sie zu seiner Geliebten und beschwört damit Mord und Totschlag in der eigenen Familie herauf. Sachs kommentiert, die »unordnlich lieb« habe den König von einem Laster ins andere getrieben und sei der Anfang allen Übels gewesen.

Es sei am Schluß noch auf ein Exempel des vorliegenden Spruchs eingegangen, um zu zeigen, daß Sachs auch dort, wo ihm die Vorlage andere Wege zu weisen scheint, seiner Einschätzung der Leidenschaft treu bleibt. Sachs nennt im Spruch als eines der letzten Beispiele Quisgardus (KG II, 291,33) und spielt damit auf eine Novelle des »Decameron« (IV 1) an, die er als »Tragedi deß fürsten Concreti« (KG II, 22ff.) dramatisiert.[36]

35 Auch in der Komödie »Violanta« warnt Sachs vor der Liebe und ihrem starken Trieb, der unweigerlich »schmach, unehr, schaden, spott und schandt« (KG VIII, 364,5) nach sich zieht. Diese Conclusio der Belehrung ganz im Sinne Luthers weisen weitere Dramen auf, die nicht sanktionierte und allzu leidenschaftliche Liebesbeziehungen thematisieren.

36 Sachsens frühes dramatisches Schaffen (1527-36) ist geprägt von der Auseinandersetzung mit dem Humanistendrama. Sachsens Neueinsatz steht ganz im Zeichen der selbständigen Bearbeitung von Novellen und beginnt 1545 mit der Tragödie »Concretus«. Zur Interpretation der Tragödie vgl. *Brigitte Stuplich*, Zur Dramentechnik des Hans Sachs. (Arbeiten und Editionen zur mittleren Deutschen Literatur, N.F., Bd. 5.) Stuttgart-Bad Cannstatt 1998, S. 308ff.

Fürst Tangredus verheiratet seine jung verwitwete Tochter Gismunda nicht noch einmal, weil er sie im Alter um sich haben will. Die Tochter verliebt sich in den jungen Guisgardus, der ihre Liebe ebenso heftig erwidert. Er ist zwar nicht von Adel, wurde aber am Hof des Fürsten erzogen. Die heimliche Liebesbeziehung wird vom Vater entdeckt, der den jungen Mann töten läßt. Gismunda vergiftet sich daraufhin. Am Sterbebett der Tochter bereut der Vater.

Ein herausragendes Thema für Boccaccio ist die Konfrontation von Geburts- und Tugendadel, denn Gismunda verteidigt sich gegen die Vorwürfe des Vaters nicht nur mit ihrer Liebe, sondern auch mit dem Hinweis auf die charakterlichen Vorzüge des von ihr gewählten Liebhabers. Sachs übernimmt diese Argumente, die er bei Boccaccio als zentral erkannt hat, und baut sie in einen eindrucksvollen Dialog von Vater und Tochter ein (KG II, 31,29ff.). Sachs hat – wie immer – die moralische Nutzanwendung, das prodesse seines Werkes im Sinn, die Dramenhandlung darf das Publikum allerdings mitreißen. Im Epilog präsentiert der Dramatiker dann drei Lehren, die sich sehr wohl auf das Spielgeschehen beziehen. Erstens wird den Eltern empfohlen, ihre Kinder rechtzeitig zu verheiraten, und zweitens werden die jungen Leute vor den Folgen »der lieb ungestümen wüten« (KG II, 38,23) gewarnt. In der dritten Lehre weist der Dramatiker auf die Folgen einer zu strengen Strafe hin. Die Liebesbeziehung zwischen Guisgardus und Gismunda – so anrührend sie sein mag – ist letztlich in den Augen des Autors eine von starken Emotionen geprägte »unordentlich lieb«, vor der zu warnen er auch hier nicht müde wird.

Der Spruch soll, wie es in der Forschung immer wieder angenommen wird, mit vier illustrierenden Holzschnitten von Peter Flötner als Einblattdruck erschienen sein. Allerdings haben nur Holzschnitte ohne Text überlebt. Die Holzschnitte bilden eine Sequenz[37] und stellen die im Spruch erstgenannten Exempel dar. Flötners Holzschnitte werden wie themenverwandte Darstellungen als Beitrag zur Darstellung von ›Weibermacht‹ interpretiert. Wenn die Intention der beiden Künstler eine so grundlegend andere ist, muß die Frage erlaubt sein, ob Text und Bild überhaupt als Einheit konzipiert waren. Diese Möglichkeit scheint Dienst[38] implizit auch anzudeuten, wenn sie darauf verweist, Flötners Holzschnitte könnten auf einen Entwurfsauftrag zurückgehen. Flötner gestaltet ein Thema, das in breiter Variation eben auch

37 *Dienst*, Flötner (wie Anm. 23), S. 191.
38 Ebd.

als Holzschnittserie bearbeitet wurde. Er traf augenscheinlich den Zeitgeschmack oder durfte hoffen, ihn zu treffen. Wenn Dienst für Flötners Holzschnitt »Drei verhaßte Typen von Menschen« von 1533 ebenfalls die Zusammenarbeit mit Hans Sachs (KG III, 372ff.) ansetzt und diese damit kommentiert, daß »sich Flötners Interpretation weit und souverän über die vorgegebene Textgrundlage«[39] hinaus bewegte, läßt sie eventuell außer acht, daß auch hier der Text nicht unbedingt die Grundlage für den Entwurf Flötners dargestellt haben muß. Man könnte, ohne für den Spruch eine Wertung mit umgekehrten Vorzeichen vornehmen zu wollen, wertneutral sagen, Text und Bild bilden nicht unbedingt eine Einheit. Wenn beide eigenständige Arbeiten waren, dann wäre die Interpretation von Hans Sachsens Spruch, so wie sie in kunsthistorischen Arbeiten kursiert, dem Aussagewillen von Flötners Holzschnitten geschuldet. Gehen wir davon aus, daß die Holzschnitte Flötners und Hans Sachsens Spruch tatsächlich als Einheit in den Druck gingen, kommen wir nicht umhin, eine Diskrepanz zwischen Bild- und Textaussage zu vermerken.

Hans Sachs ist – besonders in der frühen Schaffensphase – verschiedensten Inspirationen gegenüber offen und verarbeitet die unterschiedlichsten Themen. Dennoch entwickelt er früh formale und inhaltliche Eigenständigkeit, was insbesondere in den angehängten Lehren offenkundig wird. Da Hans Sachsens didaktisches Programm fest umrissene soziale Verhaltensregeln aufweist, enthalten unterschiedliche Texte dieselben Ermahnungen, wie wir am Beispiel der Warnung vor der »unordentlich lieb« erkannt haben. Die bisherige Praxis in der kunsthistorischen Forschung, aus einem doch beachtlichen Werk einen Spruch herauszugreifen ohne Bezug zur Spruchdichtung und zur weiteren Bearbeitung der Exempelfiguren, hat sich als problematisch erwiesen.

Ergebnis ist, daß der vorliegende Spruch nicht als das literarische Beispiel der verunglimpfenden Darstellung von ›Weibermacht‹ gelten kann, sondern vielmehr als ein Beispiel für Hans Sachsens Warnung vor der »unordentlich lieb«. Besonders problematisch wird die Interpretation in der kunsthistorischen Forschung, wenn nur die den Spruch einleitenden Exempel und nicht der Spruch als Ganzes – und hierzu gehört auch unbedingt die didaktische Auslegung – betrachtet werden.

39 Ebd., S. 188.

NINA TRAUTH

Die Interessen der Mätressenforschung
Methodische Überlegungen zur Analyse des Mätressenporträts

Studien zum Mätressenwesen beginnen erstaunlicherweise noch immer mit dem Rechtfertigen des Forschungsgegenstandes und wiederholen damit die moralischen Vorbehalte gegen das Thema.[1] Auch populärwissenschaftliche Versuche, sich »jenseits der üblichen Klischees« über die Mätresse zu äußern, wiederholen Vorurteile.[2] Der Reiz, über die Mätresse zu sprechen, besteht offensichtlich in der Möglichkeit, auf diese Weise immer auch die Erotik des weiblichen Körpers und das Verhältnis zur Macht zu bewerten. So zeigte ein Pressefoto den CSU-Politiker Günther Beckstein verkleidet als Madame de Pompadour (1721-1764), Maitresse von Ludwig XV.[3] Das 2001 während des Karnevals entstandene Bild löst eine Reihe von Assoziationen aus, die Vorurteile gegen Mätressen enthalten können. Ein Politiker nimmt

1 Ellen Widder beginnt ihre grundlegende Studie mit den Worten: »Das Thema ›Konkubinen und Bastarde‹ dürfte bei den meisten Lesern Assoziationen auslösen, die mit seriöser Wissenschaft wenig zu tun haben, und dies, obwohl sich doch die gesellschaftliche Akzeptanz [...] deutlich gewandelt hat.« Vgl. *Ellen Widder*, Konkubinen und Bastarde. Günstlinge und Außenseiter an Höfen des Spätmittelalters, in: Jan Hirschbiegel/Werner Paravicini (Hrsg.), Der Fall des Günstlings. Hofparteien in Europa vom 13. bis zum 17. Jahrhundert. (Residenzenforschung, Bd. 17.) Osterfildern 2004, S. 417-480, hier S. 417.

2 Der am 13.11.2005 ausgestrahlte Themenabend des Fernsehsenders Arte hieß »Mätressen – die geheime Macht der Frauen / Maîtresses femmes – Dis-moi avec qui tu couches (...)«. Es wurden Sendungen über so unterschiedliche Phänomene wie die französische Mätresse, die italienische Kurtisane und die osmanische Favoritin des Sultans aneinandergereiht. Die als »Doku-Drama« aufwendig inszenierten Filme von Jan Peter und Yury Winterberg vermischen Spielszenen mit Interviewsequenzen von auf diesem Feld ausgewiesenen Wissenschaftlern und Wissenschaftlerinnen vor Bücherwänden in Palästen. So betonen u.a. Monica Kurzel-Runtscheiner die Macht der italienischen Kurtisane und Leslie Peirce die der Favoritin des osmanischen Sultans. Vgl. *Monica Kurzel-Runtscheiner*, Töchter der Venus. Die Kurtisanen Roms im 16. Jahrhundert. München 1995; *Leslie P. Peirce*, The imperial Harem. Women and Sovereignty in the Ottoman Empire. New York 1993. Die Filme sind in der UB Heidelberg ohne einen Hinweis auf die spezielle Form des »Doku-Dramas« unter den Stichworten »Geschichte« und »Mätresse« verschlagwortet.

3 Das Pressefoto von Thomas Langer war untertitelt mit »Karnevalsnarr Beckstein (2001 als Madame Pompadour)« und abgebildet in *Jürgen Dahlkamp/Conny Neumann*, Karrieren. Aufgabe und Pflicht, in: Der Spiegel 26, 2005, S. 48-50, hier S. 49.

in einem cross-dressing das Image der berühmten französischen Mätresse an, um sich einerseits mit der ihr zugeschriebenen politischen Macht zu schmücken und um sich auch äußerlich als attraktiv und begehrenswert zu stilisieren. Andererseits werden diese Machtverhältnisse als Mann in Frauenkleidung gleichzeitig ironisiert.[4] Doch die weibliche körperliche Macht ist im Karneval entschärft und damit keine Bedrohung.[5]

Die These des folgenden methodologischen Beitrags zum Mätressenporträt ist, daß der Gegenstand mit dem Willen zur Identifizierung der »schönen Frau« konstruiert wird. Die damit kategorisierten Kunstwerke waren aber nicht zwingend als Bildnisse im strengen Sinn gemeint und sind stark kontextabhängig.[6] Ohne Presseinformationen wäre weder der Politiker Beckstein noch die von ihm angenommene persona der Madame de Pompadour zu erkennen gewesen. Diese Mehrdeutigkeit der Darstellung gilt für den überwiegenden Teil der Mätressenbildnisse der Frühen Neuzeit. Untersucht wird der Umgang mit Bildern von Mätressen, Konkubinen und Kurtisanen vom 16. bis 18. Jahrhundert.[7] An einem Frauenbildnis von Bartholomäus Bruyn d.Ä., heute im Germanischen Nationalmuseum, fokussiert der Beitrag drei Aspekte: den Bildkorpus (I), die Benennung des Forschungsgegenstands (II) und die Forschungsdiskussion (III). Diese Aspekte lassen sich auch als Fragen formulieren: Erstens, was ist uns an Bildern und Selbstzeugnissen dieser Frauen überliefert? Zweitens, wie determiniert die Benennung als Mätressenporträt, Kurtisanenporträt oder Konkubinenbildnis den Forschungsgegenstand? Und drittens, was für Forschungslinien

4 Die Verkleidung des Politikers Beckstein war – den Pressekommentaren nach zu urteilen – gelungen, obwohl es die Möglichkeit gab, das Image der Mätresse und damit Becksteins Wahl der Verkleidung zu problematisieren. Vgl. zum Beispiel den wohlwollenden Kommentar von *Mirko Weber* in seinem Beitrag »Beckstein?« für den Tagesspiegel online vom 23.10.2005; siehe http://archiv.tagesspiegel.de/archiv/23.10.2005/2133046.asp (eingesehen am 29.03.2006).

5 Zum Karneval als Metapher der Weltverkehrung und damit als Anlaß zur Travestie vgl. *Terry Castle*, The Culture of Travesty. Sexuality and Masquerade in Eighteenth-Century England, in: Roy Porter/George S. Rousseau (Hrsg.), Sexual Underworlds of the Enlightenment. Manchester 1987, S. 156-180, bzw. allgemein zum cross-dressing siehe *Marjorie Garber*, Verhüllte Interessen. Transvestismus und kulturelle Angst. Übersetzt von H. Jochen Bußmann. Frankfurt a.M. 1993.

6 Die Termini »Bildnis« und »Porträt« werden in diesem Beitrag synonym verwendet.

7 Die Französische Revolution stellt für die Funktion der franz. Mätresse am Hof eine deutliche Zäsur dar. Mit dem Ende des Ancien régime wird die Mätressenwirtschaft zum dekadenten Merkmal absolutistischer Hofhaltung abgewertet, so daß sie im 19. Jh. nicht mehr zur offiziellen Hofhaltung der Fürsten zählt.

lassen sich nachzeichnen? Ziel ist es, an einem Fallbeispiel ausgewählte Forschungen der Kunstgeschichte, Geschlechterforschung und Kulturwissenschaften zusammenzuführen, um daraus methodische Konsequenzen für die weitere Erforschung des Mätressenwesens abzuleiten.

I. Die Quellenlage: Was ist an Bildnissen dieser Frauen überliefert?

Als Fallbeispiel geeignet ist das »Bildnis einer Frau mit entblößtem Oberkörper« von Bartholomäus Bruyn d.Ä., heute im Germanischen Nationalmuseum (Abb. 1).[8] Das Kniestück im Format 71 × 53,8 cm wurde als Porträtdarstellung der Kölner Bürgerin Katharina Jabach bezeichnet, die die Mätresse von Johann Gebhard von Mansfeld († 1562), Erzbischof und Kurfürst von Köln war.[9] Meine These ist, daß diese Identifizierung dem Naturalisierungseffekt des weiblichen Aktes geschuldet ist. Dargestellt ist eine auf einem Stuhl sitzende Frau mit nacktem Oberkörper in Dreiviertelansicht. Sie stützt sich mit der linken Hand auf den volutenförmigen Knauf des Möbels, während ihre Rechte graziös ihr Handgelenk ergreift, so daß die Arme vor dem Körper verschränkt sind. Die Frau hat eine mit braunem Pelz gefütterte, ursprünglich rote Schaube um den rechten Arm geschlungen, so daß diese ihren Körper umspielt und den Unterkörper vollständig verdeckt. Ansonsten ziert ihren Oberkörper ein auffallend großer Schmuckanhänger in Form eines Dreipasses aus Gold, mit Steinen und Perlen verziert. Weitere Preziosen sind die drei Fingerringe der rechten Hand, Ohrringe und der Perlenreif im Haar. Sie sitzt in einer Loggia und wird hinterfangen von einem Vorhang, der so zurückgezogen ist, daß er einen Ausblick in eine Gebirgslandschaft gibt. Zwischen ihr und dem Betrachter befindet sich eine nicht durchgehende Brüstung, die in der rechten unteren Bildhälfte in leichter Aufsicht gegeben ist und auf der zwei Wildstiefmütterchen (viola tricolor) liegen. Am linken unteren Bildrand ist noch das Posta-

8 Germanisches Nationalmuseum Nürnberg. Die Gemälde des 16. Jahrhunderts. Bearb. von Kurt Löcher, unter Mitarbeit von Carola Gries. Technologische Befunde Anna Bartl und Magdalene Gärtner. Ostfildern-Ruit 1997, S. 98-100.

9 Ebd., S. 98; zu Erzbischof Johann Gebhard von Mansfeld († 1562) siehe *Paul-Joachim Heinig*, »Omnia vincit amor« – Das fürstliche Konkubinat im 15./16. Jahrhundert, in: Cordula Nolte/Karl-Heinz Spiess/Ralf-Gunnar Werlich (Hrsg.), Principes. Dynastien und Höfe im späten Mittelalter. (Residenzforschung, Bd. 14.) Stuttgart 2002, S. 277-314, hier S. 288.

ment einer Säule sichtbar. Es handelt sich um die Brüstung einer Balustrade, nicht um einen Steintisch, wie im Bestandskatalog des Germanischen Nationalmuseums beschrieben.[10]

Die überlieferten Informationen, daß Katharina zwei Kinder mit dem Erzbischof hatte und von ihm ein Haus in Köln geschenkt bekam, überdekken leicht die vage Grundlage der Identifizierung.[11] Das Wildstiefmütterchen wurde als Wappenzeichen der Kölner Familie Jabach gedeutet und führte mit der Porträthaftigkeit der Darstellung zusammen interpretiert zur nicht gesicherten Identifizierung.[12] Denn bei der stilistischen Datierung des Gemäldes um 1535/36 wäre Katharina ein junges Mädchen und nicht die abgebildete offensichtlich ältere Frau gewesen.[13] Indem die Verfasserin es als Ausgangspunkt der Überlegungen ausgewählt hat, wird suggeriert, es handle sich um ein Mätressenbildnis. Doch wie es beim weiblichen Bildnis der Frühen Neuzeit häufig der Fall ist, ist eine Identifizierung nicht gesichert und die Bezeichnung eine Behauptung.

Für unseren Zusammenhang wichtig sind die Indizien, die anregen, die Dargestellte zu identifizieren: Es sind dies in Kombination die Qualität des Werks und jegliche Abweichungen des Körpers von einem angenommenen Schönheitsideal, wie zum Beispiel die leicht hängenden Brustknospen. Indizien für den Porträtcharakter sind die Würdeformel des Vorhangs, welcher das Gesicht hinterfängt, der außergewöhnliche Schmuckanhänger und die zwei vereinzelten Blumen, die ikonographische Deutungen anregen. Denn es muß sich dabei nicht um eine Referenz auf ein Wappen handeln. Es wäre möglich, die Blume auch als Hinweis auf die Tugend der Frau oder als Anspielung auf die italienische Bildtradition der Bella Donna

10 Im Bestandskatalog (wie Anm. 8) ist in der Bildbeschreibung von Kurt Löcher von einem Steintisch die Rede. Doch handelt es sich um den Bildtypus des weiblichen Bildnisses in einer Säulenloggia, als dessen Prototyp Hans Memlings Triptychon des Benedetto Portinari gilt; *Susanne Kress*, Memlings Triptychon des Benedetto Portinari und Leonardos Mona Lisa. Zur Entwicklung des weiblichen Dreiviertelporträts im Florentiner Quattrocento, in: Christiane Kruse/Felix Thürlemann (Hrsg.), Porträt – Landschaft – Interieur. Jan Van Eycks Rolin-Madonna im ästhetischen Kontext. Tübingen 1999, S. 219-235, hier S. 220f. mit Abb. 1.

11 Bestandskatalog (wie Anm. 8), S. 98.

12 Karl Aldenhoven deutete die Blume als Wappenzeichen der Kölner Familie Jabach, das diese allerdings zeitweise nicht führte; vgl. ebd.

13 Hildegard Westhoff-Krummacher datierte das Bild stilistisch im Vergleich zu Frauenfiguren des um 1535/36 entstandenen Xantener Altars; vgl. ebd.

Abb. 1: Bartholomäus Bruyn d. Ä., Bildnis einer Frau mit entblößtem Oberkörper, um 1535; Öl auf Eichenholz, 71 × 53,8 cm; Nürnberg, Germanisches Nationalmuseum: Inv.-Nr. Gm 47.

zu lesen.[14] Insgesamt lassen sich die genannten Merkmale als eine Abweichung von einem angenommenen Ideal zusammenfassen, die den Eindruck von Individualität hervorbringt.

Versucht man, sich einen Überblick über das Mätressenporträt des 16. Jahrhunderts zu verschaffen, so ist der gesicherte Bestand an Bildnissen gering, und es finden sich im deutschen Raum weit weniger Bildbeispiele als im französischen, was auf den unterschiedlichen Status der Mätresse hinweist. So bediente sich Diane de Poitiers (1499-1566), Mätresse von Heinrich II. von Frankreich, mit Hilfe von Hofkünstlern einer Ikonographie der Keuschheit, indem sie die mythologische Figur der Diana und parallel die der über den Tod hinaus treuen Witwe für sich instrumentalisiert.[15] Eine solche Bildpolitik ist bisher nur bei einer weiteren Mätresse Frankreichs gut erforscht, bei der eingangs erwähnten Madame de Pompadour im 18. Jahrhundert. Sie inszenierte sich u.a. als Diana, als »femme savante«, hinter dem Stickrahmen und als Sultana.[16] Diesen beiden Mätressen gelang es, mit ihren Bildnissen von

14 Das Wildstiefmütterchen, auch Dreifaltigkeitsblume genannt, steht im Humanismus für die Schüchternheit junger Mädchen und könnte als Hinweis auf die Sittsamkeit der Frau gemeint sein. Oder der Maler verweist mit den beiden Blumen aus der Familie der Veilchengewächse auf die italienische Bildtradition schöner Frauen mit Veilchen. So zeigt sich die sogenannte Violante von Palma Vecchio oder Tizian (Öl auf Pappelholz, 64,5 × 50,8 cm; Wien, Kunsthistorisches Museum) mit einem Veilchen. Es kommt hinzu, daß auch Kurtisanen Violante hießen. Niemand hat darüber hinaus bisher gefragt, warum eine der beiden Blumen entblättert ist. Vgl. *Manfred Lurker* (Hrsg.), Wörterbuch der Symbolik. 5. Aufl. Stuttgart 1991, S. 788; *Lynne Lawner*, Lives of the Courtesans. Portraits of the Renaissance. New York 1987, Abb. auf S. 3, und Vera Mamerows Beitrag in diesem Band.

15 Schule von Fontainebleau »Diane als Jägerin«, um 1550; Öl auf Leinwand, 191 × 132 cm; Paris, Musée du Louvre: Inv.-Nr. 1840-445; Clouet-Umkreis »Diane als Witwe«, nicht vor 1531; Öl auf Holz, 64 × 54 cm; Versailles, Musée national du château et des Trianons; vgl. *Sigrid Ruby*, Die Mätresse als Günstling am französischen Hof des 16. Jahrhunderts. Zur Portraitkultur von Anne de Pisseleu und Diane de Poitiers, in: Jan Hirschbiegel/Werner Paravicini (Hrsg.), Der Fall des Günstlings. Hofparteien in Europa vom 13. bis zum 17. Jahrhundert. (Residenzenforschung, Bd. 17.) Osterfildern 2004, S. 495-513, hier S. 508-510; *Françoise Bardon*, Diane de Poitiers et le mythe de Diane. Paris 1963.

16 Einen Überblick gibt der Ausstellungskatalog: Madame de Pompadour et les arts. Hrsg. von Xavier Salmon. Musée National des Châteaux de Versailles et de Trianon Versailles/Kunsthalle der Hypo-Kulturstiftung München/National Gallery London. Paris 2002. Fundierte Studien zur Bildpolitik der Mätresse haben Andrea Weisbrod und Goodmann-Soellner vorgelegt; vgl. *Andrea Weisbrod*, Von Macht und Mythos der Pompadour. Die Mätressen im politischen Gefüge des französischen Absolutismus. Königsstein i.T. 2000, S. 151-168; *Elise Goodman*, The Portraits of Madame de Pompadour. Celebrating the Femme Savante. Berkeley 2000; zum orientalisierenden Bildnis vgl. *Nina Trauth*,

erstrangigen Hofkünstlern auch die Vorstellungen zu formen, was eine Mätresse sei und wie das Bild von ihr auszusehen hätte. Der Gegenstand Mätressenporträt ist also durch die Bilder dieser beiden Frauen stark beeinflußt.

Eine Typologie des Mätressenporträts würde zwei Grundtypen unterscheiden, nämlich das Bildnis in eigener und das in anderer Gestalt, gemeint sind historische, mythologische und sakrale Identifikationsfiguren.[17] Ab dem 17. Jahrhundert kommen orientalisierende Identifikationsfiguren hinzu, wie zum Beispiel die Favoritin des Sultans, die historische Personen aus einem anderen Kulturraum aufgreifen.[18] Die Frau mit entblößtem Oberkörper von Barthel Bruyn d.Ä. bezieht sich aber offensichtlich nicht auf eine mythologische oder christliche Figur. Damit unterscheidet sich das Nürnberger Bild auch von vielen vermuteten italienischen Mätressenporträts in Gestalt von Flora, Diana, einer Nymphe, Danae, Leda oder Venus. Deren Ikonographie sei kurz vorgestellt, um das Repertoire zu benennen, von dem sich das Nürnberger Bild abgrenzt. Allen Darstellungen in anderer Gestalt gemeinsam ist die erotische Ausstrahlung, indem die Dargestellten mit attraktiven Göttinnen und Gestalten aus Ovids Metamorphosen gleichgesetzt werden. Je nach Figur und der zugehörigen Historia ist die Erotik und Verfügbarkeit des gemalten weiblichen Körpers graduell differenziert. Die Figuren der Jagdgöttin Diana und der Frühlingsgöttin Flora schwanken je nach Textreferenz zwischen keuschen und weniger keuschen Göttinnen.[19]

Madame de Pompadour als Türkin? Maskeraden zur kulturellen und geschlechtlichen Selbstdarstellung im orientalisierenden Porträt des Barock, in: Viktoria Schmidt-Linsenhoff/Herbert Uerlings/Karl Hölz (Hrsg.), Weiße Blicke. Geschlechtermythen des Kolonialismus. Marburg 2004, S. 75-96.

17 Zum Porträt in anderer Gestalt siehe die Einleitungen von *Stephanie Goda Tasch*, Studien zum weiblichen Rollenportrait in England von Anthonis van Dyck bis Joshua Reynolds. Weimar 1999; *Friedrich Polleroß*, Das sakrale Identifikationsportrait. Ein höfischer Bildtypus vom 13. bis zum 20. Jahrhundert. (Phil. Diss. Wien 1986) 2 Bde., Worms 1988; *Françoise Bardon*, Le Portrait Mythologique à la Cour de France sous Henri IV et Louis XIII. Paris 1974, und *Nina Trauth*, Maske und Person. Orientalisierende Inszenierungen im Porträt des Barock. Phil. Diss. Universität Trier 2005, mschr., S. 22-25.

18 Im 16. Jh. ist es u.a. das verlorene Bildnis Tizians von der Favoritin Hurrem Sultan, genannt Roxelane, erste Favoritin und später die einzige Ehefrau von Süleyman I. (1520-1566), das Anregungen für orientalisierte Bildnisse gab; vgl. *Georg Gronau*, Tizians Bildnisse türkischer Sultaninnen, in: Beiträge zur Kunstgeschichte. Fschr. für Franz Wickhoff. Wien 1903, S. 132-137. Vgl. dazu ausführlich *Trauth*, Maske (wie Anm. 17).

19 *Friedrich Polleroß*, »Ergetzliche Lust der Diana«. Jagd, Maskerade und Portrait, in: Wolfgang Adam (Hrsg.), Geselligkeit und Gesellschaft im Barockzeitalter. (8. Kongreß des Wolfenbütteler Arbeitskreises für Barockforschung.) 2 Bde., Wiesbaden 1997, hier Bd. 2, S. 795-820; *Julius S. Held*, Flora, Goddess and Courtesan, in: Millard Meiss (Hrsg.), De Artibus Opuscula XL. Essays in Honor of Erwin Panofsky. New York 1961, S. 201-218.

Venus ist die Göttin der Liebe, während Nymphen und Figuren wie Leda und Danae nicht aktiv verführen, sondern vergewaltigt werden.[20] Die beliebten mythologischen Szenen der Götterlieben suggerieren aber durch die Darstellung des nackten attraktiven weiblichen Körpers, des meist fehlenden männlichen nackten Körpers und fehlender Gegenwehr, daß der sexuelle Akt mit dem Einverständnis der Dargestellten geschähe.[21] Dies wird mit der Danae-Ikonographie auf die Spitze getrieben, wenn Jupiter in Gestalt eines Goldregens als Geldregen umgedeutet wird und die Text- und Bildrezeption Ovids Danae zur habgierigen Prostituierten abwertet.[22] So gibt es eine Medaille von Leone Leoni, welche eine Kurtisane zeigt, die als Danae angesprochen wird.[23] Die Umschrift lautet: »NON ABSQE PLUVIA DANA« also »Nicht ohne Regen, Danae!«. Eine Aussage des Künstlers von 1551 über eine Medaille dieser Art macht jedoch deutlich, daß es sich bei dem Bildbeispiel um eine Fremdzuschreibung handelt und nicht um eine selbstbestimmte Inszenierung einer Kurtisane. Leoni schreibt an Kardinal Antoine Perrenot de Granvelle (1517-1586), er habe der schönen, lasziven und »ehrbaren Hure« 8 Scudi gegeben und sie auf den Namen Danae getauft, eine Fabel, die jeder kenne.[24] Neben der mythologischen Allusion gibt es für Mätressen auch Gestalten der Bibel, die sich bei Namensübereinstimmung anbieten. Wegen ihrer umstrittenen Keuschheit bei expliziter Darstellung von Körperlichkeit und Erotik sind besonders Bilder von Lucretia und Maria Magdalena mit Mätressen in Verbindung gebracht worden.[25]

20 Zur Ikonographie der Venus vgl.: Venus, Bilder einer Göttin. Hrsg. von den Bayerischen Staatsgemäldesammlungen. (Ausstellungskatalog) München 2000; *Cathy Santore*, The Tools of Venus, in: Renaissance Studies 11, 1997, Nr. 3, S. 179-207; zur Ikonographie der Danae siehe *Madlyn Millner Kahr*, Danae. Virtuous, voluptuous, venal Women, in: Art Bulletin 60, 1978, Nr. 1, S. 43-55; *Cathy Santore*, Danae. The Renaissance Courtesan's Alter Ego, in: Zeitschrift für Kunstgeschichte 54, 1991, S. 412-427.

21 Posséder et détruire. Stratégies sexuelles dans l'art d'Occident. Bearb. von Régis Michel. (Ausstellungskatalog) Paris 2000, S. 28f.; *Daniela Hammer-Tugendhat*, Kunst, Sexualität und Geschlechterkonstruktionen in der abendländischen Kunst, in: Franz X. Eder (Hrsg.), Neue Geschichten der Sexualität. Beispiele aus Ostasien und Zentraleuropa 1700-2000. (Querschnitte, Bd. 3.) Wien 2000, S. 69-92, hier S. 77f.

22 *Santore*, Danae (wie Anm. 20), S. 412.

23 Leone Leoni, Medaille, ohne Datierung; Paris, Cabinet des Medailles, Bibliothèque Nationale de Paris. Vgl. *Santore*, Danae (wie Anm. 20), Abb. 2, S. 415.

24 Ebd., S. 416.

25 *Daniela Bohde*, Haut, Fleisch und Farbe. Körperlichkeit und Materialität in den Gemälden Tizians. (Zephir, Bd. 3.) Berlin 2002, S. 182-186; *Beth L. Rasmussen*, The antithetical Mary Magdalene. Grace, Guido Reni, and early Italian baroque Art. Diss. phil. Ann Arbor (Michigan) 2000 (Xerokopie).

Zieht man italienische Studien zum Mätressenporträt hinzu, so fällt auf, daß sich die Frau mit entblößtem Oberkörper von Barthel Bruyn d.Ä. am Bildformular der Bella Donna orientiert, das in Mailand durch Leonardo da Vinci und in Venedig von Tizian im 1. Jahrzehnt des 16. Jahrhunderts erfunden wurde.[26] Anne Junkermans Kriterien des »sensious female half-length Portrait« treffen auf die Darstellung des weiblichen Bildnisses von Barthel Bruyn d.Ä. teilweise zu: Die Dargestellte ist leicht bekleidet dargestellt, und die Frau blickt am Betrachter vorbei und macht sich damit zum Objekt der Anschauung. Doch sie trägt keine italienische camicia, ein weißes Unterhemd, und auch ihre Geste erscheint im Gegensatz zu anderen Bildnissen der »schönen Frau« nicht ambivalent.[27] Als Vorbild der Darstellung erkannte Max Friedländer ein Bild im Kunsthandel, das Joos van Cleve zugeschrieben wird.[28] Barthel Bruyn d.Ä. übernimmt für sein Bildnis die Haltung von Oberkörper und Armen sowie das Detail des auffälligen Halsschmucks der Dargestellten. Eben noch als Indiz für die Porträthaftigkeit der Dargestellten eingestuft, kann der auffällige Schmuck auch als Inventio von Joos van Cleve erklärt werden, den Barthel Bruyn d.Ä. neu interpretiert. Als Vorbild Joos van Cleves wiederum wurde früh Leonardos sogenannte nackte Gioconda benannt.[29]

26 Zu den bekanntesten Bella-Donna-Bildnissen zählt Tizians sogenannte Flora, um 1515; Öl auf Leinwand, 79 × 63 cm; Florenz, Galleria degli Uffizi: Inv.-Nr. 1462. Es ist nicht beweisbar, daß das Bild der schönen Frau in Venedig erfunden wurde und dann in Mailand übernommen wurde. So ist eine parallele Erfindung des Bildtypus in Mailand und Venedig anzunehmen; vgl. die kurz zusammengefaßte Forschungsdiskussion bei *Andreas Wenzel*, Heldinnengalerie – Schönheitengalerie. Studien zur Genese und Funktion weiblicher Bildnisgalerien 1470-1715. Diss. phil. Heidelberg 2001, S. 98, Anm. 304.

27 Anne Junkerman faßt vier Kriterien des »sensuous female half-length Portrait« zusammen: Die Frauen werden im deshabillé dargestellt, sie tragen meist eine camicia, blicken am Betrachter leicht vorbei, und sie sind in einer aktiven, aber ambivalenten Geste begriffen; vgl. *Anne Junkerman*, Bellissima Donna. An interdiciplinary Study of Venetian sensuous half-length Images of the early Sixteenth-Century. Diss. phil. Berkeley 1988, Zusammenfassung (ohne Seitenzählung).

28 Joos van Cleve, 1530er Jahre; ehemals Kunsthandel München. *John Oliver Hand*, Joos van Cleve. The complete Paintings. New Haven 2004, S. 104, Fig. 110.

29 Schule Leonardo da Vincis, Monna Vanna oder sogenannte Nackte Gioconde; Kohle auf braunem Papier, 72,4 × 54 cm; Chantilly, Musée Condé: Inv.-Nr. DE 32. Vgl. *David Brown/Konrad Oberhuber*, »Monna Vanna« and »Fornarina«. Leonardo and Raphael in Rome, in: Sergio Bertelli/Gloria Ramakus (Hrsg.), Essays presented to Myron P. Gilmore. 2 Bde., Florenz 1978, hier Bd. 2, S. 25-86; *Anne Rose Plogsterth*, The Institution of the royal Mistress and the Iconography of nude Portraiture in Sixteenth Century France. Diss. phil. Columbia University New York 1991, S. 107, Anm. 226.

Anhand des bisher entfalteten Spektrums an möglichen Bildformularen für eine Mätresse läßt sich feststellen, daß die meisten vermuteten Mätressenporträts eine Affinität zum Bildformular der ›schönen Frau‹ aufweisen. Doch genügt es nicht, die Bildtraditionen zu bestimmen. Vernachlässigt werden dabei Kriterien, was ein Porträt ausmacht. Es ist zu beschreiben, was den Eindruck eines Porträts bei Bruyns Darstellung hervorhebt. Bisher nicht erwähnt wurde zum Beispiel ein Zusammenhang zwischen Körper und Interieur. Das Interieur, welches für das weibliche Standesporträt charakteristisch ist, verstärkt den Eindruck, eine bestimmte Frau zu sehen.[30] Die Überblendung von zwei Bildformularen, nämlich dem des weiblichen Standesporträts im Innenraum und dem Bella-Donna-Bildnis, erzeugt bei Bruyn Porträtähnlichkeit, ohne daß zwingend ein Bildnis gemeint war.[31]

Es gibt also mehrere Bildtraditionen, bei denen es sich um ein Mätressenbildnis handeln kann, aber nicht muß. Vorgestellt wurde das Porträt in anderer Gestalt, sei es in historischer, mythologischer oder sakraler Gestalt, und damit ein von Fürstinnen und Mätressen gleichermaßen genutztes Bildformular. Außerdem entstanden in Italien der Typus der »schönen Frau« und die nachantike Aktmalerei. Das Körperaktporträt ist eine besondere Darstellungsform, welche sich für Mätressen anzubieten scheint. Bei der Kombination von Bella Donna und der Aktdarstellung bei Bruyn d.Ä. liegen Bildschöpfungen vor, die von Italien über Frankreich in den deutschen Raum gelangten. Die Darstellung des Barthel Bruyn d.Ä. ist für den deutschen Raum aber außergewöhnlich und damit in bezug auf seine Seltenheit repräsentativ für unser Thema.[32] Das heißt für kunsthistorische Untersuchungen zum Mätressenporträt, daß ikonographische Reihen nicht verfüg-

30 *Regine Prange*, Das Interieur als »Frauenzimmer«. Zur modernen Bildgeschichte des weiblichen Aktes im Innenraum, in: kritische berichte 23, Nr. 3, S. 43-70, hier S. 48.

31 Als Beispiele für ein Standesporträt und ein Bella-Donna-Bildnis seien folgende Gemälde von Tizian genannt: Eleonora Gonzaga della Rovere, Herzogin von Urbino; Öl auf Leinwand, 114 × 102 cm, Florenz, Galleria degli Uffizi: Inv.-Nr. 919, und das sog. Mädchen im Pelz, zwischen 1535-38; Öl auf Leinwand, 95 × 63 cm; Wien, Kunsthistorisches Museum: Inv.-Nr. 89.

32 In Bruyns Porträtwerk ist nur eine einzige weitere Darstellung einer Frau mit nacktem Oberkörper erhalten. Es handelt sich um eine etwa zeitgleich zum Bildnis der »Frau mit entblößtem Oberkörper« entstandene Lucretiadarstellung, die als Rückseite eines weiblichen Bildnisses diente. Die im Porträt Dargestellte konnte mit Hilfe des Wappens als Mitglied der Familie Rolinxwerth identifiziert werden (1529 datiert; Öl auf Eichenholz, 68 × 48,5 cm; Den Haag, Mauritshuis: Inv.-Nr. 739). Vgl. *Hildegard Westhoff-Krummacher*, Barthel Bruyn der Ältere als Bildnismaler. München 1965, S. 107f., Kat.-Nr. 14.

bar sind. Eine primär ikonographische Vorgehensweise kann darüber hinaus nicht berücksichtigen, daß es sich beim weiblichen Bildnis nur selten um eindeutig identifizierbare Porträts historischer Mätressen handelt und daß diese – falls sie gemeint sind – keine geschlossene Gruppe bildeten, die sich aufeinander beziehen konnten oder wollten. Ein Grund der damnatio memoriae ist die schlechte Nachrede der Mätressenwirtschaft und der Fall der Mätresse nach dem Tod des Herrschers.[33] Ein weiterer ist, daß die Bildnisse im allgemeinen nicht in offiziellen fürstlichen Räumen für jedermann zugänglich waren.[34] Es besteht darüber hinaus die Gefahr, in jeder erotisierten Frauendarstellung Mätressen zu identifizieren und dabei Porträts zu übersehen, die keine spezifische Erotisierung enthalten. Dies ist zum Beispiel leicht möglich bei dem angenommenen Bildnis der Ursula von Weichs (gest. nach 1568), welches Kurt Löcher überzeugend als Pendant zu Ludwig X., Herzog von Bayern (* 1495, reg. 1508-45) identifizierte.[35] Eine weitere Verengung des Blicks ist die Beschränkung des Bildkorpus auf das Medium Tafel- oder Leinwandbildnis. Dies führt dazu, andere Zeugnisse der visuellen Kultur zu übersehen. Man denke an Ausstattungsprogramme in Schlössern mit Körperaktdarstellungen, die Allusionen auf Mätressen enthalten können oder ephemere Festdekorationen.[36] Um die Mätressenkultur zu untersuchen, sollte daher der Bildnisbegriff erweitert werden. Folgerichtig untersuchen personenorientierte Forschungen »Porträtkulturen«, um

33 *Roland Asch*, Schlußbetrachtung. Höfische Gunst und höfische Günstlinge zwischen Mittelalter und Neuzeit. 18 Thesen, in: Jan Hirschbiegel/Werner Paravicini (Hrsg.), Der Fall des Günstlings. Hofparteien in Europa vom 13. bis zum 17. Jahrhundert. (Residenzenforschung, Bd. 17.) Osterfildern 2004, S. 515-531, hier S. 527f.

34 Madame de Pompadour bildet hier eine prominente Ausnahme, weil einige ihrer Bildnisse im Salon zu sehen waren, ein potentiell Verfängliches in Gestalt einer Sultana aber nicht unter ihrem Namen; vgl. *Trauth*, Madame de Pompadour (wie Anm. 16), S. 83; *Kress*, Memlings Triptychon (wie Anm. 10), S. 221; für die Hängung von Bildnissen in den Wohnungen von Kurtisanen vgl. *Cathy Santore*, Julia Lombardo, Suntuosa Meretriz. A Portrait by Property, in: Renaissance Quarterly 41, 1988, Nr. 1, S. 44-83, hier S. 54-56.

35 Barthel Beham, Ursula von Weichs († nach 1568); Öl auf Nadelholz, 69,8 × 57,8 cm; Ottawa, National Gallery: Inv.-Nr. 6187; Ludwig X., Herzog von Bayern, 1531; Öl auf Nadelholz, 69 × 58 cm; Vaduz, Sammlungen des regierenden Fürsten von Liechtenstein: Inv.-Nr. 927; vgl. die Diskussion der Bilder von *Kurt Löcher*, Barthel Beham. Ein Maler aus dem Dürerkreis. (Kunstwissenschaftliche Studien, Bd. 81.) München 1989, S. 117-122 und 208f., Kat.-Nr. 58 und S. 194, Kat.-Nr. 22.

36 Als Beispiel genannt sei die »Chambre der Herzogin von Étampes« mit Darstellungen von Alexander und Campaspe, in den 1550er Jahren ausgestattet von Primaticcio; vgl. *Sigrid Ruby*, Die »Chambre de la Duchesse d'Étampes« im Schloß von Fontainebleau, in: Zeitschrift für Kunstgeschichte 67, 2004, S. 55-90, hier S. 89.

den inhomogenen Darstellungsweisen und Medien gerecht zu werden.[37] Neben der Definition des Porträtverständnisses ist eine ebenso sorgfältige Definition des Status der Dargestellten notwendig, was im folgenden Abschnitt erstmals vergleichend unternommen wird.

II. Die Benennung des Forschungsgegenstands

Meist orientiert sich die Benennung des Gegenstandes an historischen Begriffen. Bisher wird nicht berücksichtigt, daß jede Benennung den Forschungsgegenstand determiniert. Es fehlen fundierte etymologische Untersuchungen zum Thema und ein Bewußtsein für die unterschiedlichen Konnotationen von »Konkubine«, »Mätresse« und »Kurtisane«. Kurtisanenwesen, Mätressenwesen und Konkubinat haben verschiedene (nationale) Kontexte und ziehen daher auch unterschiedliche Forschungsfragen nach sich. Im Folgenden werden die unterschiedlichen Konnotationen und Forschungsinteressen von »Konkubine«, »Mätresse« und »Kurtisane« erläutert und am Fallbeispiel von Bartholomäus Bruyn d.Ä. die Auswirkungen der angewendeten Begrifflichkeit auf den Gegenstand demonstriert.

Gemeinsam ist der Konkubine, der Mätresse und der Kurtisane, daß sie sich durch eine heterosexuelle Beziehung zu einem meist sozial höherstehenden Mann definieren und ihren Status vom Geschlecht, Schönheit, Sexualität und Diplomatie ableiten, nicht aber vom Stand. Dies macht diese sozialen Aufsteigerinnen ohne institutionell verankerte Position zum umstrittenen Forschungsgegenstand. Ihre Bewertung gibt Rückschlüsse zur Sozial-, Moral- und Sittengeschichte, der Geschlechterkonstellation und der Körpergeschichte. Das heißt, mit dem Gegenstand werden die Projektionen der damaligen Gesellschaft und der heutigen Wissenschaftler thematisiert. Diese Diskurse spiegeln sich im Mätressenbildnis wider. Deshalb ist Geschlecht ein wichtiger Faktor bei der Untersuchung der Porträts.

Konkubinat ist kurz als eine eheähnliche Gemeinschaft ohne Rechtsanspruch zu beschreiben, die parallel zur rechtmäßigen christlichen Ehe existierte.[38] Entstanden in der römischen Antike und weiterbestehend im Christentum, dient das Konkubinat in der Reformation als negatives Ge-

37 Der Begriff der »Porträtkultur« stammt von Marcia Pointon; vgl. *Ruby*, Mätresse (wie Anm. 15), S. 497.

38 *Peter-Johannes Schuler*, Art. Konkubinat, in: Lexikon des Mittelalters. Hrsg. von (...). 9 Bde., Berlin 1977-99, hier Bd. 5, 1991, Sp. 1335f.; *Dieter Giesen*, Art. Konkubinat, in: Handwörterbuch zur deutschen Rechtsgeschichte. Hrsg. von (...). 5 Bde., Berlin

genbild zur Ehe. Wird das Bildnis des Bartholomäus Bruyn als Konkubinenbildnis bezeichnet, so ist dies einerseits eine historisch korrekte Bezeichnung, andererseits ist es für die Dargestellte wenig schmeichelhaft. Etymologisch leitet sich Konkubine von »concubina«, »Beischläferin«, ab, fokussiert also hauptsächlich den Geschlechtsakt.[39] Die Bezeichnung erfaßt nicht den Umstand, daß vor allem geistliche Fürsten längere eheähnliche Beziehungen mit jeweils einer Konkubine eingingen und diese Beziehungsform nicht als ausschließlich sexuelle im modernen Sinn verstanden werden kann. »Konkubine« wird heute tendenziell abwertend für weibliche Geliebte verwendet oder referiert auf ein kulturell anderes Geschlechterverhältnis in asiatischen Kulturen.[40] Wird die Mätresse in erster Linie mit den französischen und frankophilen Höfen verbunden und die Kurtisane mit Rom und Venedig, ist das Konkubinat mit mehreren geographischen Räumen und Epochen assoziierbar, da es sowohl Geschlechterbeziehungen der römischen Antike, des europäischen Mittelalters als auch des modernen Asiens bezeichnet. In der Kunstgeschichte gibt es im Gegensatz zu den Termini Kurtisanen- und Mätressenbildnis kein Konkubinenporträt. Dies hat den Grund, daß Forschungen über Bastarde, Illegitime und Günstlinge in Deutschland lange kein annehmbarer Forschungsgegenstand waren und kaum gesicherte Bildnisse von Konkubinen geistlicher wie weltlicher Fürsten bekannt sind.[41] Der fehlende rechtliche Status läßt auch für einen Teil dieser Frauen keine selbstbestimmte Bildkultur erwarten. Denn Porträts von ihnen waren aus dynastischer Sicht nicht notwendig. Das Forschungsinteresse am Konkubinat konzentriert sich deshalb hauptsächlich auf die Sicherung eines Korpus von schriftlichem Quellenmaterial. Um mehr über Konkubinate zu erfahren, sind Quellen vonnöten, die statistische Auswertungen ermöglichen, auch wenn diese mit Vorsicht zu benützen sind, da es sich um normative Zeugnisse handelt.[42] Die Forschung orientiert sich aus

1971-98, hier Bd. 2, 1978, Sp. 1074f.; zur Terminologie der Forschungsliteratur vgl. *Andrea Esymol*, Geliebte oder Ehefrau? Konkubinen im frühen Mittelalter. (Beihefte zum Archiv für Kulturgeschichte, H. 52.) Köln 2002, S. 9-13.

39 *Friedrich Kluge*, Etymologisches Wörterbuch der deutschen Sprache. Bearb. von Elmar Seebold. 24. Aufl. Berlin 2002, S. 521.

40 Populär geworden ist die Bezeichnung »Konkubine« in asiatischen Kulturen durch den Film »Lebe wohl meine Konkubine (Ba wang bie ji)« von Kaige Chen, Hongkong und China 1993.

41 *Widder*, Konkubinen (wie Anm. 1), S. 420f.

42 *Heinig*, amor (wie Anm. 9) und sein Beitrag in diesem Band; zu Heinigs Beitrag (wie Anm. 9) vgl. auch *Widder*, Konkubinen (wie Anm. 1), S. 429f.

Mangel an Quellen erst einmal am männlichen Part des Konkubinats, den weltlichen und geistlichen Fürsten.[43]

Bezeichnet man die Frau mit entblößtem Oberkörper auf Bruyns Bildnis als *Mätresse*, dann verändert sich der Stellenwert der Dargestellten und der Kontext. Der seit dem 17. Jahrhundert gebräuchliche Begriff der Mätresse reduziert die Gemeinten nicht notwendigerweise auf die Stufe der rechtlosen Geliebten, sondern imaginiert ein höfisches Milieu.[44] Etymologisch ist es die weibliche Form von »maître« (»Gebieter«, »Herr«, »Meister«), ein Wort, das sich aus dem lateinischen »magister« herleitet, übersetzbar als »Vorgesetzter« und »Lehrmeister«.[45] So führt noch Zedlers Universallexikon Mätresse im 18. Jahrhundert zuerst generell als »Frau oder Wirthin des Hauses, Hera, Domina« auf und bezeichnet die Mätresse erst in zweiter Linie als eine »Concubina«, mit der der Mann von Stand in einem nichtehelichen Verhältnis lebt.[46] Der Begriff aus dem französischen Raum mit einer ausgeprägten Mätressenkultur hat sich auch für deutsche Bildnisse durchgesetzt. Einigen französischen Mätressen war es möglich, eine Bildkultur zu etablieren, und die Position der Mätresse findet in der absolutistischen Hofkultur ihren festen – jedoch nie rechtlich verankerten – Platz. Allerdings bringt es der Begriff mit sich, daß alle als Mätressen bezeichneten Frauen an Diane de Poitiers oder Madame de Pompadour gemessen werden, was zu falschen Vorannahmen und zur Überschätzung des Handlungsspielraums führen kann. Auch blendet die Assoziation mit den Gefährtinnen der französischen Könige die Mätressenkultur an geistlichen Höfen aus. Insgesamt gewinnt Bruyns Bildnis an höfischer Eleganz und Status, wenn es als »Mätressendar-

43 So wird Kardinal Albrecht von Brandenburg eine Ausstellung in der Stiftung Moritzburg anläßlich des 1200jährigen Jubiläums der Stadt Halle an der Saale gewidmet. Sie wurde von Andreas Tacke konzipiert und von Thomas Schauerte kuratiert. In der Ankündigung der Ausstellung finden die Lebensgefährtinnen des Kardinals keine Erwähnung, wobei das Thema mit dem vorliegenden Sammelband umfänglich gewürdigt wurde.

44 *Sven Rabeler*, Art. Mätresse, in: Werner Paravicini (Hrsg.), Höfe und Residenzen im spätmittelalterlichen Reich. Bilder und Begriffe. (Residenzenforschung, Bd. 15.II, Teilbd. 1-2.) Osterfildern 2005, hier Teilbd. 1, S. 61-63, bes. S. 61.

45 *Kluge*, Etymologisches Wörterbuch (wie Anm. 39), S. 604.

46 »MAITRESSE, heisset im generalen Verstande die Frau oder Wirthin des Hauses; Hera, Domnina; im specialen ein Weibs-Bild, mit der man ausser der Ehe in genauer [sic] Liebes-Verständniß lebet, Lat. Amasia, Pellex, Concubina. Hauptsächlich hat die letzte Bedeutung nur unter grossen Herren und Standes-Personen statt.« Zit. nach *Johann Heinrich Zedler* (Hrsg.), Grosses vollständiges Universal-Lexicon aller Wissenschafften und Künste, welche bißhero durch menschlichen Verstand und Witz erfunden und verbessert worden. Halle/Leipzig 1732-54, hier Bd. 19, 1739, Sp. 653.

stellung« bezeichnet wird. Und das Bild wird für die Forschung attraktiv, da auf vorhandene Studien aufgebaut oder davon abgegrenzt werden kann.

Wie verhält es sich, wenn die Frauendarstellung schließlich als Kurtisane bezeichnet wird? Die italienische Kurtisane der Renaissance meint seit Ende des 15. Jahrhunderts im engeren Sinn die Gefährtin der päpstlichen Hofbeamten. Die »meretrix honesta« (»ehrbare Hure«), so lautet die älteste bekannte Erklärung und Beleg für die Verwendung, wurde zu einer Institution und glich den Mangel an vornehmen Damen in Rom aus.[47] Der Name »cortegiana« meint eigentlich die Hofdame, eine Ehefrau oder Tochter und das Pendant zum Höfling, deren Idealbilder Baldessare Castiglione im »Il Cortegiano« (1528) entworfen hat. Ebenso wie die Mätresse gibt es also die Konnotation der rechtmäßigen Herrin im Haus, und etymologisch ist es vom französischen »courtisane« entlehnt.[48] Doch ist der Begriff der »cortegiana« der päpstlichen Kurie bzw. der »meretrix honesta« ein Oxymoron.[49] Denn Kurtisanen waren trotz ihrer Abgrenzung von einfachen Prostituierten gesellschaftlich ambivalent angesehene Frauen.[50] Anders als die Konkubinen im deutschen Raum war die Repräsentation der Kurtisane in Rom und Venedig ausgeprägt, so daß von einer Mätressenkultur gesprochen wird. Dies sollte allerdings nicht suggerieren, daß die angenommenen Bildnisse von Kurtisanen überwiegend selbstbestimmte Auftragswerke waren. Die Flut an vermuteten Kurtisanenporträts steht im Gegensatz zu wenigen durch Quellen gesicherten Identifizierungen.[51] Definiert man das Kurtisanenbildnis als eine künstlerische Schöpfung, die keine konkreten Kurtisanen meint, wäre das Bild von Bruyn d.Ä. gut charakterisiert. So suggerieren einige Merkmale der Darstellung ein Individualporträt, doch ebenso ist es möglich, daß der Künstler mit der Darstellung auf das Bildnis der »schönen Frau« und damit auf ein Ideal von Weiblichkeit referiert. Für das Kurtisa-

47 *Kurzel-Runtscheiner*, Töchter (wie Anm. 2), S. 19f.

48 *Kluge*, Etymologisches Wörterbuch (wie Anm. 39), S. 549.

49 *Junkerman*, Donna (wie Anm. 27), S. 292.

50 Zur Bildung der Kurtisanen und der Unterscheidung von Prostituierten vgl. *Kurzel-Runtscheiner*, Töchter (wie Anm. 2), S. 52-59 und 86-92.

51 Zu den wenigen gesicherten Porträts von italienischen Kurtisanen gehört das nicht erotisierte Porträt von Veronica Franco, das als Autorenporträt ihrer »Terze rime« (1575) intendiert war und eine Darstellung mit nacktem Oberkörper eines anonymen Künstlers in einem Kostümalbum von 1575 (Ms. 457), heute in der Beinecke Rare Book and Manuscript Library, Yale University; vgl. *Margaret F. Rosenthal*, The honest Courtesan. Veronica Franco. Citizen and Writer in Sixteenth-Century Venice. Chicago 1992, Abb. zwischen S. 152 und 153. Für weitere gesicherte Porträts anderer Kurtisanen vgl. *Bohde*, Haut (wie Anm. 25), S. 112f.

nenbildnis ist opinio communis der Gender Studies, daß es sich um eine Bildkultur handelt, die von den Kurtisanen mit inspiriert wurde, jedoch aus künstlerischer Sicht und der der Betrachter unterschiedliche Interessen verfolgt.[52] Dies gilt für die gesamte Porträtkultur der »schönen Frau«, ob man sie nun »Konkubine«, »Mätresse« oder »Kurtisane« nennt. Da es sich bei den Bildnissen Tizians oder Leonardos um Werke der berühmtesten Künstler der Renaissance handelt, hat sich die Forschung mit diesen Frauenbildnissen quantitativ weit mehr befaßt als mit Werken aus dem deutschen oder französischen Raum. Durch ihre Erwähnung im Zusammenhang mit großen Künstlernamen gerieten diese Bildnisse nicht in Vergessenheit und wurden wegen latent misogynen Interpretationen zu einem Forschungsfeld der angloamerikanischen Gender Studies, wovon im letzten Abschnitt der Studie die Rede sein wird.

Ist es nun angebracht, den Begriff des Konkubinats auch für die Bilder des deutschen Raumes einzuführen? Dagegen spricht die erläuterte moderne negative Konnotation der Bezeichnung der »Konkubine«, die von Nachteil für den Forschungsgegenstand ist. Für die deutschen weiblichen Bildnisse des 16. Jahrhunderts ist der Begriff der Mätresse und der Kurtisane, obwohl sie historisch unpräzise sind, forschungsstrategisch geeigneter, um an die europäischen Forschungen zum Phänomen anzuschließen und die wenigen Bildnisse des deutschen Raums nicht zu isolieren. Fehlende Schrift- und Bildquellen führen leicht dazu, daß in wissenschaftlichen Texten wieder über die Männer der Mätressen gesprochen wird, weil Aussagen zu diesen belegbar sind.

Auf den zweiten Blick ist das Konkubinat aus Sicht der Geschlechterforschung eine inspirierende Bezeichnung. Denn sie weitet das Interesse von den Frauen aus auf das Verhältnis der Geschlechter zueinander. Anstatt der Frau, die mit den Mätressen- und Kurtisanenbildern ausschließlich fokussiert wird, werden nun Beziehungsformen und höfische Netze thematisiert. Von »Konkubinaten« zu sprechen bietet Anreize für neue Forschungen, das weibliche Bildnis nur als einen Ausschnitt eines Verhältnisses zu analysieren. Mit dieser verschobenen Perspektive ist denkbar, daß auch männliche »Konkubiner-Bildnisse« von Fürstinnen gefunden werden.[53]

52 *Carol M. Schuler*, The Courtisan in Art. Historical Fact or modern Fantasy, in: Women's Studies International Forum 19, 1991, S. 209-222, hier S. 220; *Bohde*, Haut (wie Anm. 25), S. 100f.

53 Geliebte hatten zum Bespiel Henriette Amalie von Anhalt-Dessau (1720-1793), Luise Christine von Braunschweig-Lüneburg (1691-1750) oder Maria Franziska, geborene Prin-

III. Die Forschungsdiskussion

Im letzten Teil sei die Forschungsdiskussion um Konkubinen, Kurtisanen und Mätressen in den Kultur- und Bildwissenschaften betrachtet. Ziel ist es, die einzelnen Methoden anhand unseres Fallbeispiels zu skizzieren und zu prüfen.[54] Um das Bildnis einzuordnen, stellt man noch immer fest, daß mit Ausnahme einiger weniger seriöser, d.h. quellenkritischer und die Kategorie Geschlecht berücksichtigender Untersuchungen das Phänomen der Mätresse und das Mätressenporträt unzureichend erforscht sind.[55] Dies gilt nicht nur für das Mätressenporträt, sondern für das weibliche Bildnis der

zessin von der Pfalz (1724-1794), Ehefrau des Pfalzgrafen Friedrich Michael (1724-1767). Geliebte von Fürstinnen wurden geduldet, solange dies nicht außerhalb der Höfe publik wurde. Generell schlecht angesehen waren allerdings männliche Geliebte unterhalb des eigenen Standes. Wurde eine Affäre offiziell, so sah sich der Ehemann gezwungen, seine Ehre wiederherzustellen. Deshalb sind im Vergleich zu weiblichen Geliebten in den Quellen nur wenige männliche Geliebte faßbar. Allerdings kann es sich wegen der Geheimhaltung dieser wahrscheinlich nur um Bildnisminiaturen oder um unauffällige Standesporträts gehandelt haben – und nicht um Aktbildnisse. Vgl. hierzu *Cordula Bischoff*, »... so ist ein anders das männliche, ein anders das weibliche Decorum ...«. Fürstliche Damenappartements und ihre Ausstattungen um 1700. Habilitationsschrift Trier 2001, maschr., S. 50-52; *Edeltraut Dettmar/Norbert Michels*, Aus dem Leben der Henriette Amalie Prinzessin von Anhalt-Dessau. Eine zusammenfassende Biographie, in: Sammlerin und Stifterin Henriette Amalie von Anhalt-Dessau und ihr Frankfurter Exil. Hrsg. von Manfred Großkinsky. (Ausstellungskatalog) Frankfurt a.M. 2003, S. 11-19, hier S. 12 und 15.

54 Die Entwicklung der einzelnen Interpretationsansätze der Frauen- und Geschlechterforschung bzw. der Gender Studies und die damit sich verändernden Fragestellungen können hier nicht ausführlich dargestellt werden. Vgl. dazu die Art. »Gender Studien« von *Anja Zimmermann*, in: Ulrich Pfisterer (Hrsg.), Metzler Lexikon Kunstwissenschaft. Ideen, Methoden, Begriffe. Stuttgart 2003, S. 113-117; *Viktoria Schmidt-Linsenhoff*, Kunst/Kunstwissenschaft (Kunstgeschichte), ausführlicher siehe: Renate Kroll (Hrsg.), Metzler Lexikon Gender Studies, Geschlechterforschung. Ansätze – Personen – Grundbegriffe. Stuttgart 2002, S. 222-224; längere Einführungen schrieben *Hildegard Frübis*, Kunstgeschichte, in: Christina von Braun/Inge Stephan (Hrsg.), Gender Studien. Eine Einführung. Stuttgart 2000, S. 262-275 und *Anja Zimmermann*, Kunstgeschichte und Gender. Eine Einführung. Berlin 2006.

55 Exemplarisch seien genannt *Andrea Weisbrod*, Von Macht und Mythos der Pompadour. Die Mätressen im politischen Gefüge des französischen Absolutismus. Königstein i.T. 2000; *Sybille Oßwald-Bargende*, Die Mätresse, der Fürst und die Macht. Christina Wilhelmina von Grävenitz und die höfische Gesellschaft. Frankfurt a.M. 2000. Sigrid Ruby (Gießen) arbeitet an einer Habilitationsschrift über die Bildkultur der Diane de Poitiers und weiterer französischer Mätressen des 16. Jahrhunderts.

Frühen Neuzeit allgemein.[56] Auffallend ist, daß die wenigen Forschungen sich entweder nur auf ein Bild oder eine Mätresse beschränken oder auf die Untersuchung einer nationalen Bildkultur, so daß es keinerlei direkte Anknüpfungspunkte zu Barthel Bruyns d.Ä. Bild im Germanischen Nationalmuseum gibt. Entstanden zwar viele Untersuchungen zur französischen Mätressenporträtkultur des 16. und 18. Jahrhunderts und zum italienischen Bildnis der Bella Donna und der italienischen Aktmalerei der Renaissance, so bleiben Untersuchungen zur deutschen Bildkultur der Mätresse ein Forschungsdesiderat. Übergreifende kunsthistorische und geschichtswissenschaftliche Studien zum Mätressenwesen sind meist zu generalisierend, da sie von einer verallgemeinerbaren Ikonographie des Mätressenporträts ausgehen, ohne eine genaue Bestimmung des Porträtbegriffs vorzunehmen, und die ästhetische Qualität des Kunstwerks nicht berücksichtigen.[57] Es fehlen Überblicksdarstellungen zur Orientierung, um nicht in jeder Untersuchung erneut mit einer Materialsammlung zu beginnen. Außerdem gibt es keine komparatistische und transnationale Untersuchung zum Thema, welche einen europäischen Bildkorpus vorlegt.[58] Eine wissenschaftsgeschichtliche Betrachtung ist bisher nur für die sogenannten »Kurtisanenbildnisse« von Tizian und seine Aktmalerei möglich. Deshalb orientiert sich der folgende chronologische Abriß der Forschungsansätze an deren Paradigmenwechseln.

Die weiblichen Aktdarstellungen Tizians, wie zum Beispiel die Venus von Urbino oder die Venus mit Musikant, wurden von den ikonologischen Forschungen in der Nachfolge von Erwin Panofsky neuplatonistisch gedeutet und damit von jeglicher Sinnlichkeit gereinigt.[59] Übertragen auf unsere

56 *Cordula Bischoff / Gabriele Baumbach*, Frau und Bildnis 1600-1750. Einleitung, in: Dies. (Hrsg.), Frau und Bildnis 1600-1750. Barocke Repräsentationskultur an europäischen Fürstenhöfen. Kassel 2003, S. 9f.

57 Vielversprechend lautet zum Beispiel der Titel von Kusters Studie, die jedoch keinen Überblick bietet und die bisherige Forschung nur ungenügend zur Kenntnis nimmt; vgl. *Thomas Kuster*, Aufstieg und Fall der Mätresse im Europa des 18. Jahrhunderts. Versuch einer Darstellung anhand ausgewählter Persönlichkeiten. Nordhausen 2003.

58 Zum Kurtisanenporträt ist Lynne Lawners Bildband hilfreich, auch wenn diese Studie in den Bildunterschriften viele Porträts von Kurtisanen identifiziert, deren Benennung nicht gesichert ist; vgl. *Lawner*, Lives (wie Anm. 14) und Le Gioco dell'Amore. Le Cortegiane di Venezia dal Trecento al Settecento. Bearb. von Irene Ariano/Doretta Davanzo Poli. (Ausstellungskatalog) Mailand 1990. Beispiele für transnationale Porträtstudien, die zum Teil auch Mätressenporträts thematisieren, sind zum Beispiel *Friedrich Polleroß*, Identifikationsportrait (wie Anm. 17), und *Trauth*, Maske (wie Anm. 17).

59 Vgl. hierzu den Forschungsüberblick bei *Daniela Hammer-Tugendhat*, Erotik und Geschlechterdifferenz. Aspekte zur Aktmalerei Tizians, in: Daniela Erlach/Markus Reisen-

Darstellung wird die Frau als der Idealentwurf einer Frau wahrgenommen, und ihr entblößter Oberkörper wäre ein Ausdruck der Schönheit, der sinnliche Empfindungen ausblendet und damit auch ihre Keuschheit meint. Für diese Interpretationen zentral sind literarische Texte, wie zum Beispiel die 1470 veröffentlichte Lyriksammlung »Canzoniere« von Francesco Petrarca an die imaginäre Geliebte Laura oder Anguelo Firenzuolas »Della bellezza delle donne« (1548). Betrachtet man unser Bildbeispiel als entsinnlichten Entwurf von Weiblichkeit, so negiert man aber die Möglichkeit, dieses Bild als eine nackte Frau wahrzunehmen. Sinnlichkeit und Erotik entsteht aber durchaus durch die Gestaltung des Inkarnats und die Parallelisierung von Brustknospen und Perlen des Halsschmuckanhängers.[60] Für eine Wahrnehmung der Darstellungen als nackte Frauen sprechen die zeitgenössischen Erwähnungen von Akten und Bella-Donna-Bildnissen Tizians als »donna nuda«, nicht als Idealschönheit oder Allegorie.[61]

Der Deutung als immaterielle Schönheiten mit Hilfe von Textreferenzen zur Lyrik und Kunstliteratur widersprachen Julius Held, Hans Ost und Charles Hope. Sie bewerten die Frauendarstellungen Tizians als »Buhlerinnen« und »pin-ups« mit dem Verweis auf die Kurtisanenkultur Venedigs und den Quellen, die von »nackten Frauen« sprechen.[62] Zum »Kurtisanenbildnis« wird nun jede Darstellung, die erotisiert erscheint und von den

leitner/Karl Vocelka (Hrsg.), Privatisierung der Triebe? Sexualität in der Frühen Neuzeit. Frankfurt a.M. 1994, S. 367-431, hier S. 369f.; *Volker Herzner*, Tizians »Venus mit dem Orgelspieler«, in: Klaus Güthlein/Franz Matsche (Hrsg.), Begegnungen. Fschr. für Peter Anselm Riedl zum 60. Geburtstag. (Heidelberger Kunstgeschichtliche Abhandlungen, Bd. 20.)Worms 1993, S. 80-103, hier S. 95.

60 Bouvier verwies auf den Schmuckcharakter der Brustknospen im Vergleich zu dem Perlenschmuck nackter Frauendarstellungen am Beispiel des Doppelporträts zweier Frauen im Bad, benannt als »Gabrielle d'Estrées und eine ihrer Schwestern«, um 1595; Öl auf Holz, 96 × 125 cm; Paris, Musée du Louvre: Inv.-Nr. R.F. 1937-1. Vgl. dazu *Raphaël Bouvier*, Das Bildnis der »Gabrielle d'Estrées und ihrer Schwestern« – Körperbild und Ästhetik des Körpers im Kontext des weiblichen Aktporträts, in: Zeitschrift für Kunstgeschichte 68, 2005, S. 339-357, hier S. 349.

61 *Patricia Simons*, Portraiture, Portrayal, and Idealization. Ambigious Individualism in Representations of Renaissance Women, in: Alison Brown (Hrsg.), Language and Image of Renaissance Italy. Oxford 1995, S. 263-311, hier S. 294; *Bohde*, Haut (wie Anm. 25), S. 100.

62 *Hans Ost*, Tizians sogenannte »Venus von Urbino« und andere Buhlerinnen, in: Justus Müller-Hofstede/Werner Spies (Hrsg.), Fschr. für Eduard Trier zum 60. Geburtstag. Berlin 1981, S. 129-149; *Charles Hope*, Problems of Interpretation. Titian's erotic Paintings, in: Tiziano e Venezia. Atti del Convegno Internazionale di Studi, Venedig 1976. Vicenca 1980, S. 111-124, hier S. 119.

Autoren, zum Beispiel mit der Wortwahl der »Buhlerin«, abgewertet wird. Damit wären die fürstlichen Auftraggeber keine Anhänger des Neuplatonismus gewesen, sondern Liebhaber pornographischer Darstellungen. Die Frauendarstellung von Bruyn d.Ä. wird unter diesem Blickwinkel zur verfügbaren Frau, eine Betrachtungsweise, die in der kunsthistorischen Forschung seit der Entstehung der angloamerikanischen Gender Studies und der deutschen Frauen- und Geschlechterforschung kritisiert wurde. Trotzdem wird Osts Untersuchung zum »Kurtisanenporträt« ohne Kommentar zitiert, was die Existenz einer geschlossenen Bildgruppe suggeriert.[63]

Um in der Renaissanceforschung das weibliche Bildnis und damit auch das Kurtisanenbildnis zum Forschungsgegenstand zu machen, bedurfte es Joan Kelly-Gadols ironischer Frage: »Did Women have a Renaissance?«[64] Burckhardts Mythos der angenommenen Gleichberechtigung von Mann und Frau in der italienischen Stadtkultur wurde von der Geschlechterforschung widerlegt, indem sie die entrückten Frauenbildnisse sozialgeschichtlich kontextualisierten und neue Fragen stellten.[65] Um dies für das Bildnis von Bruyn zu leisten, bedarf es weiterer Untersuchungen zu Konkubinaten im deutschen Raum.[66]

Notwendigerweise intervenierten Daniela Hammer-Tugendhat und Sigrid Schade in die Debatte um entsinnlichte Frauendarstellungen Tizians oder »pin-ups«, indem sie die Logik dieser Dichotomie untersuchten.[67] Sigrid

63 *Westhoff-Krummacher*, Bruyn (wie Anm. 32), S. 26 (»Kurtisanenbildnis«) und 184 (»Buhlschaftsbildnis«).

64 *Joan Kelly-Gadol*, Did Women have a Renaissance?, in: Renate Bridenthal/Claudia Koonz (Hrsg.), Becoming visible. Women in European History. New York 1977, S. 139-164.

65 *Patricia Simons*, »Women in frames«. The Gaze, the Eye and the Profile in Renaissance Portraiture, in: Norma Broude/Mary Garrard (Hrsg.), Expanding Discourse. Feminism and Art History. Boulder 1992, S. 38-57; *Simons*, Portraiture (wie Anm. 51), S. 263-311; *Elizabeth Cropper*, The Beauty of Women. Problems of the Rhetoric of Renaissance Portraiture, in: Margret W. Ferguson/Maureen Quilligan/Nancy J. Vickers (Hrsg.), Rewriting the Renaissance. The Discourses of sexual Difference in Early Modern Europe. Chicago 1986, S. 175-190; *Junkerman*, Donna (wie Anm. 27); *Britta von Götz-Mohr*, Individuum und soziale Norm. Studien zum italienischen Frauenbildnis des 16. Jahrhunderts. Frankfurt a.M. 1987.

66 *Ellen Widder*, Konkubinen (wie Anm. 1); *Andreas Tacke*, Agnes Pless und Kardinal Albrecht von Brandenburg, in: Archiv für Kulturgeschichte 72, 1990, S. 347-365. Um das Phänomen der Konkubinen zu erfassen, fehlt es nicht nur für die Zeit vor 1600 an Forschungen zu weiblichen Mitgliedern an den Höfen; vgl. die neu erschienene Studie von *Katrin Keller*, Hofdamen. Amtsträgerinnen im Wiener Hofstaat des 17. Jahrhunderts. Wien 2005.

67 *Hammer-Tugendhat*, Erotik (wie Anm. 59), S. 370.

Schade verglich die beiden Positionen mit zwei Interpretationsweisen der Allegorie.[68] So lesen Held, Ost und Hope die Allegorie »wörtlich«, nehmen also nur den nackten Frauenkörper wahr und identifizieren diesen als Kurtisanen. Die Ikonologen hingegen entkörperlichen die Allegorie und deuteten sie neuplatonistisch. Sigrid Schade kritisierte die Einseitigkeit beider Positionen. Das Bild geht weder in der wörtlichen noch der allegorischen Lesart auf. Statt dessen gilt es, den Wirkungsweisen des Kunstwerks und seinen Folgen für das kollektive Bildgedächtnis nachzugehen. Schade weist auf den Naturalisierungseffekt des weiblichen Aktes hin, der die Geschlechterdifferenz und die Konstruktion der Darstellung verdeckt.[69] Übertragen auf das Bildnis von Barthel Bruyn d.Ä. simuliert der weibliche nackte Körper die Darstellung einer bestimmten Frau. Damit entsteht das elementare Paradoxon dieser Bildnisse: die Gleichzeitigkeit von zugeschriebener Lüsternheit und Ehrbarkeit der Kurtisane und die Fiktion der selbstbestimmten, über ihren Körper verfügenden Frau.[70] Denn die körperliche Gewalt gegen diese Frauen und ihre gesellschaftlich ambivalente Stellung wird im Bildnis ausgeblendet. Gerade die bereits geschilderten Abweichungen, wie zum Beispiel die tiefer sitzenden Brustknospen oder die muskulösen Oberarme, inszenieren ein individuelles Körperabbild und verdecken den Herstellungsprozeß des Gemäldes.[71] So dürfte die Frau wohl kaum Modell gesessen haben, und falls der Maler ein weibliches Modell hatte, entsteht mit der Umsetzung in Malerei eine Konstruktion von Weiblichkeit innerhalb des Dreiecks von Betrachter, Künstler und Dargestelltem. Vor dem Hinter-

68 Sigrid Schade greift für die Identifikation verschiedener Lektüren der Allegorie auf Jean Sezneks Untersuchung »Das Fortleben der antiken Götter« (1953) zurück; vgl. *Sigrid Schade*, Himmlische und/oder Irdische Liebe. Allegorische Lesarten der weiblichen Aktbilder der Renaissance, in: Sigrid Schade/Monika Wagner/Sigrid Weigel (Hrsg.), Allegorien und Geschlechterdifferenz. Köln 1995, S. 95-112, hier S. 95f.

69 Ebd. und dazu auch *Bohde*, Haut (wie Anm. 25), S. 140 und 143.

70 Ebd., S. 119. Indem Daniela Bohde in ihrer Dissertation über Tizian die Bella-Donna-Bildnisse mit den sozialgeschichtlichen Umständen von Vergewaltigung kontextualisiert und die Bildinventionen Tizians zur Lukrezia anschließt, erinnert sie an die Gewalt, die aus den Bildnissen ausgeschlossen bleibt. Vgl. ebd., S. 120-125 und 179-202.

71 Es stellt sich die Frage, ob Barthel Bruyn d.Ä. ein Aktmodell zur Verfügung hatte, vgl. Andreas Tacke, »Wenn Sie meinen Rat hören wollen, meine Herren, …«. Zu Antiken, Abgüssen und weiblichen Aktmodellen in nordalpinen Akademien und Künstlerwerkstätten des 17. Jahrhunderts, in: Barbara Eschenburg, Pygmalions Werkstatt. Die Erschaffung des Menschen im Atelier von der Renaissance bis zum Surrealismus. Hrsg. von Helmut Friedel mit Beiträgen von Mechthild Fend und Andreas Tacke. (Ausstellungskatalog) Köln 2001, S. 55-70.

grund, daß die meisten Allegorien weiblich sind, ist die Darstellung des weiblichen nackten Körpers immer projektiv.[72] Weil Bilder, wie das von Barthel Bruyn d.Ä. folglich bereits bei ihrer Entstehung mehrdeutig waren, sind diese als Kunstprodukt zu interpretieren, welche nicht auf eine Interpretation festgelegt werden sollten.[73] Statt dessen gilt es, diese Wirkungsweise des weiblichen Bildnisses zwischen Körperlichkeit und Erotik zu beschreiben. Was als erotisch empfunden wurde, steht im Austausch mit den Diskursen und Praktiken der Sexualität der Zeit, sie entsteht in besonderem Maße am weiblichen Körper, weil seine Enthüllung ein Tabu brach. Das Augenmerk darauf lenkte Michel Foucault mit seinen Forschungen zum Dispositiv der Sexualität.[74] Seine Sichtweise und Ablehnung der Repressionsthese erneuerte die Geschichtsschreibung zur Sexualität jenseits des psychoanalytischen Paradigmas und gab den Gender Studies Impulse, nach Machtverhältnissen zu fragen. Die Inflation des Diskursbegriffes und der produktive und zum Teil berechtigte Widerspruch gegen die Thesen verdecken leicht das Verdienst Foucaults.[75] Erotik in Barthel Bruyns Bildnis entsteht beispielsweise durch das Nebeneinander der Stofflichkeiten von Stoff und Pelz, die das Inkarnat rahmen. Der pelzgefütterte Mantel ist ein Relikt von Wildheit, der so um die Frau geschlungen ist, daß er den Schamansatz verdeckt und andeutet.[76] So ist der Mantel einem verdeckenden und zugleich enthüllenden Schleier ähnlich. Seine Farbe weist auf das Innere des Körpers hin, Strategien, die vergleichbar sind mit Tizians um 1555 datierter Darstellung der Venus mit Spiegel.[77] Daß der Anblick des nackten weib-

72 *Sigrid Schade/Monika Wagner/Sigrid Weigel* (Hrsg.), Allegorien und Geschlechterdifferenz. Köln 1995.

73 *Schuler*, Courtisan (wie Anm. 52), S. 222; dazu kritisch vgl. *Michael Wenzel*, Das weibliche Bildnis der italienischen Renaissance im Spiegel der Nationen. Deutsche und angloamerikanische Positionen des 20. Jahrhunderts im Widerstreit, in: Rebekka Habermas/Rebekka von Mallinckrodt (Hrsg.), Interkultureller Transfer und nationaler Eigensinn. Europäische und anglo-amerikanische Positionen der Kulturwissenschaften. Göttingen 2004, S. 175-194, hier S. 193.

74 *Michel Foucault*, Sexualität und Wahrheit. 3 Bde., Paris 1976-84.

75 *Franz X. Eder*, »Sexualunterdrückung« oder »Sexualisierung«? Zu den theoretischen Ansätzen der Sexualitätsgeschichte, in: Erlach/Reisenleitner/Vocelka (Hrsg.), Privatisierung (wie Anm. 59), S. 7-29.

76 *Bohde*, Haut (wie Anm. 25), S. 54.

77 Tizian, Venus mit Spiegel, um 1555; Öl auf Leinwand, 124,5 × 105,4 cm; Washington D.C., National Gallery of Art, Andrew W. Mellon Collection. Vgl. *John Walker*, The National Gallery of Art Washington. New and revised Edition. New York 1995, S. 208f., Kat.-Nr. 253.

lichen Oberkörpers sanktioniert war, erhöht den Reiz dieser Darstellungen. Verstärkt wird die Bildhaftigkeit der Frau durch das Ideal der stummen Frau, deren Körper spricht.[78] Im Bildnis können diese Konventionen gebrochen und verstärkt werden. Dabei ist zu beachten, daß jede Beschreibung eine Rezeption ist.

Dies berücksichtigt der Forschungsansatz, Blickkonstellationen im Bild und das Verhältnis zum Betrachter zu untersuchen. Denn es ist entscheidend bei einer Interpretation, wer auf das Gemälde blickte. So ist es denkbar, daß ein Fürst Auftraggeber des Gemäldes (s)einer Mätresse war, um es in seinem Kabinett, vielleicht mit einem Deckel versehen, aufzubewahren. Aus Forschungen zum italienischen Kurtisanenwesen wissen wir, daß Kurtisanen, wie zum Beispiel Julia Lombardo, Bilder besaßen und vielleicht auch von sich beauftragten, um diese in den eigenen Wohnräumen aufzuhängen.[79] Doch meist kann die Auftraggeberfrage wegen fehlender schriftlicher Quellen nicht beantwortet werden. Es wird noch nicht genügend berücksichtigt, inwieweit die fehlenden Quellen auch darauf zurückzuführen sind, daß manche Frauen als Auftraggeberinnen nicht namentlich in Erscheinung traten, weil sie über männliche Vermittler Bilder bestellten.[80] Auffällig ist, daß es wenige Darstellungen gibt, die Kurtisanen zusammen mit einem ihrer männlichen Verehrer zeigen, und sich die Bildproduktion fast ausschließlich auf den weiblichen Part der Beziehung beschränkt.[81] Männer und ihre Kurtisanen hatten kein Interesse, ihre Verbindung bildimmanent sichtbar zu machen. Dies ist aber auch eine mögliche Erklärung, warum viele weibliche Bildnisse nicht identifizierbar sind. Das anonymisierende weibliche Schönheitsideal und das Identifikationsporträt können auch zum Schutz dieser Frauen gedient haben. In diesem Zusammenhang zentral ist Daniela Hammer-Tugendhats Beobachtung, daß der männliche Protagonist aus der Aktmalerei im 16. Jahrhundert verschwindet, um als Betrachter vor dem Bild seinen Ort zu finden.[82] Die Gefahr einer solchen

78 *Rüdiger Schnell*, Sexualität und Emotionalität in der vormodernen Ehe. Köln/Weimar/Wien 2002, S. 98; *Bohde*, Haut (wie Anm. 25), S. 110.

79 *Santore*, Lombardo (wie Anm. 34), S. 54.

80 *Marjorie Och*, Vittoria Colonna and the Commission for a »Mary Magdalene« by Titian, in: Sheryl E. Reiss/David G. Wilkins (Hrsg.), Beyond Isabella. Secular Women Patrons of Art in Renaissance Italy. Kirksville (Missouri) 2001, S. 193-223.

81 Nur Nachahmer Tizians gesellen den Frauenbildnissen im Hintergrund Männer zu; vgl. *Lawner*, Lives (wie Anm. 14), Abb. auf S. 29.

82 *Hammer-Tugendhat*, Erotik (wie Anm. 59), S. 394f.; *Hammer-Tugendhat*, Kunst (wie Anm. 21), S. 70.

Sichtweise ist, daß alle Kurtisanenbildnisse als Ergebnis von Männerphantasien bewertet werden. Doch erst die These Hammer-Tugendhats machte deutlich, daß der weibliche nackte Körper so sehr zur Sehkonvention gehört, daß in der Kunstgeschichte vom »autonomen Akt« gesprochen wurde, ohne das Konstrukt sozialgeschichtlich zu bewerten.[83] Es war eine Folge der überwiegend weiblichen Aktbilder, daß die Asymmetrie der weiblichen und männlichen Bildkulturen nicht bewußt wurde. Angeregt von der Männlichkeitsforschung und Queer Studies gibt es erst seit jüngster Zeit Untersuchungen, wie die von Marianne Koos, die das Bildnis des »schönen Mannes« thematisieren.[84] Hier muß betont werden, daß männliche Akte damit nicht automatisch in die Nähe von Homoerotik rücken.[85] Im Blickpunkt der Forschungen standen vor allem die Darstellungen des heiligen Sebastian.[86] Die Forschungen sollen allerdings nicht den Fakt kaschieren, daß es weniger männliche Aktbilder in der europäischen Kunst gibt. Denn das nackte autonome Männerporträt war in der Kunst der Frühen Neuzeit problematisch.[87] Doch erst der Vergleich zwischen Inszenierungen männlicher

83 *Kenneth Clark*, The Nude. A Study of ideal Art. London 1956; *Meinrad Maria Grewenig*, Der Akt in der deutschen Renaissance. Die Einheit von Nacktheit und Leib in der bildenden Kunst. Freren 1987. Kritisch beurteilen den »autonomen Akt« *Detlef Hoffmann*, Der nackte Mensch. Zur aktuellen Diskussion über ein altes Thema, in: kritische berichte 17, 1989, H. 3, S. 5-29; *Daniela Hammer-Tugendhat*, Jan van Eyck. Autonomisierung des Aktbildes und Geschlechterdifferenz, in: kritische berichte 17, 1989, H. 3, S. 80-101; *Dies.*, Körperbilder – Abbild der Natur? Zur Konstruktion von Geschlechterdifferenz in der Aktkunst der Frühen Neuzeit, in: L'homme. Zeitschrift für feministische Geschichtswissenschaft 5, 1994, H. 1, S. 45-58.

84 *Marianne Koos*, Eine Wende vom Menschen zum Mann? Zum Männlichkeitsentwurf in Tizians »Drei Lebensalter«, in: kritische berichte 29, 2001, H. 4, S. 20-38; *Marianne Koos/Daniela Mondini*, Tomboys. Que(e)re Männlichkeitsentwürfe, in: Frauen Kunst Wissenschaft 33, 2002, S. 3-8; *Marianne Koos*, Identität und Begehren. Bildnisse effeminierter Männlichkeit in der venezianischen Malerei des frühen 16. Jahrhunderts, in: Mechthild Fend/Marianne Koos (Hrsg.), Männlichkeit im Blick. Visuelle Inszenierungen in der Kunst seit der Frühen Neuzeit. Köln 2004, S. 53-78.

85 *Daniela Bohde*, Ein Heiliger der Sodomiten? Das erotische Bild des Hl. Sebastian im Cinquecento, in: Fend/Koos (Hrsg.), Männlichkeit (wie Anm. 84), S. 79-98.

86 Vgl. zum Beispiel eine Sebastiansdarstellung von Jacopo de Barbari in der Graphischen Sammlung Albertina, dessen Lendentuch vor seiner Scham nur von seinem erigierten Penis gehalten werden könnte; siehe *Bohde*, Haut (wie Anm. 25), S. 227.

87 Ann Rose Plogsterth nennt einige der wenigen allegorischen männlichen Aktbildnisse des 16. Jahrhunderts. Es handelt sich u.a. um ein allegorisches Porträt von »Sir John Luttrell«, gemalt von Hans Eworth, 1550; Öl auf Holz, 109,3 × 83,8 cm; London, Courtauld Institute of Art Gallery: Inv.-Nr. P. 1947.LF.119; Agnolo Bronzino, »Cosimo I. de'

und weiblicher Akte gibt darüber Aufschluß, wie der weibliche Körper stärker erotisiert wahrgenommen wird. Damit der Blick vom weiblichen Körper auf das Geschlechterverhältnis gelenkt wird, kann der Begriff des Konkubinats wie bereits erwähnt eine Chance sein. Dann werden die im Bild abwesenden Männer ebenfalls in den Blick genommen, und es entstehen doch Pendants von Mätressen und (geistlichen) Fürsten, wie dies der Fall ist bei der bereits erwähnten Ursula von Weichs und Ludwig X. oder den sakralen Identifikationsbildnissen von Kardinal Albrecht von Brandenburg (1490-1545) und Ursula Riedinger (gest. 1525?), die ein Diptychon bildeten.[88]

Wurde das Reflektieren über Kunst lange Zeit ausschließlich der italienischen Malerei und vor allem ihrer Kunstliteratur zugesprochen, gibt es seit einiger Zeit den Ansatz, auch die Bilder nördlich der Alpen auf Bild und Textrelationen zu untersuchen und ihnen damit ebenfalls den Status eines »selbstbewußten« Kunstwerks zuzubilligen. Damit ist gemeint, daß Bilder nicht nur auf Texte reagieren, sie abbilden und illustrieren, sondern

Medici als Orpheus«, um 1537-39; Öl auf Holz, 93,7 × 74,4 cm; Philadelphia Museum of Art: Inv.-Nr. 1950-86-1 und Angelo Bronzinos, »Andrea Doria als Neptun«, 1550-55; Öl auf Leinwand, 115 × 53 cm; Mailand, Pinakothek Brera. Vgl. *Plogsterth*, Institution (wie Anm. 29), S. 104, Anm. 210. Bildnisse nackter Männer ohne Allegorisierung sind der Verf. erst ab dem 18. Jh. bekannt. Nur in einem Nachstich von Bertonnier erhalten ist das Brustbildnis des nackten Philosophen Denis Diderot, gemalt von Dorothea Therbusch. Spektakulär und erklärungsbedürftig war die Tatsache, daß ein Mann vor einer Künstlerin nackt posierte, da Frauen das Aktstudium aus Schicklichkeitsgründen verwehrt war. Anfangs von seinem Porträt begeistert, lehnte Diderot die Malerin später ab. Auch Voltaire kritisierte sein Ganzfigurenporträt in Marmor von Jean-Baptiste Pigalle scharf (1776 entstanden; 150 × 89 × 77 cm; Paris, Musée du Louvre: Inv.-Nr. ENT 1962.1). Ebenfalls auf Ablehnung stieß Antonio Canovas überlebensgroßes Bildwerk Napoleons als Mars, entstanden 1802-06, heute in London, Aspley House. Vgl.: Der freie Blick. Anna Dorothea Therbusch und Ludovike Simanowiz. Zwei Porträtmalerinnen des 18. Jahrhunderts. Bearb. von Katharina Küster/Beatrice Scherzer. (Ausstellungskatalog) Heidelberg 2002, S. 21, Abb. 2; *Julius Bryant*, How Canova and Wellington Honoured Napoleon, in: Apollo 162, Okt. 2005, Nr. 524, S. 38-43.

88 Cranach-Werkstatt, Kardinal Albrecht von Brandenburg als hl. Erasmus und hl. Ursula; Öl auf Lindenholz, je 27,9 × 9,7 cm; Potsdam, Stiftung Preußische Schlösser und Gärten Berlin-Brandenburg (Eigentum des Hauses Hohenzollern, SKH Georg Friedrich Prinz von Preußen): Ausgestellt im Jagdschloß Grunewald, Berlin (Inv.Nr. GK I 9369 und GK I 9370). Vgl. *Horst Reber*, Albrecht von Brandenburg. Kurfürst, Erzkanzler, Kardinal, 1490-1545. Hrsg. von Berthold Roland, mit Beiträgen von Friedhelm Jürgensmeier/Rolf Decot/Peter Walter. (Ausstellungskatalog) Mainz 1990, S. 188, Kat.-Nr. 81, und siehe den Beitrag von Kerstin Merkel in diesem Band.

eigene Diskurse initiieren.[89] Sigrid Ruby hat mit einer Interpretation der »Dame im Bad« von François Clouet im Zusammenspiel mit der Lyrik von Pierre de Ronsard (1524-1585) demonstriert, wie eine gelungene Bild-Text-Analyse auch auf Bilder nördlich der Alpen übertragbar ist.[90] So beschreibt Pierre de Ronsard in seinen Gedichten den Körper der Frau mit Metaphern von Blumen, Früchten, Landschaft und Mythologie – Elemente, die sich im Bild von Clouet wiederfinden. Der Frauenkörper ist ein Konstrukt, das sowohl im Text nach dem Baukastenprinzip mittels schmeichelnder Vergleiche zusammengesetzt wird, wie das Bild der schönen Frau von Zeuxis eklektisch komponiert wurde.[91] Anders als die neuplatonistischen Deutungen der Ikonologen wird der sinnlich-erotische Gehalt der Darstellungen nicht geleugnet. Ruby kann zeigen, daß Clouets Bildnis mittels der Künstlersignatur am Wannenrand auf sich selbst als Kunstwerk verweist.[92] In diesem Sinne ist auch Bartel Bruyns d.Ä. Darstellung ein Kunstwerk, das eine Idealdarstellung einer Frau entwirft. In diesem Sinne liest auch Henri Zerner das Gemälde als Ausdruck eines Ideals vergleichbar dem Prototyp der nackten Gioconda von Leonardo.[93] Die Gefahr der Analysen selbstbewußter Kunstwerke besteht darin, daß die Assoziationen und Verknüpfungen der Diskurse nicht bildimmanent vorhanden sind. Wie gekonnt der Wissenschaftler die »stummen Diskurse« der Bilder zum Sprechen bringt, hängt von der Kenntnis der vielschichtigen zeitgenössischen Kontexte ab. Und das Erforschen selbstbewußter Kunstwerke an Beispielen der Hochkunst vernachlässigt Bilder geringerer Qualität, die diese Komplexität nicht aufweisen.

Als letzter Ansatz sind neuere kulturwissenschaftliche Fragestellungen zur Darstellung des Körpers, verknüpft mit dem kunstwissenschaftlichen

89 Vgl. dazu die Einleitung von *Valeska von Rosen* (Hrsg.), Der stumme Diskurs der Bilder. Reflexionsformen des Ästhetischen in der Kunst der Frühen Neuzeit. München 2003, und *Victor J. Stoichita*, Das selbstbewußte Bild. Vom Ursprung der Metamalerei. München 1998.

90 François Clouet, Dame im Bad, um 1570; Öl auf Holz, 92 × 81,5 cm; Washington D.C., National Gallery of Art, Kress Collection. Vgl. *Sigrid Ruby*, Das Porträt der schönen Frau bei François Clouet und Pierre de Ronsard, in: Sigrid Ruby/Simone Roggendorf (Hrsg.), (En)gendered – frühneuzeitlicher Kunstdiskurs und weibliche Porträtkultur nördlich der Alpen. Marburg 2004, S. 71-86.

91 Ebd., S. 76.

92 Ebd., S. 79.

93 *Henri Zerner*, L'Art de la Renaissance au France. L'Invention du Classicisme. Paris 1996, S. 196.

Interesse am Inkarnat, vorzustellen.[94] Wie Daniela Bohde in ihrer Dissertation zu Tizian gezeigt hat, ist es möglich zu untersuchen, in welchem Verhältnis die Körperauffassung Tizians zu seiner Malweise steht.[95] Bohde analysiert religiöse, erotische und leidende Körperdarstellungen Tizians, indem sie die Darstellungsweise des Inkarnats mit den Diskursen der Zeit vergleicht und Tizians Körperauffassung herausarbeitet. Damit wird der ästhetischen Dimension des Kunstwerks Rechnung getragen. Denn sich die Frage zu stellen, wie der Körper dargestellt ist, betont den artifiziellen Charakter und vermeidet die dichotome Sichtweise, entweder ein Porträt zu sehen oder das Bild der »schönen Frau«. Doch prüfen wir den Erkenntniswert, nach der malerischen Körperdarstellung zu fragen, am Fallbeispiel: Völlig unterschiedlich im Vergleich zum Porträt von Clouet ist die Behandlung des Inkarnats. Während das Inkarnat von Clouets Frauen geschlossen ähnlich der Oberfläche von Porzellan wirkt, vergleichbar mit einer undurchdringlichen Hülle, scheint der Körper der Frau bei Bruyn aus runden, zusammengeschobenen Formen zu bestehen. Betrachtet man das Gesicht, so zerfällt es in zwei durch den Haaransatz bogenförmig modulierte Stirnpartien, rund konvex heraustretende Wangen und eine ebensolche Kinnpartie mit Grübchen. Die Formen korrespondieren mit denen der Schul-

94 Das Forschungsfeld um das Thema Haut wurde in Deutschland von der Literaturwissenschaftlerin Claudia Benthien mit angeregt; vgl. *Claudia Benthien*, Im Leibe wohnen. Literarische Imagologie und historische Anthropologie der Haut. Berlin 1998. Als Einführung in die Haut- bzw. Inkarnatforschung geeignet ist *Christoph Geissmar-Brandi / Irmela Hijiya-Kirschnereit* (Hrsg.), Gesichter der Haut. Kongreß Tokyo 16.-18.07.1999. Frankfurt a.M. 2002. Ohne Anspruch auf Vollständigkeit zeichnen sich folgende Richtungen ab: Das Interesse an der Sicherung der Begrifflichkeiten von Haut, Inkarnat und Hautfarbe in den Kunsttraktaten der Renaissance und deren Darstellung (Anne-Sophie Lehmann), Hautdarstellung und die physiologischen Forschungen der jeweiligen Zeit bzw. der Körpergeschichte (Christoph Heinen), ein medienreflexiver Ansatz von Haut – Fleisch – Farbe (Daniela Bohde) und ausgehend von der Whiteness-Forschung von Richard Dyer die Erforschung der Hautfarbenrhetorik vor dem Hintergrund des frühen Kolonialismus (Valentin Groebner, Viktoria Schmidt-Linsenhoff). Vgl. *Valentin Groebner*, Haben Hautfarben eine Geschichte? Personenbeschreibungen und Kategorien zwischen dem 13. und dem 16. Jahrhundert, in: Zeitschrift für Historische Forschung 30, 2003, H. 1, S. 1-17; *Viktoria Schmidt-Linsenhoff*, Rhetorik der Hautfarben. Albert Eckhouts Brasilien-Bilder, in: Susanna Burghartz/Maike Christadler/Dorothea Nolde (Hrsg.), Berichten, Erzählen, Beherrschen. Wahrnehmung und Repräsentation in der frühen Kolonialgeschichte Europas. (Zeitsprünge. Forschungen zur Frühen Neuzeit, Bd. 7, H. 2/3.) Frankfurt a.M. 2003, S. 285-314.

95 *Bohde*, Haut (wie Anm. 25), S. 17.

tern, Brüste und der Bauchpartie. Diese wellige Körperlandschaft, die mit den grünen Hügeln der Landschaftsvedoute vergleichbar ist, wird durch die Beleuchtung des Körpers hervorgebracht. Dies entspricht Leonardos Empfehlung in seinem Traktat von 1504, am Beispiel der Mona Lisa, Brust, Stirn, Nase und Kinn am hellsten zu malen.[96] Allerdings bedarf es genauer gemäldetechnologischer Kenntnisse, um das Inkarnat zu bewerten. So ist die rechte Gesichtshälfte der Frauendarstellung Bruyns stark retouchiert und das Inkarnat vergilbt und nachgedunkelt.[97] Das Inkarnat unterscheidet sich von den geschlossenen »Farbhäuten« von Joos van Cleve oder François Clouets Frauendarstellungen. Die Gestaltung des Inkarnats ist Teil der jeweiligen Körperkonzeption: Bruyns Körperkonzeption ist anders als Leonardos und Michelangelos androgyne Auffassung des weiblichen Körpers.[98] Der Körper der Frau mit entblößtem Oberkörper erscheint nicht von einem muskulösen männlichen Idealkörper abgeleitet, sondern ist weich und weist neben Muskelpartien auch Falten und Vertiefungen des Fleisches auf. Im Gegensatz zu Tizians Aktdarstellungen ist es nicht der Pinselstrich, sondern die Verwendung von Licht und Schatten, die den Körper hervorbringt.[99] Der kulturwissenschaftliche Ansatz, Haut bzw. Inkarnat zu untersuchen, verknüpft damit die Beschreibung des ästhetischen »wie« einer Darstellung mit der Körperkonzeption der jeweiligen Zeit.[100]

96 *Leonardo da Vinci*, Das Buch von der Malerei. Deutsche Ausgabe nach dem Codex Vaticanus 1270, übersetzt von Heinrich Ludwig. Wien 1882, Nr. 422, 466 und 291.

97 Bestandskatalog (wie Anm. 8), S. 98.

98 *Fredrika H. Jacobs*, Aretino and Michelangelo, Dolce and Tizian. »Femmina, Masculo, Grazia«, in: Art Bulletin 82, 2000, Nr. 1, S. 51-67; *Bohde*, Haut (wie Anm. 25), S. 165-167.

99 Tizians Hervorbringung des Körpers mittels Pinselstrich untersuchte zuerst *David Rosand*, »The Stroke of the Brush«. The Meaning of the Mark: Leonardo and Titian. (Franklin D. Murphy Lectures, Bd. 8.) Spencer Museum of Art, University of Kansas, 1988.

100 Dies wäre mit Körpervorstellungen des 16. Jahrhunderts zu kontextualisieren; vgl. zur Körpergeschichte oder Body-History den Literaturüberblick bei *Bohde*, Haut (wie Anm. 25), S. 14f. Darüber hinaus seien genannt *Barbara Duden*, Body History – Körpergeschichte. A Repertory – Ein Repertorium. Wolfenbüttel 1990; *Maren Lorenz*, Leibhaftige Vergangenheit. Einführung in die Körpergeschichte. (Historische Einführungen, Bd. 4.) Tübingen 2000.

Conclusio

Im Zentrum der aktuellen Forschungen angekommen, folgt ein Resümee der bisherigen methodischen Überlegungen für Untersuchungen zu Mätressen und deren Bildern, die auch als methodische Empfehlungen an zukünftige Forschungen intendiert sind.

Es wurde deutlich, daß nicht von *einer* Ikonographie des Mätressenbildnisses gesprochen werden kann, u.a. da es sich meist nicht um Frauen handelte, die eine institutionalisierte Stellung im höfischen System hatten, weshalb es auch keinen geschlossenen Bildkorpus geben kann. Darüber hinaus determinieren die Benennung des Gegenstandes und die Definition eines Porträts, ob es das Mätressenporträt gibt und welche Bilder gemeint sind. Pointiert formuliert, die Definitionen, was eine Mätresse und was ein Porträt ausmachen, bestimmen die Größe des Bildkorpus. Dies darf kein Hindernis sein, neben Fallstudien Überblicksdarstellungen zu wagen.

Generell ist es mit der Kategorie Geschlecht möglich, die Logik von Diskursen in Frage zu stellen und zu untersuchen, wie Erotik mittels des weiblichen Körpers vor dem Hintergrund sexueller Diskurse und Praktiken über Sexualität produziert wird. Ohne die Berücksichtigung der Kategorie Geschlecht und der umstrittenen Stellung dieser Frauen wird übersehen, daß auch die Lücken der Überlieferung deutungsrelevant sind. In besonderem Maß erfordert das Ungesagte, in den verschiedenen Diskursen nicht Sagbare bzw. das von der Nachwelt Vernichtete unsere Aufmerksamkeit. Damit erfordert der Gegenstand die Bereitschaft, Interpretationen zu akzeptieren, die nicht mit letzter Sicherheit »beweisbar« sind. Die wenigen vorhandenen Erwähnungen, stammen sie aus der Feder von Männern oder Frauen, sind wegen der Vorurteile gegen Mätressen nicht weniger kritisch zu prüfen. Der Ansatz, nach Blickkonstellationen und damit nach Machtverhältnissen zu fragen, ermöglicht es, das Unsichtbare, den männlichen Part, sichtbar zu machen. Mit Blick auf die Beziehung der Geschlechter fällt erst auf, daß der männliche Protagonist aus dem Bild verschwindet und laut Hammer-Tugendhat als Betrachter vor dem Bild vermutet werden kann. Um Bilder männlicher Mätressen und Konkubinen zu entdecken, bedarf es der Frage nach der Geschlechterdifferenz und dem Verhältnis der Geschlechter zueinander. Obwohl die Erkenntnis nicht mehr neu ist, wäre auch in zukünftigen Forschungen daran zu erinnern, daß viele Bilder mit dem entblößten weiblichen Körper dem Geschmack männlicher Auftraggeber entsprechen, was nicht ausschließen soll, daß dies zum Teil auch Frauen gefiel. Daraus folgt für die Selbstdarstellung dieser Frauen, daß sie ambivalent ist und Geschlechterstereotypen mittels Wiederholung sowohl verstärkt als auch unterlaufen werden können. Dazu bedarf es weiterer Untersuchungen weiblicher Kunstpatronage.[101] Der Begriff des Konkubinats könnte im Sinne der Geschlechterforschung dazu anregen, die Geschlechterbeziehung zu untersuchen. Der Ansatz des selbstbewußten Kunstwerks ermöglicht es, Bildern eigene Wirkmacht zuzuschreiben und von Texten abweichende Wirklichkeiten zuzulassen. Bildnisse »schöner Frauen« waren immer eine Leerstelle, auf die die Betrachter projizier(t)en. Die malerischen Strategien und eigenständige ästhetische Wirkung des Bildes, die dazu anregen, sind genau zu analysieren. Es ist möglich, die Körperauffassung der Bildnisse genauer zu beschreiben und mit einem kulturwissenschaftlichen Ansatz die Bilder als Teil der visuellen Kultur zu analysieren. In diesem Sinne zitieren die Maskerade eines bayrischen Politikers als Madame de Pompadour und die Darstellung von Barthel Bruyn d.Ä. jeweils auf ihre Weise den Mythos der »schönen Frau« und/oder Mätresse. Deshalb ist die Bearbeitung des Mätressenporträts Arbeit am Mythos, und die Interessen der Mätressenforschung sind ein ebenso wichtiges Thema wie die Bilder selbst.

Abbildungsnachweis:
1: Nürnberg, Germanisches Nationalmuseum

101 Zur weiblichen Kunstpatronage besteht weiterhin Forschungsbedarf; vgl. *Cynthia Lawrence* (Hrsg.), Women and Art in Early Modern Europe. Pennsylvania 1997; *Clarissa Campbell Orr*, Queen Charlotte as Patron. Some Intellectual and Social Contexts, in: The Court Historian 6, 2001, H. 3, S. 183-212; *Dagmar Eichberger*, Leben mit Kunst – Wirken durch Kunst. Sammelwesen und Hofkunst unter Margarethe von Österreich, Regentin der Niederlande. Turnhout 2002; *Dies.* (Hrsg.), Women of Distinction. Margaret of York and Margaret of Austria. (Ausstellungskatalog) Leuven 2005.

KERSTIN MERKEL

Albrecht und Ursula

Wanderung durch Literatur und Legendenbildung

Kardinal Albrecht von Brandenburg wird immer ein lebhaftes Liebesleben nachgesagt, doch ausgerechnet zu diesem Thema existieren kaum zeitgenössische Quellenbelege. Dafür ranken sich um ihn um so mehr Legenden. Es ist nicht einfach, daraus den Wahrheitsgehalt herauszufiltern, zumal diese Legenden allmählich den Weg in die wissenschaftliche Literatur fanden, sich hier in anerkannte Tatsachen verwandelten und sich tradierten. Es ist an der Zeit, hier neu anzusetzen, und es ist dafür eine gute Zeit, in der durch gesellschaftliche Toleranz gegenüber verschiedenen Beziehungsmodellen sowie ein besseres Miteinander zwischen den verschiedenen christlichen Konfessionen der historische Blick auf das heikle Thema des Konkubinats von Klerikern mit mehr Gelassenheit angegangen werden kann.[1]

Doch soll am Anfang dieses Aufsatzes Albrecht selbst zu Wort kommen. Am 8. Dezember 1526 griff er eigenhändig zur Feder, um auf einen Brief von Herzog Georg dem Bärtigen von Sachsen (1471-1539) zu antworten.[2] Georg, bekannt für seine Sittenstrenge, hinterfragte die Gerüchte über Albrechts Liebesleben. Der Kardinal konterte gelassen und selbstbewußt:

> »Das mir auch bei E. L. und andern aufgelegt will werden, als sult ich im Styfft Mentz mit geystlichen und elichen personen ein unczuchtig leben furen etc., muß ich den lewten der rede gunnen. Ich erfrewe mich aber des, das ich mich gegen got, dem nichts verborgen, auch in meinem gewissen des sicher weyß.«

1 Bei der teils sehr mühsamen Recherche bin ich drei Kollegen für ihre Hilfe zu Dank verpflichtet: Dr. Wolfgang Dobras, Dr. Hans Fuhrmann und Prof. Dr. Dr. Andreas Tacke.

2 Dresdner Hauptstaatsarchiv: Locat 8497, »[...] derer Römischen Kaiser etc. erlassene Schreiben«, S. 47; vollständig publiziert in: Zeitschrift für Kirchengeschichte 13, 1892, S. 121. Vgl. auch *Felician Gess* (Hrsg.), Akten und Briefe zur Kirchenpolitik Herzog Georgs von Sachsen [1517-1527]. (Schriften der Königlich Sächsischen Kommission für Geschichte, Bde. 10, 22.) 2 Bde., Leipzig/Berlin 1905-17 (Ndr. Köln 1985 = Mitteldeutsche Forschungen: Sonderreihe Quellen und Darstellungen in Nachdrucken, Bd. 6.), hier Bd. 1, Nr. 1359.

Sein Brief vermittelt Souveränität. Er steht über den Gerüchten, denn sein Gewissen ist rein. Er hatte allen Grund, vor Georg diese Unschuldsmiene aufzusetzen, war dieser doch sein stabilster katholischer Verbündeter in Bauernkrieg und Glaubenskonflikten. Und rhetorisch geschickt leugnete er den ungeheuerlichen Vorwurf, Unzucht mit geistlichen und verheirateten Personen zu begehen. Somit mußte er noch nicht einmal lügen, denn seine Konkubinen waren weder geweiht noch verheiratet.

Der Briefwechsel zeigt, daß schon zu Lebzeiten Albrechts die Gerüchteküche brodelte und daß der Kardinal durch standhaftes Leugnen versuchte, des Themas Herr zu werden – eine in der Politik durchaus bewährte Methode, die aber in seinem Fall nicht funktionieren sollte. Noch eine Generation zuvor wurden Beziehungen von hochrangigen Klerikern zu Frauen nicht so öffentlich thematisiert, doch Albrecht hatte das Pech, in der Phase der frühen Reformation mitten in die Diskussion um das Zölibat zu geraten. Als sich deutlich abzeichnete, daß er weder für die Reformation noch für die Priesterehe zu gewinnen war, machte Luther Albrechts Lebensstil zur Zielscheibe seiner deftigen und meist sofort veröffentlichten Polemiken. Hier liegt die Wurzel für Albrechts speziellen Ruf, der offenbar bis Rom gedrungen ist; so berichtet Tetleben am 23. Dezember 1521 von einer in Rom gedruckten Weissagung, daß »eine von des Erzbischofs Weibern und eine andere des Kurfürsten Joachim sterben würde«.[3]

Fokussiert wird in meiner Betrachtung auf Ursula Rehdinger, die in der Literatur über Albrecht von Brandenburg einen zentralen Platz einnimmt. Doch möchte ich auch einen Blick auf die anderen Frauen in seinem Leben werfen, wobei ich diese in drei Gruppen unterteilt habe: 1. die mit Quellen belegbaren; 2. die ziemlich wahrscheinlichen und 3. die fraglichen bis unwahrscheinlichen Konkubinen.

Nun zu Ursula Rehdinger und ihrem ältesten schriftlichen Quellenbeleg, der tatsächlich noch recht jung ist und aus dem Jahre 1800 stammt. Für die Mainzer war dies ein schreckliches Jahr. Seit sieben Jahren steht die Stadt unter französischer Besatzung, nachdem 1793 bei der Belagerung unersetzliche Bauten wie die Favorite, die Liebfrauenkirche und der Kreuzgang des Domes bombardiert und zum Großteil zerstört wurden. Die Säkularisation

3 Zitiert bei *Paul Kalkoff*, W. Capito im Dienste Erzbischof Albrechts von Mainz. Quellen und Forschungen zu den entscheidenden Jahren der Reformation (1519-1523), in: Neue Studien zur Geschichte der Theologie und der Kirche. Hrsg. von N. Bonwetsch/R. Seeberg. Bd. 1, Berlin 1907 (Ndr. Berlin 1973), S. 131, Anm. 4. Die von Kalkoff genannte Quelle (Gerdes l.c.p.264) konnte ich nicht überprüfen.

Abb. 1 und 2: Cranach-Werkstatt, Albrecht von Brandenburg als heiliger Martin und heilige Ursula, ca. 1524?; Öl auf Holz, je 121 × 56,5 bzw. 54 cm; Aschaffenburg, Museum der Stadt Aschaffenburg: Inv.-Nr. 169/55 bzw. 170/55.

führte zu Vandalismus; so wurden im September 1800 die Kunstschätze aus dem als Pferdestall und Lazarett genutzten Dom auf den Marktplatz geworfen, versteigert oder zerstört, wenn sie keiner kaufte. Mainzer Heimatforscher versuchten ihr möglichstes zur Rettung, doch hatten sie nicht genug Geld. Einer von ihnen, Franz Joseph Bodmann, zeichnete noch rasch eine Bildtafel vor deren Verkauf und beschriftete die Zeichnung mit folgendem Text[4]:

> »Rehdingerin. A. 1524
> Concubina (s. uxor forte) Alberti Card. AEpi Mog. delineata ex coëvâ picturâ in Tabulâ ligneâ, 4 ½ schuh hoch, 2 ½ schuh breit, quae asservatur in Thesaurariâ Ecclesiae Metrop. Magunt. picta sub formâ S. Ursulae (ejus forte pronomis) – uti Albertus ex opposito pictus est sub specie S. Martini, Epi, pauperi 6. ducatos largientis, cum verbis nimbo circa caput inscriptis: Sanctus Martinus.
> Delin. 1800. m. Sept. à me
> F. J. Bn.
> Ex Originali«

Bodmann deutet die Dargestellte als Albrechts Konkubine und vermutet gar die Ehefrau. Ihr Vorname sei vielleicht Ursula gewesen. In diesen vagen Bemerkungen liegt der Ursprung der gesamten Ursula-Legende, die sich im Laufe des nächsten Jahrhunderts allein um diese Notiz aufbaut.

Das von Bodmann gezeichnete Gemälde der hl. Ursula sowie sein Gegenstück mit Albrecht als hl. Martin befinden sich nach zahlreichen Besitzerwechseln im Stiftsmuseum von Aschaffenburg (Abb. 1 und 2).[5] Eine kleine Variante der beiden Tafeln in Berlin zeigt die hl. Ursula mit Albrecht in der Rolle des hl. Erasmus (Frontispiz).[6] In einem dritten Paarbild im Aschaffenburger Schloß (Abb. 3 und 4) erscheint neben der hl. Ursula

4 *Eduard Flechsig*, Cranachstudien. T. 1 (mehr nicht erschienen) Leipzig 1900, S. 162f. Er zitiert den Text von Bodmann 1800 vollständig; die Zeichnung hatte Ernst Neeb kurz zuvor im Mainzer Stadtarchiv gefunden.

5 Stiftsmuseum der Stadt Aschaffenburg, um 1524; Öl auf Lindenholz, 121 × 56,5 bzw. 54 cm; vgl. *Horst Reber*, Albrecht von Brandenburg. Kurfürst, Erzkanzler, Kardinal, 1490-1545. Hrsg. von Berthold Roland, mit Beiträgen von Friedhelm Jürgensmeier/Rolf Decot/Peter Walter. (Ausstellungskatalog) Mainz 1990, S. 186f.; Glaube und Macht. Sachsen im Europa der Reformationszeit. Hrsg. von Harald Marx/Eckhard Kluth. (Ausstellungskatalog) Dresden 2004, S. 89f., Kat.-Nr. 85 (von Andreas Tacke).

6 *Reber*, Albrecht (wie Anm. 5), S. 188f.

Albrecht gleichfalls als hl. Erasmus.[7] Die hl. Ursula unterscheidet sich in dieser Variante von den beiden anderen vor allem durch ihr offen getragenes Haar (Abb. 5).

Tatsächlich ist es verlockend, aus den drei Doppelbildern Albrechts mit einer hl. Ursula darauf zu schließen, daß seine Konkubine diesen Namen trug. Allerdings stimmt in einem Rollenportrait der Name des Dargestellten nur selten mit der Rolle überein, so erscheint Albrecht hier ja auch ›als‹ Martin oder Erasmus.

Ich habe aber keine Zweifel, daß Albrechts Konkubine – wie auch immer ihr Name war – in der Rolle der hl. Ursula auftritt. Gerade die Berliner Variante trägt sehr persönliche Züge durch das Halsband mit den Buchstaben »O M • V I • A«, was sich zu dem Vergil-Zitat »Omnia vincit Amor« (Alles besiegt Amor) ergänzen läßt (siehe den Beitrag von Andreas Tacke in diesem Band). Ursulas Pfeil gewinnt in diesem Zusammenhang eine Doppelbedeutung, zum einen ist er das Marterwerkzeug der Heiligen, zum anderen Amors Pfeil. Die Vorhänge im Hintergrund verleihen den Bildern eine Intimität, wie sie den großen Varianten in Aschaffenburg durch die offenen Landschaftshintergründe nicht zu eigen sind. Die kleinen Engel, die den grünen Vorhang halten, erscheinen eher als heidnische Amoretten denn als christliche Sendboten. Offenbar handelt es sich bei den nur ca. 28 cm hohen und 10 cm breiten Flügeln um ein Diptychon, das man einst zusammenklappen konnte. Diese Gattung besitzt einen sehr intimen Charakter und ist seit dem 15. Jahrhundert besonders für Paarbilder beliebt. Im Bild auf ewig aufeinandergeklappt vereint – ideal als kleines Monument der Memoria eines Paares.[8]

1821 erscheint Albrechts Konkubine in Joseph Hellers Cranachbiographie als »Ursula Redinger, eine Bäckers-Tochter«.[9] Das war ein guter Start, um bekannt zu werden, weil über Cranach gerade besonders fleißig geforscht wurde. Wie Heller auf die »Bäckers-Tochter« kommt, ist unklar.[10] 1824

7 *Andreas Tacke*, Der katholische Cranach. Zu zwei Großaufträgen von Lucas Cranach d.Ä., Simon Franck und der Cranach-Werkstatt. (Berliner Schriften zur Kunst, Bd. 2.) Mainz 1992, S. 131-134, Abb. 78-79.

8 *Angelica Dülberg*, Privatporträts. Geschichte und Ikonologie einer Gattung im 15. und 16. Jahrhundert. (Phil. Diss. Köln 1985) Berlin 1990.

9 *Joseph Heller*, Lucas Cranach's Leben und Werk. 2. Aufl. Nürnberg 1854, S. 67; die 1. Aufl. 1821 stand mir nicht zur Verfügung.

10 Hier bleibt zu überprüfen, ob es sich um einen Topos handelt, der vielleicht auf der berühmten sogenannten »Fornarina« basiert, die als Raffaels Geliebte gilt. Auch die im vorliegenden Text weiter unten vorkommende Ernestine Mahandel gilt als Bäckerstochter, Lona aus Stettin wird als »Süßküchlerin« bezeichnet.

Abb. 3 und 4: Cranach-Werkstatt, Albrecht von Brandenburg als heiliger Erasmus und heilige Ursula, zwei Flügel des sog. Engelaltares; Öl auf Holz, 93,1 × 40,6 bzw. 92,5 × 40,8 cm; Aschaffenburg, Schloß, Galerie (Bayerische Staatsgemäldesammlungen München: Inv.-Nr. 6272 bzw. 6268).

Abb. 5: Cranach-Werkstatt, heilige Ursula, Detail aus Abb. 4.

glaubte der Hallenser Friedrich Heskiel zu entdecken, daß Ursula Riedinger für die Madonna im Altar der Hallenser Marienkirche Modell gestanden hat.[11] Wie zuvor Bodmann machte auch Heskiel seine These an einem Kunstwerk fest. Der Mangel an Schriftquellen über Albrechts Konkubinen führte dazu, daß die wesentlichen Thesen auf nonverbalen Quellen aus der bildenden Kunst basieren, die man recht freizügig interpretierte. Besonders beliebt wurden in den nächsten Jahrzehnten Portraitzuschreibungen. Im »Kunstblatt. Morgenblatt für gebildete Stände« schreibt 1846 C. Becker über denselben Altar in der Hallenser Marienkirche: »Vor mehreren Jahren

11 *Friedrich Heskiel*, Blicke auf Halle und seine Umgebung. Halle 1824, S. 104. Schönermark bestätigt 1886 im Inventarband der Bau- und Kunstdenkmäler von Halle noch einmal das Gerücht, nach mündlicher Überlieferung stelle die Maria im Altarbild des »Cardinals Liebste« dar; vgl. *Gustav Schönermark*, Beschreibende Darstellung der älteren Bau- und Kunstdenkmäler der Stadt Halle und des Saalekreises (= Provinz Sachsen N.F., Bd. 1.) Halle 1886, S. 80.

versuchten rigoristische Eiferer dieses treffliche Altarwerk aus der Kirche zu entfernen, weil man in dem Bilde Mariens das Porträt der Rüdinger erkannt haben wollte.«[12] So setzten die Legenden gar neue Bilderstürmer in Bewegung. 1836 entwarf Niklas Vogt in seinen »Rheinische Geschichten und Sagen« eine sehr zukunftsträchtige Story: Luther ermutigte Albrecht, zu heiraten, weil er von dem Zusammenleben mit der »Rüdingerin« wußte[13]:

> »Der fromme Erzbischof theilte [dies] [...] seiner geliebten Rüdingerin mit; allein da diese als eine gemeine Bürgerstochter sich in keinem Falle Hoffnung machen konnte, die Gattin eines Fürsten zu werden, der aus einer der ersten Familien Deutschlands entsprossen war, so hielt sie ihn desto festerer in dem alten Glauben, sie brachte sogar seinem Gewissen das Opfer, daß sie sich vom Hofe zurückzog und bald nach ihrer Entfernung starb. [...] [Er] sahe sie wegen dem großen Opfer, was sie der katholischen Kirche gebracht hatte, als eine heilige Büßerin an. Diesen Gefühlen gemäß ließ er ihr Bild unter der Gestalt der heiligen Magdalena von Glockendom in sein Brevier, von Grünewald an den Beichtstuhl in der Stiftskirche malen. Gegen diesem Bilde über stand das seinige als Lazarus vorgestellt. Ein prächtiger, auf vier Säulen ruhender Sarg wurde für ihre Leiche aus Erz gegossen, aber nach seinem Tode, um den Lutheranern keinen Stoff zum Spotte, den Katholiken zum Aergernis zu geben, den Reliquien einer Heiligen von den Stiftsgeistlichen angewiesen.«

Wie kommt Vogt zu einer solchen Geschichte? Ohne daß er die Quellen angibt, läßt sich die Genese doch gut rekonstruieren. Zum einen ließ er sich von einem Brief Luthers (1. Dezember 1521) inspirieren, in dem der Reformator den Kardinal tatsächlich zum Heiraten aufforderte, doch Albrecht hat darauf nie reagiert. Zwar nennt Luther in dem Brief keine Konkubine bei ihrem Namen, doch indem Vogt 1836 diese Quelle mit der Mainzer Ursula verknüpft, schuf er eine romantische Geschichte, die in der Wissenschaft schon bald zur Wahrheit befördert wurde. Bei der Benennung ihres Portraits als hl. Magdalena und Albrecht als Lazarus irrt er gleich doppelt, sowohl in der Identifizierung als auch in der Funktionszuweisung. Lazarus ist eindeutig nicht Albrecht, und die Tafeln dienten nicht als Wände eines Beichtstuhls, sondern als Seitentafeln eines Altares.[14]

12 *C. Becker,* Der Kardinal Albrecht von Brandenburg, Erzbischof von Mainz, als Kunstbeförderer, in: Kunstblatt. Morgenblatt für gebildete Stände, Nr. 32, vom 27.06.1846, S. 129ff.

13 *Niklas Vogt,* Rheinische Geschichten und Sagen. Bd. 4, Frankfurt a.M. 1836, S. 35.

14 *Tacke,* Cranach (wie Anm. 7), S. 152f., Farbabb. 14-15, Abb. 95.

Zukunftsträchtig ist jedoch Vogts Geschichte von Ursulas Bestattung in einem prächtigen Sarg auf vier Säulen aus Erz. Dieses Werk existiert noch heute in der Aschaffenburger Stiftskirche.[15] Schon beim Anblick des gläsernen Schreins packen den Betrachter Zweifel, ob dies der passende Ort für eine verwesende Leiche ist. Zugleich weckt die Geschichte verdächtige Assoziationen an Schneewittchen im gläsernen Sarg, wo der untröstliche Prinz ihre Schönheit auch im Tode noch hinter den Scheiben bewundern wollte. »Schneewittchen« aus den »Kinder- und Hausmärchen« der Gebrüder Grimm erschien 1812 und war Vogt, der sich als Sagen- und Geschichtensammler dem Tätigkeitsfeld der Grimms eng verbunden fühlte, bestens bekannt. Der spektakuläre gläserne Sarg, tatsächlich eines von Albrechts Lieblingsreliquiaren aus dem Halleschen Heiltum, mag ihm wie ein materialisiertes Objekt aus Grimms Märchen vorgekommen sein und zu dieser Emotionalisierung geführt haben. Doch wahrscheinlich kannte Vogt noch eine weitere Schriftquelle, die ihn inspirierte. Es handelt sich wiederum um einen Brief Luthers, der 1539 schreibt: »Hab ichs doch auch nicht erdicht, daß er seine Huren läßt in Sargen, als Heiligthum, mit Kerzen und Fahnen in sein Hurhaus Moritzburg tragen [...] des Spiels hab ich gehoret auch wohl fur zwänzig Jahren«.[16] Wahrscheinlich bezieht sich dieses böse Gerücht gleichfalls auf den gläsernen Sarg, der als Reliquiar bei Prozessionen herumgetragen wurde. Dieser Sarg muß vor 1520 in den Besitz von Albrecht gekommen sein, eben in der Zeit, in die Luther seine Erinnerung 1539 zurückdatiert. Der Inhalt des Sarges, durch die Glasscheiben gut zu erkennen, trug nicht unbedingt zur Entschärfung der Gerüchte bei. Tatsächlich fällt der Blick auf eine halb verweste Leiche, deren auf einem goldenen Heiligenschein ruhender Kopf mit einem Perlenkranz geschmückt und deren Körper von transparenten Schleiern umhüllt ist. Es ist nicht verwunderlich, daß diese ungewöhnliche Installation zum Dreh- und Angelpunkt von Gerüchten und Geschichten avancierte.

15 *Kerstin Merkel*, Jenseits-Sicherung. Kardinal Albrecht von Brandenburg und seine Grabdenkmäler. Regensburg 2004, S. 97-170, zum Baldachin und zum Sarg; *Dies.*, Die heilige Margarethe im katholischen Exil. Eine neue Wallfahrt für Aschaffenburg, in: Andreas Tacke (Hrsg.), »Ich armer sundiger mensch«. Heiligen- und Reliquienkult in der Zeitenwende Mitteldeutschlands. (Schriftenreihe der Stiftung Moritzburg, Kunstmuseum des Landes Sachsen-Anhalt, Bd. 2.) Göttingen 2006, S. 398-414.

16 Luther in »Wider den Bischof zu Magdeburg Albrecht Cardinal« 1539, zit. nach *Paul Redlich*, Cardinal Albrecht von Brandenburg und das Neue Stift zu Halle (1520-1541). Eine kirchen- und kunstgeschichtliche Studie. Mainz 1900, S. 295.

Um was handelt es sich tatsächlich? Der gläserne Sarg ist einer der ersten seiner Art, wenn nicht gar der erste. Albrecht von Brandenburg gab ihn für seine Reliquiensammlung in Auftrag und ließ darin Überreste von heiligen Jungfrauen aus dem Gefolge der Kölner Märtyrerin Ursula aufbewahren, namentlich von Margarethe und Juliane. Ursula war seine erklärte Lieblingsheilige und zudem Schutzpatronin des Stiftes zu Halle. Es sind aber nur einzelne Knochen, die in einer aus Holz geschnitzten Leiche an den passenden Stellen eingesetzt wurden. Es ist nicht klar, ob Vogt damals erkannte, daß es sich nicht um eine echte Leiche handelte. Er vermutete, daß die Aschaffenburger Stiftherren die Leiche Ursulas gegen die Reliquien einer Heiligen austauschten, um so der Polemik der Lutheraner den Angriffspunkt zu nehmen. Ursprünglich stand dieser Sarg in der Hallenser Stiftskirche. Schriftquellen zu dem Margarethensarg klären dessen Inszenierung zu bestimmten Terminen. Jeweils zu den Festen, die mit den darin aufbewahrten Reliquien zu tun haben, wurde er mitten in der Kirche – »in medio ecclisi« – aufgestellt.[17] Zudem wissen wir, daß der Sarg »Szo zcw den hoen festenn pflegt In der kirchen vor dem Chore zu stehen«. Wo der Dauerplatz des Sarges war, ist nicht klar. Vielleicht ist er identisch mit dem großen vergoldeten Sarg, der hinter dem Hochaltar aufbewahrt wurde.[18]

Der Baldachin unter dem Sarg stammt ebenfalls aus der Hallenser Stiftskirche. Er erhob sich über Albrechts Grab mitten im Chor und wurde 1536 von Johannes Vischer geschaffen. Als Albrecht Halle verließ, nahm er seine Grabanlage mit und ließ den Baldachin in Aschaffenburg erneut aufstellen, aber nun in einer neuen Funktion. Statt über einem Grab stand er nun unter einem Sarg und trägt diesen bis heute. Albrecht ließ diese eigenwillige neue Kombination in der Heilig-Grab-Kirche, einer Beginenstiftung, aufstellen, machte seine spätere Geliebte Agnes Pless zur Vorsteherin und hoffte offenbar, erneut eine Wallfahrt ins Leben rufen zu können.[19]

17 Ob damit das Langhaus gemeint ist, ist unklar. Eventuell ist damit das Grab Albrechts gemeint, da sich im Bamberger Breviarium am Fest septem fratrum die Anweisung findet, einen vergoldeten Reliquiensarg »vff meinem grabe ponetur in medio ecclesie«; vgl. *Paul Wolters*, Ein Beitrag zur Geschichte des Neuen Stifts zu Halle (1519-1541), in: Neue Mittheilungen aus dem Gebiete historisch-antiquarischer Forschungen 15, 1882, S. 7-41, hier S. 27. Am Festtag der hl. Aldegundis (dem 30.01.) stand »der lange vbergult sargk cum corpore sancte Margarethe in medio ecclesi« (so auch am 15.01.). Ebenso am Festtag der 11.000 Jungfrauen: »In medio autem ecclesie der gross sarck mit dem corper S. Margarethen (ex eadem societate)«; vgl. ebd., S. 32.

18 *Redlich,* Cardinal (wie Anm. 16), S. 167.

19 *Andreas Tacke*, Agnes Pless und Kardinal Albrecht von Brandenburg, in: Archiv für Kulturgeschichte 72, 1990, S. 347-365; *Merkel*, Margarethe (wie Anm. 15).

Nach Niklas Vogts Ausschmückungen entwickelte die romantische Geschichte der Ursula Rehdinger eine erhebliche Eigendynamik. Eifrig suchte man in Kunstwerken nach entsprechenden Bildmotiven. So brachte C. Becker im »Kunstblatt. Morgenblatt für gebildete Stände« 1846 das Herz auf der Unterseite des Aschaffenburger Baldachins ins Spiel.[20] Er glaubte, in dem Herzen mit der Wunde ein Symbol für Albrechts Liebesschmerz nach dem Tod seiner Geliebten zu erkennen, eine sehr emotionale und verständliche Fehldeutung aus dem Bildverständnis des 19. Jahrhunderts heraus. Doch die Ritzzeichnung meint in ihrer mittelalterlichen Bildsprache das Herz Jesu mit der Seitenwunde, die sich einst symbolisch als Tür ins Paradies über dem Grab des toten Kardinals öffnen sollte.[21]

1865 erscheint Jakob Mays Biographie von Albrecht[22], in der er das Thema der Konkubinen nur sehr knapp streift. Einzig Ursula findet Erwähnung. Persönlich überzeugte er sich in Aschaffenburg von dem Aussehen des Sarges und entdeckte auf dem Totenkopf der Holzleiche einen goldenen Kranz, den Körper bekleidet mit einem Damaststoff, gelb und lila gestreift, an der vorderen Seite mit Silber reich verziert. Offenbar wurde der transparente Tüll durch ein Kleid ersetzt, wie man es im Barock in Glassärgen gebrauchte. Er schließt sich Vogts Vermutung an, daß der ursprünglich dort aufbewahrte Körper von den Aschaffenburger Stiftsherren herausgenommen und beerdigt worden sei, anschließend die »gegenwärtige Figur componirt und eingelegt«. Trotz seines kritischen Herangehens ließ sich May überzeugen, daß der vergoldete Sarg die letzte Ruhestätte »der Magdalena oder Margaretha Riedinger sei, für diese Annahme sprechen allerdings das angebrachte Symbol des verwundeten Herzens [...]«. Mit dieser Feststellung erhielt die bisher Ursula genannte Konkubine Albrechts gleich zwei neue Vornamen, eben Magdalena oder Margaretha. Der Irrtum basiert auf der Inschrift an der Schmalseite des Sarges, der eine Margaretha erwähnt sowie auf dem angeblichen Portrait der Geliebten als Magdalena. Seit der ersten Erwähnung im Jahre 1800 erhielt die Konkubine innerhalb von 45 Jahren drei Vornamen (Ursula, Magdalena, Margaretha) sowie acht Varianten für den Nachnamen (Rehdinger[in], Redinger[in], Riedinger[in], Rüdinger[in]).

20 Vgl. *Becker*, Kardinal (wie Anm. 12), S. 138.

21 *Merkel*, Jenseits-Sicherung (wie Anm. 15), S. 137-153.

22 *Jakob May*, Der Kurfürst, Cardinal und Erzbischof Albrecht II. von Mainz und Magdeburg, Administrator des Bisthums Halberstadt, Markgraf von Brandenburg und seine Zeit. Ein Beitrag zur deutschen Cultur- und Reformationsgeschichte. 2 Bde., München 1865-75, hier Bd. 1, S. 559.

1884 bereicherte Muther[23] das Wissen um Ursula Rehdinger mit der Entdeckung ihres Sterbedatums 1536. Er hat die Jahreszahl an ihrem mutmaßlichen Sargpodest gelesen, doch es handelt sich tatsächlich um das eingravierte Entstehungsdatum des Bronzebaldachins, zu lesen an der Unterseite des Himmels.

1891 geht Gredy in seiner Biographie über Albrecht sehr kritisch mit der Geschichte um Ursula Rehdinger ins Gericht.[24] Er schildert distanziert die vorgeschlagene Heirat von Luther sowie Ursulas frühen Tod und fügt dem hinzu, daß Albrecht sie schon während seines Aufenthaltes als Domizelar in Mainz kennenlernte. Aber als erster erkennt er, daß die Geschichte anachronistisch ist, weil der Sarg schon 1520 im Halleschen Heiltumbuch angeführt wird, also fünf bis elf Jahre vor dem mutmaßlichen Todesdatum Ursulas.

Schließlich untermauert er seine Zweifel mit den Ergebnissen des Mainzer Domkapitulars Doktor Friedrich Schneider, der im Oktober 1880 die Gelegenheit hatte, den Inhalt des Sarges zu überprüfen. Der Arzt findet in der Holzleiche sehr zarte, von einem jugendlichen Körper stammende Knochen, jeweils in der anatomisch richtigen Position eingesetzt. Es seien keine mittelalterlichen Knochen, sondern ältere, wie man sie in Reliquiaren findet. Der Arzt schließt seine Untersuchung mit den Worten: »Alles was in ebenso gehässiger als unsachlicher Weise über den Inhalt des Reliquienschreins zu Ungunsten des Kardinals Albrecht in Umlauf gesetzt worden ist, fällt somit in sich als Unwahrheit zusammen.«[25] Gredy schließt daraus, »daß überhaupt alle Angaben über ein intimes Verhältnis des Primas von Deutschland mit einer schönen Bäckerstochter den gehässigen Äußerungen Luthers über Albrecht entsprungen und gänzlich unwahr sind«.

1900 schließt sich Paul Redlich in seiner Studie über das Neue Stift zu Halle der kritischen Haltung von Gredy an. Recht leger meint er, Albrecht habe wohl in puncto Veneris kein reines Gewissen gehabt, es aber auch nicht toller getrieben als seine Standesgenossen.[26] Auch er verweist Luthers Geschichte von den Huren in den Särgen in die Welt der Fabeln, weil mitt-

23 *Redlich*, Cardinal (wie Anm. 16), S. 293; Redlich zit. – die Zeitschrift war nicht aufzufinden – Richard Muther, in: Grenzboten 1884, 2. Quartal, S. 593.

24 *Heinrich Gredy*, Kardinal-Erzbischof Albrecht II. von Brandenburg in seinem Verhältnisse zu den Glaubenserneuerungen. Nach geschichtlichen Urkunden dargestellt von (...). Mainz 1891, S. 72ff.

25 *Gredy*, Kardinal-Erzbischof (wie Anm. 24), S. 74f.

26 *Redlich*, Cardinal (wie Anm. 16), S. 293-295. Hier findet sich eine gute Zusammenfassung des bisherigen Legendenkreises um Ursula. Allerdings ist auch Redlich nicht ganz vorurteilsfrei; er versucht eindeutig, den Kardinal von jeglichem Vorwurf freizusprechen.

lerweile zwei weitere Wissenschaftler, Prof. Englert und Kittel in Aschaffenburg, die Knochen als die eines 12- bis 16jährigen Mädchens spezifizierten. In den Kunstdenkmälerband von Mader aus dem Jahr 1918 sind diese Forschungsergebnisse eingeflossen.[27] Doch überraschenderweise gibt es nach dem großen Aufräumen mit den Legenden eine Überlebende: Ursula Rehdinger. Sie hat sich in den hundert Jahren seit ihrer ersten Erwähnung so gut etabliert, daß keiner mehr an ihrer Existenz zweifelte, auch nachdem ihre Grablege demontiert wurde.[28]

Man könnte erwarten, daß die Geschichte des Grabmals der Ursula Rehdinger nach hundert Jahren entlarvt und ins Reich der Legenden verbannt worden wäre. Doch sie wurde munter weitergesponnen, vor allem in dem engen Forschungsbereich um die Nürnberger Bronzegießerfamilie Vischer. Kardinal Albrechts größter Auftrag an die Vischers war seine Grablege. 1525 schuf Peter Vischer die Grabplatte, die später in ein Epitaph umgewandelt wurde. Als Pendant kam 1530 die Marienplatte von Johannes hinzu, der 1536 auch den Baldachin kreierte. Kardinal Albrecht beschäftigte sich über 30 Jahre mit der Vergrößerung und Verbesserung seiner Grablege, die in der Hallenser Stiftskirche geplant war, schließlich aber einen neuen Platz in Aschaffenburg fand, während Albrecht in Mainz bestattet wurde.[29]

Aus unerklärlichen Gründen gingen die Forschungsergebnisse von Redlich überhaupt nicht in die Vischer-Forschung ein, sondern man spann hier die Geschichte des Ursula-Grabes weiter.[30] Zum »Schneewittchen-Sarg« und dem »Liebesschmerz-Herz« kam jetzt noch die Deutung der Marienplatte als Grabplatte der Ursula hinzu, was hier durchaus ein Portrait der Verstorbenen suggeriert.[31]

Ein Denkmal der besonderen Art wurde Ursula 1935 geschaffen, als sie eine der Hauptrollen in Paul Hindemiths Oper »Mathis der Maler« erhielt.

27 *Felix Mader*, Die Stadt Aschaffenburg. (Die Kunstdenkmäler von Bayern, III. Regierungsbezirk Unterfranken und Aschaffenburg, Bd. 19.) München 1918.

28 Z.B. ebd., S. 112 mit Anm. 1: »Die Margareta oder Ursula Ridinger [...] wird noch 1525 als lebend erwähnt«.

29 Zu Albrechts Grabdenkmälern *Merkel*, Jenseits-Sicherung (wie Anm. 15).

30 Zuerst *Ludwig Justi*, Vischerstudien, in: Repertorium für Kunstwissenschaft 24, 1901, S. 36-53, hier S. 52: Der Bronzebaldachin sei das Denkmal der Margarethe Riedinger. Da Justis Aufsatz wegweisend für die Vischer-Forschung war, hielt sich die Legende lange.

31 *Hubert Stierling*, Kleine Beiträge zu Peter Vischer. 5: Vorbilder, Anregungen, Weiterbildungen. Eine kurze Zusammenstellung, in: Monatshefte für Kunstwissenschaft 11, H. 9/10, 1918, S. 245-268, hier S. 254f.: Die Marienplatte in Aschaffenburg sei die »Gedenktafel für Margarethe Riedinger, die vertraute, früh verstorbene Freundin des Kardinals«.

Hindemith hat sehr gründlich den historischen Hintergrund recherchiert[32], wobei er Ursula, ihr Grabmal sowie die Heiratspläne für Albrecht und Ursula als Tatsachen nahm. Nach seiner Bearbeitung planen die Protestanten Albrechts Heirat, um ihn für ihre Sache zu gewinnen. Sie machen sich Albrechts Schulden zunutze, denn Ursulas reicher Vater – diesmal kein Bäcker – ist bereit, mit einer hohen Mitgift seine Tochter noch erstrebenswerter zu machen. Ursula ist eigentlich in den Maler Mathis Grünewald verliebt, doch sie ist bereit, für die Interessen der Lutheraner ihre eigenen Gefühle zu opfern. Der Kardinal, der Ursula sehr zugetan ist, durchschaut die Intrige und ist zuerst enttäuscht, daß sie sich dazu hat mißbrauchen lassen. Er entscheidet sich, zukünftig wie ein Eremit zu leben, und segnet sie, weil sie ihm die Augen geöffnet hat. Ihr weiteres Schicksal bleibt in der Oper unklar. Diese Karriere Ursulas in der Oper Hindemiths ist in ihrer Wirkung nicht zu unterschätzen, obwohl oder gerade weil der Komponist im Nationalsozialismus zu den entarteten Künstlern gezählt wurde. Bis heute besteht die Figur der Ursula als historischer Fakt in der wissenschaftlichen Literatur der Geschichte wie auch der Kunstgeschichte, zumal sie auch so gut in das Bild des Kardinals paßt.

So läßt sich abschließend zu Ursula Rehdinger sagen, daß es keinen einzigen Beweis für ihre Existenz gibt. Ihren Vornamen wie auch die beiden Alternativen Margarethe und Magdalena entnahm man rein interpretativ aus verschiedenen Kunstwerken, und Kunstwerke stehen auch Pate für die Legenden um ihren Tod, ihre Bestattung und Albrechts Liebesschmerz. Die Lebenszeit der legendären Ursula fällt etwa in die Zeit von des Kardinals Gefährtin Leys Schütz, die uns im folgenden Abschnitt beschäftigen soll.

Die Quellen zu Leys Schütz sind alle posthum und geben nicht die geringste Auskunft über ihr Leben oder ihre Persönlichkeit. Alle Quellen zu ihrer Person sind mit Angaben zur gemeinsamen Tochter Anna verbunden. Kardinal Albrecht wählte für seine Tochter einen typischen Namen für weibliche Familienmitglieder seiner Herkunftsfamilie, z.B. seine Schwester und beide Großmütter hießen ebenfalls Anna.[33] Der Name Leys wird in der Literatur als Elisabeth vervollständigt, aber die üblichen Kürzel dafür wären

32 *Gudrun Breimann*, Mathis der Maler und der »Fall Hindemith«. Studien zu Hindemiths Opernlibretto im Kontext der kulturgeschichtlichen und politischen Bedingungen der 30er Jahre. (Diss. Münster 1996) Frankfurt a.M. u.a. 1997, S. 190f.

33 Seine Schwester Anna († 1514) heiratete König Friedrich I. von Dänemark. Die Großmutter väterlicherseits war Anna von Sachsen († 1512), Schwester des sächsischen Kurfürsten Ernst, Ehefrau von Kurfürst Albrecht Achilles. Die Großmutter mütterlicherseits war Anna († 1462), Ehefrau des sächsischen Herzogs Wilhelm III.

Else, Elsbeth, Lisa, Liesel oder Lise. Es wäre zu hinterfragen, ob Leys nicht einen humanistisch begründeten Spitznamen mit Bezug auf die berühmte Kurtisane ›Laïs von Korinth‹ darstellt, eine zu dieser Zeit durchaus übliche, wenn auch nur bei Männern bekannte Wortspielerei.[34] Die verschiedenen Schreibweisen lassen sich leicht mit der willkürlichen, sich stark nach dem Hören richtenden Orthographie dieser Zeit erklären. Leys Schütz starb um oder vor 1527, weil am 17. Mai dieses Jahres die beiden Geschäfte, die sie in Mainz gepachtet hatte, neu vermietet wurden.[35] Es handelte sich dabei um zwei Läden im sogenannten Paradies. Sie besaß außerdem ein Haus an der Lorenzkapelle. Am 22. September 1528 weist Albrecht das Mainzer Domkapitel an, ihr Haus für 900 Gulden zu erwerben.[36] Der Kauf kam aber nicht zustande, und erst am 19. Oktober 1532 konnten Albrechts Tochter Anna und ihr Ehemann Joachim Kirchner, der Sekretär beim Kardinal war, das Haus für 500 Gulden an das Domkapitel verkaufen.[37] Offenbar wollte Albrecht mit dem stark überhöhten Kaufpreis seiner Tochter Anna auf einem offiziellen Weg eine finanzielle Absicherung zukommen lassen. Das weitere Schicksal von Leys Schütz' Haus ist für Kardinal Albrechts Familiensinn typisch:

> »Es soll samt dem Kleinen Schultheißen Brandenburg zu bauen und lebenslänglich, er bleibe Domherr oder nicht, zu bewohnen gegeben werden. Doch muß er den Kleinen Schultheißen von neuem auf- und Leysen Haus ausbauen und in Bau und Besserung halten. Dazu will Kap. Die 500 fl. Kaufgeld darlegen und überdies Brandenburg 100 fl. zur Steuer des Baus geben«.[38]

Mit »Brandenburg« ist Albrechts Vetter Johann Albrecht gemeint, der unter der Obhut seines Verwandten eine steile Karriere machte und in Mainz gar als Nachfolger aufgebaut wurde. Fortan sollte er äußerst kostengünstig im Haus der ehemaligen Lebensgefährtin Albrechts leben, zumal das Dom-

34 Albrecht Achilles, Johann Cicero; oder latinisierte bzw. graecisierte Namen wie Melanchthon.

35 *Fritz Herrmann*, Die Protokolle des Mainzer Domkapitels. 1514-1545. 2 Bde., Paderborn 1929-32, S. 322; *Rolf Hünicken*, Nachkommen Kardinal Albrechts von Brandenburg, in: Fschr. für Geheimrat Freydank zu seinem 90. Geburtstag. (= Ekkehardbücherreihe, Bd. 9.) Halle 1941, S. 23-26.

36 *Herrmann*, Protokolle (wie Anm. 35), S. 382.

37 Ebd., S. 536.

38 Ebd.

kapitel den Kauf tätigte. Offenbar war das Haus der Leys nicht stattlich genug für die Ansprüche des Markgrafen, wurde doch das Nachbargebäude hinzugenommen und beide Häuser neu ausgebaut.

Neben den kargen Schriftquellen zu Leys Schütz gibt es vielleicht doch eine Möglichkeit, sich ein Bild von ihr zu machen. Die Bildnisse, die man bisher als jene der Ursula Rehdinger deutete, entstanden alle zu Lebzeiten von Leys Schütz. Betrachtet man die Ursula-Darstellungen in Berlin und im Aschaffenburger Stiftsmuseum, so sieht man eine blonde junge Frau mit einer leicht nach unten gelängten Nase und etwas übervollen Lippen. Ihre sorgfältig unter einem Netz hochgesteckten Haare ringeln sich in eigenwilligen Locken über die Ohren heraus. Mit nicht ganz so stark ausgeprägten Charakteristika erscheint die Ursula im Aschaffenburger Schloß, hier allerdings mit offenen blonden Locken. Sie zeigt eine auffällige Ähnlichkeit mit der Frau in dem Gemälde »Christus und die Ehebrecherin« (Abb. 6 und 7) aus dem Cranach-Umfeld, sehr wahrscheinlich von Simon Franck gemalt.[39] Man muß allerdings zugeben, daß die »Ehebrecherin« und die beiden Ursulas in Berlin und im Aschaffenburger Stiftsmuseum kaum Ähnlichkeit besitzen. Durch die Idealisierung der weiblichen Schönheit und die Anpassung einer Portraitierten an gängige Ideale ist es eine mühsame bis unmögliche Arbeit, das Aussehen einer bestimmten Frau zu rekonstruieren.

Das Gemälde »Christus und die Ehebrecherin« erscheint im Zusammenhang mit Albrechts Beziehungen zu Frauen besonders rätselhaft. Es erzählt die biblische Geschichte nach Joh 8, 3-12, wie das Volk eine Ehebrecherin vor Christus bringt, um seine Meinung zum Urteil zu hinterfragen. Sie soll gesteinigt werden. Jesus sagt dazu: »Wer unter euch ohne Schuld, der werfe den ersten Stein.« Mitten unter dem mit Steinen bewaffneten Pöbel erscheint Albrecht von Brandenburg mit erhobenen leeren Händen. Durch elegante Kleidung, Habitus und Physiognomie unterscheidet er sich extrem von dem restlichen grölenden Haufen. Ihm gegenüber erscheint Jesus mit der Ehebrecherin an der Hand. Wie von den Worten Christi persönlich erschüttert, schreckt Albrecht zurück und weist seine leeren Hände vor: Er wirft nicht den ersten Stein. Eigenartig spiegelt sich das Bild in einem Brief Luthers an Albrecht, in dem der Reformator äußert, ihre kurfürstlichen Gnaden seien auch nicht so rein, als »daß sie die Ehebrecherin steinigen

39 Öl auf Buchenholz, 112,8 × 97,1 cm; Bayerische Staatsgemäldesammlungen, Galerie Aschaffenburg; siehe *Tacke*, Cranach (wie Anm. 7), S. 133f., Abb. 25, 82 und 83; Das Rätsel Grünewald. (Veröffentlichungen zur Bayerischen Geschichte und Kultur, Bd. 45/02.) Hrsg. von Rainhard Riepertinger u.a. (Ausstellungskatalog) Augsburg 2002, S. 275, Kat.-Nr. 160 (von Andreas Tacke).

würden«.[40] Es ist ein eigenartig lebendiges, emotionales Portrait des Kardinals, ohne Insignien seiner Macht, mit ausdrucksstarker Körpersprache und Mimik. Es scheint eines der seltenen Portraits zu sein, in denen nicht der Dürer- bzw. Cranach-Stich als Vorbild dienten. Oft wirken Albrechts Bildnisse wie zusammenhanglos in den Kontext eines Gemäldes implantiert, er stellt keinerlei inhaltlich begründeten Kontakt zu seinem Umfeld her.[41] Hier jedoch ist er tatsächlich ein ins Geschehen einbezogener Akteur. Sein Blick richtet sich gezielt auf die schöne Ehebrecherin. Sie jedoch schaut über den Betrachter hinweg ins Leere. Inmitten des tobenden Pöbels herrscht zwischen den drei Hauptfiguren eine merkwürdige Stille. Für sich betrachtet könnte man glauben, eine Braut wird dem wartenden Bräutigam zugeführt, aber tatsächlich nimmt Jesus die Frau irgendwohin mit. In der Bibel wird geschildert, wie Jesus in den Sand schrieb, während man auf sein Urteil wartete. Seine niedergeschriebenen Worte sind nicht überliefert. In dem Gemälde ist die hebräische Schriftzeile bisher als »Gott mit den Betrübten« gelesen worden; auch das ist leider nur eine von der Wissenschaft tradierte Legende. Tatsächlich handelt es sich um eine Phantasieinschrift ohne jeden Inhalt.[42] Das Gemälde ist um 1525 datiert. In dieser Zeit war die vor 1527 verstorbene Leys Schütz Albrechts Lebensgefährtin, die in diesem wenn auch im Zeitstil idealisierten Portrait wiedergegeben sein muß. Es scheint, als wolle Albrecht seine Lebensgefährtin und sich selbst in diesem Bild von einer Beurteilung durch Menschen freisprechen, denn es wird sich keiner ohne Schuld finden, der das Recht hätte, ein Urteil über die beiden zu fällen.

Ein anrührendes Denkmal in der Aschaffenburger Stiftskirche erinnert an den Enkel des Kardinals, der bezeichnenderweise den Namen seines Großvaters – Albrecht – trug. Er stammt aus der 1532 geschlossenen Ehe zwischen Leys' Tochter Anna und dem erzbischöflichen Sekretär Joachim Kirchner.[43] Albrecht Kirchner, 1541 mit nur drei Jahren gestorben, kniet in

40 *May*, Kurfürst (wie Anm. 22), Bd. 1, S. 137*, Beilage XLVIIa: Brief Luthers vom 14.02.1524.

41 Als Beispiel seien nur die »Gregorsmessen« von (?) Simon Franck genannt, wo man den Eindruck hat, der Kardinal schaut in die falsche Richtung, ebenso die 1534 gemalte Tischplatte im Louvre von Sebald Beham, wo der Kardinal völlig introvertiert und teilnahmslos dem Bad der Bathseba assistiert, während seine Begleiter lebhaftes Interesse zeigen.

42 Ich danke Prof. Dr. Christopf Böttigheimer und Dr. Florian Bruckmann von der Katholischen Universität Eichstätt für ihre kollegiale Hilfe.

43 *Alfred F. Wolfert*, Heraldische Spuren der Verwandtschaft des Kardinals Albrecht von Brandenburg in Aschaffenburg, in: Aschaffenburger Jahrbuch für Geschichte, Landeskunde und Kunst des Untermaingebietes 6, 1979, S. 127-136; *Merkel*, Jenseits-Sicherung (wie Anm. 15), S. 91f.

Abb. 6: Cranach-Werkstatt, Christus und die Ehebrecherin, vor 1525?; Öl auf Holz, 112,8 × 97,1 cm; Aschaffenburg, Schloß, Galerie (Bayerische Staatsgemäldesammlungen München: Inv.-Nr. 6246).

Abb. 7: Cranach-Werkstatt, Christus und die Ehebrecherin, Detail aus Abb. 6.

modischer Tracht vor dem gekreuzigten Christus.[44] Links sind die beiden Wappen seiner Eltern angeordnet, wobei es ungewöhnlich ist, daß das Wappen der Mutter die heraldisch bessere rechte Seite einnimmt.[45] Diese Positionierung verweist auf ihre hochrangige gesellschaftliche Stellung. Es handelt sich um das Wappen der Adelsfamilie Schütz von Holzhausen, was bedeutet, daß Leys Schütz nicht bürgerlicher, sondern adliger Abstammung war. Der Kindergrabstein ist an sich schon eine Besonderheit, da man sich bei der hohen Kindersterblichkeit diese Mühe nicht oft machte. Die Bestattung innerhalb der Stiftskirche ist zudem ein besonderes Privileg, das zu Albrechts Lebzeiten vor allem ihm sehr nahestehenden Personen zugestanden wurde, wie seinem Erzieher Caspar von der Schulenburg († 1527) oder seinem Freund und Kammerdiener Georg von Liebenstein († 1533). Anna heiratet 1550 zum zweiten Mal in der Hallenser Marktkirche St. Marien.[46] Im Traubuch wird sie in aller Deutlichkeit als »des Cardinals tochter« benannt. Aus dieser Ehe mit Constantin Caselmann gehen drei Söhne sowie

44 Die Inschrift nach Übersetzung von *Wolfert*, Spuren (wie Anm. 43), S. 132f.: »Merk auf, der du des Weges kommst, wer du auch bist, und verharre ein Weilchen: Hier liegt, vom vorzeitigen Tod überwältigt der edle (ingenuus) und mit seltener Gnade bei dem Herrn ausgestattete Knabe Albrecht Kirchner, von seinem Vater Joachim gleichen Zunamens, sonst auch Hofmann genannt, aus seiner teuersten und ehrbarsten Gattin Anna erzeugt, der schon bei allen wegen seiner für sein Lebensalter wunderbaren Klugheit damals anziehend war und darauf noch um so viel beliebter geworden wäre. Um so viel teurer war er aber auch den Himmlischen, aus diesem elenden Leben aber erhob er sich in nicht weniger zu bewundernder Berechnung, indem er der Natur seine Todesschuld einlöste, zusammen mit deren Herrn, als wenn er fortgeschrittenen Alters nach seinem himmlischen Vater verlangt hätte. Beim Abschied von seinem Leben vertraute er alle dem gleichen allmächtigen Gotte an, bei dem er zweifelsohne für alle getreulich seine Fürbitte einlegt. Er lebte drei Jahre, fünf Monate und etwa zehn Tage. Er entschlief in Christus im Jahre unseres Heils 1541 am 10. Juni. Dieses Denkmal haben ihrem süßesten Nachkömmling gesetzt die Eltern, Joachim und Anna, nach solchem Schicksalsentscheid als Überlebende im frommen Gedenken.«

45 *Wolfert*, Spuren (wie Anm. 43), S. 134. Das Wappen von Joachim Kirchner zeigt einen Dreiberg mit springendem Einhorn, darüber der für Bürgerwappen gebrauchte Stechhelm mit Einhorn. Das Wappen der Ehefrau zeigt den für den Adel reservierten Spangenhelm, dann im goldenen Schild drei schwarze Hüte mit roter Kugel und rotem Band, als Helmzier trägt ein bärtiger Mannsrumpf den gleichen Hut.

46 Das Traubuch befindet sich in der Marienbibliothek zu Halle; zit. bei *Hünicken*, Nachkommen (wie Anm. 35), S. 24: »Dominica post Epiphanis Constantinus Caselmann, unsers gnedigsten Herrn Secretarius Anna, Jochim Secretarius nach(gelassene) Witfraw, des Cardinals tochter«. In Halle wurde Anna mit Talgütern in den Jahren 1536 und 1541 belehnt; sie starb erst 1599, kurz nach ihrem zweiten Ehemann.

fünf nachweisbare Enkel hervor, von denen wiederum zwei den Namen Albrecht tragen.[47] Des Kardinals Tochter Anna starb um 1599.[48]

Es ist bezeichnend, daß man erst im weit fortgeschrittenen 20. Jahrhundert in der Lage war, sich von der Legendenbildung des 19. Jahrhunderts frei zu machen, um an ein neues Quellenstudium zu gehen. Allerdings war die Wissenschaft dabei keineswegs politisch unbelastet. Rolf Hünicken, dem wir die Wiederentdeckung von Leys Schütz verdanken, verknüpfte mit detektivischem Spürsinn die zu seiner Zeit noch recht frisch publizierten Akten des Mainzer Domkapitels mit Hallenser Quellen. Ohne diese raumübergreifende Verbindung, die Hünicken gelang, hätte man die Anna aus den Mainzer Immobilienverkäufen nicht mit der Hallenser Anna aus dem Traubuch der Marienkirche in Verbindung bringen können. Doch trieb Hünicken eine andere Fragestellung an. Im Sinne der nationalsozialistischen Rassenforschung wollte er herausfinden, ob bestimmte Charaktereigenschaften erblich sind. Bei Nachfahren der Familie Caselmann / Castelmann glaubte er, dieselbe Verschwendungssucht wie bei ihrem Stammvater Albrecht von Brandenburg ausfindig zu machen. Hünicken, Stadtarchivar von Halle, ist noch sehr jung im Zweiten Weltkrieg verschollen.

In der Stiftskirche von Aschaffenburg befindet sich nur wenige Meter von dem Kinderepitaph des Enkels Albrecht entfernt ein weiterer Grabstein, der auf die zweite feste Liebesbeziehung des Kardinals verweist. Der Stein wurde für Ottilia Strauss († 1543)[49] gesetzt, die Mutter von Agnes Pless[50] und sozusagen die ›Schwiegermutter‹ Albrechts. Erstmals in die Forschung aufgenommen wurde sie von dem Grünewaldforscher Zülch, der bei dem gründlichen Quellenstudium um den Maler Matthis Grünewald die Erkenntnisse über Albrechts Lebensgefährtin quasi als Beiprodukt gewann. Ihm lagen die Akten vor, in denen der beschlagnahmte Besitz von Agnes Pless nach Albrechts Tod aufgelistet wurde, sowie ihr Testament, das im Zweiten Weltkrieg verbrannte. Bedauerlicherweise sind Zülch bei der Fülle seines Quellen-

47 Annas Sohn hieß Johann Albrecht, dessen Sohn ebenfalls Johann Albrecht; vgl. *Hünicken*, Nachkommen (wie Anm. 35), S. 24.

48 Hünicken rekonstruiert das Todesdatum aus dem Umstand, daß Annas Talgüter 1599 auf den Kanzler Meckbach übergingen; vgl. ebd., S. 24.

49 *Wolfert*, Spuren (wie Anm. 43), S. 134.

50 *Walter Karl Zülch*, Kardinal Albrecht von Brandenburg und Agnes Strauß-Pleß. Die Geschichte einer romantischen Liebe und ihres tragischen Ausgangs, in: Hallische Nachrichten 41, Nr. 76, Dienstag 02.04.1929, S. 12; *Ders.*, Der historische Grünewald. Mathis Gothardt=Neithardt. München 1938, S. 400-402; *Wolfert*, Spuren (wie Anm. 39); *Tacke*, Pless (wie Anm. 19).

materials einige Ungenauigkeiten unterlaufen, so daß es manchmal schwierig bis unmöglich ist, seine Angaben zurückzuverfolgen. So ist es ein großer Gewinn, daß sich Andreas Tacke erneut des Themas annahm, die noch vorhandenen Quellen publizierte und Irrtümer ausräumte.

Agnes war die Tochter des Frankfurter Metzgers Hans Strauss und dessen zweiter Ehefrau Ottilia Strauss geb. Semer. Die erste Ehefrau Agnes starb vor 1495, nach ihr wurde die ca. 1502 geborene Agnes genannt, die 1521 den Frankfurter Bürger Hans Pless heiratete. Agnes Pless war nun aber keine bescheidene Metzgerstochter, sondern eine wohlhabende Frau. 1525 verkaufte sie die ererbte Fleischschirn, außerdem hatte sie Grundbesitz in Mainz, Frankfurt, Landau und Aschaffenburg. Um 1527/28 verstarb ihr Ehemann, zur selben Zeit wie Albrechts Geliebte Leys Schütz. Wann Agnes mit Albrecht zusammenkam, ist unbekannt, aber sicher recht bald. Beide Partner kamen aus einer Beziehung, die durch den Tod beendet wurde, beide waren sozusagen verwitwet. Offenbar entwickelte Agnes einen engen Bezug zu Anna, so findet sich in ihrem Testament eine Goldkette mit einem Anhänger, auf dem ein Bild von Albrechts Tochter zu sehen war.[51] Sie besaß ein Haus »Zum grunen hofe« in Halle, das sie nach dem Umzug nach Aschaffenburg verkaufte, um dort nahe der Residenz neu zu bauen. Albrecht machte sie in Aschaffenburg zur Vorsteherin der Beginen. Sicher dachte die luxusgewohnte Agnes nicht daran, sich mit Krankenpflege zu befassen und in Bescheidenheit zu leben, doch versuchte Albrecht auf diese Art, ihr eine Versorgung nach seinem Tod zu sichern, was sehr vorausschauend, aber leider erfolglos war. Es war ihm bewußt, daß seine Mätresse nach seinem Tod einen schweren Stand haben würde, deshalb ließ er seinen Sekretär Melchior Vogt schwören, sie nach seinem Tod zu beschützen, doch dieser brach den Eid und stieg unter Albrechts Nachfolger in die Stelle eines Rates auf. Außerdem empfahl Albrecht seine Mätresse dem Magdeburger Erzbischof Johann Albrecht, seinem Vetter[52], doch auch das war erfolglos, da Agnes an Albrechts Sterbebett verweilte, statt noch zu seinen Lebzeiten nach Magdeburg zu flüchten. Nach seinem Tod am 24. September wurde sie direkt in der Mainzer Martinsburg neben dem Sterbebett verhaftet. Nach einer schweren Haft, die nachhaltig ihrer Gesundheit schadete, kam sie erst im November desselben Jahres wieder frei. Währenddessen hatte das Mainzer Domkapitel ihr Vermögen und ihre Sachwerte beschlagnahmt, soweit es dessen habhaft werden konnte: Wein, Schmuck, Kleidung, Münzen, Silber-

51 Das Testament ist im 2. Weltkrieg verbrannt, Auszüge zit. bei *Zülch*, Grünewald (wie Anm. 50), S. 403.

52 Jener, der das Mainzer Haus von Leys Schütz bezog, siehe oben.

geschirr, Spezereien, Stoffe, Gürtel und »brieve und siegel uber ijhre Zinse und Renthe«. Sie versuchte zwar, ihrer Besitztümer wieder habhaft zu werden, aber wahrscheinlich ohne Erfolg. Nach der Haft fand sie Zuflucht im Frankfurter Haus von Lorenz Villani, dem Vertreter der Florentiner Seidenhandlung Petrus Saliti, der schon mit Kardinal Albrecht Geldgeschäfte gemacht hatte. Hier legte sie am 16. Mai 1546 ihr Testament nieder, zu dessen Vollstrecker sie den lutherischen Landgrafen Philipp von Hessen ernannte, dessen hessischen Spitälern sie dafür ein Legat von 4.000 Gulden zuwandte. Aus dem Testament geht hervor, daß sie trotz der Plünderungen durch das Mainzer Domkapitel immer noch eine reiche Frau war, was sie als mittlerweile 45jährige Bürgerliche sicherlich auch interessant machte für den hessischen Adligen Raban von Holzheim, der sie am 17. Februar 1547 heiratete. Doch nur zwei Wochen nach ihrer Hochzeit am 4. März starb Agnes. Nun klagte ihr Witwer gegen Lorenz Villani um die bei ihm hinterlegten Besitztümer, der Prozeß sollte sich in Frankfurt über Jahre hinziehen.

Betrachtet man die Lebensgeschichten der beiden Frauen, die aus Albrechts Leben bekannt sind, so scheint nur noch wenig Platz für andere Konkubinen zu sein. Leys Schütz und Agnes Pless folgten zeitlich aufeinander und füllten Albrechts Erwachsenenleben zeitlich fast gänzlich aus. Beide lebten in Häusern in seiner Nähe, zählten also nicht zum direkten Hofstaat. An Albrechts Hof gab es keinerlei Infrastruktur für ein Frauenleben, keine Frauenzimmer, Hofdamen oder Kammerzofen. Trotz getrennten Wohnens war der Familienzusammenhalt eng, und die Fürsorge Albrechts erstreckte sich von der finanziellen Absicherung der Tochter, wahrscheinlich auch der Verheiratung mit seinem Sekretär, der Versorgung der Geliebten bis hin zur Bestattung des Enkels und der ›Schwiegermutter‹. Betrachtet man die Psychostruktur des Kardinals, so scheint er eher ein Familienmensch mit Hang zu festen Bindungen gewesen zu sein. Wenn er auch nicht dem Idealbild des zölibatären Kirchenmannes entsprach, so doch dem eines fürsorglichen Partners und Vaters.

Nach den beiden mit Quellen belegbaren Lebensgefährtinnen Albrechts möchte ich noch zwei Frauen benennen, deren Existenz wenn auch nicht belegbar, so doch wahrscheinlich ist. Die erste ist eine namenlos gebliebene ›italienische Sängerin‹, 1747 erstmals bei dem eigentlich zuverlässigen Hallenser Historiker und Chronisten Dreyhaupt[53] genannt, der sich dabei auf

53 *Johann Christoph von Dreyhaupt*, Pagus Neletici et Nudzici oder Ausführliche diplomatisch-historische Beschreibung des (...) Saal-Creyses und aller darinnen befindlichen Städte, Schlösser, Aemter etc. 2 Teile, Halle (Saale) 1749-50, hier T. 2, S. 514.

alte geschriebene Hauschroniken beruft, diese aber nicht genau benennt. Es sei zudem eingeschränkt, daß Dreyhaupt als Protestant in seiner Grundhaltung parteiisch war:

»So viel ist gewiß, daß Schönitz mit seines Herrn Geldern nicht so gar treu umgegangen, sondern vieles untergeschlagen haben mochte, es soll aber dieses nicht die eigentliche Ursache des von dem Cardinal, der sonst ein sehr gütiger und genereuser Herr war, auf ihn geworffenen Unwillens und höchster Ungnade gewesen sein, sondern nach der Tradition und einigen geschriebenen alten HausChroniken, soll der Cardinal, als er Schönitzen in einige Angelegenheiten nach Rom geschickt, selbigen befohlen haben, ihm eine Italienische Sängerin mit zu bringen; Schönitz aber sich mit derselben unterwegens zu gemein gemacht, und solche Vertraulichkeit nachher fortgesetzet haben, welches ein Schalcks-Narr, in dessen Gegenwart er sich nicht gescheuet, die Sängerin zu küssen und ihr in den Busen zu greifen, dem Cardinal verrathen, welcher beyde darüber zur Rede gesetzet, und als sie alles mit vielem Vermessen geläugnet, sonderlich Schönitzen hart verwarnet, dieser aber sich nicht daran gekehret, sondern seinen vertrauten Umgang mit der Sängerin fortgesetzet. Da sie denn der Cardinal in Person belauret, und sie nicht allein in flagranti angetroffen, sondern auch gehöret, wie spötlich Schönitz von ihm zu der Sängerin gesprochen, darauf er ihn sogleich auf der Moritzburg in Arrest nehmen, nach Giebichenstein bringen und den Proceß formiren lassen.«

Tatsächlich ist die Eile, die Härte und auch die Ungerechtigkeit, mit der Albrecht hier durchgriff, höchst ungewöhnlich für den Kardinal, der im zeitgenössischen Vergleich eher als milde in der Rechtsprechung gilt. Der Bruder von Hans Schönitz wandte sich an Luther, der Albrecht im März 1536 einen wütenden Anklagebrief schickte. Allerdings mit erstaunlichem Inhalt, denn er betont: »Von Huren weiß ich nicht diesmal.«[54] Es ist deshalb schwer zu entscheiden, ob es sich bei der italienischen Sängerin ›nur‹ um eine Hallenser Lokallegende handelt oder ob der Bruder einfach diese peinliche Geschichte nicht an Luther weitergegeben hat? Es spricht tatsächlich nicht für Hans Schönitzens Feingefühl, wenn er seinem ›Chef‹ in aller Öffentlichkeit die Geliebte ausspannte. Die Vertrautheit mit dem Kardinal muß ihn blind gemacht haben für Albrechts unumstößliches Hierarchie-

54 Dr. Martin Luthers Briefe, Sendschreiben und Bedenken. Hrsg. von Wilhelm Leberecht de Wette. 6 Bde., Berlin 1825-28, S. 678.

denken, aber auch blind für die Macht der Gefühle, die zu Ungerechtigkeiten hinreißen können. Luther klagt am Rande des Briefes noch an, »das E.K.F.G. der armen Kotzen Else selige zu Magdeburg auch genomen (wie sie am Tod bekennet), das er doch ihr nicht geben hat«. Offenbar hatte Albrecht eine kurze Affäre mit einer mittlerweile verstorbenen Magdeburgerin namens Else Kotze, der er aber Geld schuldig blieb – ein Hinweis, daß es sich vielleicht um eine Prostituierte handelte.[55]

Die Geschichte der italienischen Sängerin schildert der Hallenser Bildhauer Bernd Göbel in dem 1998 aufgestellten Brunnen auf dem Hallmarkt.[56] Der nackte Kardinal liegt auf der Sängerin, die an ihm vorbei Hans Schönitzens Hand zärtlich berührt. Dessen Strafe ist auch schon angedeutet, tritt ihm der Kardinal doch unsanft gegen den Kopf. Um die heftig umstrittene Gruppe aus der Kritik zu nehmen, hat der Künstler die Mitra in gesträubte Haare verwandelt. Doch ganz verschwinden ließ er die bischöfliche Kopfbedeckung nicht. Ein kleiner Luzifer im Brunnenbecken trägt sie fortan in seinen Händen.

Nun zu den Konkubinen, die man nach dem gegenwärtigen Stand der Forschung mit keiner Quelle belegen kann. Käthe Stolzenfels, Tochter eines Waffenschmieds, Ernestine Mahandel, Bäckerstocher[57], und Maria von Gemmingen tauchen alle erstmals 1846 in einem Mainzer Buch über die letzten sieben Kurfürsten von Nikolaus Müller auf.[58] Er hat Geschichten und Anekdoten seiner Heimatstadt aus vergangenen Jahrhunderten gesammelt. Nun besitzen solche Sammlungen durchaus einen Quellenwert, vereinigen sie doch alte Überlieferungen, deren Wahrheitsgehalt aber schwer überprüfbar ist. Vogts Abhandlung über Albrecht geht auf Henrich, Edler von Gemmingen (als Verfasser) zurück, das Manuskript stammt von dem kurfürstlichen Geheimrat Johannes Rudolph Will; »Für und gegen den Mainzer Kurfürsten Albert II., Markgraven von Brandenburg [...]«, leider gibt er bei keiner seiner beiden Quellen eine Jahresangabe.[59] Die Anekdoten

55 Ebd.

56 Siehe: Der Göbel-Brunnen. Ursprung – Zeitlauf – Turbulenzen. Hrsg. von der Stadt Halle und dem Halleschen Kunstverein e.V. Halle 1998. – Ich danke dem Künstler Bernd Göbel für seine Hilfe und Gesprächsbereitschaft.

57 Zur Häufung von Bäckerstöchtern unter den Konkubinen siehe oben Anm. 10.

58 *Niklaus Müller*, Die sieben letzten Kurfürsten von Mainz und ihre Zeit, charakteristische Gemäldegallerie von Ueberlieferungs- und Erinnerungsstücken zwischen 1679 und 1794. Mainz 1846, S. 9.

59 Johannes Rudolph Will ist in Mainz im 18. Jh. nachweisbar, seine Dissertation veröffentlichte er 1759.

über Albrecht stammen aus den Memorien-Fragmenten diverser Mainzer Sammler. Käthe Stolzenfels und Ernestine Mahandel lassen sich mit keiner einzigen Quelle belegen. Maria von Gemmingen ist dem Namen nach ein Familienmitglied von Albrechts Vorgänger Uriel von Gemmingen, an dessen Hof Albrecht seine Präsenzzeit in Mainz verbrachte. Man kann sich kaum vorstellen, daß er eine Affäre mit der weiblichen Verwandtschaft des ihm vorgesetzten Erzbischofs begann. Tatsächlich beruht Maria von Gemmingens ›Karriere‹ als Geliebte des Kardinals eindeutig auf einem Mißverständnis. Müller schildert nämlich, daß Grünewald »die Käthe als die heil. Katharina« malte und außerdem »die Frau Maria von Gemmingen als Madonna«. Kein Wort fällt über eine intime Beziehung zwischen Frau von Gemmingen und Albrecht. Der Autor hat hier lediglich (mutmaßliche) Portraits von Grünewald aufgelistet. Aber fortan wurde die Adlige unter Albrechts Konkubinen gezählt.

Eine nette Anekdote schildert das unfreiwillige Wiedersehen mit einer Jugendbekanntschaft, der Süßküchlerin Lona aus Stettin, die zur Messe nach Frankfurt kam und bei dieser Gelegenheit auch Mainz einen Besuch abstattete. Ein alter Kammerdiener führte sie direkt in das Arbeitszimmer von Albrecht, der sie aber nicht erkannte. Lona sagte:

> »Gekreuzigter Heiland, da steht ja mein Albrecht vor mir wie gekotzt.[60] – Ei Du stolzer Kurfürst, glaub' gar, du kennst mich nicht mehr. Bin ja schön Lone, die Süßküchlerin. War doch immer Dein Herzblättchen und meine Honignüsse und Zuckermandeln haben Dir immer recht gut geschmeckt. Oh ich vergeß das nimmer, so oft Du mir in's Grübchen gedrückt, hast Du mir's Herz gepackt; ja Du Schelm hast nichts Gutes angestift in mir.«

Mir scheint diese Geschichte nur eine Legende zu sein, denn ein Aufenthalt Albrechts in Stettin, wo die beiden sich während seiner Studienzeiten kennengelernt haben sollen, ist nicht nachweisbar, außerdem hat er nicht studiert.[61] Es scheint auch unwahrscheinlich, daß eine Kleinunternehmerin

60 »Aussehen wie gekotzt« meint im Mainzer Dialekt, daß man eine besondere Ähnlichkeit mit jemandem hat.

61 *Ingrid Heike Ringel,* Nunquam in aliquo studio generali seu privilegiato (...) studiusti. Eine Studiendispens für Albrecht von Brandenburg, in: Friedhelm Jürgensmeier (Hrsg.), Erzbischof Albrecht von Brandenburg (1490-1545). Ein Kirchen- und Reichsfürst der Frühen Neuzeit. (Beiträge zur Mainzer Kirchengeschichte, Bd. 3.) Frankfurt a.M. 1991, S. 37-48.

den weiten Weg von Stettin zur Frankfurter Frühjahrsmesse auf sich nahm, da gab es näher liegende Veranstaltungen.

Eine andere Geschichte erzählt, wie eine Hallenserin ihrer in Mainz verheirateten Tochter Kleidung und Spielzeug für das neugeborene Kind schickte. Aber die Adresse auf dem Paket ging verloren, und es geriet in eine für Albrecht bestimmte Ladung von Kunstgegenständen. Mit »einer zufällig sich zusammentreffenden Gesellschaft von jungen und älteren Edeldamen« packte der Kardinal die Pakete aus und entdeckte unter großem Gelächter die Kindersachen unter den Kunstobjekten mit den besten Wünschen für das liebe Enkelein, was unter den amüsierten Beobachterinnen ›malitiöse Anspielungen‹ auf die Favoritinnen auslöste.[62]

Interessant ist auch die Erzählung, wie Albrecht von Brandenburg sich um die Versorgung einer ledigen schwangeren Adeligen bemühte.[63] Zwar wird nicht eindeutig gesagt, daß er der Vater ist, aber es zeigt sein Bestreben, Unglücke dieser Art zu regeln, und sei es durch Zwangsheirat wie in anderen Geschichten geschildert wird.[64] Die schwangere Freiin von Hacke sollte also in das adlige Nonnenstift Eibingen im Rheingau gebracht werden. Die kluge Äbtissin aber schlug dem Erzbischof diese Zumutung ab. Sie schreibt: »Euer kurfürstliche Gnaden werden bei genauer Erwägung selbst finden, daß diese Zumuthung eine zu starke ist, daß es mit dem Fräulein ein Häkkelchen[65] hat.« Gerade diese Anekdote zeigt, daß in der Detailüberlieferung von Namen tatsächlich über Jahrhunderte eine Zuverlässigkeit besteht. Albrecht war einer Familie Hake eng verbunden. Dem Hauptmann seines Schlosses in Calbe, Simon Hake, genehmigte er die Beisetzung in der Stiftskirche zu Halle und stiftete gar eine wertvolle Memoria[66], beides ein beson-

62 *Müller*, Kurfürsten (wie Anm. 58), S. 57f. Als Spottname verliehen die Damen den Favoritinnen »Frauen des neuen Ritters von Gleichen zwischen Ambos und Backofen«. Ambos und Backofen sind eindeutig sexuelle Anspielungen, doch war es mir nicht möglich, die Bedeutung des »neuen Ritters von Gleichen« zu klären, zumal es tatsächlich dieses Adelsgeschlecht gibt.

63 Ebd., S. 38f.

64 Ebd., S. 45f. Hier verheiratet er sozusagen stante pede seinen Kammerherrn Lothar Franz von Tannstein mit dessen schwangerer Geliebten, der gegenüber er sein Eheversprechen nicht einhielt. Albrecht übernimmt harmoniestiftend die Patenschaft.

65 »Häckelchen« als Diminutiv von dem Familiennamen Hacke ist eine Anspielung auf das ungeborene Kind.

66 *Michael Scholz*, Residenz, Hof und Verwaltung der Erzbischöfe von Magdeburg in Halle in der ersten Hälfte des 16. Jahrhunderts. (Residenzenforschung, Bd. 7.) Sigmaringen 1998, S. 221; Albrecht stiftete 300 Gulden für die Memoria eines Sekretärs, eines Kammerherrn und des Hauptmannes Hake.

deres Privileg. Auch die Charakterisierung der Äbtissin beinhaltet einen historischen Kern. Kloster Eibingen, eine Gründung der heiligen Hildegard, war unter Albrechts Vorgänger Uriel von Gemmingen einer Klosterreform unterzogen worden. Die sittenstrenge Äbtissin entspricht genau dem Bild einer Reformäbtissin.

Zuletzt sei aus Müllers Geschichtensammlung noch der Hofnarr Raps zitiert:

> »Mein Herr, sagte Narr Raps, Du gefällst mir nicht, laß den Puls Dir fühlen, Du bist krank. Du bist der arme Ehekrüppel, den seine vier Quartalweiber plagen. Die Eine macht ihn blos, die Andere heitzt ihm ein; die Eine schlägt, die Andere schmeichelt ihn; die Eine Junge rupft ihm graue, die Andere Alte rupft ihm schwarze Haare aus; die Eine stopft ihn mit Schubnudeln, die Andere läßt ihn hungern, daß ihm die Kalthaunen knurren. Dein eigener Herr bist Du nicht.«[67]

In Müllers Buch über die letzten sieben Kurfürsten schneidet Albrecht als volksnah, umgänglich und bedächtig mit Abstand am besten ab, auch seine ›Frauengeschichten‹ werden im katholischen Mainz nicht verleugnet, sondern mit einem verschmitzten Augenzwinkern bewahrt und erzählt. Es sind also nicht nur Geschichten aus der lutherischen Gerüchteküche, sondern auch solche der katholischen Seite, allerdings mit dem typischen rheinländischen Toleranzzuschlag.

Den Schluß dieser Betrachtung soll Albrechts Epitaph im Mainzer Dom bilden, das von Dietrich Schro direkt nach dem Tod des Kardinals angefertigt wurde – wohlgemerkt, er hatte keinen Einfluß mehr darauf. Albrecht steht auf einer interessanten Konsole: Vor einem antiken Altar kniet ein gefesselter Faun, die Oberarme durch Seile zurückgezwungen. Über seinem Schambereich wölbt sich ein Blatt, aus dem zwei Füllhörner wachsen, doch quellen aus diesen keine Früchte, sondern Widderköpfe. Die Widder verkörpern die animalische Lust, ebenso wie der bockshörnige Faun, der zu Füßen des Verstorbenen als Symbol dessen gelesen werden kann, was Al-

67 *Müller*, Kurfürsten (wie Anm. 58), S. 70. Nach *Dreyhaupt*, Pagus (wie Anm. 53), T. 1, S. 851, hieß der Hofnarr 1527 »Pastor«, nach *Scholz*, Residenz (wie Anm. 66), S. 94 »Watzhans«, der 1518 den erzbischöflichen Barbier erschlug. Vielleicht ist Raps identisch mit dem »Eisernen Narren«, den Albrecht als Geschenk vom Kölner Erzbischof erhalten hatte. Dieser Hofnarr erlangte die Magisterwürde und vermochte geistreiche Gespräche zu führen.

brecht überwunden hat.[68] Zwischen und neben den gebeugten Bocksbeinen erscheinen symmetrisch angeordnete Löwenpranken, die nicht auf einen lebenden Löwen hinter dem Faun schließen lassen, wohl aber auf dessen abgezogenes Fell. Man kann das Motiv als einen toten Löwen hinter einem Widder-Mischwesen definieren. Eben dieses Motiv einer Löwin hinter einem Widder war dem gebildeten Zeitgenossen als Emblem geläufig, das Alciatus in seinem »Emblematum Libellus« 1531 darstellt. Der über 170mal aufgelegte Bestseller zeigt »einer huren begrebnuß«. Auf einem Tischgrab ruht der verwesende Leichnam von Laïs, Kurtisane aus Korinth. Im Vordergrund schlägt eine Löwin von hinten ihre Pranke in einen Widder als Verbildlichung des Gewerbes der Verstorbenen.[69] Der Widder als Sinnbild der männlichen Sexualität wird von ihr nicht getötet, sondern als Opfer festgehalten, so wie Laïs einst die Männer in ihren Bann schlug. Der Mann wird in diesem Sinnbild auf eine Form der animalischen, unkontrollierbaren Sexualität reduziert. Damit wird er zum doppelten Opfer: zum einen zum Opfer seiner eigenen Natur, zum anderen zum Opfer der daran verdienenden Frau. Das Sinnbild ist bestens zur Entschuldigung und Rechtfertigung männlicher Überschreitungen des jeweiligen Sexualkodex geeignet, da die ›Löwin‹ und somit die Frau die Schuldzuweisung erhält.

In des Kardinals Standpodest erträgt der Satyr die Fesselung glücklich lächelnd, als ob er sie gar willkommen heißt. Die Pranken der Löwin ruhen leblos auf dem Boden und stellen für ihn keine Bedrohung mehr dar. Das Böse in seiner Gestalt als geschlechtliche Lust ist überwunden. Die Konsole thematisiert also nicht Zölibatsbruch, sondern explizit die Überwindung dieser Sünde. Wie Albrecht nun tatsächlich in den letzten Lebensjahren zu Agnes Pless stand, läßt sich nicht nachvollziehen, doch er war sehr krank, und seine Krankheit könnte durchaus ein – wenn auch nicht ganz freiwilliger – Auslöser zu einem enthaltsamen Leben gewesen sein.

Der gefesselte Satyr vor den unschädlich gemachten Löwenpranken steht für die Durchsetzung des Zölibats, nicht nur in Albrechts Leben. Er verweist auf ein Grundanliegen der Gegenreformation, nämlich die Abkehr der Geistlichen von ihrem lockeren Lebensstil. Albrecht wird über dieser bedeutungsträchtigen Konsole als Exemplum aufgebaut, als ein Mann, der

68 Die folgenden Überlegungen wiederholen zum Teil jene, die ich schon 2004 publizierte, vgl. *Merkel*, Jenseits-Sicherung (wie Anm. 15), S. 195-198.

69 *Andreas Alciatus*, Emblematum Libellus. Mit einer Einleitung von August Buck. (Reproduktion der Originalausgabe Paris 1542) Darmstadt 1991, S. 66f.; *Arthur Henkel/Albrecht Schöne*, Handbuch zur Sinnbildkunst des XVI. und XVII. Jahrhunderts. 2. Aufl. Stuttgart/Weimar 1996, Sp. 375f.

es geschafft hat. Die Inszenierung macht die Frage nach dem tatsächlichen Lebensstil der letzten Jahre Albrechts überflüssig, denn es geht nicht darum, wie er wirklich war, sondern wie er als Mainzer Erzbischof gesehen werden soll. Er hat hier einem Bild zu entsprechen, bei dem man sich negative Anspielungen gar nicht leisten konnte. So ist der gefesselte Satyr keine Anspielung auf seine gelebte Fleischeslust, sondern idealisiert ihn zum Tugendhelden. Das sowohl von katholischer als auch von lutherischer Seite kritisierte Liebesleben des Kardinals wird hier ins Positive gedreht – auch das ist eine Form von Legendenbildung.

Abbildungsnachweis:
1-7: Archiv des Herausgebers

ALEXANDER JENDORFF

Ein problematisches Verhältnis: Kardinal Albrecht von Brandenburg und die preußisch-deutsche Historiographie*

»Von der Parteien Gunst und Haß verwirrt,
schwankt sein Charakterbild in der Geschichte«
Friedrich Schiller, Wallenstein (Prolog)

I. Einleitung: die Welt und der Kardinal, oder: Kreiert das Konkubinat ›Mohren‹?

Albrecht von Brandenburg scheint sich als Gegenstand einer Tagung zum Fürstenkonkubinat um 1500 wie kaum ein anderer anzubieten, präsentiert er sich doch gleichsam als Prototyp des geistlichen Renaissancefürsten; und als solcher weckt er bis heute zwiespältige Gefühle.[1] Sagt diese emotionale Ambivalenz aber nicht viel mehr über den Rezipienten und dessen Hintergrund als über den Urheber solcher Gefühle und entsprechender Werturteile aus?

Nicht nur jede Epoche besitzt eine spezifische Wahrnehmung von Geschichte und historischen Persönlichkeiten. Auch unterscheiden sich die verschiedenen Sozialformationen einer Gesellschaft innerhalb einer Epoche in ihren Rezeptionsmustern von geschichtlichen Ereignissen und Prozessen. An den daraus resultierenden Fragestellungen setzt der nachfolgende Beitrag an, d.h. konkret an der Frage, wie der ›Konkubinator‹ Albrecht von Brandenburg aus der historiographischen Retrospektive beurteilt wurde,

* Der folgende Text lehnt sich eng an den Vortrag der III. Moritzburg-Tagung an, geht allerdings weit über die dort präsentierten Ergebnisse hinaus, insofern auf der Tagung in erster Linie die Untersuchungsergebnisse präsentiert wurden. Ich danke Frau Dr. Andrea Pühringer und Herrn Dr. Holger Th. Gräf, die sich nicht gescheut haben, einmal mehr die Mühsal der Manuskript-Korrektur auf sich zu nehmen.

1 Zur neueren wissenschaftlichen Beurteilung vgl. *Manfred von Roesgen*, Kardinal Albrecht von Brandenburg. Ein Renaissancefürst auf dem Mainzer Bischofsthron. Moers 1980; *Friedhelm Jürgensmeier* (Hrsg.), Erzbischof Albrecht von Brandenburg (1490-1545). Ein Kirchen- und Reichsfürst der Frühen Neuzeit. (Beiträge zur Mainzer Kirchengeschichte, Bd. 3.) Frankfurt a.M. 1991; *Kerstin Merkel*, Jenseits-Sicherung, Kardinal Albrecht von Brandenburg und seine Grabdenkmäler. Regensburg 2004.

welchen Stellenwert sein sittliches Verhalten für das Urteil über ihn besaß und welche Charaktermerkmale überhaupt gewürdigt wurden. Daß dies keinesfalls so eindeutig ist, wie es auf den ersten Blick angenommen werden kann, beweist das folgende herausragende, dem Kenner der Albrechts-Historiographie zweifellos bekannte Beispiel:

In seiner 1891 erschienenen Monographie zu Albrechts Haltung gegenüber dem kirchenpolitischen Wandel der Lutherzeit bemerkte Heinrich Gredy in seinem Vorwort:

> »Die Weltgeschichte hat wahrscheinlich keinen einzigen berühmten Mann aufzuweisen, welcher schon zu seinen Lebzeiten und auch nach seinem Tode so sehr verdächtigt und verleumdet wurde und noch bis in die neueste Zeit, sogar mit neuen Erfindungen, getadelt und beschuldigt wird, wie es mit dem Mainzer Erzbischofe Albrecht II. von Brandenburg der Fall ist. Schwarz, wie ein Mohr, steht er in religiöser und sittlicher Beziehung vor den Augen aller Gelehrten und selbst des Volkes; dagegen ist die Zahl derjenigen Schriftsteller, welche etwas zugunsten Albrechts berichten, außerordentlich klein, wenngleich hie und da eine oder die andere Verdächtigung als unbegründet zurückgewiesen wird. Einen Mohr weiß zu waschen, ist etwas Unmögliches; wenn jedoch ein Mensch nicht von Natur aus schwarz ist, sondern nur als Jahrmarkts-Mohr geschwärzt wurde so ist es nicht schwer, sein Schwärze zu entfernen.«[2]

So vertrat der Pfarrer von Gau-Odernheim die Ansicht, daß angesichts vertiefter Quellenkenntnis der »Erzbischof in einem ganz anderen Lichte erschien, insbesondere als feststehend in seinem katholischen Glauben und als ein steter Gegner der Empörung gegen die althergebrachte kirchliche und staatliche Ordnung«.[3]

Bei Gredys apologetischem Werk handelte es sich um eine Reaktion aus dem katholischen Lager auf negative Urteile über Albrecht von Brandenburg. Weder das eine noch das andere kann – jedenfalls auf den ersten, vielleicht unkritischen Blick – verwundern. Schließlich veröffentlichte Gredy seine Monographie kurz nach dem offiziellen Ende des Kulturkampfes, als der politische Konflikt abgeklungen, der literarisch-wissenschaftliche da-

2 *Heinrich Gredy*, Kardinal-Erzbischof Albrecht II. von Brandenburg in seinem Verhältnisse zu den Glaubensneuerungen. Mainz 1891, S. III.

3 Vgl. *Gredy*, Kardinal-Erzbischof (wie Anm. 2), S. IV, wobei diese Bemerkung im Vorwort fett gedruckt war.

gegen noch am Lodern war. Es muß allerdings offenbleiben, ob es sich um eine Reaktion auf Attacken aus dem protestantischen oder Gredys eigenem katholischen Lager handelte. Deshalb ist an dieser Stelle das Argumentationsmuster Gredys so interessant. Es ist nämlich vordergründig gewissermaßen schief, wenn der Autor dem Vorwurf sittlich-religiöser Verfehlungen Albrechts den Hinweis auf seine Glaubenstreue und Sorge um den Erhalt von Kirche und Staat entgegenstellt. Das unausgesprochen Verbindende beider Argumentationen war einerseits Albrechts zögerlicher Politikstil und die Langwierigkeit der von ihm verantworteten Entscheidungsprozesse. Andererseits spiegelt sich in Gredys Vorwort symptomatisch die fundamentale Auseinandersetzung über eine wesentliche Interpretationskategorie wider: nämlich über die Frage des Verständnisses der rechten Ordnung und des Werteinhalts des Ordnungsbegriffs. So wie die Argumentationslinie der Gegner Gredys die Charakteristik Albrechts von Brandenburg als Spiegelbild und Symptom der vergangenen, moralisch verwerflichen alten Ordnung und als Hemmnis für das Neue nachzeichnete, stellte Gredy ihr ein Albrecht-Bild gegenüber, das den Hohenzollern-Erzbischof als Kämpfer für die rechtmäßige, weil »althergebrachte« Ordnung modellierte. In allen zeitrelevanten Belangen – ob als Landesherr, Reichspolitiker, bischöflicher Kirchenreformer oder fürstlicher Privatmann – erschien Albrecht für Gredy in positivem Lichte.

Aus diesen knappen Bemerkungen wird deutlich, daß eine Beschäftigung mit der Albrechts-Historiographie vor mehreren Problemkomplexen steht. Eine historiographiegeschichtliche Untersuchung zum Urteil über Albrecht von Brandenburg wird sich demnach nicht mit einer chronologischen Analyse der wissenschaftlichen Urteile begnügen dürfen. Vielmehr wird es darum gehen müssen, die Beurteilungshorizonte und Analysekategorien herauszuarbeiten und miteinander zu vergleichen, um so das Urteil im Umfeld des Autors, seinem Interpretationsansatz und seiner Methodik zu spiegeln. Konkret wird aufzuzeigen sein, welche Aspekte und Felder des privaten und politischen Handelns dieses Hohenzollern-Prinzen und Mainzer Kurerzbischofs für ein Urteil herangezogen wurden. Dies ist um so interessanter, da es sich bei dem historischen Untersuchungsobjekt – ein Hohenzollern-Prinz auf dem Mainzer Kurfürstenstuhl in der Reformationsepoche – um ein prominentes Mitglied der für die deutsche Staatswerdungs- und Nationalstaatsgeschichte prägenden Herrscherdynastie handelt. Albrecht von Brandenburg bietet demnach ein herausragendes Beispiel, um die gesellschaftlichen Entwicklungen und die daraus resultierenden historiographischen Mainstreams bzw. Makrotheorien herunterzubrechen und insbesondere an der Landesgeschichte zu spiegeln.[4] Daraus resultiert für die nachfolgende Analyse eine doppelte, miteinander gekoppelte Problemkonstellation:

Zum einen der Problemkomplex, der sich unmittelbar mit der Person Albrechts und seiner Rolle als Mainzer Kurfürst und Landesherr, als zweitgeborener Dynast des – später erzprotestantischen – Hauses Hohenzollern und als ›Primas Germaniae‹ verbindet. Aus jeder der drei genannten Rollen resultierten zeitgenössische Verpflichtungen: gegenüber dem Mainzer Politiksystem und seinen reichsritterschaftlichen Eliten, gegenüber der eigenen Dynastie, die sich seit dem Jahrhundertbeginn anschickte, den Sachsen in Mitteldeutschland ernsthafte Konkurrenz zu machen, und schließlich gegenüber Rom, das von ihm die Führung des klerikal-katholischen Reiches erwartete. Entsprechend stellt sich die Frage, ob bzw. wie sich diese komplexe historische Problemkonstellation auf die historiographische Würdigung auswirkte. Konnte die aufgezeigte komplexe Konstellation überhaupt von den modernen Historiographen wahrgenommen werden? Damit ist – zum anderen – jener zweite zu berücksichtigende Problemkomplex angesprochen, bei dem es den Hintergrund eines historiographischen Urteils in dreifacher Weise auszuleuchten gilt: hinsichtlich des Verfassers, hinsichtlich seiner Integration in eine bestimmte soziale, politische und konfessionelle Gruppe und schließlich hinsichtlich deren Stellung innerhalb des sich in rasantem Wandel befindlichen politisch-staatlichen sowie sozioökonomischen Gesellschaftssystems im Deutschland des 19. und 20. Jahrhunderts.

Entsprechend weit muß der analytische Rahmen sowohl in der Horizontalen als auch in der Vertikalen gesteckt sein. Die jeweiligen Urteile müssen demnach mehrschichtig untersucht werden. Hierfür wird der – in seiner Gänze keineswegs voll ausgeschöpfte – Umfang auf die deutschsprachige wissenschaftliche Literatur – Monographien, Zeitschriftenbeiträge, Lexikonartikel – bis zum Beginn der 1990er Jahre eingegrenzt und werden im wesentlichen drei analytische Sonden verwendet. Dabei handelt es sich

- um die religions- und kirchengeschichtliche Dimension, in der die Urteile zu Albrechts Verhalten in der Causa Lutheri und der (später katholisch genannten) Kirchenreform untersucht werden sollen,
- um eine national- und dynastiegeschichtliche Dimension, in der die Interpretation von Albrechts Verhältnis zum Kaiser einerseits, die Urteile

4 Zudem darf die historiographiegeschichtliche Forschung zu herausragenden Persönlichkeiten der Reformationsepoche speziell wie der Frühen Neuzeit allgemein als weiterhin ausbaufähig gelten; vgl. *Holger Mannigel*, Wallenstein in Weimar, Wien und Berlin. Das Urteil über Albrecht von Wallenstein in der deutschen Historiographie von Friedrich von Schiller bis Leopold von Ranke. (Historische Studien, Bd. 474.) Husum 2003.

über ihn als Hohenzollern-Prinz andererseits analysiert werden, und schließlich

– um die landesgeschichtliche Dimension, in der die Bewertungsmaßstäbe und Urteile der Historiker aus den verschiedenen Regionen der albertinischen Herrschaft aufgezeigt werden.

Der Heterogenität der Genres entsprechen demnach die thematischen Provenienzen, wobei die benannten Untersuchungsdimensionen selbstverständlich nicht exakt gegeneinander abgegrenzt werden können. Sie überschneiden und ergänzen einander vielfach. Die Profilierung dieser drei Untersuchungsfelder begründet sich zum einen – wie im Fall der Causa Lutheri – aus den Zeitumständen, deren Detailaspekte für die gesamte Albrechts-Historiographie von zentralem Interesse waren. Zum anderen handelt es sich um Problemfelder, die sich – wie im Falle der nationalen und dynastischen Dimension – aus dem Horizont der zeitgenössischen Historiographie ergaben. Vor diesem Hintergrund kann auch der mögliche Hinweis, bestimmte Vorwürfe gegen Albrecht – wie etwa sein Konkubinariertum – zu untersuchen könne gewinnbringender sein, abgetan werden, weil ein solcher Vorwurf – wie zu zeigen sein wird – lediglich ein argumentatives Additum der wissenschaftlichen Wertung war, das im größeren Zusammenhang zu sehen ist. Nicht auf den tatsächlichen oder vermeintlichen Fehlern Albrechts baute jede Beurteilung seiner Person und Rolle im Weltgeschehen auf, sondern auf den ihr zugrunde liegenden Interpretationshorizonten.

II. Die historiographischen Dimensionen und ihre Bewertungshorizonte, oder: von der Last der adaptiven Interpretation

1. Die religions- und kirchengeschichtliche Dimension: ›Sola culpa est Moguntini‹?

Die Causa Lutheri war sowohl für die Zeitgenossen Luthers als auch für seine späteren Historiographen von entscheidender Bedeutung bei der Beurteilung Albrechts von Brandenburg. Ursächlich hierfür war in erster Linie Luthers Verdammungsurteil aus dem Jahr 1541, das er in der Vorrede der Wittenberger Ausgabe seiner lateinischen Schriften 1545 nochmals wiederholte. Sein damals geäußertes »Tota culpa est Moguntini«[5] gab Albrecht von

5 »Futilis habebatur Carolus, et futile eius consilium, sed, meo iudicio, si Moguntinus a principio, cum a me admoneretur, denique si papa, antequam me non auditum damnaret et bullis suis saeviret, hoc cepissent consilium, quod Carolus cepit, licet sero, et statim

Brandenburg – neben dem römischen Papsttum – die Verantwortung für die historische Entwicklung. Seitdem erschien kaum ein anderer Reichsfürst in der allgemeinen Wahrnehmung am Ausbruch der Reformation derart schuldig – oder wenigstens mitschuldig – bzw. symptomatisch wie dieser hohenzollernsche Vielfachpfründner. Quellenmäßig wurde diese Sichtweise auf Albrecht nicht allein durch Luther generiert, sondern auch durch den auf dem Reichstag von 1541 gegenüber dem Mainzer Agenten geäußerten Vorwurf Karls V., Albrecht sei die eigentliche Ursache für die religionspolitische Misere des Kaisers im Reich.[6] Auf Granvellas taktisch motiviertes Betreiben hin förderte und nährte die kaiserliche Seite die Ansicht, die Causa Lutheri sei im Grunde genommen eine Causa Alberti gewesen. Die Ursächlichkeit der historischen Entwicklung wurde gezielt verfälscht und durch Personifizierung simplifiziert. Auf die Hintergründe dieses kaiserlichen Vorwurfs wird im Zusammenhang mit der Aufarbeitung des Verhältnisses zwischen Albrecht und Karl V. eingegangen werden müssen. Relevant ist sie allerdings bereits für die religionspolitische Dimension der Analyse, insofern die Frage gestellt werden muß, wie mit diesem Vorwurf von den Historiographen umgegangen wurde. Hierbei gilt es, nicht nur die interkonfessionelle Auseinandersetzung zu würdigen, sondern insbesondere auch eine intrakonfessionelle Perspektive einzunehmen.

Dies betrifft jedenfalls die katholische Seite, die an erster Stelle behandelt werden soll. Der Katholizismus im Deutschland des 19. und beginnenden 20. Jahrhunderts machte nämlich einen für die deutschen Verhältnisse dieses Zeitraums typischen Wandel durch. Er bildete die soziopolitischen Entwicklungen negativ wie auch positiv ab. Entsprechend kann die katholische

compescuissent Tetzelianum furorem, non evasisset res in tantum tumultum. Tota culpa est Moguntini, cuius sapientia et astutia eum fefellit, qua voluit meam doctrinam compescere, et suam pecuniam, per indulgentiam quaesitam, esse salvam. Nunc frustra quaeruntur consilia, frustra coguntur studia«; Vorrede zum ersten Band der Gesamtausgabe seiner lateinischen Schriften, Wittenberg 1545. Hrsg. von Otto Clemen, in: D. Martin Luthers Werke. Kritische Gesamtausgabe. Bd. 1-, Weimar 1883-, hier Bd. 54, 1928, S. 176-187, bes. S. 185. Ebenso schon 1541: »Dis ist der erste, rechte, grundliche anfang des Lutherischen Lermens, den nicht der Hertzog Fridreich, sondern der Bischoff zu Meintz durch seinen Beuttel dresscher oder Beuttelschneider Detzel, ja viel mehr durch des selben lesterliche predigt (wie gehoeret), den leuten jr geld zu stelen und zu rauben, sein Pallium und pracht zu erkeuffen, angefangen hat«; Wider Hans Worst. 1541. Hrsg. von Otto Clemen/Otto Brenner, in: Ebd., Bd. 51, 1914, S. 460-572, bes. S. 541.

6 Vgl. *Gredy*, Kardinal-Erzbischof (wie Anm. 2), S. 144f. Zum Reichstagsgeschehen vgl. *Franz Dittrich*, Die Nuntiaturberichte Giovanni Morone's vom Reichstag zu Regensburg 1541, in: Historisches Jahrbuch 4, 1883, S. 394-472 und 618-673.

Reformationshistoriographie und Albrechts-Rezeption auch nicht als monolithische Einheit begriffen, sondern müssen die verschiedenen Interpretationsrichtungen berücksichtigt und in den Kontext der Kirchenentwicklung gestellt werden.

1.1. Die katholische (Kirchen-)Geschichtsschreibung

Mit dem Untergang des katholisch dominierten Reiches verlor der Katholizismus in Deutschland durch Säkularisierung und Mediatisierung nicht bloß institutionelle Stützen und Schutzschirme. Es bildete sich in weiten Teilen der katholischen Bevölkerung und allemal des Klerus auch das Gefühl der Wehrlosigkeit gegenüber dem von der preußischen Staatsmacht gestützten bzw. sogar protegierten Protestantismus aus, der noch in der zweiten Hälfte des 19. Jahrhunderts die Marginalisierung des akademisch-wissenschaftlichen und politischen Katholizismus in Deutschland entsprach.[7] Die Wahrnehmung einer vielerorts tatsächlich betriebenen Umdeutung der Geschichte im borussischen Sinne – ein Stichwort wäre hier der ›deutsche Beruf‹ Preußens und des Hauses Hohenzollern[8] – stimulierte den Selbstbehauptungswillen gegenüber der protestantisch-borussischen Bildungshegemonie. Sie geriet zugleich seit der Mitte des 19. Jahrhunderts in eine zweite Frontstellung durch den römisch-päpstlichen Antimodernismus und Ultramontanismus, der sowohl die Vereinbarung von Katho-

7 Vgl. *Karl-Egon Lönne*, Politischer Katholizismus im 19. und 20. Jahrhundert. Frankfurt a.M. 1986, S. 31-40, 51-85, 106-116, 123-139 und 151-192; *Thomas Nipperdey*, Deutsche Geschichte 1800-1866. Bürgerwelt und starker Staat. München 1983 (Sonderausgabe 1998), S. 406-423; *Ders.*, Deutsche Geschichte 1866-1918. Bd. 1: Arbeitswelt und Bürgergeist. München 1990 (Sonderausgabe 1998), S. 449-465; *Wolfgang J. Mommsen*, Bürgerliche Kultur und künstlerische Avantgarde. Kultur und Politik im deutschen Kaiserreich 1820 bis 1918. Frankfurt a.M./Berlin 1994, S. 85.

8 Vgl. *Ernst Schulin*, Am Ziel ihrer Geschichte. Die deutschen Historiker im Kaiserreich, in: Werner Freitag (Hrsg.), Halle und die deutsche Geschichtswissenschaft um 1900: Beiträge des Kolloquiums »125 Jahre Historisches Seminar an der Universität Halle« am 4./5. November 2000. (Studien zur Landesgeschichte, Bd. 5.) Halle (Saale) 2002, S. 11-24, hier S. 13-18; *Christian Simon*, Historiographie. Eine Einführung. Stuttgart 1996, S. 115-126; *Wolfgang Weber*, Priester der Klio. Historisch-sozialwissenschaftliche Studien zur Herkunft und Karriere deutscher Historiker und zur Geschichte der Geschichtswissenschaft 1800-1970. (Europäische Hochschulschriften, Bd. III/216.) Frankfurt a.M. u.a. 1984, S. 355f.; *Wolfgang Hardtwig*, Von Preußens Aufgabe in Deutschland zu Deutschlands Aufgabe in der Welt. Liberalismus und borussianisches Geschichtsbild zwischen Revolution und Imperialismus, in: Ders., Geschichtskultur und Wissenschaft. München 1990, S. 103-160.

lizismus und deutschem Nationalismus als auch von päpstlich-theologischer Autorität und akademischer Freiheit erschwerte bzw. verunmöglichte.[9] Er setzte zugleich Kräfte frei, um sich vor dem Hintergrund der sich anbahnenden innerkirchlichen Auseinandersetzung – erinnert sei an das Vaticanum I, die konziliare Diskussion und das päpstliche Infallibilitätsdogma – der bis dahin katholischerseits weitgehend unberücksichtigten Reformationsepoche zuzuwenden. Der Ablehnung des Infallibilitätsdogmas durch die deutschen Universitätstheologen entsprach ihr Bemühen um eine Nationalisierung des katholischen Kaisers Karl V. Hatte noch die Generation um Ignaz Döllinger (1799-1890) in loyaler Distanz zu Rom gestanden, distanzierten sich die Schüler seines Freundes und Münchener Historikers Carl Adolf von Cornelius (1819-1903) – nämlich August von Druffel (1841-1891), Max Lossen (1842-1898), Moriz Ritter (1840-1923) und Felix Stieve (1845-1898) – nach der Gründung des neudeutschen Borussenreiches inhaltlich und institutionell entschieden: Ihrem Engagement im Altkatholizismus entsprach ihre teilweise harsche historiographische Kritik am Papsttum des 15. und 16. Jahrhunderts.[10]

Die doppelte Frontstellung des deutschen Katholizismus machte sich bereits in den frühen Darstellungen über den Hohenzollern-Prinzen auf dem Mainzer Erzstuhl bemerkbar. Johann Heinrich Hennes – der erste, später interpretatorisch allerdings nur wenig verwendete Albrechts-Biograph, der drei Viertel seines Werkes auf die Jahre zwischen 1514 und 1535 verwandte – versuchte 1858 erst gar nicht die Ablaß-Angelegenheit zu rechtfertigen. Das fromme Gegenbeispiel des spanischen Kardinals Ximenes heranziehend, würdigte Hennes den Vorgang wegen der Motivation und Art des Handels als unrühmlichen Geschäftsabschluß, der nach Ansicht des Autors im Zusammenhang mit der römischen Gewährung des hohenzollernschen Besetzungsrechts auf die Bistümer Brandenburg und Havelberg gesehen werden müsse. Exkulpierend konnte lediglich der Hinweis dienen, das Ablaß-

9 Vgl. *George P. Gooch*, Geschichte und Geschichtsschreiber im 19. Jahrhundert. (1. Aufl. London 1913) dt. Übersetzung Frankfurt a.M. 1964, S. 573-595; *Georg von Below*, Die deutsche Geschichtsschreibung von den Befreiungskriegen bis zu unseren Tagen. 2. Aufl. München/Berlin 1924 (1916); *Wolfgang Reinhard*, Martin Luther und der Ursprung der historistischen Geschichtswissenschaft in Deutschland, in: Hans R. Guggisberg/Gottfried G. Krodel, Die Reformation in Deutschland: Interpretationen und Debatten. (Archiv für Reformationsgeschichte, Sonderband.) Heidelberg 1993, S. 371-409; *Holger Th. Gräf*, Reich, Nation und Kirche in der groß- und kleindeutschen Historiographie, in: Historisches Jahrbuch 116, 1996, S. 367-394, hier S. 378f.

10 Vgl. *Gooch*, Geschichte (wie Anm. 9), S. 573ff., 582-586; *Gräf*, Reich (wie Anm. 9), S. 380ff.

Geschäft sei nötig geworden, weil Albrecht die Bezahlung der Pallien- und Dispensgelder selbst übernommen und insofern dem überlasteten Erzstift einen Dienst geleistet habe. Weitergehende Schuldzuweisungen in Richtung des Hohenzollern wollte Hennes nicht machen. Auch in der folgenden Luthersache erschien Albrecht nicht mehr als handelnde Person, wohl aber als überzeugter Anti-Lutheraner.[11]

Noch nachsichtiger ging Jakob May (1788-1873) in seiner 1865 begonnenen, über 1.200 Seiten starken Albrechts-Biographie mit dem Kurfürsten um:

> »nur wenige Fürsten sind zwischen eigener liberaler Gesinnung und unverstellter Großmuth des Herzens einerseits, und den Meinungen der Zeit, den Interessen und Leidenschaften ihrer Beweger, wie mit dem Urtheil der Nachwelt auf der anderen Seite in so schweren Conflict gerathen, als Erzbischof Albrecht II. von Mainz«.[12]

May schilderte den Hohenzollern als unermüdlich tätigen Reichsfürsten, dessen Wahl einerseits wegen der Mainzer Finanznöte, andererseits wegen der Abneigung des Domkapitels gegenüber der bayerisch-pfälzischen Übermacht zustande gekommen sei. Albrechts Hauptproblem sei gewesen, in einer Zeit des allgegenwärtigen Umbruchs an die Regierung gekommen zu sein. So erschien ihm der Ablaß-Handel zunächst auch nur als der »Tetzelsche Ablaßkram«[13], der aber doch »der Anfang jener damals noch nicht geahnten verhängnißvollen Katastrophe«[14] gewesen sei. Hinsichtlich der Bewältigung der Luther-Sache verwies May auf Albrechts stetes Bemühen um eine friedliche Beilegung und Vermittlung, wobei ihm insbesondere daran gelegen war, auf das dilatierende Verhalten sowohl der kaiserlichen als auch der päpstlichen Seite hinzuweisen. So habe sich Rom mit seinem an Verweigerung grenzenden Zögern, ein Generalkonzil einzuberufen, an der Ausuferung des Schismas mitschuldig gemacht und damit die Reichsstände zum Handeln auf nationaler – und damit partikularistischer – Ebene gezwun-

11 Vgl. *Johann Heinrich Hennes*, Albrecht von Brandenburg. Erzbischof von Mainz und Magdeburg. Mainz 1858, S. 3-11, 21-24, 48-54, 56-59, 103-106, 143-151 und 153-160.

12 Vgl. *Jakob May*, Der Kurfürst, Cardinal und Erzbischof Albrecht II. von Mainz und Magdeburg, Administrator des Bisthums Halberstadt, Markgraf von Brandenburg und seine Zeit. Ein Beitrag zur deutschen Cultur- und Reformationsgeschichte. Jahr 1514-1545, 2 Bde., München 1865-75, hier Bd. 1, S. 4.

13 *May*, Kurfürst (wie Anm. 12), Bd. 1, S. 21-27, 43-55, 63-68 und 116ff., Zitat S. 121.

14 Ebd., S. 67.

gen. Die Reichsstände hätten angesichts der römischen Verweigerung – »wenn auch ganz ungehörig«[15] – nicht anders gekonnt, als die Religionssache auf den Reichstagen zu verhandeln. Eine solche Bewertung resultierte aus Mays ganz offen bereits im Vorwort explizierter konziliaristischer Haltung, mit der er seine Albrechts-Biographie angelegt hatte. So wie seine Monographie nicht nur eine Biographie des Mainzer Kurfürsten sein wollte, sondern »vielmehr [...] ein neuer wohl gewiß nicht uninteressanter Beitrag zur Reformations- und Kulturgeschichte Deutschlands selbst«[16], so glaubte er, daß auch die Differenzen seiner Zeit nur durch das altehrwürdige Institut der allgemeinen Kirchenversammlung zu bewältigen wären. Inwiefern seine historiographisch deutlich gewordene romkritische Haltung mit seiner Einstellung zur zeitgenössischen päpstlichen Kirchenpolitik korrespondierte, läßt sich nicht mit Sicherheit bestimmen. Seine Seitenhiebe gegen das reformationsgeschichtliche Rom sprechen allerdings eine deutliche Sprache, wie sie von späteren katholischen Autoren so nicht gesprochen wurde. Zugleich fällt Mays Bemühen auf, Albrecht und die Dynastie Hohenzollern in günstigem Lichte erscheinen zu lassen, was dazu führte, daß selbst bei einem Kurfürsten Albrecht Achilles von Brandenburg nicht nur der kriegerische Mut, sondern auch Sitte und Bildung hervorgehoben wurden.[17] Bezüglich Albrechts bedeutete dies einerseits die Betonung seiner Bildung und seines humanistischen Selbstverständnisses, andererseits ein gewisses Verständnis für seine permanenten Finanzprobleme. Sie wurden nämlich nicht als Resultate verschwenderisch-egoistischer Ausgabenpolitik verstanden, sondern zu »Staats-Schulden« deklariert, die aufgrund des vielfältigen reichspolitischen Engagements angefallen seien und wegen deren sich der Kurfürst in stetem Konflikt mit einem zahlungsunwilligen Domkapitel befunden habe, das nicht über den politischen Horizont des zweifellos katholischen und als Mäzen unvergleichlichen Kurfürsten verfügt habe.[18]

Hatte mit Historikern wie May bis ans Ende der 1870er Jahre die beschriebene national-katholische, großdeutsch denkende Fraktion im Reich den Ton angegeben, der etwa auch das preußenkritische Zentrumsmitglied Johannes Janssen (1829-1891) angehörte[19], gewann seitdem im Katholizis-

15 Ebd., S. 5, 600f. (mit Zitat), und Bd. 2, S. 214-223, 345-356.

16 Ebd., Bd. 1, S. 6.

17 Vgl. ebd., S. 11.

18 Vgl. ebd., S. 540-562, 213ff., 217f., und Bd. 2, S. 333f. (mit Zitat), 346f.

19 Vgl. *Kaspar Elm*, Johannes Janssen (1829-1891). Der Geschichtsschreiber des deutschen Volkes und seine Bedeutung für die Geschichte von Kultur- und Volksfrömmigkeit, in: Jahres- und Tagungsberichte der Görresgesellschaft, Freiburg 1991, S. 88-101; *Gräf*, Reich (wie Anm. 9), S. 383-389.

mus endgültig eine romtreu-universalistische Ausrichtung die Oberhand. Die Kulturkampferfahrung radikalisierte diese historiographische Entwicklung. Ludwig von Pastor (1854-1928) profilierte ein neues Geschichtsbild des konfessionellen Zeitalters als »dem erhabensten und großartigsten Teil der neueren Geschichte, ([nämlich] der) Geschichte der Regeneration der katholischen Kirche im 16. Jahrhundert«[20], die im Zusammengehen von Kaiser und Papst eine erfolgreiche Reaktion auf die Verdrängung und Entrechtung der Katholiken im Reich durch die Protestanten erkannte. Ganz dem antagonistischen Kulturkampfdenken der deutschen Ultramontanisten verpflichtet, entfremdete sich Pastor damit allerdings zugleich den moderateren, dem nationalstaatlichen Denken verhafteten Konfessionsbrüdern wie seinem akademischen Lehrer Janssen oder Cornelius.[21]

Diesen Unterschieden zum Trotz wurde die von Janssen initiierte und von seinem Schüler Ludwig von Pastor weitergeführte Geschichte des deutschen Volkes seit dem Ausgang des Mittelalters zum zentralen Referenzwerk für die katholische deutsche Historiographie, nicht zuletzt weil es dem streng ultramontanistischen Schüler gelang, seinen Lehrer in der Wahrnehmung der Leser historiographisch-konfessionspolitisch zu vereinnahmen.[22] Sie besaß identitäts- und einheitsstiftenden Charakter für den deutschen Katholizismus, gerade auf einem Feld – der Reformations- und Konfessionsgeschichte –, das vom Protestantismus interpretatorisch hegemonisiert war. Um so prägender mußte das Albrechts-Bild sein, das hierdurch gezeichnet wurde. Janssen fand durchaus anerkennende Worte für die Bedeutung des albertinischen Hofes als intellektuelles, reich ausgestattetes Zentrum in Deutschland, ja sogar in Europa, »aber er entsprach keineswegs dem Berufe und der Stellung eines Erzbischofs und Primas der deutschen Kirche«.[23] Ein solcher katholischer Würdenträger mußte demnach zwangsläufig zum Niedergang der Kirche, zum Ausbruch der lutherischen Häresie und indirekt auch zum Ausbruch des Bauernkrieges beitragen. Härtester Kritik wurden die Zustände am albertinischen Hofe insbesondere wegen

20 Pastor 1873 bei der Projektion zu seiner »Geschichte der Päpste«, zitiert nach *Gräf*, Reich (wie Anm. 9), S. 390.

21 Vgl. ebd., S. 391.

22 Vgl. *Gooch*, Geschichte (wie Anm. 9), S. 585-589; *Gräf*, Reich (wie Anm. 9), S. 383 mit Anm. 65.

23 *Johannes Janssen*, Geschichte des deutschen Volkes seit dem Ausgang des Mittelalters. Bd. 2: Zustände des deutschen Volkes seit dem Beginn der politisch-kirchlichen Revolution bis zum Ausgang der socialen Revolution von 1525. 7. Aufl. Freiburg i.Br. 1882, S. 60.

der durch die dort versammelten Humanisten geäußerten säkularistisch-areligiösen Kirchenkritik unterzogen, der der Kurfürst Vorschub geleistet habe. Ulrich von Hutten stand dabei im Zentrum der Kritik.[24] Janssens Blick auf die Situation vor 1517 brachte für den albertinischen Hof kein Verständnis auf, weil er vom Standpunkt der katholischen Kirche im Deutschland des 19. Jahrhunderts kein Verständnis aufbringen konnte. Denn einerseits hatte diese Kirche am Beginn des 19. Jahrhunderts institutionelle und personelle Veränderungen erfahren, die fundamental in die traditionellen Strukturen eingegriffen hatten, andererseits hatte sie sich immer noch nicht mit der Mächtigkeit intellektueller, säkularer bzw. säkularistischer Kritiker – Humanisten, Aufklärer, Liberaler, Marxisten – abgefunden, die die Kirche in ihren Grundzügen zu gefährden schienen; und nicht zuletzt muß bedacht werden, daß sich die katholische Kirche in Deutschland mit dem Wandel am Beginn des 19. Jahrhunderts von der Macht verabschiedet hatte: Nur wenige regierende Fürsten waren noch katholisch! Zudem sah sich die Kirche zunehmend als Kirche des einfachen Volkes, das in sozialer Not lebte, um das sich die Kirche allerdings auch bemühen mußte, weil es davonzulaufen drohte. Wenn Janssen zu dem Schluß kam: »Albrecht war kein Mann von innerlich erlebter Religion, von ernstem sittlichen Wandel«, so war dies konsequent und doch nur indirekt an ihn gerichtet, vielmehr auf die ihn treibenden, beeinflussenden – später als ›liberal‹ oder ›kirchenfeindlich‹ gebrandmarkten – Kräfte zielend. Es unterschied den Typus des Fürsten und des Intellektuellen vom einfachen Mann und dessen – verinnerlichter – Religion, wie sie etwa in den seit der Jahrhundertmitte wieder intensivierten Wallfahrten und Prozessionen repräsentiert wurde.[25] Um so leichter konnte Janssen »das unwürdige Geschäft«[26] – den Ablaßhandel – verurteilen, aber auch bezüglich Albrechts Säumigkeit bei der Unterzeichnung des Wormser Edikts feststellen: »In Folge seines unlauteren Wandels hatte Albrecht nicht einmal die sittliche Kraft, entschieden gegen die Neuerungen aufzutreten; er mußte sich beugen vor Luther«.[27] So kam er schließlich zu dem Fazit, Albrecht sei zwar nominell katholisch geblieben, doch –

24 Vgl. ebd., S. 61.

25 Vgl. *Gottfried Korff*, Kulturkampf und Volksfrömmigkeit, in: Wolfgang Schieder (Hrsg.), Volksreligiosität in der modernen Sozialgeschichte. (Geschichte und Gesellschaft, Sonderheft 11.) Göttingen 1986, S. 137-151; *Nipperdey*, Geschichte 1800-1866 (wie Anm. 7), S. 411ff.; *Jun Shimoda*, Volksreligiosität und Obrigkeit im neuzeitlichen Deutschland. Wallfahrten oder Deutschkatholizismus. Tokyo 2004.

26 *Janssen*, Geschichte (wie Anm. 24), Bd. 2, S. 65.

27 Ebd., S. 209.

wie andere katholische Reichsstände auch – kein Glaubenskämpfer gewesen und habe sich weder um seinen persönlichen geistlichen Wandel noch um eine Fürsorge für die Gemeindehirten bemüht. Vielmehr habe er sich in Schulden gestürzt, um sich mit den weltlichen Fürsten messen zu können, und dabei sogar die weitere Ausbreitung der Reformation – wie in Magdeburg oder auf dem kurmainzischen Eichsfeld billigend in Kauf genommen.[28]

Janssens hartes Urteil über den Mainzer Kurerzbischof entsprach seiner schonungslosen Kritik am Zustand der katholischen Kirche zu Beginn des 16. Jahrhunderts insgesamt. Dafür fand er in breiten Kreisen des deutschen Katholizismus Anerkennung, nicht zuletzt weil man glaubte, an wissenschaftlicher Seriosität und Reputation nun mit der protestantischen Historiographie gleichgezogen zu haben. Janssens Urteil deckte allerdings nicht die gesamte Breite des katholischen Meinungsspektrums ab. Es verblieb eine Gruppe katholischer Historiker, die weiterhin Albrecht zu negativ gewürdigt sah und die insbesondere die gängigen Bewertungskriterien hinterfragte. Diesem historiographischen Ansatz entsprach die eingangs zitierte Monographie Gredys aus dem Jahr 1891 in ganz besonderer Weise. Eng an Mays Darstellung und Janssens Bemühen um wissenschaftlich-methodische Präzision angelehnt, formulierte Gredy eine Ehrenrettung Albrechts, indem er auf jeden einzelnen Hauptvorwurf des – nur vordergründig ausschließlich – protestantischen Lagers einging. Gerade wegen seiner schon von den Zeitgenossen gerühmten sittlich-moralisch-bildungsmäßigen Vorzüge und dem damit verbundenen Sinn für Erneuerung habe Albrecht bereits 1515 persönlich die Mainzer Kollegiatstifte visitiert und 1517 für Magdeburg die Verbreitung lutherischer Schriften verboten.[29] Albrechts angebliche Energielosigkeit sei eine aus seinem milden und friedvollen Charakter resultierende, politisch höchst effektive Verhaltensweise gewesen.[30] Zudem sei die Causa Lutheri schnell eine Sache von Kaiser und Papst – also höherer Institutionen – geworden.[31] Albrechts kirchliche Reformabsichten bezeugten sogar diejenigen Räte, die ihn – wie etwa Wolfgang Capito – hintergangen und gezielt Gerüchte über seine angeblichen lutherischen Neigungen ge-

28 Vgl. *Johannes Janssen*, Geschichte des deutschen Volkes seit dem Ausgang des Mittelalters. Bd. 3: Allgemeine Zustände des deutschen Volkes seit dem Ausgang der socialen Revolution bis zum sogenannten Augsburger Religionsfrieden von 1555. 3. Aufl. Freiburg i.Br. 1881, S. 399f.

29 Vgl. *Gredy*, Kardinal-Erzbischof (wie Anm. 2), S. 7 und 18f.

30 Vgl. ebd., S. 8.

31 Vgl. ebd., S. 22.

streut hätten. Doch sei Albrecht nie zur Konversion oder gar Säkularisation des Mainzer Erzstifts geneigt gewesen, sondern sei seit 1525/26 und erst recht seit der Mitte der dreißiger Jahre zu einem entschiedenen Gegner des Protestantismus im Reich geworden.[32] Das Bild, das Gredy zeichnete, profilierte demnach einen Kirchenfürsten, der um die Belange der kirchlichen Institutionen und der Seelen zutiefst besorgt war und der sich in enger Anlehnung an Rom um eine frühzeitige Eindämmung, später Bekämpfung bemühte und dabei auch nicht den Konflikt mit dem Kaiser, den er bei der Wahl von 1519 gerade wegen der von ihm empfundenen Bedeutung der Luthersache protegiert habe[33], scheute.

Romtreue, Glaubenstreue, Reformabsicht – auf diesen Axiomen baute Gredy seine Darstellung auf und argumentierte damit nicht nur in antiprotestantische Richtung, sondern auch in Richtung seiner zeitgenössischen ultramontanen Kritiker. Insofern müssen Gredy und Janssen interpretatorisch als Antagonismen innerhalb des katholischen Lagers begriffen werden. Zugleich markierte Gredys Darstellung einen Wendepunkt, insofern der Hinweis auf die frühzeitigen – nämlich vorreformatorischen – Reformbemühungen des Mainzer Erzbischofs eine neue Facette der Albrechts-Rezeption aufzeigte. Hierbei schlug sich die innerkatholische Diskussion um die Reformationsdeutung nieder, die ihrerseits im Kontext eines innerkatholischen Richtungsstreits stand, der sich an dem 1899 geprägten Begriff des ›Reformkatholizismus‹ festmachte und die Frage thematisierte, inwieweit sich die ultramontanistisch-nachvatikanische Kirche der Moderne öffnen sollte, ohne sich der Gefahr der Dekatholisierung auszusetzen.[34] Innerhalb der katholischen Kirchengeschichtsschreibung führte dies zu einer Überschneidung der hart geführten Diskussion über die katholische Deutung Luthers und dem wachsenden Bewußtsein von der Eigenständigkeit der nach der lutherischen Reformation langsam sich entfaltenden, gleichwohl von vorreformatorisch-südeuropäischem Ursprung erfaßbaren, katholischen Reformentwicklung.

Letzteres war vom Sybel-Schüler Wilhelm Maurenbrecher 1880 fruchtbar gemacht, allerdings zunächst nur von Dittrich übernommen, schließlich aber durch Ludwig von Pastor im vierten Band seiner Geschichte der Päpste etabliert worden. Paradigmatische Qualität bekam der Begriff, seitdem Pastor den Bänden fünf bis elf seiner Papstgeschichte, die das Geschehen bis zum Pontifikat Gregors XIII. behandelten, den Untertitel »Geschichte der

32 Vgl. ebd., S. 35f., 40, 44, 52-55, 68, 121-127 und 136-154.

33 Vgl. ebd., S. 23f.

34 Vgl. *Nipperdey*, Geschichte 1866-1918 (wie Anm. 7), S. 444-449 und 465-468.

Päpste im Zeitalter der katholischen Reformation und Restauration« gegeben hatte. Fortan markierte der Begriff ›Katholische Reform‹ die im 15. Jahrhundert begonnene innere Erneuerung der römischen Papstkirche, der Begriff ›Restauration‹, der die bisher gebräuchliche Gegenreformationsterminologie ersetzte, die aggressive Stoßrichtung des nachtridentinischen Reformkatholizismus gegen den Protestantismus.[35] Der später als Versöhnungsansatz zwischen den Konfessionen angenommene Paradigmenwechsel besaß dabei selbstverständlich ganz im Sinne von Pastors ultramontanistischer Ausrichtung zunächst eine doppelte Stoßrichtung: einerseits die Erneuerungskraft der Kirche aus ihren südeuropäisch-päpstlichen Wurzeln darzustellen, andererseits dem protestantisch-schismatischen Reformationsbegriff einen genuin katholisch-rechtmäßigen Reformbegriff entgegenzustellen. Insofern hatte Pastor ein überzeugendes Mittel der innerkatholischen Sammlung sowie der Neuorientierung und Abgrenzung nach außen gefunden[36]; und als Kampfmittel nach innen wie außen war diese Doppelterminologie auch gedacht, wie noch die Bemerkung Hubert Jedins aus dem Jahr 1946 zeigt:

> »Die furchtbare Katastrophe der Glaubensspaltung hat den Damm weggerissen, der die Vereinigung der Bäche der Selbstreform hinderte. Sie hat den maßgebenden Männern die Augen geöffnet, daß am Mittelpunkt der Kirche ein neuer Geist und neue Methoden, neue Menschen nötig waren, um sie zu retten. Die Kruste der alten Gewohnheiten war zu hart, als daß sie von innen durchstoßen werden konnte, es bedurfte eines Anstoßes von außen. Das Schicksal Papst Adrians VI. lehrt, daß ein Einzelner, auch wenn er auf den höchsten Posten gestellt war, zu schwach war, sich durchzusetzen. Der Anstoß von außen schuf nicht die Erneuerungskräfte, sondern machte sie frei, so daß sie sich entfalten, vereinigen und für die ganze Kirche wirksam werden konnten.«[37]

35 Vgl. *Gooch*, Geschichte (wie Anm. 9), S. 588f.; *Hubert Jedin*, Katholische Reform oder Gegenreformation? Ein Versuch zur Klärung der Begriffe nebst einer Jubiläumsbetrachtung über das Trienter Konzil. Luzern 1946, S. 10-25.

36 Wobei selbst protestantische Kirchenhistoriker bald diese Doppelterminologie übernahmen, während sich einige katholische Autoren noch schwertaten; vgl. *Jedin*, Reform (wie Anm. 35), S. 18.

37 Ebd., S. 28. Zu Jedins persönlichem und wissenschaftlichem Hintergrund geben die Beiträge von *Odilo Engels* und *Klaus Ganzer* Auskunft in: Heribert Smolinsky (Hrsg.), Die Erforschung der Kirchengeschichte. Leben, Werk und Bedeutung von Hubert Jedin (1900-1980) (KLK 61). Münster 2001.

Diesen Paradigmenwechsel parallelisierte die innerkatholische Diskussion über die Einordnung Luthers. Über Jahrhunderte hinweg hatte das polemische Bild des Reformators die katholische Auffassung beherrscht. Selbst romkritische Kirchenhistoriker wie Ignaz Döllinger rückten von diesem Lutherbild nicht ab. Erst der Würzburger Kirchenhistoriker Sebastian Merkle (1862-1945) relativierte es um die Jahrhundertwende, nicht im ökumenischen Geist, sondern letztlich weil es jener historiographischen Professionalität entsprach, die die katholischen Historiker im Bestreben nach Kommensurabiliät mit den protestantischen Kollegen zu erreichen suchten. Seine vorsichtige Neubewertung stieß allerdings auf heftigsten innerkirchlichen Widerspruch, weil man sie als Verrat an der katholischen Sache empfand. Zwar obsiegten im Streit zwischen modernisierungswilligen Reformkatholiken und dogmatisch-antimodernistischen Integralisten letztere, und Merkle wurde infolgedessen massiv angefeindet, aber sein Ansatz fruchtete langfristig dennoch, insofern sein Habilitand Joseph Lortz mit seinen Arbeiten eine regelrecht kopernikanisch anmutende, weil nachhaltig wirkende Wende im katholischen Lutherverständnis einleitete.[38]

Beide Entwicklungen sollten sich nachhaltig auf die Albrechts-Rezeption auswirken. Vorerst jedoch wurde sie von einer völlig entgegengesetzten Strömung beherrscht, die Albrecht unter Rekurs auf Janssen/Pastor regelrecht verdammte. Dies ging zum einen vom Heiligenstädter Pfarrer und Geistlichen Rat Philipp Knieb aus, der in seiner 1900 erstmals erschienenen Monographie zum Konfessionszeitalter auf dem Eichsfeld Albrecht zwar guten Willen bescheinigte, der ihn jedoch so ungeschickt und glücklos agieren sah, daß unter dem Hohenzollern eher eine Verschlimmerung denn Verbesserung der Zustände eingetreten sei. Als bleibendes Verdienst des Kurfürsten erkannte Knieb immerhin, das Eichsfeld wie auch das Mainzer Ober- und Unterstift dem Katholizismus erhalten zu haben.[39] An Kniebs Urteil knüpfte 1920 der spätere Professor für Kirchengeschichte an der Universität Freiburg/Breisgau Andreas Ludwig Veit in seiner Darstellung der Kirche und Kirchenreform in der Erzdiözese Mainz im Zeitalter der Glaubensspaltung und beginnenden tridentinischen Reformation (1517-1618)[40]

38 Vgl. *Erwin Iserloh*, Luther und die Reformation. Beiträge zu einem ökumenischen Lutherverständnis. Aschaffenburg 1974, S. 108-120.

39 Vgl. *Philipp Knieb*, Geschichte der Reformation und Gegenreformation auf dem Eichsfelde. 2. Aufl. Heiligenstadt (Eichsfeld) 1909, S. 10f., 18-22 und 35f.

40 Vgl. *Andreas Ludwig Veit*, Kirche und Kirchenreform in der Erzdiözese Mainz im Zeitalter der Glaubensspaltung und beginnenden tridentinischen Reformation (1517-1618). (Erläuterungen und Ergänzungen zu Janssens Geschichte des deutschen Volkes, Bd. 10, 3.) Freiburg i.Br. 1920.

an. Ebenso wie Knieb auf Janssen/Pastor zurückgreifend, richtete er sein Interesse nicht auf den Ablauf des Konfessionskampfes im restaurativen Sinne, sondern explizit auf die Frage, wann und wie kirchliche Reformen im Erzstift Mainz des 16. Jahrhunderts betrieben wurden und warum sie überhaupt nötig geworden waren. Bezüglich Albrechts von Brandenburg attestierte er, daß bereits bei der Wahl »seine Gesinnung das Schlimmste für die ihm anvertrauten Diözesen Mainz, Magdeburg und Halberstadt befürchten« ließ.[41] Die Lutheraner bei Hofe seien »dem üppigen Hohenzoller«[42] um den Bart gegangen und erst der Bauernkrieg sowie Luthers Spott hätten ihn zum Antiprotestanten gemacht:

> »Albrecht blieb katholisch und stand in den öffentlichen Verhandlungen auf seiten der Kirche; ein Vorkämpfer der katholischen Sache wurde er jedoch nicht. Sein Andenken ist für immer belastet durch die brutale Form, mit der er sich des Vorkämpfers der alten Kirche in Mainz, des Domdechanten Lorenz Truchseß von Pommersfelden, entledigte, und durch die schmachvolle Leichtfertigkeit, mit der er zur Zeit, wo er sich dem päpstlichen Legaten Contarini gegenüber sehr antiprotestantisch gebärdete, den Abfall seiner Stifter Magdeburg und Halberstadt guthieß und förderte. Als ein kunst- und prachtliebender Domherr hätte er seinen Posten ausfüllen können; daß er sich aber zum Erzbischof von Mainz, zum ersten Fürsten des Reiches wählen ließ, war sein Unrecht, dessen er sich gegen die Allgemeinheit schuldig machte; denn seine Mittelmäßigkeit inmitten des Wellenschlags der kirchlich-politischen Revolution gereichte der Gesamtheit Deutschlands zum Unglück. Was seine eigene Person betraf, zerknickte er wenigstens die weitgehenden Erwartungen der Neuerer.«[43]

Die Neuparadigmatisierung der katholischen Reformationsinterpretation wirkte sich für die Bewertung der erzstiftischen Geschichte im Konfessionsjahrhundert demnach unmittelbar aus. Zwar nahmen Veit und Knieb eine klar antiprotestantische Haltung ein, wenn sie die Säkularisierung von Stifts- und Klostergut mit Kirchenraub identifizierten. Dabei suchten sie aber nicht die polemische Auseinandersetzung mit den protestantischen

41 Vgl. *Veit*, Kirche (wie Anm. 40), S. 17f.

42 Ebd., S. 18.

43 Ebd., S. 18f.

Fachvertretern[44], sondern übernahmen – wie wenigstens im Falle Veits gegenüber Fritz Herrmann – die protestantische Werturteilsstruktur bezüglich der kirchlichen Mißstände. Allerdings ließ die Rezeption des Reform-Begriffs die Albrechts-Gestalt in um so schlechterem Lichte erscheinen, weil er in doppelter Weise als ein typisches Krisensymptom der vortridentinischen Kirche gesehen wurde: einerseits weil er als Deutscher nicht jener spätmittelalterlich verwurzelten, sich erst seit Beginn des dritten Jahrzehnts von Südeuropa aus langsam entwickelten innerkirchlichen Reform angehören konnte, andererseits weil er eben als Teil jener vortridentinischen Kirchenkultur gesehen wurde, die maßgeblich vom Adel geprägt war. Für letzteres erlaubte die Situation des modernen Katholizismus in Deutschland ein besonders hartes Urteil. Es konnte sich zudem auf die zeitgenössische Bewertung durch das Reformpapsttum stützen und sich also ganz romtreu erweisen. Albrecht als Symptom der Verkommenheit adelig dominierter Domkapitel zu werten eröffnete die Chance, sowohl auf die eigene reformerische Modernität rekurrieren als auch an den bestehenden gesellschaftlichen Verhältnissen im modernen Deutschland – also an der weiterhin bestehenden gesellschaftlichen Dominanz des Adels, ungeachtet seines Einflusses auf die kirchlichen Verhältnisse im modernen deutschen Katholizismus[45] – Kritik üben zu können. Veit ließ sich diese Chance nicht nehmen, wenn er sich über die Alleinherrschaft des Adels in der Kirche um 1500 oder über die reformfeindlichen »Familienpolitiker des Domkapitels« erregte.[46]

Dieses negative Albrecht-Bild änderte sich nur langsam, und zwar in dem Maße, in dem die deutschen katholischen Kirchenhistoriker die Langsamkeit und Problemverhaftung der Kirchenkrise in ihrer ganzen Tragweite zu akzeptieren begannen. Joseph Lortz – Münsteraner Kirchenhistoriker und Habilitand Merkles – veröffentlichte 1939 eine Geschichte der »Reforma-

44 Dies war bei Knieb aufgrund der besonderen Konfliktlage des eichsfeldischen Katholizismus im Kulturkampf allerdings nicht der Fall. Seine Arbeit muß als direkte Antwort auf die bis dahin protestantisch hegemonisierte Regionalhistoriographie gewertet werden.

45 Der »Verein katholischer Edelleute« war einer dieser Adelsverbände, die weiterhin erstaunliches Gewicht im deutschen Katholizismus besaßen, wie umgekehrt die protestantisch dominierten Adelsverbände den am Ende des 19. Jahrhunderts erstarkenden Verbandskatholiszimus als reale Gefahr für die deutsche Nation begriffen; vgl. *Heinz Reif*, Adel im 19. und 20. Jahrhundert. (Enzyklopädie Deutscher Geschichte, Bd. 55.) München 1999, S. 36-39.

46 Vgl. *Veit*, Kirche (wie Anm. 40), S. 5f.; *Ders.*, Kirchliche Reformbestrebungen im ehemaligen Erzstift Mainz unter Erzbischof Johann Philipp von Schönborn, 1647-1673. (Studien und Darstellungen aus dem Gebiete der Geschichte, Bd. 7/3.) Freiburg i.Br. 1910, S. 59f. mit Zitat.

tion in Deutschland«, in der er auf der Basis der Akzeptanz der innerkirchlichen Krisensymptome und sogar der Verkommenheit des spätmittelalterlichen Papsttums Albrechts Wahl von 1513/14 lediglich als typisches Charakteristikum anführte.[47] Zwar konstatierte Lortz – den gewohnten Stereotypen folgend –, Albrechts Lebenswandel »war wenig erbaulich, er besaß also nicht die dringend erforderliche sittliche Kraft«.[48] Zudem erschien er ihm im Gegensatz zu seinem Bruder Joachim I. von Brandenburg als ein »schwankendes Rohr«[49], so etwa in der Diskussion über die gewaltsame Beendigung des Religionskonfliktes, in der sein Bruder und Herzog Georg von Sachsen für die Gewaltlösung plädierten. Doch hob er Albrechts persönliche Frömmigkeit hervor; mehr noch: Er billigte ihm einen fundamentalen Anteil an der innerkirchlichen Reform zu: »In einer besonders wichtigen Art ragt Albrecht noch in die eigentliche, voll ansetzende katholische Reform hinein: 1543 holte er den ersten Jesuiten nach Deutschland«.[50] Das katholische Albrechts-Bild wurde somit um die Facette der Profilierung seiner Person als Symptom dieser Schwellenzeit, als epochentypischer Kirchenfürst zwischen den verschiedenen Entwicklungsphasen der innerkirchlichen Reform – der letzthin ausgetrockneten, spätmittelalterlichen und der tridentinischen – reicher. Lortz' Neuansatz ebnete den langen Weg hin zur ausgewogeneren Beurteilung Albrechts unserer Gegenwart. Noch 1967 charakterisierte der Münsteraner Kirchenhistoriker Erwin Iserloh ihn abschätzig als »leichtlebigen Prinzen«[51], ohne auch nur eine weitere Silbe über Albrechts spätere Entwicklung zu verlieren.[52] Doch mochte ebenso der Mainzer Geistliche Rat Adam Gottron 1950 zur Auffassung gelangen, »der genußsüchtige und mehr humanistisch als theologisch gebildete Erzbischof«[53] habe es am nötigen Scharfblick und an der Energie fehlen lassen, so mußte auch er einräumen, daß in den dreißiger Jahren des 16. Jahrhunderts

47 Vgl. *Joseph Lortz*, Die Reformation in Deutschland. 2 Bde., 2. Aufl. Freiburg i.Br. 1941, hier Bd. 1, S. 74-85 und 198ff.

48 *Lortz*, Reformation (wie Anm. 47), Bd. 1, S. 104.

49 Ebd., S. 60.

50 Ebd., S. 105.

51 *Erwin Iserloh*, Die protestantische Reformation, in: Handbuch der Kirchengeschichte, Bd. 4: Reformation – Katholische Reform und Gegenreformation. Hrsg. von Hubert Jedin. Freiburg i.Br. 1985, S. 47. Interessant wäre es zu erfahren, ob Lortz oder Iserloh zu der Charakterisierung Albrechts als »leichtlebigen Hohenzollernsprößling« kam; vgl. *Joseph Lortz/Erwin Iserloh*, Kleine Reformationsgeschichte. Ursachen – Verlauf – Wirkung. Freiburg i.Br. u.a. 1969, S. 41.

52 Dies tat überdies auch Hubert Jedin in demselben Band bei seiner Darstellung der katholischen Reformentwicklung nicht.

53 *Adam Gottron*, Mainzer Kirchengeschichte. Mainz 1950, S. 48.

»die Mainzer Metropole bald einen Mittelpunkt, von dem aus zahlreiche Gelehrte als Vorkämpfer für die Kirche tätig waren«[54], darstellte. Weiter noch ging Hans Volz 1962, wenn er die Bistumsakkumulation des Brandenburgers damit entschuldigte, daß das Mainzer Domkapitel diese Problematik angesichts des drohenden Konflikts mit Kursachsen billigend in Kauf genommen hätte.[55] Zugleich wies auch Volz auf den hohen Grad persönlicher Frömmigkeit des Hohenzollern-Prinzen und auf sein liturgisches Engagement hin, das den Zeitgenossen eher absonderlich erschien.[56] Entsprechend würdigte Volz den von Albrecht betriebenen Reliquienkult neutral als zeittypische Erscheinung, sah ihn nicht als Negativum.[57] Dieser neuerliche, positive Umschwung in der katholischen Albrechts-Beurteilung gipfelte schließlich in dem 1976 erschienenen Aufsatz des Lortz-Schülers Hans Wolter, mit dem er bereits im Titel »Kardinal Albrecht von Mainz und die Anfänge der katholischen Reform« an seinen Lehrer anknüpfte.[58] Wenige Jahre zuvor war bereits Franz Schrader hinsichtlich der Rolle Albrechts im magdeburgischen Reformationsgeschehen zu der Auffassung gelangt, bei dem Erzbischof habe es sich »um einen wichtigen Mitspieler der Reformationszeit«[59] und einen überzeugten Katholiken gehandelt, der nach Maßgabe seiner Möglichkeiten stets sowohl antilutherisch als auch reformwillig gehandelt habe, der allerdings polemische Äußerungen ebenso wie Blutvergießen habe vermeiden wollen.

Das Reform-Paradigma war damit endgültig zum Herzstück der katholischen Albrechts-Interpretation geworden.[60] Der Jesuit Wolter kehrte zugleich die bis dahin stereotyp verwendeten Negativ-Beschreibungen – insbesondere diejenigen aus der Hand Luthers – in ihr Gegenteil, wenn er resümierte:

54 Ebd., S. 49.

55 *Otto Volz*, Erzbischof Albrecht von Mainz und Martin Luthers 95 Thesen, in: Jahrbuch für hessische Kirchengeschichte 13, 1962, S. 187-228, hier S. 190f.

56 Vgl. ebd., S. 200-206.

57 Vgl. ebd., S. 204f.

58 Vgl. *Hans Wolter*, Kardinal Albrecht von Mainz und die Anfänge der katholischen Reform, in: Theologie und Philosophie 51, 1976, S. 496-511.

59 *Franz Schrader*, Kardinal Albrecht, Erzbischof von Magdeburg, im Spannungsfeld zwischen alter und neuer Kirche, in: Remigius Bäumer (Hrsg.), Von Konstanz nach Trient. Beiträge zur Geschichte der Kirche von den Reformkonzilien bis zum Tridentinum. FSchr. August Franzen. München u.a. 1972, S. 419-445, hier S. 419.

60 Ablesbar ist dies auch an der Darstellung Albrechts durch den Konvertiten Ernst Walter Zeeden in der 2. und 3. Aufl. des katholischen Lexikons für Theologie und Kirche; vgl. *Ernst W. Zeeden*, Art. Albrecht von Brandenburg, in: Lexikon für Theologie und Kirche, Bd. 1, 2. Aufl. Freiburg i.Br. 1957, Sp. 291; *Ders.*, Art. Albrecht von Brandenburg, in: Lexikon für Theologie und Kirche, Bd. 1, 3. Aufl. Freiburg i.Br. u.a. 1993, Sp. 344.

»Es ist erwiesen, daß er nach Maßgabe seiner Kräfte an der Abwehr wie an den Reformversuchen Anteil nahm. Wenn man den großen Zorn Luthers auf den Bischof von Magdeburg, Halberstadt und Mainz analysiert und ihn mit dem ähnlich heftigen Grimm des Reformators gegen Herzog Georg von Sachsen vergleicht, kann man eigentlich nur zu dem Schluß kommen, daß Albrecht wie Georg bedeutende Potenzen im Leben der katholischen Kirche gewesen sein müssen. Unerhebliche Dinge hat der kämpferische Professor aus Wittenberg gern vom Tisch gefegt. Papst, Herzog und Bischof bleiben für Luther bis zu seinem Tode die nicht überwundenen Gegner, daher sein nicht zu stillender, fast dämonisch wirkender, alle Grenzen des Vernünftigen übersteigender Angriff. Dadurch gewinnt die Gestalt des Kardinals, im Gegenbild sozusagen, eine positive Wertung. Im Zeitalter des Ökumenismus wird man sich gern an seine Friedensliebe erinnern, an die ausdauernde Geduld und Milde, die gelegentlich, wenn man ihn mit seinem Kurfürsten-Bruder Joachim verglich, als Schwäche empfunden wurde.«[61]

1.2. Die protestantische (Kirchen-)Geschichtsschreibung

Dieses katholische Urteil fand im Protestantismus lange Zeit ein geteiltes Echo. Dennoch wird man nicht einfach von einem interpretatorischen Antagonismus ausgehen dürfen. Es gilt auch hier, eine sorgfältige, differenzierte Analyse vorzunehmen. Auf den ersten Blick scheint Paul Kalkoffs (1858-1928) Urteil über Albrecht symptomatisch und alles andere als überraschend zu sein: In seiner Monographie zum Mainzer Kanzler und Lutheranhänger Wolfgang Capito zeichnete der Breslauer Gymnasiallehrer 1907 den Antagonismus zwischen dem genialen Staatsmann und seinem »weichlichen und genußsüchtigen Fürsten«.[62] So war der Weggang Capitos in den Augen Kalkoffs nur folgerichtig:

»Auf dem Boden freier Gemeinwesen wie Straßburg und Bern fand Capito künftig ein weit fruchtbareres Feld seiner Tätigkeit als Lehrer und Prediger, als Diplomat und Staatsmann, als in der schwülen Luft des geistlichen Hofes an der Seite eines Mannes, der im Guten wie im Schlimmen eben nur ein Prinz war.«[63]

61 *Wolter*, Kardinal (wie Anm. 58), S. 511.

62 *Paul Kalkoff*, W. Capito im Dienste Erzbischof Albrechts von Mainz. Quellen und Forschungen zu den entscheidenden Jahren der Reformation (1519-1523). (Neue Studien zur Geschichte der Theologie und Kirche, Bd. 1.) Berlin 1907, S. 123.

63 Vgl. *Kalkoff*, Capito (wie Anm. 62), S. 130.

Albrecht war dementsprechend verantwortlich für die Eskalation der Luthersache, an der er selbst kein Interesse besessen habe, sofern sie nicht seine niedersten Egointeressen tangierte:

> »Der weichliche Genußmensch, der an dem ganzen Geschäft nur das Interesse hatte, seine finanziellen Nöte zu lindern und im übrigen seinen politischen Machtgelüsten und gewinnbringenden Staatsgeschäften nachzuhängen und nebenbei ein vergnügliches, von Frauengunst und höfischem Glanz verschöntes Prinzenleben zu führen, raffte sich zwar zu einigen Schritten auf, die aber als bloße Verlegenheitsmaßregeln anzusehen sind, da ihnen keine weitere Folge geleistet wurde.«[64]

Schließlich ließ Kalkoff seine Auffassungen in den prägnanten Satz, den er als Luther-Zitat ausgab, münden: »Sola culpa est Moguntini!«[65] Unabhängig davon, daß er ihn selbst mit dem Hinweis konnotierte, Luther habe Albrechts Maßnahmen zu hoch eingeschätzt, schreckte der Breslauer Gymnasialprofessor nicht vor der sinnentstellenden Hypertrophie dieser Aussage zurück. Er hatte damit gleichsam ein viertes ›sola‹-Prinzip der lutherischen Glaubensüberzeugung kreiert bzw. aus Luthers Aussagen destilliert. Die Unangemessenheit solcher Quelleninterpretation war ihm offenkundig nicht bewußt, vielmehr ergab sie sich für ihn logisch aus dem historischen Zusammenhang der von Kalkoff rekonstruierten Weltsicht Luthers, der in der Vorrede zur Wittenberger Ausgabe seiner lateinischen Schriften zwar Albrecht in der Tat die gesamte Schuld zuwies, Rom jedoch als ebenso Mitschuldigen benannte.

Interessanter noch und für das protestantische Bild jener Zeit aufschlußreicher ist allerdings die fachwissenschaftliche Rezeption. Sie reagierte auf Kalkoffs Interpretation und Quellenmethodik lange Zeit kritiklos. Die von Otto Clemen verantwortete, als Band 54 der Weimarer Gesamtausgabe im Jahr 1928 herausgegebene Wittenberger Vorrede verwies ausdrücklich und kommentarlos auf Kalkoffs Wiedergabe.[66] Dies muß insofern erstaunen, als selbst die protestantischen Zunftgenossen des lutherischen Breslauer Honorarprofessors an dessen Lebensende und erst recht nach seinem Tod im Jahr 1928 auf Distanz zu seiner Interpretationsmethodik – insbesondere zu der für ihn typischen Art des Quelleneklektizismus und der Konstruktion aus-

64 *Paul Kalkoff*, Zu Luthers römischem Prozeß, in: Zeitschrift für Kirchengeschichte 31, 1910, S. 48-65, 368-414, hier S. 49.

65 Ebd., S. 56.

66 Vgl. *Clemen* wie in Anm. 5.

gefeilter Argumentationsketten auf relativ schwankender Quellenbasis – gegangen waren.[67] Was Kalkoffs Albrecht-Interpretation attraktiv erscheinen ließ, war deren Ambivalenz, die wissenschaftliche Objektivität suggerierte und sie selbst für katholische Historiker zu einer Referenz werden ließ.[68] Denn Kalkoff schmähte den Mainzer Kurfürsten nicht einseitig. Zweifellos war Albrecht in den Augen Kalkoffs alles andere als ein herausragender Repräsentant der katholischen Papstkirche.[69] Insofern eignete er sich aus Gründen der Inkommensurabilität nicht im historiographisch-kulturellen Konfessionskampf. Sosehr er dessen persönliche Unfähigkeit und Egoismus herausstellte, so sehr war er allerdings darum bemüht, Albrecht lediglich als ein herausragendes Symptom allgemeiner Verwerflichkeit des Klerus, des Adels und insbesondere des Fürstenstandes darzustellen. In seinem bereits im ersten Band des »Archivs für Reformationsgeschichte« 1903/04 erschienenen Beitrag verteidigte er Albrecht sogar gegen das Urteil Schultes mit

67 Vgl. *Paul Joachimsen*, Rezension von Paul Kalkoff, Ulrich von Hutten. Eine kritische Gesamtausgabe seiner wichtigsten Lebenszeit und der Entstehungsjahre der Reformation 1517-1523. (Quellen und Forschungen zur Reformationsgeschichte, Bd. 4.) Leipzig 1920, in: Historische Zeitschrift 125, 1922, S. 493; *Karl Brandi*, Rezension von Paul Kalkoff, Die Kaiserwahl Friedrichs IV. und Karls V., Weimar 1925, in: Historische Zeitschrift 134, 1926, S. 574f.; *Arnold O. Meyer*, Nachruf auf Paul Kalkoff, in: Historische Zeitschrift 138, 1928, S. 449f.; *Walter Friedensburg*, Dem Andenken Paul Kalkoffs, in: Archiv für Reformationsgeschichte 26, 1929, S. 159f.; *Irmgard Höß*, Art. Kalkoff, Paul, in: NDB, Bd. 11, Berlin 1977, S. 63f.

68 So verwies Meyer in seinem Nachruf auf Kalkoff ausdrücklich darauf, wie intensiv Pastor in seiner Papstgeschichte auf die Forschungen zu den Anfangsjahren der Reformation auf den Breslauer zurückgegriffen habe. Spektakulärer noch muß der argumentative Schulterschluß Johann Heinrich Schrörs' mit Kalkoff gegen Schultes Untersuchung zur Rolle der Fugger im Ablaßgeschäft angesehen werden: Wie Kalkoff wies Schrörs (1852-1928) den Vorwurf der Simonie ab und kam zu dem Schluß, die Wahl von 1514 sei keine Simonie, wenn auch »unwürdig und verwerflich« gewesen. Damit konnte er zugleich sowohl Rom als auch den Mainzer Kurfürsten entschuldigen, insofern er darauf hinwies, daß Albrecht nicht um den Ablaß zur Schuldentilgung gebeten und Leo X. zunächst keineswegs geneigt gewesen sei, die Akkumulation dreier Bistümer zuzulassen; vgl. *Meyer*, Nachruf (wie Anm. 67), S. 449f.; *Heinrich Schrörs*, Leo X., die Mainzer Erzbischofswahl und der Ablaß für St. Peter im Jahre 1514. Ein Beitrag zu ihrer kirchengeschichtlichen und kanonistischen Würdigung, in: Zeitschrift für katholische Theologie 31, 1907, S. 267-302, hier S. 268f., 274f. und 299 (Zitat). Zur Biographie von Schrörs, der als Professor für katholische Kirchengeschichte an der Universität Bonn, späterer erster katholischer Rektor der Universität nach dem Kulturkampf und Vorsitzender des Historischen Vereins für den Niederrhein über entsprechenden Einfluß verfügte, vgl. *Norbert Trippen*, Art. Schrörs, Heinrich, in: Lexikon für Theologie und Kirche, Bd. 9, 3. Aufl. Freiburg i.Br. u.a. 2000, Sp. 271.

69 Vgl. *Kalkoff*, Prozeß (wie Anm. 64), S. 54.

dem Hinweis, »der niedere Adel okkupierte wieder mit brutaler Ausschließlichkeit die übrigen Domkapitel und Kollegiatstifter«.[70] Zugleich machte er die Hohenzollern-Brüder für die Reformation verantwortlich und brandmarkte sie wegen ihrer beispiellosen und unverhohlen eigensüchtigen Hausmachtpolitik.[71] Der Luther-Prozeß wie auch die Kaiserwahl waren so gesehen für die Hohenzollern die besten Anlässe, gegenüber der römischen Kurie die eigenen Ansprüche – Legatenwürde und Ausbau des brandenburgischen Territorialkirchentums – erfolgreich vertreten zu können[72]; erfolgreich, aber eben schädlich.

So eindrucksvoll dieses von Kalkoff zu Jahrhundertbeginn gezeichnete Bild zu sein schien, es wurde nicht völlig akzeptiert und entsprach nur teilweise dem bis dahin gängigen protestantischen Interpretationsmuster und der protestantischen Annäherungsweise an diesen zweifellos problematischen Hohenzollern. Zwar wies der offenkundig mit Kalkoff zusammenarbeitende Darmstädter Theologie-Lizentiat und Gymnasialprofessor Fritz Herrmann zur gleichen Zeit auf Albrechts frühe Maßnahmen gegen Luther hin und vertrat die Ansicht, Albrecht habe Luther wie schon zuvor die desaströsen kirchlichen Verhältnisse gegenüber Rom zu eigenen Gunsten instrumentalisiert.[73] Doch behielt Herrmann im Gegensatz zu Kalkoff eine bemerkenswerte Äquidistanz und verzichtete auf konfessionelle Polemik, was ihn zu einem – auch katholischerseits[74] ausdrücklich – akzeptierten Gesprächspartner werden ließ.

So wie Herrmann näherten sich auch andere protestantische Reformationshistoriker Albrechts Rolle im Lutherstreit. Schon Rankes Bild von

70 *Paul Kalkoff*, Zu den römischen Verhandlungen über die Bestätigung Erzbischof Albrechts von Mainz i.J. 1514, in: Archiv für Reformationsgeschichte 1, 1903/04, S. 381-395, hier S. 385.

71 Vgl. ebd., S. 385f.: »Den größten Teil der Schuld an den mit diesen Abmachungen verbundenen anstößigen Vorgängen, [...] an der Steigerung der schon bestehenden Unzufriedenheit mit den kirchlichen Zuständen [...] tragen die Hohenzollernschen Brüder, die mit der Forderung einer so ungeheuerlichen Pfründenhäufung an die Kurie herantraten. [...] Und doch waren sie mit dem Erreichten noch lange nicht zufrieden.«

72 Vgl. auch *Paul Kalkoff*, Die Beziehungen der Hohenzollern zur Kurie unter dem Einfluß der Lutherischen Frage, in: Quellen und Forschungen aus italienischen Archiven und Bibliotheken 9, 1906, S. 88-139.

73 Vgl. *Fritz Herrmann*, Miscellen zur Reformationsgeschichte, in: Zeitschrift für Kirchengeschichte 23, 1902, S. 263-268, hier S. 265ff. und *Ders.*, Die evangelische Bewegung zu Mainz im Reformationszeitalter. Mainz 1907, S. 59f. Letzteres wurde von Kalkoff 1910 bestritten, obwohl er noch 1906 ähnliches behauptet hatte; vgl. *Kalkoff*, Beziehungen (wie Anm. 72), S. 88f. und 93f.; *Ders.*, Prozeß (wie Anm. 64), S. 52 mit Anm. 2.

74 Vgl. *Veit*, Kirche (wie Anm. 40), Vorwort.

Albrecht blieb genaugenommen relativ konturlos. Als Befürworter der erasmischen Ideen und Nutznießer des päpstlichen Ablasses schilderte er ihn.[75] Ebensowichtig war Ranke Albrechts Bedeutung als Hohenzoller bei den Verhandlungen während der Kaiserwahl 1519 und sein Eintreten für das Reichsregiment 1524.[76] Dagegen zeichnete Ranke bezüglich der Luthersache ein erstaunlich blasses Bild von ihm. Zwar erwähnte er Albrecht, weil er die lutherische Lehre 1521/22 verbieten ließ[77], doch erschien der Hohenzoller in der Darstellung des reformatorischen Hauptgeschehens an prominenter Stelle weder im guten noch im schlechten. Demnach figurierte Albrecht aus Rankes Sicht auch nicht als Auslöser der Reformation. Erwähnt wurde er vor dem Hintergrund der Reichspolitik der beginnenden 1530er Jahre und der pfälzisch-mainzischen Bemühungen um einen Ausgleich zwischen Kaiser und Protestanten 1531/32.[78] Doch resultierte hieraus keine stärkere Profilierung des Hohenzollern-Prinzen. Ranke hielt diese offensichtliche Distanz konsequent durch. Er erwähnte Albrecht erst wieder im Zusammenhang mit dem Fortschreiten des Protestantismus im Reich, nämlich in bezug auf den Verlust des Erzbistums Magdeburg und den Rückzug des einzig verbliebenen brandenburgisch-hohenzollernschen Katholiken aus Halle. Diesen Rückzug Albrechts im Jahre 1540/41 charakterisierte Ranke als folgerichtig, zumal

> »die Regierung des Erzbischofs, durch einen mit der Einnahme außer allem Verhältniß stehenden Aufwand, wir können nicht sagen in Verlegenheit, sondern eigentlich in die Unmöglichkeit, aus eigenen Kräften auch nur fortzubestehen, gerathen«[79] sei.

Doch auch aus dieser Bemerkung resultierte keine weitere Wertung oder gar charakterliche Würdigung. Ranke unterließ es, ins Detail der albertinischen Finanzen zu gehen, aus ihnen Rückschlüsse zu ziehen und ein abschließendes Urteil zu fällen. Dies überließ er dem Leser.

Rankes Interpretationsweise stand für die nachfolgenden Historikergenerationen Pate. Selbst Heinrich von Treitschke – jener wortgewaltige Detektiv, Prophet und Apologet der historischen Ursprünge deutscher National-

75 *Leopold von Ranke*, Deutsche Geschichte im Zeitalter der Reformation. 6 Bde., 4. Aufl. Leipzig 1867-68, hier Bd. 1, S. 190 und 205ff.

76 Vgl. ebd., Bd. 1, S. 218, 238f., 245ff. und 254f.

77 Vgl. ebd., Bd. 2, S. 8.

78 Vgl. ebd., Bd. 3, S. 289 und 296.

79 Ebd., Bd. 4, S. 118f.

staatsgeschichte – wagte sich nicht an diesen Hohenzollern-Prinzen heran. So blieb Albrecht in seinem Darmstädter Vortrag über Luther und die deutsche Nation vom 7. November 1883 unerwähnt. Zwar glorifizierte Treitschke Luthers Tat als Befreiung von der kirchlich-italienischen Priesterherrschaft, exemplifizierte sie aber nicht an den deutschen Verhältnissen und insbesondere nicht an Albrecht von Brandenburg, der doch ein so treffliches Beispiel für alle möglichen Defizite und Mißstände hätte abgeben können. Statt solcher Negativ-Zeichnungen hob Treitschke das positive Beispiel des Deutschordens-Hochmeisters Albrecht von Brandenburg hervor, der den richtigen Weg eingeschlagen habe, »den weißen Mantel mit dem schwarzen Kreuze abzulegen, die falsche Keuschheit des Mönches zu meiden«[80], und echte Herrschaft begründet habe.

Im wesentlichen blieb es bei dieser protestantischen Umgangsweise mit dem Mainzer Kardinal bis weit ins 20. Jahrhundert hinein, was bei näherer Betrachtung allerdings mehr die eigene Befindlichkeit des bürgerlichen Protestantismus preisgab. Nach der Realisierung des selbstdefinierten historischen Ziels – der Gründung des nationalen Kaiserreiches – hätte man im Vertrauen auf die eigene Kulturleistung mit Optimismus in die Zukunft schauen können. Statt dessen realisierte man die Irrealität des projizierten Bildes nationaler Harmonie und die Friktionen des modernen, technokratischen Industriekapitalismus. Im Zuge der Distanzierung des protestantischen Bürgertums von Religion und Kirche verlor die Theologie zugleich ihre Meinungsführerschaft als alleinige Leit- und Sinngebungsdisziplin zunächst an die Geschichtswissenschaft, später an die Naturwissenschaften, die ihrerseits Weltdeutungstheorien hervorbrachten. Die biologistischen und rassistischen Varianten des Sozialdarwinismus fungierten für das zunehmend theologieferne deutsche Bürgertum als Ersatzreligionen.[81] Immerhin aber:

> »Obwohl die Zugehörigkeit zum protestantischen Glauben in den Kreisen des Bildungsbürgertums vielfach zu einem Lippenbekenntnis herabsank, blieb die evangelische Kirche ein stabiles Glied der bestehenden gesellschaftlichen Ordnung, blieben die evangelischen Theologen eine wichtige Stimme im Konzert der meinungsführenden Eliten.«[82]

80 *Heinrich von Treitschke*, Luther und die deutsche Nation, in: Ders., Historische und politische Aufsätze. Bd. 4, Leipzig 1897, S. 377-396, hier S. 389.

81 Vgl. *Mommsen*, Kultur (wie Anm. 7), S. 82-97; *Nipperdey*, Geschichte 1866-1918 (wie Anm. 7), S. 468-475, 504-511, 623-629 und 633-647.

82 *Mommsen*, Kultur (wie Anm. 7), S. 84.

Die protestantische Kirchengeschichtsschreibung erkannte – gemessen an dem von ihr in den einschlägigen Lexika vermittelten Bild – in Albrecht von Brandenburg einen zerrissenen, von Widersprüchen gekennzeichneten Charakter. Symptomatisch hierfür wies Theodor Ritter von Kolde (1850-1913) – als nationalliberaler Erlanger Professor selbst Luther-Biograph und ein Vertreter jener Gruppe protestantischer Kirchenhistoriker, die sich von der theologischen Kirchengeschichte zugunsten einer engeren Verzahnung mit der Profangeschichte zu lösen trachteten[83] – in seinem Beitrag in der dritten Auflage der Realencyklopädie für protestantische Theologie und Kirche 1896 auf die im Reich unvergleichliche Machtfülle Albrechts hin, dem kirchlich-religiöse Bedenken wegen seiner Pfründenpolitik »überhaupt fern«[84] gestanden hätten und der zugleich »zu den Modernen seiner Zeit«[85] gezählt werden müsse. Die negativen Entsprechungen sah Kolde in seiner Individualität:

> »seine Eigenart: was ihm unbequem war, schob er beiseite; [...] Große Gesichtspunkte haben ihn nie geleitet, große Ziele allgemeiner, nicht persönlicher Art lagen ihm ferne, ernsten Schwierigkeiten ist er immer nach Möglichkeit aus dem Weg gegangen.«[86]

Folgerichtig hatte Kolde vollkommenes Verständnis für Luthers Angriffe auf »den charakter- und sittenlosen Mann, [...] dessen Thaten so wenig mit seinen Worten übereinstimmten«.[87] Albrechts Tod erschien Kolde denn auch typisch für die Tragik seines gesamten Lebens: »Schon längere Zeit leidend, in stetem Kampf mit seinem Domkapitel, in den Händen der Juden, zuletzt fast mit Not kämpfend, starb er einsam und verlassen zu Mainz.«[88] Für die protestantische Kirchengeschichtsschreibung des ausgehenden 19. Jahrhunderts war Albrecht von Brandenburg demnach eine unbequeme, ja sogar störende Figur. Der Hohenzoller auf dem Mainzer

83 Vgl. *Gottfried Seebaß*, Art. Kolde, Theodor Ritter v., in: NBD, Bd. 12, Berlin 1980, S. 457f. Kolde zählte zum bayerischen Personaladel. Er promovierte 1873/74 in Halle und 1876 über Luthers Stellung zum Konzil in Marburg. 1884/92 erschien seine zweibändige Lutherbiographie. Die Erlanger Professur erhielt er 1880. Von dort aus wurde er zum Initiator der bayerischen Kirchengeschichtsforschung. Gegen die konservativen Versuche, den kirchlichen Einfluß auf die theologischen Fakultäten auszudehnen, wehrte er sich vehement.

84 *Theodor Kolde*, Art. Albrecht von Mainz, in: Realencyklopädie für protestantische Theologie und Kirche. Hrsg. von Albert Hauck. 3. Aufl. Leipzig 1896, S. 306-310, hier S. 307.

85 Ebd.

86 Ebd.

87 Ebd., S. 309.

88 Ebd., S. 310.

Erzstuhl, den man in der Regel lieber als »Albrecht von Mainz« titulierte, taugte weder als Widerpart noch als Dynamo der großen historischen Entwicklungen, wie sie sich in Reformation und Erwachen des nationalen Bewußtseins im 16. Jahrhundert auszudrücken schienen. Obwohl er ein Hohenzoller war, schien ihm der Sinn für das historisch Große so vollkommen zu fehlen; noch nicht einmal als echter Widerpart Luthers – so wie Karl V. oder Herzog Georg von Sachsen – konnte er die Rolle einer Hauptfigur der Historie mit einer eigenen geschichtsträchtigen Motivation ausfüllen. Zwar wurde er als typischer Repräsentant des Zeitgeistes – eben nach Koldeschem Diktum als »Moderner« – begriffen, aber nicht akzeptiert. Pries man bei Luthers Theologie die Zentrierung auf das Individuum und den damit verbundenen Aufbruch zur Individualisierung des Lebens, brachte man für den Hohenzollern solches Verständnis nicht auf. Dies war im Verständnis der zentralen Begriffe an sich begründet. Albrecht war gewissermaßen nur in undeutschem Sinne modern oder allenfalls in unmodernem Sinne deutsch. Albrechts Charakter entsprach vielmehr dem Bild, das Jacob Burckhardt – überdies ein aus einem reformierten Pfarrhaus stammender Kritiker der deutschen Nationalstaatsgründung[89] – vom typischen Renaissance-Menschen gezeichnet hatte: egozentrisches Machtstreben, Lebensgenuß, Geltungsbedürfnis, Hang zur Selbststilisierung, Ruhmsucht, Tendenz zur religiösen Irrationalität, schließlich das Ausleben aller möglichen Leidenschaften wie Rachsucht, Ehrsucht und – selbstverständlich – problematische Moralität.[90] Burckhardt zog daraus ein ambivalentes Fazit: »Der

89 *Michael Stürmer*, Das ruhelose Reich. Deutschland 1866-1918. (Siedler Deutsche Geschichte, Sonderausgabe.) Berlin 1994, S. 9, 14, 22, 47, 143 und 401; *Reinhard*, Martin Luther (wie Anm. 9), S. 387f.

90 Vgl. *Jacob Burckhardt*, Die Kultur der Renaissance in Italien. Hrsg. von Horst Günther. Frankfurt a.M. 1989, S. 424-450. Dabei sind von besonderer Ironie die Ausführungen Burckhardts (S. 433f.) zum sittlichen Verhalten: »Dabei ist bemerkenswert, daß die Ehen doch nicht nachweisbar abnahmen und daß das Familienleben bei weitem nicht diejenige Zerstörung litt, welche es im Norden unter ähnlichen Umständen erleiden würde. Man wollte völlig nach Willkür leben, aber durchaus nicht auf die Familie verzichten, selbst wenn zu fürchten stand, daß es nicht ganz die eigene sei. Auch sank die Race deshalb weder physisch noch geistig – denn von derjenigen scheinbaren geistigen Abnahme, welche sich gegen die Mitte des 16. Jahrhunderts zu erkennen gibt, lassen sich ganz bestimmte äußere Ursachen politischer und kirchlicher Art namhaft machen, selbst wenn man nicht zugeben will, daß der Kreis der möglichen Schöpfungen der Renaissance durchlaufen gewesen sei. Die Italiener fuhren fort, trotz aller Ausschweifung zu den leiblich und geistig gesundesten und wohlgeborensten Bevölkerungen Europa's zu gehören, und behaupten diesen Vorzug bekanntlich bis auf diesen Tag, nachdem sich die Sitten sehr gebessert haben.«

Grundmangel dieses Charakters erscheint zugleich als die Bedingung seiner Größe: der entwickelte Individualismus.«[91] All dies mußte dem deutschen Bürgertum fremd sein, obwohl es sich wenigstens hinsichtlich seiner Selbstdarstellung im Kontext der ständisch-sozialen Konkurrenz zum Adel bei der Gestaltung seiner Wohnpaläste in den deutschen Metropolen in typischer Manier des historistischen Eklektizismus der Gründerzeit des Stils der Renaissance bediente.[92] Dennoch entsprach der Individualismus- und Modernismus-Begriff der Renaissance nicht dem protestantischen Verständnis des modernen Deutschen, der als Individuum mit innerer Überzeugung für eine Idee und für die Gemeinschaft lebte. Dieses Modernismusverständnis schlug sich in bürgerlicher Rationalität, Affekt- und Triebbeherrschung, Technikbegeisterung und Wissenschaftlichkeit, schließlich in der Identifikation mit Staat und Nation sowie einem ausgeprägten Interesse an zeitgenössischen Rasselehren nieder[93], das durch den nach 1873 aufkeimenden Antisemitismus[94] begünstigt wurde. Es zog ein an Nietzsche und seinem »Programm eines individualistischen Aristokratismus«[95] orientiertes Individualismus-Verständnis nach sich, das den Ausbruch aus der egalisierenden, technokratischen Massengesellschaft suchte. Damit einhergehend rückte angesichts der offensichtlichen und wahrgenommenen gesellschaftlichen Friktionen und der zunehmenden kulturellen Zerklüftung des Reiches die Gemeinschaftsidee, ja ein regelrechter Kult der ›Gemeinschaft‹ und des ›Erlebens‹ in den Mittelpunkt des bürgerlichen Wunschdenkens, der im August-Erlebnis des Jahres 1914 kulminierte. »Der Wunsch, die Gemeinschaftserfahrung des ›August 1914‹ zur Grundlage einer dauerhaften Ordnung zu machen, war weit verbreitet«[96] – und sollte sich noch Jahrzehnte später als ebenso fruchtbar wie furchtbar erweisen. In der bürgerlich-protestantischen Albrechts-Rezeption des ausgehenden 19. Jahrhunderts schlägt sich demnach das Ringen um die Definitionshoheit über zentrale Begriffe wie Modernismus und Individualismus sowie des Verhältnisses zwischen Indivi-

91 Ebd., S. 449.

92 Vgl. *Mommsen*, Kultur (wie Anm. 7), S. 35f.

93 Vgl. ebd., S. 82-97.

94 Vgl. *Heinrich August Winkler*, Deutsche Geschichte vom Ende des Alten Reiches bis zum Untergang der Weimarer Republik. Bonn 2000, S. 226-236.

95 *Mommsen*, Kultur (wie Anm. 7), S. 92; ebenso *Nipperdey*, Geschichte 1866-1918 (wie Anm. 7), S. 512-515 und 686-691. Zum Verständnis dieses Begriffs der beiden Baseler Professorenkollegen vgl. *Alexander Demandt*, Burckhardt und Nietzsche zum Dekadenzproblem, in: Ders., Geschichte der Geschichte. Wissenschaftshistorische Essays. (Historica Minora, Bd. 1.) Köln u.a. 1997, S. 284-299.

96 *Mommsen*, Kultur (wie Anm. 7), S. 97-128, 162-167, Zitat S. 124.

duum und Gemeinschaft bzw. der Verantwortung des Individuums gegenüber der Gemeinschaft nieder.

Für solcherlei Individualitäts- und Gemeinschaftsdeutungen ließ sich Albrecht von Brandenburg selbstverständlich nicht instrumentalisieren, weil er alldem entgegenstand und weil er trotz seiner Modernität repräsentativ für das aus borussisch-protestantischer Sicht des 19. Jahrhunderts als überwunden verstandene Rückwärtsgewandte stand. Im Gegensatz zu Luther mangelte es seiner zeittypischen Individualität am Blick für das Historische, das er entweder nicht gefördert oder sogar bekämpft hatte. So zurückhaltend der renommierte Reformationshistoriker Otto Clemen (1871-1946)[97] den problematischen Hohenzollern in seinem Beitrag zur zweiten Auflage der Religion in Geschichte und Gegenwart aus dem Jahr 1927 darstellte und seine vermittelnde Haltung in den 1530er Jahren heraushob, so wenig unterließ auch er es, dessen unproduktive, aber geradezu aggressive gegenreformatorisch-antilutherische Haltung herauszuheben.[98] Zehn Jahre später brachte der Esslinger Stadtpfarrer Johannes Herzog diese traditionelle Sichtweise nochmals im Calwer Kirchenlexikon auf den Punkt: Demnach schied Albrecht von Brandenburg »als ein Enttäuschter aus dem Leben, ohne die Spuren irgendwelchen wertvollen Wirkens zu hinterlassen, wenn man nicht die großartigen Bauten zu Mainz und Halle dafür gelten lassen will.«[99] Die Zeitumstände bzw. der Zeitgeist, der das historische Wirken eines Individuums im Sinne des Führerkultes so gerne betonte, diktierten dieses Urteil nicht, sondern sie prononcierten es lediglich neu!

Zugleich stellten sie den Hintergrund für den kurze Zeit später einsetzenden interpretatorischen Wandel dar. Denn ein erster Ansatz zur Neuorientierung läßt sich mit dem Aufsatz des Berliner Pfarrers Walter Delius erkennen, den er im Jahr 1943/44 in der Zeitschrift für Kirchengeschichte veröffentlichte. Wenn Delius die Rolle Albrechts nach 1530 – also nach dem vollzogenen Bruch zwischen Alt- und Neugläubigen – vor dem Hintergrund der zeitgenössischen Ausgleichsbemühungen thematisierte, beschritt er für beide Konfessionen interpretatorisches Neuland. Hatte bisher die Frage

97 Vgl. *Reinhold Jauernig*, Art. Clemen, Otto Konstantin, in: NDB, Bd. 3, Berlin 1957, S. 280f. Clemen war eigentlich Gymnasialprofessor. Er wurde in Halle zum Dr. theol. Honoris causa promoviert und erhielt 1928 an der Universität Leipzig eine Honorarprofessur.

98 *Otto Clemen*, Art. Albrecht von Mainz, in: Die Religion in Geschichte und Gegenwart. Hrsg. von Hermann Gunkel/Leopold Zscharnack. Bd. 1, 2. Aufl. Tübingen 1927, Sp. 192.

99 *Johannes Herzog*, Art. Albrecht von Mainz, in: Calwer Kirchenlexikon. Kirchlich-theologisches Handwörterbuch. Hrsg. von Friedrich Keppler. Bd. 1, Stuttgart 1937, Sp. 32.

nach Albrechts (Mit-) Schuld am Ausbruch der Reformation und nach seiner Haltung gegenüber dem Luthertum in den 1520er Jahren interessiert, kehrte Delius gewissermaßen die Perspektive um. Zwar behandelte er ebenfalls zunächst Albrechts Haltung in der Luthersache, wobei er die Ansicht vertrat, der Kardinal habe wegen seiner erasmisch-humanistischen Prägung durch seine »weise und zurückhaltende Behandlung der Unruhen in Erfurt«[100] einerseits zur Festigung der dortigen Lehre beigetragen, andererseits der Vernichtung der alten Kirche entgegengewirkt. Bezüglich des Ablaßstreits kam Delius zu der Auffassung: »Für Albrecht war die Geldfrage, für Luther die Glaubensfrage maßgebend«[101], weshalb auch die Übernahme der Schulden durch die magdeburgischen Stände gegen Gewährung der Religionsfreiheit ein akzeptables Geschäft gewesen sei.[102] Er resümierte in der dritten Auflage der Religion in Geschichte und Gegenwart 1957: »Für das innere Anliegen Luthers hatte A. kein Verständnis.«[103] Doch zielte Delius' Anliegen 1944 letztlich auf die Profilierung der Katholizität Albrechts, verstanden als Konfessions- und Papsttreue einerseits, andererseits hinsichtlich seines Festhaltens am kirchlichen Einheitsgedanken. Es interessierte demnach nicht mehr der Konfessionskampf und damit verbunden die Frage nach Schuld oder Unschuld an der Spaltung der Christenheit. Vielmehr interessierten die aufrichtigen Bemühungen um Wiedervereinigung auf der Basis der konfessionellen Trennung und gegenseitigen Akzeptanz. Seit dem Ende des Bauernkrieges sei ein Umschwung bei Albrecht erkennbar gewesen, der sich in Halle 1534 mit der Beseitigung der dortigen Lutheraner aus dem Rat deutlich gezeigt und in der Ablehnung eines Nationalkonzils bei gleichzeitigem Eintreten für ein Universalkonzil manifestiert hätte. In diesem Eintreten erkannte Delius allerdings eine prinzipielle Übereinstimmung zwischen Lutheranern und Katholiken, also ein Ringen um Erreichen desselben Ziels auf verschiedenen Wegen. Deshalb versagte Delius dem Kardinal seine Anerkennung nicht, weil er sich gegen des Kaisers Pläne gewendet und gegenüber den Lutheranern zu Konzessionen bereit gewesen sei.[104] Parallel dazu wertete der Berliner Pfarrer Albrechts Bemühungen um eine Klerusreform »als ein wichtiges Zeugnis der beginnenden Gegenreforma-

100 *Walter Delius*, Kardinal Albrecht und die Wiedervereinigung der beiden Kirchen, in: Zeitschrift für Kirchengeschichte 62, 1943/44, S. 178-189, hier S. 179.

101 Vgl. ebd., S. 179.

102 Vgl. ebd., S. 187.

103 *Walter Delius*, Art. Albrecht von Mainz, in: Die Religion in Geschichte und Gegenwart. Hrsg. von Kurt Galling. Bd. 1, 3. Aufl. Tübingen 1957, Sp. 218.

104 Vgl. *Delius*, Kardinal (wie Anm. 100), S. 183-187.

tion«[105] und gleichzeitig als Beweis dafür, daß auch Albrecht letztlich eine Wiedervereinigung der Kirchen für unmöglich gehalten habe. Bezüglich der Klerusreform sprach er ausdrücklich von einer »Reformatio«[106], mit der der Kardinal erst nach dem Scheitern seiner Reunionsbemühungen »die lutherische Reformation durch kirchliche und soziale Reformen aufzuhalten und allmählich rückgängig zu machen«[107] versucht habe. Der Gegenreformationsbegriff wurde somit auch von protestantischer Seite entschärft, indem seine einseitig kämpferisch-offensiv-antiprotestantische Stoßrichtung relativiert und seine nach innen gerichtete Motivation viel stärker betont wurde.

Die innovatorische Kraft dieses Interpretationsansatzes resultierte demnach aus der Akzeptanz einer genuin katholischen Reformbewegung parallel zur Ausbildung des Luthertums im Reich und – darauf basierend – aus der Anerkennung der Reunionsbestrebungen katholischerseits bzw. der Berechtigung des katholischen Standpunkts. Dies vollzog sich in dem Maße, in dem die katholische Kirchenhistoriographie jener Zeit den ›katholischen Luther‹ entdeckte und akzeptierte. Delius rezipierte zwar nach Ausweis seiner Fußnoten die zuvor erschienene wissenschaftliche Literatur katholischer Provenienz nicht, berücksichtigte sie jedoch intentional; und indem er dem Mainzer Kardinal Aufrichtigkeit im Bemühen um Wiedervereinigung und Tragik bescheinigte, exemplifizierte er die historisch begründete Notwendigkeit der gegenseitigen Akzeptanz der Kirchen. Sein Fazit ist daher keineswegs als Gehässigkeit zu werten, sondern als Versuch, einem konfessionellen Gegner Gerechtigkeit widerfahren zu lassen und die Geschichte der Spaltung rational-historisch und theologisch zu begründen:

> »Es ist die Tragik im Leben Albrechts, daß er Luthers Reformation nicht verstanden hat. Darum mußten seine gutgemeinten Versuche, eine Union herbeizuführen, scheitern. Aber auch das nun endgültig nach Trient einberufene Konzil (1545), für dessen Abhaltung er mit dem Gewicht seiner Persönlichkeit alle Zeit eingetreten war, erlebte Albrecht nicht mehr. Die von ihm in Aussicht genommene Provinzialsynode, auf der seine Reformpläne behandelt werden sollten, fand erst vier Jahre nach seinem Tode statt. An dem Versuch der Union sind nicht nur Albrecht, sondern auch Kaiser und Papst gescheitert. Gottes Wille hat das Nebeneinander der beiden Kirchen zugelassen.«[108]

105 Ebd., S. 188.
106 Ebd.
107 Ebd.
108 Ebd.

Delius' Ansatz erwies sich für die weitere protestantische Kirchengeschichtsschreibung als wegweisend, insofern damit die konfessionelle Konfrontationsgeschichtsschreibung endgültig überwunden wurde. So erkannte Martin Brecht in seiner dreibändigen Luther-Biographie 1987 in Albrecht keinen besonders gewissenlosen Kirchenfürsten. Zwar charakterisierte er ihn als »schöngeistig und musisch veranlagt und leicht beeinflußbar«[109] und kam zu dem Schluß: »Eine wirklich große Persönlichkeit war er nicht.«[110] Doch bezog sich dieses Urteil auf den traditionellen protestantischen Referenzhorizont und eine breitere Öffentlichkeit. Es versuchte die Zeitumstände und insbesondere das Handeln und die Reaktion der altgläubigen Zeitgenossen Luthers verständlich zu machen: »In vielem war Albrecht eben ein Renaissancefürst.«[111] Ein Hauptprotagonist war der Hohenzoller allerdings auch für Brecht nicht, womit überdies die neueste Herangehensweise an diese historische Gestalt bestens charakterisiert ist.[112] Im Bemühen um einen breiten strukturgeschichtlichen Ansatz in der wissenschaftlichen Analyse der Reformationsepoche, der sich nicht vornehmlich auf die Theologie- und Kirchengeschichte stützte, schied Albrecht von Brandenburg aus dem Analysehorizont weitgehend aus. In den von dem Gießener Kirchenhistoriker Martin Greschat zu Beginn der 1980er Jahre herausgegebenen »Gestalten der Kirchengeschichte« fand Albrecht keinen Platz und keine Erwähnung.[113] Das 1975 erschienene Biographisch-Bibliographische Kirchenlexikon enthielt sich jeglicher Wertung.[114] Gleichzeitig wurde vor dem Hintergrund verstärkter ökumenischer Bemühungen das Urteil über diesen Mainzer Erzbischof gleichsam an die katholischen Kollegen ausgelagert. Sei es, daß Gustav Adolph Benrath in der Theologischen Realenzyklopädie 1978 ein höchst ambivalentes Bild Albrechts zeichnete, das in der Zitation des vernichtenden Urteils Janssens/Pastors kumulierte[115], sei es, daß Friedhelm Jürgensmeier in

109 *Martin Brecht*, Martin Luther. 3 Bde., Stuttgart 1981 (Ndr. Studienausgabe 1994), hier Bd. 1, S. 177.

110 Ebd.

111 Ebd.

112 Brecht erwähnt Albrecht nur noch an zwei weiteren Stellen: wegen Luthers Maßregelung 1521 und der Schönitz-Affäre 1534; vgl. *Brecht*, Luther (wie Anm. 109), Bd. 2, S. 21-24 und Bd. 3, S. 91-100.

113 *Martin Greschat*, Gestalten der Kirchengeschichte: Die Reformationszeit, Bd. I und II. Stuttgart u.a. 1981.

114 Art. Albrecht von Mainz, in: Biographisch-Bibliograpisches Kirchenlexikon. Hrsg. von Friedrich Wilhelm Bautz. Bd. 1, Hamm (Westf.) 1975, Sp. 92f.

115 *Gustav Adolph Benrath*, Art. Albrecht von Mainz, in: Theologische Realenzyklopädie. Hrsg. von Gerhard Krause/Gerhard Müller. Bd. 2, Berlin/New York 1978, Sp. 184-187.

der vierten Auflage der Religion in Geschichte und Gegenwart aus dem Jahr 1998 insbesondere auf die herausragenden landespolitischen Akzente der albertinischen Regierungszeit hinwies[116], stets führte diese Form des historiographischen Ökumenismus zur Übernahme des katholischen Urteils des ausgehenden 19. und beginnenden 20. Jahrhunderts und damit letztlich zur Stabilisierung des protestantischen Albrecht-Bildes. Wenn auch im Ton befriedet, blieb es bis heute bei dem Bild des begabten, aber schwachen, ursprünglich mächtigen, aber zu weichen Fürsten, der an der Reformation nicht wirklich schuld sein konnte, weil ihm dazu die Persönlichkeit fehlte.

2. Die national- und dynastiegeschichtliche Dimension: kontinuierte Ambivalenz des hohenzollernschen Familienmitglieds

Eng verbunden mit der konfessionsgeschichtlichen war die nationalgeschichtliche Dimension, die genaugenommen die Basis der ersteren bildete. Trotz der Kritik Troeltschs war die Frage, ob es ohne die Reformation überhaupt zur Gründung des zweiten Kaiserreiches hätte kommen können, virulenter denn je; und wurde selbstverständlich negativ beantwortet. So versicherte Friedrich von Bezold im Jahr 1890:

> »Spät, aber überreich hat die Reformation in ihrem Vaterland Früchte gebracht. Aus dem deutschen Protestantismus, der die Feuerprobe des Dreißigjährigen Krieges überdauert hat, sind unsere Nation, ihre heutige Kultur und ihr nationaler Staat erwachsen. Ohne Luther hätten wir keinen Kant und Goethe, ohne die protestantische und antikaiserliche Herkunft des preußischen Staates nicht unser neues deutsches Reich.«[117]

Was selbst der – eigentlich als Neorankeaner der nationalliberalen Treitschke-Schule distanziert gegenüberstehende[118] – Historiker Max Lenz (1850-1932) noch 1920 wie selbstverständlich uneingeschränkt positiv besetzt sah – nämlich die Zeit zwischen Luther und Bismarck als »Kampf um das evangelische

116 *Friedhelm Jürgensmeier*, Art. Albrecht von Mainz, in: Die Religion in Geschichte und Gegenwart. Hrsg. von Hans Dieter Betz u.a. Bd. 1, 4. Aufl. Tübingen 1998, Sp. 273f.

117 Zit. nach *Winfried Schulze*, Deutsche Geschichte im 16. Jahrhundert. Frankfurt a.M. 1987, S. 19. Allgemein zur Verbindung von Nationalismus und protestantischer Konfession, die in einer systemtypischen nationalprotestantischen Geschichtstheologie mündete, vgl. *Nipperdey*, Geschichte 1866-1918 (wie Anm. 7), S. 487-491.

118 Vgl. *Mommsen*, Kultur (wie Anm. 7), S. 86-89. Diesbezüglich kritischer ist *Reinhard*, Martin Luther (wie Anm. 9), S. 396f.

Kaiserreich deutscher Nation«[119] –, mußte aus katholischer Sicht als Geschichtsklitterung, kulturpolitische Kampfansage und historischer ›worst case‹ erscheinen. Zugleich stellte das Zeitalter der Nationen und des Nationalismus für die ultramontane, internationale Kirche – insbesondere für die eher großdeutsch orientierte Papstkirche mit ihrem ausgeprägten Antiborussismus und staatlichen Antizentralismus[120] – ein eminentes Deutungsproblem dar. Denn der Frage, wie das Reichsoberhaupt und wie die Reichsfürsten der Reformationsepoche zu beurteilen seien, fiel angesichts jener einheitssprengenden theologischen Revolution um so größeres Gewicht zu, die für Generationen unterschiedliche Kulturen und Weltdeutungen generiert hatte und das neue Reich fortan ebenso tief spaltete. Während die protestantische Geschichtsschreibung im Gefühl des sichtbaren Erfolgs der historischen Mission des Protestantismus eine eindeutige Position zugunsten Luthers und gegen den katholischen Kaiser habsburgisch-spanischer Herkunft bezog, sah sich die katholische Historiographie zum Lavieren genötigt. Sie rechtfertigte die Katholizität des Habsburgers und verwies ebenso auf seinen Friedens-, Ausgleichs- und Einheitswillen wie auf die reichsspaltende, egozentrische Politik der protestantischen Fürstenopposition. Damit stellten sich jedoch mindestens zwei Probleme: Wie konnten die politischen Differenzen zwischen Kaiser und Papst erklärt werden? Wichtiger noch: Wie war das unverhohlen universalmonarchische Selbstverständnis des Kaisers mit dem nationalen Anliegen zu harmonisieren?

Bezogen auf Albrecht von Brandenburg ergab sich daraus das interpretatorische Dilemma, daß der Mainzer Kurfürst entweder als Koalitionär der fürstlich-ständischen, aber eben auch protestantisch dominierten Opposition eingestuft werden mußte oder aber als rom-, kaiser- und konfessionstreuer Katholik wenigstens als Hemmschuh deutscher Nationalstaatswerdung anzusehen war. Die dritte Alternative stellte geradezu den interpretatorisch-historiographischen Super-GAU dar: der eigensüchtige, unbekümmerte Fürst, der sich weder um konfessionelle noch um nationale Einheit scherte.

Zu Beginn des 20. Jahrhunderts vertraten Paul Redlich und Paul Kalkoff just jene Sichtweise. Während Redlich noch zurückhaltend davon sprach, die Idee habe über die Materie, der Geist über die Welt gesiegt[121], hielt sich Kalkoff in der für ihn typischen Manier nicht zurück:

119 Zit. nach *Schulze*, Geschichte (wie Anm. 117), S. 19.

120 Vgl. *Nipperdey*, Geschichte 1866-1918 (wie Anm. 7), S. 454-457.

121 Vgl. *Paul Redlich*, Cardinal Albrecht von Brandenburg und das Neue Stift zu Halle 1520-1541. Eine kirchen- und kunstgeschichtliche Studie. Mainz 1900, S. 361.

> »Und wenn auch der eitle und hochmütige Prinz in den nächsten Jahren nichts dringender vom Papste begehrte als seine Ernennung zum lebenslänglichen Legaten für ganz Deutschland, so hatte er dabei doch keineswegs derartige hochfliegende Pläne im Sinne [wie ein nationales Reformkonzil oder ›die Losreißung von Rom‹; A.J.], sondern einfach die mit einer solchen Würde verbundenen gewinnbringenden Rechte, die mehr als hinreichend waren, den beim Ablaßgeschäft entstandenen Ausfall zu ersetzen. Den Lebensinteressen des deutschen Volkes zuliebe sich in ein Wirrsal kirchlich-politischer Mühen, in einen unabsehbar folgenschweren Kampf gegen die päpstliche Macht zu stürzen, war nicht nach Albrechts Geschmack.«[122]

Kalkoffs Vorwurf des Verrats an der Nation aus Eigensucht blieb katholischerseits merkwürdig unbeantwortet. Zwar entsprach den Tendenzen, Karl V. gleichsam zu nationalisieren, wie es Döllinger betrieben hatte, die Betonung der Rolle der Hohenzollern und insbesondere Albrechts bei der Kaiserwahl 1519. Bereits Johann Heinrich Hennes hatte 1858 darauf verwiesen.[123] May machte die stetige Kaisertreue Albrechts geradezu zu einer Selbstverständlichkeit, »wie es seiner durchaus deutsch nationalen Gesinnung zu danken war«.[124] Mehr noch, die Hohenzollern traten in der Person Albrechts gewissermaßen als Garanten der großdeutsch-nationalen Einheit auf:

> »Deutschland stand in Gefahr, eine französische Provinz zu werden, wenn die versuchte Wahl von Franz I. durchgegangen wäre! Diese Gefahr hat der deutsche hohe Sinn des Kurfürsten Albrecht eines Hohenzollern damals abgewendet, und so verdankt auch das Haus Habsburg zum zweitenmale in einem der wichtigsten Zeitmomente dem Hause Hohenzollern seine Größe, und die Befestigung seiner Macht; denn seit dieser Zeit ist die deutsche Krone mit einer einzigen kurzen Ausnahme immer bei dem Hause Habsburg geblieben.«[125]

122 *Kalkoff*, Prozeß (wie Anm. 64), S. 54.

123 Vgl. *Hennes*, Albrecht (wie Anm. 11), S. 78-101. Auch der thüringische Historiker Schum sah in diesem Wahlverhalten ein herausragendes Verdienst Albrechts; vgl. *Wilhelm Schum*, Cardinal Albrecht von Mainz und die Erfurter Kirchenreformation (1514-1533). (Neujahrsblätter, Bd. 2. Hrsg. von der historischen Kommission der Provinz Sachsen.) Halle (Saale) 1878, S. 11.

124 *May*, Kurfürst (wie Anm. 12), Bd. 1, S. 6.

125 Ebd., Bd. 2, S. 258.

Aus der Perspektive des ohnehin eher großdeutsch orientierten Katholizismus hatte Albrecht von Brandenburg demnach die Nation als ganze vor dem ausländischen Zugriff bewahrt und die deutsch-katholische Dynastie der Habsburger an entscheidender historischer Stelle zum Wohle des Volkes gestützt. Diese Vorstellung konnte sich freilich in den folgenden Jahrzehnten angesichts der nationalstaatlichen Entwicklung und der Entwicklung des Verhältnisses zwischen Kirche und Staat nicht durchsetzen. Achtzig Jahre später griff zwar Guido Hartmann Hennes' Aussagen auf, wendete sie aber in ganz nationalistisch-kleindeutscher Weise:

> »Dieses nationale Verdienst des Kurfürsten, die Wahl eines Franzosen zum deutschen Kaiser verhindert zu haben, ist ein Ruhmesblatt für den patriotischen Geist des Hohenzollern. Deutschland stand damals in Gefahr, eine französische Provinz zu werden.«[126]

Doch machte diese nationalistische Interpretationsvariante im Kulturkampf-Katholizismus wenig Schule. Sie war gewissermaßen zu wenig ›römisch‹. In Anklang an Janssen/Pastor mutmaßte Veit 1920, Albrecht habe Hutten gewähren lassen, um die nationalkirchlichen Bestrebungen in Deutschland zu fördern.[127] Dies sah er jedoch keineswegs in positivem Lichte, weil es automatisch eine Entfremdung vom Heiligen Stuhl nach sich gezogen hätte und weil es als Teil der kirchlichen Krise bzw. der sittlich-moralischen und politischen Schwäche des Papsttums an der Wende des 15./16. Jahrhunderts gesehen wurde.

Dagegen hatte Gredy 1891 einen ganz anderen Weg beschritten. Er stellte Albrecht in rechtmäßigen Gegensatz zu einem Kaiser, den er maßgeblich protegiert habe und der sich als undankbar, ja herrisch erwiesen hatte. Während Albrecht den Spanier aus Sorge um Religion und Reichseinheit gewählt habe, hätte der Kaiser später nur Eigen- und Hausinteressen verfolgt. Sein Ziel sei ein kaiserlicher Absolutismus gewesen, für den er auch einen konfessionellen Scheinfrieden einzugehen bereit gewesen sei. Nur deshalb sei Albrecht zum Gegenspieler der kaiserlichen Partei und zum Opfer von Granvellas Strategie auf dem Regensburger Reichstag 1541 geworden.[128] Gredys Interpretation wurde jedoch schlicht übergangen.

126 *Guido Hartmann*, Reichserzkanzler, Kurfürst und Kardinal. Albrecht II. von Brandenburg, der Führer der deutschen Renaissancekunst. Nürnberg 1937, S. 9.

127 Vgl. *Veit*, Kirche (wie Anm. 40), S. 3f.

128 Vgl. *Gredy*, Kardinal-Erzbischof (wie Anm. 2), S. 136-154, bes. S. 140-144.

Differenzierter und erfolgversprechender, weil nämlich brückenschlagend erwies sich jene Interpretation, die in Albrecht einen typischen, d.h. eigensinnigen, aus diesem Eigensinn jedoch auch am Gemeinwohl orientiert handelnden Fürsten sah. Wenn Hennes im Fazit seiner Albrechts-Biographie zu dem Schluß kam:

> »Sein ganzes Leben hindurch hatte Albrecht treulich dazu beigetragen, den Frieden unter den Deutschen Fürsten zu erhalten, das Vaterland vor dem Bürgerkrieg zu bewahren. Mit ihm wurden alle Hoffnungen auf friedliche Vermittlung zu Grab getragen. Gleich im ersten Jahr nach seinem Tod kam es zum Krieg«[129],

so stellte dies nur den zunächst wenig beachteten Auftakt für diese Richtung dar. Erst Wilhelm Steffen verwies wieder 1897 darauf, der Ausstieg Albrechts aus dem Schwäbischen Bund habe in erster Linie seinen Eigen-, kaum den Reichsinteressen gedient. Doch habe er sich in den dreißiger Jahren bei seinen Vergleichs- und Vermittlungsbemühungen zusammen mit der Kurpfalz und insbesondere bei der Aushandlung des Nürnberger Anstands 1532 als verantwortlicher Politiker erwiesen.[130] Gleiches erkannte Steffen in der Gründung der überkonfessionellen Rheinischen Einung von 1532 und setzte sich ausdrücklich von Janssens Entrüstung darüber ab, nicht zuletzt weil der Schwäbische Bund »schon vor dieser Einung abgestorben«[131] gewesen sei. Selbst der ansonsten recht kritische Darmstädter Protestant Fritz Herrmann erkannte Albrechts positive, wenn auch heimliche Vermittlungstätigkeit und seine friedfertige Haltung wenigstens bis zum Ende der 1530er Jahre ausdrücklich an.[132] Diese positive Sicht der reichs- und regionalpolitischen Rolle Albrechts als um Ausgleich und Frieden bemühter Kurfürst wurde in den folgenden Jahrzehnten ohne Ausnahme nachvollzogen.[133]

Die nationalgeschichtliche Perspektive schlug auf die dynastiegeschichtliche durch. Das Problem, das sich hieraus ergab, war der Mangel an einem zeitgenössischen, herausragenden dynastischen Widerpart zum problematischen Albrecht: Sein Bruder – Kurfürst Joachim I. von Brandenburg – blieb

129 *Hennes*, Albrecht (wie Anm. 11), S. 335.

130 Vgl. *Wilhelm Steffen*, Zur Politik Albrechts von Mainz in den Jahren 1532 bis 1545. (Diss. Phil.) Greifswald 1897, S. 2f.

131 Ebd., S. 6.

132 *Herrmann*, Bewegung (wie Anm. 73), S. 184ff.

133 Vgl. *Friedrich Eymelt*, Die Rheinische Einung in der Reichs- und Landesgeschichte. (Rheinisches Archiv, Bd. 61.) Bonn 1967, S. 134ff.

zeitlebens katholisch-romtreu und hätte angesichts der von ihm betriebenen Hausmacht- und Bistumspolitik gewissermaßen für den Ausbruch der Causa Lutheri mitverantwortlich gemacht werden müssen.[134] Darüber hinaus mußte er dem Nationalprotestantismus geradezu als Schreckgespenst erscheinen, weil er bei der Kaiserwahl 1519 den französischen König Franz I. unterstützt hatte.[135] Weder Albrecht noch Joachim I. taugten demnach in der Rolle des ›propugnator confessionis‹ oder des ›propugnator nationis‹. So gesehen stellte die hohenzollernsche Dynastiegeschichte der ersten Jahrzehnte des 16. Jahrhunderts die national gesinnten Deutschen – insbesondere diejenigen protestantischer Konfession – vor eine massive interpretatorische Herausforderung.

Abgesehen von den Bemerkungen Paul Kalkoffs unterblieb eine dynastische Regreßhaftung für dieses historische Defizit jedoch aus Gründen der Staatsraison. So bot sich aus dem Hause Hohenzollern als historiographische Projektionsfläche nur – wiewohl natürlich als spektakuläres Familienmitglied – der letzte Hochmeister des Deutschen Ordens und Albrechts Namensvetter aus dem fränkischen Zweig der Dynastie an. Der Hochmeister Albrecht von Brandenburg-Ansbach (1490-1568) wandelte 1525 das Ordensland Preußen in ein königlich-polnisches Lehen um, säkularisierte damit dieses Territorium, protestantisierte es und entzog es dauerhaft dem

134 Vgl. *Manfred Rudersdorf/Anton Schindling*, Kurbrandenburg, in: Anton Schindling/Walter Ziegler (Hrsg.), Die Territorien des Reichs im Zeitalter der Reformation und Konfessionalisierung. Land und Konfession 1500-1650, Bd. 2 (KLK 50). 3. Aufl. Münster 1993, S. 34-66, hier S. 36-47; *Albrecht Pius Luttenberger*, Glaubenseinheit und Reichsfriede. Konzeptionen und Wege konfessionsneutraler Reichspolitik (1539-1552) (Kurpfalz, Jülich, Kurbrandenburg). (Schriftenreihe der Historischen Kommission bei der Bayerischen Akademie der Wissenschaften, Bd. 20.) Göttingen 1982; *Wilhelm E. Winterhager*, Kurbrandenburg als Zentrum des Kampfes gegen Luther. Die Entwicklung der frühen Jahre und ein Quellenfund aus dem Jahr 1518, in: Wichmann-Jahrbuch N.F., Bd. 3, 1994/95, S. 113-140.

135 Vgl. *Heinrich Lutz*, Das Ringen um deutsche Einheit und kirchliche Erneuerung. Von Maximilian I. bis zum Westfälischen Frieden 1490-1648. Frankfurt a.M./Berlin 1987 (1983), S. 198-207; *Horst Rabe*, Reich und Glaubensspaltung. Deutschland 1500-1600. München 1989, S. 147-151; *Wilhelm E. Winterhager*, Das Haus Brandenburg und die französische Kaiserkandidatur 1519. Neue Dokumente zur Rolle der Kurfürsten von Brandenburg und Mainz im Kaiserwahlkampf zwischen Habsburg und Frankreich, in: Sven Externbrink/Jörg Ulbert (Hrsg.), Formen internationaler Beziehungen in der Frühen Neuzeit. Frankreich und das Alte Reich im europäischen Staatensystem. Fschr. Klaus Malettke. (Historische Forschungen, Bd. 71.) Berlin 2001, S. 299-334, hier S. 303-306 und 322-325.

Deutschen Orden.[136] Das neue Herzogtum bildete die Basis für die Königserhebung Kurfürst Friedrichs III. 1701, für das Herauswachsen Preußens aus dem Reichsverband und für den Aufstieg der Hohenzollern im europäischen Mächtekonzert. Entsprechend stellte dieser Vorgang einen fundamentalen Eckstein für das borussische Geschichtsbild – letzthin auch für das nationaldeutsche borussischer Provenienz – dar. So mußte Johannes Herzog 1937 ähnlich wie schon der bereits zitierte Treitschke nicht nur zu dem Schluß kommen, der Mainzer Albrecht habe für die wichtigen Fragen der Zeit »nicht das mindeste Verständnis«[137] besessen, sondern sei auch »nach Charakter und Lebenswerk der Antipode seines Vetters und Namensbruders Albrecht von Preußen«[138] gewesen. Der Mainzer Albrecht war und blieb »eben nur ein Prinz«[139], dem seine Erzstifte gleichsam als Spielwiesen dienten. Damit wurde zunächst einmal das Interpretationsstereotyp vom schwächlichen, egozentrischen Fürstensohn verstärkt und auf die dynastische Ebene heruntergebrochen. Zugleich wurde die Dynastie exkulpiert, insofern mit dem Hochmeister eine geschichtsträchtige und geschichtswirksame Identifikationsfigur gefunden war, die sich – wie Walther Hubatsch noch 1961 betonte[140] – auch um die familienpolitische Einheit bemühte, obwohl sein Einschreiten gegen die Invektiven Luthers gegen seinen Namensvetter von diesem politisch nicht honoriert wurde. Ausgeblendet werden konnte hierbei, daß die beiden Albrechte gleichermaßen in sehr jungen Jahren – jeweils mit Anfang zwanzig – durch geschickte dynastische Politik der Pfründenakkumulation an ihre Ämter gekommen waren und daß der junge preußische Hochmeister nach einem von ihm provozierten, für ihn

136 Vgl. *Helmut Freiwald*, Markgraf Albrecht von Ansbach-Kulmbach und seine landständische Politik als Deutschordens-Hochmeister und Herzog in Preußen während der Entscheidungsjahre 1521-1528. (Die Plassenburg, Bd. 15.) Kulmbach 1961; *Walther Hubatsch*, Albrecht von Brandenburg-Ansbach. Deutschordens-Hochmeister und Herzog in Preußen 1490-1568. (Studien zur Geschichte Preußens, Bd. 8.) Heidelberg 1960; *Dieter J. Weiß*, Deutscher Orden, in: Anton Schindling/Walter Ziegler (Hrsg.), Die Territorien des Reichs im Zeitalter der Reformation und Konfessionalisierung. Land und Konfession 1500-1650, Bd. 6 (KLK 56). Münster 1996, S. 224-248, hier S. 226-236; *Hartmut Boockmann*, Der Deutsche Orden. Zwölf Kapitel aus seiner Geschichte. 3. Aufl. München 1989, S. 216-220.

137 *Herzog*, Art. Albrecht (wie Anm. 99), Sp. 32.

138 Ebd.

139 *Kalkoff*, Capito (wie Anm. 62), S. 130.

140 Vgl. *Hubatsch*, Albrecht (wie Anm. 136), S. 220 und 230. Demnach protestierte der preußische Herzog vehement gegen Luthers Invektiven bei dessen Fürsten, was allerdings nicht zur Beseitigung der Distanz zwischen beiden Hohenzollern bzw. zwischen den katholischen und den protestantischen Familienmitgliedern führte.

beinahe katastrophal verlaufenen Krieg gegen den polnischen König zum Krakauer Frieden und zum Lehenseid faktisch gezwungen gewesen war. Der Wandel vom geistlichen Hochmeister-Staat zum säkularen (polnischen Lehens-)Herzogtum war zunächst einmal nur ein Teil einer augenblicksbezogenen politisch-militärischen Überlebensstrategie und wurde erst in den folgenden Jahren der Konsolidierung des neuen Herrschaftsgebildes zu einer realen und später insbesondere historiographischen ›Erfolgsstory‹ – nachdem sich die kurfürstlichen Hohenzollern das preußische Erbe durch Heirat gesichert und 1618 einverleibt hatten.[141]

Mußte der Mainzer Albrecht aus nationalprotestantischer Sicht folgerichtig neben seinem preußischen Namensvetter verblassen – aus katholischer Sicht stellte sich ein solcher Vergleich erst gar nicht[142] –, so blieb immer noch die Frage offen, in welchem Verhältnis er zu seinem Bruder Joachim I. und zu seinem Neffen Joachim II. stand. Hier erweist sich von seiten der Hohenzollern-Forschung eine erstaunliche Flexibilität, gerade auch im Hinblick auf die Prämissen deutscher Nationalgeschichtsschreibung und der von ihr propagierten, teleologisch angelegten Trinität von Protestantismus, Hohenzollerndynastie und Nationalstaatswerdung.

Albrecht erschien nicht etwa als Bastard der Dynastie, sondern als deren herausragender Repräsentant. Nicht nur, daß die dynastische Politik der Hohenzollern insgesamt auf Deutschland gerichtet zu sein schien und Albrecht daran einen gehörigen Anteil hatte, die Stifts-Agglomeration des jüngeren Brandenburger Kurfürstenbruders wurde von Wilhelm Schum 1878 sogar als territoriale Einheit und funktionales, schlagkräftiges Element dieser Politik begriffen.[143] Während der eingangs ausführlich zitierte Katholik Gredy distanzierter analysierte – er sprach von der Bischofswahl Albrechts

141 Kaum ein deutscher Historiker hat so kurz und prägnant diese Entwicklung auf den Punkt gebracht wie *Sebastian Haffner*, Preußen ohne Legende. Hamburg o.J., S. 45-48.

142 Dieser historische Vorgang sollte vielmehr die Gelegenheit verschaffen, das preußische System eo ipso zu stigmatisieren! Symptomatisch hierfür kam Janssen zu der Auffassung: »Das neu errichtete evangelische Territorium wurde der Tummelplatz der heftigsten theologischen Streitigkeiten, und das weltliche Regiment ›gedieh zum Unsegen des Volkes‹.« Dies resultierte nach Janssens Meinung aus der prekären Finanzlage des jungen Herzogs, der deshalb die Macht im Lande dem Adel habe überlassen müssen, der nun »die alles Rechtsschutzes beraubten Bauern in eine sclavische Dienstbarkeit herab[drückte]«; *Janssen*, Geschichte (wie Anm. 28), Bd. 3, S. 68-75, Zitate S. 75.

143 Wiewohl Schum eigens darauf hinwies, daß die brandenburgisch-mainzischen Gegensätze in der Religions- und Kirchenpolitik vor dem Hintergrund der allgemeinen Lage und Komplexität der Religionsfrage eine stringente Fortführung der dynastischen Politik verhinderten; vgl. *Schum*, Cardinal (wie Anm. 123), S. 1-7.

als einer »göttliche[n] Vorhersehung«[144] – und eher Joachim I. als treibende Kraft hinter dieser angeblich stringent betriebenen dynastischen Politik erkannte, rückte Wilhelm Steffen in seiner Greifswalder Dissertation von 1897 die Vorgänge um die Bistumsakkumulation in ein ganz anderes Licht: Demnach hatte Albrecht »zu Gunsten seines Bruders Joachim auf die Brandenburgischen Lande verzichtet, um im Dienste der Kirche Entschädigung zu suchen«.[145] Der Ablaßstreit mit Luther erschien aus dieser Perspektive als eine Verlegenheit, die aus der dynastischen Raison resultierte. Sie geriet am Beginn des 20. Jahrhunderts immer stärker in Verruf durch die Forschungen Kalkoffs, der die hohenzollernschen Hausinteressen für den Ausbruch der Reformation nicht unwesentlich mitverantwortlich machte.[146] Damit steckte die Hohenzollern-Forschung in dem interpretatorischen Dilemma, erklären zu müssen, daß einerseits die Reformation als nationalspaltendes Moment durch das egoistische Verhalten der herausragenden Dynastie dieser Nation (mit-) ausgelöst worden war, andererseits eben jene Reformation am Beginn des nationalen Einigungsprozesses durch dieselbe Dynastie stand, deren führende Vertreter sie zunächst ablehnten. Gelöst wurde es nicht und blieb in der Folgezeit unberücksichtigt.

So erwies sich diese genuin dynastiegeschichtliche Perspektive als eigenständiges Interpretament, insofern das Innenverhältnis zwischen den Hohenzollern als weithin intakt empfunden wurde. Dies galt erstaunlicherweise insbesondere für das Verhältnis zwischen Albrecht und seinem Neffen Joachim II., der seinem Vater in der Brandenburger Kurfürstenwürde nachfolgte und die Reformation im östlichsten Kurfürstentum einführte.[147] Anstelle des anzunehmenden Antagonismus zwischen beiden ergab sich für die Historiker der Jugend der brandenburgischen Kurfürsten ein ganz anderes Bild. Obwohl Albrecht seinerseits nicht behandelt wurde, zeichneten Schuster/Wagner 1906 indirekt ein sehr positives Bild des Mainzer Kurfürsten. Sie hoben nicht nur die positiven Äußerungen Joachims II. über seinen Onkel hervor, sondern kamen auch zu dem Schluß, daß Albrecht wertvolle, ja sogar entscheidende Arbeit gerade bei der »Festigung in der religiösen Überzeugung, Antrieb zur Untersuchung der höchsten Probleme«[148] bei seinem jungen Kurfürsten-Neffen geleistet habe. Maßgeblich durch ihn sei

144 *Gredy*, Kardinal-Erzbischof (wie Anm. 2), S. 3.

145 *Steffen*, Politik (wie Anm. 130), S. 1.

146 Vgl. *Kalkoff*, Beziehungen (wie Anm. 72), passim; *Ders.*, Prozeß (wie Anm. 64), S. 58f.

147 Vgl. *Rudersdorf/Schindling*, Kurbrandenburg (wie Anm. 134), S. 46-54.

148 *Georg Schuster/Friedrich Wagner*, Die Jugend und Erziehung der Kurfürsten von Brandenburg. Bd. 1 (Monumenta Germaniae Paedagogica, Bd. 34.) Berlin 1906, S. 341.

Joachim an die religiösen Formen der alten Kirche gewöhnt worden und habe die Reformation deshalb so rücksichtsvoll eingeführt. Der kirchlich-konfessionelle Antagonismus der Zeit stand aus dieser Perspektive hintan, ja er wurde durch das innige Verhältnis der beiden Fürsten zueinander überwunden und bereicherte gleichsam den Brandenburger Jung-Kurfürsten für sein späteres Wirken. Der kollektiv-historischen Konfrontation wurde demnach die individual-historische spirituelle Harmonie gegenübergestellt.

Sosehr damit das gute Verhältnis zwischen Onkel und Neffen herausgestellt und familiengeschichtlich harmonisiert wurde, so problematisch erwies sich weiterhin die Interpretation des Verhältnisses zwischen den Kurfürsten-Brüdern zueinander. Nach dem Zweiten Weltkrieg, der Konsolidierung der bundesrepublikanischen Demokratie und der Neuorientierung der Preußen-Historiographie fällte die quasi offizielle hohenzollernsche Hausgeschichte ein relativ ausgewogenes, ja geradezu großzügiges Urteil über Albrecht. Vordergründig mochte dies kaum so erscheinen:

> »Vergleicht man die Geschichte der beiden Brüder, so ist leicht zu erkennen, daß der Kardinal in vielem das Gegenteil des Kurfürsten war: lebensbejahend, glatt und duldsam. Sein Lebenswandel erregte Anstoß, seine religiöse Haltung war lax, seine politische schwankend und weich.«[149]

Zwar griff diese Charakterisierung Anton Ritthalers aus dem Jahr 1961 lediglich die altbekannten historiographischen Stereotypen auf und verschlimmerte sie, wenn als weiteres Vergleichsmoment der reformeifrige Augsburger Bischof und schwäbische Verwandte Graf Friedrich II. von Zollern (reg. 1486-1505) herangezogen wurde. Doch wies sie eben auch auf das maßhaltende Moment hin, das sich so sehr von der Politik Joachims I. unterschied. In dem Vorwurf, Joachim habe bei der Kaiserwahl von 1519 ohne Konzept und mit maßlosen, dem Wunschtraum entspringenden Hintergedanken – der eigenen Wahl – agiert, um am Ende beinahe mit leeren Händen dazustehen, war ebenso ein indirektes Lob für Albrecht herauszulesen wie in der Bewertung der antilutherischen Politik des Brandenburger Kurfürsten, der nicht nur jeder Neuerung im eigenen Lande, sondern auch der späteren Vermittlungspolitik seines Bruders im Reich entgegengearbei-

149 *Anton Ritthaler*, Die Hohenzollern. Ein Bildwerk. Frankfurt a.M./Bonn 1961, S. 34. Das Vorwort schrieb Prinz Louis Ferdinand, nicht ohne die Intention des Werkes zu verbergen: »Dieses Buch versucht, durch Bild und Text etwas lebendig zu machen von dem, was mein Geschlecht zum Bau eines einigen Deutschland beigetragen hat.«

tet habe.[150] So figurierte Joachim als eigentliche Ursache für die fehlende hohenzollernsche Gemeinsamkeit bzw. für den offenen Zwiespalt in dieser Epoche der Weichenstellungen, Albrecht dagegen nicht nur als langfristig denkender und gleichermaßen verantwortlich für die Haus- wie für die Reichsinteressen handelnder Politiker, sondern auch als beständiger und zudem umgänglich handelnder Diplomat. Im übrigen erschien seine Katholizität wie auch die seines Bruders und diejenige des schwäbischen Bischofsverwandten in neuem Licht, wenn die schroffe antiprotestantische Haltung Joachims mit dessen Sorge um das ›Staatswohl‹ des markgräflich-brandenburgischen Kurfürstentums begründet wurde. Damit wurde die bisher vorherrschende Einheitsidee von Dynastie, Staat und Konfession wenigstens ansatzweise aufgegeben und das damit verbundene Staatsideal vor dem Hintergrund der politisch-konfessionellen Kultur des neuen Weststaates relativiert. Geliebt wurde Albrecht von Brandenburg dennoch auch in dieser Sichtweise nicht. Die angeführte hohenzollernsche Hausgeschichte, die sich als »Bildwerk« ausgab, bildete ihn im Gegensatz zu anderen wichtigen Hohenzollern nicht ab. Der Hohenzoller Albrecht von Mainz figurierte als eine dynastische Randfigur.

Schließlich ist noch auf eine letzte Facette der dynastiegeschichtlichen Albrecht-Interpretation aus demselben Zeitraum hinzuweisen. Offensichtlich als einziger Historiker wagte 1961 Walther Hubatsch den bemerkenswerten Vergleich Albrechts mit den preußischen Königen Friedrich Wilhelm III. (1770-1840) und Wilhelm II. (1859-1941). Nicht nur der Vergleich an sich kann überraschen, auch Hubatschs – explizit als Abkehr von der Ranke-Tradition gedachter – Hinweis, daß hohenzollernsche Dynastiegeschichte eben nicht nur brandenburgische, sondern auch und gerade deutsche (Reichs-) Geschichte sei, stellte ein erstaunliches Deutungsmuster dar. Gleiches muß für seine Charakterisierung Albrechts gelten: Zwar habe Albrecht wenig von der berechnenden politischen Vernunft seines Bruders besessen, sich vielmehr um den Fürstenstand an sich im Reich gesorgt, doch müsse er als Ireniker, als Mann des Ausgleichs und – gerade wegen seines langen Festhaltens an Hutten – als standfester Fürst anerkannt werden.[151] Bei näherer Betrachtung entpuppt sich diese Interpretation allerdings gar nicht als so überraschend, insofern sie sich in die Wirklichkeit der Teilung

150 Vgl. *Ritthaler*, Hohenzollern (wie Anm. 149), S. 35f.

151 *Walther Hubatsch*, Ein Renaissancefürst im Umbruch der Zeiten: Kardinal und Kurfürst Albrecht von Brandenburg, Erzbischof von Mainz und Magdeburg (1490-1545), in: Ders., Hohenzollern in der deutschen Geschichte. Frankfurt a.M./Bonn 1961, S. 40-59.

der deutschen Nation einpaßte und diese abbildete. Nach der Spaltung der deutschen Nation in zwei deutsche Staaten und der Aufteilung des preußischen Staatsgebietes unter vier Staaten – Bundesrepublik, DDR, Polen und UdSSR – mußte es einerseits aus westdeutscher Sicht um die Wahrung des preußisch-hohenzollernschen Geschichtserbes gehen, das von der DDR und ihren Historikern allenfalls als Negativbeleg ihrer ideologischen Prämissen betrachtet wurde. Andererseits handelte es sich angesichts der scheinbaren geographischen Ferne dieses Hohenzollern-Erbes und angesichts der mittlerweile an ihm bzw. an den mit ihm verbundenen Werten auch im Westen geübten gesellschaftlichen Kritik um einen Versuch, im Westteil Deutschlands ein neues Verständnis für die preußische und insbesondere für die doch eigentlich aus Süddeutschland stammenden und mit dem – historisch letzthin »unschuldigen« – Alten Reich verbundenen Hohenzollern zu wecken. Der Mainzer Kurfürst Albrecht von Brandenburg bot hierfür einen ausgezeichneten Ansatzpunkt, um zu zeigen, wie sehr die Dynastie im Alten Reich – also in vornationalstaatlicher Zeit und im wesentlichen auf dem Staatsgebiet der Bundesrepublik – aktiv gewesen war und daß ihre Mitglieder auch jenseits militärischer Funktionen um Frieden bemüht waren.

3. Die landesgeschichtliche Dimension: Perseveranz der herrschaftlich-kulturellen Regionalismen

Es lohnt sich, die Albrechts-Historiographie schließlich auch aus landesgeschichtlicher Perspektive auszuwerten. Es stellt sich nämlich die Frage nach der Einschätzung des Verhältnisses zwischen seinen dynastischen und seinen territorialpolitischen Interessen in neuer Weise. Zudem wird hierbei neben dem konfessionellen Faktor insbesondere auch der regionalpolitische Wertungshorizont der jeweiligen Landesgeschichte und Landeshistoriker ausgelotet werden müssen. Angesichts einer geographisch so umfangreichen Herrschaft Albrechts von Brandenburg und angesichts der allein mit Blick auf Mainz feststellbaren hohen intraterritorialen Differenziertheit kurfürstlicher Herrschaft wird es nötig sein, die Standpunkte der verschiedenen Historiker möglichst exakt zu bestimmen. Der Charakter des Kurerzstifts Mainz als – im wahrsten Sinne des Wortes – zusammengesetzter Territorialstaat, der aus dem Ober- und Unterstift an Main und Rhein sowie den hessischen Ämtern, dem Erfurter Gebiet und schließlich dem Eichsfeld bestand – mithin also aus regional, kulturell-mental, politisch-ökonomisch sehr unterschiedlichen Herrschaftsentitäten mit einem ausgeprägten Bewußtsein jeweiliger Eigenständigkeit –, schlug sich selbstverständlich auch in der späteren Beurteilung kurfürstlicher Herrschaft nieder. Dieser Kurstaat mit seinen massiv ausgeprägten Regionalismen konnte keine genuine Landesgeschichte besitzen. Landesgeschichtsschreibung besaß er jedenfalls in der Moderne nicht; auch die Mainzer Landeshistoriker beschäftigten sich nur mit einem historisch-geographischen Ausschnitt. Denn die Historiker des 19. und 20. Jahrhunderts, die in ihrer überwiegenden Zahl das Ende des Kurstaates 1806 nicht mehr bewußt miterlebt hatten, schrieben als Neu-Preußen oder Neu-Nationaldeutsche – gleichgültig in welchem preußisch-deutschen Nationalstaat – genaugenommen eine Landesgeschichte ihrer eigenen Region: des Rhein-Main-Gebiets, Erfurts und des Eichsfeldes. Dies taten sie je nach politischer Haltung gegenüber dem staatlichen Rechtsnachfolger in Abgrenzung, Konkurrenz oder Anlehnung an die neuen politischen Gegebenheiten.

Die Mainzer Landesgeschichte der unmittelbaren nachnapoleonischen Ära fand insgesamt sehr wohlwollende Urteile zum Hohenzollern auf dem Erzstuhl. Auffällig ist dabei, daß von den frühesten Bewertungen des 19. Jahrhunderts – gemeint sind hierbei die Kurzbiographien von Niklas Vogt und Franz Werner aus dem ersten Drittel dieses Jahrhunderts – nicht nur die Ablaß-Angelegenheit eher als zeittypische Petitesse behandelt wurde, sondern auch die später vehement gescholtene Prachtliebe in ganz anderem, nämlich positivem Lichte erschien. In engem Zusammenhang mit dem Lob der Reichsverfassung pries Niklas Vogt (1756-1836) in seinen mehrbändigen »Rheinischen Geschichten und Sagen« 1817 gerade die Kultur und Bildung am Rhein in der Reformationszeit überschwenglich und betonte, »die geistlichen Fürsten am Rheine, Johann von Worms, Albert von Mainz, Johann I. von Trier, Herrmann von Cölln, wurden ihre Beförderer und Beschützer«.[152] Insbesondere Albrecht von Brandenburg galt ihm als »der vorzüglichste Beschützer der Künste und Wissenschaften«[153], denn:

> »Sein Hof war eine Art Akademie, wo Genie und Gelehrsamkeit um die Wette eiferten. [...] Die Hofhaltung und Prachtliebe des Fürsten unterstützte die Künste. Schöne Weiber würzten die Gesellschaft durch ihren Witz und Reiz. Die Dichter und Hofnarren unterhielten die Gesellschaft mit Gedichten und Späßen.«[154]

Der Herrlichkeit dieser Zeit setzte Vogt die Dumpfheit der nach 1545 in Mainz sich ausbreitenden jesuitischen Kultur entgegen, die seiner Ansicht

152 *Niklas Vogt*, Rheinische Geschichten und Sagen. 4 Bde., Frankfurt a.M. 1817-36, hier Bd. 3, S. 376.

153 Ebd., Bd. 4, S. 23.

154 Ebd., S. 24.

nach erst wieder mit den beiden letzten Mainzer Kurfürsten Emmerich Joseph und Friedrich Karl überwunden worden sei.[155] Nicht nur daß der frühere Mainzer Geschichtsprofessor und kurfürstliche Diplomat[156] mit solchen Aussagen neben Albrecht auch noch weiteren katholischen Würdenträgern huldigte, die nachmalig gerade als herausragende Symptome der kirchlichen Krise und Auslöser der Spaltung angeführt wurden, er sah damit auch gerade jene Humanistenpersönlichkeiten, die katholischerseits in späteren Jahrzehnten kritisch beurteilt oder gar verdammt wurden, in ganz anderem Lichte, nämlich von der Warte des Aufklärers aus: Ihnen, d.h. Leuten wie Albrechts Hofmeister Eitelwolf von Stein,

> »folgten Melanchthon, Hutten, Erasmus und andere fern leuchtende Gestirne. Der Zwecke dieses rheinischen Museums war: Cultur und Licht zu verbreiten, Künste und Wissenschaften zu befördern und den Gemeingeist zu erheben.«[157]

In Übernahme der Auffassung Vogts stellte der Mainzer Domkapitular Werner fest: »Albert war ungemein prachtliebend, und führte einen glänzenden Hofstaat«[158], an dem die geschliffensten Sitten und feinste Intellektualität geherrscht hätten, an dem der Aberglauben verlacht und gerügt sowie die Messen mit römischer Pracht gefeiert worden seien.[159] Für beide noch von der Mainzer Aufklärungszeit und dem Untergang des Mainzer Kurstaates[160] geprägten Historiker lag das Anliegen Albrechts auf der Hand:

155 Vgl. ebd., S. 67.

156 Vgl. *Walther Killy*, Art. Vogt, Nikolaus, in: Deutsche Biographische Enzyklopädie, Bd. 10, München 1999, S. 235. Vogt war seit 1784 als Geschichtsprofessor an der Universität Mainz tätig. Nach 1797 arbeitete er zunächst als Schulinspektor, seit 1803 als Bibliothekar. Gleichzeitig erschien er als Legationsrat im Gefolge Carl Theodor von Dalbergs. 1808 gründete er in Frankfurt ein Museum nach dem Vorbild des französischen Nationalinstituts. Der Bewunderer Napoleons publizierte zugleich als Theoretiker des Rheinbundes und Verfechter des europäischen Einheitsgedankens.

157 *Vogt*, Geschichten (wie Anm. 152), Bd. 3, S. 377.

158 *Franz Werner*, Der Dom zu Mainz und seine Denkmäler nebst Darstellung der Schicksale der Stadt, und der Geschichte seiner Erzbischöfe bis zur Translation des erzbischöflichen Sitzes nach Regensburg. 2 T., Mainz 1827-30, hier T. 2, S. 374.

159 Hierin übernahm Werner die Diktion Vogts beinahe wörtlich; vgl. *Vogt*, Geschichten (wie Anm. 152), Bd. 4, S. 24f.; *Werner*, Dom (wie Anm. 158), Bd. 2, S. 374f.

160 Vgl. *Friedhelm Jürgensmeier*, Vom Westfälischen Frieden 1648 bis zum Zerfall von Erzstift und Erzbistum 1797/1801, in: Ders. (Hrsg.), Handbuch der Mainzer Kirchengeschichte, Bd. 3: Neuzeit und Moderne. T. 1, Würzburg 2002, S. 233-469; *Timothy C. W. Blanning*, Reform and Revolution in Mainz 1743-1803. London 1974.

seinen Fürstenhof im besten humanistischen Sinne als eine vom rationalen Verstand geleitete Akademie zu etablieren; und als solchen würdigten sie ihn uneingeschränkt positiv ungeachtet bzw. gerade wegen der damit verbundenen hohen Kosten. Für den unzweideutig antilutherischen Kleriker Werner wie auch für den Laien Vogt resultierte die Problematik eines solch ehrgeizigen Unterfangens einzig aus den Zeitumständen und der zeitbedingten kritischen Haltung gegenüber Intellektuellen und Klerikern, »dies um so mehr in geistlichen Staaten, wo man die Ausschweifungen der Denkfreiheit und Weichlichkeit um so eher merkt und zu rügen anfängt«.[161] Für den durch die rational-aufgeklärte Gedankenwelt der vorrevolutionären Epoche geprägten Domkapitular stand damit nicht Albrecht in der Kritik, ganz im Gegenteil. Wie schon Vogt sympathisierte auch Werner ganz offen mit dessen humanistischen Anliegen; und ebenso wie dieser[162] thematisierte er die daraus erwachsende und speziell für die geistlichen Staaten während der gesamten Frühen Neuzeit virulente Problematik bzw. Unmöglichkeit, beides – humanistisch-aufklärerisches Anliegen und damit verbundene säkularisierende Tendenzen in einem klerikal geprägten System – miteinander harmonisieren zu müssen. In einer für den katholischen Klerus alles andere als untypischen Weise kam Werner schließlich angesichts der kirchenpolitischen Entwicklung der Reformationszeit zu dem Schluß, Albrecht habe am Ende seines Lebens erkennen müssen, wie verderblich die von ihm geförderten Gesinnungen bei Hofe für den geistlichen Staat an sich gewesen seien, und habe deshalb eine streng antilutherische Linie eingeschlagen.[163] Man mag auch hierin eher einen Reflex auf das eigene Schicksal bzw. dasjenige des Mainzer Kurstaates am Ende des Aufklärungszeitalters und in der napoleonischen Ära erkennen können, dennoch muß erstaunen, wie positiv ein katholischer Diözesan-Würdenträger jener Epoche gegenüber historischen Phänomenen eingestellt war, die in den nachfolgenden Jahrzehnten verschwiegen oder negativ konnotiert wurden. Zwar übernahm noch Jakob May in der Mitte des 19. Jahrhunderts das Urteil Vogts und Werners bezüglich des albertinischen Hofes, doch schon bezüglich Huttens Einfluß wurde er schwankend, weil man niemals hätte wissen können, »zu welcher ein

161 *Werner*, Dom (wie Anm. 158), T. 2, S. 376.

162 Vgl. *Vogt*, Geschichten (wie Anm. 152), Bd. 4, S. 24f.: »Die Sitten beider Höfe und Städte [nämlich des Roms Leos X. und des albertinischen Mainz] zeugten zwar von Feinheit, Geschmack, Artigkeit und Gewandheit; aber sie grenzten auch so nahe an Üppigkeit und Unglauben, daß sich nicht nur ihre Feinde, sondern auch die eifrigsten Freunde und Vertheidiger darüber beklagten.«

163 Vgl. *Werner*, Dom (wie Anm. 158), T. 2, S. 379f.

solcher Einflusse eben so sehr zum dauernden Heile als zum Verderben Deutschlands sein konnte«.[164] Das Aufeinandertreffen von Religion und kirchlicher Autorität einerseits und rationaler Kritik andererseits war demnach schon nicht mehr geheuer, und so mußte das Unterfangen Albrechts wie auch seine Person gewissermaßen ins Zwielicht rücken, weil mit der Förderung des kirchenkritischen Humanismus und der lutherfreundlichen Humanisten der Kirchenspaltung unbewußt vorgearbeitet worden war.

So fand sich denn auch in der späteren Mainzer Landesgeschichte – soweit sie kirchengeschichtlich orientiert war – über Albrecht von Brandenburg um die Jahrhundertwende allgemein nur wenig Lobenswertes. Vogt und Werner dienten als Steinbrüche, nicht aber als Ideengeber oder interpretatorische Leitfäden. Ursächlich hierfür dürfte nicht zuletzt auch die Tatsache gewesen sein, daß sich das Bistum Mainz unter seinem Bischof Joseph Ludwig Colmar (reg. 1802-1818) als Ausgangspunkt und Zentrum des frühen antiaufklärerischen Ultramontanismus etablierte.[165] Deshalb hinterließen Vogt und Werner ebensowenig Spuren, wie später Hennes' und Mays Biographien, die beide Albrechts territorialpolitische Maßnahmen eingehend darstellten und durchaus positiv würdigten[166], nennenswerte Effekte auf die nachfolgenden Urteilsstrukturen nach sich zogen. Veits bereits angeführtes Urteil aus dem Jahr 1920 war hierfür symptomatisch. Es konnte sich zudem an Kißling orientieren, der 1906 in seiner Biographie des Mainzer Domdekans und Gegenspielers Albrechts Lorenz Truchseß von Pommersfelden zu einer später noch näher darzustellenden Auffassung gelangte. Die von Gredy vorgenommene positive Würdigung, die ihm als kühl kalkulierenden Landesherrn gerade angesichts der inneren Spannungen mit einem reformunwilligen Domkapitel und äußeren Gefahren insbesondere aus Hessen politische Festigkeit bescheinigte[167], wurde dagegen schlicht miß-

164 *May*, Kurfürst (wie Anm. 12), Bd. 2, S. 489; zur Charakterisierung des Wirkens von Hutten vgl. ebd., Bd. 1, S. 327-356.

165 Vgl. *Nipperdey*, Geschichte 1800-1866 (wie Anm. 7), S. 410ff.; *Karl Josef Rivinus*, Das Bistum von der Säkularisation bis zum Kulturkampf, in: Friedhelm Jürgensmeier (Hrsg.), Handbuch der Mainzer Kirchengeschichte, Bd. 3: Neuzeit und Moderne. T. 2, Würzburg 2002, S. 907-1141, hier S. 932f. und 943ff.

166 Vgl. *Hennes*, Albrecht von Brandenburg (wie Anm. 11), S. 18-21 und 242-255; *May*, Kurfürst (wie Anm. 12), Bd. 1, S. 68-78, 451-455, und Bd. 2, S. 306f.

167 So verwies Gredy darauf, daß die Mainzer in den Packschen Händeln schlicht erpreßt worden seien und aus Angst vor größerem Schaden ein schlechtes Geschäft abgeschlossen hätten. An der Pommersfelden-Affäre zeigte Gredy auf, wie engagiert Albrecht und wie inaktiv das Domkapitel in kirchenreformerischen Belangen gewesen sei. Gleiches

achtet. Ebenso erging es der vom Mainzer Diözesanarchivar Franz Falk (1840-1909)[168] 1882 vorgenommenen Bewertung und der ausgewogenen Darstellung des Wiesbadener Archivars Friedrich Roth[169], die Albrecht in einem keineswegs negativen Licht erscheinen ließen[170]. Erst mit dem Wandel der Interpretation von Albrechts kirchenpolitischem Engagement erfolgte auch eine Neubewertung seiner Rolle als Landesherr. Sie resultierte u.a. aus einer Ablösung von der kirchengeschichtlich-theologisch dominierten Interpretation durch eine verfassungs-, rechts- und damit profangeschichtliche Perspektive. Zum einen wurde – wie etwa bei Volz 1962 – erkannt und nun explizit benannt, daß wenigstens der Mainzer Wahlakt von 1514 auf einer freien, präzise kalkulierten Entscheidung des Domkapitels und seines Dekans beruhte. Zum anderen wurden mehr und mehr die landespolitischen Aktivitäten Albrechts – auch und gerade in Absetzung vom Domkapitel, das nun unter Rekurs auf die allgemeine historiographische Einschätzung[171] als Reformhemmnis erkannt wurde – gewürdigt.[172] Einen Schritt weiter ging der Nachkriegs-Doyen Mainzer Kirchengeschichte

galt für seinen letzten Aufenthalt in Halle, den er gegen den Willen des Mainzer Domkapitels 1534-39 gehalten hätte, denn als »treuer Hirte wollte Albrecht seine Herde nicht verlassen, welche in höchster Gefahr schwebte«; vgl. *Gredy*, Kardinal-Erzbischof (wie Anm. 2), S. 105-113 und 121.

168 Vgl. *Anton Brück*, Art. Falk, Franz, in: NDB, Bd. 5, Berlin 1961, S. 7. Der Mainzer Priester Falk promovierte 1866 in Freiburg, wurde 1897 Diözesanarchivar und Professor und erhielt 1908 die Ernennung zum päpstlichen Hausprälaten.

169 Vgl. *Friedrich W. E. Roth*, Beiträge zur Geschichte des Erzbischofs Albrecht II. von Mainz 1514-1545, in: Historisch-politische Blätter für das katholische Deutschland 118, 1896, S. 73-92, 160-167.

170 Vgl. *Franz Falk*, Art. Albrecht von Brandenburg, in: Wetzer und Welte's Kirchenlexikon oder Encyclopädie der katholischen Theologie und ihrer Hülfswissenschaften. Hrsg. von Joseph Kardinal Hergenröther. Bd. 1, 2. Aufl. Freiburg i.Br. 1882, Sp. 448f.; *Ders.*, Zur Beurtheilung des Cardinals Albrecht, Erzbischof von Mainz, in: Der Katholik 62/I, 1882, S. 620-629. Falk vermittelte ein neutrales Bild Albrechts, den er unter Rekurs maßgeblich auf Hennes und May, aber auch auf Janssen und Pastor als Förderer der späteren katholischen Reformer im Erzstift darstellte.

171 Hierfür prägnant und symptomatisch *August Franzen*, Innerdiözesane Hemmungen und Hindernisse der kirchlichen Reform im 16. und 17. Jahrhundert. Mit besonderer Berücksichtigung des Erzbistums Köln, in: Eduard Hegel (Hrsg.), Colonia Sacra. Fschr. Wilhelm Neuß. Köln 1947, Bd. 1, S. 163-201, hier S. 182-186.

172 Die wenig beachteten Ausführungen des Aschaffenburger Heimathistorikers Guido Hartmann aus dem Jahr 1937 sind hierfür typisch. Für ihn stellte Albrechts Abreise aus Mainz die logische Konsequenz eines Entfremdungsprozesses zwischen dem Kardinal und dem immer wieder Einfluß nehmenden Domkapitel dar; vgl. *Hartmann*, Reichserzkanzler (wie Anm. 126), S. 11f. und 14.

Anton Philipp Brück, wenn er in seinem 1971 erschienenen Aufsatz auf Albrechts vorsichtiges Taktieren bei der Verleihung des Kardinalats, auf seinen behutsamen Umgang mit den Einwänden des Domkapitels und auf seine Sorge um die Mainzer Reichsrechte in Konkurrenz mit Trier hinwies.[173] Diese positive Neubewertung stützte sich nicht zuletzt auf die profanhistorischen Arbeiten zu Albrechts Territorialpolitik, die seit dem Beginn des 20. Jahrhunderts veröffentlicht worden waren. Durch sie wurde deutlich, daß nicht nur eben nicht die Religions- und Konfessionspolitik der Mainzer Kurfürsten nach 1545 bzw. nach 1600 für die säkularen Modernisierungsprozesse verantwortlich waren, sondern in allen wesentlichen Bereichen der Territorialpolitik die unter Albrecht von Brandenburg eingeleiteten Maßnahmen für die weitere Entwicklung des kurfürstlich-erzstiftischen Regierungsapparats wegweisend, wenn nicht fundamental gewesen waren.[174] So hatte Hans Goldschmidt schon 1908 darauf hingewiesen, wie stark der Widerstand des Domkapitels gegen die von Albrecht initiierte Etablierung eines beständigen Hofrats gewesen war und wie unwillig sich die Domkapitulare unter Führung ihres Domdekans zunächst gegen jeglichen Wandel geäußert hatten.[175] Von dieser Warte aus gelangte Heinz Duchhardt 1983 zu dem Fazit: »Für Kurmainz bedeutete die Regierungszeit Albrechts von Brandenburg ganz sicher ›den‹ Übergang zu einem modernen Verwaltungsstaat.«[176] Albrecht wurde allerdings nicht nur als Spiegelbild eines modernen Fürsten seiner Zeit gesehen, sondern geradezu als herausragende Ausnahme unter den geistlichen Fürsten.[177] Bei gleichzeitiger Akzeptanz seiner

173 Vgl. *Anton Philipp Brück*, Kardinal Albrecht von Brandenburg. Kurfürst und Erzbischof von Mainz, in: Fritz Reuter (Hrsg.), Der Reichstag zu Worms 1521. Reichspolitik und Luthersache. Worms 1971, S. 257-270, hier S. 259-262.

174 Vgl. *Hans Goldschmidt*, Zentralbehörden und Beamtentum im Kurfürstentum Mainz vom 16. bis zum 18. Jahrhundert. (Abhandlungen zur Mittleren und Neueren Geschichte, Bd. 7.) Berlin/Leipzig 1908; *Albert Otte*, Die Mainzer Hofgerichtsordnung von 1516/1521 und die Gesetzgebung auf dem Gebiet der Zivilgerichtsbarkeit im 16. Jahrhundert. Geschichte, Quellen und Wirkung des Gesetzes für die Zentraljustizbehörde eines geistlichen Fürstentums. Diss. Mainz 1964.

175 Vgl. *Goldschmidt*, Zentralbehörden (wie Anm. 174), S. 6f.

176 *Heinz Duchhardt*, Das Erzstift Mainz unter Albrecht von Brandenburg, in: J. Arndt (Bearb.), Das Wappenbuch des Reichsherolds Caspar Sturm. (Wappenbücher des Mittelalters, Bd. 1.) Neustadt a.d. Aisch 1984, S. 245-251, hier S. 249 (Sperrung im Textoriginal), auch S. 250.

177 Vgl. *Duchhardt*, Erzstift (wie Anm. 176), S. 249: »Daß er dann auch [neben seinen kirchlichen Reformbemühungen] auf dem rein administrativen Sektor neue Akzente setzte, grundlegende Reformen durchführte, war in einem geistlichen Fürstentum noch längst nicht selbstverständlich.«

Bedächtigkeit und seiner politischen Fehlentscheidungen wurde demnach nun seine Tatkraft als geistlicher Landesherr – exemplifiziert an seinen Versuchen, die Rechte des Domkapitels zu unterlaufen – herausgestellt. Diese am Umgang mit dem Domkapitel argumentativ belegte interpretatorische Wendung ist insofern von gravierender Bedeutung, weil die Schwächen Albrechts von den Landeshistorikern bevorzugt mit seiner Energielosigkeit erklärt und seine charakterliche Unzulänglichkeit gerne an der Pommersfelden-Affäre exemplifiziert worden war. Der Biograph des einflußreichen Domdekans – der Freiburger Theologie-Dissertant Johann Baptist Kißling – stellte den 1513 zum Haupt des Domkapitels gewählten Lorenz Truchseß von Pommersfelden als einen begabten, tüchtigen Mann dar, der bereits in vorreformatorischer Zeit um kirchliche und säkulare Reformen bemüht gewesen war. Kißlings Anliegen zielte dabei jedoch weniger auf die Hauptfigur seiner Biographie, die er durch »Hinordnung auf eine weltgeschichtliche Persönlichkeit«[178] zu würdigen gedachte, sondern auf Albrecht von Brandenburg. Vernichtend fiel Kißlings Urteil über Albrechts Finanzwirtschaft aus, die er als Symbol von dessen Unfähigkeit und dessen schwachem Charakter sah[179] und der er die Begabung und das Bemühen des Domdekans um finanzielle Solidität entgegenstellte.[180]

178 *Johann Baptist Kißling*, Lorenz Truchseß von Pommersfelden (1473-1543), Domdechant von Mainz. Ein Zeit- und Lebensbild aus der Frühzeit der Kirchenspaltung. Mainz 1906, S. 1.

179 Zwar anerkannte er ausdrücklich Redlichs Ausführungen zu Albrechts Mäzenatentum, doch kritisierte er es: »Denn eine so oft an das Unsinnige grenzende Neigung zur Prachtentfaltung, eine verschwenderische Freigebigkeit, eine genialische Sorglosigkeit in Geldsachen bilden die Kehrseite der glänzenden Medaille. Wenn man einmal eine Geschichte der Finanzwirtschaft Albrechts schreiben sollte, so wird diese manches Beispiel bieten von Gedankenlosigkeit, Unerfahrenheit und Skrupellosigkeit, aber auch von innerer und äußerer Not. – Eine nervös reizbare, schwächlich schöngeistige Natur wie Albrecht hätte niemals Bischofs- und Regentenpflichten übernehmen dürfen. Sein jähes, unvermitteltes Emporsteigen zu den höchsten kirchlichen Stellen Deutschlands hatte diesen Mann weder zu ethischer noch zu theologischer Mündigkeit gelangen lassen. Das besserte sich später; aber schon in den ersten Jahren seiner Regierung kam über die katholische Kirche in Deutschland nach langem Siechtum die fürchterliche Krisis, und dieser Situation war ein solcher Primas nicht gewachsen«; vgl. *Kißling*, Lorenz (wie Anm. 178), S. 21.

180 So kam *Kißling* (ebd., S. 93) zu dem Schluß: »Das Verhängnis seines Lebens ist darin zu sehen, daß er, der willensstarke Mann, mit einem Fürsten zusammen wirken mußte, der in schwerer Zeit mit Allotrien sich beschäftigen konnte, und fast jedesmal, wenn energisches Handeln geboten war, versagte und über Belleitäten nicht hinauszubringen war. Dieser Gegensatz wurde dadurch zur unüberbrückbaren Kluft verbreitert, daß das viel-

Unter anderen Vorzeichen stand die Beurteilung Albrechts durch Erfurter und Eichsfelder Historiker. Dies war im wesentlichen durch die viel stärker konfessionspolitisch konnotierte Situation der thüringischen Landesgeschichte bestimmt. Das katholische – genaugenommen seit 1574 rekatholisierte – Eichsfeld stellte im 19. und beginnenden 20. Jahrhundert eine konfessionelle Insel mit starken protestantischen Anrainern im regionalen Umfeld und wiedererstarkten protestantischen Adelseliten im Innern dar, die sich beide gleichermaßen zum neuen politisch-protestantischen Hegemon in Deutschland und vielerorts Landesherrn – nämlich Preußen – orientierten. Es wäre jedoch falsch, zu vermuten, die überwiegend der protestantischen Elite entstammenden Historiker der Stadt Erfurt hätten ihre historische Deutung ganz dem national-borussischen Geschichtsbild ausgeliefert. Zweifelsohne zeigte sich auch dies, zumindest rituell im Jubiläumsjahr 1902 anläßlich der Centenarfeiern der preußischen Machtübernahme in Thüringen und auf dem Eichsfeld. Man glorifizierte die jüngste nationalstaatliche Vergangenheit als Erfolgsgeschichte in Absetzung gegenüber der altreichischen Kleinstaaterei.[181] Symptomatisch hierfür hob der Erfurter Stadtarchivar Alfred Overmann in seinem Beitrag hervor, daß Erfurt erst wieder durch die preußische Macht »als die unbestrittene Hauptstadt Thüringens gilt«.[182] Die regionale Zentralitätsfunktion der Stadt unter Mainzer Herrschaft wurde übersehen, vielleicht weil die protestantischen Eliten dem kurfürstlichen Stadtherrn offenkundig nicht hatten verzeihen können, daß er sie 1664 endgültig zur Anerkennung seiner Oberhoheit gezwungen hatte. Nimmt man solche Kundgebungen für bare Münze, wird man sich eines sardonischen Lächelns nicht enthalten können, priesen die

betätigte Streben des Dechanten nach einer finanziellen Reorganisation des ›alten ehrlichen Stiftes Mainz‹ in der unglaublichen Mißwirtschaft Albrechts Hindernis über Hindernis fand. Gewiß war der Ausdruck, den Truchseß seiner Opposition gegen den Kardinal verlieh, vielfach herb und tadelnswert. Aber daß der letztere über seine Beschwerden nicht ein ordentliches Gericht entscheiden ließ, sondern durch Gewalttätigkeit sich des Gegners entledigte, wird für immer als Makel an Albrechts Bilde haften.«

181 Vgl. *Frank Boblenz*, Abriß der Territorialgeschichte des preußischen Thüringen, in: Das preußische Thüringen. Abhandlungen zur Geschichte seiner Volksvertretungen. (Schriften zur Geschichte des Parlamentarismus in Thüringen, Bd. 17.) Hrsg. vom Thüringer Landtag, Rudolstadt und Jena 2001, S. 9-45, hier S. 21 Anm. 35 und S. 24 Anm. 40.

182 Zitiert nach *Hans-Werner Hahn*, »Die Spinne im Kleinstaatennetz«. Preußische Herrschaft in Thüringen im 19. Jahrhundert, in: Das preußische Thüringen. Abhandlungen zur Geschichte seiner Volksvertretungen. (Schriften zur Geschichte des Parlamentarismus in Thüringen, Bd. 17.) Hrsg. vom Thüringer Landtag. Rudolstadt und Jena 2001, S. 47-76, hier S. 75.

Laudatoren letztlich doch die Subordination der so sehr um ihre Stadtfreiheit bemühten Kommune unter den wesentlich härteren Zugriff des preußischen Staates. Das moderne nationale Pathos hatte erfolgreich die in der alteuropäischen Epoche gepflegte Sorge um und den Stolz auf die städtische (Semi-) Autonomie verdrängt.

Dieser Befund gilt für die allgemeine Bewertung der Mainzer Kurfürstenherrschaft. Die Ära des Brandenburgers wurde differenzierter betrachtet. So unterließ der Erfurter Stadtarchivar Carl Beyer in dem Abschnitt zur Reformationsepoche seiner Geschichte der Stadt Erfurt aus dem Jahr 1900 jegliche Angriffe auf den Hohenzollern.[183] Die Ursachen für den Erfolg der lutherischen Lehre bei der städtischen Bevölkerung erklärte er in geringerem Maße als üblich mit den erkennbaren kirchlich-klerikalen Mißständen und noch mehr mit begünstigenden Faktoren wie dem akademisch-humanistischen Umfeld, das weit in den Mönchsklerus hineinreichte, einem interessierten Magistrat, der mit Luther und der Reformation von innerstädtischen Problemen ablenken konnte, und einer ebenso interessierten Bevölkerung, die im Juni 1521 die Gunst der Stunde zum sogenannten Pfaffensturm nutzte. Albrecht von Brandenburg spielte in Beyers Darstellung eine untergeordnete Rolle, ebenso die allgemeine Situation der Papstkirche. Erst im Zusammenhang mit dem Abschluß des Hammelburger Ausgleichs von 1530, der die Untertänigkeit der Stadt gegenüber dem Mainzer Kurfürsten konzedierte, denselben und den Stiftsklerus entschädigte, der das Marien- und das Severistift sowie das Peterskloster restitutierte und schließlich den bikonfessionellen Status der Stadt offiziell zementierte, rückte Albrecht in den Fokus. Dem Hammelburger Vertrag kam aus Beyers Sicht bahnbrechende Bedeutung zu:

> »Zum ersten Male verzichtete ein katholischer Fürst auf die Wiederherstellung der kirchlichen Einheit und auf die Unterdrückung der Neugläubigen in seinen Landen. Zum ersten Male wurde hier anerkannt, daß ›der treuen Untertanenschaft‹ die Verschiedenheit des Bekenntnisses nicht im Wege stehe.«[184]

Albrecht wurde angesichts der Wertschätzung des Duldungsgrundsatzes durch die deutschnationalen Historiker der Jahrhundertwende – jenes Gedankens also, der sich »bis zum heutigen Tage im Lande der Deutschen als

183 *Carl Beyer*, Geschichte der Stadt Erfurt von der ältesten bis auf die neueste Zeit. Erfurt 1900, S. 349-412.

184 Ebd., S. 409.

der Einzig mögliche für das Gedeihen des Ganzen erwiesen«[185] habe – ganz in der Tradition der Hohenzollerndynastie als weitblickende Landesherren verortet. Darüber hinaus rühmte Beyer auch Albrechts realpolitisches Gespür:

> »Der Vertrag macht der staatsmännischen Weisheit des Hohenzollern auf dem Sitze des ersten geistlichen Fürsten Deutschlands alle Ehre. Jedenfalls war – wie die Dinge damals lagen – nur so ein Verbleiben Erfurts beim Erzstift möglich.«[186]

Diese Charakterisierung als Friedensfürst und Wahrer der territorialen Einheit besaß deutliche Anklänge an zeitgenössische Mitglieder des Hauses Hohenzollern, ja gewissermaßen bestätigte Albrechts verantwortungsvolles Handeln als erster und katholischer Fürst des Reiches die Rolle der Hohenzollern beim nationalen Reichsgründungsprozeß des 19. Jahrhunderts.

Mit dieser positiven Beurteilung des katholischen Landesherrn knüpfte der Erfurter Stadtarchivar an Wilhelm Schum an, der bereits 1878 in den Neujahrsblättern der Historischen Kommission der preußischen Provinz Sachsen zu einer ähnlich positiven Wertschätzung des Hammelburger Ausgleichs gekommen war und sie sogar auf die konfessionspolitische Konfliktsituation seiner Zeit bezogen hatte, wenn er formulierte:

> »Das damals in Erfurt aufgerichtete Werk hat auch ferner die Feuerprobe der Zeit bestanden; nicht mangelnde Kämpfe der nächsten und späteren Zukunft haben das confessionelle Verhältniß nur wenig erschüttert und verschoben, die heutigen Zustände lassen in ihren Grundlagen noch die Bestimmungen des Hammelburger Vertrages erkennen. Gleichwohl wäre weder dieser noch der auf ihm errichtete Bau zur Vollendung gekommen, wenn nicht auch Cardinal Albrecht mit eigenartiger Erkenntniß die Hand dazu geboten hätte. So genießt Erfurt noch heute eine schöne Frucht der Wirksamkeit des Hohenzollers auf dem Sitze des heiligen Bonifacius.«[187]

Schum beließ es nicht bei dieser religionspolitischen Hohenzollern-Würdigung, sondern reihte Albrecht zugleich retrospektiv in die landesherrlich-säkulare Modernisierungstradition der Hohenzollerndynastie ein:

185 Ebd.

186 Ebd.

187 *Schum*, Cardinal (wie Anm. 123), S. 50.

»Den Beziehungen zu den Städten wandte Albrecht überdies während seiner ganzen Regierungs-Thätigkeit stets eine besondere Aufmerksamkeit zu. Dem einsichtigen politischen Systeme seines Hauses folgend suchte er vornehmlich ihnen gegenüber die strengere Organisation des modernen Staates ins Werk zu setzen.«[188]

Diese Form der Hohenzollern-Huldigung war der vielschichtigen Stadtgeschichte, der Bedeutung der verschiedenen konfessionellen und politischen Lager sowie schließlich der Zerrissenheit der städtischen Gemeinde und ihrer Geschichte geschuldet. Beide Autoren hatten zudem für die Unmöglichkeit, aus der Erfurter Stadtentwicklung eine städtische Vorgeschichte preußischer Nationalgeschichte ableiten zu können, ein waches Gespür. Denn zum einen war in Thüringen das historiographische Bewußtsein für die historische Eigenständigkeit wie auch in anderen Regionen sehr wach. Thüringen – inklusive des Eichsfeldes – ließ sich angesichts seiner territorialpolitischen, dynastischen und konfessionellen Zersplitterung nicht einfach in den Schraubstock der borussischen Nationalgeschichtsschreibung zwängen. Hier wie auch in anderen Regionen Deutschlands war die mentale Bindung an die kulturellen und mentalen Strukturen des Alten Reiches stark und das historische Bewußtsein dafür wach.[189] Die Erfurter waren insofern mental so wenig Preußen, wie sie Jahrhunderte zuvor im Alten Reich Mainzer oder Sachsen hatten sein wollen. Die politische Autonomie dieser halbfreien Landstadt war von dem Konflikt zwischen Sachsen und Mainz und deren jeweiliger Stärke gegenüber der Stadtgemeinde abhängig gewesen. Das Lob auf den Hohenzollern wies insofern nicht nur auf den um Ausgleich bemühten Staatsmann, sondern hintergründig insbesondere auf die Gewährung städtischer Autonomie durch die Staatsmacht hin; eine Staatsmacht, die nicht mehr existierte und an deren Stelle jene getreten war, deren Häupter zwar derselben Dynastie entstammten, die aber städtepoli-

188 Ebd., S. 7, wobei er unkommentiert fortfährt: »Wohl wäre es sein Ideal gewesen auch Erfurt allmählich in die Reihe der ›stiftischen Städte‹ der ›Landstädte‹, in eine Stellung, wie sie Halle im Unterlande oder gar Aschaffenburg im Oberlande einnahm, zu zwingen.«

189 Vgl. *Celia Applegate*, A Nation of Provincials. The German Idea of Heimat. Berkeley u.a. 1990; *Klaus Pabst*, Deutsche Geschichtsvereine vor dem Ersten Weltkrieg, in: Geschichtsvereine. Entwicklungslinien und Perspektiven lokaler und regionaler Geschichtsarbeit. Dokumentation einer Studienkonferenz in Zusammenarbeit mit dem Landschaftsverband Rheinland, Referat Heimatpflege. (Bensberger Protokolle, Bd. 62.) Bergisch Gladbach 1990, S. 9-32; *Georg Kunz*, Verortete Geschichte. Regionales Geschichtsbewußtsein in den Historischen Vereinen des 19. Jahrhunderts. (Kritische Studien zur Geschichtswissenschaft, Bd. 138.) Göttingen 2000, bes. S. 38-44.

tisch keine herrschaftlichen Freiräume duldete. Schließlich muß das positive Urteil Beyers und Schums vor dem Hintergrund der zeitgenössischen Verhältnisse in Erfurt gesehen werden. Denn seit dem Beginn des 16. Jahrhunderts war Erfurt eine politisch und seit 1520 auch eine konfessionell zerrissene Stadt gewesen. Die politische Spaltung in eine promainzische und eine prosächsische Fraktion wurde parallelisiert durch die Bikonfessionalität der Stadt. Historiographisch mußte dem Rechnung getragen werden, wollte man das Gemeinsame – den Kampf um die Autonomie der Stadtgemeinde – herausstellen. Ironischerweise bot sich hierfür der Hohenzoller Albrecht quasi als Fluchtmoment und exogene Integrationsfigur, die Einheit, Kontinuität und Sicherheit garantierte, an.

Bei den ›Eichsfeldern‹ war die Albrechts-Rezeption fast gänzlich in der Kulturkampfatmosphäre aufgehoben. Alles, was bis 1802/06 als Grundpfeiler der ›mental map‹ der eichsfeldischen Bevölkerung – insbesondere die Identität katholischer Herrschaft, Kultur und Konfession – gegolten hatte, war mit der Auflösung des Alten Reiches verlorengegangen. Daraus resultierte eine gewisse historisch-historiographische Orientierungslosigkeit. Dies läßt sich allein schon daran festmachen, daß bis zum Beginn des 20. Jahrhunderts von einer eichsfeldischen Landesgeschichte nicht gesprochen werden kann. Dies war nicht allein der Konfliktsituation des Kulturkampfes geschuldet, sondern insbesondere auch der Tatsache, daß der größte Teil des Eichsfeldes von einer protestantischen Macht vereinnahmt und in die preußische Provinz Sachsen integriert worden war, die bei jeder sich bietenden Gelegenheit die regionale Geschichte im borussischen Sinne umzudeuten bzw. umdeuten zu lassen bereit war.[190] Diese Konflikterfahrung der Kulturkampfzeit prägte ein doppelbödiges Albrechts-Bild. Zwar war der Mainzer Kurfürst auch ein Repräsentant der alten Zeit – d.h. des alten politisch-religiösen Wertesystems –, doch gründete sich die eichsfeldische Identität auf die Identifikation des politischen Systems mit dem Katholizismus. Dieser war jedoch das Ergebnis der Rekatholisierung des Landes nach 1574 und der sich über 200 Jahre erstreckenden Konfessionalisierung[191],

190 Vgl. *Alexander Jendorff*, Altreichisches Kondominat in der Erinnerung der neupreußischen Provinz: der Aufstand in der Vogtei Dorla 1784-1786 und die Evaluation absolutistischer Reformpolitik im 19. Jahrhundert, in: Hessisches Jahrbuch für Landesgeschichte 55, 2005, S. 113-147. Demnächst an einem anderen Beispiel ausführlicher exemplifiziert in *Ders.*, Der Tod des Tyrannen. Barthold von Wintzingerode und die Herrschaftskonkurrenz auf dem Eichsfeld.

191 Vgl. *Alexander Jendorff*, Reformatio Catholica. Gesellschaftliche Handlungsspielräume kirchlichen Wandels im Erzstift Mainz 1514-1630. (Reformationsgeschichtliche Studien und Texte, Bd. 142.) Münster 2000, S. 101-119, 132-135 und 281ff.

mithin also nicht Albrechts Werk. Philipp Knieb betitelte seine Darstellung des konfessionellen Zeitalters auf dem Eichsfeld denn auch Reformation und Gegenreformation, bediente sich demnach der alten, protestantisch geprägten Terminologie und unterließ den Rekurs auf den Paradigmenwechsel der katholischen Kirchengeschichtsschreibung seiner Zeit. Mochte Albrecht auch für die politischen Verhältnisse auf dem Eichsfeld – verstanden als Zentralisierung der Macht – entscheidende Vorarbeiten geleistet haben, Knieb nahm sie nicht zur Kenntnis, weil es nicht in sein kurfürstlich-mainzisch-nachtridentinisches Koordinatensystem paßte. Das Mainz der Kurfürstenzeit war demnach dasjenige der Gegenreformatoren Daniel Brendel von Homburg, Johann Schweikard von Kronberg und Philipp von Schönborn. Der Pflege dieses kurmainzisch-katholischen Geschichtserbes und der aus ihm resultierenden eichsfeldischen Eigenart galt denn auch die Gründung des von Knieb 1906 initiierten Eichsfelder Heimatkundevereins.[192] Entsprechend farblos – nicht wirklich negativ – charakterisierte Knieb den Hohenzollern auf dem Mainzer Bischofsstuhl.

Auf den ersten Blick scheint dies auch bei Kniebs Zeitgenossen und historiographischem Gegenspieler – Levin Freiherr von Wintzingeroda-Knorr – der Fall zu sein, doch vor einem grundsätzlich anderen Hintergrund und mit einer anderen Stoßrichtung. Es war Wintzingerodas 1892 in den Schriften des Vereins für Reformationsgeschichte erschienene Publikation, die Knieb zur katholischen Gegendarstellung veranlaßt hatte und die ganz im Geiste des Triumphgefühls adeliger Protestanten verfaßt war. Die Kämpfe und Leiden der Evangelischen auf dem Eichsfelde während dreier Jahrhunderte darzustellen zielte einerseits auf eine Abrechnung mit dem Ancien régime des Eichsfeldes, andererseits auf die Popularisierung der Familiengeschichte der Wintzingerodes. Denn nach Wintzingeroda-Knorrs Ansicht hatte die Gegenreformation auf dem Eichsfeld mit der Verhaftung und Hinrichtung Bartholds von Wintzingerode 1574/75 begonnen. Sein Schicksal wurde in den folgenden Jahren nach Wintzingeroda-Knorrs Publikation zum neokonfessionalistischen Politikum.[193] Auch aus diesem Grund konstatierte der Nachfahre, dessen Familie mit den neuen politischen Verhältnissen mehr als zufrieden sein konnte, lapidar:

192 Der Gründung dieses zentralen eichsfeldischen Geschichtsvereins, der auch die protestantischen Eichsfelder zu integrieren suchte, waren jahrelange Bemühungen vorausgegangen; vgl. *M. [Philipp?] Egert*, Der erste heimatkundliche Verein auf dem Eichsfeld, in: Unser Eichsfeld 1, 1906, S. 175, sowie eine entsprechende Notiz in ebd., Bd. 2, 1907, S. 16.

193 Vgl. ausführlich demnächst *Jendorff*, Tod (wie Anm. 190).

»Kurfürst Albrecht von Mainz hat während seiner langen Regierung der Predigt des Evangeliums auf dem Eichsfelde keine allzugroßen Hindernisse in den Weg gelegt. Er hat sich zwar stets als ein entschiedener Gegner der Reformation gezeigt, deren sittliche Gewalt ihm bei seinen völlig verweltlichten Lebensanschauungen höchst unbequem war, es ist aber kein einziger Fall bekannt, in welchem der Kurfürst gegen die Bekenner des evangelischen Glaubens mit Gewalt eingeschritten wäre. Im Gegensatz zu seinen sämtlichen Nachfolgern auf dem erzbischöflichen Stuhle zu Mainz hat er niemals seine weltliche Macht benutzt, um seine Eichsfelder Untertanen bei der römischen Kirche zu erhalten, oder zu derselben zurückzuführen.«[194]

Vermochte der Autor Albrecht schon nicht direkt zu loben, so hob er wenigstens dessen Toleranz hervor und damit eine scheinbar urpreußische Staatstugend.

Schließlich ist der Blick noch auf die magdeburgische bzw. Hallenser Geschichtsschreibung zu lenken. Hierbei fällt auf, wie stark das Albrechts-Bild zwischen Bewunderung und Verachtung oszilliert. Der Hallenser Theologie-Professor Albrecht Wolters (1823-1878) formulierte in seiner Untersuchung zum Halleschen Heiltum 1877 ein für die übrige Rezeptionsgeschichte in der Form, insbesondere aber im Argumentationstypus untypisches Urteil:

»Sein Christenthum war nicht groß genug, ihn gegen die gewöhnlichen Gefahren des sittlichen Lebens sicher zu stellen, und die Welt war damals schon voll von der Zuchtlosigkeit des verschwenderischen Hofes, welchen er in seiner Moritzburg zu Halle zu halten pflegte.«[195]

194 *Levin Freiherr von Wintzingeroda-Knorr*, Die Kämpfe und Leiden der Evangelischen auf dem Eichsfelde während dreier Jahrhunderte. H. 1: Reformation und Gegenreformation bis zu dem Tode des Kurfürsten Daniel Brendel von Mainz (21. März 1582). (Schriften des Vereins für Reformationsgeschichte, Bd. 36.) Halle (Saale) 1892, S. 15.

195 *Albrecht Wolters*, Der Abgott zu Halle 1521-1542. Bonn 1877, S. 5. Zu Wolters Biographie vgl. *Paul Tschackert*, Art. Wolters, Albrecht Julius Constantin, in: ADB, Bd. 44. Ndr. Berlin 1971 (1898), S. 550f. Wolters wurde im rheinischen Emmerich geboren und studierte seit 1842 in Bonn und Berlin. Danach wirkte er zunächst seit 1851 als Pfarrer. 1868 promovierte er an der Bonner evangelisch-theologischen Fakultät und erhielt 1872 den Ruf an die Hallenser Universität auf den Lehrstuhl für praktische Theologie. 1877 wurde er zudem an den Gerichtshof für kirchliche Angelegenheiten in Preußen berufen. Zeitlebens zählte Wolters zur politischen Mittelpartei in Preußen.

Damit rekurrierte der aus dem Rheinland stammende Nationalliberale Wolters im Unterschied zum zeitgenössischen protestantischen Umgang mit Albrecht ganz auf dessen Lebenswandel, machte ihn zum Bewertungsmaßstab und zu einem wichtigen Beweggrund seines späteren Handelns. Der aus ungesichertem Glauben resultierende verwerfliche Lebenswandel Albrechts schien Wolters um so schlimmer, insofern Rom die Begabungen des Hohenzollern erkannt und seine persönliche Eitelkeit gezielt benutzt habe, um ihn mit dem Lockmittel des Kardinalats zum »natürlichen Gegenspieler Luthers«[196] aufzubauen. Nur deshalb habe er – wie sein Bruder – die Lutheraner in Halle derart gehaßt und begonnen, sie aus der Stadt zu vertreiben.[197] Wolters Sichtweise setzte sich nicht durch. Schnell wurde sie durch ein ausgewogeneres, eher positives Urteil, das die stadtgeschichtliche Bedeutung des Hohenzollern betonte, ersetzt. So kritisierte der Hallenser Honorarprofessor für Alte Geschichte Gustav Friedrich Hertzberg (1826-1907) im 1891 erschienenen zweiten Band seiner Hallenser Stadtgeschichte zwar die »vielseitigen Liebesneigungen Albrechts«[198] und seine früh deutlich werdende Verschuldung. Doch wertete der engagierte Nationalliberale, der seit 1888 als Vorsitzender des thüringisch-sächsischen Geschichtsvereins amtierte[199], beides lediglich als für geistliche Fürsten, nicht für weltliche Fürsten unvereinbar. Zudem führte er bei den guten Eigenschaften des Erzbischofs dessen diplomatisches Geschick, die prächtige Hofhaltung, die Förderung des Humanismus und die Bautätigkeit an.[200] Hinsichtlich der antireformatorischen Bestrebungen Albrechts verwies Hertzberg darauf, daß der Erzbischof ganz in humanistischem Geiste versucht habe, die Reformation der Stadt durch den Ausbau des Neuen Stifts zur Universität auszubauen.[201] Unter anderem wegen des Neuen Stifts resümierte vier Jahrzehnte später Ludwig Grote (1893-1974) – typisch für die generelle Beurteilung Albrechts durch die Kunstgeschichte und in völliger Abwendung vom reformationsgeschichtlichen Blickwinkel –: »Die Stadt Halle verdankt

196 *Wolters*, Abgott (wie Anm. 195), S. 4.

197 Vgl. ebd., S. 19.

198 *Gustav F. Hertzberg*, Geschichte der Stadt Halle an der Saale von den Anfängen bis zur Neuzeit. 3 Bde., Halle (Saale) 1889-91, hier Bd. 2, S. 13.

199 Zu Hertzberg vgl. *Gerhard Grimm*, Art. Hertzberg, Gustav Friedrich, in: NBD, Bd. 8, Berlin 1969, S. 717f. Der gebürtige Hallenser engagierte sich früh als Nationalliberaler, u.a. von 1866 bis 1871 als Redakteur des Hallenser Tageblatts. 1851 habilitierte er sich für Alte Geschichte, 1899 erhielt er die Honorarprofessur an der Universität Halle.

200 Vgl. *Hertzberg*, Geschichte (wie Anm. 198), S. 4-160.

201 Vgl. ebd., S. 102f.

dem Kardinal Erzbischof Albrecht von Brandenburg eine Epoche ihrer Geschichte, in der sie eine kulturelle Führerstellung von größter Bedeutung eingenommen hat.«[202] Diese Abkehr von den konfessionspolitisch aufgeladenen Maßstäben schlug sich noch prinzipieller in Grotes Urteil nieder, wenn er die Ansicht vertrat, der »Schatten Luthers verdunkelt die Gestalt des Kardinals«.[203] Zwar sah auch der verdiente Landeskonservator Grote[204] in dem Hohenzollern den besiegten Gegenspieler Luthers und verwies auf die Schattenseiten seiner Regierung – wie etwa die Schönitz-Affäre –, er wandte sich allerdings entschieden sowohl gegen die protestantische als auch gegen die katholische Negativ-Interpretation, weil sie falsche Maßstäbe anlege.[205] Statt dessen betonte er die erasmische Prägung Albrechts, die sich in seinem ganzen Handeln niedergeschlagen habe. In ähnlicher Weise kam 1953 der schon genannte Walter Delius in seiner Hallenser Reformationsgeschichte zu der Auffassung, selbst wenn Albrecht hinsichtlich seiner Lebensführung nicht als Vorbild des geistlichen Fürsten gelten könne, müsse man ihn als pflichtbewußten Renaissance-Menschen beurteilen, dem die Stadt Halle ihre kulturelle Blüte der ersten Hälfte des 16. Jahrhunderts zu verdanken habe.[206] Der Sieg der Reformation in der Stadt erschien vor dem Hintergrund dieser Grundannahmen eher als eine mit harten Bandagen geführte Konkurrenz widerstreitender Lebenskonzepte, nicht aber als jener ›bedeutungsschwangere‹ Ausschließlichkeitskampf früherer Interpretationsansätze. Delius' Sichtweise setzte sich – soweit erkennbar – denn auch in den folgenden Jahrzehnten durch.

202 *Ludwig Grote*, Kardinal Albrecht von Brandenburg und die Renaissance in Halle. (Der Rote Turm, Bd. 8/9.) Halle (Saale) 1930, S. 2.

203 Ebd.

204 Zu seiner Biographie vgl. *Munzinger*, Art. Grote, Ludwig, in: Deutsche Biographische Enzyklopädie. Bd. 4, München u.a. 1996, S. 201. Der 1924 promovierte Kunsthistoriker verwaltete die staatlichen Schlösser, die Gemäldegalerie und die Denkmalpflege als Landeskonservator. In dieser Funktion holte er auch das Bauhaus von Weimar nach Dessau.

205 Vgl. *Grote*, Kardinal (wie Anm. 202), S. 4 und 7.

206 Vgl. *Walter Delius*, Die Reformationsgeschichte der Stadt Halle/Saale. (Beiträge zur Kirchengeschichte Deutschlands, Bd. 1.) Berlin 1953, S. 15ff.

III. Fazit: Albrecht von Brandenburg als Problem der interpretativen Unvereinnahmbarkeit, oder: die Macht des Negativums

Wie aufgezeigt, waren die Urteile über Albrecht von Brandenburg abhängig von der Einbindung der Urteilenden in bestimmte Weltanschauungssysteme, Wertehorizonte und deren jeweilige innere Entwicklung. Sachlich wurde dem Hohenzollern auf dem Mainzer Erzstuhl kein Unrecht getan. Es wurde ihm wenig angedichtet oder etwa unterlassen, was ihm zum Vorteil gereicht hätte. Um so mehr stellten die Interpretationen letztlich nur Selbstreflexionen, Selbstinszenierungen oder gar Selbststilisierungen dar.

Dementsprechend war das katholische Urteil über Albrecht von der Haltung gegenüber Rom und der Frage abhängig, wie und wo der eigene zeitgenössische Standpunkt des Autors im innerkirchlichen Geschehen zu verorten war. Daraus resultierte je nachdem eine negative oder positive Bewertung, wobei die erste lange Zeit dominierte. Die positiven Bewertungen waren in der Regel eingeschränkt und setzten sich vollends erst durch, als man seinen Frieden mit dem Protestantismus gemacht und die innerkirchliche Entwicklung neu bewertet hatte. Dennoch ist der katholischen Historiographie bis heute eine merkliche Distanz zu Albrecht von Brandenburg zu attestieren. Sie ergibt sich aus der Person Albrechts selbst: Dieser Hohenzoller stand nicht nur für den Prototyp des abgehobenen Fürstbischofs, sondern auch und insbesondere für jenen Weg, der Kirche bzw. Religion und Welt bzw. säkularistische Wissenschaft in sich vereinte, mithin also für jene Art des Zugehens auf die Welt, die die katholische Kirche bis heute fürchtet.

Diese Form der Gegenwarts- und Geschichtskritik teilte der Katholizismus mit dem Protestantismus. Das protestantische, insgesamt negative Urteil über Albrecht von Brandenburg kann nicht wirklich überraschen, eher in seiner insgesamt moderaten, selektiven Art, die mehr als über Albrecht etwas über die Gegenwartsprobleme des kaiserzeitlichen Protestantismus aussagte. Erst mit dem doppelten Scheitern des protestantisch-borussisch-kleindeutschen Nationalstaates 1918/1945 und im Zuge der gesellschaftlich notwendig gewordenen konfessionellen Entspannung milderte sich das Albrechts-Urteil ab. Die gemeinsame historische Gewalterfahrung, die antikommunistische Integrationsideologie und der durchaus auch praktisch vollzogene Ökumenismus ermöglichten dies.

Die konfessionelle Historiographie lernte insofern spät von der Landesgeschichtsschreibung. Sie blieb zwar ebenfalls nicht von konfessionellen Einflüssen verschont, wahrte jedoch den Blick für die zeitgenössischen Kriterien politischen Handelns in der albertinischen Epoche. In der Landesgeschichte erwies sich, wie sehr sich der Prozeß doppelter Staatsbildung im Alten Reich auf das politisch-kulturelle Verständnis und auf das Heimatverständnis der Deutschen niederschlug. Zweifellos gab es eine wirkmächtige, Geschichtsbilder prägende Nationalgeschichtsschreibung – vielleicht sogar im Plural! –, doch wurde sie von einer das regionale Geschichtsbewußtsein gleichermaßen prägenden Regionalgeschichte parallelisiert, die ihr in wesentlichen Interpretamenten entgegenstand. Die Bewertung Albrechts von Brandenburg kann für diesen ambivalenten Befund als herausragendes Beispiel dienen.

Die Frage, warum Albrecht als Kurerzbischof von Mainz für die Historiographie eine derartige Problemfigur darstellt, läßt sich am Ende erstaunlicherweise relativ leicht beantworten: Weil er sich nur schwer vereinnahmen ließ, weil seine Geschichte für die Geschichtsschreibung des 19. und 20. Jahrhunderts zu komplex war, kurz: weil er eine Reibungsfläche par exellence bot!

Bei so vielen protestantischen und auch katholischen Reichsfürsten der albertinischen Gegenwart war eine historiographische Vereinnahmung möglich geworden. Selbst bei einer genaugenommen sittlich-moralisch höchst problematischen Gestalt wie dem hessischen Landgrafen Philipp dem Großmütigen – wohlgemerkt: nicht bloß ein Konkubinarier, sondern vielmehr ein Bigamist! – überstrahlte sein konfessionelles Engagement alles andere, ließ sein reformatorisches Wirken unabhängig von politischen Motiven seine Person wie die hessische Geschichte insgesamt in ein borussifiziertes und nationalprotestantisches Geschichtsbild passen.[207] Mit Albrecht von Brandenburg war dies nicht möglich. Zu offensichtlich erschien seine Egozentrik, zu wenig entsprach sein gelebter Renaissancestil dem Zeitgeist des 19. und beginnenden 20. Jahrhunderts; zu wenig national interpretierbar erschienen seine politischen Handlungsmotive oder vielmehr: Zu deutlich

207 Vgl. *Holger Th. Gräf*, Historienmalerei zwischen neoromantischer Mittelalterbegeisterung und preußisch-protestantischer Identitätsstiftung im Wilhelminismus, in: Holger Th. Gräf/Andreas Tacke (Hrsg.), Preußen in Marburg. Peter Janssens historische Gemäldezyklen in der Universitätsaula. (Quellen und Forschungen zur hessischen Geschichte, Bd. 140.) Darmstadt/Marburg 2004, S. 23-30; *Holger Th. Gräf/Andreas Tacke*, »… dem Hessenvolk seinen Philipp, dem evangelischen Deutschland seinen schwertgewaltigen Helden der Reformation?« Ein hessischer Beitrag zur preußisch-deutschen Erinnerungskultur, in: Landgraf Philipp der Großmütige 1504-1567. Hessen im Zentrum der Reform. Begleitband zu einer Ausstellung des Landes Hessen. Hrsg. von Ursula Braasch-Schwersmann/Hans Schneider/Wilhelm E. Winterhager in Zusammenarbeit mit der Historischen Kommission für Hessen. Marburg/Neustadt a.d. Aisch 2004, S. 169-174.

war sein Hang zum politischen Pragmatismus und Partikularismus, wie ihn die deutschen Fürsten noch bis tief ins 19. Jahrhundert hinein praktizierten; zu sehr war er taktierender Diplomat, zu wenig Macht- und Kriegsmensch; zu ungeeignet erschien er als Haupt eines Staates, der allen modernen Christen wesensfremd war, der dem Fortschrittsgedanken entsprechend nicht mehr existierte und der zudem wichtiger Teil jenes ebenso vergangenen Reichsmonstrums gewesen war, das sinnbildlich für die vermeintliche deutsche Schwäche vormoderner Zeit stand.

Daß er dennoch einer historischen Persönlichkeit wie Luther gegenübergestellt und mit ihr verglichen wurde, entsprang seiner politisch-kirchlichen Stellung, vielmehr aber noch dem Bedürfnis späterer Generationen, die historische Gestalt Luthers und die Bedeutung der reformatorischen Bewegung als Volksidee aufzuwerten, indem man Personen wie Albrecht abwertete oder als Widerstandsmoment aufbaute. Symptomatisch hierfür thematisierte Armin Stein in seiner historischen Erzählung aus dem Jahr 1882 – der einzigen belletristischen Aufarbeitung der Albrechts-Gestalt – diese Gegenüberstellung und stilisierte sie zu einem persönlichen Kampf zwischen dem weltlich gesinnten, gleichwohl gebildeten und doch antilutherischen Erzbischof Albrecht und dem aufrecht kämpfenden Reformator und seinen gelehrten Anhängern gleichsam als Auseinandersetzung zwischen Welt und Idee. So ließ der Autor denn auch seinen historischen Roman mit der resignierten Schlußbemerkung Albrechts angesichts des von den Hallensern viel umjubelten Einritts des Reformators Justus Jonas in die Stadt 1541 enden: »Fahr wohl Halle, du siehst mein Angesicht nicht wieder! Das Alte stürzt, ein Neues ringt sich zu Tage – du hast doch gesiegt, Augustiner!«[208]

Angesichts dessen erscheint es um so interessanter, abschließend aufzuzeigen, welche Kriterien nicht in das Urteil über Albrecht einflossen:

Unberücksichtigt blieb das reale Machtpotential des geistlichen Kurfürsten und seiner zusammengesetzten Herrschaft. Die Bedingungen des intraterritorialen Systems, des regionalen Systems und des Reichssystems blieben hinsichtlich der Wertung von den Historiographen im Zeitalter des Anstaltsstaates unberücksichtigt.

Ebenso wenig würdigte man lange Zeit Albrechts frühzeitige Vermittlungsbemühungen oder ließ entsprechende Hinweise außer acht. Der Wert politischer Vermittlung und friedlichen Interessenausgleichs interessierte viele Historiker im Zeitalter des nationalen Machtstaates nicht.

208 *Armin Stein* (d.i. H. Nietschmann), Cardinal Albrecht. Historische Erzählung aus der Reformationszeit. (Deutsche Geschichts- und Lebensbilder, Bd. 7.) Halle (Saale) 1882, S. 360.

Sosehr das Bild des schwächlichen, egozentrischen Fürsten gepflegt wurde, so wenig schätzte man letztlich den Humanisten Albrecht. Seine Bildungsbemühungen verschwanden hinter seinem angeblichen Versagen in der Causa Lutheri und wurden von den Historikern des bildungsbeflissenen 19. Jahrhunderts – des Jahrhunderts des deutschen Bildungsbürgertums – nicht wirklich als Stärke angesehen.

Gleiches galt für den Renaissance-Menschen, dessen Kunstverständnis und Lebensliebe – d.h. auch: Ausleben von Freiheit – mit gleichzeitiger Bewunderung und Abscheu bedacht wurde. Mit dieser Ambivalenz konnte das Zeitalter des Historismus und der individuellen Freiheit nichts anfangen.

Schließlich ist auf die Bewertung des sittlichen Verhaltens Albrechts hinzuweisen. Seine Liebschaften waren nie ein wirklicher Gegenstand der wissenschaftlichen Auseinandersetzung. Sie wurden erwähnt, ohne sie zu explizieren oder zu konkretisieren. Bemerkungen wie die des schon erwähnten Hallenser Albrecht Wolters waren Ausnahmen. Aus katholisch-ultramontanistischer Sicht diente die Erwähnung seiner zweifelhaften Sittlichkeit lediglich als weiterer Beleg für die Unwürdigkeit vortridentinischer Kirchenfürsten und der schändlichen Einflüsse ihrer humanistischen Klientel. Aus protestantischer Sicht diente sie als Beweis der sittlichen Verkommenheit des katholischen Klerus in toto. Herrmanns Urteil aus dem Jahr 1907, wonach »der Erzbischof [...] in puncto Veneris so wenig rein [war] wie die Mehrzahl seiner Kollegen und wie seine Geistlichkeit«[209], war in Stil und Art typisch. Das Sittlichkeitsdefizit Albrechts diente demnach nur als verstärkendes Additiv, nicht als argumentatives Konstituens des Urteils über den Hohenzollern; und dies konfessionsunabhängig, ja sogar konfessionsübergreifend, einander bestärkend, wie die Bemerkungen Herrmanns zu Gredys versuchter Ehrenrettung verdeutlichten.[210] Das bürgerliche Zeitalter, das Sittlichkeit und Tugend so gerne in den Vordergrund der Stilisierung wichtiger historischer Persönlichkeiten stellte, ließ diesen Vorwurf im dunkeln, um ihn zur Stabilisierung eines vorab definierten Beurteilungs- und Interpretationshorizontes besser instrumentalisieren bzw. funktionalisieren zu können.

209 *Herrmann*, Bewegung (wie Anm. 73), S. 96.

210 Herrmann verwies ausdrücklich darauf, wie wenig stichhaltig Gredys Bemerkungen zum Wahrheitsgehalt der Konkubinatsvorwürfe gegen Albrecht seien und daß selbst Janssen/Pastor in der 17. und 18. Ausg. des 2. Bandes ihrer »Geschichte des deutschen Volkes« Gredys Ausführungen als mißlungen bezeichnet hätten; vgl. *Gredy*, Kardinal (wie Anm. 2), S. 72ff.; *Herrmann*, Bewegung (wie Anm. 73), S. 96 Anm. 237.

HANNS HUBACH

Der Bischof und die ›List der Weiber‹
Zur Ausmalung des Wormser Bischofshofes in Ladenburg unter Reinhard von Sickingen (1445-1482)*

Vinum et mulieres apostatare faciunt sapientes et arguent sensatos, et qui se iungit fornicariis erit nequam (Ecclesiasticus 19.2-3).

Kein anderer Landstrich in Deutschland wurde seit dem 16. Jahrhundert so häufig und so verheerend mit Kriegen überzogen wie die Regionen um die Kurfürstentümer der Pfalzgrafen bei Rhein und der Erzbischöfe von Mainz, einschließlich der Gebiete der benachbarten Bischofs- und Reichsstädte Speyer und Worms mit den dazugehörigen Bistümern. Diese Kriege haben zusammen mit den systematischen Zerstörungen durch spontane oder von der Obrigkeit bewußt initiierte Bilderstürme im Zuge der Reformation zu so unvergleichlich hohen Verlusten im Bestand geführt, daß nur noch wenige Kunstwerke an ihrem ursprünglichen Bestimmungsort und noch weniger in ihrem originären Ambiente erhalten geblieben sind.[1] Es ist daher immer erfreulich, wenn es gelingt, auch durch kleinere Funde das eine oder andere verloren geglaubte Mosaiksteinchen wieder an seinen Platz zu setzen.

Eine solche glückliche Trouvaille bildet den Ausgangspunkt dieser Studie. Es handelt sich um drei Fotografien nach Zeichnungen von Wandbildern mit Motiven aus dem Themenkreis der ›Weiberlisten‹ beziehungsweise ›Weibermacht‹.[2] Sie dokumentieren, wenn auch mit Brechungen, einen Teil der spätmittelalterlichen Ausmalung des ehemaligen Wormser Bischofshofes in Ladenburg, genauer des königlichen Saales, der im 19. Jahrhundert

* Für kollegiale Hilfe und fachlichen Rat während der Bearbeitung des Themas danke ich Frau Dr. Grit Arnscheidt, Reiß-Engelhorn-Museen, Mannheim; Frau Dr. Traudel Himmighöfer, Bibliothek und Medienzentrale der Evangelischen Kirche der Pfalz, Speyer; Herrn Dr. Burkard Keilmann, Worms; Herrn Jörg Kreutz, Kreisarchiv Ladenburg; Frau Dr. Irene Spille, Stadtarchiv Worms; Herrn Dr. Johannes Wilhelm, Landesdenkmalamt Karlsruhe.

1 Zu dieser Situation vgl. zusammenfassend *Hanns Hubach*, Hans Bilger, Bildhauer von Worms. Studien zur Wormser Retabelbaukunst im letzten Viertel des 15. Jahrhunderts, in: Kunst in Hessen und am Mittelrhein 34, 1994, S. 49-114, hier S. 49f.

2 Landesdenkmalamt Baden-Württemberg, Außenstelle Karlsruhe: Historisches Fotoarchiv, Bestand 866, Nr. 1, 3 und 86.

abgebrochen wurde. Neben den Fassadenmalereien Nikolaus Nievergalts († vor 1511) an der Alten Münze, dem früheren Wormser Rathaus, die Kaiser Friedrich III. thronend und umgeben von Figuren der Nibelungensage – Kriemhild, Siegfried und dem Drachen – zeigten (1493), und der Ahnenreihe der Pfälzer Kurfürsten, dem sogenannten ›Gedechtnus der Churfürsten und Pfalnzgaven bey Rheyn‹ im Heidelberger Schloß (um 1470/80), ist dies erst die dritte Folge profaner Wandbilder des 15. Jahrhunderts in der Region, die durch spätere Überlieferungen wenigstens in Ansätzen wieder greifbar wird.[3]

Der Bischofshof

Die historischen Wurzeln Ladenburgs reichen weit zurück. Es ist eine antike Gründung aus der Zeit des Kaisers Trajan, nach anerkannter Lesart der Quellen aus dem Jahr 98. Nach dem Untergang der römischen Herrschaft am Rhein war es Sitz eines merowingischen, dann eines fränkischen Königshofes, der im Hochmittelalter ebenso wie die Stadt selbst in den Besitz des Wormser Bischofs gekommen ist. Durch einen geschickt eingeleiteten Handstreich gelang es den im benachbarten Heidelberg residierenden Pfalzgrafen im 14. Jahrhundert die Hälfte der Herrschaft über die Stadt mit allen dazugehörigen Rechten zu erwerben; der Bereich des Bischofshofes war davon aber ausdrücklich ausgenommen. Auf dem von einer eigenen Mauer umgebenen Areal standen von jeher mehrere Gebäude: Neben der Kapelle und einem Repräsentationsbau, dem eigentlichen ›palatium‹, gab es darunter sicher auch Wohn- und Wirtschaftstrakte für das ständige Personal.[4]

Entlang des Rheins, von Konstanz über Basel und Straßburg bis hin nach Speyer, Worms und schließlich Köln – aber mit der bedeutenden Ausnahme von Mainz, dessen Erzbischof unter Ausnutzung seiner politischen Mög-

3 Eine Übersicht über den erhaltenen Bestand an Wandmalereien bietet *Joachim Glatz*, Mittelalterliche Wandmalerei in der Pfalz und in Rheinhessen. (Quellen und Abhandlungen zur mittelrheinischen Kirchengeschichte, Bd. 38.) Mainz 1981. – Zu den Fassadenmalereien an der Alten Münze vgl. *Eugen Kranzbühler*, Worms und die Heldensage. Worms 1930, S. 164-191; *Walter Hotz*, Der »Hausbuchmeister« Nikolaus Nievergalt und sein Kreis, in: Der Wormsgau 3, 1953, S. 97-125, hier 105f.; sowie zur Ahnenreihe im Heidelberger Schloß *Hanns Hubach*, »Gedechtnus der Churfürsten und Pfalnzgaven bey Rheyn«, in: Volker Rödel (Hrsg.), Der Griff nach der Krone. Die Pfalzgrafschaft bei Rhein im Mittelalter. (Ausstellungskatalog) Regensburg 2000, S. 233 Nr. 228.

4 Vgl. *Albert Julius Sievert*, Lopodunum – Ladenburg 98 bis 1898. Karlsruhe 1900; *Hansjörg Probst* (Hrsg.), Ladenburg. Aus 1900 Jahren Stadtgeschichte. Ubstadt-Weiher 1998.

lichkeiten als Kurerzkanzler des Reichs den Abfall der Stadt 1462, quasi im letzen Moment, hatte verhindern können –, gelang es den alten Bischofsstädten, sich seit dem 13. Jahrhundert immer erfolgreicher der weltlichen Herrschaft ihrer Bischöfe zu entziehen und den Status einer freien beziehungsweise einer Reichsstadt unter kaiserlichem Schutz für sich zu gewinnen. Die aus den Städten hinausgedrängten Bischöfe mußten ihre Residenzen daher an andere Orte verlegen: so zog, um nur drei Beispiele zu nennen, der Konstanzer nach Meersburg, der Straßburger nach Zabern oder Molsheim und der von Speyer zuerst nach Udenheim (heute Philippsburg) und später nach Bruchsal. In der Regel konnten sie danach an ihrem angestammten Sitz bestenfalls die Herrschaft über die Kathedrale und die Domfreiheit ungeschmälert bewahren, jedenfalls solange das Bistum nicht der Reformation oder gar der Säkularisation zum Opfer fiel. Entsprechend dieser allgemeinen Tendenz vollzog sich im Verlauf des 15. Jahrhunderts auch der allmähliche, in der Endphase von dramatischen Auseinandersetzungen zwischen Bürgerschaft und Klerus begleitete Umzug der Wormser Bischöfe in ihren altehrwürdigen königlichen Hof nach Ladenburg.[5]

Der Saalbau des Wormser Bischofshofes mit seiner großen Aula war der letzte Rest der karolingischen Pfalz. Er wird als ein schlichter, langgestreckter, kubischer Bau mit Satteldach rekonstruiert, ursprünglich wohl zweistöckig, mit einer kleinen, im Westen vorgebauten Eingangshalle.[6] (Abb. 1) Die karolingische Anlage hatte aber bereits im Hochmittealter erhebliche Veränderungen erfahren, und wurde auch später immer wieder umgebaut und erweitert. Im 13. Jahrhundert bestand sie im wesentlichen aus dem

5 Vgl. *Heinrich Boos*, Geschichte der rheinischen Städtekultur. 4 Bde., Berlin 1887-1901; *Meinrad Schaab*, Die Diözese Worms im Mittelalter, in: Freiburger Diözesanarchiv 86, 1966, S. 94-219; *Bernhard Kirchgässner / Wolfram Baer* (Hrsg.), Bischof und Stadt. (Stadt in der Geschichte. Veröffentlichungen des Südwestdeutschen Arbeitskreises für Stadtgeschichtsforschung, Bd. 14.) Sigmaringen 1988; *Volker Press* (Hrsg.), Südwestdeutsche Bischofsresidenzen außerhalb der Kathedralstädte. (Veröffentlichungen der Kommission für geschichtliche Landeskunde in Baden-Württemberg, Bd. 116.) Stuttgart 1992; *Burkard Keilmann*, Das Bistum vom Hochmittelalter bis zur Frühen Neuzeit, in: Friedhelm Jürgensmeier (Hrsg.), Das Bistum Worms. Von der Römerzeit bis zur Auflösung 1801. (Beiträge zur Mainzer Kirchengeschichte, Bd. 5.) Würzburg 1997, S. 44-193.

6 Vgl. *Albert Doerr*, Der Bischofshof in Ladenburg am Neckar. Eine Darstellung seiner Entwicklung aufgrund geschichtlicher und architektonischer Forschungen unter Beigabe von Abbildungen und geometrischen Aufnahmen. Mainz 1912; *Georg Weise*, Der karolingische Königshof in Ladenburg, in: Mannheimer Geschichtsblätter 13, 1912, Sp. 176-181; *Hans Huth*, Die Kunstdenkmäler des Landkreises Mannheim ohne Stadt Schwetzingen. (Die Kunstdenkmäler Badens, Bd. X.3.) Karlsruhe 1968, S. 177-180.

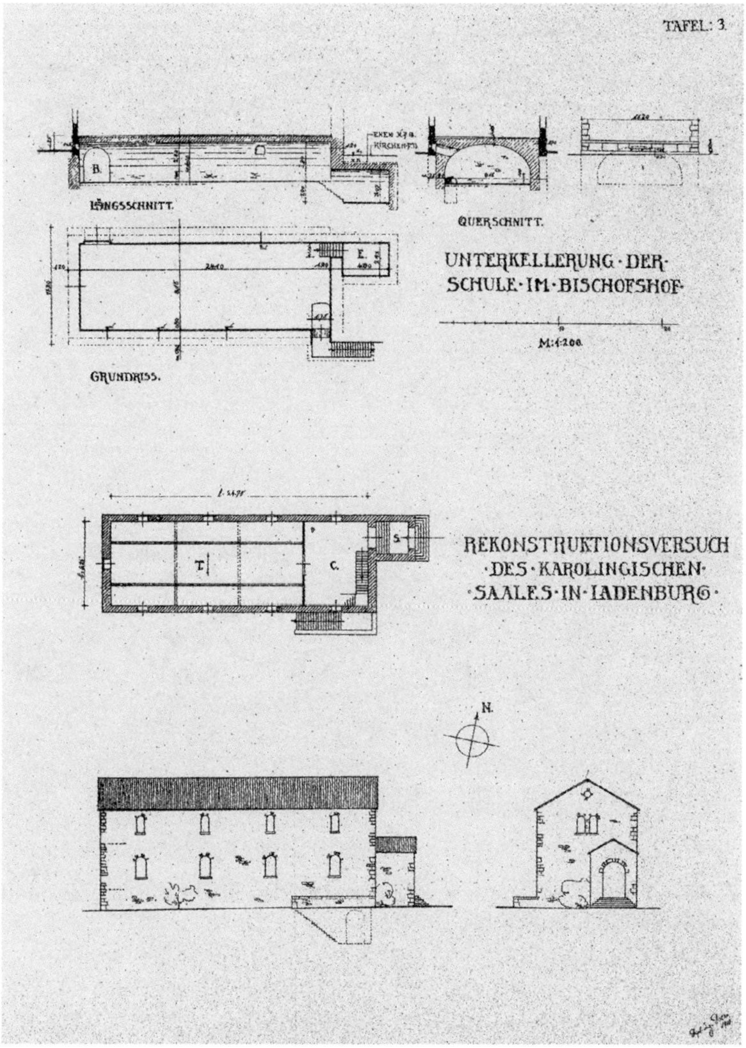

Abb. 1: Rekonstruktion des karolingischen Saales (nach Doerr 1912).

Wohnbau (1), dem Saalbau (2) mit der daran angebauten romanischen Palastkapelle St. Sebastian (3) sowie dem Torbau (4). (Abb. 2) Unter Bischof Friedrich von Domneck (1427-1445) wurde erneut ein grundlegender Umbau des Hofes eingeleitet, und zwar – gemessen an damaligen Ansprüchen – durchaus schon im Hinblick auf die Schaffung einer modernen

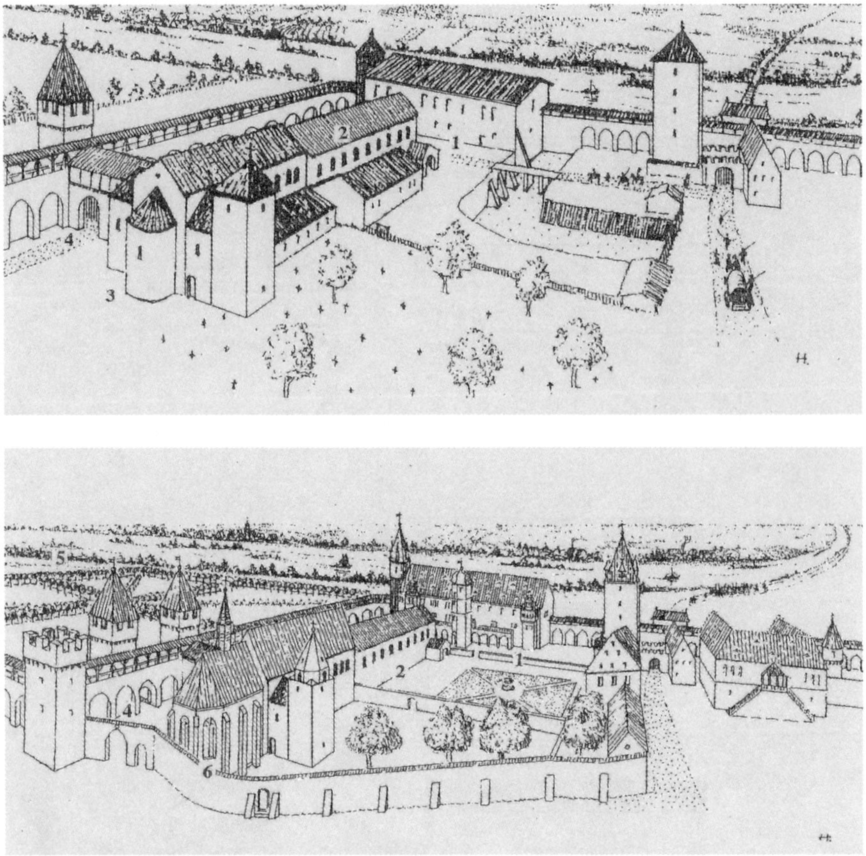

Abb. 2: Berndmark Heukemes, Rekonstruktion des Bischofshofes, Zustände um 1300 und um 1600 (nach Probst 1998).

fürstlichen Residenz.[7] Nach Ausweis seiner ursprünglich in der Außenwand des Saales angebrachten Wappentafel war dessen Ausbau zu einer repräsentativen zweischiffigen Halle mit hölzernen Mittelstützen und prächtigen Kaminen 1436 abgeschlossen. Außerdem ging der Erwerb zahlreicher Grundstücke zur Anlage eines Lustgartens außerhalb der Stadtmauer (5) auf seine

7 Vgl. *Burkhard Keilmann*, Art. Domneck, Friedrich von, in: Erwin Gatz (Hrsg.), Die Bischöfe des Heiligen Römischen Reiches 1198 bis 1448. Ein biographisches Lexikon, Berlin 2001, S. 879f.

Initiative zurück. Der Nachfolger Friedrichs, Bischof Reinhard von Sickingen (1445-1482)[8], der als Bauherr in Worms für die Erneuerung des 1429 eingestürzten nordwestlichen Domturms und der bischöflichen Pfalz mit der großen Aula (1452), dem Tagungsort der Wormser Reichstage, sowie für die Errichtung der Ägidiuskapelle am Dom verantwortlich war, veranlaßte in Ladenburg die Erhöhung des Langhauses sowie den vollständigen Neubau und die Ausstattung des Chores der St.-Sebastians-Kapelle (6); dessen Gewölbeschlußstein und das Gewände der südlichen Eingangstür tragen jeweils das Abschlußdatum 1474. Spätestens zu diesem Zeitpunkt wurde in der Kapelle eine Westempore errichtet, die durch eine Tür mit dem direkt anschließenden Saal verbunden war.[9]

Die Ausmalung des königlichen Saales

Bevor ich die einzelnen Szenen des Zyklus vorstellen kann, erscheint es sinnvoll, eine faktische Bestandsaufnahme vorzunehmen. Über die Ausmalung des Saales vor dessen Abbruch 1885 äußerte sich lediglich Karl Bernhard Stark. Er spricht in einem Nebensatz von »alten Wandmalereien im Stile des dreizehnten und vierzehnten Jahrhunderts (Propheten scheint es, mit ihren Schriftbändern aus Arabesken auf weißem Grunde hervorschauend)«.[10] Ein früherer Augenzeuge überliefert außerdem noch die Jahreszahl 1469[11], aber es bleibt offen, ob dieses Datum die Fertigstellung der Malereien bezeichnet. Als Summe der historischen Überlieferung ist das nicht viel.

Da die Wandbilder aufgrund des bevorstehenden Abrisses des Gebäudes nicht zu retten waren, veranlaßte der Mannheimer Alterthumsverein die Anfertigung von kolorierten Pausen im Maßstab 1:1, einschließlich der Auf-

8 Vgl. *Burkhard Keilmann*, Art. Sickingen, Reinhard von, in: Erwin Gatz (Hrsg.), Die Bischöfe des Heiligen Römischen Reiches 1448 bis 1648. Ein biographisches Lexikon, Berlin 1996, S. 662f.

9 Vgl. *Meinrad Schaab*, Ladenburg als wormsische Bischofsresidenz, in: Volker Press (Hrsg.), Südwestdeutsche Bischofsresidenzen außerhalb der Kathedralstädte. (Veröffentlichungen der Kommission für geschichtliche Landeskunde in Baden-Württemberg, Bd. 116.) Stuttgart 1992, S. 83-97; *Hansjörg Probst*, Ladenburg zwischen dem Bischof und dem Pfalzgrafen. Vom 15. bis zum 18. Jahrhundert, in: Ders. (Hrsg.), Ladenburg. Aus 1900 Jahren Stadtgeschichte. Ubstadt-Weiher 1998, S. 349-425, hier S. 352.

10 Vgl. *Karl Bernhard Stark*, Ladenburg am Neckar und seine römischen Funde, in: Denkmale der Kunst und Geschichte Badens. Karlsruhe 1868, S. 4.

11 Vgl. *Christoph Theophil Schuch*, Politische und Kirchengeschichte von Ladenburg und der Neckarpfalz. Heidelberg 1843, S. 76.

Abb. 3: Samson.

nahme der zu den Bildern gehörenden Inschriften. Diese großformatigen Zeichnungen sind jedoch im Zweiten Weltkrieg mit anderen Sammlungsbeständen des Vereins im Mannheimer Schloß verbrannt.[12] Drei Szenen sind durch die angesprochenen Fotografien aber wenigstens teilweise dokumentiert. Sie zeigen Aristoteles und Phyllis (Abb. 5), Samson (Abb. 3) sowie einen weiteren, bisher nicht überzeugend identifizierten Mann (Abb. 4). Die Überlieferungsgeschichte einer möglichen vierten Darstellung mit den Weibern von Weinsberg ist dagegen ungeklärt, worauf gesondert einzugehen sein wird.

12 Vgl. *Huth*, KDM MA (wie Anm. 6), S. 178. Nicht die Wandbilder wurden abgenommen sondern Pausen davon. Friedrich Back hat die Zeichnungen in Mannheim gesehen und gibt folgende Interpretation des Themas: »Im nahen Schloß Ladenburg [...] war eine Wandmalerei zu sehen, die an das Aristotelesblatt des Hausbuchmeisters erinnert. In Rankenwerk reitet eine Schöne auf einem vornehmen Herrn, aus Blüten wachsen Zuschauer heraus, und auf einem Schriftband steht das Wort ›Frauenlist‹. Der Gegenstand ist in Kunst und Dichtung des Mittelalters öfters dargestellt worden, aber in der heiteren Luft des Heidelberger Hof- und Universitätslebens mag sich öfters etwas zugetragen haben, was an die spaßhafte Geschichte erinnerte«; vgl. *Friedrich Back*, Aus dem Kreis Johanns von Dalberg, in: Ders., Ein Jahrtausend künstlerischer Kultur am Mittelrhein. Darmstadt 1932, S. 110-118 und 216-223, hier S. 114, 220 Anm. 9.

Abb. 4: Holofernes (?).

Abb. 5: Aristoteles und Phyllis.

Die Inschriften

Die Inschriften auf den Spruchbändern konnten auf den Nachzeichnungen nur fragmentarisch und ohne Gewähr gelesen werden, weshalb sich in keinem Fall ein zusammenhängender Text erschließt. 1885 war die Schrift auf der Wand offenbar bereits stark verblaßt, teilweise wohl ganz erloschen, so daß die Lesung schon damals in weiten Teilen unklar blieb. Dieses generelle Manko war sicher auch der Grund für die zitierten Fehlinterpretationen der Halbfiguren als »Propheten« beziehungsweise »Zuschauer« durch Stark und Back. Die durchgepausten gotischen Minuskeln erscheinen auf den Fotografien ihrerseits oft nur schwach sichtbar, andere Stellen dagegen schlicht als falsch nachgezogen.[13] Von Aristoteles ist gerade noch der Stoßseufzer »[...] mus ich eyn [...] pferd bildi(n) [...]« lesbar. Bei Samson beginnt der Text mit der Feststellung »Samson der [...] von frauwen list [...] er [...]«.[14] Und von dem Spruch des zweiten Mannes sind sogar nur einzelne Worte beziehungsweise Silben erkennbar: »O leue ra [...] seri va(n) [...] frode [...] sin [...] es waß [...]«.[15] Dieses unzusammenhängende Kauderwelsch ergibt keinen Sinn, der einem helfen könnte, den Unbekannten sicher zu identifizieren. Die Vermutung, daß es sich bei ihm um König Salomon handeln könne[16], ist zurückzuweisen, da die üblichen königlichen Attribute wie Zepter, Krone oder Turban sämtlich fehlen. Vielleicht nannte die als Satzanfang erscheinende Buchstabenfolge »O leue ra«, so wie im Falle des Samson, ebenfalls gleich zu Beginn den Namen des Protagonisten, so daß die verdorbene Stelle möglicherweise in »Olovernes« aufzulösen wäre. Die Geschichte von Judith und dem von ihr im Schlaf getöteten babylonischen Feldherrn Holofernes gehört jedenfalls zu den am häufigsten dargestellten Episoden unter den Weiberlisten.[17]

13 Vgl. Die Inschriften des Rhein-Neckar-Kreises, Bd. II: Bearb. von Renate Neumüllers-Klauser. (Die Deutschen Inschriften, Bd. 16.) München 1977, S. 53f. Nr. 83.

14 Ebd., S. 53, liest dagegen »[samson] der [...] von frawen (!) list er [...]«.

15 Wo nicht anders vermerkt, folge ich der Lesart von ebd.

16 Vgl. ebd., S. 53f.

17 Vgl. *Adelheid Straten*, Das Judith-Thema in Deutschland im 16. Jahrhundert. Studien zur Ikonographie, Materialien und Beiträge. München 1983; *Helga Theresa Georgen*, Die Kopfjägerin Judith. Männerphantasie oder Emanzipationsmodell? in: Cordula Bischoff u.a. (Hrsg.), FrauenKunstGeschichte. Zur Korrektur des herrschenden Blicks. 2. Aufl. Gießen 1985, S. 111-124; *Hans H. Hofstätter*, Frauen im Alten Testament: Judith und Holofernes, in: das münster 1991, S. 53-56 und 143-148.

Die Bilder

Das Format, die Größe und der formale Aufbau der einzelnen Bilder stimmen im wesentlichen überein. (Abb. 3, 4, 5) Es sind für die zweite Hälfte des 15. Jahrhunderts typische, querovale vegetabile Flächenfüllungen mit einbeschriebenen Figuren und verdrehten Schriftbändern, weshalb ich keinen Grund sehe, das überlieferte Datum 1469 grundsätzlich in Frage zu stellen und allzuweit davon abzurücken.[18] Sie bestehen jeweils aus einem sich mehrfach verzweigenden Ast mit Blättern, Blüten und Früchten. Dessen räumliche Ausrichtung sowie das Aussehen der Blätter variieren, von spitzovalen über herzförmige bis hin zu lappig aufgespaltenen, züngelnden Formen. Die in sich durchgebogenen Äste und die da hineingeflochtenen Schriftbänder lösen sich bis zu einem gewissen Grad von der Fläche und bieten den Figuren einen Aktionsraum, den diese auch ausnutzen. Darüber hinaus nahmen die Ranken offenbar formal aufeinander Bezug, indem sie sich gegenläufig von der Mitte weg entwickelten. Die Gegenüberstellung der Abbildungen 3 und 5 läßt diese ursprünglichen kompositorischen Zusammenhänge wenigstens mittelbar anschaulich werden. Vielleicht waren die ehemals zusammengehörenden Szenen von Mann und Frau durch die gleiche Form ihrer Blätter sogar noch enger verbunden, als dies hier zum Ausdruck kommt.

Während Samson und Holofernes (?) als Halbfiguren in großen Blütenkelchen sitzen, hat der auf allen vieren krabbelnde Aristoteles offenbar Mühe, in dem ihn umgebenden dünnen Geäst sicheren Halt für sich und die ihn straff am Zügel haltende und mit der Gerte piesackende Reiterin zu finden. Die verführerische, den greisen, offenbar in einem alten Gelehrtentalar steckenden Philosophen im Damensitz reitende junge Frau trägt über einer weit ausgeschnittenen Bluse ein eng an Oberkörper und Armen anliegendes Kleid mit weitem Rock, außerdem elegante spitze Schuhe. Dagegen sind die Gewänder des jugendlichen Samson, dessen Haarpracht fast vollständig unter einem großen, breitkrempigen Schlapphut verschwindet, und von Holofernes (?), der in mittlerem Alter, schnauzbärtig, mit langen Haaren, spitzer Nase und stechendem Blick gezeigt wird, wenig prononciert durchgezeichnet und lediglich durch (Pelz?-) Kragen betont. Beide Männer sind in ihrer Haltung und Gestik klar auf ein Gegenüber ausgerichtet, auf

18 *Huth*, KDM MA (wie Anm. 6), S. 178, und *Probst*, Bischof (wie Anm. 9), S. 352, datieren die Malereien in die Regierungszeit von Domnecks. Gegen eine so frühe Ansetzung wenden sich *Back*, Kreis (wie Anm. 12), S. 220 Anm. 9, und *Neumüllers-Klauser*, DI 16 (wie Anm. 13), S. 53.

die untergegangenen Felder der ihnen zugehörenden Frauen Dalilah und Judith (?). Die Texte der Schriftbänder scheinen die Unterhaltung der Paare wiedergegeben zu haben. Daher hält der »Sprecher« jeweils deren eines Ende mit seiner linken Hand fest, während er sich mit der anderen in einem Redegestus der Adressatin des Gesagten zuwendet. Die Konfrontation von Mann und Frau in Form eines bloßen Dialoges kommt in Darstellungen der ›Weiberlisten‹ ansonsten kaum vor.[19] Üblich ist dagegen ein narrativer, das Scheitern der Männer akzentuierender szenischer Aufbau, wie ihn in Ladenburg die Episode des von Phyllis gedemütigten Aristoteles vorführt, der sein Schicksal daher wohl auch eher in leisem, in den Bart gemurmeltem Selbstgespräch beklagt.

Die Bildthemen: ›Weiberlisten‹ – ›Weibermacht‹

Als ›Weiberlisten‹ beziehungsweise ›Weibermacht‹ werden Begebenheiten bezeichnet, in denen sich Frauen gegenüber Männern durch Klugheit, List oder Tücke überlegen erweisen. Das Thema wurde seit dem Mittelalter sowohl literarisch als auch bildlich im Zusammenhang des Topos der ›Minnesklaven‹ bearbeitet.[20] Unglückliche, durch die Gewalt von Frau Venus

19 Dem dialogischen Konzept nahe verwandt ist eine Wappenscheibe mit Darstellungen der überlisteten Vergil, Aristoteles, Salomon und Samson im Kunstmuseum Solothurn (1575). Darauf waren die Gespräche mit den obsiegenden Frauen ebenfalls als knappe Inschriften festgehalten; lediglich Vergil stand seinem Schicksals offenbar sprachlos gegenüber: »›Vergilius der allerlistigest Mann, / Den ich hie betrogen han, / Dient mir zu großen Schanden. / Man sagt in allen Landen‹. // ›Aristotele der allerbas gelerte Mann / Mit meiner Listen ich zuriten kann‹. / ›O Frouw, das weis jederman woll, / Das ir sind der Listigkeit voll‹. // ›Salomon wiltu gelieb von mir on spott, / So mußtu erstlich anbäten minen Gott!‹ / ›Gnadet mich Frouw nach Fründes sytte, / Iwer Gott ich gar gern anbitte!‹ // ›Samson hat sin stercke in den har, / Das schnid ich hie im ab zwar‹. / ›O wyb durch din müntlin rot / Kumm ich hie in große not‹«; zit. nach *Paul Boesch*, Aristoteles und Phyllis auf Glasgemälden, in: Zeitschrift für Schweizerische Archäologie und Kunstgeschichte 9, 1947, S. 21-30, hier S. 29.

20 Aus der Fülle der Literatur vgl. *Raymond van Marle*, Iconographie de l'art profane. 2 Bde., Den Haag 1932, hier Bd. 2, S. 460-469; *Friedrich Maurer*, Der Topos von den Minnesklaven. Zur Geschichte einer thematischen Gemeinschaft zwischen bildender Kunst und Dichtung im Mittelalter, in: Deutsche Vierteljahrsschrift für Literaturwissenschaft und Geistesgeschichte 27, 1953, S. 183-206; *Jenny Schneider*, Die Weibermacht, in: Zeitschrift für Schweizerische Archäologie und Kunstgeschichte 20, 1960, S. 147-157; *Jane Hutchinson*, The Housebook Master and the Folly of the Wise Man, in: Art Bulletin 48, 1966, S. 73-78; *Sigrid Schade*, Schadenzauber und die Magie des Körpers. Hexenbilder der frühen Neuzeit. Worms 1983, S. 98-112; *Jutta Held*, Die Weibermacht in der

betrogene Liebhaber sind dabei ein schier unerschöpfliches Thema volkstümlicher Schwänke und Fastnachtsspiele sowie der humanistischen Literatur des 15. und 16. Jahrhunderts. Die verarbeiteten Stoffe stammen aus dem Alten Testament, der antiken Mythologie und der mittelalterlichen Novellenliteratur. Die bekanntesten Paarungen sind – um nicht gleich mit Adam und Eva zu beginnen – Samson und Dalilah, Judith und Holofernes, David und Bathseba, Aristoteles und Phyllis, Vergil und die Tochter des Kaisers Augustus, Herkules und Omphale sowie viele andere mehr. Die im Kern auf Augustinus zurückgehende Vorstellung eines dominium mulierum, eines Weiberregiments, während dessen Herrschaft die irdische Liebe und die erotische Macht der Frauen die Oberhand über die Männer gewinnt, wurde schon im Ansatz als eine ›verkehrte Welt‹, als Perversion der göttlichen Ordnung verurteilt. Vornehmlich die sinnliche, potentiell aber wohl jede Frau konnte dabei als Verkörperung der luxuria, der Wollust, gelten. Dichter wie Reimar von Zweter († nach 1247) und Heinrich Frauenlob von Meißen († 1318), Graf Hugo von Montfort († 1423), der für einige Zeit am pfälzischen Hof dienende Oswald von Wolckenstein († 1445) bis hin zu dem Nürnberger Meistersinger Hans Sachs († 1576) schildern in ihren Werken die weisesten – König Salomon, Aristoteles und Vergil –, die mächtigsten – König David oder Holofernes –, und die stärksten Männer – Samson und Herkules – als durch die Schlechtigkeit und Hinterlist des weiblichen Geschlechts fehlgeleitete Opfer ihrer triebhaften Liebestorheiten.[21] Die Fehl-

Kunst von der Neuzeit bis zum Beginn des 20. Jahrhunderts, in: Tendenzen. Zeitschrift für engagierte Kunst 152, 1985, S. 45-56; *Sigrid Metken*, Der Kampf um die Hose. Geschlechterstreit und die Macht im Haus. Die Geschichte eines Symbols. Frankfurt a.M. 1996; *Susan Louise Smith*, »To Women's Wiles I fell«. The Power of Women Topos and the Development of Medieval Secular Art. Ann Arbor 1988; *Kristina Bake* (Hrsg.), Ein neuer Korb voll Venuskinder. Die ›Weibermacht‹ auf illustrierten Flugblättern des 16. und 17. Jahrhunderts. (Ausstellungskatalog) Halle 2001; *Yvonne Bleyerveld*, Chaste, Obedient, and Devout: Biblical Women as Patterns of Female Virtues in Netherlandish and German Graphic Art, in: Simiolus 28, 2000/01, S. 219-250; *Dies.*, Powerful Women, Foolish Men. The Popularity of the ›Power of Women‹ Topos in Art, in: Dagmar Eichberger (Hrsg.), Women of Distinction. Margaret of York / Margaret of Austria. Löwen 2005, S. 167-175; *Claudia Schnitzer/Cordula Bischoff* (Hrsg.), Mannes Lust & Weibes Macht. Geschlechterwahn in Renaissance und Barock. (Ausstellungskatalog) 2 Bde., Dresden 2005. – Nicht zugänglich war mir *Yvonne Bleyerveld*, Hoe bedriechlijck dat die vrouwen zijn: Vrouwenlisten in de beeldende kunst in de Nederlanden, circa 1350-1650. Leiden 2000.

21 Wegen der nur hier zu findenden Einbeziehung von Kriemhild und dem Sagenkreis der Nibelungen in den Kanon der ›Weiberlisten‹ vgl. exemplarisch die Aufzählung bei Hugo von Montfort, Lied 24: »(…) // Ein wiser man wirt hart betrogen / Dann mit wibn und

tritte der »erotisch Besiegten« führten entweder zum Verlust ihrer Tugend und Ehre, ihrer Herrschaft, des Lebens, und manchmal sogar von allem zusammen.[22]

Mindestens ebenso populär wie die literarischen Adaptionen waren bildliche Darstellungen dieses weitgesteckten Themenkreises. Sie kommen seit dem 13. Jahrhundert praktisch in allen gehobenen, sowohl höfischen als auch bürgerlichen Lebensbereichen und in allen Kunstgattungen vor: Gegenstände beinahe jeder Art konnten mit Szenen der ›Weibermacht‹ geschmückt werden, vom profanen Brettspielstein, Elfenbeinkamm oder

gitikeit; / Das mess man unden und och oben, / Damit ist mangem bschehen leid. // Helen die schön von Kriechen, / Umb si ward Troy zerbrochen; / Uss gesunden ward vil der siechen, / Erslagen und erstochen. // Hector mit andern fürsten / Verlor och da sin leben; / Man schatzt in für den türsten, / Den bris muoszt man im jehen. // David der küng mit tichten / Daruf was er gar cloug: / Ein frow tet in entrichten; / In grossen unfuog // Kam er mit hoptsünden, / Das macht Urias wib; / Si kond im an entzünden / Sin witz und och sin lib. // Küng Salomon den wisen, / Ein wib betrog in och; / Den abgötten tett er nigen: / Do ward er ze einem goch. // Samson der sterkst uf erden, / Den blant sin eigen wib; / Darumb so tet er sterben / Und verlor si och irn lib. // Absolon, der schönst uf erden, / Umb frowen kam er in not, / Darumb so muost er sterben / Und nam einn herten tot. // Aristotiles der gemeit / In allen künsten zwar, / Ein junkfrow in da reit, / Do er was worden grâ. // Kriemhilt, die schön vom Rin, / Die bracht all held in nôt; / Ze Etzelburg tet es die vin: / Da lagents alle tôt, // Als ich es hân gelesen / Und hâns zwar hören sagen; / Es mocht nicht anders wesen: / Si wurdent all ersalgen. // Her Dietrich von Bern, / Den nert sin manlich muot; / An kreften was er der wernd: / Das kam im da ze guot. // [...]«; zit. nach *Karl Bartsch* (Hrsg.), Hugo von Montfort. (Bibliothek des literarischen Vereins in Stuttgart, Bd. 143.) Tübingen 1879, S. 112-117, hier S. 112-114 Vers 17-64. Eine neuhochdeutsche Übertragung des Textes bieten *Elmar Mittler/Wilfried Werner* (Hrsg.), Hugo von Montfort. Einführung zum Faksimile des Codex Palatius Germanicus 329 der Universitätsbibliothek Heidelberg. (Facsimila Heidelbergensia.) Wiesbaden 1988, S. 110f. Vgl. auch *Wernfried Hofmeister* (Hrsg.), Hugo von Montfort. Das poetische Werk. Texte, Melodien, Einführung. Berlin/New York 2005, S. 82-87.

22 Über die kanonisch gewordenen Beispiele ungleicher Frau-Mann-Beziehungen hinaus bleibt das Thema von zeitloser Aktualität, bis hinein in die Unterhaltungsindustrie unserer Tage. Bei der Mehrheit der Männer meiner Generation dürfte die bloße Erwähnung des amerikanischen Spielfilmtitels ›Fatal Attraction‹ ausreichen, um den spezifischen Charakter jener verhängnisvollen Affären, in denen die Paare der klassischen ›Weiberlisten‹ einander verbunden sind, unmittelbar zu veranschaulichen. Der Film (Regie: Adrian Lyne; Buch: James Dearden; in den Hauptrollen: Michael Douglas und Glenn Close. USA, Paramount 1987) wirkte auf die amerikanische Gesellschaft der späten Reagan-Ära jedenfalls so verstörend, daß ihm die Zeitschrift Time in der Ausgabe vom 16. November 1987 die Titelstory und den beiden Hauptdarstellern das Coverfoto gewidmet hat.

Minnekästchen bis zum prächtigen Reliquiar, von Aquamaniles, Kannen und Tellern, Ofenkacheln und -platten bis zu Tischtüchern und Tapisserien. Das Spektrum der dabei aufgewandten künstlerischen Techniken ist denkbar breit. Es reicht von der Miniatur- über die Glas-, Email- und Tafelmalerei bis zum Wandbild, vom intimen Kupferstich zum großen Holzschnitt, von der in Heimarbeit bestickten Tischdecke zum exklusiven gewirkten Wandteppich, vom Säulenkapitell über die freistehende Bronze bis zum lebensgroßen Relief als Teil einer Kaminverkleidung.[23] Stellvertretend für die gesamte Gruppe seien zwei Beispiele aus dem Besitz Kardinal Albrechts von Brandenburg († 1545) vorgestellt, die für einige Zeit in Halle aufbewahrt worden sind. Zum einen handelte es sich um ein silbernes und vergoldetes Reliquiar aus dem Bestand des Halleschen Heiltums, auf dessen Korpus Emaillebildchen nebeneinander den gerittenen Aristoteles und die ›Verführung des trunkenen Lot durch seine Töchter‹ zeigten (1500).[24] Zum anderen ist eine von Hans Sebald Beham († 1550) mit vier Episoden aus dem Leben König Davids bemalte repräsentative Tischplatte zu nennen (1534), die sich heute im Louvre befindet. Kardinal Albrecht hat sich darauf in einer recht pikanten Situation porträtieren lassen, nämlich in der Rolle des voyeuristischen Zuschauers beim Bade der Bathseba.[25]

Da die Ladenburger Wandbilder nur fragmentarisch überliefert sind, soll ein Seitenblick auf das kulturelle Milieu, in das sie eingebettet sind, dabei helfen, ihre Bedeutung besser zu verstehen. Sie entstanden in unmittelbarem Kontakt zur Kunst am kurpfälzischen Hof, vor dessen kritischem Urteil der Zyklus als Ganzes zu bestehen hatte. Das Thema der ›Weiberlisten‹ war der Heidelberger Gesellschaft seit langem vertraut. Schließlich hatte sich Oswald von Wolckenstein im Gefolge Kurfürst Ludwigs III. († 1436) mehrmals auf dem Schloß aufgehalten und seine Lieder vorgetragen, und Philipp

23 Vgl. die Zusammenstellungen bei *Schneider*, Weibermacht (wie Anm. 20), Abb. 1-16; *Cornelia Herrmann*, Der ›Gerittene Aristoteles‹. Das Bildmotiv des ›Gerittenen Aristoteles‹ und seine Bedeutung für die Aufrechterhaltung der gesellschaftlichen Ordnung vom Beginn des 13. Jahrhunderts bis um 1500. Pfaffenweiler 1991; *Dieter Koepplin*, Neue Werke von Lukas Cranach und ein altes Bild einer polnischen Schlacht – von Hans Krell? Basel 2003, Abb. 1-17; *Eichberger*, Women (wie Anm. 20), S. 166-175 Abb. 16-24 und Kat.-Nr. 60, 67, und 71-76.

24 Das Stück selbst ist zwar verloren, sein Aussehen durch eine kolorierte Zeichnung im Halleschen Heiltumsbuch aber getreu überliefert; vgl. *Philipp Maria Halm/Rudof Berliner*, Das Hallesche Heiltum. Berlin 1931, Taf. 162 mit Abb. 226; *Koepplin*, Werke (wie Anm. 23), S. 25f., Abb. 9.

25 Inv.-Nr. 1033, 128 × 130 cm; vgl. *Michael Wiemers*, Der Kardinal und die Weibermacht. Sebald Beham bemalt eine Tischplatte für Albrecht von Brandenburg, in: Wallraf-Richartz-Jahrbuch 63, 2002, S. 217-236.

der Aufrichtige († 1508) erwarb später den Handschriftenband mit den Werken Hugos von Montfort, den der Autor selbst als Reinschrift seiner Texte hatte anfertigen lassen.[26] Außerdem gab es in der pfälzischen Tapisseriesammlung neben anderen sozial- und kirchensatirischen Darstellungen auch einen Bildteppich mit mehreren Szenen »von der weiber list«.[27] Die prominentesten Bezugspunkte im künstlerischen Bereich sind jedoch die drei preziösen Kaltnadelradierungen des damals im Umfeld des Pfälzer Hofes tätigen Hausbuchmeisters/Meisters des Amsterdamer Kabinetts, die Samson und Dalilah (um 1470/75), Aristoteles und Phyllis und Salomons Götzendienst (beide um 1485/90) zum Thema haben.[28] Da ich aus Platzgründen hier nicht jedes Blatt gleich ausführlich besprechen, geschweige denn das inhaltliche und formale Gefüge, das die Drucke untereinander verbindet, analysieren kann, beschränke ich meine Besprechung im folgenden auf die Episode von Aristoteles und Phyllis.

Aristoteles und Phyllis

Die Geschichte des greisen griechischen Philosophen Aristoteles, der sich von der reizvollen jungen Phyllis als Reittier gebrauchen ließ, reicht in ihren Anfängen lediglich bis ins 13. Jahrhundert zurück. Sie basiert also keineswegs auf antiken Quellen, sondern verarbeitete indische und arabische Dichtungen.[29] Die Erzählung ist schnell zusammengefaßt: Aristoteles soll

26 Vgl. *Henry J. Cohn*, The Early Renaissance Court in Heidelberg, in: European Studies Review 1, 1971, S. 295-322; *Martina Backes*, Das literarische Leben am kurpfälzischen Hof zu Heidelberg im 15. Jahrhundert. Ein Beitrag zur Gönnerforschung des Spätmittelalters. (Hermea, NF, Bd. 68.) Tübingen 1992, S. 107-109; siehe auch oben Anm. 21.

27 Vgl. *Hanns Hubach*, Tapisserien im Heidelberger Schloss 1400-1700. Grundzüge einer Geschichte der ehemaligen Sammlung der Pfälzer Kurfürsten, in: Tapisserien. Wandteppiche aus den staatlichen Schlössern Baden-Württembergs. Hrsg. von Staatliche Schlösser und Gärten Baden-Württemberg/Landesmedienzentrum Baden-Württemberg. Weinheim 2002, S. 98-103, hier S. 99. Wie man sich einen solchen Teppich vorzustellen hat, zeigt ein um 1480 in Basel entstandener Behang mit Szenen enttäuschter und törichter Liebe; vgl. *Anna Rapp Buri/Monica Stucky-Schürer*, zahm und wild. Basler und Straßburger Bildteppiche des 15. Jahrhunderts. Mainz 1990, S. 197-199 Nr. 39.

28 Vgl. *Hutchinson*, Wise Man (wie Anm. 20), S. 73-78; *Jane Hutchinson*, The Master of the Housebook. New York 1972, S. 22-24 Nrn. 5-7, 50-52, 54; *Jan Piet Filedt Kok* (Hrsg.), Vom Leben im späten Mittelalter. Der Hausbuchmeister oder Meister des Amsterdamer Kabinetts. (Ausstellungskatalog) Amsterdam/Frankfurt a.M. 1985, S. 80 Nrn. 5-6, S. 81f. Nr. 7, S. 132f. Nr. 54.

29 Vgl. *Wolfgang Stammler*, Der Philosoph als Liebhaber, in: Ders., Wort und Bild. Studien zu den Wechselbeziehungen zwischen Schrifttum und Bildkunst im Mittelalter. Berlin 1962, S. 12-44.

Abb. 6: Hausbuchmeister/Meister des Amsterdamer Kabinetts, Aristoteles und Phyllis, um 1485/90.

seinen Schüler Alexander den Großen eines Tages recht nachdrücklich vor den Gefahren fleischlicher Liebe und dem negativen Einfluß schöner, leidenschaftlicher Frauen gewarnt haben. Die darüber verärgerte Geliebte des Königs, die heute gemeinhin als Phyllis bezeichnet wird, in den Originaltexten aber meistens ohne Namen blieb[30], beschloß, sich derart an Aristoteles zu rächen, daß sie ihn mit ihrer Schönheit betörte, ihn sich hörig machte und zum Spott vor den Augen ihres Liebsten als Reittier benutzte. Anders als von der Verführerin geplant, verachtete Alexander den Philosophen aber nicht wegen seiner Schwäche. Vielmehr war er vom Ausmaß der Erniedrigung zutiefst bestürzt und fand die Warnungen seines Lehrers an dessen eigenem Leib nachdrücklich bestätigt.

Das Darstellungsspektrum der Geschichte von Aristoteles und Phyllis fällt breiter und variationsreicher aus als bei jeder anderen Szene ausgeübter Weibermacht.[31] Der Hausbuchmeister/Meister des Amsterdamer Kabinetts

30 *Stammler*, Philosoph (wie Anm. 29); *Koepplin*, Werke (wie Anm. 23).

31 Vgl. *Boesch*, Glasgemälde (wie Anm. 19); *Herrmann*, ›Gerittene Aristoteles‹ (wie Anm. 23); *Koepplin*, Werke (wie Anm. 23), S. 15-32.

schildert das Geschehen in betont ruhiger Form. (Abb. 6) Die junge Frau sitzt still, mit gesenkter Peitsche auf dem Rücken des auf allen vieren kauernden Alten, dem sie ein Band oder einen schmalen Riemen als Zügel durch den Mund gelegt hat. Ihr Kopf ist geneigt, die Augen sind halb geschlossen und das schüchterne Lächeln, das ihre Lippen umspielt, erweckt am ehesten den Eindruck, als sei sie vom Erfolg ihrer kleinen Intrige selbst am meisten überrascht. Im Hintergrund blicken zwei Männer in den ummauerten Garten, in dem sich die ungewöhnliche Reitstunde abspielt, doch nehmen sie an dem Geschehen offenbar keinen Anteil. Nur Aristoteles ist das wirkliche Ausmaß seiner Erniedrigung völlig bewußt, weshalb er verlegen aus dem Bild blickt, gerade so, als wolle er den Betrachter um Verständnis für seine peinliche Lage bitten.

Als dezidierte Gegenbilder zu der Komposition des Hausbuchmeisters müssen ein Kupferstich des um 1500 in München tätigen Monogrammisten MZ und eine Radierung von Urs Graf († 1529) betrachtet werden, die den Ritt auf dem alten Philosophen weitaus dramatischer schildern. Bei dem Bayern zerrt die dralle Reiterin ungerührt lächelnd den gequälten Philosophenkopf am fest gestrafften Zügel heftig zur Seite und schwingt mit aller Kraft die Peitsche.[32] Dagegen läßt der Schweizer Urs Graf auf seinem 1519 datierten Blatt keinen Zweifel daran, welcher Art die versprochenen Verlockungen gewesen sind, mit denen der alte Mann zu seinem degradierenden Verhalten geködert worden ist: Seine Schöne ist bis auf einen wagenradgroßen Straußenfederhut und zwei neckische seidene Strumpfbändchen unterhalb der Knie völlig nackt. Es bleibt daher unklar, ob wir es hierbei überhaupt mit Aristoteles und seiner Verführerin zu tun haben oder doch eher mit einer Prostituierten und einem zum Narren gehaltenen Freier. Inwieweit die Beobachtung, daß die Frau mit ihrer langen Peitschenschnur offenbar nur lustig knallt und ihrem menschlichen Reittier erkennbar die Zügel schleifen läßt, zu einem tieferen Verständnis des Bildes beitragen kann, bleibt abzuwarten.[33]

Indem er die beiden Protagonisten entgegen jeder Konvention ihren gemeinsamen Ritt völlig nackt ausführen läßt, war es Hans Baldung Grien

32 Vgl. *Angelika Lenz*, Der Meister MZ. Ein Münchner Kupferstecher der frühen Dürerzeit. Gießen 1972; *Schnitzer/Bischoff*, Lust (wie Anm. 20), Bd. 1, S. 88 Nr. 91 und Bd. 2, Abb. 91.

33 Vgl. *Christian Müller/Anita Haldemann/Ulrich Barth*, Urs Graf. Die Zeichnungen im Kupferstichkabinett Basel. (Katalog der Zeichnungen des 15. und 16. Jahrhunderts, Bd. 2B.) Basel 2001, S. 284 Nr. 11; *Koepplin*, Werke (wie Anm. 23), S. 24, Abb. 6.

Abb. 7: Hans Baldung Grien, Aristoteles und Phyllis, 1513.

(† 1545) vorbehalten, den erotischen Aussagewert der Szene endgültig zu einem offensichtlich sexuell-pornographisch inspirierten Sujet von skandalöser Eindeutigkeit zu übersteigern.[34] (Abb. 7) Die Selbstverständlichkeit,

34 Vgl. *Matthias Mende,* Hans Baldung Grien. Das graphische Werk. Vollständiger Bildkatalog der Einzelholzschnitte, Buchillustrationen und Kupferstiche. Unterschneidheim 1978, S. 46 Nr. 31. – Das Vorgehen Baldungs ist kein Einzelfall. Auch Hans Sebald Beham lenkt mit seiner Darstellung von Judith und Holofernes die Phantasie des Betrach-

mit der die zufrieden und entspannt lächelnde Frau den phallisch geformten Peitschenschaft mit vornehm abgespreiztem kleinen Finger zum Anus des Mannes führt, läßt zwar auf einverständlich verabredete sexuelle Handlungen schließen, doch wird man Begriffe der modernen Sexualkunde wie Sadismus, Masochismus und Voyeurismus benutzen müssen, um diese zutreffend zu beschreiben. Der schuldbewußte Blick, mit dem der auf Händen und Knien krabbelnde Greis den Betrachter fixiert, entspringt offenbar mehr als nur dem Bewußtsein, bei einem kindischen Spiel ertappt und zum Gespött der Leute geworden zu sein.[35]

ters in eine eindeutige Richtung, wenn er nach der Mordtat sowohl die Heldin als auch deren Dienerin splitterfasernackt aus dem Zelt des getöteten Heerführers ins Freie treten läßt. Der biblische Text läßt für eine derart unzüchtige Interpretation nämlich keinen Raum, im Gegenteil: Dort wird gesagt, daß Judith den Holofernes so stark betrunken gemacht habe, daß er auf seinem Lager eingeschlafen sei, ohne sie berührt zu haben (Judith, XII-XIII). Auf Behams Kupferstich Joseph und Pothiphars Frau (1544) wird die Sexualisierung des Themas sogar noch weiter getrieben, zumal das kleine Format (82 × 56 mm) scheinbar größere Freiheiten bei der Umsetzung erotischer Sujets erlaubte. Bereits der erste Druckzustand schildert den Verführungsversuch recht freizügig, da beide Personen nackt dargestellt sind, wobei die Scham der Frau detailliert, aber noch im Halbschatten liegend wiedergegeben wird. Für den zweiten Zustand hat Beham die Platte endgültig in unverhohlen pornographischer Absicht überarbeitet. Das weibliche Genital liegt jetzt in hellem Licht und wird, man kann es nicht anders sagen, den Betrachtern offen zur Schau gestellt; außerdem wurde das Glied des Mannes von einer verlorenen Profildarstellung in eine echte Seitenansicht ergänzt. Joseph fällt es hier sichtlich schwerer, der moralisierenden Inschrift des Blattes gerecht zu werden, die ihn als treuen Diener und Bezwinger seines Verlangens rühmt: »IOSEPH FIDELIS SERVUUS / ET DOMITOR LIBIDINIS«. Vgl. *Gustav Pauli*, Hans Sebald Beham. Ein kritisches Verzeichnis seiner Kupferstiche, Radierungen und Holzschnitte. Mit Nachträgen sowie Ergänzungen und Berichtigungen von Heinrich Röttinger. Baden-Baden 1974; S. 27-30 Nrn. 11, 14 und 15; *Schnitzer/Bischoff*, Lust (wie Anm. 20), Bd. 1, S. 102f. Nr. 104, mit Bd. 2, Abb. 104, sowie Bd. 1, S. 106f. Nrn. 109a/b mit Bd. 2, Abb. 109a, 109b.

35 In die gleiche Richtung, aber subtiler in seiner visuellen Argumentation, zielt ein um 1520 entstandenes Relief des Bildhauers Hans Thoman von Memmingen (Meister von Ottobeuren). Hier reitet die verführerische Schöne nämlich auf einem Jüngling, dem sie (noch) keine Zügel angelegt hat, sondern ihn mit einem zärtlichen Griff ins Haar in die gewünschte Richtung lenkt. Die beiden als Aristoteles und Phyllis anzusprechen ginge daher am Thema vorbei. Schon eher wäre daran zu denken, daß in diesem Falle Alexander selbst mit seiner Geliebten tändelt. Daß die beiden jedenfalls keine bloße Kinderei, sondern etwas genuin Unschickliches im Schilde führen, wird dadurch verdeutlicht, daß die Reiterin nicht im züchtigen Damen-, sondern in dem für Frauen von Stand ungehörigen breitbeinigen Herrensitz aufgesessen ist. Ich möchte daher Dieter Koepplin zustimmen, der davon ausgeht, daß die beiden ein Rollenspiel aufführen, dessen Ziel letzlich nur der Triumph der Verführerin sein kann; vgl. *Koepplin*, Werke (wie Anm. 23), S. 29-31, Abb. 10.

Baldungs Holzschnitt von 1513 ist sowohl mit seinen Hexenbildern als auch mit Darstellungen ›Wilder Leute‹ verglichen worden[36], was aber bestenfalls im Formalen gelten mag, denn gerade das Dämonische als spezifische Qualität der Hexen sucht man hier vergeblich. Dem ausgemergelten Alten fehlt zudem die dichte Körperbehaarung, ein motivisches Manko, das sein »wilder« Blick und der zerzauste Bart nicht wettmachen können. Sehr viel eindeutiger spielt der Maler auf den Topos des ungleichen Paares an, in der spezifischen Ausprägung der jungen sinnlichen Frau und des sehr alten Mannes.[37]

Treffender als Erasmus von Rotterdam († 1536) in seinem »Lob der Torheit« hat wohl niemand die törichten alten Männer vom Schlage eines Aristoteles, Vergil oder Salomon um ihres Liebeswahns willen verspottet, wenn er seine Heldin, die personifizierte Torheit, sagen läßt:

> »Mir allein ist es doch zuzuschreiben, daß ihr immer wieder Männer im Alter eines Nestor seht, die kaum noch Ähnlichkeit mit einem Menschen haben, lallend, blöde, zahnlos, weiß, kahl oder – um sie mehr mit den Worten des Aristophanes zu beschreiben – ungepflegt, krumm, trübselig, runzlig, glatzköpfig, ohne Leben und ohne Geschlechtstrieb, die aber doch so am Leben hängen und sich so jugendlich gebärden, daß der eine sein Haar färben läßt, der andere seine Glatze unter einer Perücke birgt, der dritte ein falsches Gebiß gebraucht und wieder ein anderer sich in ein Mädchen verliebt, wobei er es mit verliebtem Unfug jedem jungen Mann zuvortut. Dem Tode nahe und reif für das Grab, führen sie noch ein junges Weibchen heim, ganz gleich, ob sie ohne Mitgift ist und anderen Nutzen bringt, und das alles ist so gang und gäbe, daß es fast noch gerühmt wird.«[38]

36 Vgl. *Schade*, Schadenzauber (wie Anm. 20), S. 102.

37 Vgl. *Alison G. Stewart*, Unequal Lovers. A Study of Unequal Couples in Northern Art. New York 1981; *Ursula Rautenberg*, »Altersungleiche Paare in Text und Bild«, in: Börsenblatt für den Deutschen Buchhandel (2 Teile), Nr. 33 vom 25.04.1997, Beilage ›Aus dem Antiquariat‹, S. A 185-188; Nr. 60 vom 29.07.1997, Beilage ›Aus dem Antiquariat‹, S. A 367-372; *Schnitzer/Bischoff*, Lust (wie Anm. 20), Bd. 1, S. 65 Nr. 68, mit Bd. 2, Abb. 68.

38 Vgl. *Erasmus von Rotterdam*, Moriae encomium, id est stultitiae laus, in: Opera omnia Desiderii Erasmi Roterodami, Bd. IV.3. Hrsg. von Clarence H. Miller. Amsterdam/Oxford 1979, S. 108 Z. 678-687; hier zit. nach *Erasmus von Rotterdam*, Das Lob der Torheit. Hrsg. und übersetzt von Anton J. Gail. Stuttgart 1949, S. 38.

Eine weitere, ebenfalls in den Jahren 1485/90 entstandene Radierung des Hausbuchmeisters/Meisters des Amsterdamer Kabinetts hilft uns, den Bogen zurück in die Sphäre des pfälzischen Hofes zu schlagen. Es ist eine hintergründige, auf den Geschmack des gebildeten Heidelberger Publikums zugeschnittene Parodie eines fürstlichen Wappens.[39] (Abb. 8) Der von einem Stechhelm bekrönte Schild zeigt die Rückenansicht eines auf dem Kopf stehenden Bauernburschen, die Helmzier einen vom Gewicht seiner in aller Seelenruhe auf seinem Rücken hockenden und Garn spinnenden Frau niedergedrückten älteren Bauern, der ihr zu allem Überfluß auch noch den Spinnrocken halten muß. Anders als Aristoteles, der sein Schicksal voll Ergebenheit erträgt, schreit dieser Unterdrückte seinen Unmut laut hinaus. Das von den ›Weiberlisten‹ bekannte Motiv des Mannes, der unter dem Pantoffel seiner Frau stehend zur Unterwürfigkeit gezwungen wird, war dabei ebenso Ausdruck einer verwerflichen Umkehrung der natürlichen gesellschaftlichen Ordnung wie die nach jeder Richtung ›verkehrte Weltsicht‹ des Kopfstehenden.

Bedeutung des Zyklus

Ermahnung zu gerechter Herrschaft

Monumentale zyklische Darstellungen der ›Weiberlisten‹ finden sich besonders häufig in Rathaussälen, etwa in Lübeck, Köln, Reval und Frankfurt an der Oder.[40] Für die Ausmalung des Großen Ratssaales in Nürnberg hat kein Geringerer als Albrecht Dürer († 1528) die Entwürfe geliefert. Hier wurden zwischen die Fenster der Südwand Medaillons der entsprechenden Episoden eingefügt, darunter David und Bathseba, Samson und Dalilah und Aristoteles und Phyllis.[41] Vor allem die berühmten weisen Männer des Altertums, allen voran Aristoteles, kommen in Rathäusern immer wieder als Sujet vor. Sie galten als Autoritäten, als vorbildliche Diener des Gemeinwohles, die schon den Stadtherren ihrer Zeit bei der Regierungsführung mit wohlüberlegten Empfehlungen zur Seite standen und deren Beispiel die

39 Vgl. *Hutchinson*, Master of the Housebook (wie Anm. 28), S. 72 Nr. 89; *Filedt Kok*, Hausbuchmeister (wie Anm. 28), S. 171 Nr. 89.

40 Vgl. *Herrmann*, ›Gerittene Aristoteles‹ (wie Anm. 23), S. 95-101.

41 Vgl. *Matthias Mende*, Das Alte Nürnberger Rathaus. Baugeschichte und Ausstattung des großen Saales und der Ratsstube. Nürnberg 1979, S. 245-254; *Koepplin*, Werke (wie Anm. 23), S. 19f., Abb. 4.

Abb. 8: Hausbuchmeister/Meister des Amsterdamer Kabinetts, Wappenparodie, um 1485/90.

städtischen Ratsherren nun nacheifern sollten. Zum Beispiel vermerkte der Wormser Bürgermeisters Reinhart Noltz († 1509) vor dem Hintergrund des andauernden Streits zwischen dem Bischof und der Bürgerschaft um die Neubesetzung des Rates in seinem Tagebuch resignierend, daß unter den augenblicklichen Verhältnissen kaum mehr mit einer Lösung der verfahrenen Situation zu rechnen sei. Denn selbst wenn so ausbündige Männer wie

»Salomon, Katho und Aristoteles zu Wormbs gesessen, so were doch nit des rats vermugen gewesen, derselben einen in den rat zu bringen, es were dann des bischoffs und der pfaffen gefallen, so doch ein verstendiger erfarner mann in einem regiment nutzer sein mag dann sunst zweintzig etc.«[42]

Als ein charakterlich Gescheiterter veranschaulichte Aristoteles zugleich Aspekte individueller Ratsunfähigkeit. Dem bürgerlichen Ideal eines ehrbaren und frommen Stadtältesten konnte er als williges Reitpferdchen einer Frau nicht mehr genügen. Man darf daher bei der Interpretation des Bildes nicht übersehen, daß mit der Wahl des Motivs des gerittenen Aristoteles immer auch dessen spontane, impulsive Unbeherrschtheit thematisiert werden sollte, eine bedauerliche Seite des menschlichen Wesens, deren Auswirkungen selbst den lebenserfahrenen Philosophen hatten stolpern und zum Minnesklaven werden lassen. In ähnlicher Weise argumentierte auch Martin Luther († 1546), als er, um die Herrscher seiner Zeit generell vor Betrug und Verrat aus ihrer eigenen Umgebung zu warnen, sich auf das Beispiel einer bekannten Weiberlist bezog, nämlich auf die Geschichte von ›Herkules und Omphale‹[43]:

»Die Heiden sagen von ihrem Hercule, das er sich habe lassen zu letzt die Weiber nerren. Eine hat ihm den Schleier aufgesetzt, die ander den Rokken und Spindel inn die Hand gegeben, und er hat müssen spinnen vor grosser Lieb. Nu – man muß wohl glauben, das solche hohe Fürsten wie David über der Bathseba in Frauenliebe zu Narren werden [...], das wenn einen weidlichen Fürsten oder Man sonst kein ungeheuer wunder kann uberteuben, und wenn er alle feinde umb und umb überwunden hat, – wie Herkules – so kann er doch zuletzt den hausteufel, den einheimischen feind, nicht uberwinden«.[44]

42 Vgl. *Heinrich Boos* (Hrsg.), Tagebuch des Reinhart Noltz, Bürgermeisters der Stadt Worms 1493-1509, mit Berücksichtigung der offiziellen Acta Wormatiensia 1487-1501, in: Monumenta Wormatiensia. Annalen und Chroniken. (Quellen zur Geschichte der Stadt Worms, Bd. 3.) Berlin 1893, S. 369-584, hier S. 454.

43 Vgl. *Cordula Bischoff*, Die Schwäche des starken Geschlechts. Herkules und Omphale und die Liebe in bildlichen Darstellungen des 16. bis 18. Jahrhunderts, in: Martin Dinges (Hrsg.), Hausväter, Priester, Kastraten. Zur Konstruktion von Männlichkeit in Spätmittelalter und früher Neuzeit. Göttingen 1998, S. 153-181; sowie den Beitrag von Gabriele Baumbach in diesem Band.

44 Vgl. *Wiemers*, Kardinal (wie Anm. 25), S. 228-230, zitiert S. 229.

Mit den Hausteufeln und einheimischen Feinden waren jetzt natürlich nicht mehr nur die Frauen, sondern all jene Personen im engeren Umfeld des Fürsten gemeint, die nur ihren eigenen Vorteil suchen, ohne Rücksicht auf das Wohlergehen des Volkes.

Dieses Verständnis der Bilder von der ›Weibermacht‹ läßt sich nahtlos auf den Zyklus im Ladenburger Bischofshof übertragen. Wie jeder andere Territorialfürst hatte auch der Wormser Bischof dort in erster Linie weltliche Regierungsgeschäfte zu erledigen. Der Saal diente daher zwangsläufig den unterschiedlichsten Formen der Inszenierung und Ausübung fürstlicher Regierungsgewalt. Je nach Anlaß wurde er als Repräsentations-, Versammlungs- und Festsaal genutzt oder diente als Tagungsort des geistlichen Gerichts. Ein die Versammelten ermahnendes, sowohl vor List und Tücke als auch vor den allgegenwärtigen Versuchungen der Macht warnendes Bildprogramm erschien daher sicherlich opportun.

Obwohl sie ansonsten im Reigen der Weiberlisten nicht vorkommt, als Exempel vorbildlicher Herrschaftsausübung ließe sich die Geschichte vom Auszug der Weiber von Weinsberg durchaus sinnvoll dem Ladenburger Bilderzyklus einordnen. Hansjörg Probst nennt dieses Ereignis jedenfalls als Bestandteil der Ausmalung des Saales, legt seine Quelle aber nicht offen.[45] Es handelt sich um die bekannte Geschichte »von Frauentreue und festem Königswort«, wonach der staufische Kaiser Konrad III. (1138-1152) nach seinem Sieg über die Welfen im Jahre 1140 den Frauen der Besatzung der nach langer Belagerung kapitulierenden Burg Weinsberg bei Heilbronn freien Abzug gewährt hatte. Darüber hinaus gestattete er, daß jede von ihrem Besitz mitnehmen dürfe, was und soviel sie auf ihren Schultern tragen könne. Daraufhin ließen die mutigen Frauen ihr persönliches Hab und Gut zurück und packten statt dessen ihre Männer auf den Rücken und trugen sie – zum Erstaunen der verblüfften Belagerer – zur Burg hinaus. Der überlistete Kaiser soll dies lachend mit der Bemerkung hingenommen haben, an dem gegebenen Wort eines Königs gäbe es nichts zu deuteln.[46]

Die später als Beleg für die »ehrlich Lieb« verstandene Erzählung basiert in ihrem wahren Kern auf einem Passus der Kölner Königschronik von

45 Vgl. *Probst*, Bischof (wie Anm. 9), S. 352.

46 Vgl. *Fritz-Peter Ostertag/Robert G. Koch* (Hrsg.), Burg und Stadt Weinsberg. Quellen und Zeugnisse ihrer Geschichte im Mittelalter. Weinsberg 1977; *Rosemarie Wildermuth*, »Zweimal ist kein Traum zu träumen«. Die Weiber von Weinsberg und die Weibertreu. (Marbacher Magazin, Bd. 53.) Marbach 1990, S. 1-5.

1175.[47] Johannes Trithemius († 1516), der gelehrte Abt des Benediktinerklosters Sponheim bei Bad Kreuznach, hat sie um 1500 in seine Chronik des Klosters Hirsau übernommen; er gilt bis heute als ihr Wiederentdecker. Im Druck erschien sie erstmals 1516, in der von Philipp Melanchthon († 1560) ergänzten Weltchronik des Johannes Nauclerus (Johann Vergenhans, † 1510).[48] Die bildliche Überlieferung, jedenfalls soweit wir sie heute kennen, setzt sogar erst in der zweiten Hälfte des 16. Jahrhunderts ein, mit einer Federzeichnung von Tobias Stimmer († 1585).[49]

Dies sind zusammengenommen gute Gründe, um die Existenz dieser Szene kritisch zu hinterfragen. Denn, wer auch immer der Gewährsmann gewesen sein mag, die Möglichkeit, daß der Identifizierung eine Verwechslung, ein Mißverstehen der Aristotelesepisode zugrunde liegt, muß zumindest erwogen werden. Andererseits, dies sei eingestanden, lassen sich auch plausible Anhaltspunkte anführen, die zugunsten der anonymen Überlieferung sprechen. Zum einen wäre die Darstellung einer Frau, die einen Mann auf ihrem Rücken fortträgt, das formal ideale Pendant zur Figur des ›gerittenen Aristoteles‹, jedenfalls dann, wenn man die oben dargelegte dialogische Erzählstruktur des Zyklus auch in diesem Falle bewahren will. Zum anderen war 1440 zuerst die Stadt und zehn Jahre später auch die Burg Weinsberg in kurpfälzischen Besitz übergegangen. Damit deutet sich in der Wahl des Themas ein Lokalbezug an, der Bischof Reinhard von Sickingen, dem engen Vertrauten Kurfürst Friedrichs I. († 1476) und Vorsteher des »pfälzischen Landesbistums«, die Möglichkeit eröffnet hätte, Ereignisse der jüngeren eigenen Geschichte mit dem großen Weltgeschehen gleichberechtigt zu verbinden. Da keine bildlichen Belege existieren, die eine stilistische

47 »Anno domini 1140. Rex urbem Welponis ducis Baioariorum Winesberg dictam obsedit et in detionem accepit, matronis ac ceteris feminis ibi repertis hac regali liberalitate licentia concessa, ut quaeque humeris valerent deportarent. Quae tam fidei maritorum quam sospitati ceterorum consulentes, obmissa suppellectili descendebant humeris viros suos portantes. Duce vero Friderico ne talia fierent contradicente, rex favens subdolositati mulieri dixit, regium verbum non decere immutare«; zit. nach *Wildermuth*, Weiber (wie Anm. 46), S. 1.

48 Vgl. ebd., S. 11-13.

49 Berlin, Staatliche Museen Preußischer Kulturbesitz, Kupferstichkabinett: Inv.-Nr.: 5835; Federzeichnung in Schwarz, 211 × 192 mm. Vgl. *Elfried Bock*, Die Deutschen Meister. Beschreibendes Verzeichnis sämtlicher Zeichnungen. (Staatliche Museen zu Berlin. Die Zeichnungen Alter Meister im Kupferstichkabinett.) Berlin 1921, S. 86 Nr. 5835; *Robert G. Koch*, Das Aufkommen des Motivs der ›Weiber von Weinsberg‹ in der bildenden Kunst, in: Justinus-Kerner-Verein und Frauenverein Weinsberg, Mitteilungen 16, 1978/79; *Wildermuth*, Weiber (wie Anm. 46), S. 17-20.

Beurteilung erlauben, kann außerdem nicht ausgeschlossen werden, daß die Tat der Weinsbergerinnen eben gerade wegen ihrer regionalen Verwurzelung und des trotz der weiblichen List ehrenhaft gehaltenen Wortes eines Königs noch nachträglich, also nach 1500, dem Zyklus hinzugefügt worden ist. Letztlich wird man die Beantwortung dieser Fragen wohl schuldig bleiben müssen.

Mahnung an den Klerus

Ein anderer Grund für die Wahl der ›Weiberlisten‹ als Dekoration seines Saales dürfte die pädagogische Absicht Bischof Reinhards gewesen sein, dem häufigen Bruch des Zölibats durch die Warnung vor den Schlichen der Frauen und den bösen Folgen sexueller Ausschweifungen an prominentem Ort entgegenzuwirken. Die sprichwörtliche Verderbtheit und Sittenlosigkeit hochrangiger Kirchenmänner oder das weitverbreitete Bild vom feisten, korrupten und herumhurenden Mönch sind in ihrer Absolutheit sicher nicht mehr als liebgewonnene Klischeevorstellungen. Andererseits wissen wir, daß die vernichtenden Urteile der Zeitgenossen über die Geistlichkeit am Vorabend der Reformation nicht grundlos und ohne Bezug zur Realität zustande kamen. Reinhard von Sickingen war solchen Vorwürfen jedoch nicht ausgesetzt. Sein langer Pontifikat ging mit einer tadellosen Amts- und Lebensführung einher, getragen von großer persönlicher Frömmigkeit und einem hohen Maß an charakterlicher Integrität und Pflichtbewußtsein. Seine geistlichen und weltlichen Aufgaben hat er vorbildlich wahrgenommen und die von seinen Vorgängern lange vernachlässigte Reform der kirchlichen Institutionen, vor allem der Klöster, aktiv vorangetrieben. Als pfälzischer Rat war er darüber hinaus eng und aktiv in die Politik des Heidelberger Hofes unter Friedrich dem Siegreichen eingebunden.[50]

Als der Bischof das Bildprogramm und dessen Bedeutung mit dem Maler verabredete, war ihm die meinem Beitrag als Motto vorangestellte Bibelstelle aus Ecclesiasticus 19.2-3 sicherlich geläufig. Die darin ausgesprochene Warnung aller weisen und vernünftigen Männer vor Wein, Weibern und einer liederlichen Lebensführung[51] bringt die inhaltliche Intention des Zyklus nämlich präzise auf den Punkt. Vielleicht war die Themenwahl aber auch von handfesteren Gründen bestimmt, möglicherweise von den schlech-

50 Vgl. *Keilmann*, Sickingen (wie Anm. 8), S. 662f.

51 ›Wein und Weiber sind der weisen und vernünftigen Männer Feind, und wer sich mit Huren einläßt, taugt nichts‹.

ten Erfahrungen[52], die Reinhard von Sickingen mit seinem weitaus weniger charakterfesten Vorgänger hatte machen müssen, dessen ausschweifendes Sexualleben selbst über das damals bei hohen Geistlichen tolerierte Maß weit hinausging. Friedrich von Domneck wird in der Wormser Chronik daher schon im zweiten Satz unmißverständlich als ein der Fleischeslust hemmungslos verfallener Mann charakterisiert, der in dem Dorf Dirmstein bei Frankenthal eine Konkubine und leibliche Nachkommen gehabt habe und den seine maßlose Begierde sogar zu Männern hingezogen habe:

> »fuit homo carnalis, relinquens post se proles, habuitque concubinam in Dormstein, quam cum plebanus etiam ad suam traxisset concupiscentiam, indignationem eius incurrit«.[53]

Aber auch sonst gab es in der Wormser Diözese durchaus ernsthafte sittlich-moralische Verfehlungen des Klerus. Als im Anschluß an die Wormser Diözesansynode von 1496 der Alnheimer Pfarrer Jakob Stoll im Auftrag des Bischofs Johann von Dalberg (1482-1503), des bedeutenden, in Italien ausgebildeten Humanisten und späteren Kanzlers der Pfalz[54], eine allgemeine

52 Vgl. *Paul-Joachim Heinig*, »Omnia vincit amor« – Das fürstliche Konkubinat im 15./16. Jahrhundert, in: Cordula Nolte/Karl-Heinz Spieß/Ralf-Gunnar Werlich (Hrsg.), Principes. Dynastien und Höfe im späten Mittelalter. (Residenzenforschung, Bd. 14.) Stuttgart 2002, S. 277-314, hier S. 302.

53 Vgl. *Heinrich Boos* (Hrsg.), Chronica Civitatis Wormatiensis per monachum quendam Kirsgartensem descripta, in: Monumenta Wormatiensia. Annalen und Chroniken. (Quellen zur Geschichte der Stadt Worms, Bd. 3.) Berlin 1893, S. 1-95, hier S. 78-83. Ein Sohn des Bischofs, Georg von Domneck, ließ sich 1454 von der römischen Kurie die Übernahme dreier Pfarrbenefizien bestätigen und erhielt außerdem einen auch zum Erwerb eines Kanonikats gültigen Dispens; vgl. *Keilmann*, Domneck (wie Anm. 7), S. 879. – Darüber hinaus ist unter den Wormser Bischöfen, soweit ich sehe, bisher nur noch für Pfalzgraf Heinrich (1524-1552), der dem Bistum zuerst als Koadjutor, dann als Administrator vorstand, ein Konkubinat nachweisbar, denn dieser versorgte in seinem Testament von 1544 zwei uneheliche Töchter, Walburga und Agathe, mit der für eine Ehe nötigen Aussteuer; vgl. *Paul Berbée / Burkard Keilmann*, Art. Heinrich, Pfalzgraf bei Rhein, in: Erwin Gatz (Hrsg.), Die Bischöfe des Heiligen Römischen Reiches 1448 bis 1648. Ein biographisches Lexikon, Berlin 1996, S. 272f.; *Keilmann*, Bistum (wie Anm. 5), S. 163 Anm. 61.

54 Zu Dalberg vgl. *Karl Morneweg*, Johann von Dalberg, ein deutscher Humanist und Bischof. Heidelberg 1887; *Peter Walter*, Johannes von Dalberg und der Humanismus, in: 1495 – Kaiser, Reich, Reformen. Der Reichstag zu Worms. Hrsg. von der Landesarchivverwaltung Rheinland-Pfalz. Koblenz 1995, S. 139-171; *Burkard Keilmann*, Art. Dalberg, Johann v., in: Erwin Gatz (Hrsg.), Die Bischöfe des Heiligen Römischen Reiches 1448

Pfarrvisitation durchführte, kam so mancher Mißstand ans Licht. Stoll berichtet unter anderem von offenbar berechtigten Klagen der Ratsherren von Kaiserslautern über das unflätige Betragen der Mönche des dortigen Prämonstratenserklosters. Diese würden ständig des Nachts Wirts- und Hurenhäuser besuchen, in der Stadt dem einen die Ehefrau, dem anderen die Magd vergewaltigen, und, was bezeichnenderweise als offenbar größter Affront gegen die städtische Ordnung verstanden wurde, sich dann auch noch öffentlich mit ihren Untaten brüsten. Der Rat bittet deshalb darum, die Mönche in das weiter entfernte Kloster Enkenbach zu versetzen, was allerdings nicht zustande kam.[55]

Epilog

Die im Bischofshof gemalten Warnungen vor der erotischen Verführungsmacht der Weiber, die ja immer zugleich Warnungen vor der leichten Verführbarkeit der Männer bedeuteten, hatten demnach gegen Ende des 15. Jahrhunderts nichts von ihrer Aktualität eingebüßt. Wer sie sich trotz allem nicht zu Herzen nahm, war Johann von Dalberg. Ihn hatten seine Neigungen schon während der Zeit in Italien zu weit mehr als nur akademischen Studien getrieben. In einem Brief vom 23. Dezember 1476, mit dem ihn sein langjähriger Mentor Rudolf Agricola († 1485) dazu bewegen wollte, seine Ausbildung anstatt wie geplant in Padua in Ferrara fortzusetzen, spielt der Freund unverblümt auf vergangene Liebesabenteuer aus den Tagen des gemeinsamen Studiums in Pavia an. Um die Vorzüge seines neuen Wirkungsortes Ferrara herauszustreichen, führt der Gelehrte als erstes Argu-

bis 1648. Ein biographisches Lexikon. Berlin 1996, S. 115-117; *Gerold Bönnen/Burkard Keilmann* (Hrsg.), Der Wormser Bischof Johann von Dalberg (1482-1503) und seine Zeit. (Quellen und Abhandlungen zur mittelrheinischen Kirchengeschichte, Bd. 117.) Mainz 2005.

55 »Consulatus vocavit me ad praetorium et exposuit mihi vitam indecentem monachorum, tum quia singulis noctibus publicas tabernas visitant aedesque putanarum, tum etiam quia nunc uxorem istius, nunc famulam alterius violant et heu se de huiusmodi sceleribus iactitant et gaudent, cum malefecerint exultantque in rebus pessimis«; zit. nach *Friedrich von Weech* (Hrsg.), Das Wormser Synodale von 1496, in: Zeitschrift für Geschichte des Oberrheins 27, 1875, S. 227-326 und 385-454, hier S. 316. Vgl. auch *Hildegard Eberhardt*, Die Diözese Worms am Ende des 15. Jahrhunderts nach den Erhebungslisten des »Gemeinen Pfennigs«. (Vorreformationsgeschichtliche Forschungen, Bd. 9.) Münster i.W. 1919; *Joachim Kemper*, Die Wormser Klosterlandschaft der Zeit des Johann von Dalberg, in: Bönnen/Keilmann, Dalberg (wie Anm. 54), S. 153-167, hier S. 161f.

ment wider Erwarten nicht den ausgezeichneten Ruf der dortigen humanistischen Wissenschaften an, sondern die große Anzahl der sich in den Häusern und Gassen tummelnden Freudenmädchen. Diese glichen jenen »Felicinae« und »Magdalenae«, deren Dienste sie beide, Agricola und Dalberg, im Bordell von Pavia kennen- und offenbar auch zu schätzen gelernt hatten.[56]

Von diesen Jugendsünden führt ein roter Faden zu Dalbergs skandalumwittertem Tod 1503 in Heidelberg. Zwar berichteten nahestehende Freunde, vor allem jene aus dem Kreis der Heidelberger Humanisten, der Grund seines plötzlichen Ablebens sei ein heftiges Fieber gewesen; auf die Umstände, wie es zu der fatalen Erkrankung hatte kommen können, gingen sie jedoch nicht ein.[57] Das besorgten andere, dem Bischof weniger wohlgesonnene Zeitgenossen dafür um so nachdrücklicher! Innerhalb kürzester Zeit kursierte das Gerücht, Dalberg sei im Morgengrauen betrunken eine Heidelberger Bordelltreppe hinuntergefallen und habe sich bei dem Sturz so stark verletzt, daß er daran gestorben sei.[58] Alles nur übles Gerede? Den wahren Kern der Geschichte könnte der schon einmal als Zeitzeuge zu Wort gekommene Wormser Bürgermeister Noltz gekannt haben, der aufgrund seiner sozialen Stellung, vor allem aber von Amts wegen mit Sicherheit bestens über das Treiben des Bischofs unterrichtet war. In seinem Tagebuch notierte er Details einer ehebrecherischen Affäre, die in dieser konkreten Form wohl niemand frei erfinden würde. Demnach soll Dalberg im Haus

56 »Est hic videre non omnibus vicis solum, sed fere omnibus domibus Felicinas et Magdalenas, sed etiam, quamquam te audiente dicere vix audeam, maiora mirabilioraque istis«; vgl. die Edition des Briefes bei *Erik Leibenguth/ Robert Seidel* (Hrsg.), Die Korrespondenz Rudolf Agricolas mit den süddeutschen Humanisten, in: Wilhelm Kühlmann (Hrsg.), Rudolf Agricola 1444-1485. Protagonist des nordeuropäischen Humanismus zum 550. Geburtstag. Bern u.a. 1994, S. 181-259, hier S. 209f.; zum Verständnis der Briefstelle außerdem *Agostino Sottili*, Juristen und Humanisten: Rudolf Agricola an der Universität Pavia, in: Fokke Akkerman/Arjo J. Vanderjagt/Adrie H. van der Laan (Hrsg.), Northern Humanism in European Context, 1469-1625. From the ›Adwert Academy‹ to Ubbo Emmius. Leiden/Boston/Köln 1988, S. 206-221, hier S. 207f.

57 Vgl. *Morneweg*, Dalberg (wie Anm. 54), S. 321f., Anm. 205.

58 »Tandem idem episcopus cupidinis arcu vulneratus penum cellarii in crepusculo matutinali improvise praecipitans Heidelbergae anno 1503 misere fata persolvit«; vgl. ebd., S. 322f., Anm. 206. Ein glaubwürdiger Gewährsmann für die anhaltend brodelnde Gerüchteküche um die skandalösen Umstände des Todes Dalbergs ist Philipp Melanchthon, der das Ereignis aus seiner Kindheit später ebenfalls schildert: »Heidelbergae (cum ego et pater meus ibi essemus) aluit scortum, cui cum multa elargitus esset, illud tandem ei fecit insidias cum reliquis suis corrivalibus. Ingressus itaque domum meretricis per scalas decidit in cellam et sic fracto colle obiit«; zit. nach ebd., S. 322, Anm. 206.

des kurfürstlichen Sekretärs Heinrich Schreiber, der am fraglichen Abend verreist und mit seinem Herrn in der Umgebung von Lampertheim unterwegs gewesen sei, die hübsche Strohwitwe getröstet und sich dann im Morgengrauen auf der Treppe zum Weinkeller zu Tode gestürzt haben.[59]

Welche subtilen Frauenlisten die schöne Heidelberger Sekretärsgattin ersonnen haben mag, um ihrem gehörnten Ehemann das nächtliche Treiben in seinem Hause plausibel erscheinen zu lassen, war den Quellen nicht zu entnehmen.

Abbildungsnachweis:
1-2: Archiv des Autors; 3-5: Landesdenkmalamt Karlsruhe; 6-8: Kunsthistorisches Institut der Universität Zürich (M. Mezzetta)

59 »Darnach sagt man offenlich, er were in eines pfaltzgräfischen secretarii hus Heinrich Schreiber genant onversehenlich in einen keller gefallen; ward landkundig, derselbe hett ein hüpsch wib und was der secretarius desselben tags mit dem fürsten nit fern von Lampertheim«; zit. nach *Boos*, Tagebuch (wie Anm. 42), S. 481; vgl. *Morneweg*, Dalberg (wie Anm. 54), S. 322f., Anm. 206. – Ein kurfürstlicher Schreiber mit dem Vornamen Heinrich ist historisch nicht faßbar. Daraus kann allerdings nicht zwingend geschlossen werden, daß es ihn nicht gegeben hat, es sich bei der Geschichte also um eine bloße Legende handelt. Das kurpfälzische Dienerbuch für die Regierungszeit Philipps des Aufrichtigen ist nämlich nicht erhalten und das daneben formlos geführte Dienerregister nicht vollständig; vgl. *Manfred Krebs*, Die kurpfälzischen Dienerbücher 1476-1685, in: Mitteilungen der Oberrheinischen Historischen Kommission 1, 1942, S. m7-m168, hier S. m7.

MARKUS LEO MOCK

Syphilis und schöne Frauen
Erzbischof Ernst von Magdeburg und sein Auftrag an Hans Baldung Grien

Im Jahr 1503 bezog Erzbischof Ernst von Magdeburg feierlich seine neue Residenz, die Moritzburg in Halle.[1] Als nunmehriger Herrschaftsmittelpunkt erhielt der Bau nicht nur zahlreiche Verwaltungs-, Wohn- und Repräsentationsräume, sondern auch eine prunkvolle Kirche. Bis zum Tod des Kirchenfürsten im August 1513 wurde die Maria-Magdalenen-Kapelle umfänglich mit Retabeln, Skulpturen, Tafelgemälden, Reliquien, Ornaten und Paramenten ausgeschmückt. Ein Brand im Jahr 1637 hat dies alles jedoch zum größten Teil vernichtet. Lediglich zwei Altaraufsätze, die kurz zuvor aus der Kapelle entfernt worden waren, sind von der einstigen Ausstattung erhalten.[2] Beide Tafeln, die ungefähr die gleichen Maße aufweisen, wurden 1506 und 1507 von Hans Baldung Grien in Nürnberg verfertigt.[3] Sein Lehrer Albrecht Dürer, der zu dieser Zeit seine zweite Italienreise unternahm, ließ ihm bei der Ausführung wohl freie Hand.[4] Das eine erhaltene Tri-

1 Der vorliegende Beitrag basiert auf einem Kapitel der Untersuchung »Kunst unter Erzbischof Ernst von Magdeburg (1464-1513)«, die im März 2005 von der Fakultät I Geisteswissenschaften der Technischen Universität Berlin als Dissertation angenommen wurde. Dem Betreuer der Arbeit, Prof. Dr. Robert Suckale, gilt an dieser Stelle nochmals mein herzlichster Dank.

2 Über die ursprüngliche Ausstattung der Kapelle gibt ein 1608 angefertigtes Inventar Auskunft, siehe Landeshauptarchiv Sachsen-Anhalt, Abteilung Magdeburg (= LhASA Magdeburg): Rep. A 2 Nr. 847, Bl. 31r-46r. Es erwähnt unter anderem ein Sebastians- und ein Dreikönigsretabel.

3 Zu den Retabeln im Gesamtwerk Hans Baldungs siehe *Gert von der Osten*, Hans Baldung Grien. Gemälde und Dokumente. Berlin 1983, Kat.-Nr. 3, S. 42-47 und Kat.-Nr. 6, S. 49-54 mit ausführlicher Lit. und zahlreichen Abb.; *Karl Oettinger/Karl-Adolf Knappe*, Hans Baldung Grien und Albrecht Dürer in Nürnberg. Nürnberg 1963, S. 33-35. Zu den Retabeln im Kontext der Schloßkapelle siehe *Heinrich L. Nickel*, Die Schloßkapelle der Erzbischöfe – Die Altäre und ihre Ausstattung, in: Die Maria-Magdalenen-Kapelle der Moritzburg zu Halle. Hrsg. im Auftrag der Stiftung Schlösser, Burgen und Gärten des Landes Sachsen-Anhalt von Heinrich L. Nickel, mit Beiträgen von (...). Halle (Saale) 1999, S. 31-44.

4 *Osten*, Baldung (wie Anm. 3), S. 20; Faszination Meisterwerk. Dürer, Rembrandt, Riemenschneider. (Ausstellungskatalog) Germanisches Nationalmuseum Nürnberg 2004, S. 100.

ptychon zeigt auf der Mitteltafel die Anbetung der Hl. Drei Könige. In leuchtenden, kräftigen Farben verehren die kostbar gekleideten Fürsten zu nächtlicher Stunde den neugeborenen Gottessohn. Die zentrale Stelle in der Bildachse nimmt allerdings nicht Maria mit dem Kinde ein, sondern ein König in prächtigem Kostüm. Bereits Gabriel von Térey wies 1894 darauf hin, in ihm ein Abbild des Auftraggebers zu sehen.[5] Gert von der Osten legte siebzig Jahre später überzeugend dar, daß seine Kleidung heraldisch auszulegen sei.[6] Der goldene, schwarzgemusterte Mantel wiederholt die Farben des zehnmal schwarz und gold geteilten Schildes des Herzogtums Sachsen. Das schräg sitzende, grüne Barett mit sechs Blüten verweist auf den schrägrechten Rautenkranz dieses Wappens. An herausragender Stelle hat sich Erzbischof Ernst, ein Sohn des Kurfürsten Ernst von Sachsen, in standesgemäßem Gewand in das Gemälde eingebracht. Es war damals durchaus üblich, eine zeitgenössische Person als einen der Hl. Drei Könige darzustellen, zumal wenn man aus königlichem oder fürstlichem Hause stammte.[7] Die Heiligen der Seitenflügel verstärken den offiziellen Charakter des Retabels: In blitzender Rüstung sind auf der Innenseite die Ritterheiligen Georg und Mauritius zu sehen. Mauritius ist neben Katharina, die auf der linken Flügelaußenseite dargestellt ist, Diözesanpatron des Erzstifts Magdeburg.[8] Katharina ist ebenso wie Agnes auf dem rechten Flügel eine vornehme Heilige aus adligem Geschlecht. Beide Märtyrerinnen könnten auf den beiden verlorenen Standflügeln von zwei weiteren Jungfrauen flankiert worden sein und mit ihnen eine Gruppe von vier *virgines capitales* gebildet haben.[9]

Zielt der Dreikönigsaltar vornehmlich auf die öffentliche Repräsentation, wenn nicht sogar auf die Selbstverherrlichung des Auftraggebers, so übernimmt das weitere überkommene Retabel aus der Maria-Magdalenen-

5 *Gabriel von Térey*, Verzeichniß der Gemälde des Hans Baldung gen. Grien. (Studien zur deutschen Kunstgeschichte, Bd. 1.) Straßburg 1894, S. 16.

6 *Gert von der Osten*, Zur Ikonographie des Hans Baldung Grien, in: Gert von der Osten/ Georg Kauffmann (Hrsg.), Fschr. für Herbert von Einem zum 16. Februar 1965. Berlin 1965, S. 179-181; *Osten*, Baldung (wie Anm. 3), S. 46.

7 *F.[rank] O.[laf] Büttner*, Imitatio pietatis. Motive der christlichen Ikonographie als Modelle zur Verähnlichung. Berlin 1983, S. 19-33 und 197-199; *Friedrich B. Polleross*, Das sakrale Identifikationsporträt. Ein höfischer Bildtypus vom 13. bis zum 20. Jahrhunderts (Phil. Diss. Wien 1986) 2 Bde., Worms 1988, hier Bd. 1, S. 177-205.

8 *Gude Suckale-Redlefsen*, Mauritius: Der heilige Mohr/The Black Saint Maurice. Unter Mitarbeit von Robert Suckale. Vorwort von Ladislas Bugner. Houston u.a. 1987, Kat.-Nr. 98, S. 211f.

9 Zu den Standflügeln siehe LhASA Magdeburg: Rep. A 2 Nr. 847, Bl. 44v.

Kapelle, wie im folgenden dargelegt werden soll, eine gänzlich andere, eher private Funktion. Es bildet auf der Mitteltafel das Martyrium des hl. Sebastian ab.[10] Der römische Soldat wurde unter Kaiser Diokletian Ende des 3. Jahrhunderts wegen seines christlichen Glaubens zum Tode verurteilt. Der bärtige Märtyrer ist auf der Tafel Baldungs nur mit einem Lendentuch bekleidet und an einen Baum gefesselt. Hinter ihm steht eine grün gewandete Figur, die mit dem Maler Hans Baldung Grien gleichzusetzen ist. Er signierte das Gemälde unter der Gestalt des Märtyrers mit den Buchstaben H und G und fügte die Jahreszahl 1507 hinzu. Baldung präsentiert mit ausgestrecktem Arm das Geschehen. Von rechts beschießen zwei Bogenschützen den Heiligen. In der Menschengruppe hinter diesen Schergen sind zwei Personen in ein Gespräch verwickelt. Der vordere der beiden, wohl in die Tracht eines kaiserlichen Beamten gewandet, hält seine rechte Hand als Redegebärde vor seinen Oberkörper.[11] Der Mann weist eine erstaunliche physiognomische Ähnlichkeit mit dem mittleren König des Dreikönigsretabels auf. Beide besitzen in Barttracht, Mund, Augen und Kinn Gemeinsamkeiten – ein weiteres Mal hat sich der Auftraggeber darstellen lassen.[12] Doch nicht nur anhand der Physiognomie, sondern auch durch einen weiteren Hinweis ist diese Person als Erzbischof Ernst zu identifizieren: Seine Beinlinge bestehen aus roten, weißen, gelben und blauen Streifen. Die Farben sind einmal mehr heraldisch zu verstehen.[13] Rot und silber sind die Tinkturen des Erzstifts Magdeburg; zwei blaue Pfähle in Gold zeigt das Heroldsbild der Markgrafschaft Meißen, der ältesten Besitzung der Wettiner. Später wurde dieser Schild auf die Stammburg und Grafschaft Landsberg bezogen.[14] Blau und

10 Zur Sebastianstafel siehe: Germanisches Nationalmuseum Nürnberg. Die Gemälde des 16. Jahrhunderts. Bearb. von Kurt Löcher, unter Mitarbeit von Carola Gries. Technologische Befunde Anna Bartl und Magdalene Gärtner. Ostfildern-Ruit 1997, S. 43-49 mit ausführlicher Lit.

11 *Karl von Amira*, Die Handgebärden in den Bilderhandschriften des Sachsenspiegels, in: Abhandlungen der philosophisch-philologischen Klasse der Königlich bayerischen Akademie der Wissenschaften 23, 1909, II. Abt. 1905, S. 161-263, hier S. 170f.

12 *Oettinger/Knappe*, Baldung (wie Anm. 3), S. 34; *Osten*, Ikonographie (wie Anm. 6), S. 180f.; *Osten*, Baldung (wie Anm. 3), S. 52.

13 Zu Kleidungsstücken in heraldischen Farben siehe *Veronika Mertens*, Mi-parti als Zeichen. Zur Bedeutung von geteiltem Kleid und geteilter Gestalt in der Ständetracht, in literarischen und bildnerischen Quellen sowie im Fastnachtsbrauch vom Mittelalter bis zur Gegenwart. (Kulturgeschichtliche Forschungen, Bd. 1.) Remscheid 1983, S. 8-18.

14 *R.[ichard] Freiherr von Mansberg*, Das Wappen des Kurfürstenthums Sachsen in seiner historisch-topographischen Bedeutung, in: Neues Archiv für Sächsische Geschichte und Alterthumskunde 6, 1885, S. 51-93, hier S. 57 und 60-64; *Gustav A. Seyler*, Geschichte der Heraldik (Wappenwesen, Wappenkunst und Wappenwissenschaft). (Siebmacher's grosses und allgemeines Wappenbuch, Bd. A.) Nürnberg 1885-89, S. 78 und 189.

Gold waren die Hausfarben der Wettiner, der Kurfürsten und späteren Könige von Sachsen.[15] Auf beiden Retabeln weist somit eine heraldische Kennung auf Erzbischof Ernst als Stifter hin; die explizite Darstellung eines Wappens, wie es etwa für ein weiteres Retabel der Kapelle überliefert ist[16], war deshalb nicht notwendig.[17]

Erzbischof Ernst ließ die Sebastianstafel sicherlich unter dem Eindruck der permanenten Angst vor der Pest anfertigen.[18] Zur Entstehungszeit der Tafel wütete in Mitteleuropa zum wiederholten Male eine schwere Pestepidemie, von der auch das Erzstift Magdeburg nicht verschont blieb. Im Herbst 1505 erreichte der Schwarze Tod in der Saalestadt Halle ein derartiges Ausmaß, daß Erzbischof Ernst kurzzeitig in ein abgelegenes Benediktinerkloster vor den Toren Halberstadts fliehen mußte.[19] Damals glaubte man, daß die Pestbeulen von Pfeilen verursacht würden, die Gott zur Strafe gegen die Menschen schleudern würde. Sebastian überstand der Legende nach sein Pfeilmartyrium allerdings unbeschadet, um letztendlich erst im zweiten Martyrium mit Stöcken und Knüppeln getötet zu werden.[20] Deswegen wird der Heilige oftmals, wie etwa bei Baldung, so dargestellt, als würde er trotz mancher getroffener Pfeilspitzen keine Schmerzen empfinden. Die Pfeile der Pest sollten den Bittstellern ebensowenig Schaden zufügen.

Als weitere Seuche grassierte damals in Europa die Syphilis. Vermutlich aus Amerika eingeschleppt, trat sie 1495 bei der Belagerung Neapels im französischen Heer zum ersten Mal auf.[21] Von dort aus verbreitete sich die so-

15 *Mansberg*, Wappen (wie Anm. 14), S. 61.

16 Dem Inventar von 1608 zufolge zeigte ein weiteres Retabel auf der Mitteltafel die Verkündigung an Maria »mitt bischoffs Ernnesti wapen«; LhASA Magdeburg: Rep. A 2 Nr. 847, Bl. 44v.

17 Vgl. hierzu die »Hoffarben« Erzbischof Ernsts und Kardinal Albrechts. Der Inventarisator von 1608 erkannte Paramente in der Farbkonstellation rot, weiß, schwarz und gelb als Stiftungen Ernsts, während Albrecht rot, weiß, grün und gelb vorbehalten war; LhASA Magdeburg: Rep. A 2 Nr. 847, Bl. 36v und 38v.

18 Über Kunstaufträge in Zeiten von Pestepidemien siehe *Heinrich Dormeier*, Laienfrömmigkeit in den Pestzeiten des 15./16. Jahrhunderts, in: Neithart Bulst/Robert Delort (Hrsg.), Maladies et société (XIIe-XVIIIe siècles). Actes du colloque de Bielefeld novembre 1986. Paris 1989, S. 269-306.

19 Landeshauptarchiv Sachsen-Anhalt, Abteilung Dessau (= LhASA Dessau): GAR NS Nr. 916, Bl. 13r.

20 *Jean Bolland/Société des Bollandistes* (Hrsg.), Acta sanctorum quotquot toto orbe coluntur (...). Januar, Bd. 2, Paris 1863, S. 621-660, hier S. 624.

21 Zu den Anfängen der Syphilis siehe *C. H. Fuchs*, Die ältesten Schriftsteller über die Lustseuche in Deutschland, von 1495 bis 1510, nebst mehreren Anecdotis späterer Zeit (...). Göttingen 1843, bes. S. 415-454; *Iwan Bloch*, Der Ursprung der Syphilis. Eine medizi-

genannte Französische Krankheit innerhalb weniger Jahre über den ganzen Kontinent. Auch Erzbischof Ernst erkrankte im Frühjahr 1503 an der Syphilis, wie einigen Quellen zu entnehmen ist.[22] Im Juli war sein Zustand derart besorgniserregend, daß er in Todesangst ein Testament aufsetzen ließ.[23] In manchen Städten wurde sogar kolportiert, daß der Landesherr bereits verstorben sei.[24] Zwei Jahre später, im September 1505, fühlte sich der Kirchenfürst so weit geheilt, daß er zusammen mit seinem gesamten Hofstaat eine Pilgerreise nach St. Wolfgang im heutigen Oberösterreich unternehmen konnte. Folgt man einer in St. Wolfgang verfaßten und 1599 in Salzburg gedruckten Chronik, so dankte Ernst am Ziel seiner Reise Gott für das plötzliche Verschwinden von Beulen, die wie kleine, schwarze Tannenzapfen seinen ganzen Körper bedeckt hätten.[25] Ernst habe bei hocherfahrenen Ärzten Rat gesucht und vielerlei Therapien über sich ergehen lassen, doch kein Mensch wußte ihm zu helfen. In dieser Lebensgefahr habe Ernst sein ganzes Vertrauen auf die Fürsprache des hl. Wolfgang gesetzt. In der Chronik ist weiter zu lesen, daß Wolfgang persönlich am Bett des Erzbischofs erschienen sei, um ihn von diesem Übel zu befreien. Heute weiß man, daß

nische und kulturgeschichtliche Untersuchung. 2 Bde., Jena 1901-11; *Gundolf Keil*, Seuchenzüge des Mittelalters, in: Bernd Herrmann (Hrsg.), Mensch und Umwelt im Mittelalter. Stuttgart 1986, S. 109-128, hier S. 118-123; *Rolf Winau*, Amors vergiftete Pfeile. Die Lektionen der Syphilis, in: Karl Markus Michel/Tilman Spengler (Hrsg.), Die Seuche. (Kursbuch, Bd. 94.) Berlin 1988, S. 107-120.

22 Der Kammerschreiber des Rates zu Halle, Nicolaus Leonis, und der zeitgenössische Halberstädter Chronist Johannes Winnigstad bestätigen, daß Erzbischof Ernst an der Syphilis litt, siehe *Johann Christoph von Dreyhaupt*, Pagus Neletici et Nudzici oder Ausführliche diplomatisch-historische Beschreibung des (...) Saal-Creyses und aller darinnen befindlichen Städte, Schlösser, Aemter etc. 2 T., Halle (Saale) 1749-50, hier T. 1, S. 180; *Johannes Winnigstad*, Chronicon Halberstadense (...), in: Caspar Abel, Sammlung Etlicher noch nicht gedruckten Alten Chronicken (...). (Teutsche und sächsische Alterthümer, Bd. 3.) Braunschweig 1732, S. 252-478, hier S. 368. Zur Syphiliserkrankung des Kirchenfürsten siehe auch *Jörg Rogge*, Ernst von Sachsen, Erzbischof von Magdeburg und Administrator von Halberstadt (1476-1513), in: Werner Freitag (Hrsg.), Mitteldeutsche Lebensbilder. Menschen im späten Mittelalter. Köln u.a. 2002, S. 27-68, hier S. 56.

23 LhASA Magdeburg: Rep. U 2 Tit. LVIII A Nr. 5 (Halle, Moritzburg, 08.07.1503). Der Kirchenfürst erwähnt darin, daß er das Testament zwar »bey volstendiger vornunft« verfasse, sein Körper aber »itzd mit blodickeit [...] etwas beladen« sei.

24 *Dreyhaupt*, Pagus (wie Anm. 22), T. 1, S. 180.

25 *Johann Christoph [Wasner]*, S. Wolffgangs Deß H. Beichtigers und Bischoffen zu Regenspurg Herkommen/ Leben und Ableiben: Auch Dessen uralten weitberhümbten in Gebürg am Abersee bey Saltzburg durch ihn erbawten Capellen / unnd etlichen nambhafften daselbst beschehenen Wunderzeichen (...). Salzburg 1599, Bl. 68v-70v.

diese Pusteln im Sekundärstadium der Syphilis auftreten. Ein bis zwei Jahre nach der Infektion klingen sie zumeist allmählich ab, können sich aber auch – wie bei Ernst – spontan zurückbilden.[26] Erzbischof Ernst ließ in der Wallfahrtskirche ein heute verschollenes Tafelgemälde aufhängen, das die Geschichte seiner Heilung zeigte. Es könnte als motivisches Vorbild für den kolorierten Druck gedient haben, der in der Chronik den Bericht über den hohen Besuch illustriert (Abb. 1). Der hl. Wolfgang tritt darauf *in pontificalibus* an das Bett des Kranken, dessen unbekleideter Oberkörper von schwarzen Beulen übersät ist. Mit gefalteten Händen erfleht der Kranke seine Gesundung. Grund zur Dankbarkeit hatte Ernst allemal, denn nicht bei allen Infizierten heilten die Pusteln folgenlos ab. Der 1504 verstorbene Mainzer Erzbischof Berthold von Henneberg blieb etwa im Gesicht derart entstellt, daß seine Tischgenossen während des Mahls nachweislich Entsetzen und Grausen verspürten.[27]

Vor allem wegen dieser an die Pest erinnernden Hautveränderungen lag es nicht fern, Sebastian auch bezüglich der Französischen Krankheit als Mittler zu Gott anzurufen.[28] Erzbischof Ernst gab kurze Zeit nach seiner – aus heutiger Sicht allerdings nur scheinbaren – Genesung das Retabel in Auftrag. Der Kirchenfürst konnte Sebastian für die wiedererlangte Gesundheit danken und ihn gleichzeitig darum bitten, ihn von einem neuerlichen Ausbruch der Krankheit zu verschonen. Um sich selbst zu erniedrigen und um seine Devotion herauszustreichen, ließ sich Ernst mit ehrfürchtig geneigtem Kopf als Heide darstellen. Seine Demut wird dadurch verstärkt, daß er – ganz im Gegensatz zum Dreikönigsretabel – mit bescheidenem Anspruch einen abseitigen Platz in der zweiten Reihe eingenommen hat. Ernst hoffte auf die Fürsprache Sebastians. Sein eigener Leib war, wie auf dem Druck der Chronik zu sehen ist, einst von schmerzhaften Beulen gezeichnet. Sein Körper und seine Haut sollten genauso unversehrt und ma-

26 Ich danke Prof. Dr. Frank-Michael Köhn, Klinik und Poliklinik für Dermatologie und Allergologie, Technische Universität München, für den freundlichen Hinweis. Die Angabe in den »Annales Anhaltini«, der Erzbischof habe sich bereits 1499 mit der »periculosa pestis postea dicta franzcosa« (gefährlichen Pest, später die Französische Krankheit genannt) infiziert, ist dem Krankheitsverlauf zufolge unwahrscheinlich. *H.[ermann] Wäschke* (Hrsg.), Annales Anhaltini. Dessau 1911, S. 26.

27 *Karl Sudhoff*, Das Gotteslästermandat, Berthold von Henneberg und die Syphilis, in: Mitteilungen zur Geschichte der Medizin und der Naturwissenschaften 12, 1913, S. 1-9, hier S. 7.

28 Alfred Martin erwähnt lediglich Maria, Anna, Quirin, Minus oder Dionysius als Patrone der Syphiliskranken; siehe *Alfred Martin*, The Patron Saints of Syphilis and the Pilgrimage of Syphilitics, in: The Urologic and Cutaneous Review 27, 1923, S. 69-75.

kellos bleiben wie der Körper und die Haut des Märtyrers. Den Beistand des Heiligen erflehte Ernst *in effigie* dauerhaft auf dem Retabel; er konnte Sebastian zusätzlich *in persona* vor dem Retabel anrufen, wenn er leibhaftig Gebete ausübte oder am Altartisch die Messe zelebrierte.

Die Heiligen der Seitenflügel können ebenso wie Sebastian mit der Syphiliserkrankung des Auftraggebers in Verbindung gebracht werden. Christophorus, der auf dem rechten Flügel als Fährmann das Christuskind auf einer Schulter trägt, sollte vor unerwartetem, unvorbereiteten Tod schützen. Diesen befürchtete Ernst schon in seinem ersten erhaltenen Testament, das er angesichts seines schlechten Gesundheitszustandes im Juli 1503 verfaßt hatte. Der in einem Buch lesende Diakon des linken Flügels, Stephanus, war Patron des Bistums Halberstadt, dem Erzbischof Ernst seit 1480 als Administrator vorstand. Er wurde wegen seines Martyriums bei Kopf- und Gelenkschmerzen angerufen. Starke Kopf- und Gliederschmerzen gelten als ein Symptom der Syphilis. Es verwundert, daß der hl. Wolfgang, auf den Ernst seine Genesung zurückführte, keinen Eingang in das Programm gefunden hat. Er könnte auf einem der beiden Standflügel aufgebracht gewesen sein, die das Retabel ursprünglich besessen hat.[29]

Die hl. Apollonia auf der linken Flügelaußenseite hält in ihrer linken Hand die Zange als ihr Attribut. Im Laufe ihrer Marter zerschmetterte man ihren Kiefer und riß ihr mit einer Zange sämtliche Zähne heraus. Deswegen galt sie als Schutzpatronin der Zahnkranken und sollte vor Zahnschmerzen und Zahnausfall schützen.[30] Zu Zeiten Erzbischof Ernsts wurde die Syphilis mit Quecksilber behandelt. Ulrich von Hutten, der selbst an dieser Krankheit litt, beschrieb 1519 eine solche Therapie und ihre Folgen. Die Patienten wurden über einen Zeitraum von bis zu dreißig Tagen mehrmals täglich mit einer Quecksilberpaste eingerieben, die man zusätzlich mit Blei, Schwefel und Arsen angereichert hatte. Dadurch sollte sich das Krankhafte aus allen Teilen des Körpers im Mund sammeln.[31] Starke Kopf- und Zahnschmerzen waren die

29 Zu den Standflügeln siehe LhASA Magdeburg: Rep. A 2 Nr. 847, Bl. 44v.

30 *Walther Bruck*, Das Martyrium der hl. Apollonia und seine Darstellung in der Bildenden Kunst. (Kulturgeschichte der Zahnheilkunde in Einzeldarstellungen, Bd. 2.) Berlin 1915, S. 6-13.

31 *Ulrich von Hutten*, De Guaiaci medicina et morbo gallico liber unus / Von der wunderbarlichen artzney des holtz Guaiacum genant, und wie man die Frantzosen oder blatteren heilen sol, in: Eduard Böcking (Hrsg.), Ulrichi Hutteni equitis Germani Opera quae reperiri poterunt omnia/ Ulrichs von Hutten Schriften. Bd. 5, (Ndr. der Ausg. o.O. 1859-61) Aalen 1963, S. 397-497, hier S. 407-411.

Abb. 1: Der hl. Wolfgang erscheint am Krankenbett Erzbischof Ernsts, Illustration aus: Johann Christoph [Wasner], S. Wolffgangs Deß H. Beichtigers und Bischoffen zu Regenspurg Herkommen (...). Salzburg 1599, Bl. 69r.

Folge, bei einigen Patienten fielen sogar sämtliche Zähne aus.[32] Erzbischof Ernst ließ sicherlich auch eine solche Schmierkur über sich ergehen. Im Juli 1503 beklagte er sich in einem Brief an Fürst Magnus von Anhalt über die rabiaten Behandlungsmethoden seiner Ärzte. Von Schmerzen gepeinigt, unterstellte er den Medizinern, daß sie wohl einen Gefallen daran gefunden hätten, ihn eine Zeitlang maßlos zu quälen. Gebessert, so bedauerte er, habe sich sein Zustand nämlich überhaupt nicht.[33] Apollonia sollte ihn vielleicht davor bewahren, solche Schmerzen noch einmal ausstehen zu müssen.

Die rechte Flügelaußenseite zeigt die vornehm kostümierte hl. Dorothea.[34] Wie Apollonia entspricht ihre äußere Schönheit ihrer inneren als *sponsa Christi*, die aufgrund ihres Glaubens den Märtyrertod erlitt. Auf ihrem Weg zum Scheiterhaufen wurde sie von einem Gerichtsschreiber namens Theophilus bösartig verspottet. Er verunglimpfte sie, indem er ihr zurief, sie solle ihm doch Rosen aus jenem Paradies schicken, in das sie ihrer Überzeugung nach bald eingehen werde. Kurze Zeit später wurde Theophilus in seiner Kammer von einem Knaben überrascht, der ihm im Auftrag der hingerichteten Dorothea mitten im Winter einen Korb voller Rosen überreichte. Der Gerichtsschreiber verspürte daraufhin Scham, sein beißender Spott erlosch. Diese Begebenheit lieferte den Grund dafür, daß Dorothea vor allem bei übler Nachrede, Verspottung und Verleumdung angerufen wurde. Um den Vorwurf, die Syphilis infolge einer sexuellen Eskapade bekommen zu haben, geschickt zu zerstreuen, könnte sich der Erzbischof der hl. Dorothea bedient haben. Man war damals der Auffassung, man könne sich auch ohne direkten Körperkontakt, etwa allein durch den Atem mit dieser Krankheit infizieren.[35] Ernst erhob mit der Darstellung Dorotheas vielleicht den Anspruch, sich als hoher Vertreter der Kirche keinen sexuellen Fehltritt geleistet zu haben. Alles andere sei Gerücht und üble Nachrede, vor der Dorothea schützen soll. Bis ins 18. Jahrhundert wurde tatsächlich wiederholt angezweifelt, daß Ernst die Lustseuche durch sogenannte »schändliche Unzucht« erworben habe.[36] Man hielt dem etwa ent-

32 *Erna Lesky*, Von Schmier- und Räucherkuren zur modernen Syphilistherapie, in: CIBA-Zeitschrift 8, 1959, S. 3174-3189, hier S. 3174-3179.

33 LhASA Dessau: GAR NS Nr. 922, Bl. 49r.

34 *Anneliese Schröder*, Dorothea. Text zu Geschichte und Legende von Leonhard Küppers. (Heilige in Bild und Legende, Bd. 7.) Recklinghausen 1966.

35 *Owsei Temkin*, Zur Geschichte von »Moral und Syphilis«, in: Archiv für Geschichte der Medizin 19, 1927, S. 331-348, hier S. 331-337.

36 *Caspar Abel*, Stiffts-, Stadt- und Land-Chronick/ Des jetzigen Fürstenthums Halberstadt (...). Bernburg 1754, S. 444.

gegen, daß Ernst den Klerikern seiner Diözese aufs strengste untersagt habe, in öffentlichem Konkubinat zu leben. Prostituierten wurde unter seiner Regierungszeit befohlen, auf der Straße mit verhülltem Haupt zu gehen. Dadurch sollte man sie von den ehrbaren und frommen Frauen unterscheiden können.[37] Diese Maßnahmen, so argumentierte man, müsse ein Fürst mit vorbildlichem, tugendhaftem Lebenswandel getroffen haben.

Heute können wir uns jedoch nicht mehr darüber hinwegtäuschen lassen, daß Erzbischof Ernst sehr wohl Sexualbeziehungen unterhielt. Dies belegt nicht nur seine Infektion mit einer Geschlechtskrankheit, sondern ein Schreiben des Kirchenfürsten selbst. Im Februar 1506, demnach kurze Zeit nach seiner »Heilung«, lud er Fürst Magnus von Anhalt nach Wolmirstedt ein, um im dortigen Schloß Fastnacht zu feiern. Zuvor, so schrieb der Erzbischof, wolle man sich am Donnerstag um zwei Uhr in Magdeburg treffen, um mit dem Hofgesinde wie gewöhnlich einen Badetag zu halten. Am Samstag gehe es weiter in das benachbarte Wolmirstedt. Magnus solle, so der Erzbischof, alleine kommen, fremde Frauen brauche er nicht mitzubringen. Statt dessen wolle man sich mit den Wolmirstedter Frauen vergnügen, die, wie Ernst versicherte, von beachtlicher Schönheit seien.[38] Scharfzüngig setzte Ernst hinzu, daß sie mindestens so schön seien wie »ewer Grete«, womit er wohl Margarete von Münsterberg meinte, die Fürst Magnus mit Liebesgedichten seit Jahren zu umgarnen suchte.[39] Margarete war allerdings bereits verheiratet, und zwar mit Ernst zu Dessau, einem Vetter des Fürsten. Magnus, der 1508 im Alter von 53 Jahren schließlich die geistliche Laufbahn einschlug[40], verfaßte anläßlich der Magdeburger Fastnacht mehrere Gedichte derben Inhalts, die sich in der Anhaltischen Landesbücherei Dessau erhalten haben.[41] Eines davon lobt etwa in für heutige Ohren obszöner Weise ausführlich die Kraft der männlichen Lenden. Der Brief des Erzbischofs und die Gedichte seines Vertrauten bestätigen, daß

37 *Winnigstad*, Chronicon (wie Anm. 22), S. 368.

38 LhASA Dessau: GAR NS Nr. 922, Bl. 69r.

39 *W.[ilhelm] Hosäus*, Die tawren hendele etzlicher cristlicher vorfursten und furstynnen. Aus dem Lateinischen von Fürst Magnus zu Anhalt, in: Mitteilungen des Vereins für Anhaltische Geschichte und Altertumskunde 6, 1893, S. 1-52, hier S. 1 und 7.

40 Zu Fürst Magnus siehe *Michael Thomas*, Magnus von Anhalt, Fürst und Magdeburger Dompropst (1455-1524), in: Werner Freitag (Hrsg.), Mitteldeutsche Lebensbilder. Menschen im späten Mittelalter. Köln u.a. 2002, S. 89-111.

41 Anhaltische Landesbücherei Dessau, Wissenschaftliche Bibliothek und Sondersammlungen: Georg Hs. 151.8°, Bl. 40r-41r.

man – wie damals allgemein üblich – die Fastnacht ausgelassen gefeiert hat[42], wobei auch sexuelle Handlungen nicht ausgeschlossen werden können.

Erzbischof Ernst hatte demnach um 1505 wohl keine feste Konkubine an seiner Seite. Im Umkreis des Erzbischofs fällt zu dieser Zeit trotzdem eine Frau durch besondere Nähe zum Kirchenfürsten auf. Es handelt sich hierbei um Ilse von Brandenstein. Über ihre Herkunft, Geburt und den Zeitpunkt ihrer Heirat mit Siegmund von Brandenstein sind wir nicht unterrichtet. Ihr Ehemann läßt sich urkundlich 1484 bis 1526 nachweisen.[43] Seit 1490 verwaltete er als Amtmann die erzbischöfliche Burg Wolmirstedt, um im Jahr 1500 schließlich das einträgliche Amt des Hauptmanns der Burg Giebichenstein zu übernehmen, die als Wirtschaftshof die Moritzburg zu versorgen hatte.[44] Bereits 1497 verfügte der Erzbischof, daß Ilse das im Bistum Halberstadt gelegene Schloß und Gut Krottorf als Leibgedinge erhalten möge, sollte ihr Mann plötzlich versterben.[45] Ernst sorgte sich auch um das Wohl ihrer beiden Töchter, denn als einzigen Personen vermachte er ihnen in seinem 1505 aufgesetzten Testament Geldbeträge.[46] Jede sollte 500 Gulden als Aussteuer erhalten. Bereits drei Jahre später konnte eine der beiden Töchter verheiratet werden. Eine hallische Chronik erwähnt ausdrücklich, daß hierzu nicht Siegmund, sondern Ernst viele Fürsten und Grafen auf die Moritzburg eingeladen habe.[47]

Es ließe sich nun – natürlich mit aller gebotenen Vorsicht – spekulieren, ob die beiden im Testament erwähnten Kinder die Töchter Erzbischof Ernsts gewesen sind. Einer Untersuchung Paul-Joachim Heinigs zufolge war es durchaus üblich, Konkubinen mit Hofpersonal, eigenen Gefolgs-

42 *Hagen Bastian*, Mummenschanz. Sinneslust und Gefühlsbeherrschung im Fastnachtspiel des 15. Jahrhunderts. Frankfurt a.M. 1983, bes. S. 92f.

43 *Fritz Fischer*, Zur Genealogie von Uradelsgeschlechtern Wettiner Lande. Teil IXX: Zur älteren Genealogie der Familie v. Brandenstein. (Ahnenreihenwerk Geschwister Fischer, Bd. 4, T. 9.) Typoskript Bissingen/Enz 1974 (hier Staatsbibliothek zu Berlin PK: Sign. 317948-4,9), S. 18; lückenhaft ist *Wolf von Brandenstein*, Geschichte der Familie von Brandenstein. 4 H., (als Manuscript gedruckt) Magdeburg 1895-1905.

44 *Michael Scholz*, Residenz, Hof und Verwaltung der Erzbischöfe von Magdeburg in Halle in der ersten Hälfte des 16. Jahrhunderts. (Residenzenforschung, Bd. 7.) Sigmaringen 1998, S. 171 und 343.

45 LhASA Magdeburg: Rep. Cop. 495 (Wolmirstedt 11.08.1497), Bl. 88r-92v.

46 LhASA Magdeburg: Rep. U 2 Tit. LVIII A Nr. 6 (Halle 30.08.1505), Bl. 2r.

47 *[Franz] Wachter* (Hrsg.), Chronicalische Aufzeichnungen zur Geschichte der Stadt Halle vom Jahre 1464-1512, in: Neue Mitteilungen aus dem Gebiete historisch-antiquarischer Forschungen 15, 1880, S. 84-151, hier S. 142.

leuten oder Amtsträgern zu verheiraten.[48] Ellen Widder legte dar, daß die Konkubinen durch die Verheiratung, die nicht erst nach Beendigung des Verhältnisses erfolgt sein muß, »weiterhin in Fürstennähe geblieben [wären], [sie] hätten einen hohen Rang in der höfischen Hierarchie bekleidet, wären versorgt gewesen, ihre Kinder hätten einen ehelichen Vater gehabt und die Ehemänner wären sich fürstlicher Gunst in materieller oder immaterieller Form vermutlich auf Dauer sicher gewesen«.[49] Erzbischof Ernst könnte ebenso verfahren sein, indem er Ilse vor 1497 Siegmund von Brandenstein anvertraut hat. Das Gut Krottorf sollte ihren Lebensunterhalt sichern, würde ihr Mann vor ihr versterben. Ihren beiden Töchtern vererbte Ernst jeweils 500 Gulden, für eine richtete er sogar die Hochzeit aus.[50] Es ist bezeichnend, wie sich Ernst um Ilse und ihre beiden Töchter sorgte, nicht aber um ihren 1504 nachgeborenen Sohn namens Christoph.[51] Dies scheint einen Hinweis dafür zu liefern, daß das Konkubinat spätestens zu diesem Zeitpunkt aufgelöst war. Siegmund gelang an der Seite Ilses ein deutlicher Karrieresprung: Nach seiner Amtmannschaft im randständigen Wolmirstedt stieg er 1500 zum Hauptmann der bedeutendsten Burg des Erzstifts auf. Kurze Zeit nach dem Tod Erzbischof Ernsts mußte er diesen Posten allerdings wieder aufgeben.[52]

Die Kunsthistoriker Karl Oettinger, Karl-Adolf Knappe und Gert von der Osten hegten gemeinsam den Verdacht, daß Dorothea und Apollonia auf den Außenflügeln des Sebastiansretabels »verkappte Porträts« seien und

48 *Paul-Joachim Heinig*, »Omnia vincit amor« – Das fürstliche Konkubinat im 15./16. Jahrhundert, in: Cordula Nolte/Karl-Heinz Spieß/Ralf Gunnar Werlich (Hrsg.), Principes. Dynastien und Höfe im späten Mittelalter. (Residenzenforschung, Bd. 14.) Stuttgart 2002, S. 277-314, hier S. 297.

49 *Ellen Widder*, Konkubinen und Bastarde. Günstlinge oder Außenseiter an Höfen des Spätmittelalters? in: Jan Hirschbiegel/Werner Paravicini (Hrsg.), Der Fall des Günstlings. Hofparteien in Europa vom 13. bis zum 17. Jahrhundert. (Residenzenforschung, Bd. 17.) Ostfildern 2004, S. 417-480, hier S. 461.

50 Der Bruder des Erzbischofs, Kurfürst Friedrich der Weise, vermachte 1525 auf seinem Sterbebett seiner illegitimen Tochter ebenfalls eine Aussteuer von 500 Gulden, siehe: Churfürst Friedrichs zu Sachsen letzter Wille, de Anno 1525, in: *Christian Schöttgen/George Christoph Kreysig*, Diplomatische und curieuse Nachlese der Historie von Ober-Sachsen (…). Bd. 11, Dresden/Leipzig 1733, S. 65-76, hier S. 68; *Ingetraut Ludolphy*, Friedrich der Weise. Kurfürst von Sachsen 1463-1525. Göttingen 1984, S. 50.

51 Zu Christoph siehe *Fischer*, Genealogie (wie Anm. 43), Stammtafel 2.

52 Am 11.11.1512 wird Siegmund zum letzten Mal als Hauptmann der Burg Giebichenstein erwähnt. Ihm folgte Hans von Pack, der am 09.09.1514 als Giebichensteiner Hauptmann vereidigt wurde; siehe *Scholz*, Residenz (wie Anm. 44), S. 343.

die Gesichtszüge hallischer Hofdamen trügen.[53] Wäre dies zutreffend, so könnte man hierbei zunächst die beiden im Testament genannten Personen in Erwägung ziehen. Leider verschweigen die Quellen ihre Namen oder ihr Geburtsjahr.[54] Wir wissen nur, daß eine von ihnen 1508 im heiratsfähigen Alter war, das damals mindestens zwölfeinhalb Jahre betrug.[55] Die eleganten Märtyrerinnen sind allerdings erheblich älter, so daß es sich hier wohl kaum um Porträts des jungen Nachwuchses handelt. Weiterhin könnte man in einer der beiden Heiligen ein Abbild Ilses vermuten. Kardinal Albrecht von Brandenburg, der Nachfolger Erzbischof Ernsts, ließ auf Retabeln nicht nur sich, sondern vermutlich auch zwei seiner Konkubinen verewigen.[56] Trägt in ähnlicher Weise Dorothea die Züge Ilses, der einstigen Vertrauten Erzbischof Ernsts? Dann würde eine ehemalige Konkubine dafür Sorge tragen, daß der Ruf des Erzbischofs nicht beschädigt wird – eine zugegeben etwas waghalsige Überlegung. Oder findet sich Ilse in Apollonia wieder? Diese

53 *Oettinger/Knappe*, Baldung (wie Anm. 3), S. 35; *Osten*, Baldung (wie Anm. 3), S. 53.

54 In der Genealogie des Hauses Brandenstein werden die Töchter des Hauptmanns nicht erwähnt. Dort ist lediglich verzeichnet, daß Ilse 1504 Christoph gebar; siehe *Fischer*, Genealogie (wie Anm. 43), Stammtafel 2.

55 *Daniel Hess*, Das Gothaer Liebespaar. Ein ungleiches Paar im Gewand höfischer Minne. Frankfurt a.M. 1996, S. 56.

56 Lucas Cranach d.Ä. fertigte, wie Andreas Tacke aufgezeigt hat, mit einem Meisterschüler (Simon Franck?) für die Kirche des Neuen Stifts in Halle über hundert, oft lebensgroße Heiligendarstellungen an. Der Schutzheilige Albrechts, der hl. Erasmus, trägt dabei oft Züge des Kardinals. Glaubt man der hallischen Überlieferung, so ist auch eine Konkubine Albrechts namens Ursula Riedinger auf den Tafeln zu sehen. Ähnliches könnte für Agnes Pless gelten, die nach dem Tod Ursulas den Platz an der Seite des Kirchenfürsten einnahm. Siehe *Andreas Tacke*, Agnes Pless und Kardinal Albrecht von Brandenburg, in: Archiv für Kulturgeschichte 72, 1990, S. 347-365, hier S. 351f.; *Ders.*, Der katholische Cranach. Zu zwei Großaufträgen von Lucas Cranach d.Ä., Simon Franck und der Cranach-Werkstatt (1520-1540). (Berliner Schriften zur Kunst, Bd. 2.) Mainz 1992, S. 87, 133f. und 154; *Karsten Temme*, Zum Bildnisgebrauch Kardinal Albrechts von Brandenburg (1490-1545). Funktion, Themen, Formen. Diss. phil. Berlin 1997, S. 44-46. Vgl. hierzu auch den Beitrag von Kerstin Merkel in diesem Band. – Zu den Kindern des Kardinals siehe *Rolf Hünicken*, Nachkommen Kardinal Albrechts von Brandenburg, in: Fschr. für Geheimrat Freydank zu seinem 90. Geburtstag. (= Ekkehardbücherreihe, Bd. 9.) Halle 1941, S. 23-26. – Zu den Konkubinen Kardinal Albrechts weiter *Walter Karl Zülch*, Der historische Grünewald – Mathis Gothardt = Neithardt. München 1938, Anm. 8, S. 400-403, sowie *Alfred F. Wolfert*, Heraldische Spuren der Verwandtschaft des Kardinals Albrecht von Brandenburg in Aschaffenburg, in: Aschaffenburger Jahrbuch für Geschichte, Landeskunde und Kunst des Untermaingebietes 6, 1979, S. 127-136.

Abb. 2: Hans Baldung Grien, Flügelaltar mit der Marter des heiligen Sebastian sowie dem hl. Stephanus (links) und dem hl. Christophorus (rechts), 1507; Öl auf Holz, 121,4 × 78,7 bzw. je ca. 32 cm; Nürnberg, Germanisches Nationalmuseum: Inv.-Nr. Gm 1079.

Jungfrau präsentiert mit verschmitztem Blick und einem frech in die Stirn gerutschten Haarreif einen ausgerissenen Zahn. Es ist eher unwahrscheinlich, daß Erzbischof Ernst seine einstige Konkubine derart provokativ auf einem Altaraufsatz darstellen ließ. Insgesamt gesehen ist es mit großen Schwierigkeiten verbunden, die beiden Heiligen mit konkreten Personen aus dem Umfeld des Auftraggebers in Verbindung zu bringen. Fest steht allerdings eins: Dorothea und Apollonia in all ihrer Schönheit sind Stellvertreterinnen eben jenes Geschlechts, dessen Reizen sich Erzbischof Ernst nicht entziehen konnte.

Abbildungsnachweis:
1: Archiv des Verfassers; 2: Archiv des Herausgebers

IRIS RITSCHEL

Friedrich der Weise und seine Gefährtin
Überlegungen und Erkenntnisse zu fünf verdächtig(t)en Kunstwerken*

Der sächsische Kurfürst Friedrich der Weise ist uns als Stifter durch seine Darstellung auf zahlreichen Gemälden und graphischen Blättern, vor allem von Lucas Cranach dem Älteren und seiner Werkstatt, bekannt. Dagegen wurde kaum zur Kenntnis genommen, daß er auch zu den Stiftern eines der Werke aus dem Œuvre des Bildhauers und Schnitzers ›H. W.‹ gehört.

Das Monogramm dieses Meisters ist erstmals in Halle an der Saale nachzuweisen. Hier wurde im Zweiten Weltkrieg das alte Rathaus zerstört, so daß es 1948 abgetragen wurde. Zuvor zierte die Kapelle dieses Gebäudes eine steinerne Heiligenfigur, die uns zur Tätigkeit des Meisters H. W. über Halle in das benachbarte Sachsen und in die ernestinischen Lande führen soll.

Diese Figur war an der Außenseite der Hallenser Rathauskapelle zum heiligen Kreuz[1] zu finden und verkörperte entsprechend dieser Bewidmung die Auffinderin des Kreuzes Christi, die Mutter von Konstantin dem Großen, die römische Kaiserin Helena. Sie wurde später heiliggesprochen. Heute wird diese Skulptur mit weiteren Relikten vom Rathaus im Kunstmuseum des Landes Sachsen-Anhalt, der Stiftung Moritzburg, aufbewahrt (Abb. 1). In Mitteldeutschland ist die Heiligengestalt der Helena, zu deren Erkennungszeichen zumeist – wie auch hier – ein T-förmiges Kreuz gehört, das inzwischen nur noch fragmentarisch erhalten ist, nicht sehr geläufig.

Dank zeitgenössischer chronikalischer Nachrichten über den Umbau des zwischen 1312 und 1320 erbauten Hallenser Rathauses und seiner Kapelle läßt sich die Einarbeitung der Helenafigur in die Außenwand im Jahre 1502

* Für freundliche Unterstützung dieses Beitrags ist zu danken: Prof. Dr. Dr. Andreas Tacke, Universität Trier; Prof. Dr. Dieter Koepplin, Basel; Dr. Martin Schawe, Bayerische Staatsgemäldesammlungen München; Dr. Rainer Grund, Staatliche Kunstsammlungen Dresden; Dr. Hartmut Ritschel, Leipzig; Dr. Angelica Dülberg, Dresden; Dipl.-Rest. Jan Grossmann, Radebeul, und Annemarie Engelmann, Borna.

1 Vgl. die Beschreibung vor Zerstörung und Abbruch in *Gustav Schönermark*, Die Kunstdenkmale der Stadt Halle und des Saalkreises. (Beschreibende Darstellung der älteren Bau- und Kunstdenkmäler der Provinz Sachsen und angrenzender Gebiete, N.F., Bd. 1.) Halle 1886, S. 338, 342f., 344 und 438f. Ferner Hinweise auf die Kapelle aus der Baugeschichte des Rathauses und den Schriftquellen (ebd., S. 337f. mit Anm. 1 und S. 340).

Abb. 1: Meister H. W., hl. Helena, 1501/02, Skulptur von der Hallenser Rathauskapelle; Stein, farbig gefaßt; Halle, Kunstmuseum des Landes Sachsen-Anhalt, Stiftung Moritzburg.

schriftlich belegen. Das heißt, die wohl 1501 gearbeitete Skulptur war spätestens 1502 fertiggestellt.[2]

Zu den gesicherten Werken des Bildhauers und -schnitzers H. W. muß diese Figur nicht nur wegen der für den Meister stilistisch typischen Ausdruckskraft gezählt werden, sondern der Steinquader, aus dem die Konsole herausgearbeitet wurde, trägt zudem die Signierung H. W.

2 Ausführlich und mit den entsprechenden Quellenzitaten *Rolf Hünecken/Gert von der Osten*, Studien zum Werk des Meisters H. W., in: Jahrbuch der Preußischen Kunstsammlungen 57,

Dieses Monogramm kommt insgesamt nur dreimal an Werken des Meisters vor, aus den Jahren 1502, 1511 und 1512. Und obwohl das Œuvre des Meisters H. W. eine hohe stilistische Geschlossenheit und deshalb viele glaubhafte Zuschreibungen aufweist[3], ist es hier sinnvoll, ihn auf dieser kleineren, aber gesicherten Basis vorzustellen und nur wenige Zusätze mit weiteren Werken zu machen.

Neben dem Monogramm zu Füßen der Hallenser Helena ist ferner das übliche Malerwappen mit drei Schilden zu entdecken. Dieses Wappen konnte auch Bildschnitzer ausweisen, da sie im Spätmittelalter ebenso wie die Flach- oder Faßmaler unter der übergeordneten Berufsbezeichnung »Maler« geführt wurden. Der Begriff »Maler« bezog sich vor allem auf Berufe, die an der Herstellung spätmittelalterlicher Altaraufsätze, der Flügelretabel, beteiligt waren.

Deshalb verwundert es keineswegs, wenn das Monogramm H. W. das nächste Mal an einem der größten und bedeutendsten sächsischen Flügelretabel auftaucht. Es ist das Altarwerk in der Marienkirche zu Borna bei Leipzig, am Schrein mit H. W. signiert und 1511 datiert (Abb. 2).

Das dritte monogrammierte Werk ist die »Schöne Tür« in Annaberg, ursprünglich aus dem Franziskanerkloster und inschriftlich 1512 datiert. Sie wurde 1576 an die St. Annenkirche versetzt, wo sie nach einer nochmaligen Versetzung 1597 bis heute verblieb (Abb. 3).[4]

1936, S. 75-78; ferner *Walter Hentschel*, Hans Witten – der Meister H. W. Leipzig 1938. Der Autor geht (S. 14) auf Grund der Quelleninformationen von der Fertigstellung der Figur 1501 aus, basierend auf *Ders.*, Hans Witten – der Meister H. W., in: Denkmalpflege Heimatschutz Naturschutz. Erfolge, Berichte, Wünsche. Landesverein Sächsischer Heimatschutz. Dresden 1936, S. 243. Siehe auch *Michael Stuhr*, Die Steinkanzel in St. Aegidien zu Braunschweig – ein braunschweigisches Frühwerk des Meisters HW um 1500?, in: Hartmut Krohm/Uwe Albrecht/Matthias Weniger (Hrsg.), Malerei und Skulptur des späten Mittelalters und der frühen Neuzeit in Norddeutschland. Braunschweig 2004, S. 334.

3 Grundlegend dafür ist noch immer *Hentschel*, Witten 1938 (wie Anm. 2). Hentschel bezeichnet darin seine Dissertation (»Der Meister H. W.« Leipzig 1923), als gänzlich überholt (S. 10), verarbeitete aber viele Erkenntnisse aus seiner Schrift »Sächsische Plastik um 1500« (Dresden 1926) weiter. Wesentliche Vorarbeiten bietet *Hentschel*, Witten 1936 (wie Anm. 2); siehe außerdem *Michael Stuhr*, Die Bildwerke des Meisters H. W. Leipzig 1985 (passim) und *Ders.*, Ikonographische Tradition, Stilwandel und künstlerische Individualität. Beiträge zur Geschichte der deutschen Plastik und Malerei zwischen Spätgotik und Barock. Diss. B. (= Habil.). Leipzig 1987, S. 89-121. Jüngst abgeschlossen wurde die Diss. von *Simona Schellenberger*, Untersuchungen von künstlerischen Konzeptionen skulpturaler Arbeiten des Meisters HW zu Beginn des 16. Jahrhunderts. Diss. phil. HU Berlin.

4 Eine komplexe historische und kunsthistorische Bearbeitung der »Schönen Tür« einschließlich Quellen- und Literaturangaben bietet: Die »Schöne Tür« in der Sankt Annenkirche zu Annaberg. Hrsg. von Heinrich Magirius. Dresden 2003.

Abb. 2: Meister H. W., Retabelschrein mit Heimsuchungsszene, 1511; Holz, farbig gefaßt; Borna, St. Marien.

Halle – Borna – Annaberg, das sind Orte, die nach Mitteldeutschland führen beziehungsweise nach Obersachsen, wo sich auch der größte Teil der H. W. zugeschriebenen Werke befindet. Hier lag geographisch gesehen das Hauptbetätigungsfeld des Meisters. Künstlerische Spuren hinterließ er außerdem in Braunschweig und Goslar.[5] Dies veranlaßte, auf seine Herkunft

5 Dazu bes. *Gert von der Osten*, Das Frühwerk des Hans Witten, in: Jahrbuch der preußischen Kunstsammlungen 63, 1942, passim; *Hentschel*, Witten 1938 (wie Anm. 2), S. 18-30; *Charlotte König*, Das Vesperbild des Meisters HW in der St. Jacobikirche zu Goslar,

aus Niedersachsen beziehungsweise aus dem Nordharzvorland zu schließen.[6] Man nimmt an, daß er um 1470 geboren wurde.[7] Wo und wann er seinen Lebensweg vollendete, liegt im ungewissen.[8] Er könnte in den zwanziger Jahren des 16. Jahrhunderts verstorben sein.[9]

Die Art und Weise, wie Walter Hentschel die Verbindung des Monogramms H. W. mit dem Namen Hans Witten vornahm, kann nicht ohne weiteres überzeugen. Er ordnete den wegen eines Wirtshausstreites in Annaberg schriftlich festgehaltenen Namen eines Malers Hans Witten vor allem wegen seines Vorkommens im geographisch und zeitlich passenden Rahmen dem mit H. W. signierenden Meister zu.[10] So wurde aus H. W. zumindest vorübergehend Hans Witten. Da man sich für diese Identifizierung mehr Beweiskraft wünschen möchte, ist es sinnvoller, vorerst bei der Bezeichnung H. W. zu bleiben.

in: Hartmut Krohm/Uwe Albrecht/Matthias Weniger (Hrsg.), Malerei und Skulptur des späten Mittelalters und der frühen Neuzeit in Norddeutschland. Braunschweig 2004, S. 343-353; *Stuhr*, Steinkanzel (wie Anm. 2), S. 334-341 (unter Herausarbeitung von Relativierungen).

6 *Hentschel*, Witten 1938 (wie Anm. 2), S. 169-188, bes. S. 182-188; *Von der Osten*, Frühwerk (wie Anm. 5), S. 103f.; *Stuhr*, Beiträge (wie Anm. 3), S. 91, Anm. 18, S. 93-99. Weiter siehe *Stuhr*, Bildwerke (wie Anm. 3), S. 28-37; kritische Überlegungen dazu bei *König*, Vesperbild (wie Anm. 5), bes. S. 351f.

7 Siehe *Hentschel*, Witten 1938 (wie Anm. 2), S. 137; *Stuhr*, Beiträge (wie Anm. 3), S. 93; weiter *Stuhr*, Bildwerke (wie Anm. 3), S. 30. *Von der Osten*, Frühwerk (wie Anm. 5), S. 103, nahm die Jahre um 1465 an.

8 Über die Schwierigkeiten, dies abzuleiten, *Hentschel*, Witten 1938 (wie Anm. 2), S. 135f.

9 Siehe *Hentschel*, Witten 1938 (wie Anm. 2), S. 161; *Von der Osten*, Frühwerk (wie Anm. 5), S. 103.

10 *Hentschel*, Witten 1936 (wie Anm. 2), S. 250-253, und *Hentschel*, Witten 1938 (wie Anm. 2), S. 157, 211, Nr. 10. Siehe dazu die kritischen Überlegungen von *Stuhr*, Beiträge (wie Anm. 3), S. 90f.; ferner *Stuhr*, Bildwerke (wie Anm. 3), S. 27f. Hentschel bezog außerdem die Namen Hans Witten und Hans von Cöln auf ein und dieselbe Person. Daraus folgt Hans Witten = Hans von Cöln = Hans Witten von Cöln (Cöln sei der Herkunftsort der Vorfahren. Nach spätmittelalterlichem Brauch konnten Herkunftsbezeichnungen dem Vor- oder Nachnamen angehängt werden.) Seither wurden weitere Quellen zu entsprechenden Namenskombinationen zusammengetragen. Siehe dazu *Curt Langer*, Hans Witten von Cöln oder Hans Witten und Hans von Cöln, in: Sächsische Heimatblätter 7, 1961, H. 2, passim. Langer kommt zu folgendem Schluß: Hans Witten (Steinbildhauer und Holzschnitzer) = Meister H. W. und Hans von Cöln (Flachmaler) seien verschiedene Personen, deren Lebenswege sich teilweise annähern. Hans Witten sei aber identisch mit Hans Witten von Cöln (Cöln = Herkunftsbezeichnung der Vorfahren) und deshalb gelegentlich ebenfalls als Hans von Cöln bezeichnet worden. Langers Schlußfolgerungen sind jedoch ähnlich wie die von Hentschel nicht frei von gewagten Spekulationen.

Abb. 3: Meister H. W., »Schöne Tür« aus dem Annaberger Franziskanerkloster, 1512; Stein, farbig gefaßt. Annaberg, St. Annen.

Eine Biographie, die den zeitgemäßen fachlichen Anforderungen Rechnung tragen könnte, steht leider aus. Es täte eine Untersuchung not, der die Suche nach Schriftquellen und deren systematische Erschließung im Zusammenhang mit den Bildquellen, also den von H. W. hinterlassenen Werken, vorausginge. Solange dies fehlt, sind das Monogramm und das für den Meister in Anspruch genommene Œuvre die wichtigsten Bezugspunkte. Damit ist unser Wissen über den Meister H. W. zunächst einer sehr großen

Bruchstückhaftigkeit unterworfen. Vorläufig bleibt uns hauptsächlich die Orientierung am überkommenen Werk. Dieses zeugt von einer außerordentlichen Kunstfertigkeit, Virtuosität und Originalität in der Formfindung. Unübersehbar drückt sich darin der hohe künstlerische Rang dieses Meisters aus, und es wäre merkwürdig, wenn darauf nicht entsprechend hochrangige Auftraggeber aufmerksam geworden wären.

Deshalb ist es nicht erstaunlich, daß wir an der Predella des Flügelretabels in Borna auf das kursächsische Wappen mit den übereinandergelegten Schwertern stoßen. Im Wappenschild auf der rechten Seite des Predellenschreins befindet sich ein springender Löwe mit roter Zunge. Das ist das Wappen des Markgrafen von Meißen, ein Titel, der dem wettinischen Adelsgeschlecht im 12. Jahrhundert anheimgefallen war und später von den Herrschern der ernestinischen Linie geführt wurde. Darum tritt der Meißner Löwe neben den Symbolen anderer zu Sachsen gekommener Landesteile in den Wappen des ernestinischen Fürstenhauses auf.[11]

Da derartig mit einem Kunstwerk verbundene Wappen für den Stifter stehen, muß die Erklärung für sie unweigerlich bei ihm gesucht werden. Die Inschrift am Schrein des Altaraufsatzes weist in das Jahr 1511, und der Gemäldezyklus eines unbekannten Malers ist inschriftlich separat mit 1512 datiert. Das Wappen mit den gekreuzten Schwertern gehörte in jener Zeit zu dem sächsischen Kurfürsten Friedrich dem Weisen, einem Abkömmling der ernestinischen Linie. Borna lag nicht nur in seinem Kurfürstentum, den ernestischen Ländereien, sondern auch in der alten Markgrafschaft Meißen. Deshalb sollten die Wappen in diesem Fall den Stifter als zweifachen Landesherrn über den Ort, an dem das Retabel stand, ausweisen.[12]

1986 hatten die gekreuzten Schwerter Gottfried Müller in einem Aufsatz veranlaßt, den Stifter in Friedrich dem Weisen zu sehen. Er argumentierte stichhaltig mit der Aufzählung gleichartiger Fälle.[13] Solche sind aus der

11 Zum Wappen der Markgrafschaft Meißen (siehe *Karl-Heinz Blaschke*, Siegel und Wappen in Sachsen. Leipzig 1960, Taf. VI) und deren Übernahme vgl. *Maximilian Gritzner*, Geschichte des sächsischen Wappens, in: Vierteljahresschrift für Wappen-, Siegel- und Familienkunde 29, 1901, S. 82f. Das vereinigte Wappen, das die sächsischen Landesteile einschließt und in dem auch das »Meißner« vertreten ist, kann erstmals für Kurfürst Ernst (1464-1486), den Vater von Friedrich dem Weisen, nachgewiesen werden, siehe ebd., S. 104-108.

12 *Iris Ritschel*, Sakrale Tafelmalerei im ehemaligen Bistum Merseburg zwischen 1470 und 1520 unter Ausschluß der Werke von Lucas Cranach, seiner Werkstatt und seinem Kreis. Diss. phil. Leipzig 2002, S. 60f.

13 *Gottfried Müller*, Simon von Kyrene – Kreuzträger, Pilger, Bauer, Augenzeuge und Typos der Nachfolge, in: Herbergen der Christenheit 1985/86 (Jahrbuch für deutsche Kirchengeschichte 15, 1986), S. 61f.

Kunstgeschichte des Spätmittelalters und der frühen Neuzeit hinreichend bekannt. Andere Autoren waren diese Feststellung schuldig geblieben.[14] Möglicherweise irritierte das rechte, weniger geläufige Wappen. Auch Müller hatte dieses Wappen mit dem Meißner Löwen lediglich genannt[15], nicht aber begründet.

Eine nachteilige Rolle mag für die Akzeptanz der Stiftung gespielt haben, daß Stiftungs- oder Auftragsdokumente für das Flügelretabel nicht gefunden worden waren. Zum Altar samt seinem Aufsatz existieren in Borna für die Zeit um 1511 keine direkten Schriftquellen. Auch im kurfürstlichen Archivmaterial wurden bislang keine entsprechenden Informationen entdeckt. Eine systematische Erschließung ist hier allerdings noch nicht geleistet worden. Von der Signierung und Datierung abgesehen, herrschte über die Umstände der Entstehung des Altaraufsatzes trotz der Belege durch die Wappen Unklarheit.

Diese Gegebenheiten mögen im kunsthistorischen Umgang mit dem Retabel in Borna gewagte Gedankengänge provoziert haben. Zwar handelt es sich um ein Altarwerk, das in seinem gesamten Bildprogramm im Groben einem geläufigen zeittypischen Schema entspricht, denn wir finden auf der Festtagsseite und der mittleren Wandlung die Schilderung des Marienlebens, auf der äußeren Wandlung gemalt die Passion Christi einschließlich Abendmahl und Auferstehung vor, wobei diese Bilderfolgen hier mit Darstellungen der Heiligen Sippe im Predellenschrein und der Marienkrönung im Gesprenge (assistiert von den Heiligen Katharina und Barbara, bekrönt von einer Mondsichelmadonna) kombiniert wurden. Dennoch verwunderte die szenische Schreindarstellung der Heimsuchung nach dem biblischen Bericht des Evangelisten Lukas, in welchem sich Maria und ihre Verwandte Elisabeth als schwangere Frauen begegnen, an solch zentraler Stelle, weil vergleichbare Anordnungen dieser Szene im Mittelschrein unbekannt waren.[16]

Ferner erschien die hinter Elisabeth gestellte kleine Frauenfigur in weltlicher Kleidung ikonographisch als rätselhaft. Deshalb kam die Idee auf, in

14 Siehe *Ritschel*, Tafelmalerei (wie Anm. 12), Anm. 311.

15 Ein Hinweis auf die Wappen auch in *Hentschel*, Witten 1938 (wie Anm. 2), S. 80, Anm. 176, und *Georg Dehio*, Handbuch der deutschen Kunstdenkmäler. Sachsen II: Regierungsbezirke Leipzig und Chemnitz. Neubearb., München/Berlin 1998, S. 84.

16 *Edith Fründt*, Der Bornaer Altar von Hans Witten. Berlin 1975, S. 42; *Heinrich Magirius*, Die Kirchen in Borna. (Das christliche Denkmal, H. 98.) Berlin 1976, S. 24; *Stuhr*, Bildwerke (wie Anm. 3), S. 50, und *Ders.*, Beiträge (wie Anm. 3), S. 112, verwies auf die relative Seltenheit szenischer Schreindarstellungen überhaupt; *Dehio*, Sachsen (wie Anm. 15), S. 84.

ihr die Stifterin zu vermuten.[17] Die scheulose Einbindung der (vermeintlichen) Stifterin in das biblische Hauptbild in einer den Engeln gleichwertigen Art und Weise, szenisch integriert wirkend, für möglich zu halten mag wegen der Außergewöhnlichkeiten im Œuvre des Meisters H. W. nahegelegen haben.

Denn: Was die Themen und Stoffe einiger Hauptwerke des Meisters H. W. betrifft, so konfrontierten sie wegen ihrer nicht gerade geläufigen Auffassung oder späteren ikonographischen Veränderungen den unaufgeklärten Blick zunächst vorrangig mit dem Eindruck von Ungewöhnlichkeiten. Zudem wurden die phantasievoll anmutenden Umsetzungen in ihrer gefühlsbetonten religiösen Ausdruckskraft von den Forschern hervorgehoben. Daraus ergab sich, weniger auf ikonographische Begründungen zu achten als auf das bildkünstlerische Schöpfertum.

Beispielsweise glaubte man alten Vermutungen und sah im Portalschmuck der »Schönen Tür« im albertinischen Annaberg hauptsächlich eine thematische Anknüpfung an den Portiuncula-Ablaß, unter anderem dadurch bestärkt, daß diese Pforte aus dem Franziskanerkloster stammte und rechts über dem Portalbogen der heilige Franziskus kniete.

Erst 2003 konnte Siegfried Seifert historisch nachweisen, daß die »Schöne Tür« mit dem Portiuncula-Ablaß nichts zu tun hat.[18] Seiner theologischen Analyse des Bildprogramms gingen Erläuterungen zur Bildung und religiösen Gesinnung von Herzog Georg von Sachsen aus dem albertinischen Fürstenhaus, dem Gründer des Annaberger Franziskanerklosters, voraus.

Herzog Georg und seine Frau Barbara, eine polnische Prinzessin, sind durch die Wappen in den Gewändezwickeln wiederum als hochrangige Auftraggeber des Meisters H. W. festgehalten: links mit dem sächsisch-meißnischen Wappen (für Georg) und rechts mit dem polnischen Wappen (für Barbara). Im Gegensatz zu seinen Vorgängern machte Seifert ganz besonders darauf aufmerksam, unter Hinweis auf die fundierte theologische Bildung Herzog Georgs, der zunächst für den geistlichen Stand bestimmt gewesen war. Der Meister H. W. dürfte deshalb klare ikonographische Vorgaben gehabt haben. Die Vielschichtigkeit des Programms und seine kom-

17 *Fründt*, Bornaer Altar (wie Anm. 16), S. 43; *Magirius*, Kirchen (wie Anm. 16), S. 25; *Stuhr*, Bildwerke (wie Anm. 3), S. 51; *Stuhr*, Beiträge (wie Anm. 3), S. 113; *Dehio*, Sachsen (wie Anm. 15), S. 84.

18 *Siegfried Seifert*, Die ikonographische Aussage der »Schönen Tür«, in: Die »Schöne Tür« in der Sankt Annenkirche zu Annaberg. Hrsg. von Heinrich Magirius. Dresden 2003, S. 67-79.

pliziertere theologische Durchdringung weichen vom Gewohnten ab. Dies erschwerte adäquate Erschließungen und lenkte den Blick auf das subjektiv Anmutende. So lesen wir zum Beispiel bei Walter Hentschel, »das Engelskonzert« der Annaberger Tür sei »ein gewaltiger Klang von Flügelrauschen, Sphärenmusik, glühender Hingabe und göttlicher Majestät«.[19]

Ähnliches widerfuhr der Tulpenkanzel im Freiberger Dom aus dem ersten Jahrzehnt des 16. Jahrhunderts.[20] Sie ist ein unbestrittenes Werk des Meisters, obwohl sie das Monogramm vermissen läßt. Auch ihre einzigartige Form und die Figurenauswahl zogen eine einfallsreiche Deutungsgeschichte nach sich.[21]

Die gleichfalls unsignierte und undatierte »Geißelsäule« aus dem Chemnitzer Benediktinerkloster (heute in der Schloßkirche) ist ein Auftrag von Heinrich von Schleinitz gewesen, der 1483-1522 Abt war, weil bei der jüngsten Restaurierung unter der Überarbeitung des Wappens, das bislang wegen einer späteren Übermalung als kursächsisches galt, das Wappen der von Schleinitz gefunden wurde.[22] Die von Schleinitz waren eine bedeutende meißnische Adelsfamilie, aus der in der ersten Hälfte des 16. Jahrhunderts mehrere hohe geistliche Würdenträger in Sachsen stammten.

Mag auch die hölzerne »Geißelsäule« aus dem Chemnitzer Benediktinerkloster, wie ebenfalls bei der jüngsten Restaurierung bewiesen werden konnte, im Geißelsaal des Abtsgebäudes eine statische Funktion gehabt haben[23], so ist auch sie eine Besonderheit.[24] Eine »Säule« mit Passionssymbolik in eine freiplastische Szene der Geißelung Christi zu übersetzen, daß man ihr die Stützfunktion nicht mehr ansieht, wohl aber vor dem drastischen Geschehen erschrickt, geht ebenfalls weit über das bis dahin Gewohnte hinaus und übertrifft die in Westfalen und Niedersachsen beheimateten Passionssäulen.

19 *Walter Hentschel*, Sächsische Plastik um 1500. Dresden 1926, S. 24.

20 Neuere Datierung aus umfassender Erforschung der Tulpenkanzel nach der letzten großen Restaurierung; siehe *Arndt Kiesewetter/Heiner Seidel/Michael Stuhr*, Die Tulpenkanzel im Dom zu Freiberg. (Arbeitshefte des Landesamtes für Denkmalpflege Sachsen, H. 2.) Dresden 1995, bes. die Beiträge von Michael Stuhr.

21 Siehe *Magdalene Magirius*, Die Deutungsgeschichte der Tulpenkanzel, in: Kiesewetter/Seidel/Stuhr, Tulpenkanzel (wie Anm. 20), S. 44-50.

22 *Christine Kelm*, Die Geißelsäule in der Schloßkirche zu Chemnitz, in: Mitteilungen des Landesamtes für Denkmalpflege Sachsen 1996, S. 42.

23 Ebd., S. 44.

24 Über die künstlerische Qualität der ikonographischen Umsetzung dieses Werkes siehe *Stuhr*, Steinkanzel (wie Anm. 2), S. 336.

Solche Beispiele, die hier nur in kurz gefaßter Auswahl aufgezeigt werden können, animieren geradezu, dem Meister H. W. mancherlei Ungewöhnlichkeiten zuzutrauen. Doch zurück nach Borna.

Vor diesem Hintergrund schienen sich nicht nur die Interpretationsmöglichkeiten für die kleine Frauenfigur hinter Elisabeth zu erweitern. Sondern die für einen Mittelschrein unübliche, den Raum füllende Darstellung der Heimsuchungsszene bestärkte zudem darin, von einem recht freien und eigenwilligen Umgang mit ikonographischen Motiven und der Bildkonzeption auch in diesem Werk des Meisters H. W. auszugehen.

Diese Auffälligkeit – eine plastische Heimsuchungsszene im Mittelschrein – erklärt sich jedoch auf kurzem Wege. Sie ist am Retabel in Borna durch das Patrozinium oder die Betitelung des betreffenden Altares und seine Stiftung zu Ende des 14. Jahrhunderts bedingt. Die Urkunde dazu hat sich erhalten. Ihr umfangreicher Text hält für »Nickel Stidicz bürgers czu Borne« und »syn wip« fest:

> »[...] eynen altar czu stiftynne in vnss kirchin [...] czu Borne [...] in der eren vnss liben frouwen also man den nennet in dem Latine visitationis dar czu geschicket vnd gegeben habin der vorgenante Stidicz vnd syne wyrtinne stifftere des altares hundert schog. Ouch haben ander gute lute dar czu gegeben [...]«.

Danach folgen Anweisungen über die Meßlesungen am Altar sowie den Umgang mit seinem Vermögen und schließlich das Datum, nach Gottes Geburt 1397, Mittwoch vor Pfingsten.[25]

Das bedeutet: Nickel Stidicz und seine Frau stiften in die Liebfrauen- oder Marienkirche oder auch Stadtkirche zu Borna einen Altar, den man im Lateinischen visitationis mariae nennt, das heißt, er ist der »Heimsuchung Marias« geweiht. Dafür stellte das Paar 100 Schock bereit und auch andere, namentlich ungenannte, gute Leute gaben etwas dazu.

Leider wurde diese Urkunde von 1397 bis in jüngere Zeit bei Besprechungen des Altars übersehen. Zwar betrifft sie den Altar, nicht seinen Aufsatz, für den Altaraufsatz ist die Urkunde aber insofern wichtig, weil durch sie belegt ist, daß der Altar selbst der Heimsuchung Marias geweiht war. Die

25 Stadtarchiv Borna: Urkunde Nr. 1; ihr Wortlaut ist veröffentlicht worden von *Adolf Wenck*, Das Ratsarchiv zu Borna (bis 1600), II. Abt.: Urkunden, in: Wissenschaftliche Beilage zum XXV. Jahresbericht des städtischen Realgymnasiums zu Borna. Borna 1898, S. 23f.

Darstellung im Mittelschrein bildet also folgerichtig das Altarpatrozinium oder den Titulus ab.[26]

Ob der heutige Aufsatz, das Flügelretabel aus der Werkstatt des Meisters H. W. von 1511/12, einen Vorgänger hatte, ist nicht bekannt. Altaraufsätze waren nicht zwingend notwendig. Für die gottesdienstliche Benutzung genügte allein der Altartisch. Deshalb gab es Altäre, die wenigstens zeitweise keinen Aufsatz hatten. Oft wurden sie erst später damit bestückt.

Direkte inhaltliche Bezugnahmen der Mittelschreinfiguren eines Flügelretabels auf das Patrozinium des Altars oder seinen Titel waren im Spätmittelalter die Regel. Allerdings hatten seit frühchristlicher Zeit das Patronat oder die Schutzherrschaft über den Altar weit überwiegend einzelne Heilige, denn ihr Patrozinium begründete sich auf das Vorhandensein ihrer Reliquien. Deshalb finden wir zumeist in den Mittelschreinen keine szenischen Darstellungen wie in Borna, sondern viel öfter stehende Heilige vor. Im Verlauf des Mittelalters kamen Patrozinien auf, deren Träger keine heilige Person mehr war, sondern die Kirchen und Altäre wurden nun mitunter auch göttlichen Personen oder Mysterien geweiht.[27] Ein Beispiel dafür ist der Altar visitationis mariae. Die Heimsuchungsszene im Mittelschrein seines Retabels von 1511/12 ist die bildhafte Bestätigung einer solchen 1397 urkundlich festgehaltenen Bewidmung (visitationis mariae).

Wurden in den Kirchen oder an Altären sehr verbreitete und viel beanspruchte Heilige verehrt, dann suchte man nach Nebenpatronen oder Bewidmungen mit geeigneten Mysterien. In Borna sollte dabei vor allem dem Marienkult gedient werden. Darum gab es gemäß den Schriftquellen in der Marienkirche auch einen Altar praesentationis mariae (der Darstellung Marias im Tempel), dessen Lehn die Kirchenrechnungen noch zwischen 1691 und 1699 verzeichnen.[28] Für den ausgeprägten Marienkult am Ort spricht besonders der umfangreiche Zyklus mit Reliefs zum Leben der Gottesmutter auf der mittleren Wandlung und der Festtagsseite des Flügelretabels.

Im sächsischen Umfeld kommt der Weihetitel visitatio mariae nur noch einmal vor. Nämlich in St. Laurentius zu Pegau.[29] Daran zeigt sich, daß

26 Hinweis auf die Urkunde und die Begründung des Schreinmotivs bei *Ritschel*, Tafelmalerei (wie Anm. 12), S. 58.

27 *Rudolf Irmisch*, Beiträge zur Patrozinienforschung im Bistum Merseburg, in: Sachsen und Anhalt 6, 1930, S. 48f.; *Herbert Helbig*, Untersuchung der Kirchenpatrozinien in Sachsen auf siedlungsgeschichtlicher Grundlage. Berlin 1940, S. 26.

28 Kirchenrechnungen gehalten zu Borna Anno 1691-1699, Archiv der Superintendentur zu Borna: A/7/4; siehe auch *Robert Wolfram*, Chronik der Stadt Borna. Borna 1859, S. 93, 154, und *Adolf Wenck*, Borna im Wandel der Zeiten. Leipzig 1922, S. 68.

29 *Irmisch*, Patrozinienforschung (wie Anm. 27), S. 99 und 170.

dieser Titel in Mitteldeutschland tatsächlich nicht verbreitet war. Darum ist es nicht erstaunlich, wenn die Suche nach Erklärungen für das Heimsuchungsbild in der Mitte des Flügelretabels auf den Einfallsreichtum des Meisters H. W. gelenkt wurde. Das Heimsuchungsbild ist jedoch, wie gezeigt, durch den Altartitel klar begründet, und seine zentrale Präsenz muß daher nicht mehr verwundern oder Gegenstand von Spekulationen sein.

Damit ist aber die kleine Frauenfigur hinter Elisabeth noch nicht glaubwürdig bestimmt. Sie als Stifterin zu interpretieren würde bedeuten, sie mit den ernestinischen Wappen verbinden zu müssen und zu können. Doch wie sollte gerade das möglich sein? Offensichtlich machte sich darüber niemand Gedanken. Eine »Kurfürstin« gab es um 1511 nicht, da Kurfürst Friedrich der Weise, zu dem die Wappen gehören, lebenslang unverheiratet blieb.

Müller bot dazu eine Lösung an, die einen direkten Zusammenhang zwischen vermeintlicher Stifterin und Wappen überflüssig werden ließ. Er nahm an, hinter jener kleiner dargestellten, weltlich gekleideten Frau verberge sich die Geliebte, Konkubine oder, nach späterem Sprachgebrauch, die Mätresse von Friedrich dem Weisen.[30]

Es ist als sicher anzusehen, da durch Quellen zu belegen, daß Friedrich über lange Jahre unverehelicht in enger Beziehung zu einer Frau stand, die ihm vier Kinder gebar.[31] Nicht sicher ist hingegen ihr Name. In der Literatur wurde ihr seit dem 18. Jahrhundert (seit 1769) der Name »Anna Weller von Molsdorf« zugeordnet. Dazu ließen sich bisher allerdings keine entsprechenden Quellen auffinden.[32]

Müller hielt die Einbeziehung der Geliebten Friedrichs in das Bildprogramm auch deshalb für möglich, weil er außerdem ein Porträt von Friedrich dem Weisen darin zu finden geglaubt hatte. Er sah es im Kreuztragungsgemälde (Abb. 4) der äußeren Wandlung in der Darstellung des Simon von Kyrene, eines Bauern, der nach den Evangelien des Matthäus (27, 32), Markus (15, 21) und Lukas (23, 26) Christus beim Tragen des Kreuzes half.[33]

Unbestritten gibt es zu Anfang des 16. Jahrhunderts Darstellungen, in denen historische Personen die Rolle von biblischen oder legendären Personen übernehmen. Zu den prominentesten Zeugnissen gehört der Aufsatz eines Annenaltars mit Bildern zur Heiligen Sippe auf der Festtagsseite von Lucas Cranach d.Ä. aus dem Jahr 1509 im Städelschen Kunstinstitut in

30 *Müller*, Simon (wie Anm. 13), S. 62.

31 *Ingetraut Ludolphy*, Friedrich, Kurfürst von Sachsen 1463-1525. Göttingen 1984, S. 47-53 (mit Quellenbelegen).

32 Siehe ebd., S. 47f.

33 *Müller*, Simon (wie Anm. 13), bes. S. 61.

Abb. 4: Unbekannter Maler, Kreuztragung Christi, 1512, Gemälde aus dem Passionszyklus am Flügelretabel aus der Werkstatt des Meisters H. W.; ölhaltige Tempera auf Holz; Borna, St. Marien.

Frankfurt am Main.[34] Die Innenseiten der Retabelflügel zeigen die durch Legenden überlieferten Stiefschwestern von Maria mit ihren Ehemännern: auf dem linken Flügel Alphäus mit dem Porträt von Friedrich dem Weisen und rechts Zebedäus mit dem Porträt von Friedrichs Bruder, Johann dem Beständigen. Und schließlich sind auch Porträts von Albrecht von Branden-

34 Umfassende Bearbeitung, einschließlich der Ikonographie, bei *Bodo Brinkmann/Stephan Kemperdick*, Deutsche Gemälde im Städel 1500-1550. (Kataloge der Gemälde im Städelschen Kunstinstitut Frankfurt a.M., Bd. 5.) Mainz 2005, S. 204-225.

burg als heiliger Erasmus oder als Hieronymus bekannt. Die Tatsache solcher Darstellungen diente hier als Argument für eine Analogie im Kreuztragungsbild am Retabel in Borna.[35]

Die wohl wesentlichste Frage für die Lösung des Problems, ob die Figur des Simon von Kyrene als Stifter identifiziert werden kann, ist von der Ähnlichkeit mit Porträts von Friedrich dem Weisen abhängig. Glücklicherweise ist eine Vielzahl von Bildnissen des Kurfürsten überliefert[36], so daß es gute Vergleichsmöglichkeiten gibt. Einen Teil davon nannte Müller.[37] Ich habe mich ebenfalls auf einige gestützt, beziehe mich hier aber nur auf weniges. Zum Vergleich eignet sich unter den zeitgleich entstandenen Kunstwerken die Darstellung Friedrichs im Schutz des heiligen Bartholomäus am sogenannten Dessauer Fürstenaltar um 1510, ebenfalls ein Cranachwerk[38], in der Anhaltinischen Gemäldegalerie Dessau (Abb. 5).

Müller kommentierte den Vergleich zwischen Simon von Kyrene und den Porträts von Friedrich dem Weisen wie folgt:

> »[...] so fallen uns wesentliche Übereinstimmungen auf hinsichtlich der charakteristischen Form der Nase, der Falten zwischen Nasen- und Mundpartie, der Jochbeine und Wangen, der Stirnbildung wie den gesamten Proportionen des Gesichts. Wir beobachten aber auch gewisse Verfremdungen, besonders an der Art, wie hier der Fürst in der Rolle des Simon das Haar trägt.«[39]

Mag man die Übereinstimmungen der Nasenformen und der Gesichtsproportionen noch gelten lassen, so kommen doch bezüglich der anderen Partien erhebliche Zweifel auf. Die ausgeprägten Falten zwischen Mund und Nase sind häufig zu finden. Ihre Ausformung unterliegt generell keiner großen Variationsbreite. Im übrigen zeigt sich aber, daß die Jochbeine und Wangen Unterschiede aufweisen. Während sie sich bei Simon von Kyrene

35 Beispiele bei *Müller*, Simon (wie Anm. 13), bes. S. 60f.

36 Einen Überblick über die Bildnisse von Friedrich dem Weisen gab *Ludolphy*, Friedrich (wie Anm. 31), S. 13-26; siehe ferner *Eva Bambach-Horst*, Die Bildnisse Friedrichs des Weisen. Die Schematisierung eines Herrscherbildes zwischen Heiligenkult und Reformation. Diss. phil. Frankfurt a.M. 1993.

37 *Müller*, Simon (wie Anm. 13), S. 62, bes. Anm. 53-55.

38 *Max Friedländer/Jacob Rosenberg*, Die Gemälde von Lucas Cranach. Stuttgart 1989, Nr. 20; *Stephan Klingen/Margit Ziesché*, Anhaltinische Gemäldegalerie Dessau. Die deutschen Gemälde des 16. und 17. Jahrhunderts. (Kritischer Bestandskatalog, Bd. 1.) Weimar 1996, Nr. 7, S. 23-25 (hier der Datierungsvorschlag mit 1507-09).

39 *Müller*, Simon (wie Anm. 13), S. 62.

Abb. 5: Lucas Cranach d.Ä., Friedrich der Weise und hl. Bartholomäus, um 1510, linker Flügel vom sogenannten Dessauer Fürstenaltar; ölhaltige Tempera auf Holz; Dessau, Anhaltinische Gemäldegalerie: Inv.-Nr. 7.

rundlich wölben, sind sie bei Friedrich eher flach und langgezogen. Am auffallendsten weichen die Augen voneinander ab. Selbst mit großer Phantasie scheint es unmöglich, im Gesicht des kreuztragenden Bauern die stets großen, melancholisch blickenden Augen und die verhältnismäßig dünnen, markant geschwungenen Brauen des Kurfürsten zu finden. Nicht nur trägt Simon von Kyrene eine Friedrich fremde Frisur, sondern die Stirnglatze des Bauern schließt eine Identifikation mit dem Kurfürsten aus. Auf zeitgleichen Porträts von Friedrich ist am Haubenrand der Haaransatz im Stirnbereich zu sehen. Diese Beobachtungen werden durch weitere zeitlich nahe Bildnisse bestätigt. Beispiele sind unter anderem ein Retabelflügel in Kopenhagen (um 1510-12)[40] und eine einzelne Gemäldetafel (um 1515) in einer Berliner Privatsammlung.[41]

Schließlich sei noch angemerkt, daß ein solcher Wunsch Friedrichs des Weisen, sich (um 1511/12!) als Bauer darstellen zu lassen, als unwahrscheinlich gelten darf, auch wenn Simon von Kyrene ein Sinnbild für die Nachfolge Christi ist. Friedrich ließ durchaus in verschiedenen Bildnissen seine Frömmigkeit zum Ausdruck bringen, doch wurde darin die fürstliche Repräsentation gewahrt, bei der auch die höfische Kleidung und passende Accessoires eine Rolle spielten. Ein Kupferstich nach 1510, ebenfalls mit dem heiligen Bartholomäus, zeigt ihn mit Buch.[42] Außerdem sind Darstellungen mit Rosenkranz bekannt[43], und als Stifter ist Friedrich üblicherweise in Gebetshaltung wiedergegeben.[44] Seine bewußte Pflege eines ganz bestimmten, man darf sagen, fürstlichen Ansehens steht zur Figur des Bauern Simon von Kyrene in krassem Widerspruch. Solches kommt nicht zuletzt am Frankfurter Sippenaltar zum Ausdruck.[45]

Obwohl die Wappen am Retabel in Borna Friedrich den Weisen als Stifter bestätigen, ist es deshalb leider nicht möglich, der kleinen Frauenfigur hinter Elisabeth den Kurfürsten in Verkleidung eines frommen Bauern beizugesellen. Es stellt sich die Frage, ob diese als Mätresse gedeutete Frauenfigur überhaupt in einer Verbindung zur Stiftung und damit zu Friedrich dem Weisen steht oder ob es für sie andere Interpretationsmöglichkeiten gibt. Besonders ihre Kleidung, die man für vornehm hielt[46], regte zu ihrer Bestimmung als weltliche Person an.

40 *Friedländer/Rosenberg*, Gemälde (wie Anm. 38), Nr. 36 (Kopenhagen, Statens Museum for Kunst).

41 Ebd., Nr. 64 (Berlin, Slg. Haberstock).

42 *Johannes Jahn*, Lucas Cranach der Ältere. Das gesamte graphische Werk. Berlin 1972, S. 206.

43 Unter anderem im Wittenberger Heiltumsbuch; siehe ebd., S. 460.

44 Siehe zum Beispiel *Ludolphy*, Friedrich (wie Anm. 31), Abb. 2; *Jahn*, Cranach (wie Anm. 42), S. 403; *Friedländer/Rosenberg*, Gemälde (wie Anm. 38), Nr. 20, 36 und 83.

45 Dort zeigt sich, in welchem Sinne Friedrich verkleidete Porträts (zu diesem Begriff siehe: Lexikon für christliche Ikonographie [= LCI], Bd. 3, 1971, Sp. 454) zu nutzen wußte. Sein fürstlicher Geltungsanspruch spielte dabei eine große Rolle, siehe *Iris Ritschel*, Der Frankfurter Annenaltar von Lucas Cranach d.Ä. (Kleine Schriften des Torgauer Geschichtsvereins, H. 6.) Torgau 1996, S. 16-19.

46 *Fründt*, Bornaer Altar (wie Anm. 16), S. 42; *Stuhr*, Bildwerke (wie Anm. 3), S. 51; *Stuhr*, Beiträge (wie Anm. 3), S. 113.

Zunächst ist festzuhalten, daß man sich bei der Restaurierung von 1964-67 um die Freilegung der originalen Farbfassung bemühte. Die Schnitzfiguren waren 1867 verändernd übermalt worden. Solche Ergänzungen wurden abgenommen. Damit ist wieder eine Orientierung am Ursprünglichen möglich.[47]

Besieht man die Frauenfigur genauer, kommt man allerdings zu dem Schluß, daß ihr Habitus weniger als vornehm, eher aber als maßvoll einzuschätzen ist. Keinesfalls handelt es sich um höfische Kleidung. Die höfische Garderobe jener Zeit wird uns vielfach durch die Werke Lucas Cranachs und seiner Werkstatt überliefert. Da viele der Dargestellten aber bisher nicht identifiziert worden sind, ist es schwierig, zu erkennen, welche äußerlichen Abstufungen es hinsichtlich der höfischen Rangfolge gab. Allein aus der Anschauung ist bis jetzt nicht klar, inwiefern Fürstin, Prinzessin und Hofdame an der Garderobe zu unterscheiden waren. Das gilt ganz besonders für das erste Viertel des 16. Jahrhunderts. Vergleiche aus späteren Perioden in Cranachs Werk, die eine größere Fülle entsprechender Darstellungen bieten, sind wegen des zeitlichen Abstands, der mit modischen Fortentwicklungen verbunden war, ungeeignet.

Ferner ist zu berücksichtigen, daß es auch fürstlich gekleidet wirkende Patrizierinnen und Bürgersfrauen gab, deren Porträts ebenfalls in der Cranachwerkstatt entstanden. Dazu gehört unter anderem das Porträt von Anna Buchner, geborene Lindtacker aus Leipzig, dessen Gegenstück mit dem Ehemann Moritz Buchner von Cranach d.Ä. signiert und 1518 datiert ist.[48]

Zwar ist das ganzfigurige Porträt der Herzogin Katharina, Gemahlin von Herzog Heinrich dem Frommen, ein in vielem sicheres Vergleichsbeispiel, weil es inschriftlich 1514 datiert sowie mit LC und der Schlange bezeichnet ist, doch trägt Katharina hier ihr zwei Jahre altes Hochzeitsgewand.[49] Es ist ein Extrembeispiel adeliger Eleganz und in Prunk und Glanz kaum noch zu überbieten, weshalb man von Unterschieden zum Gros der höfischen Damenmode ausgehen muß.

47 *Elisabeth Hütter*, Restaurierungsmethoden an Werken der bildenden Kunst, in: Denkmale in Sachsen. Weimar 1978, S. 343-345. Bilddokumentation im Landesamt für Denkmalpflege Sachsen, Dresden, Dokumentationssammlung.

48 Beide in Minneapolis, Minnesota Institute of Arts; siehe *Friedländer/Rosenberg*, Gemälde (wie Anm. 38), Nr. 127/128, Identifikationsbelege vor allem S. 95 unter Nr. 127.

49 Dresden, Staatliche Kunstsammlungen: Inv.-Nr. 1906 H; *Friedländer/Rosenberg*, Gemälde (wie Anm. 38), Nr. 61; siehe besonders: Cranach. Hrsg. von Harald Marx/Ingrid Mössinger. Köln 2005, Kat.-Nr. 34. 2, S. 425-431, ferner S. 177 (von Jutta Charlotte von Bloh).

Diese wird unter anderem in einem Holzschnitt mit der Enthauptung von Johannes dem Täufer von Cranach dem Älteren, der mit LC bezeichnet ist und um 1508 entstand, vorgeführt.[50] Um das höfische Milieu, in dem die Enthauptung unter Herodes Antipas stattfand, zu verdeutlichen, wurden die biblischen Personen hier nach der zeitgenössischen Mode gekleidet. Das zeigt sich besonders an den Frauen. Auch von ihnen weicht die Bornaer Figur gravierend ab. Solches trifft sogar auf den Vergleich mit vielen weiblichen Heiligen auf Cranachgemälden zu, deren zeitgemäße Gewandungen wir pauschal als höfisch empfinden.

All solche Vergleiche laufen darauf hinaus, daß die Betende hinter Elisabeth weitaus genügsamer gekleidet ist, und es mehren sich deshalb die Zweifel, es könne die Geliebte von Friedrich dem Weisen dargestellt sein. Man wird von einer Frau in langjähriger Nähe zum Kurfürsten, die so beschaffen war, daß ihm schließlich vier Kinder geboren werden konnten, etwas mehr Eleganz erwarten dürfen.

Die Garderobe jener Frau hinter Elisabeth (Abb. 6) deutet eher auf einen bescheideneren Status. Ähnlichkeiten bestehen zur Kleidung einer Hebamme oder Hausbediensteten am selben Retabel im Relief mit der Geburt Marias (Abb. 7). Diese Begebenheit ist durch die Apokryphen und Legenden bekannt.[51] Es entwickelte sich daraus ein Bildtypus, zu dem die in den Apokryphen erwähnte Hebamme[52], eine andere oder weitere Bedienstete an Annas Wochenbett gehören.[53]

Die weltliche Person im Schrein trägt wie sie ein einfaches, mantelähnliches Oberkleid mit Koller über den Schultern. Im Unterschied zur Schreinfigur sind die manschettenartigen Ärmelenden der Bediensteten am Wochenbett, die Anna einen Speisenteller reicht, zurückgeschlagen, sähen aber über die Handrücken gestreift ganz ähnlich aus. Beide tragen eng anliegende Frisuren, die bei der Arbeit nicht hinderlich sein können. Die Dienerin von Anna trägt dazu eine Kopfbedeckung. Daß unterschiedliche Gewandteile vergoldet wurden, hat keine Bedeutung, weil die Vergoldungen der Schnitzereien in Borna insgesamt im Sinne der Wirkung eingesetzt wurden.

Eine ganz ähnliche Tracht ist nochmals in einem Relief mit der Mariengeburt am Retabel in der Friedhofskirche zu Oschatz aus der Zeit gegen 1520 (Abb. 8) aus einer sächsischen Werkstatt zu finden. Die von links eben-

50 *Jahn*, Cranach (wie Anm. 42), S. 330.

51 Siehe: LCI, Bd. 2, 1970, Sp. 120.

52 Protoevangelium des Jacobus 5,2; siehe *Edgar Hennecke/Wilhelm Schneemelcher*, Neutestamentliche Apokryphen. Bd. 1, Tübingen 1990, S. 340.

53 Über die bildhaften Umsetzungen: LCI, Bd. 2, 1970, Sp. 121-123.

Abb. 6: Meister H. W., Retabelschrein mit Heimsuchungsszene (Ausschnitt), 1511; Holz, farbig gefaßt; Borna, St. Marien.

falls mit einem Speisenteller durch die Tür Tretende trägt eine Kleidung und Haartracht wie jene Frau in Borna. Nur die Ärmelenden sind zurückgeschlagen, und der Koller ist geöffnet. Um unbeeinträchtigt gehen zu können, hat die Hereintretende den Rock ihres Oberkleides geschürzt. Solches ist auch an der weltlich gekleideten Person in Borna zu beobachten.

Das Oschatzer Relief zeichnet sich ganz besonders durch realistische kostümgeschichtliche Wiedergaben aus, wie man sie vor allem anhand der Hebamme, die Maria als Neugeborene versorgt, sehen kann. Sie trägt lediglich Rock und Bluse mit aufgekrempelten Ärmeln ohne wärmenden Koller sowie eine knappe Halbschürze und nicht das mantelähnliche Oberkleid,

Abb. 7: Meister H. W., Geburt der Maria, 1511, Relief von der Festtagsseite des Flügelretabels; Holz, farbig gefaßt; Borna, St. Marien.

das für den Gang auf der Straße geradezu willkommen war, aber bei Betätigungen im Haus hinderlich und daher verzichtbar werden konnte.

Wie bisher zu sehen war, ließen sich keinerlei Hinweise auf die Darstellung von Friedrichs Mätresse finden. Die auf sie ausgerichteten Argumente erwiesen sich nicht als stichhaltig. Da die betreffende Figur jedoch irgendeinen Sinn gehabt haben muß, ist es unausweichlich, auf die ikonographische Tradition der Heimsuchungsbilder zu blicken.

Gemeinhin steht im Mittelpunkt das Zusammentreffen der mit dem Jesuskind schwangeren Maria und ihrer ebenfalls schwangeren sowie älteren Verwandten Elisabeth, die in Erwartung von Johannes dem Täufer ist. Dieser beginnt im Leib seiner Mutter zu hüpfen, weil dies eine Begegnung mit

Abb. 8: Unbekannter Bildschnitzer, Geburt der Maria, um 1520, Predellenschrein; Holz, farbig gefaßt; Oschatz (Sachsen), Friedhofskirche.

dem ungeborenen Herrn und Heiland ist. Zur Versinnbildlichung dieser intimen und zugleich heilsgeschichtlichen Erkenntnis schicken sich am Retabel zu Borna beide Frauen zur Umarmung an. Wie erwähnt, ist der biblische Ursprung dieser Begebenheit im Evangelium des Lukas (1, 39-56) zu finden, und sie wird variiert weiterhin in den Apokryphen und Legenden erzählt.[54] Die Heimsuchungsszene in Borna erinnert an das Lukasevangelium, weil es berichtet, daß Maria zu Elisabeth ins Gebirge ging, das in den unvergoldeten Hintergrundbereichen angedeutet wird. Allerdings ist bei Lukas die Szene auf die beiden Frauen beschränkt. Zahlreiche Bilddarstellungen bleiben ebenfalls bei dieser Beschränkung.

54 Zu den Quellen siehe: LCI, Bd. 2, 1970, Sp. 229f., und bes. *Kristin Vincke*, Die Heimsuchung. Marienikonographie in der italienischen Kunst bis 1600. Köln/Weimar/Wien 1997, S. 10-22.

Die ikonographische Bildtradition schließt jedoch in der westeuropäischen Kunst seit karolingischer Zeit die gelegentliche Hinzufügung von Bediensteten von Maria und Elisabeth ein.[55] Wie in Borna die durch weltliche Kleider charakterisierte Frau und die beiden Engel wurden jene Begleitfiguren seitlich hinter Maria oder Elisabeth gestellt. Sie haben stets den Charakter von Nebenfiguren und werden, wenn sie weiblich sind, als Bedienstete oder Begleiterinnen gedeutet.

Besonders die Dienerin von Elisabeth wurde gern in Verbindung mit Architekturteilen, die das Wohnhaus ihrer Herrin andeuten sollen, gezeigt.[56] Zu den prominentesten Beispielen zählt die Heimsuchung im Freskenzyklus zum Leben von Maria und Christus von Giotto in der Arenakapelle zu Padua von 1303-05.

Aber auch bei einer Begegnung im Freien, wie hier in Borna, kann eine Bedienstete oder Begleiterin vorkommen. Ein charakteristisches Beispiel dafür ist eine Tafel vom Meister des Marienlebens aus St. Ursula in Köln[57], das nach 1475 entstand (Abb. 9). Wie zumeist umschweben die Engel hier die beiden Frauen[58], um die himmlische Bestimmung der irdisch anmutenden Begebenheit zu unterstreichen. Die Engel sind ansonsten nicht in so menschlich teilhabender Pose wie in Borna dargestellt. Daß sie in diesem Werk des Meisters H. W. in der von den Bediensteten gewohnten Stellung auftreten, spricht für die Kenntnis der entsprechenden Darstellungstradition und eine Deutung der weltlich gekleideten Person als untergebene Begleiterin Elisabeths.

55 Siehe: LCI, Bd. 2, 1970, Sp. 234; *Hannelore Sachs/Ernst Badstübner/Helga Neumann*, Christliche Ikonographie in Stichworten. Leipzig 1980, S. 171. Besonders *Vincke*, Heimsuchung (wie Anm. 54), S. 35-37.

56 Zu den Bediensteten als Nebenfiguren siehe *Gertrud Schiller*, Ikonographie der christlichen Kunst. Bd. 1, 3. Aufl. Gütersloh 1981, S. 66, Abb. 59, 75 und 132. Zur Architektur siehe *Vincke*, Heimsuchung (wie Anm. 54), S. 34 (mit Zitat der Quelle im Protoevangelium des Jacobus, S. 13f.), S. 57.

57 Alte Pinakothek München, Bayerische Staatsgemäldesammlungen: Inv.-Nr. WAF 623. Von den insgesamt acht Tafeln des »Marienlebens« befinden sich heute sieben in der Alten Pinakothek, Inv.-Nr. WAF 618 bis 624, und eine in der National Gallery London (Inv.-Nr. NG 706); siehe *Christian Altgraf zu Salm/Gisela Goldberg*, Altdeutsche Malerei. (Alte Pinakothek München, Katalog 2.) München 1963, S. 163-167; *Gisela Goldberg/Gisela Scheffler*, Bayerische Staatsgemäldesammlungen. Alte Pinakothek München. Altdeutsche Gemälde: Köln und Nordwestdeutschland. (Gemäldekataloge, Bd. 14.) München 1972, Bd. 1, S. 308-333; Giotto to Dürer. Early Renaissance Painting in the National Gallery. New Haven/London 1991, S. 308-310. Dendrochronologische Untersuchungen »ergaben ein Fälldatum von 1473 +/-5 und für die Bildentstehung eine Datierung ab 1475«, siehe *Frank Günther Zehnder*, Katalog der altkölner Malerei. (Kataloge des Wallraf-Richartz-Museums, Bd. 11.) Köln 1990.

58 Vgl. dazu die Beispiele bei *Schiller*, Ikonographie (wie Anm. 56), Bd. 1, Abb. 66 und 133.

Abb. 9: Meister des Marienlebens, Heimsuchung, nach 1475, Gemälde eines Retabels aus St. Ursula in Köln; Tempera auf Holz; München, Alte Pinakothek: Inv.-Nr. WAF 623.

Daß diese Frau, wie einer der Engel auch, ihre Hände in andächtig frommer Ehrfurcht wie zum Gebet zusammengelegt hat, unterstreicht das heilige Geschehen, das den Messias offenbart. Denn: Nach der Bibel kommentierte Elisabeth, »mit heiligem Geist erfüllt«, das Ereignis mit dem ehrerbietigen, lauten Ausruf:

> »Gepriesen bist du unter den Frauen und gepriesen ist das Kind in deinem Leibe! Wie kommt es mir zu, daß die Mutter meines Herrn mich besucht? Denn siehe, als ich die Worte deines Grußes hörte, hüpfte das Kind vor Freude in meinem Leib.« (Lk, 1, 41-45, nach der Übersetzung von Martin Luther)

Der linke Engel assistiert mit einer hinweisenden Geste darauf.

Wir sahen am Beispiel des weiblichen Umfeldes der heiligen Anna, die mit dem biblisch-sozialen Rang von Elisabeth vergleichbar ist, welche Bekleidungsformen ihren Untergebenen im ersten Viertel des 16. Jahrhunderts zukamen. Dem entspricht das Erscheinungsbild der Frauenfigur hinter Elisabeth, die auch deshalb für eine Interpretation als Mätresse ungeeignet ist.[59]

Friedrichs Geliebte wurde nochmals auf einem Altar vermutet. Wiederum glaubte Gottfried Müller, sie sei am Flügelretabel des Hauptaltars in der St. Johanniskirche in Neustadt an der Orla dargestellt.[60] Das Retabel wurde urkundlich belegt in der Cranachwerkstatt gefertigt, 1512 aufgestellt und enthält auf dem rechten Flügel der Festtagsseite die Enthauptung von Johannes dem Täufer. Unter den Zuschauern sind die Porträts von Friedrich dem Weisen und Johann dem Beständigen zu finden (Abb. 10). Neustadt an der Orla gehörte in ihr Territorium. Auftraggeber des Retabels war aber nach den Schriftquellen die Bürgerschaft in Neustadt an der Orla.[61] Ihre Vertreter bestimmten demzufolge die Motivauswahl und das Bildprogramm des Flügelretabels, wobei die Hauptfigur im Mittelschrein, Johannes der Täufer, durch das Kirchenpatrozinium vorbestimmt war. Auf den Kirchenpatron nehmen auch die Flügelthemen »Taufe im Jordan« und »Enthauptung von Johannes dem Täufer« Bezug.

Über den Flügelaußenseiten ist im geschlossenen Zustand Christi Abschied von seiner Mutter dargestellt (Abb. 11). Müller sah in der stehenden Maria Magdalena Friedrichs Geliebte, weil er ihre Züge für porträthaft hielt und weil sie vornehmere Kleidung als die drei anderen Frauen trägt.

Das Neustädter Retabel weist in seiner Zusammensetzung einige Unstimmigkeiten auf, war im dreißigjährigen Krieg starken Beschädigungen ausgesetzt und wurde danach abgebaut, wiederaufgestellt sowie mehrfach restauratorischen Eingriffen ausgesetzt.[62] Zum Ungeklärten gehört ein un-

59 Für eine Begleiterin oder Bedienstete war sie bisher nur von *Walter Grundmann*, Der Meister H. W. Das Schaffen Hans Wittens. Berlin 1976, S. 49, und von *Ritschel*, Tafelmalerei (wie Anm. 12), S. 62, gehalten worden.

60 *Müller*, Simon (wie Anm. 13), S. 62.

61 Siehe *Kurt Wennig/Hanna Jursch*, Der Neustädter Altar von Lucas Cranach und seiner Werkstatt. Hrsg. von Karl Hoffmann. Berlin 1955, S. 11 (mit Quellenbelegen und Abb.), und *Herbert von Hintzenstern*, Der Cranach-Altar in Neustadt an der Orla. Berlin 1986, S. 7-10 mit Abb. Ferner zum Retabel *Horst Söffing*, Evangelische Stadtkirche St. Johannes Neustadt/Orla. Regensburg 1997, S. 9-15.

62 Siehe *Wennig/Jursch*, Neustädter Altar (wie Anm. 61), S. 13f. und 17; *Johannes Erichsen*, Altäre Lucas Cranachs und seiner Werkstatt vor der Reformation, in: Claus Grimm/Johannes Erichsen/Eva-Maria Brockhoff (Hrsg.), Lucas Cranach. Ein Maler-Unternehmer aus Franken. (Ausstellungskatalog) Kronach 1994, S. 152, bes. S. 164, Anm. 10; *Georg Dehio*, Handbuch der deutschen Kunstdenkmäler. Thüringen. Bearb. von Stephanie Eißing/Franz Jäger. München/Berlin 1998, S. 882.

Abb. 10: Lucas Cranach d.Ä. oder Werkstatt, Friedrich der Weise und Johann der Beständige in der »Enthauptung von Johannes dem Täufer«, 1511/12, rechter Flügel des Hauptaltarretabels; ölhaltige Tempera auf Holz; Neustadt an der Orla, St. Johannis.

ter den oberen Malschichten verborgener Frauenkopf im Enthauptungsbild.[63] Zwar liegen schriftliche Quellen zum Auftrag vor und der Altaraufsatz wird immer wieder als Schlüssel für den Beginn nichthöfischer Retabelaufträge der Cranachwerkstatt hervorgehoben, jedoch fehlt eine detaillierte historische Bestandsrekonstruktion. Die letzten restauratorischen

63 Vgl. *Wennig/Jursch*, Neustädter Altar (wie Anm. 61), S. 33.

Abb. 11: Lucas Cranach d.Ä. oder Werkstatt, Abschied Christi von seiner Mutter, 1511/12, Flügelaußenseiten des Hauptaltarretabels; ölhaltige Tempera auf Holz; Neustadt an der Orla, St. Johannis.

Untersuchungen erfolgten 1948-51.[64] So ist bei allen Interpretationen, für welche die originale Konstellation und Substanz ausschlaggebend sind, Vorsicht geboten.

Zur Behauptung, hinter Maria Magdalena verberge sich die Geliebte von Friedrich dem Weisen, ist festzustellen: Der Abschied Christi von seiner Mutter gehört nicht zu den direkt der Bibel entspringenden Themen, son-

64 Siehe ebd., S. 18.

dern begründet sich auf Legenden, geistliche Schriften und Schauspiele.[65] Das Thema taucht häufig im Zusammenhang mit Passionszyklen auf und steht vor oder nach dem Einzug nach Jerusalem und dem Abendmahl.[66] Am Neustädter Retabel müßte das Thema heilsgeschichtliche Bedeutung haben, da signalisiert wird, daß nicht einmal der Schmerz der Mutter den vorbestimmten Weg Christi in die Passion verhindern kann.[67]

Aus den Evangelien ist aber andererseits das weibliche Gefolge und Umfeld von Christus bekannt. Auf den daraus erwachsenen Vorstellungen beruhen in der bildenden Kunst des Spätmittelalters und der frühen Neuzeit jene Frauengruppen, welche die Mutter Jesu einschließen. Das betrifft viele Kreuzigungsbilder und das Neustädter Retabel. Von den in zeitlose Gewänder und hüllende Kopfbedeckungen gekleideten Frauen ist üblicherweise nur die Gottesmutter identifizierbar, weil sie am stärksten vom Leid getroffen wird.

Außerdem kann man Maria Magdalena klar erkennen, da ihre Gestalt an bestimmte Darstellungsformen gebunden ist. Dazu gehört offenes oder in größeren Strähnen aus einer modischen Frisur herabfallendes Haar, das entweder gar nicht bedeckt ist oder kaum verhüllt wird.[68] Im 16. Jahrhundert verbreitet sich jener Magdalenentypus in modischer weltlicher Kleidung, die mitunter sehr prachtvoll ausfallen kann[69], denn nach den Legenden stieß Magdalena zu Christus als unverheiratete, reiche und sinnliche Frau.

65 Zu den Quellen siehe: LCI, Bd. 1, 1968, Sp. 35f.

66 Zum Problem der Chronologie siehe *Thomas Noll*, Albrecht Altdorfer in seiner Zeit. Religiöse und profane Themen in der Kunst um 1500. München/Berlin 2004, S. 150, bes. Anm. 553. Das Thema ist aber außer auf Retabeln auch für Votivbilder und Epitaphe beliebt gewesen, siehe *Kurt Löcher*, Wolf Trauts »Abschied Christi von Maria«. Ein Holzschnitt als Gebet, in: Hortulus floridus Bambergensis. Studien zur fränkischen Kunst- und Kulturgeschichte (Fschr. für Renate Baumgärtel-Fleischmann). Petersberg 2004, S. 285-300. Ferner zum Thema: LCI, Bd. 1, 1968, Sp. 35-37; *Friederike Tschochner*, Abschied Jesu von Maria, in: Marienlexikon. Bd. 1, 1988, S. 20f.

67 Für freundliche Hinweise auf diese Bedeutung des »Abschieds Christi« ist Dieter Koepplin (Basel) zu danken. Für die Neustädter Darstellung ist das die am nächsten liegende Interpretation, weil hier kein Zusammenhang zu anderen Stationen im Passionsgeschehen hergestellt ist, die an Retabeln oft teilweise erzählerische Funktion haben oder im Sinne der compassio wirken sollen. Die compassio, zumeist dann angestrebt, wenn diese Szene als eigenständiges Bildthema aufgefaßt war, ist am Neustädter Retabel natürlich als weiteres Bildanliegen nicht auszuschließen, da die schmerzliche Abschiedsszene im hohen Maße geeignet war, Anteilnahme und nachempfundenes Mitleiden hervorzurufen. Zur compassio vgl. auch *Noll*, Altdorfer (wie Anm. 66), S. 150f.

68 *Marga Jantzen*, Maria Magdalena in der abendländischen Kunst. Diss. phil. Freiburg i.Br. 1961, S. 421.

69 Ebd.

Als Heilige, deren Wesen aus der Verschmelzung von drei in den Evangelien überlieferten Frauen entstand und zudem von Legenden geprägt wurde[70], kann ihre Figur andererseits an die mit der Kreuzigung und Grablegung zu verbindende Jüngerin erinnern. Dabei erscheint sie häufig als Salberin[71] mit Gefäß. Über das Salbgefäß wird jedoch auch an ihre Herkunft aus Bethanien angeknüpft, wo sie als kontemplative Schwester der lebenstüchtigen Martha Christus die Füße salbte.[72] Schließlich konnte im Gegensatz zur zeitlosen oder so wirkenden Kleidung durch die Wahl einer weltlich noblen, oft koketten Garderobe die von Christus in Schutz genommene ausschweifende, doch liebende Sünderin ins Gedächtnis gerufen werden.[73]

Diese Akzentuierung des Mondänen ist keine Seltenheit, sondern gegebenenfalls ein Erkennungszeichen der Heiligen, selbst wenn ihr wie in Neustadt das Salbgefäß fehlt. Deshalb kann die elegantere Kleidung von Magdalena kein Beweis für ihre Identifizierung als Friedrichs Mätresse sein.

Selbst die Porträthaftigkeit ist fragwürdig, da am Neustädter Retabel Magdalenas Gesichtstyp dem der Gottesmutter ähnelt. Nur sehen wir bei der viel jüngeren Magdalena eine zartere Trauer als den expressiveren Schmerz der Gottesmutter.

In jedem Fall ist die biblische Verwurzelung der Magdalenenfigur mit einer sehr großen Nähe zu Christus verbunden. Dementsprechend verläuft am Neustädter Retabel ihre Blickrichtung zu ihm. Auch in ihrer Bitt- oder Gebetshaltung kann sich der Wunsch nach Vermeidung des Kommenden ausdrücken, das jedoch heilsgeschichtlich vorbestimmt ist, oder aber ihre Anteilnahme am Weg in die Trennung.[74] Ingetraut Ludolphy, die Biographin von Friedrich dem Weisen, beließ es zur Identifikation der Geliebten

70 Zu Entstehungsgeschichte, Quellen und Literatur siehe (in Druck) *Iris Ritschel*, Christus und … Ein legendäres Paar auf Pergament im Schloßmuseum Gotha, in: Lucas Cranach 1553 / 2003. Wittenberger Tagungsbeiträge anläßlich des 450. Todesjahres Lucas Cranachs des Älteren. (Schriften der Luthergedenkstätten Sachsen-Anhalt.) Hrsg. von Andreas Tacke in Verbindung mit Stefan Rhein und Michael Wiemers. Leipzig 2006, bes. Anm. 68-70 und entsprechende Textseiten.

71 Siehe ebd., Anm. 65, mit Aufzählung der biblischen Quellen.

72 Siehe ebd., Anm. 66, mit Aufzählung der biblischen Quellen.

73 Lk 7, 36-50; siehe *Ritschel*, Christus (wie Anm. 70).

74 Dies wäre wieder im Sinne der compassio. Noch weiter ging Hanna Jursch mit einer sehr individuellen Interpretation, wenn sie meinte: »Die Dankbarkeit für alles, was Jesus an dieser Frau tat, ist in der Geste der anbetenden Hände zusammengefaßt«; *Wennig / Jursch*, Neustädter Altar (wie Anm. 61), S. 96. In gleicher Weise *von Hintzenstern*, Cranach-Altar (wie Anm. 61), S. 51f.

von Friedrich am Neustädter Retabel bei einer fragenden Bemerkung. Sie schrieb: »Wollen wir unserer Phantasie soweit die Zügel schießen lassen, zu vermuten, daß [...] Maria Magdalena vielleicht diese Frau war?«[75]

Mag es verführerisch sein, vom Gedanken an die sinnliche Sünderin Magdalena auf Friedrichs Mätresse zu schließen: Die ikonographische Auslegung der betreffenden Motive am Neustädter Altaraufsatz spricht allerdings dagegen. Was außerdem sollten die Neustädter mit dieser Frau an ihrem Altar bezweckt haben wollen, wenngleich sie gewünscht haben mögen, daß Friedrich der Weise und Johann der Beständige als Landesherren an ihrem Hauptaltarretabel in der Stadtkirche erscheinen und damit ähnlich den Heiligen vor Ort bildhaft zugegen sind. Wie in Borna gilt hier, daß unvoreingenommene Untersuchungen und die Rücksicht auf ikonographische Konstellationen nie zu solchen Ergebnissen geführt hätten.

Natürlich lenken die ikonographischen Vermutungen an den Altaraufsätzen in Borna und Neustadt an der Orla die Frage auf das historisch Greifbare zu Friedrich dem Weisen und der Mutter seiner Kinder.[76] Direkte zeitliche Anhaltspunkte aus den schriftlichen Quellen ergeben sich aus Bemerkungen von Friedrichs Bruder Ernst von Wettin, dem Erzbischof von Magdeburg, aus dem Jahre 1506 und Friedrichs Testament von 1525 kurz vor seinem Tod. Ernst von Wettin warf seinem Bruder vor, er wolle eine »pübin« ehelichen, und Friedrich gab zurück, Ähnliches sei auch über Ernst zu seiner Herabsetzung in Umlauf gebracht worden.[77]

Das Wort »bübin« in der französischen Entsprechung »garce« bedeutete seinerzeit soviel wie das lateinische »scortum« für Hure oder auch »concubina«.[78] Einen prägnanten Beleg für die Bedeutung des Wortes »pübin« enthält eine von Georg Spalatin überlieferte Episode aus Friedrichs Leben aus dem Jahr 1518, als er auf dem Augsburger Reichstag Erzbischof Richard von Trier spöttisch fragte, was ein »Cortisan« sei und Richard antwortete: »Herr, das will ich Eur Liebe wohl sagen; denn ein Cortisan ist ein Bube und eine Cortisanin ist eine Bübin. Das weiß ich sehr wohl; denn ich bin auch einer zu Rom gewest.«[79]

75 *Ludolphy*, Friedrich (wie Anm. 31), S. 49.

76 Die folgenden Betrachtungen sind als Ansatz für eine vertiefende künftige Studie zu sehen, die sich vor allem auf den Niederschlag dieser Beziehung in den Werken der bildenden Kunst konzentrieren soll.

77 Thüringisches Hauptstaatsarchiv Weimar: Reg. B. Nr. 518, Bl. 9; *Ludolphy*, Friedrich (wie Anm. 31), S. 48.

78 *Jacob Grimm/Wilhelm Grimm*, Deutsches Wörterbuch. Bd. 2, Leipzig 1860, Sp. 466.

79 Zitiert nach *Ludolphy*, Friedrich (wie Anm. 31), S. 37 (mit mehrfachen Quellenbelegen).

Aus vielerlei Quellen und Umständen wissen wir, daß Friedrich mit seiner Geliebten vier uneheliche Kinder hatte, von denen noch drei lebten, als er sein Testament[80] diktierte, weil er sie darin bedachte. Es geht hervor, daß sich seine damals dreizehnjährige Tochter unter der Obhut seines Arztes Dr. Paßka in Magdeburg befand. Ferner wurden seine Söhne Friedrich und Sebastian genannt, die höfisch erzogen worden waren und zumindest zeitweilig bei ihm am Hof lebten.[81]

Die Namen der Söhne benutzte Friedrich zur Umgehung der Namensnennung seiner Geliebten, die er im Testament neben weiteren Verschlüsselungen als »Fritzn vnd Bastls muter« bezeichnete. Mit Nachdruck ordnete er an, daß ihr über einen bereits eingeweihten Mittelsmann 200 Gulden zugestellt werden sollten.[82] Daraus ist zu entnehmen, daß Friedrich ihr bis zu seinem Tod im Jahr 1525, wenige Stunden danach, sehr zugetan war.

Die insgesamt spärlichen Rekonstruktionsmöglichkeiten dieser Beziehung ergeben sich ansonsten aus einigen Erwähnungen über seine Kinder und Luthers Tischreden nach dem Tod des Kurfürsten. Aus diesen Reden geht als Nachname dieser Frau Watzler oder Wantzler hervor. Luther berichtete, die »Wantzlerinne« sei mit der bereits erwähnten, wahrscheinlich 1512 geborenen Tochter vom Hof entfernt worden. Sie hätte danach geäußert, sie glaube nicht, daß Friedrich, solange sie lebe, eine andere heiraten werde.[83] Es liegt die Vermutung nahe, die Entlassung der Watzlerin sei eine Folge der auf den Laterankonzilien von der Kirche ständig verschärften Verbote von Konkubinaten. (Siehe auch die Beiträge von Heiner Lück und Paul-Joachim Heinig in diesem Band.) Wahrscheinlich kam es auf Grund äußerer Zwänge zu dieser wenigstens räumlichen Trennung. In welcher Form die Verbindung fortbestand, ist unbekannt. Von Friedrichs Seite währte sie, wie sein Testament verrät, auf das noch näher einzugehen sein wird, bis zu seinem Tod. Aus diesen Überlieferungen kann man aber auf eine nahe verwirklichte Beziehung mindestens zwischen 1506 und 1512 schließen, obwohl es Anhalt für einen weitaus früheren Beginn gibt.

In diese gut zu umreißende Zeit fällt ein Holzschnitt, der Ausdruck für Friedrichs Minne sein könnte. Er zeigt ein zu Pferde reitendes, fürstlich ge-

80 Thüringisches Hauptstaatsarchiv Weimar: Nr. 676; gedruckt bei *Christian Schöttgen/ Georg Christoph Kreysig*, Diplomatische und curieuse Nachlese der Historie von Ober-Sachsen (...). T. 11, Dresden/Leipzig 1733, S. 65-74.

81 Wie Anm. 80 und *Ludolphy*, Friedrich (wie Anm. 31), S. 50.

82 Ebd., S. 49.

83 D. Martin Luthers Werke. Kritische Gesamtausgabe. Bd. 1-, Weimar 1883-, hier Bd. Tr. 4, 1916, Nr. 4455, S. 322; *Ludolphy*, Friedrich (wie Anm. 31), S. 48.

Abb. 12: Lucas Cranach d.Ä., Reitendes Paar, 1506, Holzschnitt.

kleidetes Paar und die inschriftliche Datierung 1506 sowie die Signierung LC für Lucas Cranach (Abb. 12).[84] Leitsymptome für die Beurteilung und Deutung des Blattes sind die beiden sächsischen Wappen mit dem Rautenkranz für das Herzogtum Sachsen und den Kurschwertern für das Kurfürstentum. Das Blatt muß demnach für Friedrich den Weisen entstanden sein.

Da Friedrich aber unverheiratet blieb und sein Bruder Johann der Beständige, mit dem er gemeinschaftlich regierte, seit 1503, dem Tod seiner

84 Blätter davon im British Museum, Department of prints and drawings, vgl. *Campbell Dogson*, Catalogue of early german and flemish Woodcuts (…). Bd. 2, London 1911, Nr. 10, S. 284, und im Kunstmuseum Basel, Kupferstichkabinett, vgl. *Dieter Koepplin/Tilman Falk*, Lucas Cranach: Gemälde, Zeichnungen, Druckgraphik. Bd. 1, Stuttgart/Basel 1974, Nr. 19, S. 67f.

ersten Gemahlin Sophie von Mecklenburg, zu jener Zeit verwitwet war, bereitete es Schwierigkeiten, den Reiter ohne weiteres mit den beiden Ernestinern zu verbinden. So schrieb Johannes Jahn 1955, es sei kein fürstliches, sondern ein Paar schlechthin[85] und überlegte später, ob nicht doch Johann der Beständige und seine Gemahlin gemeint sein könnten[86], obwohl Sophie bereits seit drei Jahren tot war.

Jahn berief sich vor allem auf die von Christian Schuchardt 1851 wiedergegebene, andere Abdrücke des Holzschnittes umlaufende Bordüre mit der Inschrift: »Frisch auf mein Herz, sey unverzagt, Die ich begehrt, hab ich erjagt.«[87] Des weiteren zitierte Schuchardt zwei längere Kolumnen unter dem Blatt, die mit C. M. O. unterschrieben waren. In gereimten Versen wird darin metaphorisch von der Jagd nach einer »Hindn« erzählt, die im (Heiligen) Römischen Reich ihresgleichen suche und heimgeführt werden sollte. Der große Drang danach wurde mit folgenden Worten plausibel gemacht: »[...] Denn sie mir gab so viel zu schaffn / Das ich kein nacht kund vor ihr schlaffn / Und dacht oftmals im hertzen mein / Wenn sie nur solt mein eigen sein [...].« Allerdings hätten ihr viele nachgejagt, doch sei sie schließlich in sein Netz gefallen und zum Neid der anderen mit ihm davongeritten.[88] Vermutlich handelt es sich um spätere Zusätze. Das Monogramm

85 *Johannes Jahn*, Lucas Cranach als Graphiker. Leipzig 1955, S. 22f., Anm. 12; Siehe auch *Werner Schade*, Die Malerfamilie Cranach. Dresden 1974, S. 24 (»Herr und Dame«).

86 *Johannes Jahn*, 1472-1553. Lucas Cranach der Ältere. Das gesamte graphische Werk. Berlin 1972, S. 285, Abb. 379.

87 *Christian Schuchardt*, Lucas Cranach des Aelteren Leben und Werke. T. 2, Leipzig 1851, S. 280. Diese Inschrift ist auch bei *Georg Kaspar Nagler*, Die Monogrammisten. Bd. 5, München 1871, S. 310, Nr. 106, und bei *Friedrich W. H. Hollstein*, German Engravings, Etchings and Woodcuts ca. 1400-1700. Bd. 6, Amsterdam 1959, S. 91, mit dem Zusatz »C. M. O.« erwähnt. Hinweise ferner in der Literatur zu Anm. 84.

88 Beide Inschriften konnten bis jetzt auf keinem Blatt erhalten festgestellt werden; *Schuchardt*, Cranach (wie Anm. 87), T. 2, S. 280f., nachgedruckt auch bei *Jahn*, Werk (wie Anm. 86), S. 285f. Der Kolumnentext lautet vollständig: »Gar manchen Tag und lange Nacht / Hab ich in einem Wald gejagt / Nach einer Hindn da ihres gleich / Nicht funden ward im Römischen Reich / Was ich umb irentwillen getan / Fürwar ich nicht aussprechen kan / Denn sie mir gab so viel zu schaffn / Das ich kein nacht kund vor ihr schlaffn / Und dacht oftmals im hertzen mein / Wenn sie nur solt mein eigen sein / So könnt mir nichts auff dieser Erden / Von Gott liebers bescheret werden / Nun aber war ichs nicht allein / Der diese Hind wold füren heim /Sonder, wie ich die sach erfarn / Sind viel gewest in ihren Garn / Die diesem Wild zu tag vnd nacht / Sehr vleissig haben nachgetracht / Drumb wenn ich meint, Nu hat dirs glückt / Ward mirs bald auf den Zenn gerückt / Doch ist die Hind zu allerletzt / Willig gefallen in mein Netz / mit der ich itzt anhaunen reit / Den andern Jegern alle zu neid / Lob meine Wind / das sie so geschwind / Auff diese Hind gewesen sind. C. M. O.«

Abb. 13: Klappmützentaler, um 1500; Dresden, Staatliche Kunstsammlungen-Münzkabinett: Inv.-Nr. 2535.

C. M. O. wird auch unter den Zusätzen auf anderen Blättern Cranachs erwähnt.[89] Dieter Koepplin verwies auf die Verbindung dieses Blattes zur mittelalterlichen Tradition der »Jagd-Liebe-Treue-Ikonographie«.[90] Daran gibt es nichts zu zweifeln.

Und wir könnten es ohne weiteres dabei belassen, gäbe es nicht eine große Ähnlichkeit des Reiters mit dem Profil Friedrichs des Weisen auf dem sogenannten Klappmützentaler, etwa aus der Zeit um 1500 (Abb. 13).[91] Deshalb drängt sich doch der Verdacht auf, daß dieser Holzschnitt, der für Friedrich den Weisen gearbeitet wurde, Ausdruck seiner ganz persönlichen Ambitionen und Situation sein sollte. Was läßt sich dazu des weiteren sagen?

89 Vgl. *Schuchardt*, Cranach (wie Anm. 87), Nr. 87, 121 und 125. Für freundliche Hinweise darauf und zum betreffenden Holzschnitt ist Dieter Koepplin (Basel) zu danken.

90 *Koepplin/Falk*, Cranach (wie Anm. 84), Bd. 1, Nr. 19, S. 67f. (mit umfangreicher Lit.).

91 Zu Friedrichs Porträt auf dem Klappmützentaler siehe *Ludolphy*, Friedrich (wie Anm. 31), S. 24, und *Bambach-Horst*, Bildnisse (wie Anm. 36), S. 44-49. Letztere stützte sich bei der Bewertung des Holzschnittes auf Jahns Vermutung, es könnte Johann der Beständige mit seiner verstorbenen Frau gemeint sein, ohne die Widersprüche zu kommentieren. Andererseits ist das Blatt unter den Porträtbeispielen für Friedrich den Weisen aufgeführt (ebd., S. 55f.).

Wenn wir bedenken, daß nach den Überlieferungen jener wohl älteste Sohn des Kurfürsten 1519 bei der Wahl Karls V. zum König als Bote fungierte und bereits 1516 zur Entscheidung stand, ob sein anderer Sohn Sebastian an den französischen Hof zur Verbesserung der Sprachkenntnisse geschickt werden sollte[92], dann muß die Verbindung zwischen Friedrich und der Watzlerin schon vor 1506 existiert haben.

Friedrich hatte in der Nachfolge seines Vaters 1486 mit seinem Bruder Johann die Regierung angetreten. Nach den Ermittlungen von Ingetraut Ludolphy setzten um diese Zeit seine Heiratsbestrebungen ein, die sich natürlich auf die standesgemäßen Möglichkeiten zu begrenzen hatten. Sie erstreckten sich im wesentlichen bis in die Zeit um 1500.[93] Die zur damaligen Zeit auf beiden Seiten politisch und dynastisch motivierten und bedachten Heiratsversuche scheiterten nach diplomatischen Anbahnungen sämtlich. Ein Versuch dieser Art soll nochmals 1509 stattgefunden haben.[94] So etwas muß für die Betroffenen kein persönliches Unglück gewesen sein, da es hierbei nicht um Liebesangelegenheiten ging, obwohl vordergründigere Sympathien durchaus Berücksichtigung finden konnten. Beispielsweise wurden Hofmaler entsandt, um Porträts von den potentiellen Bräuten anzufertigen, mit deren Hilfe es möglich war, sich vor der endgültigen Entscheidung ein Bild zu machen.[95]

Andererseits wäre es sehr naiv, zu glauben, daß Menschen im heiratsfähigen Alter ihr Menschsein auf politische und dynastische Interessen zu reduzieren vermochten. Das belegen viele Werke der bildenden Kunst und Literatur des Spätmittelalters und der beginnenden Neuzeit mit Minnethemen zur Genüge. Schließlich berührt Cranachs reitendes Paar diesen Bereich.

Friedrichs erotische Gesinnung oder sogar Befindlichkeit kommt besonders in einer Erzählung, die der Cancellarius Augustin von Hamersteten in Torgau 1496 schuf, zum Ausdruck. Die »Hystori vom Hirs mit den guldin ghurn und der Fürstin vom pronnen« weist Berührungspunkte mit Friedrichs Leben auf, und der Kurfürst wird von der Hauptfigur, einem Ritter, der dem Hirsch mit dem goldenem Geweih nachjagt und dabei im Wald auf eine schöne, junge Frau stößt, verkörpert. Unglücklich verehelicht, be-

92 *Ludolphy*, Friedrich (wie Anm. 31), S. 51f.

93 Ebd., S. 54-57.

94 Ebd., S. 58. Ausführlicher dazu *Dieter Koepplin*, Neue Werke von Lukas Cranach und ein altes Bild einer polnischen Schlacht – von Hans Krell. Basel 2003, S. 61-66 (auch unter Hinweis auf frühere Heiratsbestrebungen und Parallelbeispiele entsprechender diplomatischer Bemühungen).

95 Über die entsprechende Praxis an den Höfen siehe ebd., S. 61f.

durfte sie ritterlichen Trosts, der ihr auch angeboten wird, wobei es zur Liebeserfüllung erst nach einer Reise des Mannes ins Heilige Land kommen kann. Der Schluß enthält die Mitteilung, daß er auf seinen Abruf zu ihr warten würde.[96] Aus einem altpolnischen Zusatz wurde geschlossen, es handele sich um eine Botschaft an die polnische Prinzessin Elżbieta, um die es 1496 tatsächlich eine Heiratswerbung von Friedrich dem Weisen gab, allerdings am Ende erfolglos.[97] Dem Manuskript wurde außerdem von jüngerer Hand hinzugefügt:

> »Dis buchlein ist vnter Churfurstenn Fridrichen selliger vnnd löblicher gedechtnis alten briefen gefundenn worden, Vnd soll S. Churf. g. zw ehren getіcht seinn, alß dieselb vonn der Mehrfarrt kegen Jherusalem wiederumb anheim zw lande kommen.«[98]

Auch diese Provenienz deutet darauf, daß Friedrich der Weise dem Minnethema nicht abgeneigt gegenüberstand.

Seinem Vetter Georg gestand er 1498 in einem Brief, er würde sich auch gerne als Buhler in der Öffentlichkeit sehen lassen, um einer Frau zu gefallen und etwas Eigenes zu bekommen. Es wäre Zeit zu freien.[99]

Dieser Blick auf andere, individuellere Wünsche Friedrichs als auf die politisch offiziellen Seiten seiner Bestrebungen offenbart den Zwiespalt, der die alleinige Durchsetzung des gesellschaftlich Gültigen ausschloß. Alle entsprechenden Motivationen entfallen sogar in der Beziehung zu jener Frau, deren Hautnähe er jahrelang genoß. Da seine von ihr geborenen Kinder illegitim waren, können wir nicht einmal unterstellen, daß ihn die Sicherung des dynastischen Fortbestands antrieb. Betrachtet man die erhebliche Beziehungsdauer und die Kinderzahl, dann muß es mindestens für die Jahre des Beisammenseins sexuelle Liebe gewesen sein. Ingetraut Ludolphy bezeich-

96 Manuskript 279b in der Sächsischen Landes- und Universitätsbibliothek Dresden; *Franz Schnorr von Carolsfeld*, Katalog der Handschriften der Sächsischen Landesbibliothek zu Dresden. Bd. 2, Leipzig 1883 (Nachdruck Dresden 1981), S. 518f.

97 Die Erzählung wurde auf Friedrichs Trachten, sich mit einer Frau zu verbinden, gedeutet von *Ludolphy*, Friedrich (wie Anm. 31), S. 57, und *Mila Horký*, »Anna, die Anmutige werde ich genannt« – Eros und Virtus in den weiblichen Porträts von Lucas Cranach d.Ä., in: Simone Roggendorf (Hrsg.), (En)gendered: frühneuzeitlicher Kunstdiskurs und weibliche Porträtkultur nördlich der Alpen. Marburg 2004, S. 38-53, hier S. 48f. Ältere literarische Bezugnahmen siehe *Schnorr von Carolsfeld*, Handschriften (wie Anm. 95), S. 519.

98 Zitiert nach ebd.

99 Quellenzitat bei *Ludolphy*, Friedrich (wie Anm. 31), S. 58.

nete Friedrichs Geliebte ganz selbstverständlich und im historischen Sinn unkonventionell als Lebensgefährtin.[100]

Daß der Kurfürst andererseits damit beschäftigt gewesen sein mag, sich mental in dieser speziellen Lebensform einzurichten, läßt vielleicht ein zweiteiliger Holzschnitt ahnen. Auch dieser stammt von Cranach dem Älteren, denn er ist mit der Schlange bezeichnet, wurde aber in zwei vorreformatorischen und verschiedenen reformatorisch veränderten Fassungen gedruckt. Die vorreformatorischen Fassungen differieren um die Überschrift: »Eiu kurtz andechtigs himelisch Leitterlein angegeben von dem heiligen Bonaventura / An welchem die Christglaubigen leichtersteige mogen den vehsten hochen himel«.[101]

Als Entstehungszeit wurde der Zeitraum um 1510[102] bis um 1513[103] vermutet.[104] Eine Sicherheit in der Datierung besteht nicht. Die Wappen weisen den Holzschnitt wiederum als Auftrag von Friedrich dem Weisen aus. Er ist in der Art der Stifter mit Rosenkranz am linken Leiterholm dargestellt (Abb. 14).

Die sogenannte Leiter des Bonaventura ist nach der Schrift des bedeutenden Franziskaners »Itinerarium mentis in Deum« (Der Weg der Seele zu Gott) aus dem 13. Jahrhundert benannt. Allerdings konnte Gottfried Seebass, dem wir eine umfassende Bearbeitung der »Leiter-Holzschnitte« verdanken, zeigen, daß zwischen deren Bildprogramm und dem Werk Bonaventuras nur eine geringe Schnittmenge besteht. Deshalb ist zu vermuten, daß Bonaventura den Anstoß, nicht aber das Programm für die Cranachsche Himmelsleiter gab.[105] Die konkrete theologische oder moralhistorische Quelle blieb jedoch auch Seebass unbekannt. Er verwies aber auf den Zu-

100 Siehe hier Anm. 31.

101 Eine Zusammenstellung aller bekannten Fassungen unter Hinweis auf die vorausgegangene Literatur leistete *Gottfried Seebass*, Die Himmelsleiter des hl. Bonaventura von Lucas Cranach d.Ä., in: Sitzungsberichte der Heidelberger Akademie der Wissenschaften, Philosophisch-historische Klasse 4, 1984, S. 16-32.

102 Besonders *Koepplin/Falk*, Cranach (wie Anm. 84), Bd. 2, 1976, S. 459 (mit weiterführender Lit.) und 461. Es wurde aber auch an eine frühere Entstehung gedacht, die voraussetzen würde, daß die Dreifaltigkeitsdarstellung im Medaillon schon 1509 druckgraphisch verwendet wurde; siehe ebd., S. 460. Ferner: Kunst der Reformationszeit. (Ausstellungskatalog) Berlin 1983, S. 108, Nr. B45 (von Werner Schade).

103 U.a. *Jahn*, Cranach (wie Anm. 42), S. 338.

104 Vgl. dazu die ausführliche Darstellung der Datierungsvorschläge bei *Seebass*, Himmelsleiter (wie Anm. 101), S. 63.

105 Bonaventuras Schrift »Itinerarium mentis in Deum« ging zu Anfang des 16. Jahrhunderts auch anderweitig als Anregung in theologische Betrachtungen ein, wohl mit dem Ziel, dieses Gedankengut für Laien verständlicher zu machen; siehe *Noll*, Altdorfer (wie Anm. 66), S. 5-25 (mit weiterführender Lit. zu Bonaventuras Schrift).

Abb. 14: Lucas Cranach d.Ä., Leiter des Bonaventura (oberer Teil), 2. Jahrzehnt des 16. Jahrhunderts, Holzschnitt.

sammenhang zur Jacobsleiter und auf die Tradition der Tugend- und Vollkommenheitsleitern.[106]

Der Holzschnitt besteht aus zwei zusammengehörigen Drucken. Der untere Teil gibt ähnlich den Weltgerichtsdarstellungen die Hölle wieder, wo jene von Teufeln gepeinigt werden, welche die himmlische Leiter im oberen Teil zu ewiger Belohnung nicht ersteigen wollten. Eine entsprechend kommentierende Inschrift verbindet beide Teile.[107]

106 *Seebass*, Himmelsleiter (wie Anm. 101), S. 45f.

107 Zitat und Erläuterungen für die vorreformatorische Version bei *Seebaas*, Himmelsleiter (wie Anm. 101), bes. S. 25. Vollständige Abbildung aller Teile einschließlich der Überschrift bei *Koepplin/Falk*, Cranach (wie Anm. 84), Bd. 2, 1976, S. 461.

Der obere Druck besteht aus einem irdischen Bereich, von dem eine Leiter in den Himmel führt, dessen Mittelpunkt die Dreifaltigkeit in Form eines Gnadenstuhls ist, umgeben von den Evangelistensymbolen. Rechts und links davon befinden sich jene, die über diese Leiter bereits in den Himmel gelangt sind, angeführt von den durch die Bibel bereits bezeugten Vorbildern in der Nachfolge Christi, wie Petrus und Paulus unter den Männern sowie die Gottesmutter und Maria Magdalena unter den Frauen.[108] Um sie gruppieren sich Personen unterschiedlichen Standes. Da Johannes der Täufer fehlt, handelt es sich nicht um eine Fürbitt- (Interzessio) oder Gerichtssituation, sondern es handelt sich um eine Anbetung der Dreifaltigkeit.[109]

Im irdischen Bereich gruppieren sich links und rechts nach Männern und Frauen geschieden wiederum die Vertreter aller Stände, sogar Bischof, Papst und Kaiser finden sich darunter.

Zwischen den Holmen der Leiter erkennen wir Friedrich den Weisen, und das vornehmlich wegen der Barttracht, des Kopfputzes und der Kleidung, ferner eine dekolletiert gekleidete Frau mit Schmuckhaube. Sie beide sind es, die zwischen den Holmen dem Aufstieg in das Himmelreich schon nahe sind, während die übrigen Personen noch hinter den Holmen verharren und der Verführung von Teufeln ausgesetzt sind. Die Parolen dieser Teufel sind auf breiten Spruchbändern entrollt und verkünden den Männern, sie sollten nicht so hart in Tugend arbeiten. Auf die Frauen entfallen mehr Worte. Sie sollten sich vor harten Dingen hüten, da sie schwacher Natur seien, doch als Gottes Kreatur sollten sie in Wollust leben. Solche Ratschläge konnten allerdings in die »Furcht« vor »ewiger pein« führen, wie auf dem Spruchband Friedrich zu Füßen zu lesen ist.

Ein Ausweg ist auf dem von Gottvater in Richtung Erde entrollten Spruchband formuliert. Er sagt: Die mit irdischer Angst Beladenen sollten zu ihm heraufsteigen, um sich mit himmlischer Speise und Freude laben zu lassen. Die drei Leitersprossen lassen sehen, wodurch das möglich ist: Nämlich zuerst durch Verschmähung der Welt (unterste Sprosse), dann durch eigene Geringschätzung (mittlere Sprosse) und schließlich durch demütige Gottesliebe (oberste Sprosse). Diese Tugenden sollen begleitet sein von der

108 Seebass zog auch andere Heiligenfiguren in Erwägung und plädierte am meisten für Anna und Maria auf der Seite der Frauen; siehe *Seebass*, Himmelsleiter (wie Anm. 101), S. 35f. Als Pendant zu Petrus und Paulus wären aber die Gottesmutter und Magdalena folgerichtiger, weil sie etwa in gleichwertiger Weise die apostolische Nachfolge Christi symbolisieren.

109 Ebd., S. 37f. unter Hinweis auf die Beiträge zur Interzessio von Dieter Koepplin (Anm. 45-47).

Mäßigkeit in glückseligen Dingen (steht auf dem linken Holm bei Friedrich) und der Geduld in widerwärtigen Dingen (steht auf dem rechten Holm bei der dazugehörigen Frau).

Unter die älteste Fassung zur Hölle ist ein Schlußwort gesetzt, das diesen durch die Leiter versinnbildlichten Stufenweg der Seele zu Gott entsprechend kommentiert und schließlich mahnt: »Das Leiterlein zu steigen ist als so viel. Wirstu furchten die hellische pein / und liebe[n] himlische freude vnd belohnung [...] So wirst du sunder tzweifel ken himel fahren [...].« Ansonsten bliebe die Glut der Hölle.[110]

Demnach ist der Holzschnitt nicht nur ein Anbetungsbild, sondern greift die Stellung des Menschen zwischen den Himmels- und den Satansmächten auf. Der Betrachter wird dabei auf die Entscheidungssituation hingewiesen. Deshalb mahnt der Holzschnitt, in den teuflischen Versuchungen keine Alternative zur Anbetung der Dreifaltigkeit und dem tugendhaften Aufstieg in den Himmel zu sehen.[111] Die damit verbundene Lebenshaltung ist in Stichworten auf der Leiter festgehalten, und man gewinnt den Eindruck, sie soll für Friedrich und die dazugehörige Frau eine Art Gerüst bilden, für das sie sich entscheiden sollen. Allerdings stehen sie noch vor dem Aufstieg.

Wie bereits erwähnt, ist Friedrich am gewohnten Habitus zu erkennen. Am Gesicht allein wäre er nicht zu identifizieren. Dafür ist der Holzschnitt nicht subtil genug (Abb. 14). Das wird ebenso das Gesicht der Frau betreffen, falls eine Porträthaftigkeit überhaupt gewünscht worden wäre. Trotz einer großen Variationsbreite in den beiden irdischen Menschengruppen entfallen auf das Frauengesicht zwischen den Leitersprossen sehr undifferenzierte rundliche, ja puppenhaft glatte Gesichtszüge, die an eine Typisierung denken lassen, wie man sie von manchen christlich-mythologischen Frauengestalten Cranachs kennt. Ein Vergleich mit der Reitenden von 1506 (s. o. Abb. 12) kann leider nicht fruchtbar sein, da sie im Profil dargestellt ist. Eine Übereinstimmung der Gesichter ist aber nichtsdestotrotz schwer vorstellbar. Allein die Nasenlänge dürfte dagegensprechen.

Auch wenn die Leitersprossen kein weibliches Porträt einschließen, so ergibt sich doch aus der Plazierung dieser Figur und der Ikonographie des Holzschnittes, daß mit dieser Frau die Partnerin Friedrichs gemeint sein muß. Ingetraut Ludolphy kommentierte das wiederum mit einer Frage: »[...] wer sonst sollte das weibliche Pendant zu Friedrich in der ›Leiter des Bonaventura‹ sein?«[112]

110 Zitiert nach *Seebass*, Himmelsleiter (wie Anm. 101), S. 42.

111 Vgl. die zusammenfassende Interpretation ebd., S. 41f. und 49f.

112 *Ludolphy*, Friedrich (wie Anm. 31), S. 49.

Es scheint, daß Friedrich mit der Zeit auf eine religiöse Orientierung seiner Beziehung bedacht war, die einer entsprechenden Harmonisierung oder gar Rechtfertigung dienen konnte. Beinahe könnte man an eine religiöse Legitimation denken. Leider ist der Holzschnitt nicht datiert, und es ist nicht zu sagen, ob sich hier Friedrichs Haltung schon vor der offiziellen Entsagung von der Mutter seiner Kinder zeigt oder ob sie auf Grund eines hartnäckigen Gewissens erst danach Form annahm. Der Holzschnitt könnte auch mit der Trennung zusammenhängen, von der wir nur wissen, daß sie nach der Geburt der Tochter, wahrscheinlich also nach 1512, vollzogen wurde, und die Absicht der Läuterung demonstrieren. Doch auch der Holzschnitt könnte später als bisher vermutet entstanden sein, denn der Bischof unter den Männern im irdischen Bereich hat eine gewisse Ähnlichkeit mit Albrecht von Brandenburg, dessen Aussehen durch zahlreiche Porträts überliefert ist. Albrecht von Brandenburg erhielt aber erst im Juli 1514 die Bischofsweihe. Wäre er tatsächlich gemeint, dann müßte der Holzschnitt nach 1514 zu datieren sein.

Es ist bemerkenswert, daß von den fünf auf der Leiter notierten Bedingungen, das Himmelreich zu erlangen, Verschmähung der Welt, eigene Geringschätzung, demütige Gottesliebe, Geduld in widerwärtigen Dingen und Mäßigkeit in glückseligen Dingen, Friedrichs Beziehung nur eine einzige dieser Bedingungen ernsthaft gefährlich werden konnte, nämlich die Mäßigung in glückseligen Dingen.

Beide Holzschnitte können in ihrer inhaltlichen Ausrichtung nicht unterschiedlicher sein, und doch präsentieren sie Friedrich den Weisen mit einer Auserwählten. Ihr Schutz war ihm so viel wert, daß er ihren Namen stets verschlüsselte. Deshalb liegt ihre Situation nach der Trennung vom Hof im dunkeln.

In seinem Testament sorgte Friedrich der Weise, wie auch überhaupt, für seine Kinder bestens. Die Söhne, Friedrich und Sebastian, erhielten aus Zinseinkünften jährlich je 500 fl. Ingetraut Ludolphy verwies darauf, daß dies dem Fünffachen eines Hochschullehrergehalts und dem persönlichen Jahresdeputat des späteren Kurfürsten Johann Friedrich nach seiner Hochzeit 1528 entsprach.[113] Außerdem erhielten die Söhne die Güter Jessen und Gersdorf als Sitz und Lebensgrundlage. Von dort aus sollten sie seinem Bruder und dessen Erben dienstverpflichtet bleiben. Diese Gaben waren geeignet, Friedrichs männliche Kinder zum laufenden Lebensunterhalt von Familien zu befähigen. Die Tochter, der zu jener Zeit als Mädchen der Weg

113 Ebd., S. 50.

in die Versorgung durch eine Ehe vorbestimmt war, erbte einmalig 500 fl. Das ermöglichte eine ansehnliche Mitgift.[114]

Daß er der Mutter seiner Kinder keine laufenden Einkünfte vermachte, sondern ebenfalls eine feste Summe von 200 Gulden, deutet darauf hin, daß sie in Friedrichs Todesjahr bereits versorgt war. Welche Möglichkeiten hätten 1525 dazu bestanden? Eine Rückkehr in die Herkunftsfamilie wäre wohl nach der vierfachen unehelichen Mutterschaft aus moralischen und materiellen Gründen am wenigsten denkbar, falls es diese Familie überhaupt noch gab. Die vorangegangene Generation müßte bereits ein beträchtliches Alter gehabt haben, und man kann daher nicht voraussetzen, daß jemand daraus noch am Leben war. Außerdem herrschte zur damaligen Zeit die umgekehrte Regel, die Töchter aus der Herkunftsfamilie heraus auf den Weg in eine Ehe oder in ein Kloster zu schicken. Die Aufnahme in eine klösterliche Gemeinschaft, die ja auch im Laienstatus erfolgen konnte, wäre gleichfalls eine Unterbringungsform für Friedrichs Geliebte nach ihrer Entfernung vom Hof gewesen. Doch sind darauf keine Hinweise bekannt.

Eventuelle Anhaltspunkte über ihren Verbleib ergeben sich aus den Verschlüsselungen und Namensumgehungen in Friedrichs Testament. Unmittelbar bevor er seine Kinder bedenkt, ist festgehalten, daß er des »Gotpforts Weib« hat 200 Gulden zustellen lassen. Diese 200 Gulden sollen der Tochter der verstorbenen Hauptmannsfrau in Weimar gehören, die den Pfarrer »zum Neuen markt zur Ehe genomen« hat. Über den Weg, auf dem das zu geschehen habe, sei der Kammerschreiber Sebastian Schad informiert. Wer anders als Friedrichs Geliebte sollte die Empfängerin dieser 200 Gulden gewesen sein, zumal er am Ende des Testaments nochmals bekräftigte, »Fritzn und Bastls« Mutter solle 200 Gulden erhalten.[115] Diese Informationen deuten darauf hin, daß sie in der Zeit reformatorischer Umbrüche ähnlich den Nonnen um Katharina von Bora mit einem evangelischen Pfarrer verheiratet worden war und sich in ehelicher Versorgung befand.

Friedrich dem Weisen blieb die Erinnerung an sie zurück, bis in den Tod, als er, um sein Ende wissend, im Beisein des gemeinsamen Sohnes Sebastian starb.[116] Noch im Todesjahr erhielt die Erinnerung an seine Verbindung eine bleibende optische und haptische Form. Im Kunsthistorischen Museum Wien werden zwei einander im Dekor gleichende, zu dosenartigen Kapseln verschließbare kleinformatige Reliefbildnisse (Kunstkammer, Inv. 3878/3879, Inv. 3893/3894) aufbewahrt. Sie gehören in die

114 Siehe ebd., mit einem Kapitel zu Friedrichs Kindern, S. 50-53.

115 Siehe hier Anm. 80; ferner *Ludolphy*, Friedrich (wie Anm. 31), S. 49.

116 Ebd., S. 51.

Abb. 15: Süddeutscher Bildschnitzer (Hans Daucher?), Friedrich der Weise und Kentaur, 1525, Kapselbildnis; Birnbaum auf Nußbaum, ca. 22 cm; Wien, Kunsthistorisches Museum: Inv.-Nr. 3878/3879.

Gruppe der Rundbildnisse[117], die als Gemälde in den zwanziger Jahren des 16. Jahrhunderts in der Cranachwerkstatt eine Blüte erreichten. Außer Reformatorendarstellungen und gelegentlich mythologischen Figuren enthielten sie auch Ehepaarbildnisse, ähnlich den traditionellen Ehepaardiptychen im Viereckformat.[118] Angelica Dülberg, der wir die Erforschung von Privatporträts zu verdanken haben, faßte den Sinn der Kapselbildform wie folgt zusammen:

»Sie kommt [...] einem ureigenen menschlichen Bedürfnis entgegen, das Bildnis eines Angehörigen oder einer nahe stehenden Person als intimes Andenken an dessen oder deren äußere Erscheinung verschlossen aufzubewahren. Da das kleine private Porträt aufgrund seines geringen Formats transportabel ist, kann es sowohl als Geschenk verschickt als auch auf Reisen mitgenommen werden.«[119]

117 Nach Dieter Koepplin knüpfen sie wahrscheinlich an antike Münzen und Renaissancemedaillen an; siehe *Koepplin/Falk*, Cranach (wie Anm. 84), Bd. 1, S. 276-278.

118 Zu dieser Art Rundbildnisse der Renaissance siehe *Angelica Dülberg*, Privatporträts. Geschichte und Ikonologie einer Gattung im 15. und 16. Jahrhundert. Berlin 1990, bes. S. 93-98. Sie kommen auch bei Hans Holbein d.J. und Bartel Bruyn d.Ä. vor. Zu den Wiener Reliefporträts siehe ebd., S. 93.

119 Ebd., S. 97f.

Abb. 16: Süddeutscher Bildschnitzer (Hans Daucher?) Anna, Stieftochter von Kasper Dornle und Mischwesen, 1525, Kapselbildnis; Birnbaum auf Nußbaum, ca. 22 cm; Wien, Kunsthistorisches Museum: Inv.-Nr. 3893/3894.

Die jeweils inschriftlich »1525« datierten, einander in den Maßen und der Materialzusammensetzung entsprechenden Kapselbildnisse in Wien (Abb. 15 und 16) wurden einem Nürnberger oder Augsburger Schnitzer zugeschrieben, in jüngerer Zeit Hans Daucher.[120] Auf Anhieb lassen sie nach Bildnis und Inschrift Friedrich den Weisen erkennen. Das weibliche Porträt trägt die Umschrift: »Anna Kasper Dornle Stieftochter«. Dieses Porträt kann in dieser ehepaargleichen Darstellung und im Todesjahr von Friedrich nur zu der im Testament bedachten Mutter seiner Kinder gehört haben. Damit wird zumindest der im 18. Jahrhundert genannte Vorname Anna (s.o.) bestätigt. Ihr Mädchenname oder gar ihr aktueller Name wurde verschwiegen. Zu erfahren ist nur, daß sie die Stieftochter von Kasper Dornle war. Kasper Dornle zählte zu den angesehenen Nürnbergern.[121]

Wir sehen in ein längliches Gesicht mit einem sanft gerundeten Kinn, einer schmalen Nase, wach aufgeschlagenen mandelförmigen Augen unter

120 Durchmesser ca. 22 cm, Relief Birnbaum, Büchse Nußbaum, Reste farbiger Fassung. Die Zuschreibung an Hans Daucher ist unentschieden. Grundlegende Bearbeitung der Kapselbildnisse bei *Thomas Eser*, Hans Daucher. Augsburger Kleinplastik der Renaissance. (Diss. phil. Augsburg 1993) München/Berlin 1996, Kat.-Nr. 47 und 48, S. 297-301.

121 *Koepplin/Falk*, Cranach (wie Anm. 84), Bd. 2, 1976, S. 774, Anm. 62; *Ludolphy*, Friedrich (wie Anm. 31), S. 50. Er war Donator am Sebaldusgrab, vgl. *Eser*, Daucher (wie Anm. 120), S. 297.

zarten, fein geschwungenen Brauen und entspannt aufeinander ruhenden Lippen. Es ist ein Antlitz, das trotz dieser individuellen Formen in einer introvertierten Abgeklärtheit zu leuchten scheint und in seiner seidigen Glätte eher an Heiligengestalten als an eine mehrfache Mutter und nicht mehr blutjunge Frau denken läßt.

Ein irdischer Rang wird ihr durch Haartracht und Kopfbedeckung verliehen. Sie trägt nicht jene hüllende Haube, die sie zur verheirateten Frau erklären würde, aber auch kein unbedecktes loses Haar, weswegen man sie für eine junge Unverheiratete halten könnte.

Ihre Kopfbedeckung ist jene Mützen- oder Hutform, aus der sich der Familienstand nicht ablesen ließ. Zwar wurde diese barettartige Kopfbedekkung zur Entstehungszeit des Bildnisses gelegentlich schon von Frauen getragen, doch war sie, das Erscheinungsbild von Männern und Frauen angleichend[122], keineswegs durchweg üblich. Hüte waren für Frauen traditionell verpönt und kennzeichneten Außenseiterinnen, wie beispielsweise Prostituierte. Dieser Gebrauch wirkte in das 16. Jahrhundert hinein nach und wurde in dieser Zeit erst nach und nach durch andere mutige adlige oder patrizische Trägerinnen durchbrochen.[123]

Die Unterschiedlichkeit der geschlechtsspezifischen Aufmachungen ist bei diesen Kapselbildnissen weit zurückgenommen, so daß sie eine in Richtung Gleichheit zielende Harmonie ausstrahlen. Unwillkürlich kommt man zu dem Schluß, daß dies den Geist des dargestellten Paares ausstrahlt, der in der Verborgenheit der Kapselbildform einer öffentlichen Zurschaustellung entzogen blieb. Thomas Eser schrieb dazu:

> »Das Öffnen der Dose, an deren Grund das Bildnis zum Vorschein kommt, läßt sich heute noch als ein recht intimer Vorgang nachvollziehen, dessen Ergebnis die Einweihung in die verschlossene, d.h. private und, wenn man so möchte, ›inoffizielle‹ Beziehungskonstellation der beiden Porträtierten ist.«[124]

Das Bildnis der Anna ist so ganz anders als die jener koketten Damen aus der Werkstatt von Friedrichs Hofmaler Lucas Cranach d. Ä, die man auch aus Mangel an Identifizierungen potentiell für Kurtisanen hielt.[125] Es gibt dazu

122 *Erika Thiel*, Geschichte des Kostüms. Berlin 1980, S. 172; *Harry Kühnel*, Bildwörterbuch der Kleidung und Rüstung. Stuttgart 1992, S. 23.

123 *Thiel*, Geschichte (wie Anm. 122), S. 174; *Kühnel*, Bildwörterbuch (wie Anm. 122), S. 123 und 204.

124 *Eser*, Daucher (wie Anm. 120), S. 297.

125 Siehe *Horký*, Anna (wie Anm. 97) S. 39-42.

allerdings bislang keinen befriedigenden Forschungsstand. Daß wir den Kapselbildnissen trotzdem entnehmen können, was Phantasien sich hinter manch anderer solcher Frauendarstellung zu sehen erlauben, zeigt sich auf den dazugehörigen Dosen-Deckeln, die oft emblematischen Charakter haben.

Zu Friedrich gehörte ein Kentaur. Halb Mensch und halb Pferd, zählen die Kentauren zu den urwüchsigen Naturwesen der antiken Mythologie, die im orgiastischen Gefolge des Wein- und Fruchtbarkeitsgottes Dionysos anzutreffen sind. Der Kentaur ist eine symbolische Anspielung auf den mythischen Frauenraub, ohne am Ende den Sieg davongetragen zu haben.[126] Das entspräche ganz der zum Holzschnitt von 1506 überlieferten Inschrift (s. o.), aus der wir hören, daß der als Friedrich Porträtierte mit einer erjagten »Hindn« zu Pferde davonritt, und der späteren Trennung.

Anna wurde unter einem Mischwesen verborgen, das zur einen Hälfte ein Meereswesen ist, zur anderen eine Harpyie. Harpyien sind ähnlich den Sirenen eine Mischung aus Menschenweib und Vogel. Deshalb wurde auch eine Deutung als Sirene[127] vorgeschlagen, weil deren männerbetörende Kraft den passenden Symbolwert hätte. Die Harpyie symbolisiert die dämonische Kraft des Sturmwindes und die Schnelligkeit[128], wobei wir zu wenig wissen, um sagen zu können, ob das auf Annas Charakter oder ihre emotionale Ansprechbarkeit oder sogar auf ihre sexuelle Hingabefähigkeit zu beziehen wäre. Nach dem jetzigen Wissensstand ist dieses kryptische Zeichen aus der mythologischen Fabelwelt ein Schlußpunkt, der unter die anrührende Harmonie eines in Wien vereinten Bildnispaares zu setzen ist, das einer bitteren Realität entstammte, aber nicht einmal der Tod scheiden konnte.

Abbildungsnachweis:
1: Landesamt für Denkmalpflege und Archäologie Sachsen-Anhalt, Halle; 2, 3, 4, 6, 7, 12, 14: Archiv der Autorin; 5: Anhaltinische Gemäldegalerie Dessau; 8: Foto Jan Grossmann, Radebeul; 9: Aufnahme: München, Bayerische Staatsgemäldesammlungen; 10, 11: Privatarchiv Dieter Koepplin, Basel; 13: Staatliche Kunstsammlungen Dresden; 15, 16: Kunsthistorisches Museum Wien

126 *Herbert Hunger*, Lexikon der griechischen und römischen Mythologie. Hamburg 1974, S. 213f.

127 Bereits in der Antike gab es zwischen Sirenen und Harpyien Übergänge und Vermischungen; siehe *W. H. Roscher*, Ausführliches Lexikon der griechischen und römischen Mythologie. Bd. I, 2. Abt., Leipzig 1886-90, Sp. 1843.

128 *Hunger*, Lexikon (wie Anm. 126), S. 148; Der neue Pauly. Enzyklopädie der Antike. Bd. 5, Stuttgart/Weimar 1998, Sp. 166; *Roscher*, Lexikon (wie Anm. 127), Sp. 1843 und 1845.

JOHANNES TRIPPS

Kunstsinn und Heiratslust – Das Berner Vinzentiusstift am Vorabend der Reformation

Bereits im Jahre 1405 greift der Rat der Stadt Bern korrigierend in die Privatsphäre seines Klerus ein, obwohl dafür eigentlich der Bischof von Lausanne zuständig gewesen wäre. Nach einer langen Periode der Duldung fordert der Rat die Geistlichkeit auf, ihre Konkubinen zu entlassen. Da der Klerus sich nicht fügen wollte, nahm der Rat die Frauen kurzerhand in Gewahrsam und sperrte sie ins Gefängnis, das oben im Zeitglockenturm lag. Die Nachwelt hätte von dieser Aktion wohl kaum Notiz genommen, wenn die Frauen nicht auf tragische Weise ums Leben gekommen wären: Während ihrer Inhaftierung brach jener noch viele Generationen erschütternde Stadtbrand aus, der mehr als die Hälfte der Stadt in Schutt und Asche legte und an die hundert Einwohner das Leben kostete. In der allgemeinen Panik dachten die meisten nur ans eigene Leben und an die Rettung von möglichst viel ihres Hab und Gutes; an die Befreiung der »Pfaffendirnen« dachte man zu spät, und so verbrannten die Frauen in ihrem Gefängnis. Die Spiezer Chronik Diebold Schillings des Älteren, 1484/85 im Auftrag des Berner Altschultheißen Rudolph von Erlach entstanden, gedenkt dieses tragischen Ereignisses mit zwei Illustrationen: In der einen versucht ein Geistlicher seine Liebste, die mit gebundenen Händen hinter ihm steht, durch Geld auszulösen (Abb. 1); in der anderen sieht man die Frauen im oberen Stockwerk des Turmes um Hilfe schreien, während unten der verzweifelte Klerus jammernd die Hände hebt und tatenlos das qualvolle Ende der Geliebten mitansehen muß (Abb. 2).[1]

Eine Quelle nicht enden wollender Querelen hinsichtlich von Konkubinaten sollte aber das Vinzentiusstift am Berner Münster werden. Berns Chronist Valerius Anshelm spricht stolz vom Münsterklerus allgemein als »[...] das höchst vermeint houptstuk, zům Gots- und der kilchen dienst gehörend, namlich die Priesterschaft [...]«.[2] Doch konnte der Rat beim

1 *Carl Pfaff*, Die Welt der Schweizer Bilderchroniken. Schwyz 1991, S. 76-77; in der Chronik selbst sind dies Ill. auf den S. 539 und 541; siehe *Hans Haeberli/Vinzenz Bartlome/Urs Martin Zahnd* (Bearb.), Kommentar zur Faksimile-Ausgabe der Handschrift Mss. Hist. Helv. I. 16 der Burgerbibliothek Bern, Luzern 1990.

2 *Kathrin Utz Tremp*, »Das ... houptstuk, zům Gots- und der kirchen dienst gehörend, namlich die Priesterschaft.« Das Chorherrenstift St. Vinzenz (1484/85-1528) als »Ausstattungsstück« des Münsters, in: Ellen J. Beer u.a. (Hrsg.), Berns große Zeit. Das 15. Jahrhundert neu entdeckt. Bern 1999, S. 474-482.

Abb. 1: Verhaftung der Pfaffendirnen, Spiezerchronik des Diebold Schilling des Älteren, 1484/85; Bern, Burgerbibliothek: Mss. Hist. Helv. I. 16.

Aufsetzen der Gründungsurkunde des Stifts im Jahre 1485 schwerlich ahnen, welche Wogen ihm die Stiftsherren noch verursachen würden.[3] 1484/85 hatte es Bern geschafft, die Deutschordensherren, welche bis dahin die Seelsorge im Münster versahen, zu verdrängen. Im Herbst 1484 war Johannes Armbruster, Burger von Bern und Generalvikar der Diözese Lausanne, vom Berner Rat in geheimer Mission nach Rom entsandt worden. Armbruster sollte die Pfarrkirche St. Vinzenz aus der Abhängigkeit vom Deutschen Orden lösen und zu einem Chorherrenstift mit vierundzwanzig Mitgliedern samt Propst, Dekan, Kantor und Kustos erheben lassen. Ein Unternehmen, das von Erfolg gekrönt war. Darüber hinaus wurden dem neugegründeten Stift zu seinem Unterhalt das Chorherrenstift Amsoldingen, das Augustinerinnenkloster Interlaken sowie die Cluniazenserpriorate Münchenwiler,

3 *Utz Tremp*, Chorherrenstift (wie Anm. 2), S. 474f.

St. Petersinsel und Rüeggisberg inkorporiert (Breven vom 14. Dezember 1484).[4]

Am 19. Oktober des Jahres 1484 erhielt die Stadt offiziell die päpstliche Genehmigung, ihre dem heiligen Vinzenz geweihte Pfarrkirche durch den Bischof von Lausanne zu einem Chorherrenstift erheben zu lassen. Jener sträubte sich zunächst heftig, sah er doch seine Rechte zutiefst beschnitten, denn Bern gehörte zu seiner Diözese. Es nutzte ihm nichts. Am 4. März 1485 schloß Bern mit dem neugegründeten Stift den sogenannten Stiftsvertrag, die eigentliche Gründungsurkunde. Drei Tage später, am 7. März, setzte Benedikt von Montferrand, Bischof von Lausanne, jenen Johannes Armbruster *nolens volens* als ersten Propst des neugegründeten Stifts ein, der in Rom so trefflich Geheimdiplomatie geführt hatte.[5] Einen Bischof mit Domkapitel zu ernennen war schlußendlich doch nicht möglich gewesen, denn Bern gehörte, wie betont, zur Diözese von Lausanne. Also griff man zum höchstmöglichen Rang, das heißt zu einem Propst mit bischöflichen Insignien, der ein Chorherrenstift leitete, dessen Mitglieder die äußeren Abzeichen eines Domkapitels trugen. Die Herren trafen sich zu den Stundengebeten im Münsterchor, hatten die Jahrzeiten abzuhalten, besorgten die Seelsorge im Münster und führten Prozessionen auf besondere Aufforderung des Rates durch. Zum anderen hatte ein Stift rechtlich den großen Vorteil, daß der Rat, bei dem die Baulast für das Münster sowieso lag, jederzeit bei der Besetzung der Chorherrenstellen mitreden konnte. Das hatte sich der Rat in Rom auch extra zusichern lassen. Und so kam es, daß zu 90 Prozent nur Söhne aus Stadt- und Landberner Familien Chorherrenstellen erhielten.[6]

Im Jahre 1517 hatte Peter Pfister den schon bestehenden, flachgedeckten Chor des Münsters mit einem prachtvollen Netzgewölbe überzogen, dessen 87 Schlußsteine lebensgroße Heiligenbüsten bis heute zieren.[7] Doch noch immer begingen die Stiftsherren ihre Stundengebete im altmodischen Gestühl der verdrängten Deutschordensherren. Folglich faßte der Rat noch im selben Jahr 1517 den Beschluß, ein prachtvolles neues Chorgestühl zu stiften, und rief den Bildhauer Bernhard Burenfeind aus Solothurn nach Bern.

4 Ebd., S. 475f.

5 *Kathrin Tremp-Utz*, Die Chorherren des Kollegiatstifts St. Vinzenz in Bern. Von der Gründung bis zur Aufhebung 1484/85-1528, in: Berner Zeitschrift für Geschichte und Heimatkunde 46, 1984, S. 55.

6 *Utz Tremp*, Chorherrenstift (wie Anm. 2), S. 474-482.

7 *Johannes Tripps*, Das handelnde Bildwerk in der Gotik. Forschungen zu den Bedeutungsschichten und der Funktion des Kirchengebäudes und seiner Ausstattung in der Hoch- und Spätgotik. 2. Aufl. Berlin 2000, S. 205 und 213.

Abb. 2: Tod der Pfaffendirnen während des Berner Stadtbrandes von 1405, Spiezerchronik des Diebold Schilling des Älteren, 1484/85; Bern, Burgerbibliothek: Mss. Hist. Helv. I. 16.

Im folgenden Jahr bezahlte man Burenfeind für die Bezeichnung des Holzes und seine Hilfe beim Fällen. Was dann geschah, blieb bislang im dunkeln. Erst fünf Jahre später, 1522, bat der Rat die Stadt Schaffhausen, ihren Meister wegen des Chorgestühls zu schicken. Im selben Jahr vergab man an den Tischler Jakob Ruess und seine Gesellen den Auftrag für die Errichtung des Gestühls. Dabei wird namentlich ein Heini Seewagen als Geselle genannt. Über das definitive Aussehen des Gestühls scheint man sich aber längst nicht einig gewesen zu sein, denn der Rat sandte drei namentlich nicht genannte Personen nach Genf, das dortige Chorgestühl zu besichtigen. Gleich darauf bezahlte der Rat dem Niklaus Manuel in Sachen Chorgestühl einen Ritt nach Genf. Der war spätestens seit Ostern 1510 zwar nicht Mitglied des

Kleinen, wohl aber des Großen Rates. Und es war wohl Niklaus Manuel, mit dessen Urteil das Ende für ein Chorgestühl im spätgotischen Stil kam, wie es in der Waadt noch heute allenthalben anzutreffen ist. Statt dessen erhielt das Berner Münster ein Renaissancechorgestühl, das im Südwesten des Reiches kaum seinesgleichen hatte. Niklaus Manuel war in Oberitalien gewesen und hatte Spitzenwerke der Renaissance gesehen: Am 29. Januar 1522 zog er unter Albrecht vom Stein als Feldschreiber des Bernischen Heeres in französischen Diensten nach Oberitalien. Auch Jacob Ruess war damals dabei und konstruierte eine Kartaune, mit der es gelang, die Mauern des belagerten Novara zu brechen.[8] Vom traditionellen Konzept gotischer Chorgestühle blieb allein die Idee übrig, die Südseite mit Prophetenfiguren zu versehen und die Nordseite mit denen der Apostel. Die Propheten weisen auf das Kommen Christi hin, die zwölf Apostel verbreiten sein Wort über die Erde. Doch im Unterschied zu den Chorgestühlen der Waadt folgt das Berner der neuen Richtung und gibt die Figuren als Halbfiguren wieder.[9] Die Quelle für die Formensprache des Berner Gestühls liegt jedoch in Augsburg, wo die Renaissance nördlich der Alpen schon früh blühte, gefördert durch die Brüder Ulrich, Jakob und Georg Fugger. Diese ließen sich eine Grablege in Sankt Anna in Augsburg errichten, die dem Karmelitenkonvent zugleich als Chor diente. Diese Kapelle entstand zwischen 1509 und 1512 und wurde 1518 geweiht. Sie erregte wegen ihrer Pracht und der Unsumme, welche die Ausstattung verschlungen hatte, in ganz Europa Aufsehen. Kaum war die Kapelle samt ihrer Ausstattung fertig, kursierten davon Kupferstiche und Zeichnungen. Daniel Hopfer machte, inspiriert vom Fuggerschen Gestühl, den dreiteiligen Kupferstich von der Idealform eines Renaissancechorgestühls. Dieser prachtvolle Stich aus dem Jahre 1518 muß dem Berner Rat bekannt gewesen sein, denn er wird bestimmend für die Gestaltung des Münsterchorgestühls. So folgt nicht nur die vertikale und horizontale Einteilung Hopfers Kupferstich, sondern auch Details wie die Mischwesen aus Engeln und Sirenen, welche Vasen halten; desgleichen die Halbfiguren der Propheten und Apostel, ebenso die langen Balustersäulen oder die zierlichen Vasen, die das Gestühl krönen.[10] Ob Niklaus Manuel als

8 *Hugo Wagner*, Niklaus Manuel – Leben und künstlerisches Werk, in: Cäsar Menz/Hugo Wagner (Hrsg.), Niklaus Manuel Deutsch. Maler – Dichter – Staatsmann. (Ausstellungskatalog) Bern 1979, S. 37f.

9 *Luc Mojon*, Die Kunstdenkmäler des Kantons Bern. Bd. 4: Das Berner Münster. Gesellschaft für Schweizerische Kunstgeschichte (Hrsg.), Die Kunstdenkmäler der Schweiz. Basel 1960, S. 374-387.

10 *Bruno Bushart*, Die Fuggerkapelle bei Sankt Anna in Augsburg. München 1994, S. 275-290, hier bes. S. 286-290.

Mittler fungierte, ist nicht sicher. Die Verbindungen zwischen Bern und Augsburg waren eng. 1507 verläßt Sigmund Holbein, der jüngere Bruder Hans Holbeins des Älteren, Augsburg und stirbt 1542 als Burger zu Bern.[11] Das gesamte Chorgestühl ist auf Pracht und Größe hin angelegt. Trotz späterer Verkürzungen hat es heute noch 48 Sitze: Das Chorherrenstift bestand aber nur aus 24 Mitgliedern, hinzu kamen Probst, Dekan, Kantor und Kustos, also 28 Mitglieder. *De facto* hatte das Stift aber nie mehr als fünfzehn Chorherren. Um die restlichen Plätze zu füllen, durften die Kapläne des Münsters zum Chorgebet im Gestühl sitzen und sogar den Chorherrenpelz tragen.[12]

Über die Konkubinen der Chorherren und die aus diesen Verbindungen hervorgegangenen Kinder berichten zunächst die Testamente der Herren selbst, in denen die Frauen samt den Sprößlingen namentlich genannt und anständig versorgt werden. Eine weitere Quelle sind die Ratsprotokolle, in welchen die Chorherren in Sachen Konkubinat zwar zur Ordnung gerufen bzw. bestraft werden, aber die Namen der betreffenden Frauen selten angegeben sind.

Erster Propst des Vinzentiusstiftes war der reiche Johannes Armbruster, der neben vielen Ämtern seit 1486 auch die Ämter des päpstlichen Pronotars und des Kollektors des päpstlichen Zehnten innehatte. An der Nordwestecke des heutigen Münsterplatzes hatte Armbruster eine eigene Kapelle errichten lassen. In seinem 1508 abgefaßten Testament spricht er das Kollationsrecht der Kapelle (Weihe 1514) dem Vinzentiusstift zu. Doch macht er die Auflage, daß die erste Kaplanei an seinen Sohn »Konrad« gehe. *Unserer Frauen Bruderschaft* erhält 400 Pfund für eine täglich zu singende Messe. Aus der betreffenden Quittung vom 11. Oktober 1508, welche die Prokuratoren der Bruderschaft den Testamentsvollstreckern des Propstes ausstellen, läßt sich schließen, daß einer der vier Testamentsvollstrecker, nämlich Konrad Willimann, jener im Testament genannte Sohn »Konrad« gewesen sein muß, der später auch Chorherr wird.[13]

Willimann war Chorherr von 1519 bis 1524 und Kantor von 1524 bis 1528. Darüber hinaus taucht in den Urkunden des Vinzentiusstifts ein Zimmermann namens Benedikt Willimann auf, der 1523/24 für das Stift umfangreiche Renovierungsarbeiten an den Prioratsgebäuden auf der St. Petersinsel

11 *Wagner*, Manuel (wie Anm. 8), S. 20f.

12 *Tremp-Utz*, Chorherren (wie Anm. 5), S. 56; *Utz Tremp*, Chorherrenstift (wie Anm. 2), S. 480.

13 *Tremp-Utz*, Chorherren (wie Anm. 5), S. 59.

durchführte. Benedikt Willimann wird als Bruder des Chorherrn Konrad Willimann bezeichnet, dürfte also dessen Halbbruder gewesen sein.[14]

Thomas vom Stein (gest. 1519), Mitglied einer Berner Adelsfamilie, war Chorherr und Kantor des Berner Vinzenzstiftes von 1485 bis 1519. Wir kennen ihn als Auftraggeber des Niklaus Manuel Deutsch, denn er stiftet im Berner Totentanz (1514-19) das Bild von »Tod und Chorherr«. Im Zusammenhang mit diesem Auftrag blieb uns die Entwurfszeichnung zur 1660 zerstörten Szene erhalten (Abb. 3).[15] Letztere kennen wir dank einer detailgetreuen Kopie in Deckfarben, 1649 von Albrecht Kauw ausgeführt. Wir sehen ein weibliches Gerippe, welches ein Platerspiel lasziv zwischen seine Beine geklemmt hat. Das Dämonische dieser Figur offenbart sich noch mehr, hält man die Zeichnung einer Hexe von Niklaus Manuel daneben.[16] Daß gerade ein weibliches Gerippe den Chorherrn holt, dürfte eine beißende Ironie von Niklaus Manuel auf die damaligen kirchlichen Zustände sein, denn der Berner Rat schreitet, wie wir sahen und noch sehen werden, permanent gegen die Chorherren und ihre »Pfaffendirnen« ein. Erst die Reformation löst diese Spannungen buchstäblich auf, denn das Stift wird 1528 aufgehoben. Auch Thomas vom Stein ist kein unbeschriebenes Blatt: 1487 wurde über ihn im Rat verhandelt, weil er ein uneheliches Kind mit der »Schwertfegerin« hatte.[17]

Kommen wir nun zu Diebold von Erlach, Dekan von 1485 bis 1487 und Chorherr von 1487 bis 1492. Diebold stirbt am 3. Juli 1503 als Propst von Zofingen und hinterläßt einen Sohn namens Johannes, der wahrscheinlich auch Kleriker wurde.[18]

Wie selbstbewußt die Chorherren hinsichtlich des Zusammenlebens mit ihren Konkubinen waren, zeigt der Fall des Chorherrn und Dekans Ulrich Stör. Er wurde 1493 Prior des Zisterzienserklosters Münchenwiler. Stör beharrte jedoch auf der Möglichkeit einer allfälligen Rückkehr ans Vinzentiusstift und behielt sich darüber hinaus vor, auch weiterhin die Chorherren-

14 Ebd., S. 97.

15 Darmstadt, Hessisches Landesmuseum: Inv.-Nr. AE 349. Feder in Schwarz, laviert, weiß gehöht, auf braun grundiertem Papier, 224 × 186 mm; ehem. Sammlung des Marquis de Lagoy (1764-1829), über Emmerich Joseph von Dahlberg (1773-1833) ans Hessische Landesmuseum gelangt; siehe *Hans Christoph von Tavel*, Der Tod und der Chorherr, in: Menz/Wagner (Hrsg.), Deutsch (wie Anm. 8), S. 348.

16 *Johannes Tripps*, »Tu seras le festin des vers«. La Danse macabre de Niklaus Manuel Deutsch à Berne, d'après les copies à la gouache d'Albrecht Kauw (1649). (Schriften des Bernischen Historischen Museums, Bd. 6A.) Bern 2006, S. 38-41.

17 *Tremp-Utz*, Chorherren (wie Anm. 5), S. 89.

18 Ebd., S. 62f.

Abb. 3: Albrecht Kauw nach Niklaus Manuel, Tod und Chorherr, 1649; Gouache auf Papier, partiell vergoldet, 365 × 492 mm; Bern, Bernisches Historisches Museum.

kleidung zu tragen. Einflußreich protegierte Ulrich seinen Neffen Hans Rudolf Stör, der darob zum Chorherrn in Neuchâtel avancierte. Als 1525 die Pfarrei Môtier im Wistenlach verwaiste, verlieh der Berner Rat sie 1526 unter der Bedingung an Hans Rudolf, daß er im Gegenzug, solange er die Pfründe Môtier besitze, dem Rat das Patronatsrecht der Dreifaltigkeitskaplanei in der Stiftskirche überlasse; außerdem müsse Onkel Ulrich seine Konkubine aufgeben. Der Handel ging nicht ganz im Sinne des Berner Rats auf: Onkel Ulrich behielt nämlich seine Konkubine, und Neffe Hans Rudolph bekam die Pfarrei Môtier trotzdem.[19]

19 Ebd., S. 93.

Konrad Metzger, wohl aufgrund seiner Streitlust auch »Krachpelz« genannt, war Chorherr von 1496 bis 1526. Sein am 2. Mai 1526 vollstrecktes Testament legt fest, daß man die Einkünfte des ersten Gnadenjahres seiner Chorherrenpfründe für seine Jahrzeit verwende; die Einkünfte des zweiten Gnadenjahres mögen jedoch an seine Erben gehen. Als Haupterben nennt Krachpelz seine Söhne Christoffel und Magnus. Christoffel dürfte bereits erwachsen gewesen sein, denn seine Mutter war 1512 verstorben. Damals hatte man ihm aus ihren Kleidern und ihrem Hausrat einen jährlichen Zins von 2½ Pfund gekauft. Dagegen sollte Magnus von Marti Äberli, Ratsherr zu Biel und Freund des Vaters, erzogen werden.[20] Inzwischen durfte die Mutter von Magnus, Krachpelzens Magd *Aenneli*, im Haus wohnen bleiben, das später aber an Magnus fallen solle. Bei einem vorzeitigen Tod des Sohnes fiele ihr jedoch dessen Anteil zu. Darüber hinaus erhält das *Aenneli* 200 Pfund.[21] Das übrige Gut, das Krachpelz zusammengespart und sorgsam verwaltet hatte, sei zu gleichen Teilen an die beiden Söhne weiterzugeben, darüber hinaus erbten die beiden einen braunen Rock.[22]

Johannes Murer begann seine Laufbahn als Chorherr (1486/87), wurde hernach Kustos (1487-92), dann Dekan (1492-1508) und schließlich Propst (1508-23). Murer starb 1530. Sein schlichtes Testament von 1523 nennt neben der Regelung eines einfachen Begräbnisses einen Sohn namens Kaspar, der gut erzogen werden möge; an Kaspar sollten sämtliche Bücher des Vaters gehen mit Ausnahme des »Buchs genannt Franciscus Petrarcha«, welches der Kartause Torberg zugedacht war.[23]

Im Zuge der letzten Anstrengungen des Berner Rats zur Durchsetzung des Zölibats traf es die Konkubine des Chorherrn Adrian von Rümligen, die des Landes verwiesen wurde. Adrian war Chorherr 1503-23 und dann, bis zu seinem Tode 1533, Pfarrer zu Spiez.[24]

Johannes Dübi, 1520-26 Kustos des Vinzentiusstiftes und 1526 bis 1528 auch dessen Dekan, läßt sich am 10. April 1525 von der Stadt Bern Testierfreiheit erteilen, »wiewol er uss ordnung und statuten der [...] Stiftdt semlich zetůnd vollmechtig und desalb sölcher fryheit unnotdurftig; aber nit

20 Ebd., S. 76.

21 Staatsarchiv des Kantons Bern: Testamentenbuch Nr. 3, Bl. 146v. Den Hinweis und das Zitat verdanke ich Ariane Huber (Bern), die ihre Lizentiatsarbeit zum Thema »›... von mines verlassnen zytlichen guotts wegen ...‹ – Berner Testamente des Spätmittelalters«, Universität Bern 2005, verfaßt hat (siehe im IDS, http://aleph.unibas.ch).

22 *Tremp-Utz*, Chorherren (wie Anm. 5), S. 76.

23 Ebd., S. 84. Staatsarchiv des Kantons Bern: Testamentenbuch Nr. 3, Bl. 107v. Auch diesen Hinweis verdanke ich Ariane Huber (Bern).

24 *Tremp-Utz*, Chorherren (wie Anm. 5), S. 87.

desterminder [...] diewyl er nit in willen, sin leben in dieser statt zůvolenden«.[25] Am 18. Januar 1527, mittlerweile Dekan des Vinzenzstiftes geworden, erhält Dübi die gleiche Freiheit auch für seine beiden unehelichen Kinder Hans und Barbara.[26] Dübi muß gegen Ende des Jahres 1528 verstorben sein, denn am 15. Januar 1529 werden ein Neffe (?) und am 10. März 1530 der Sohn Hans für ihre Ansprüche auf die Herrschaft Blumenstein abgefunden, die an den Berner Apotheker Velti Kleberger gefallen war, der Dübis Tochter Barbara geheiratet hatte. Mit Schmunzeln liest man in diesem Zusammenhang das Testament der Elsbeth Heinzmann. Sie war langjährige Magd von Johannes Dübi: Betreffs des ihr von Dübi seit der Schlacht von Novara (1513) geschuldeten Jahreslohns von 6 Pfund sowie 30 Pfund jährlichen Zinses, die Dübi ihr vermacht hatte, bedachte sie verschiedene Personen, darunter auch Dübis Tochter Barbara.[27]

Ziehen wir an dieser Stelle eine Summe, dann scheint die Nichteinhaltung des Zölibates für die Stiftsherren kein schwerwiegender oder sie in der Öffentlichkeit gar brüskierender Faktor gewesen zu sein. Sie lebten offen in unehelichen Verhältnissen mit Frau und Kindern und versorgten diese testamentarisch in angemessener Weise. Waren die Kinder noch unmündig, so gab man sie in die Hände von angesehenen Freunden, deren sozialer Rang eine angemessene Ausbildung der Waisen garantierte. Erinnert sei an den obengenannten Fall des Chorherrn Krachpelz, der seinen unmündigen Sohn Magnus seinem Freund Marti Äberli anempfahl. Für jenen Marti Äberli, der immerhin ein hochangesehener Mann und Ratsherr zu Biel war, stellte die Vormundschaft für den Sohn eines Chorherrn offensichtlich kein kompromittierendes Problem dar, sonst hätte Krachpelz ihn nicht zum Vormund bestimmt.

Bezeichnenderweise ist es die jüngere Generation der Chorherren, die dem Geist der Zeit folgt. Sie sind weitgereist, haben vielfach im Ausland studiert und unterhalten eine umfangreiche Korrespondenz auf internationaler Ebene. Sie vollziehen lieber einen konsequenten Bruch mit dem Stift, als daß sie den Spagat zwischen Verbot und Toleranz ihrer Mitchorherren beziehungsweise Vorgänger weiterführen. Die Gedanken der Reformation zur Eheschließung von Klerikern fallen im Vinzentiusstift in Bern auf derart fruchtbaren Boden, daß das Stiftsleben zwischen dem 18. Mai und 12. Oktober 1524 scheinbar völlig zum Erliegen kommt, zumindest fehlen für diese

25 Ebd., S. 62.
26 Ebd.
27 Ebd.

Zeit die Kapitelprotokolle.[28] Die Heiratswelle, die kurz vor der Berner Reformation über das Stift hereinbricht, beginnt mit:

Thomas Wyttenbach, Kustos 1515-20, der 1520 dieses Amt zurückgeben mußte, weil er seiner Präsenzpflicht in keinster Weise nachkam. Von 1523 an war er in Biel reformatorisch tätig. 1524 verheiratete er sich mit der Bieler Bürgerstochter *Glaudo* (Claudia) *Klenk*[29] und wurde als Konsequenz seines geistlichen Amtes enthoben. Das Jahr »1524« als Heiratsdatum läßt aufhorchen, denn am 2. April 1524 heiratete Huldrych Zwingli öffentlich jene wohlhabende Witwe Anna Meyer von Knonau (geb. Reinhart), mit der er zuvor jahrelang im Konkubinat gelebt hatte. Schon in seinem Sendschreiben vom 21. Juli 1522 an den Bischof von Konstanz war Zwingli für die Priesterehe eingetreten.[30] Offensichtlich scheinen Wyttenbach und Claudia Klenk dem Beispiel von Zwingli und Anna Meyer zu folgen. Wyttenbach erlebte die Reformation allerdings nicht mehr, denn er starb bereits Ende 1526.[31] Kurz nach dem 3. Februar 1524 muß Chorherr Meinrad Steinbach wegen Heirat abgesetzt worden sein. Am 8. August 1527 erscheint er jedenfalls – aller Würden enthoben – als Schulmeister in der bernischen Lateinschule. Wenig später scheint er verstorben zu sein, denn am 24. Oktober 1527 beschließt der Rat, daß Steinbachs Frau das Haus des Schulmeisters (?) verlassen müsse. Des weiteren bestimmt der Rat am 18. November, daß das Statutengeld von 100 Gulden, das Steinbach seinerzeit dem Vinzenzstift bezahlt hatte, zur Deckung seiner Schulden mitverwendet werden solle.[32]

Ein Beispiel, welches deutlich vor Augen führt, was die progressiv denkenden Chorherren bewegte und wie konsequent sie alle daraus erwachsenden Folgen auf sich nahmen, zeigt der Fall des Heinrich Wölfli, Chorherr 1503-23 und Kantor 1523/24. Im Jahre 1493 hatte er sich, wie so mancher seiner Mitchorherren, 23jährig an der Universität Paris immatrikuliert und dort den Titel des *magister artium* erworben. Der Berner Rat vertraute ihm 1494 das Rektorat der Berner Lateinschule an, das er bis 1498 innehatte. Die Lateinschule erfreute sich eines vorzüglichen Rufes, und über hundert einheimische wie auswärtige Zöglinge hatten sich stets eingeschrieben. Unter

28 *Utz-Tremp*, Chorherrenstift (wie Anm. 2), S. 481.

29 *Bernhard Riggenbacher*, Thomas Wyttenbach 1472-1526, in: Historischer Verein des Kantons Bern (Hrsg.), Sammlung Bernischer Biographien, Bd. II, S. 426. Mein herzlicher Dank für diesen Hinweis geht an Manuel Kehrli (Bern).

30 *Hubert Jedin*, Art. Zwingli, Ulrich (Huldrych), in: Lexikon für Theologie und Kirche, Bd. 10, Freiburg i.Br. 1938, S. 1155.

31 *Utz-Tremp*, Chorherren (wie Anm. 5), S. 101f.

32 Ebd., S. 90.

ihnen war von 1496 bis 1499 auch Huldrych Zwingli. Wölfli wird auf seinen ehemaligen Schüler Zwingli nach dessen Tod in der Schlacht von Cappel (11. Oktober 1531) fünf lateinische Totenlieder schreiben.[33]

Von alldem war 1514 wohl kaum etwas zu ahnen, als der Berner Rat dem Chorherrn Wölfli die Aufwertung des Kultes um den heiligen Vinzenz, den Schutzpatron Berns, anvertraute. Die Verehrung des Heiligen beschränkte sich bis dato lediglich auf zwei Feste: den 22. Januar, welcher der eigentliche Festtag des Heiligen war, samt der daran anschließenden Oktav. Darüber hinaus den 23. September, den Tag seiner *translatio reliquiarum*. Zu Beginn des 16. Jahrhunderts war der Rat bestrebt, den Stadtpatron aufzuwerten; wenigstens einmal pro Woche wollte man seiner gedenken. Die päpstliche Erlaubnis zu diesem Vorhaben erhielten die Berner am 5. September 1514. Wölfli betraute man mit der Reorganisation des Vinzenzkultes, und er erhielt am 19. November 1516 den Auftrag, ein neues Offizium zusammenzustellen.[34] Wölfli ging mit größter Gewissenhaftigkeit diesem Auftrag nach. Privat hatte er bereits ganz prachtvoll die Initiative ergriffen. Im Jahre 1515 stiftete er vier Chorbehänge mit der Legende des Heiligen in den Chor des Berner Münsters. Sie wurden eigens in Brüssel gewirkt, und Wölfli, der sich selbst »Lupulus« nannte, hatte die Tituli dazu verfaßt. Die Teppiche blieben erhalten und messen insgesamt ca. 18 Laufmeter, bei einer Höhe von 1,45 m. Auf dem letzten Teppich ließ er sich im Stifterportrait abbilden (Abb. 4). Für diesen kostspieligen Auftrag fehlten dem »Lupulus« jedoch die finanziellen Mittel, so daß er beim Berner Rat ein Darlehen dafür aufnahm. Seckelmeister Lienhart Hübschi vermerkte 1515 in seinem Rechnungsbuch, Wölfli habe das Darlehen von 249 Pfund, 13 Schilling und einem Pfennig mit einem jährlichen Zins von 10 Gulden zurückzubezahlen.[35] Und ausgerechnet Wölfli verheiratete sich zu Beginn des Jahres 1524 mit einer Frau, deren Namen bislang nicht bekannt ist, und mußte sämtliche Pfründe aufgeben. Das Kapitel schenkte ihm, ob seiner großen Verdienste, die ganzen Einkünfte aus dem Kantorenamt vom Jahr 1524, von denen er nur ein Drittel verdient hatte. Darüber hinaus erhielt Wölfli, gleich allen anderen demissionierten Chorherren, vom Rat jene Abfindungssumme von 600 Pfund.

33 *Anna Rapp Buri/Monika Stucky-Schürer*, Burgundische Tapisserien. München 2001, S. 171 und 177.

34 Ebd., S. 175.

35 Ebd., S. 177. Bei *Robert Ludwig Wyss*, Niklaus Manuel und die Vinzenzteppiche, in: Menz/Wagner (Hrsg.), Deutsch (wie Anm. 8), S. 482-487, die Summe mit 113 Rheinischen Gulden, 1 Pfund, 1 Schilling und 1 Denar angegeben, rückzahlbar in jährlichen Raten zu 10 Gulden.

Doch geriet Wölfli in finanzielle Bedrängnis, denn bar jeden einträglichen Amtes und jeder Würde konnte er jene ca. 250 Pfund nicht mehr abbezahlen, die er 1515 für die Vinzenzteppiche bei der Stadt geliehen hatte. So erschien Wölfli am 26. April 1527 vor dem Rat als Schuldner und bat um Erlaß der noch ausstehenden 100 Pfund. Dieser Bitte wurde angesichts seiner Notlage stattgegeben. 1529, also ein Jahr nach der Einführung der Reformation in Bern, stellte der Rat Wölfli vor die Wahl, als Lohn für seine Verdienste entweder zehn Maß Dinkel oder die von ihm gestifteten Teppiche anzunehmen. Wölfli nahm offensichtlich den Dinkel, denn der Rat behielt die Teppiche und beschloß, Wölfli für frühere Auslagen noch 30 Kronen in sechs Jahresraten auszuzahlen. Seit seinem Ausschluß aus dem Stift arbeitete Wölfli als Chorgerichtsschreiber und nach der Reformation bis zu seinem Tode 1532 als geschworener Schreiber.[36]

Zu Beginn des Jahres 1524 wurde auch Diedrich Hübschi als Chorherr abgesetzt, weil er sich verheiratet hatte. Nach der Reformation sollte er jedoch ein Leibgeding bekommen, erhielt dann aber eine Abfindungssumme von 600 Pfund, wie alle anderen auch. Im Sommer 1529 tauschte Hübschi diese Summe gegen ein Leibgeding von jährlich 40 Gulden ein, da er vom Zins der 600 Pfund, der sich auf 30 Pfund belief, nicht leben konnte.

Den Namen der ersten Frau kennen wir bislang nicht, in zweiter Ehe heiratete Hübschi am 21. März 1531 Barbara Küng, von der er einen Sohn Dietrich hatte. Hübschi verstarb 1558.[37] Innerhalb des berühmten Berner Totentanzes, 1516-19 von Niklaus Manuel Deutsch an der Innenmauer des Laienfriedhofes des Dominikanerklosters ausgeführt, stiftete Hübschi die Szene »Der Tod holt den Fürsprech«.[38]

Kürzer währte die Chorherrenzeit des Melchior Finsternau, lediglich von 1524 bis 1525. Am 25. Mai 1525 wurde er, nachdem er seine Konkubine weggeschickt hatte, noch einmal begnadigt. Die Abstinenz hielt jedoch nicht lange vor, denn am 20. November desselben Jahres kündigte man ihm des Konkubinats wegen seine Pfründe auf. Melchior scheint seinen Schatz geheiratet zu haben. Immerhin gestand der Berner Rat Finsternau zu, daß er die Einkünfte aus der Chorherrenpfründe noch zwei Jahre beziehen dürfe, wogegen das Stiftskapitel jedoch auf der vollen Bezahlung des Statutengeldes bestand.[39]

36 *Utz-Tremp*, Chorherren (wie Anm. 5), S. 99-101.

37 Ebd., S. 66f.

38 *Tripps*, Danse (wie Anm. 16), S. 66f.

39 *Utz-Tremp*, Chorherren (wie Anm. 5), S. 63.

Abb. 4: Brüsseler Werkstatt, Portrait des Stifters Heinrich Wölfli (Detail), um 1515; Tapisserie; Bern, Bernisches Historisches Museum.

Über Pankraz Schwäbli, Chorherr 1523-25/26, vermerkt das Ratsmanual am 7. März 1526 trocken: »Her Pancratz gat ab.« Dahinter steckt schlichtweg dessen erzwungene Absetzung wegen Konkubinats. Chronist Valerius Anshelm setzt den Fall in Parallele zu dem des Chorherrn Melchior Finsternau, der bereits am 20. November 1525 aus dem gleichen Grund abgesetzt worden war; im Unterschied zu Finsternau hatte Schwäbli seine Konkubine dann jedoch nicht geheiratet. Am 8. März 1526 wurden Melchior Finsternau und Pankratz Schwäbli durch Ulrich Dahinden und Johannes Friedli ersetzt; als offizieller Grund für die Absetzung von Finsternau und Schwäbli wird schlicht »privatio« angegeben.[40]

40 Ebd., S. 88f.

Nur vor dem Hintergrund der mit Macht wachsenden Reformation ist auch der Fall des Berchthold Haller zu begreifen, Chorherr von 1520 bis 1526. Seit 1521 stand er in engem Kontakt mit Zwingli und wurde am 26. Juni 1526 abgesetzt, weil er sich weigerte, die Messe zu lesen. Man beließ ihm aber seine Prädikantenstelle. Erst im Herbst 1529, also ein Jahr nach der Auflösung des Vinzentiusstiftes, verheiratete er sich mit Apollonia vom Graben, die höchstwahrscheinlich die Tochter des Abts von Trub, Peter von Terraux, war. Nach Hallers Tod am 25. Februar 1536 heiratete Apollonia noch mehrmals, so 1557 Junker Jörg vom Römerstal, auch er einst Chorherr am Vinzenzstift.[41]

Nikolaus von Wattenwyl, geboren 1492, hochintellektuell und am aktuellen Zeitgeschehen interessiert, machte innerhalb des Stifts Karriere wie kein zweiter, denn die Familie war reich und mächtig, und der Vater war Schultheiß von Bern. Nikolaus begann zunächst als Chorherr 1508-23. Daneben war er 1517/18 Kommendatarabt des Zisterzienserklosters Montheron und 1518 Pfarrer von Romont. Gerade dreißig Jahre alt, wird er am 5. März 1523 zum Propst des Vinzenzstiftes gewählt, anstelle des abgesetzten, weil von zunehmender Geisteskrankheit verwirrten Johannes Murer, den er bis zu dessen Tode jedoch versorgen mußte. Bereits am 22. April 1523 rief von Wattenwyl den gesamten Stiftsklerus, Chorherren und Kapläne, zusammen, und mahnte die Herren, sich priesterlich zu kleiden, an den Prozessionen teilzunehmen und während der Predigt nicht Messe zu halten, aber auch nicht in der Sakristei herumzustehen, sondern der Predigt zu folgen. Am 29. August 1523 wiederholte er diese Ermahnungen des Lebenswandels der Kapläne wegen.[42] Seit 1523 steht der junge Mann im Briefwechsel mit dem Züricher Chorherrn Huldrych Zwingli; Zwingli widmet ihm die Schrift »Von göttlicher und menschlicher Gerechtigkeit«. Am 2. April 1524 heiratete, es sei nochmals ins Gedächtnis gerufen, Huldrych Zwingli jene wohlhabende Witwe Anna Meyer von Knonau (geb. Reinhart), mit der er schon jahrelang im Konkubinat gelebt hatte.[43] Irgendwann in der Folgezeit muß bei Nikolaus ein Umdenken eingesetzt haben, denn er gibt am 1. Dezember 1525 sein Amt auf, wobei ihm zugestanden wird, daß er die Einkünfte aus seiner Chorherrenpfründe noch zwei Jahre beziehen dürfe. Am 11. April 1526 heiratet er Klara May, Tochter einer schwerreichen Berner Bankiersfamilie. Der Skandal hätte sicher geringere Ausmaße angenommen, wäre Klara nicht kurz vorher noch Dominikanerin des Berner Klosters St. Mi-

41 Ebd., S. 65 und 86.

42 Ebd., S. 96f.

43 Siehe hier Anm. 30.

Abb. 5: Der Teufel holt eine Pfaffendirne, deutsch um 1520-25; Holzschnitt, koloriert; Zürich, Zentralbibliothek: Wickiana.

chael zur Insel gewesen. 1527 kauft Nikolaus die Herrschaft Schloßwil, und als er 1551 stirbt, hinterläßt er sieben Kinder.[44]

Der Fall erinnert doch sehr an das Paar Martin Luther und Katharina von Bora. Und rufen wir uns die Daten ins Gedächtnis, dann kann die zeitlich enge Abfolge der Ereignisse in Wittenberg und Bern schwerlich Zufall sein: Am 13. Juni 1525 erfolgte die Verlobung und Trauung von Luther mit Katharina von Bora, am 27. Juni war deren Hochzeitsfeier.[45] Im Dezember desselben Jahres 1525 legt Nikolaus von Wattenwyl alle Ehren eines Stiftspropstes nieder und heiratete vier Monate später Klara von May, eine den Klostermauern frisch entronnene Nonne.

Ein einzigartiger Fall ist der vom 23. April 1528 datierte Ehevertrag des Chorherrn Urban Baumgartner. Der Vertrag wurde kurz nach Einführung der Reformation in Bern (7. Februar 1528) aufgesetzt. Er sieht vor, daß

44 *Utz-Tremp*, Chorherren (wie Anm. 5), S. 97.

45 *Andreas Bigelmair*, Art. Luther, Martin, in: Lexikon für Theologie und Kirche, Bd. 6, Freiburg i.Br. 1934, S. 727.

Baumgartner in seine Ehe mit Anneli Wolling (Stieftocher des Jörg Treyer) jene Abfindungssumme mit einbringen solle, die ihm als durch die Reformation abgesetzten Chorherrn noch zustünde; diese Summe wurde Ende des Jahres 1528 durch den Berner Rat auf 600 Pfund festgesetzt.[46]

Aber auch den umgekehrten Fall gab es. So war Klara May nicht die einzige, die ihr Kloster verließ, um dem Ruf ihres Herzbubens Nikolaus von Wattenwyl zu folgen. Auch die Priorin von Königsfelden, Agnes von Mülinen, verheiratete sich um 1525. De facto heißt das, die Eheschließung erfolgte bereits drei Jahre vor der Einführung der Reformation in Bern, das die Schutzvogtei über das Kloster innehatte. Agnes von Mülinens Gemahl war der Guardian des Klosters, der Bernburger Heinrich Sinner (gest. 1543); Heinrich gelangte 1536 in den Großen Rat und begründete den Aufstieg der Familie von Sinner in Bern.[47]

Zieht man eine Summe aus den Berner Vorgängen, so kann man sicher nicht von einer offenen gesellschaftlichen Anerkennung des Konkubinats der Stiftsherren sprechen. Aber aus den Testamenten der Herren wie ihrer Konkubinen, so wir sie in Händen halten, geht eine offene Handhabung des Verhältnisses hervor. Man versorgte »Hausfrau« und Kinder, und die »Hausfrauen«, die ihre Stiftsherren überlebten, bedachten wiederum die aus der Verbindung hervorgegangenen Sprößlinge oder Angehörige.

Jener süddeutsche Holzschnitt aus der Zeit um 1520-25, in welchem eine Pfaffendirne mit dem Teufel zur Hölle fährt, während ihr Liebhaber, ein Chorherr in Almutium, hilflos klagend zusehen muß, spiegelt meines Erachtens nicht die vorherrschende gesellschaftliche Meinung der Spätgotik wider, sondern entstammt viel eher dem Gedankengut der Reformatoren, welche das Konkubinat verdammten, weil sie vehement für die Priesterehe und deren rechtliche Anerkennung eintraten (Abb. 5).[48]

Abbildungsnachweis:
1, 2: Bern, Burgerbibliothek; 3, 4: Bern, Bernisches Historisches Museum; 5: Zürich, Zentralbibliothek

46 *Utz-Tremp*, Chorherren (wie Anm. 5), S. 60.

47 Allgemeine Geschichtsforschende Gesellschaft der Schweiz (Hrsg.), Historisch Biographisches Lexikon der Schweiz. Bd. 4, Neuenburg 1931, S. 377. Wiederum geht mein Dank an Manuel Kehrli (Bern), für den Hinweis auf diesen Fall.

48 *Pfaff*, Welt (wie Anm. 1), S. 77, G 66. Zürich.

ANDREAS TACKE

»Alles besiegt Amor«

Zur Liebesthematik in zwei Heiligenrollenporträts der Cranach-Werkstatt: Kardinal Albrecht von Brandenburg und seine Konkubine

»Omnia vincit Amor: et nos cedamus Amori«
(Vergil, Eklogen: 10,69)

Ein auf den ersten Blick unspektakuläres Heiligenpaar der Cranach-Werkstatt (Frontispiz) entpuppt sich bei näherer Betrachtung als eine ganz ungewöhnliche Liebeserklärung und damit als ein sehr ungewöhnliches Konkubinenporträt. Auf kleinen hochrechteckigen Einzeltafeln stehen sich der heilige Erasmus und die heilige Ursula gegenüber.[1] In die Rolle des Schutzheiligen des Hauses Brandenburg ist Kardinal Albrecht (1490-1545) geschlüpft, der dem heiligen Erasmus sein Porträt lieh. Derartige Rollenporträts waren Albrechts Leidenschaft; das majestätischste Gemälde dieser Art, die Erasmus-Mauritius-Tafel der Alten Pinakothek in München, stammt von Grünewalds Hand und war für Albrechts Stiftskirche in Halle an der Saale bestimmt gewesen. Schon die ältere Forschung fand heraus[2], daß es bei dem fiktionalen Treffen von Erasmus und Mauritius nur vordergründig um die Darstellung zweier Heiliger ging. Denn der heilige Mauritius, der den Krönungsharnisch Kaiser Karls V. trägt, öffnet das Bild hin zu einer reichspolitischen Interpretation.

Auch bei unserem Täfelchen geht es nur vordergründig um die Darstellung zweier Heiliger, auch wenn beide – wie der heilige Mauritius – zu den

1 Die Täfelchen (je 27,9 × 9,7 cm, Öl auf Lindenholz) wurden 1903 für Berlin angekauft und die Rückseiten vermutlich damals parkettiert. Erst für die Hängung (ab den 1960/70er Jahren) im Jagdschloß Grunewald wurden beide zusammen in einen älteren Rahmen montiert. Bei Albrecht ist im Fußbodenbereich eine Unterzeichnung, die möglicherweise eine (nicht ausgeführte) Landschaft andeutet, zu sehen. Der Zustand der Täfelchen ist (bis auf die Rückseiten) weitgehend original mit nur wenigen Retuschen an den Rändern. – Für Auskünfte danke ich Dr. Elke Werner (Berlin), die einen Bestandskatalog der Cranach-Bilder im SPSG-Besitz bearbeitet.

2 Siehe *Ulrich Steinmann*, Der Bilderschmuck der Stiftskirche zu Halle. Cranachs Passionszyklus und Grünewalds Erasmus-Mauritius-Tafel, in: Forschungen und Berichte (Kunsthistorische Beiträge), Staatliche Museen zu Berlin (Ost) 11, 1968, S. 69-104, hier S. 97-104.

Stiftspatronen der Hallenser Stiftskirche Kardinal Albrechts von Brandenburg zählten.[3]

Ein Detail am Halsband der heiligen Ursula verweist auf die eigentliche Botschaft des Bildpaares.[4] Denn dieses ist verziert mit den Buchstaben »O M • V I • A«, aufzulösen mit »OMNIA VINCIT AMOR«, zu deutsch »alles besiegt Amor« oder »alles besiegt die Liebe«.

Das geläufige Vergil-Zitat kann als Bildüberschrift gelesen werden, und damit bekommt das Attribut der heiligen Ursula – der Pfeil – einen doppelten Sinn: Zum einen ist er das traditionelle Attribut dieser Heiligen, denn als Anführerin der 11.000 Jungfrauen starb sie als Märtyrerin durch einen solchen.[5] Zum anderen kann man ihn aber auch als Liebespfeil lesen, denn bekanntlich sind die Waffen des Liebesgottes Pfeil und Bogen. Und wer von Amors Pfeil getroffen wird, kann nicht anders, als sich der Liebe hinzugeben. Genau dies besagt der zweite Teil des berühmten Vergil-Zitates, der beim Betrachten unseres Täfelchens mitzudenken ist. Den ersten Teil hat Ursula abgekürzt am Halsband, der zweite Teil des Vergil-Zitates lautet »und wir wollen der Liebe Raum geben« (»et nos cedamus Amori«). Mit anderen Worten, uns der Liebe hingeben, weil von Amors Pfeil getroffen. Auf die historische Situation übertragen hieße das, daß unser durch Luther wegen seiner »Weiber« in der Kritik stehende Kardinal Albrecht von Brandenburg nicht anders konnte, als der Liebe Raum zu geben.

Luthers Beurteilung, daß die »newen Bisschoven« allesamt »huren wirte« seien[6], werden viele Zeitgenossen geteilt haben, und sie wird, wie von Luther selbst, auch auf Albrecht angewandt worden sein. Zu offensichtlich waren die Sitten in den Klöstern und beim Klerus verfallen, als daß sich die Vertreter der Kirche noch große Mühe gegeben hätten, ihre Mätressenwirt-

3 Nach wie vor gültig *Paul Redlich*, Cardinal Albrecht von Brandenburg und das Neue Stift zu Halle. 1520-1541. Eine kirchen- und kunstgeschichtliche Studie. Mainz 1900.

4 Als es darum ging, einen Tagungstitel und ein Motiv für die Gestaltung des Tagungseinbandes zu finden, erinnerte ich mich an einen Aufsatz von Prof. Dr. Wolfgang Speyer (ehem. Altphilologe an der Universität Salzburg), wo er in einer Anm. auf das hier vorgestellte Täfelchen hinwies. Speyer lieferte in besagter Anm. auch die Auflösung der Buchstaben auf dem Halsband der heiligen Ursula; daraus ergab sich für mich die weitere Ausdeutung des Gemäldes. Siehe *Wolfgang Speyer*, Albrecht von Brandenburg als heiliger Martin. Zu einem unbekannten Bild des Simon Franck, in: Tesserae, Fschr. für Josef Engemann. (= Jahrbuch für Antike und Christentum; Ergänzungsband. Bd. 18.) Münster 1991, S. 164-169, bes. Anm. 15.

5 Einen allgemeinen Überblick bietet *Frank Günter Zehnder*, Sankt Ursula. Legende, Verehrung, Bildwelt. Köln 1985.

6 Vgl. D. Martin Luthers Werke. Kritische Gesamtausgabe. Bd. 1-, Weimar 1883-, hier Bd. 30.2, S. 338.

schaft zu verbergen. Manchen von ihnen schien dann auch die Meinung Luthers ehrlicher, die Konsequenz zu ziehen und in den Stand der Ehe zu treten. Der Reformator verteidigte immer wieder Männer und Frauen, die das Gelöbnis der Keuschheit aufgaben, gegen die Verfolgung der Altgläubigen. In dieser Angelegenheit empfahl er auch Kardinal Albrecht, »daß die Bischoffe zuvor ihre Hurn von sich trieben, ehe sie fromme Eheweiber von ihren Ehemännern scheideten«.[7] Da auch der Kardinal den Ruf eines Lebemannes hatte und sich einem verschwenderischen und nur allzu weltlichen Hofleben hingab, war für den Wittenberger der Ratschlag nur folgerichtig, »das sich Ewer Churfürstlich gnad in den Ehelichen standt begeben und das Bistumb zu weltlichen furstenthum macheten und den falschen namen und scheyn geystlichs standts fallen und faren lassen«.[8]

Davon war Albrecht weit entfernt – eine historische Leistung, die in der Diskussion um seine Rolle im Prozeß der Glaubensspaltung zu wenig gewürdigt wird. Kardinal Albrecht ging es um eine ganz andere Form des Liebesdiskurses, der sich bei ihm traditionellerweise um die Thematik der ›Weiberlist‹ bzw. ›Weibermacht‹ drehte, wobei das vermeintlich starke Geschlecht zum schwachen wurde.[9] Es wurde versucht, dem gebildeten zeitgenössischen Betrachter, dem die Auflösung der Buchstaben am Halsband der Ursula noch geläufig gewesen sein muß, einen solchen Zusammenhang nahezulegen. Er entspricht einer Argumentationsweise, die sich auch in anderen Kunstwerken widerspiegelt, die der Brandenburger in Auftrag gab – wie die berühmte, mit vier Szenen aus der Davidgeschichte bemalte Tischplatte Albrechts von der Hand Sebald Behams (Paris)[10] – oder die in seinem Besitz waren – wie Cranachs Herkules-und-Omphale-Gemälde (Kopenhagen)[11], welches mit seinem Wappen geschmückt wurde.

7 Ebd., Bd. Br. 2, Nr. 442 vom 01.12.1521, S. 408.

8 Ebd., Bd. 18, S. 408.

9 Siehe *Edith Wenzel*, Die schuldlose Schöne und die schöne Schuldige, Batseba in mittelalterlicher Kunst und Literatur, in: Ulrike Gaebel/Erika Kartschoke (Hrsg.), Böse Frauen – Gute Frauen. Darstellungskonventionen in Texten und Bildern des Mittelalters und der Frühen Neuzeit. (Literatur – Imagination – Realität. Anglistische, germanistische, romanistische Studien; Bd. 28.) Trier 2001, S. 89-107; *Dieter Koepplin*, Neue Werke von Lucas Cranach, (…). Basel 2003, und *Andreas Tacke*, »Bathseba im Bade«-Darstellungen bei Lucas Cranach und Zeitgenossen, in: Picasso trifft Cranach, Pablo Picassos Lithographien zu Lucas Cranach. Hrsg. von Marlies Schmidt im Auftrag der Cranach-Stiftung Wittenberg. (Ausstellungskatalog) Wittenberg 2004, S. 58-61.

10 Siehe *Michael Wiemers*, Der Kardinal und die Weibermacht. Sebald Beham bemalt eine Tischplatte für Albrecht von Brandenburg, in: Wallraf-Richartz-Jahrbuch 63, 2002, S. 217-236.

11 Siehe den Beitrag von Gabriele Baumbach in diesem Band.

Auf dem Tischplattengemälde begibt sich der dargestellte Albrecht quasi in die Rolle von König David und beobachtet die nackt im Bade befindliche Bathseba. Die Folgen kannte jedermann: Der in Liebe zu Bathseba Entbrannte beging mit ihr Ehebruch. Um dies zu vertuschen, ließ König David Bathsebas Mann, einen Offizier in seinem Heer, bei der nächstbesten kriegerischen Auseinandersetzung so in den vorderen Reihen aufstellen, daß dieser fallen mußte.

Daß die ›Weiberlist‹ auch den Stärksten unter den Männern umhaut, verdeutlicht das Herkules-und-Omphale-Gemälde aus Albrechts Besitz. Es ist quasi eine Umkehrung der Herrschaftsverhältnisse, welche Herkules zu einem Liebessklaven gleich dreier Frauen macht. Auch wenn wir nicht wissen, wo dieses mit Albrechts Wappen geschmückte Gemälde einst hing, der zeitgenössische Betrachter wird den historischen Bezug zu seinem Besitzer wohl verstanden haben: Kardinal Albrecht war – wie einst König David oder eben auch Herkules – der Macht der Frauen hilflos ausgeliefert.

Eine ›Liebeserklärung‹ wie die bei den vorgestellten Cranachschen Heiligenbildern – bei der der heilige Erasmus alias Albrecht von Brandenburg der heiligen Ursula, die eine Mätresse Albrechts (namens Ursula?) sein muß[12], als Geistlicher seine recht irdisch empfundene Liebe erklärt – ist da nur folgerichtig.

Es könnte sein, daß die beiden Täfelchen nicht Bestandteil eines Triptychons gewesen waren, dessen Mittelbild dann verschollen wäre[13], son-

12 Zu Motiven der Identifikation (Tugend-, Namens-, Standes- und Ereignisanalogien) siehe *Friedrich B. Polleross*, Das sakrale Identifikationsporträt. Ein höfischer Bildtypus vom 13. bis zum 20. Jahrhundert. (Phil. Diss. Wien 1986) 2 Bde., Worms 1988, S. 52-77; ihm folgt *Petra Kathke*, Porträt und Accessoire. Eine Bildnisform im 16. Jahrhundert. (Phil. Diss. Berlin 1995) Berlin 1997, bes. S. 91-93.
Polleross (S. 359) weist bereits auf den Zusammenhang mit den beiden Bildern im Aschaffenburger Stiftsmuseum (1524?) hin und nennt für beide Ursula-Darstellungen die Mainzer Bäckerstocher Ursula Redinger als Modell; siehe dazu ausführlich den Beitrag von Kerstin Merkel in diesem Band. Ihm folgt *Horst Reber*, Albrecht von Brandenburg. Kurfürst, Erzkanzler, Kardinal, 1490-1545. Hrsg. von Berthold Roland, mit Beiträgen von Friedhelm Jürgensmeier/Rolf Decot/Peter Walter. (Ausstellungskatalog) Mainz 1990, S. 188 Kat.-Nr. 81.

13 Siehe (Museumskatalog) Jagdschloß Grunewald (Verwaltung der Staatlichen Schlösser und Gärten). Bearb. von *Helmut Börsch-Supan*. 2., überarb. Aufl. Berlin 1981, S. 43: »Vermutlich handelt es sich um die Innenseiten eines Altärchens, dessen Mittelbild verloren ist.« In diesem Sinne auch: Marksteine. Eine Entdeckungsreise durch Brandenburg-Preußen. Hrsg. vom Haus der Brandenburgisch-Preußischen Geschichte beim Museumsverband des Landes Brandenburg e.V. (Ausstellungskatalog) Berlin 2001, S. 121 Kat.-Nr. II.4/1 (von Andreas Tacke).

dern sich von Anfang an selbst genügten, demnach ein Diptychon bildeten. Man hätte dann die beiden Liebenden aufeinanderlegen (klappen) und sie damit sich selbst überlassen können. Vom Typ her hätte man das erhalten, was man heute modern als ›Privatporträt‹ bezeichnen könnte.[14]

Die Vorbereitung zur Zweisamkeit helfen auch die beiden Eroten zu bewerkstelligen, die die Vorhänge des Hintergrundes halten. Souverän spielt Kardinal Albrecht als Auftraggeber dieser beiden Täfelchen mit der Möglichkeit der bildenden Kunst, Motive ikonographisch mehrdeutig anzulegen, denn in der Lesart eines Heiligenbildes sind die Eroten selbstverständlich nur als Engel anzusprechen.

Welche historische Person nun hinter dem Namen Ursula zu finden ist, damit beschäftigt sich ausführlich Kerstin Merkel in diesem Band – ganz gleich welcher Name im Laufe der Forschungsgeschichte genannt wurde, bis jetzt sind es nur Vermutungen.

Mit Sicherheit scheint urkundlich nur eine Konkubine Albrechts, nämlich die Frankfurter Bürgerstochter Agnes Pless, verbürgt zu sein.[15] Daß sich über diese Kardinalsmätresse mehr erhalten hat, ist offensichtlich nur der Tatsache zu verdanken, daß sie nach dem Ableben Albrechts in eine heftige Auseinandersetzung hineingezogen wurde, die die drei Bistümer des Verstorbenen um seine Hinterlassenschaft untereinander ausfochten. Es ging um Geld, und Agnes Pless wird Zeugin und Opfer dieses Streits.

Wann sie die Konkubine des Kardinals wurde, verschweigen die Quellen. Agnes Pless[16] (* um 1502) war eine geborene Strauss, Tochter des Hans Strauss, Metzger zu Frankfurt am Main, und der Ottilia Strauss, geb. Semer. Kenntnis erhalten wir von einem Bruder Johann Strauss, der 1546 Schult-

14 Der ›Typ‹ bearbeitet von *Angelica Dülberg*, Privatporträts. Geschichte und Ikonologie einer Gattung im 15. und 16. Jahrhundert. (Phil. Diss. Köln 1985) Berlin 1990.

15 Die folgenden Ausführungen stützen sich auf *Andreas Tacke*, Agnes Pless und Kardinal Albrecht von Brandenburg, in: Archiv für Kulturgeschichte 72, 1990, S. 347-365; zuletzt siehe *Paul-Joachim Heinig*, »Omnia vincit amor«. Das fürstliche Konkubinat im 15./16. Jahrhundert, in: Cordula Nolte/Karl-Heinz Spieß/Ralf-Gunnar Werlich (Hrsg.), Principes, Dynastien und Höfe im späten Mittelalter. (Residenzenforschung, Bd. 14.) Stuttgart 2002, S. 277-314, bes. S. 292ff.

16 Die folgenden Daten sind entnommen aus *Alfred F. Wolfert*, Heraldische Spuren der Verwandtschaft des Kardinals Albrecht von Brandenburg in Aschaffenburg, in: Aschaffenburger Jahrbuch für Geschichte, Landeskunde und Kunst des Untermaingebietes 6, 1979, S. 127-136. Vgl. (mit einigen Irrtümern) *Walter Karl Zülch*, Kardinal Albrecht von Brandenburg und Agnes Strauß-Pleß. Die Geschichte einer romantischen Liebe und ihres tragischen Ausgangs, in: Hallische Nachrichten 41, Nr. 76, Dienstag 02.04.1929, S. 13.

heiß zu Auheim ist und 1556 Bürger zu Hanau. 1521 heiratete Agnes den Frankfurter Bürger Hans Pless, der vor 1527/28 verstarb und dessen Namen sie später beibehielt.

Wie Albrecht sie kennenlernte, muß dahingestellt bleiben. Sie wird den Kardinal, der wegen der drei Bistümer und Reichsangelegenheiten oft unterwegs war, häufig begleitet haben. Doch scheint ihr Hauptaufenthaltsort ebenfalls in Halle gewesen zu sein. Dort besaß sie nämlich nach eigenen Aussagen ein Haus, zum »Grunen hofe« genannt. Ein solches Haus ist in der Großen Klausstraße nachgewiesen worden[17], sie verband das Klaustor (und die dazugehörige Saalebrücke) mit dem Markt und liegt in der Nähe der Residenz. Es ist zu vermuten, daß Agnes ihr Haus durch ihre Stellung als Kardinalskonkubine erwerben konnte. Die späteren Dokumente belegen unmißverständlich, daß sie durch ihre Beziehung zum Kardinal eine sehr vermögende Frau war, ihre Hofhaltung der einer Fürstin gleichkam. Wie die Hallenser Jahre im einzelnen verliefen, bleibt im dunkeln. Vielleicht wohnte ihre Mutter Ottilia Strauss ebenfalls in Halle, denn diese war später in Aschaffenburg bei ihr.

Die Beziehung zu Albrecht muß ›öffentlichen‹ Charakter gehabt haben, denn nach eigener Aussage bekam sie in der Zeit Geschenke von »meher hern«, so von Herzog Heinrich von Braunschweig-Wolfenbüttel (1489-1568), der ihr eine kostbare Kette vermachte.[18]

Mit Albrecht verließ Agnes Pless Halle endgültig am Anfang des fünften Jahrzehnts des 16. Jahrhunderts; die Stadt war lutherisch geworden. Sie folgt dem Kardinal nach Aschaffenburg. Dort hielt sich Albrecht bis zu seinem Tod vorwiegend auf. Der Kardinal hatte nach seinem Rückzug aus Halle 1540 sein Testament[19] gemacht und dabei Aschaffenburg großzügig bedacht. Neben dem dortigen Stift und der Beginenkirche war es vor allem seine Residenz, das Aschaffenburger Schloß, welche einen großen Teil der Hallenser Kunstwerke erhielt. Das Schloß brannte 1552 aus, verloren ging damit auch ein großer Teil der Hallenser Kunstwerke.[20]

17 Im Jahre 1425 (Druckfehler?, richtig 1525?) mit dem Besitzer »Hans Hake«, siehe *Siegmar Schultze-Galléra*, Topographie oder Häuser- und Straßen-Geschichte der Stadt Halle a.d. Saale. Bd. 1, Halle 1920.

18 *Tacke*, Pless (wie Anm. 15), S. 363.

19 Abdruck bei *Redlich*, Cardinal (wie Anm. 3), Beilage 37.

20 Siehe *Andreas Tacke*, Der »hellische Cardinal«. Zu den Kunstwerken der Hallenser Stiftskirche in Aschaffenburg, in: Das Rätsel Grünewald. (Veröffentlichungen zur Bayerischen Geschichte und Kultur, Bd. 45/02.) Hrsg. von Rainhard Riepertinger u.a. (Ausstellungskatalog) Augsburg 2002, S. 105-114.

Agnes Pless erwirbt am 13. Juli 1542 unweit des Aschaffenburger Schlosses ein Grundstück in der »clein Weber gassen gelegen [...] (vor jaren des Monchs hauss genandt)« von dem Aschaffenburger Stift St. Peter und Alexander.[21] Wo sich Agnes in den zwei Jahren zwischen 1540, dem Weggang von Halle, und 1542, der Erwähnung in Aschaffenburg, aufhielt, entzieht sich unserer Kenntnis. Es ist zu vermuten, daß das Aschaffenburger Stift auf Druck des Kardinals dieses Grundstück abgab. Denn zwei Jahre zuvor (am 17. August 1540) hatte das Stift, ebenfalls »bey dem Schloss gelegen«, ein Haus dem Hofmaler Albrechts, Simon Franck, und seiner Frau Anna zu für das Stift ungünstigen Konditionen überlassen müssen.[22] Beide waren Albrecht nach Aschaffenburg gefolgt. Somit waren unmittelbar bei der Residenz Albrechts treue, jedoch ungleiche Gefolgsleute aus Halle untergekommen.[23]

Agnes Pless ließ die Gebäude auf dem Grundstück abreißen und durch einen Neubau ersetzen. Dazu verwendete sie unter anderem den sehr stattlichen Erlös von 2.200 Gulden, welchen sie aus dem Hausverkauf in Halle erzielte. Ihre Vermögensverhältnisse waren im übrigen so, daß sie wahrscheinlich einen sehr aufwendigen Neubau errichten ließ. Nach Albrechts Tod wird sie beteuern, daß dafür nur eigene und nicht Gelder des Kardinals verwendet wurden.

Zumindest in Aschaffenburg, vielleicht auch in Halle, wurde Agnes von ihrer Mutter Ottilia Strauss, geb. Semer, begleitet, denn diese verstarb 1543 am »Di(en)stag nach Vrbani« (nach dem 25. Mai) dort. Ihr Epitaph befindet sich nach wie vor im Aschaffenburger Stift St. Peter und Alexander; Alfred A. Wolfert hat den Zusammenhang mit Albrecht hergestellt.[24] Das Epitaph zeigt die Verstorbene kniend vor einer Darstellung mit Christus als Schmerzensmann sowie Maria und Johannes. Neben einer Inschriftentafel finden sich das Wappen der Frankfurter Bürgerfamilie Strauss (in Rot ein natürlicher Vogel Strauß mit blauem Hufeisen im Schnabel) und das der Familie Semer.

21 *Tacke*, Pless (wie Anm. 15), S. 352f.

22 Ebd., S. 353. Die Bestallung von Simon Franck nicht bei *Alexander Jendorff*, Verwandte, Teilhaber und Dienstleute. Herrschaftliche Funktionsträger im Erzstift Mainz 1514 bis 1647. (Untersuchungen und Materialien zur Verfassungs- und Landesgeschichte, Bd. 18.) Marburg 2003. Das muß jedoch nicht heißen, daß Franck nicht doch bestallt worden ist, denn nicht alle Bestallungen wurden in den entsprechenden zeitgenössischen Verzeichnissen aufgenommen.

23 Zu beiden Häusern siehe *Alois Grimm*, Aschaffenburger Häuserbuch II (...), unter Mitarbeit von (...). (Veröffentlichungen des Geschichts- und Kunstvereins Aschaffenburg e.V., Bd. 34.) Aschaffenburg 1991, S. 398-405.

24 Vgl. *Wolfert*, Spuren (wie Anm. 16), S. 135f.

Aus dem im Zweiten Weltkrieg im Frankfurter Stadtarchiv verbrannten Testament der Agnes Pless, zu dem der Grünewaldforscher Walter K. Zülch einige Angaben lieferte[25], ging hervor, daß Albrecht Agnes Pless zur Vorsteherin (Mutter) der Beginen in Aschaffenburg machte. Die kleine Niederlassung der Beginen lag im Tiergarten, unmittelbar an der Aschaffenburger Stadtmauer.[26] Sie ist heute als ›romantische Ruine‹ in den Stadtpark Schöntal eingebunden. Agnes Pless mußte nach Albrechts Tod über die Zuwendungen an »Cleinoth vnd Ornata«, die die Niederlassung der Beginen vom Kardinal erhalten hatte, Auskunft geben. In ihre Zeit als Beginenmutter fällt auch ein sehr privates Geschenk, welches Albrecht zum Neujahr von ihr erhielt, ein Bierkrug: »1 silbern zum teil vorgulte bierkanden, welches mein gnedigster her stetz gebrauchtt; diese kanden wart im zum newen jhar geschanckt zu Aschaffenburgk ym dhirgarthen«.[27] Man kann davon ausgehen, daß Agnes ihre Zeit nicht, wie es bei den ihr anvertrauten Schwestern der Fall war, mit der Pflege von Kranken, Alten und Siechen ausfüllte, oder Tage und Nächte klagend und betend am Grab Christi während der Osterliturgie verbrachte. Sicherlich werden andere Beweggründe als die der mildtätigen Nächstenliebe den Kardinal geleitet haben, als er sie zur Mutter der Beginen machte, vielleicht, um Agnes auch nach seinem Tod versorgt zu wissen. Doch eng mit dem Schicksal Albrechts verbunden, überdauerte die Heiliggrabkirche nicht lange sein Ableben. Sofort nach seinem Tod wurde sie durch das Aschaffenburger Stift ausgeräumt. Albrecht hatte dem Stift St. Peter und Alexander die Kunstwerke dieser Kirche als Pfand angegeben, für den Fall, daß er die Zurückzahlung eines Kredites schuldig blieb.[28]

Am 24. September 1545 verstarb Kardinal Albrecht von Brandenburg erst fünfundfünfzigjährig. Agnes Pless, die noch in den letzten Stunden bei Al-

25 *Walter Karl Zülch*, Der historische Grünewald. Mathis Gothardt=Neithardt. München 1938, S. 400ff. Die Quellenangaben und ihre Auswertung sind bei Zülch oft flüchtig und in manchen Fällen affirmativ eingesetzt, Vorsicht ist geboten.

26 Siehe *Andreas Tacke*, Die Aschaffenburger Heiliggrabkirche der Beginen. Überlegungen zu einer Memorialkirche Kardinal Albrechts von Brandenburg mit Mutmaßungen zum Werk Grünewalds, in: Anzeiger des Germanischen Nationalmuseums 1992, S. 195-239. Meine Ausführungen zu Grünewald nun hinfällig durch die neuen Ergebnisse von *Hanns Hubach*, »… scrinium super sepulchrum aperiuntur«. Die Heilig-Grab-Kapelle der Aschaffenburger Stiftskirche und Matthias Grünewalds ›Beweinung Christi‹, in: Andreas Tacke (Hrsg.), »Ich armer sundiger mensch«. Heiligen- und Reliquienkult in der Zeitenwende Mitteldeutschlands. (Schriftenreihe der Stiftung Moritzburg, Kunstmuseum des Landes Sachsen-Anhalt, Bd. 2.) Göttingen 2006, S. 415-498.

27 *Redlich*, Cardinal (wie Anm. 3), 204*f., zitiert wird aus einer Aufzählung der Hinterlassenschaft Albrechts aus dem Jahre 1545.

28 *Tacke*, Beginen (wie Anm. 26), S. 231f.

brecht auf der Mainzer Moritzburg weilte, wurde sofort nach Bekanntwerden seines Todes auf Anordnung des Domkapitels verhaftet und bis etwa Mitte November, also circa zwei Monate gefangengehalten. Dabei spielten keineswegs sittliche Gründe eine Rolle. Es ging dem Kapitel vielmehr um Geld, um sehr viel Geld. Alles, was Agnes in ihrem Aschaffenburger Haus verwahrte und sie in Mainz bei sich hatte, wurde vom Kapitel umgehend beschlagnahmt.

In diesem Zusammenhang werden Agnes' Aussagen schriftlich festgehalten; der Bericht hat einen Umfang von neun Seiten. Am wichtigsten ist wohl der Teil ihrer Aussage, in dem Agnes eine Aufzählung des vom Mainzer Kapitel in Aschaffenburg und Mainz beschlagnahmten persönlichen Besitzes gibt:

> »400 marck sijlbers an allerleij sijlbern vnd vorgulten schweren bechern vnnd Trinckgeschirr, ist in Sum(m)a vber 5000 f(loenn) wirdig geacht.
> 15 pfundt goldes an ketten vnnd allerleij Cleijnothern ausserhalb der edelgesteijne.
> Item 1 Perlen Rock den Amanden der Seijdesticker gemacht vnd davon gueten bericht weijss.
> Gulden vnd Seijdengewanth so noch vnvermächt vnd vngeverlich in die 1500 gulden wirdig.
> 90 Gurthel gross vnd kleijn darunder das beste vff 1200 gulden vnd noch eijns vff 700 gulden geacht.
> Item etliche Pater noster vnd neheringe gulden vnd sijlbern.
> Allen Haussrhat den sie in grosser anzahl in dem Newenhause zu Aschaffenburg gehabt vnd von dem ijhrem gezeuget, alleijne etliche geringe Bettlin vnd Leijnewanth, das sie ihr wider zuwerffen wolten.
> 32 Rocke dorober noch 10 die sie ihr widdergegeben.
> Ite(m) vngefarlich 300 gulden ringe mit Edelgesteijnen.
> Etliche viel geschmuckter Paneth (?) mit Cleijnothern geziert.
> It(e)m 12 stuck weijns ijm hause zu Aschaffenburg [...]«.[29]

Schmerzlich war auch der Verlust von »brieve vnd siegel vber ijhre Zinse vnd Renthe«, die Agnes Pless in Halle, Leipzig, Nürnberg und Frankfurt hinterlegt hatte. Der Hinweis, daß sie auf dem Landtag in Kalbe Albrecht 1.000 Taler »vorgestreckt« habe, auf deren Rückzahlung sie nicht »sonderlich gedrungen« hätte, belegt, daß Albrechts Nachfolger ihr gegenüber eigentlich in der Bringschuld gestanden hätten; aber an solch korrektes Vorgehen war offensichtlich beim Zusammenraffen von Albrechts vermeintlichem und tatsächlichem Nachlaß nicht zu denken.

29 Vgl. *Tacke*, Pless (wie Anm. 15), S. 362.

Agnes' Testament (vom 16. Mai 1546) läßt vermuten, daß man nicht ihrer ganzen Habe, für die man sich als die eigentlichen Besitzer hielt, habhaft werden konnte. Denn sie starb trotz der Beschlagnahmungen als sehr reiche Frau. Walter K. Zülch faßte seinen Eindruck von ihrem Testament zusammen:

> »Die einzeln aufgeführte Garderobe ist an Kostbarkeit der Stoffe und Zahl die einer großen Fürstin! An ihrem fabelhaften Goldschmuck befindet sich in Gemmen geschnitten und geprägt überall des Erzbischof Albrechts Bildnis, an Ketten, Ringen und Armschmuck. An einer Goldkette hängt des Bischofs von Mainz seligen Tochter Anna[30] Bildnis'«.[31]

Als Testamentsvollstrecker soll Agnes, kurz vor ihrem Tod lutherisch geworden, den Landgrafen Philipp I. von Hessen (1509-1567) eingesetzt haben. »Sie interessiert ihn zugleich durch die Zuwendung eines Legates von 4.000 Gulden für die hessischen Spitäler.«[32] Ihren Besitz soll sie in Frankfurt deponiert haben, als sie die Stadt verließ und in Rommershausen den hessischen Adeligen Raban von Holzheim am 17. Februar 1547 heiratete. Sie erkrankte jedoch kurz nach ihrer Hochzeit und verstarb einige Tage später am 4. März, also circa fünfundvierzigjährig; der Prozeß um ihr nachgelassenes Vermögen zog sich mehrere Jahre hin.

Es gehört zu den Launen der Überlieferung, daß es zu Agnes Pless zahlreiche Schriftquellen gibt, aber keine Kunstwerke, in denen man ihr Porträt vermutet, und im genau umgekehrten Verhältnis dazu zahlreiche heilige Ursula-Darstellungen, denen man Porträtcharakter unterstellt, aber bis jetzt kein einziges historisches Zeugnis aufgefunden wurde, wer sich hinter der dargestellten Ursula eigentlich verbirgt. Gab es schon zeitgenössisch einen Schleier der Diskretion, oder hat die Tabuisierung des Themas bis jetzt das Auffinden der Quellen verhindert? Denn auffallend beim Quellenbestand zu Agnes Pless ist, daß es Aufzeichnungen Dritter sind, die um ihr Geld bangten, aber keine Archivbestände, die üblicherweise zu Albrecht zu konsultieren wären.

30 Zu dieser siehe *Rolf Hünicken*, Nachkommen Kardinal Albrechts von Brandenburg, in: Fschr. für Geheimrat Freydank zu seinem 90. Geburtstag. (= Ekkehardbücherreihe, Bd. 9.) Halle 1941, S. 23-26.

31 *Zülch*, Grünewald (wie Anm. 25), S. 403.

32 Ebd. Zu Philipp siehe nun: Landgraf Philipp der Großmütige (1504-1567). Hessen im Zentrum der Reform. Begleitband zur Ausstellung des Landes Hessen. Hrsg. von Ursula Braasch-Schwersmann/Hans Schneider/Wilhelm Ernst Winterhager in Zusammenarbeit mit der Historischen Kommission für Hessen. Marburg/Neustadt a.d. Aisch 2004.

GABRIELE BAUMBACH

»SIC ECIAM INGENTES ANIMOS INSANA VOLVPTAS« Die Herkules-und-Omphale-Darstellungen der Cranach-Werkstatt und ein Gemälde Lucas Cranachs d. J. für Kardinal Albrecht von Brandenburg

Die Sklavenzeit des Herkules bei Omphale gehört ebenso wie der rasende oder trunkene Herkules zu den ambivalenten Seiten des Helden, die sich nur schwer mit der Vorstellung von seiner ungebrochenen Tugend, seiner unbesiegbaren Stärke und seinem Aufstieg in den Olymp in Einklang bringen lassen.[1] Trotzdem wurde gerade diese Episode seiner Unterwerfung über Jahrhunderte zu einem außerordentlich beliebten Gegenstand in der bildenden Kunst.[2] So scheint es auf den ersten Blick nicht verwunderlich, daß sich ein Herkules-und-Omphale-Gemälde (Abb. 1) Lucas Cranachs d.J. im Besitz Kardinal Albrechts von Brandenburg befand; die dritte Zeile der lateinischen Inschrift – die dem Aufsatztitel zugrunde gelegt wurde – lautet zu deutsch: ›So beherrscht verderbliche Wollust mächtige Geister‹.[3]

In der Werkstatt Lucas Cranachs d.Ä. entstanden seit den dreißiger Jahren des 16. Jahrhunderts mindestens 20 Gemälde und eine Handzeichnung, die Herkules am Hof der Omphale zeigen. Dabei handelt es sich nicht um Repliken einer einmal gefundenen Komposition, sondern, gemäß der Cranachschen Werkstattpraxis (sog. »Repertoire-Praxis«[4]), um Varianten eines erfolgreichen ikonographischen Typs aus den Händen Lucas Cranachs d.Ä., seiner beiden Söhne Lucas und Hans sowie unbekannter Werkstattmitarbeiter. Leider sind nur 12 dieser 21 mir bekannten Werke bildlich über-

1 Zur Ambivalenz des Herkules in der bildenden Kunst vgl. *Dieter Blume*, Mythos und Widerspruch. 1. Herkules oder die Ambivalenz des Helden, in: Herbert Beck/Peter C. Bol (Hrsg.), Natur und Antike in der Renaissance. (Ausstellungskatalog) Frankfurt a.M. 1985, S. 130-139.

2 Der folgende Beitrag entstand im Kontext der noch nicht abgeschlossenen Doktorarbeit der Verfasserin zu dem Thema »Herkules und Omphale. Studien zu einem außergewöhnlichen Liebespaar in der Kunst des 15.-19. Jahrhunderts« (Universität/Kunsthochschule Kassel).

3 Kopenhagen, Statens Museum for Kunst: Inv.-Nr. KMSsp 727.

4 *Dieter Koepplin*, Ein Cranach-Prinzip, in: Hans Spielmann (Hrsg.), Lucas Cranach. Glaube, Mythologie, Moderne. Ausstellung und Katalog von Werner Schade/Ortrud Westheider/Silke Schuck. (Ausstellungskatalog) Hamburg 2003, S. 144-165, hier S. 144.

liefert. Immer wieder tauchen jedoch Exemplare im Kunsthandel auf.[5] Hinzu kommen Werke der Nachfolge, Kopien oder durch Cranach inspirierte Gemälde des 20. Jahrhunderts. (Auflistung siehe Anhang)

Der Urtyp aller Cranachschen Herkules-und-Omphale-Kompositionen könnte mit dem Gemälde identisch sein, das der Wittenberger Humanist und Poet Philipp Engelbrecht (latinisiert nannte er sich Philippus Engentius) in einem lateinischen Hochzeitslied/Epithalamium erwähnt, das er anläßlich der Wiedervermählung Herzog Johanns von Sachsen (Johann der Beständige, Kurfürst von 1486-1532) mit Margaretha von Anhalt 1513 auf Schloß Torgau verfaßte und 1514 bei Johann Gronenberg in Wittenberg publizierte.[6] Engelbrecht schildert darin die Wand- und Deckenmalereien sowie Bildtapeten, die Lucas Cranach d.Ä. auf Leinwand wohl vor allem für das Brautgemach, vielleicht – was allerdings in Anbetracht der Fülle der genannten Themen eher unwahrscheinlich ist – auch nur für das Bett, geschaffen hatte und die – wie so viele seiner Werke, vor allem aber die sogenannten ›tüchlein‹ – leider nicht erhalten sind.

»Da sieht man auf blauem Wasser den Triton zwischen Najaden und Nereiden. Hier liebkost ein Delphin einen Knaben, von einem anderen wird der Sänger Arion zum Strand getragen. Den kecken Sohn unterrichtet Venus in neuen Listen und befühlt mit der Hand prüfend seine Pfeile. Inmitten der Götter steht Paris eben im Begriff, sein Urteil abzugeben. Apollo, wegen schwerer Schuld aus dem Olymp verwiesen, weidete im Dienst des Königs Admetus auf aemonischer Flur die Schafe. Ihn forderte einst der Satyr Marsyas zum Wettkampf heraus und verlor als besiegter seine Haut. Schon sieht man Latonas Sohn die Hände des Blutenden anfassen und diesen nach seinen Gefährten rufen. Hier behüten die Hesperiden ihre Äpfel, der Sohn Jupiters, Herkules, täuscht den Drachen und trägt seine Beute davon. Bis zu den Amazonen drang Herkules vor und brachte von dort Hippolytes Gürtel. Unter den Mäonischen [lydischen] Mädchen soll er einst gesessen haben und hier sitzt er auch, von Liebe gebrochen; er, der einst das Himmelsgewölbe trug, fürchtet, mit

5 Von diesen Werken ist kein aktueller Aufbewahrungsort bekannt. Folglich muß man sich mit dem Abbildungsmaterial und den Angaben aus den Versteigerungskatalogen zufriedengeben, da die Werke nicht im Original zu begutachten sind; siehe die Auflistung der Werke im Anhang.

6 Vgl. *Heinz Lüdecke*, Lucas Cranach der Ältere im Spiegel seiner Zeit. Aus Urkunden, Chroniken, Briefen, Reden und Gedichten. Berlin 1953, S. 104f.

Abb. 1: Lucas Cranach d.J., Herkules bei Omphale, sig. und dat. 1535; Öl/Holz, 82 × 118 cm; Kopenhagen, Statens Museum for Kunst: Inv.-Nr. KMSsp 727.

der Weiberhaube bekleidet, die Peitsche der Omphale[7]. Dazu stellt der geistvolle Künstler den mächtigen Salomo, als Beispiel, das einst die Frauen alles vermochten. An letzter Stelle ist die geschändete Römerin. Das Schwert ist mit Blut bespritzt, die einst sternähnlichen Augen sind halb gebrochen, das Gewand Lucretias gleitet von dem gewölbten Busen; der königliche Liebhaber war bei diesen Reizen der Verzeihung nicht unwert. Was noch von Bildern bleibt, kann ein kurzes Gedicht nicht wiedergeben.[…] Dieser [Lucas] hat mit alten Mären die reiche Lagerstatt geschmückt, und den Herrschaften war das lieb und wert.«[8]

7 Engentius spricht wohl in Anlehnung an Giovanni Boccaccio (De claris mulieribus, 1361–75), der die beiden Figuren vermischte, von Iole: vgl. *Giovanni Boccaccio*, De claris mulieribus/Die großen Frauen. Lateinisch/Deutsch, ausgewählt, übersetzt und kommentiert von Irene Erfen/Peter Schmitt. Stuttgart 1995, S. 70ff. (Jole, Tochter des Königs der Ätoler).

8 Zitiert nach *Lüdecke*, Cranach (wie Anm. 6), S. 56f. Lüdeckes Zitat basiert leicht überarbeitet auf *G. Bauch*, Zur Cranachforschung, in: Repertorium für Kunstwissenschaft 17, 1894, S. 421ff. Vgl. *Franz Matsche*, Lucas Cranachs mythologische Darstellungen, in:

Cranachs Bildprogramm liefert eine Mischung erotischer Themen aus Mythologie, Altem Testament und Historie. Dabei werden zwei der Heldentaten des Herkules seiner Unterwerfung unter Omphale gegenübergestellt. Die Kombination von tugend- und lasterhaften Szenen zieht sich jedoch nicht durch das gesamte Bildprogramm, das uneinheitlich ist. Die Geschichte von Herkules und Omphale sowie die von Salomons Götzendienst fungieren als exemplarische Warnung vor den Gefahren der Liebe. Herkules und Samson waren als Vertreter der ›fortitudo‹ beliebte Beispiele für die Bezwingung starker Helden durch die »Weiberlist«[9], vor der im 16. Jahrhundert bekanntlich mittels ganzer Zyklen gewarnt wurde und zu denen sich weitere bekannte »Minnesklaven« wie Aristoteles, Vergil, David etc. gesellen konnten. Diese Mahnungen an die Adresse junger Ehepaare waren in ein ganzes »System humanistischer Ethik« eingebunden und dienten der »sittlichen Gestaltung des Lebens«.[10] Sollte sich der Mann seiner Frau zu sehr unterordnen, so drohte ihm – wie Herkules' Sklavenzeit bei Omphale verdeutlicht – der Verlust der (politischen) Macht oder aber der Verlust der Rechtsgläubigkeit, wie bei Salomons Götzendienst.[11] Anhand Engelbrechts Kommentar zu Lukretia (»[...] der königliche Liebhaber war bei diesen Reizen der Verzeihung nicht unwert«) wird jedoch deutlich, daß die Bettstatt »kein Ort für ernste Diskurse«, sondern vielmehr für »augenzwinkernde und animierende Unterhaltung«[12] war.

Claus Grimm/Johannes Erichsen/Evamaria Brockhoff (Hrsg.), Lucas Cranach. Ein Maler-Unternehmer aus Franken. (Veröffentlichungen zur Bayerischen Geschichte und Kultur; Bd. 26.) (Ausstellungskatalog) Augsburg 1994, S. 83; vgl. *Berthold Hinz*, Lucas Cranach d.Ä. Reinbek bei Hamburg 1993, S. 54f., Anm. 22.

9 Vgl. *Susan Louise Smith*, »To women's wiles I fell«. The Power of Women Topos and the Development of medieval secular Art. Diss. Philadelphia/Pa. 1978; vgl. *Friedrich Maurer*, Der Topos von den Minnesklaven. Zur Geschichte einer thematischen Gemeinschaft zwischen bildender Kunst und Dichtung im Mittelalter, in: Deutsche Vierteljahresschrift für Literaturwissenschaft und Geistesgeschichte 27, 1953, S. 182-206; *Jenny Schneider*, Die Weiberlisten, in: Zeitschrift für schweizerische Archäologie und Kunstgeschichte 20, 1960, S. 147-157; vgl. Art. Minnesklaven in: Lexikon der Christlichen Ikonographie, Allgemeine Ikonographie. Bd. 3, Rom u.a. 1971, S. 270.

10 *Franz Matsche*, Humanistische Ethik am Beispiel der mythologischen Darstellungen von Lucas Cranach, in: Winfried Eberhard/Alfred A. Strnad, Humanismus und Renaissance in Ostmitteleuropa vor der Reformation. Köln 1996, S. 29-70, hier S. 46.

11 Vgl. *Cordula Bischoff*, Die Schwäche des starken Geschlechtes. Herkules und Omphale und die Liebe in bildlichen Darstellungen des 16. und 18. Jahrhunderts, in: Martin Dinges (Hrsg.), Hausväter, Priester, Kastraten. Zur Konstruktion von Männlichkeit in Spätmittelalter und früher Neuzeit. Göttingen 1998, S. 153-181, hier S. 165.

12 Vgl. *Hinz*, Cranach (wie Anm. 8), S. 55.

Nicht alle der Cranachschen Herkules-und-Omphale-Gemälde entstanden anläßlich einer Eheschließung.[13] So trägt das Gemälde Lucas Cranachs d.J.[14], das sich heute in Kopenhagen befindet, neben der Jahreszahl 1535 das Wappen Kardinal Albrechts von Brandenburg (1490-1545) und befand sich folglich in seinem Besitz.[15] Albrecht heiratete nie, lebte aber auch nicht in Keuschheit, wie man es von einem hohen Geistlichen erwarten könnte. Er galt wegen seiner weltlichen Hofhaltung als Lebemann und verbarg seine Konkubinen nicht vor seinen Zeitgenossen. Das brachte ihm bekanntlich die Kritik Luthers ein, der 1525 in einem Brief riet, daß sich

> »Ewer Churfürstlich gnad in den Ehelichen standt begeben und das Bistumb zu weltlichen furstenthum macheten [wie sein Vetter, der Hochmeister Albrecht von Preußen, der sein Kurfürstentum säkularisierte] und den falschen namen und scheyn geystlichs standts fallen und faren lassen.«[16]

Wer nicht keusch lebe, so Luther, der solle in den ehelichen Stand treten. Luther selbst heiratete noch im selben Monat (27. Juni 1525) Katharina von Bora, und Albrecht ließ dem jungen Paar 20 Gulden überreichen.[17]

13 Schon im italienischen Trecento wird das Herkules-und-Omphale-Thema im Kontext von Eheschließungen aufgegriffen, so z.B. bei Cassone-Malereien mit dem Trionfo d'amore des Petrarca, die gelegentlich Herkules und Omphale unter den Opfern Amors zeigen (obwohl sie im Text nicht genannt werden, z.B. St. Petersburg, Eremitage, Cassonemalerei eines florentinischen Künstlers, ca. 1450) oder in der Freskomalerei, z.B. von Pinturicchio (Dekkengemälde für den Palazzo Petrucci, 1508/09, heute New York, Metropolitan Museum).

14 Albrechts Interesse an Themen der Weibermacht ist auch durch eine in seinem Auftrag gemalte Tischplatte von Sebald Beham dokumentiert; vgl. *Michael Wiemers*, Der Kardinal und die Weibermacht: Sebald Beham bemalt eine Tischplatte für Albrecht von Brandenburg, in: Wallraf-Richartz-Jahrbuch Bd. 63, 2002, S. 217-236, bes. S. 228. Interessant ist, daß die Signatur des Kopenhagener Gemäldes mit der Jahreszahl 1535 bereits die hängenden Flügel des Drachen zeigt, wie sie eigentlich für die wohl von Lucas Cranach d.J. geleitete Werkstatt nach dem Tod Hans Cranachs typisch wurde. Es ist zu vermuten, daß diese Abweichung bewußt eingebracht wurde, um die eigene Leistung eines der Söhne hervorzuheben, ob Hans oder Lucas d.J. kann nicht mit absoluter Sicherheit gesagt werden. Cranach d.Ä. arbeitete außerdem bereits viel früher, nämlich in den Jahren zwischen 1520 und 1526, vornehmlich für Albrecht von Brandenburg. Die Zuschreibung an Cranach d.J. treffen *Friedländer/Rosenberg*, Gemälde (wie Anhang), Nr. 274B.

15 Vgl. *Friedländer/Rosenberg*, Gemälde (wie Anhang), Nr. 274B.

16 D. Martin Luthers Werke. Kritische Gesamtausgabe. Bd. 1-, Weimar 1883-, hier Bd. 18, 1908, S. 408, zit. nach *Andreas Tacke*, Agnes Pless und Kardinal Albrecht von Brandenburg, in: Archiv für Kulturgeschichte 72, 1990, S. 347-365, hier S. 347.

17 Vgl. *Friedhelm Jürgensmeier* (Hrsg.), Erzbischof Albrecht von Brandenburg (1490-1545). Ein Kirchen- und Reichsfürst der Frühen Neuzeit. (Beiträge zur Mainzer Kirchengeschichte, Bd. 3.) Frankfurt a.M. 1991, S. 80.

1539 veröffentlichte Luther seine Schrift »Wider den Bischof zu Magdeburg, Albrecht Kardinal«, in der er mit Albrecht regelrecht abrechnete: Luther kritisierte hier besonders Albrechts Verhalten gegenüber dem Großkaufmann Hans von Schönitz, der 1535 auf dem Giebichenstein bei Halle gehängt worden war, weil man ihm einen massiven Vertrauensbruch gegenüber Albrecht von Brandenburg vorgeworfen hatte. So soll er falsche Wechsel ausgestellt und andere dubiose Geschäfte getätigt haben. Luther vermutete jedoch, daß er vor allem wegen seiner religiösen Gesinnung zum Tode verurteilt worden war.[18] Im Zuge der ›Schönitz-Affäre‹ wurden sowohl Albrechts unbekümmertes Finanzgebaren wie auch sein Lebenswandel ans Licht der Öffentlichkeit gezerrt, so daß Luther in diesem Zusammenhang bedauerte, daß Hans von Schönitz nie habe sagen können, »wieviel tausend Gülden dem Cardinal sind auff seine öffentliche Hurerey oder Ehebrecherey gangen in seinem Hurhaus auff der Moritzburg«.[19]

Es ist zu vermuten, daß das Gemälde nicht in Albrechts Auftrag gemalt wurde, denn das Wappen scheint nachträglich auf das bereits fertiggestellte Gemälde aufgetragen worden zu sein: Zwischen dem Kopf der Hofdame und den aufgehängten Rebhühnern wirkt es wie eingezwängt. Hier würde eine Untersuchung der Malschichten für Klarheit sorgen. Der Kardinal kaufte vermutlich ein bereits fertiggestelltes Bild und ließ nach Besitznahme sein Wappen darauf setzen. Die vorhandene Datierung auf das Jahr 1535 legt als Provenienz die hallesche Moritzburg nahe. Der dortige Gemäldebestand ist zu Albrechts Zeiten aber leider nur unvollständig dokumentiert.[20]

Der bärtige Herkules sitzt umgeben von drei Frauen im Zentrum des Bildes und wird von ihnen im Spinnen unterrichtet. In seiner rechten Hand hält er die Spindel, während seine Linke unter Anleitung der rotgekleideten Frau den Faden führt. Er blickt aus dem Bild heraus auf den Betrachter, dem er milde lächelnd die Spinnarbeit vorführt, während er auf anderen Cranach-Gemälden, zum Beispiel von Lucas Cranach d.Ä. im Braunschweiger Herzog Anton Ulrich-Museum (1537 dat., Abb. 2)[21], unter dem Zugriff der Frauen sichtlich gequält aussieht.

18 Vgl. ebd., S. 82.

19 Zitiert nach *Wiemers*, Kardinal (wie Anm. 14), S. 230 (Luther 1539, Bl. F. IIr).

20 Vgl. ebd., S. 228, der auf die wenigen Angaben Paul Redlichs (Cardinal Albrecht von Brandenburg und das neue Stift zu Halle 1520-1541. Eine kirchen- und kunstgeschichtliche Studie. Mainz 1900) verweist.

21 Oder auf dem Gemälde Lucas Cranachs d.Ä., dat. 1537, versteigert bei Sotheby's 1969/2001; genaue Angaben zu den Gemälden im Anhang.

Abb. 2: Lucas Cranach d.Ä., Herkules bei Omphale, sig. und dat. 1537; Öl/Rotbuchenholz, 82 × 118,9 cm; Braunschwweig, Herzog Anton Ulrich-Museum: Inv.-Nr. 25.

Er ist wie bei fast allen anderen Varianten des Themas aus der Cranach-Werkstatt in zeitgenössischer Kleidung wiedergegeben.[22] Die mächtige Kette und der im Gegensatz zu den tiefen Dekolletés der Frauen hochgeschlossene Rüschenkragen des Herkules (er trägt über gefälteltem Hemd ein schwarzes geschlitztes enges Wams mit weiten Ärmeln) kommt ebenso wie seine geschlitzte[23] eng anliegende Hose mit verziertem Hosenlatz (fast wie Kapsel) in der zeitgenössischen Männermode der 1530er Jahre vor. Die Ver-

22 Lediglich die verlorene Version der Göttinger Universitätssammlung (1532) und das 1962 bei Lempertz versteigerte Gemälde (1533) zeigen Herkules mit nacktem muskulösen Oberkörper, der von seinem Fell bedeckt wird, während die Keule auch hier ganz fehlt (siehe Anhang).

23 Die Schlitzung der Hosen rührt von der Landsknechtkleidung her – sie sollte die Hosen ursprünglich bequemer und farbiger machen –, hatte dann jedoch nur noch dekorative Gründe; vgl. *Erika Thiel*, Geschichte des Kostüms. Die europäische Mode von den Anfängen bis zur Gegenwart. 7. Aufl. Berlin 2000, S. 179.

zierung des Hosenlatzes, der im 16. Jahrhundert immer auffallendere Formen annahm, war Gegenstand moralischer Entrüstung.[24]

Die schlichte Haube des Herkules besteht aus einem gestärkten Leinentuch, das um den Kopf gebunden wurde. Hauben waren zumindest in der vornehmen Tracht schon ab 1520 – sieht man von der goldverzierten Kugelhaube ab – nicht mehr modern. Nur ältere Frauen und solche der unteren Volksschichten (z.B. Mägde) verwendeten sie noch.[25] So tragen die Hofdamen der Omphale über hochgesteckten Haaren allesamt modische »Perlin-Netzhauben«[26], mit zum Teil das Gesicht bedeckenden durchsichtigen Schleierstücken. Auch das der Männerkleidung entlehnte modische Barett taucht auf einigen Gemälden[27] als Kopfbedeckung der Hofdamen auf.

Rund um Herkules' Kopf kommt durch das Aufsetzen der Haube und das Spinnen ein spannungsreiches Spiel der Hände zustande. Immer führen mehrere Hände den Faden, fassen den aufrecht stehenden Rocken, weisen auf Herkules oder binden die Haube um seinen Kopf. Einige Gesten fallen besonders ins Auge, so hält Herkules auf dem Kopenhagener Bild[28] beim Führen des Fadens Daumen und Zeigefinger zu einem Kreis/Ring geformt. Auf einigen Gemälden[29] hat man sogar den Eindruck, daß Herkules beim Führen des Fadens in der linken Hand den Daumen zwischen Zeigefinger

24 So schrieb Bischof Musculus aus Frankfurt/Oder 1555 ein Buch mit dem Titel »Vom zerluderten zucht- und ehrverwegenen pludrichten Hosenteuffel«, wo es unter anderem heißt: »Unsere jungen Kumpanen lassen den Latz vorn mit dem Höllenfeuer und dem Lappen über die Maßen groß machen, so daß der Teuffel darin sitzt und zu allen Seiten hinausschaut, allein zum Ärgernis und bösen Beispiel, ja zur Verlockung und Verführung armer, wahnsinniger und unschuldiger Mädchen.« Zit. nach *Thiel*, Geschichte (wie Anm. 23), S. 170.

25 Vgl. ebd., S. 174.

26 Vgl. *Marx/Mössinger*, Cranach (wie Anhang), S. 495, wo eine ähnliche Bekleidung beim Porträt der Margerethe von Ponickau mit den Worten Wilhelm Schäfers beschrieben wird. Vgl. *Wilhelm Schäfer*, Die Königliche Gemäldegalerie im Neuen Museum zu Dresden. Beschreibung und Erläuterung sämtlicher Gemälde nach der Ordnung der Räume begleitet von kunstgeschichtlichen und kritischen Erinnerungen. 3 Bde., Dresden 1860, S. 877f.

27 Z.B. Braunschweig, Herzog Anton Ulrich-Museum; Gotha, Schloßmuseum (siehe Anhang).

28 Auch auf dem Gemälde, das sich ehem. in Göttingen befand, und bei dem Gemälde von Hans Cranach aus der Slg. Thyssen-Bornemisza. Diese Geste taucht bei anderen Versionen der Cranach-Werkstatt auch bei einer der Frauenfiguren auf, z.B. Sotheby's 1969, Lempertz 1966, Gotha, Museum Schloß Friedenstein (siehe Anhang).

29 Z.B. Braunschweig, Herzog Anton Ulrich-Museum und Lempertz 1966 (siehe Anhang).

und Mittelfinger schiebt, also die sogenannte Feige[30] zeigt. Beide Gesten (die erstgenannte eigentlich nur zusammen mit dem Zeigefinger der linken Hand oder einem Gegenstand, der durch den geformten Ring geschoben wird[31]) gelten noch heute als obszön und verweisen auf den Geschlechtsakt, somit auf die vermeintliche Ursache für Rollentausch und Erniedrigung des Herkules: sein fleischliches Liebesverlangen.

Eine ebenfalls deutlich laszive Sprache sprechen die Gesten des Herkules auf zwei weiteren Varianten, auf denen Herkules einer der Frauen sichtlich amüsiert an die Brüste greift[32] oder der rechts stehenden in den Ausschnitt faßt und die links stehende mit der Rechten in Gesäßhöhe packt (Abb. 3). Das letztgenannte Gemälde geht vermutlich ebenfalls auf Lucas Cranach d.J. zurück (sig. und dat. 1533). Im Auktionskatalog von Christie's wird Dieter Koepplin zitiert, der das Gemälde in einem Brief vom 19. Januar 2001 als qualitätvoll einstuft.[33] Merkwürdig mutet jedoch die Schulterpartie der Hofdame an, die Herkules die Haube aufsetzt. Offensichtlich bezieht sich das Kopenhagener Gemälde auf dieses zwei Jahre ältere Bild.

Die Anzahl der Frauen variiert von Bild zu Bild, so finden sich auf den bekannten Gemälden zwischen 1532 und 1537 zwei und vier weibliche Figuren, die um Herkules angeordnet sind.[34] Die kostbaren zeitgenössischen Kleider der Hofdamen sind sämtlich tief dekolletiert, und goldene Glieder- oder Hobelspanketten zieren in reizvollem Linienspiel ihre nackte perlmuttfarbene Haut, die sich kontrastreich vom dunklen Hintergrund absetzt.

Der Spinnrocken im Bildzentrum wird auf dem Kopenhagener Gemälde von einer rotgekleideten Hofdame zu Herkules' Linken gehalten. Mit dem kleinen Finger weist sie den Betrachter auf Herkules. Ihre Rechte führt den frisch gesponnenen Faden, den wenige Zentimeter später Herkules' Linke

30 Vgl. gesto obsceno, z.B. bei Giovanni Bonifacio; *Ulrich Rehm*, Stumme Sprache der Bilder. Gestik als Mittel neuzeitlicher Bilderzählung. München/Berlin 2002, S. 384.

31 Die Geste wird heute als Ring bezeichnet und hat eine gänzlich andere Bedeutung; vgl. *Betty J. Bäuml/Franz H. Bäuml*, Dictionary of the worldwide Gestures. 2. Aufl. London 1997.

32 Gemälde von Lucas Cranach d.Ä., sig. und dat. 1532; München, Xaver Scheidwimmer (1966), genaue Angaben zum Gemälde im Anhang.

33 Vgl. Christie's 2001 (wie Anhang), S. 47. Daß die sexuelle Verführungskunst der Frauen oder besser gesagt die Wollust des Mannes in den Herkules-und-Omphale-Gemälden Cranachs (ersteres entgegen der Meinung Cordula Bischoffs) durchaus thematisiert wird, zeigt diese Fassung am deutlichsten; vgl. *Bischoff*, Schwäche (wie Anm. 11), S. 163.

34 Z.B. zwei auf dem bei Lempertz versteigerten Bild von 1531, oder drei auf dem 1532 datierten Gemälde aus Münchner Privatbesitz (siehe Anhang).

übernimmt. Ganz rechts steht etwas abseits eine weitere Frauenfigur. Sie könnte mit Omphale identisch sein, ist aber nicht eindeutig zu benennen, da der sonst für das Bildthema charakteristische Kleider- und Attributetausch nicht wiedergegeben ist. Löwenfell und Keule des Herkules tauchen weder bei ihm selbst noch in den Frauenhänden auf.[35] Bei allen Gemälden der Cranach-Werkstatt ist diese rechts stehende Frauenfigur besonders hervorgehoben. Hier trägt sie im Gegensatz zu den beiden anderen rotgekleideten Frauen ein schwarzes Gewand mit pelzverbrämtem Kragen, (ähnlich wie Herkules) eine schlichte weiße Haube und neben einer engen, mit Steinen besetzten Goldkette eine lange, tief in den Ausschnitt gelegte Gliederkette sowie zwei steinbesetzte Ringe an der rechten Hand, während ihre Linke analog zu Herkules' Rechter einen weiteren Spinnrocken hält. Über die Schulter der rotgekleideten Hofdame beobachtet sie mit ihren auffallend geschlitzten Augen das Geschehen. Auch bei allen weiteren vier- oder fünffigurigen Werken ist die rechts außen stehende Frauenfigur zusätzlich zum Beispiel durch ihren Blick auf den Betrachter oder ihre Kleidung hervorgehoben.[36] Bei ihr könnte es sich um ein verstecktes Bildnis handeln, das allerdings dem üblichen Cranachschen Frauentyp[37] entspricht und nur für den Eingeweihten erkennbar war. Sicherlich reichten auch bei den Herkules-und-Omphale-Gemälden – wie bei den vielen versteckten Cranach-Porträts hinter der heiligen Ursula, Magdalena, Dorothea, Katharina oder Barbara, Details wie ein bestimmtes Kleidungs- oder Schmuckstück aus, um dem Auftraggeber seine Ehefrau oder Geliebte erkennbar zu machen.[38]

Die rechts außen stehende Omphalefigur des Kopenhagener Gemäldes könnte folgerichtig auf Albrechts Konkubine, zu diesem Zeitpunkt die

35 Anders wohl auf dem Posener Bild und dem Gemälde der Erben Theodor Gaedertz' in Lübeck, die beide von Simon beschrieben werden, aber nicht bildlich überliefert sind; vgl. *Karl Simon*, Zu Cranach's Darstellungen des Herkules unter den Lydischen Mädchen, in: Zeitschrift für Bildende Kunst, Kunst-Chronik 50 (= N.F. 26), 1915, S. 162-164. Auf dem ehem. in Göttingen befindlichen Gemälde trägt Herkules immerhin das Löwenfell.

36 Bei der Zeichnung in Berlin, dem Gothaer, dem Kopenhagener Gemälde, der 1969/2000 bei Sotheby's oder der bei Christie's 2001 in London versteigerten Version (siehe Anhang).

37 Wie Hinz treffend formulierte: fischglatte Kind-Frauen von schmal-schlanker Statur, mit knappen Brüstchen und kleinem Po, langen Gliedern und dem großen blanken Mädchenkopf auf den schmächtigen Schultern, kleiner Kinnspitze, die Augen zu Schlitzen verengt, langes blondes Haar hinter durchsichtigen Schleiern; vgl. *Hinz*, Cranach (wie Anm. 8), S. 56 und 97.

38 Vgl. ebd., S. 88 und 91.

Abb. 3: Lucas Cranach d.J., Herkules am Hof der Omphale, sig. und dat. 1533; Öl/Leinwand, 84,5 × 120,3 cm; Privatbesitz (Adam Williams Fine Art, New York).

Frankfurter Bürgerstochter Agnes Pless, anspielen. In Anbetracht der oben geäußerten Vermutung, daß es sich nicht um ein Auftragsgemälde handelt, ist dies jedoch unwahrscheinlich. Agnes Pless war als Konkubine die Nachfolgerin der legendären Ursula Riedinger, über die es keine schriftlichen Nachrichten gibt, die aber vermutlich um 1525/26 starb. Wann Agnes Pless (* um 1502, Tochter des Metzgers Hans Strauss zu Frankfurt am Main, und der Ottilie Strauss, geb. Semer) Albrecht begegnete, ist unklar. 1527/28 stand der Kardinal wahrscheinlich bereits mit ihr in Verbindung.[39] Nachweislich wurde sie als Kardinalsmätresse in Halle zu einer reichen Frau, die sowohl ein Haus zum »grunen Hofe«, üppigen Schmuck, sowie den Lebenswandel einer Fürstin besaß, wie die Streitigkeiten um das Erbe Albrechts von Brandenburg an den Tag gebracht haben.[40]

39 Vgl. *Walter Karl Zülch*, Der historische Grünewald. Mathis Gothardt=Neithardt. München 1938, S. 402; vgl. *Tacke*, Pless (wie Anm. 16).

40 Vgl. ebd., S. 350f.

Die Herkulesfigur wird Albrecht von Brandenburg selbst als Identifikationsfigur gedient haben, sie besitzt aber genauso wenig Porträtzüge wie die Herkulesdarstellung des oben genannten, ebenfalls Lucas Cranach d.J. zugeschriebenen Gemäldes aus dem Jahr 1533, von dem 1876 der Katalog der Kyburg behauptet, es handele sich um ›Kurfürst Johann Friedrich den Großmütigen mit dreien seiner Hofdamen, dargestellt als Herkules bei der Omphale am Spinnrocken‹.[41] In der Tat trugen Zeitgenossen Cranachs wie Markgraf Albrecht von Brandenburg-Ansbach, Kurfürst Friedrich der Weise[42] oder auch Kurfürst Johann Friedrich der Großmütige[43] einen Bart ähnlichen Zuschnitts, so daß eine Anspielung auf die historische Person beabsichtigt sein mochte. Vergleicht man das Erscheinungsbild des Herkules mit den Porträts Kurfürst Johann Friedrichs des Großmütigen, z.B. aus der Cranach-Werkstatt von 1533 (Kopenhagen, Statens Museum for Kunst), kann abgesehen vom Bart keine äußere Ähnlichkeit festgestellt werden.[44] Da auf allen Gemälden immer derselbe barttragende Typ von Mann wiedergegeben ist, bleiben jegliche Identifikationsversuche im Bereich des Spekulativen.[45]

Jeder, der das Herkules-und-Omphale-Gemälde in Albrechts Räumlichkeiten sah, wird die Geschichte auf seinen Lebenswandel bezogen und das Gemälde als unmißverständliche Anspielung auf sein(e) Liebesverhältnis(se) verstanden haben. In Anbetracht der oben zitierten Beschuldigungen Luthers erscheint das Bild geradezu wie ein Eingeständnis Albrechts, der seine langjährigen Mätressenverhältnisse offensichtlich selbstbewußt auf eine Ebene mit den ehelichen Verbindungen der weltlichen Fürsten stellte und der durch das Gemäldethema beteuerte, Liebe und Leidenschaft genauso zu unterliegen (oder besser: unterliegen zu dürfen) wie jeder andere Mann.

41 Vgl.: Kyburg die Stammburg Rudolf's von Habsburg (mütterlicher Seite). Wegweiser und Gedenkblatt den Besuchern des Schlosses. 5. Aufl. Winterthur 1876, S. 11, Kat.-Nr. 14.

42 Porträt Lucas Cranachs d.Ä. von 1525; vgl. *Spielmann*, Cranach (wie Anhang), Abb. 24, S. 30.

43 Porträt Lucas Cranach d.Ä. von 1533; vgl. ebd., S. 36, Kat.-Nr. 56.

44 Vgl. ebenfalls Lucas Cranach d.Ä., Die drei Kurfürsten von Sachsen: Friedrich der Weise, Johann der Beständige und Johann Friedrich der Großmütige, um 1532; Öl/Holz; Hamburg, Kunsthalle. Abgebildet in *Grimm/Erichsen/Brockhoff*, Cranach (wie Anm. 8), S. 32, Kat.-Nr. A 14.

45 Der Vollbart war in jenen Jahren nach ca. 100jähriger Pause wieder in Mode gekommen und wegen seiner zum Teil bizarren Zuschnitte – hier ist er in der Mitte am Kinn kürzer als rechts und links – von Geiler von Kaisersberg in seinen Predigten verspottet: »Etliche tragen Knebelbärt, etliche hond ein klein stücklin an den Backen ston, es will jeglicher etwas besunders tragen, und ist alles Narrenwerk«; zit. nach *Thiel*, Geschichte (wie Anm. 23), S. 170.

Über bzw. neben den Halbfiguren verdeutlicht auf allen Gemälden ein lateinischer Vierzeiler die moralische Botschaft des Bildes. Bild und Text gehören folglich unabdingbar zusammen.[46]

»HERCVLEIS MANIBVS DANT LYDAE PENSA PVELLAE
IMPERIVM DOMINAE FERT DEVS ILLE SVAE.
SIC CAPIT INGENTES ANIMOS DAMNOSA VOLUPTAS
FORTIAQVE ENERVAT PECTORA MOLLIS AMOR«

(›Den Händen des Herkules teilen die lydischen Mädchen Arbeit zu; / die Herrschaft seiner Herrin erduldet jener Göttliche. / So ergreift verderbliche Wollust mächtige Geister, / und selbst die tüchtigsten Gemüter werden von der weichen Liebe entkräftet‹[47])

Auf einigen Gemälden[48] werden die letzten beiden Zeilen leicht variiert, so auch beim Kopenhagener Bild, wo es heißt:

»SIC ECIAM INGENTES ANIMOS INSANA VOLVPTAS
ET DOMITO MOLLIS PECTORE FRANGIT AMOR«[49]

Im Zentrum der moralischen Botschaft steht der Inschrift zufolge die Warnung des Mannes vor dem Machtverlust durch erotische Hörigkeit. Dabei liegt die Betonung nicht auf der Übernahme der weiblichen Rolle, sondern

46 Sicherlich nicht zufällig eine emblematische Struktur: Bild (pictura) und Unterschrift (subscriptio) bzw. Beischrift (adscriptio), vgl. *Jörg Robert*, Die Wahrheit hinter dem Schleier. Lucas Cranachs heidnische Götter und die humanistische Mythenallegorese, in: Spielmann, Cranach (wie Anm. 4), S. 102-115, hier S. 110. Im Jahr 1531, also zur selben Zeit wie das erste Cranachsche Herkules-und-Omphale-Gemälde, erschien Andreas Alciatus' Emblematum liber, das mythologisches Wissen (in der mittelalterlichen Tradition) allegorisch deutet. Ein Bild (bzw. eine mythologische Figur) und ein erläuternder Text sollen eine Tugend, ein Laster oder eine moralische Wahrheit verdeutlichen; vgl. *Jean Seznec*, Das Fortleben der antiken Götter. Die Mythologische Tradition im Humanismus und in der Kunst der Renaissance. München 1990 (franz. Erstausgabe Paris 1980), S. 80. Auf die emblematische Struktur verweist in Anbetracht der lateinischen Vierzeiler auf den Venus-Gemälden auch *Dieter Koepplin*, Neue Werke von Lucas Cranach und ein altes Bild einer polnischen Schlacht – von Hans Krell? Basel 2003, S. 37.

47 Übersetzung *Koepplin/Falk*, Cranach (wie Anhang), Bd. 2, S. 574.

48 Ehem. Göttingen, Universitätssammlung, Kopenhagen, Statens Museum for Kunst, ehem. München, Slg. Xaver Scheidwimmer, Auktion Christie's 2001 (siehe Anhang).

49 *Friedländer/Rosenberg*, Gemälde (wie Anhang), Nr. 272, S. 124.

in der »Umkehrung des Herrschaftsverhältnisses, das Herkules zu einem Sklaven von Frauen macht«.[50]

Es ist wahrscheinlich, daß Cranach die lateinische Sprache beherrschte, denn wie der Wittenberger Theologe und Jurist Andreas Bodenstein-Karlstadt 1509 in einem lateinischen Lobgedicht auf Cranach (das der 1508 gehaltenen Universitätsrede des Nürnberger Juristen und Humanisten Christoph Scheurl mit dem Widmungsbrief an Cranach angehängt wurde) äußerte, entströmt »seinem Munde [...] voller Scharfsinn lateinische Rede«.[51] Die lateinischen Verse unter seinen Gemälden könnte er dann selbst ausgesucht oder gar verfaßt haben.

Die Tatsache, daß die Inschrift in lateinischer Sprache formuliert ist, macht deutlich, daß Cranach zumindest ein humanistisch gebildetes Publikum aus dem höfischen oder hohen bürgerlichen Milieu ansprach. Als hinlänglichen Beweis für die Cranachschen Lateinkenntnisse oder gar seine Zugehörigkeit zum engen Kreis der Humanisten kann man diese Worte Bodenstein-Karlstadts jedoch nicht anführen, denn sie könnten ebenso zur »landläufig-modischen Humanisten-Panegyrik«[52] zählen. So sollte man vielleicht besser mit Hinz bei der Ansicht bleiben, daß Cranach wohl kaum »zum veritablen humanistischen Milieu zu zählen« ist, da »ausgeklügelte Konzepte und Gedankenkunst« eigentlich nicht seine Sache waren.[53] Bei der Wahl profaner Themen wird sicherlich Cranachs gutes Gespür als Unternehmer/Geschäftsmann eine Rolle gespielt haben, denn Cranach reagiert mit seinen profanen und mythologischen Themen nicht zuletzt auf das Infragestellen der kirchlichen Kunst (Wittenberger Bildersturm von 1522, beginnender Verfall der katholischen Ikonographie).[54] Die Tatsache, daß Cranachs mythologische Themen zum humanistischen Repertoire zählten, setzt nicht unbedingt voraus, daß dies

> »[...] an einem akademisch inspirierten Programm zur Förderung humanistischen Gedankenguts gelegen habe. Das für den Fortbestand des Ateliers notwendige neue Bild-Programm schien in der dargebotenen Art und Weise vielmehr besonders geeignet, ein neues, modisch interessiertes

50 *Bischoff*, Schwäche (wie Anm. 11), S. 162.

51 *Matsche*, Ethik (wie Anm. 10), S. 31; vgl. *Ders.*, Darstellungen (wie Anm. 8), S. 78.

52 *Berthold Hinz*, Lucas Cranach d.Ä.: Profanierung der Bildthemen und Wandel des Figurenstils nach Beginn der Reformation, in: Bodo Brinkmann (Hrsg.), Hans Holbein und der Wandel in der Kunst des frühen 16. Jahrhunderts. Brepols/Turnhout 2005, S. 57-72, hier S. 57.

53 Vgl. *Hinz*, Cranach (wie Anm. 8), S. 117.

54 Vgl. *Hinz*, Profanierung (wie Anm. 52), S. 58.

Publikum zu binden, dem inzwischen die antiken Legenden, zusätzlich zu denen des Mittelalters, formelhaft vertraut waren.«[55]

Interessanterweise verdeutlicht Cranach die Gefahren der fleischlichen Liebe hier nicht mit Hilfe einer Aktdarstellung von Herkules und Omphale als Liebespaar, wie in der zeitgenössischen Graphik[56] und in der Malerei[57] oft geschehen. Der Akt scheint in seinem Werk vielmehr Venus, Eva und Lukretia vorbehalten. Statt dessen charakterisiert er die Hofdamen Omphales mittels der modisch tief dekolletierten Kleider und ihres koketten Lächelns als reizvolle und jugendliche Zeitgenossinnen, denen sicherlich jeder männliche Betrachter des 16. Jahrhunderts gerne unterlegen gewesen wäre. Cranach appelliert sowohl an die sinnliche Wahrnehmung wie an das intellektuelle Vermögen des Betrachters. »Der Betrachter wird vom Bild selbst gleichsam der fleischlichen Versuchung ausgesetzt, vor der die Beischrift warnt.«[58]

Das Paar toter Rebhühner an der Wand im Bildhintergrund verdeutlicht zusätzlich zum Text die hintergründige moralische Botschaft, denn Cranach warnt sowohl hier wie bei Darstellungen ungleicher Paare[59] mittels der Rebhühner vor den Folgen ungezügelter Libido, die dem Rebhuhn schon im »Physiologus«[60] nachgesagt wurde. Zusätzlich bedient er mit dem aufge-

55 *Hinz*, Profanierung (wie Anm. 52), S. 69. Zur Diskussion um die Frage, inwieweit Cranach humanistisch geprägt war, vgl. *Edgar Bierende*, Lucas Cranach d.Ä. und der deutsche Humanismus. Tafelmalerei im Kontext von Rhetorik, Chroniken und Fürstenspiegeln. München/Berlin 2002, bes. S. 171f., wo Bierende die wichtigsten Positionen zur profanen Malerei Cranachs skizziert, um dann im folgenden auf die Bedeutung der ›Historia‹ am Wittenberger Hof einzugehen.

56 Z.B. Hans Baldung Grien, lavierte Federzeichnung, ca. 1533 (Paris, Ecole des Beaux-Arts), auch hier ein belehrender Schriftzug auf einem Täfelchen links am Baum, der betont, daß Amor den Löwenbezwinger in einen Schwächling verwandelt habe), und ein Kupferstich (Berlin, Kupferstichkabinett, Hollstein Bd. II, S. 70, Nr. 6), der Herkules und Omphale als Liebespaar zeigt.

57 Z.B. bei Jan Gossaert, gen. Mabuse, der ein Herkules-Gemälde, 1517 (Richmond, Slg. Cook), und einen Holzschnitt (Hollstein Bd. VIII, S. 149) schuf. Die beiden erscheinen hier als harmonisches Liebespaar – es wird weder ein Rollen- noch ein Kleidertausch, noch der Hof Omphales angedeutet. Vielleicht handelt es sich auch um eine Darstellung von Herkules und Deianira?

58 *Matsche*, Ethik (wie Anm. 10), S. 57.

59 Lebendige Rebhühner vgl. z.B. Samson und Delila, Quellnymphen, Das Goldene Zeitalter – tote, aufgehängte Rebhühner: Darstellungen ungleicher Paare.

60 Vgl. *Otto Seel*, Der Physiologus. Übertragen und erläutert. Zürich/Stuttgart 1960. Zum Rebhuhn vgl. *Berthold Hinz*, Perdix cinerea oder Die Kunst, über Dädalus zu triumphieren, in: Martin Papenbrock u.a. (Hrsg.), Kunst und Sozialgeschichte. Fschr. für Jutta Held. Pfaffenweiler 1995, S. 174-187.

hängten Geflügel (Fasane und Enten kommen auf einigen Gemälden hinzu, z.B. ehem. Göttingen, Universitätssammlung), das er auch bei anderen Bildthemen im Hintergrund einbringt, die Vorliebe der höfischen Auftraggeber für täuschend echt gemalte Jagdtrophäen im Bild.

Bei einem Vergleich der Rebhühner auf den verschiedenen Gemälden wird schnell deutlich, daß immer dieselbe Vorlage Verwendung gefunden haben muß. Diese ist in einer Zeichnung von zwei toten, aufgehängten Rebhühnern nach der Natur aus dem Besitz des Dresdener Kupferstichkabinetts (Inv.-Nr. C1195; Wasser- und Deckfarben auf Papier, 41,3 × 24,6 cm) ausfindig zu machen, die sehr genau mit denjenigen der Herkules-und-Omphale-Kompositionen übereinstimmen. Sie wurde vermutlich um 1530 von Lucas Cranach d.Ä. selbst für den Werkstattbetrieb als Vorlage angefertigt.[61] Anregung für ein solches Jagdtrophäenstilleben in Trompe-l'œil-Manier konnte Cranach im Werk seines Vorgängers im Amt des kursächsischen Hofmalers in Wittenberg, des Venezianers Jacopo Barbari, finden, der 1504 ein augentäuschendes Stilleben mit Rebhuhn, Eisenhandschuhen und Armbrustbolzen geschaffen hatte (München, Alte Pinakothek: Inv.-Nr. 5066; sig., 52 × 42,5 cm).[62]

Vermutlich griff Cranach auch bei der Darstellung von Herkules und Omphale auf Barbari zurück, denn 1507 waren im Wittenberger Schloß im Anschluß an die Taten des Herkules zwei Gemälde zu sehen, die eventuell von ihm stammten: »Hier liebt er Iole und legt auf ihren Befehl Löwenhaut und Keule ab, gebraucht Kränze, Salben, Purpur und Ringe und sitzt mit dem Rocken unter den Dienerinnen des geliebten Mädchens.«[63]

Die Herkules-und-Omphale-Gemälde gehörten wie zahlreiche weitere mythologische oder historische Themen, die von Cranach mehrfach gemalt wurden (Venus und Amor, Lukrezia, Paris-Urteil etc.), offensichtlich zu den beliebtesten Themen des höfischen Dekors, die den profanen Lebensbereich bedeutungsvoll ausstatteten.[64] Dabei war Herkules für den Fürsten wie für den Adeligen im allgemeinen durch seine Wertung als ›exemplum virtutis‹ (steht für Stärke, Mut, Kampfeskraft, vita activa) par excellence eine wichtige Identifikationsfigur, die auch für die Gefahren und Versuchungen,

61 Vgl. *Grimm/Erichsen/Brockhoff*, Cranach (wie Anm. 8), Kat.-Nr. 184, Farbabb. S. 360, Kat.-Nr. 188.

62 Vgl.: Alte Pinakothek München. Erläuterungen zu den ausgestellten Gemälden. Bayerische Staatsgemäldesammlungen. 2. Aufl. München 1986, S. 58f. mit Abb.

63 Zit. nach *Bauch*, Cranach-Forschung (wie Anm. 8), S. 429; *Koepplin/Falk*, Cranach (wie Anhang), Bd. 2, S. 575.

64 Vgl. *Matsche*, Darstellungen (wie Anm. 51), S. 84.

die den Regierenden bedrohten, Beispiele lieferte (der trunkene oder der rasende Herkules). Die anzügliche Geschichte erlaubte den Fürsten deshalb trotz des moralischen Appells die Identifikation mit dem Helden.[65] So dient die Herkules-und-Omphale-Episode im höfischen Kontext als Warnung vor der Macht der Frauen mittels der Liebe, der selbst die größten Helden – warum also nicht auch die wichtigsten weltlichen und kirchlichen Fürsten der Zeit – unterlagen. Und welcher Platz konnte für dieses natürlich nur eingeschränkt gültige humorvolle Zugeständnis und Kompliment an Ehefrau oder Konkubine geeigneter sein als das Schlafzimmer oder gar die Bettstatt. Die kleinen Formate (min. 14,2 × 19,2 cm in Gotha, Schloß – max. 82,5 × 122,5 cm bei Xaver Scheidwimmer, München) und die humorvoll-laszive Übersetzung des Stoffes in die eigene Zeit scheinen nahezulegen, daß man sich die Tafelgemälde weniger in einem repräsentativen Rahmen als vielmehr in den intimen Räumlichkeiten der Fürsten vorzustellen hat. Generell wurde die Weibermachtthematik jedoch eher im öffentlichen und höfisch-repräsentativen Raum aufgegriffen. So ist auch bei den Herkules-und-Omphale-Gemälden der Cranach-Werkstatt zu vermuten, daß sie zumindest zum Teil in repräsentativen Räumen hingen, z.B. als Kaminstück im Anschluß an eine Gemäldefolge mit den Heldentaten des Herkules (wie beim Braunschweiger Gemälde vermutet wird) oder in der Ratsstube des Wismarer Fürstenhofes, wo sich nachweislich eine leider nicht mehr erhaltene Darstellung des spinnenden Herkules von Lucas Cranach d.Ä. befand.[66]

Die Menschen der Renaissance rezipierten antike Stoffe noch vielfach über die altbekannten mythologischen Handbücher oder aber zeitgenössische Werke. Unter den letztgenannten ist Martin Luther heranzuziehen[67], mit dem Cranach bekanntlich in enger Verbindung stand (1525 Brautwerber und Trauzeuge, 1526 Taufpate von Luthers erstem Sohn etc.)[68], der aber nach eigener Äußerung selbst ein Gegner der moralischen Mythenexegese war, die er für eine »verführerische Kurtisane« und die »Erfindung Satans und verdorbener Mönche« hielt.[69] Er erwähnt den Mythos in seiner 1533/34

65 Vgl. *Joachim Jacoby*, Aus dem Besitz der Braunschweiger Herzöge, in: Weltkunst 56, H. 6, 1986, S. 852-855, hier S. 854.

66 Vgl. *Johannes Erichsen*, Zwei Schweriner Dokumente zu Lucas Cranach, in: Kunstchronik 50, 1997, S. 49-53, hier S. 49.

67 Zuvor wurde diese Verknüpfung bereits hergestellt von *Jakoby*, Besitz (wie Anm. 65), S. 854; vgl.: Gotteswort und Menschenbild (wie Anhang), S. 25 (von Werner Schade); *Wiemers*, Kardinal (wie Anm. 14), S. 229.

68 Vgl. *Lüdecke*, Cranach (wie Anm. 6), S. 68-76, Anm. S. 110ff.

69 Vgl. *Seznec*, Fortleben (wie Anm. 47), S. 75, Anm. 5.

verfaßten Auslegung des 101. Psalms, die er dem jungen Kurfürsten Johann Friedrich dem Großmütigen (1532-47 Kurfürst) widmet, um diesen vor den Gefahren des Hoflebens zu warnen: »Wer regieren will, der muß Leuten vertrauen, wer aber vertraut, der ist gewiß betrogen.« Seine kurze Schilderung des Mythos läßt sofort an die vielfigurigen Szenen der Cranach-Werkstatt denken:

»Die Heiden sagen von jrem Hercule (der jr David gewest) das er sich habe lassen zu letzt die weiber nerren. Eine hat jhm den Schleier auffgesetzt, die ander den Rocken und Spindel jnn die hand gegeben, Und hat müssen spinnen fur grosser liebe. Nu, man mus wol gleuben, das solche hohe Fürsten wie David uber der Bersabee jnn frawen liebe zu narren werden. Aber das gleube ich nicht, das er gesponnen habe, Sondern die Poeten und vernünfftige leute haben solches gemalet und gebessert mit worten, das wenn einen weidlichen Fürsten oder Man sonst kein ungehewr wunder kan uberteuben, und wenn er alle feinde umb und umb uberwunden hat (wie Hercules), So kann er doch zu letzt den hausteufel, den einheimischen feind, nicht uberwinden, Sondern das trawte frewlin und schöne königin Omphale mit jrem schönen angesicht und glaten zungen setzt dem theuren Herculi den Schleier auff und heisset jn spinnen. Da sitzt denn der hohe Siegmann, der alle Lewen zurissen, den hellischen hund gefangen, die Centauros und Lapithas geschlagen, den Drachen erwürget, und was sie mehr von jm wunder schreiben, Da sitzt er nu (sag ich) und lesst seine keule fallen, nimpt die spindel jnn die hand, und seine schöne Omphale drawet jm mit der ruten, wo er nicht recht spinnet.«[70]

Luther ging es bei dieser Auslegung, wie bereits Michael Wiemers herausgestellt hat, jedoch nicht nur darum, vor den Frauen am Hof zu warnen, er wollte den Fürsten vielmehr auf jegliche Art von möglichem »Hausteufel« – und das konnten alle sein, die den Fürsten am Hof umgeben – aufmerksam machen. Der Ausgangspunkt für Luthers Ermahnung war ein Psalm, der als Herrscherspiegel die Integrität des vollkommenen Fürsten betont und seine Entschlossenheit hervorhebt, sich nicht mit Betrügern und Lügnern zu umgeben. So lautet die Textstelle des Psalms, auf die Luther hier Bezug nimmt: »Der seinen Nehesten heimlich verleumbdet / Den vertilge

70 *Luther*, Werke (wie Anm. 16), Bd. 51, 1914, S. 248, V 5-22; *Martin Luther*, Der CI Psalm durch D. Martin Luther ausgelegt. Wittenberg 1534, Bl. OIIv.

ich« (Ps 101,5). Luther zielt bei seiner Interpretation des Herkules-und-Omphale-Stoffes deutlich auf die Schmeichelei am Fürstenhof ab, was das Thema bei Hofe noch interessanter gemacht haben könnte.[71] Er knüpft bei dem Motiv der »Weibermacht« und den Betrachtungen über die Verführbarkeit und die Verantwortung von Mächtigen nach eigener Äußerung an andere Poeten an[72], die den mythologischen Stoff ausgeschmückt haben. Dies mögen antike Autoren wie Lucian[73] (Wie man Geschichte schreiben soll, um 165/166 n.Chr. und Göttergespräche 13, 120-180 n.Chr.) oder Ovid (Heroides 9, 55f.) gewesen sein, von denen die Geschichte besonders ausgeschmückt wurde. Aber auch das seit dem Mittelalter viel rezipierte Handbuch des Fulgentius (Mythologiae, Liber II, II. Fabula Herculis et Omfalae, um 500 n.Chr.), das beispielsweise von dem Celtes-Schüler Jacob Locher neu herausgegeben wurde[74], oder die Texte Giovanni Boccaccios (z.B. De claris mulieribus, um 1361-75), der ebenfalls in der Tradition der mittelalterlichen Mythenallegorik steht, sind hier als direkte Vermittler in Betracht zu ziehen.

Cranach wird neben Luther jedoch vor allem von zeitgenössischen Historien, Schwänken oder Fastnachtsspielen, die den Mythos im Kontext der damals beliebten »Weiberlisten« oder »Buhlschaften« aufgegriffen haben, zu seiner Interpretation angeregt worden sein. Der humorvoll-laszive Ton der Cranachschen Gemälde macht eine Vorlage dieser Art wesentlich wahrscheinlicher als einen so komplexen Text wie die Amores des Konrad Celtes, die jüngst als Inspirationsquelle angeführt wurden.[75]

Hans Sachs verfaßte 1532 eine Komödie zum Paris-Urteil, in der Venus auf die Macht der Liebe verweist und diejenigen Männer auflistet, die sie

71 »Damit haben die Poeten das schőne Ketzlin, genant Adulatio [bedeutet auf lat. soviel wie Speichelleckerei, Kriecherei], gemalet zu Hofe, das den Fűrsten und Herrn auff dem maule trumpelt und heisst sie thun, was sie will haben, Doch mit solcher schönen gestalt und mit solchen lieblichen reden, das der liebe Hercules meinet, es sey der Engel Gottes, und er selbs nicht werd, solch schőn frewlin, als die Omphale ist, zu haben, und wird jr williger untertheniger diener, Aber nicht on grossen schaden der jhenigen, die er mit seiner keule solt die weil erretten, geschűtzt und geholffen haben wider die bősen buben […]« (V 23-30); ebd., Bl. OIIIr.

72 Wer diese Poeten sind, bleibt laut Wiemers zu untersuchen; vgl. *Wiemers*, Kardinal (wie Anm. 14), S. 230.

73 Joachim Jacoby nahm an, daß Luther sich auf die antike Tradition, im besonderen Lucians Deutung, bezieht; vgl. *Jacoby*, Besitz (wie Anm. 65).

74 Vgl. *Robert*, Wahrheit (wie Anm. 47), S. 105.

75 Vgl. ebd., S. 107.

bezwungen hat, unter ihnen auch Herkules.[76] Der Mythos wird jedoch nicht ausführlich geschildert. Anders beim Colmarer Stadtschreiber Jörg Wickram, der 1543 die Weiberlisten in einem Fastnachtsspiel aufgreift (also zu spät, um als schriftliche Inspirationsquelle in Frage zu kommen – eventuell wurde es jedoch bereits früher aufgeführt), in dem auch die Herkules-und-Omphale-Episode eine Rolle spielt. Fastnachtsspiele hatten einen hohen Unterhaltungswert und stellten generell auf satirische Weise menschliches Fehlverhalten bloß. Beim Lachen ermöglichten sie bereits Erkenntnis und Distanzierung – ganz ähnlich ist meines Erachtens die Wirkung der Cranachschen Gemälde.

Bei Wickram wird ein junger Mann von der Frau, um die er wirbt und die sich als widerspenstig erweist, angewiesen, sich in Liebesdingen von den Alten unterweisen zu lassen. So sucht er Rat bei einem Kreis von alten Männern, die allesamt mit Frauen schlechte Erfahrungen gemacht haben und den Jüngling einer nach dem anderen vor den Folgen der »Buolschaft« warnen. Trotz des Vorsatzes, den Frauen in Zukunft zu widerstehen, unterliegt er den ersten süßen Worten seiner vormals Verehrten und läßt sich zur Freude eines Narren, der die Ereignisse belustigt kommentiert, eine Narrenkappe aufsetzen. Zu den befragten alten Männern gehört neben David, Salomon, Samson, Paris, Ulysses, Aristoteles und Vergil auch Herkules, der im 3. Auftritt (Vers 229-259) seine Warnung folgendermaßen formuliert:

> »Hercules, der allerstreitbarest. / Jüngling, mein warnung soltu hören / Und Lůg, daß dich kein weib betören! / Ich ward der allerstreitbarst heldt, / Ein überwinder aller welt; / Noch hat mich weibeslist bewegt, / Das ich mein streitkolben hinlegt, / Zoch aus mein wild unnd rauhes kleid, / Von lorber einen krantz gemeid, / Der meines sigs ein zeügnis waß. / Noch wolt sie nit beniegen daß, / Nam auch mein bogen, pfeül von mir, / Dann meiner schmach trůg sie begir. / Ann kolbens stat nam

76 Vgl. *Koepplin/Falk*, Cranach (wie Anhang), S. 618.
»Mein krafft hat ein ewige werung, / Der auch niemandt mag wiedersthan, / Das reichthumb noch weißheit nit kann. / Die lieb auch all ding uberwindt / Und sie in meinen dienst verbindt, / Wann ich die trefflichsten mannen / Hab bracht unter meinen streitfannen; / Erstlich den weisen Salomon, / Das er bet frembde götter on; / Virgilius; der künstenreich / Ovidius ward im geleich. / Ich zwang den starcken Herculem, / Holofernem und Samsonem. / Antonium und Julium / Mocht helffen nit ir keiserthumb. / Achilles, der namhafftig heldt, / Und Aeneas, der ausserwelt, / Auch der schön jüngling Pyramus, / Der-gleichen des keisers son Sextus, / Auch sonst on zal achtbarer leut. [...]« (V 2-21, verfaßt 1532). Text abgedruckt bei: Hans Sachs. Werke. Hrsg. von Adelbert Keller. Bd. 7, Stuttgart 1873, S. 41-64, hier S. 57.

> ich in d hand / Ein kunkel mir zů grosser schand, / Spann wollen wie ein ander weib, / Mit weibskleidern schmuckt ich mein leib, / Vil berlin, stein und kostlich ding, / Mein arm und hend voll schône ring; / Mein rauhes har gezôpffet wardt. / Abschar sie mir auch meinen bart, / Salbt mich mit kostbarlicher salb / Ann meinem leib ganz allenthalb. / Sich, was das nit ein grosse schmoch / Ann eim so thewren helden hoch, / Der lewen, beren hatt bezwungen, / Mit vil der wilden thüren gerungen, / Und ward so schandlich von eim weib / Betrogen! Solchs inn dein hertz schreib, / So würstu volgen nimmermer / Kein schmeichlen falscher weiber leer.«

Das Bild, das vor unseren Augen entsteht, ist zwar im Detail anders als bei Cranach, aber die Aussage bleibt dieselbe: Spöttelnd-humorvoll sehen wir den hier bartlosen Herkules mit Spindel und Spinnrocken vor uns sitzen, er trägt Frauenkleider, wird gesalbt, man hat ihm seinen Bart abrasiert, und seine Haare werden zu Zöpfen geflochten. – Cranach bedient sich statt dessen der Frauenhaube und der Modetorheiten seiner Zeit, um Herkules verweichlicht erscheinen zu lassen.

Trotz der häufigen Behandlung des Motivs »Weiberlist« in Literatur und bildender Kunst ist die ausführliche Behandlung des Herkules-und-Omphale-Mythos in der frühneuzeitlichen Literatur offenbar selten (vgl. Sebastian Brandt, der beispielsweise in seinem »Narrenschiff« nicht auf Herkules verweist). Dieser Eindruck deckt sich mit den Beobachtungen in der bildenden Kunst: Die vielen bekannten »Weibermacht«-Zyklen, man denke an den Hausbuch-Meister, Hans Burgkmair, Hans Baldung Grien, Lucas van Leyden und andere, die beispielsweise antike Figuren wie Vergil oder Aristoteles aufgriffen, schildern die Episode nicht. Nur Hans Kels verarbeitet 1537 das mythologische Paar neben anderen Minnesklaven und Götterliebschaften auf einem Spielstein.[77] Er schildert die beiden jedoch als inniges Liebespaar (ohne Kleidertausch und Hofdamen der Omphale).

Es existieren des weiteren Werke zum Thema »Verkehrte Welt« oder zum »Kampf um die Hose«, die Cranach zu seiner so humorvoll-moralischen Lösung angeregt haben könnten.[78] Nördlich der Alpen ist von den Cranach-

77 Vgl. *Elisabeth Scheicher*, Das Brettspiel Kaiser Ferdinands I. Kunsthistorisches Museum Wien: Das Meisterwerk 5. Wien 1986, Abb. 17.

78 Israhel van Meckenem stach beispielsweise um 1490 einen Kupferstich, der heute »Der unterjochte Ehemann« (Illustration Bartsch Bd. 23, Nr. 19/48) betitelt wird und der die Geschichte vom Rollentausch zwischen Herkules und Omphale bereits auf den Ehealltag des 15. Jahrhunderts überträgt.

schen Kompositionen (abgesehen von den bereits genannten Beispielen) kein eigenständiges Gemälde dieses Themas mehr bekannt. Offensichtlich findet auch bei »Herkules und Omphale« das statt, was Dieter Koepplin noch jüngst als »Nobilitierungsprinzip« beschrieb: Cranach überträgt ein Bildthema aus dekorativen oder experimentellen graphischen Kunstgattungen (hinzufügen könnte man: aus der volksnahen zeitgenössischen Literatur, sprich Schwank oder Fastnachtsspiel etc.) in die Tafelmalerei.[79] Dabei überträgt er das Bildthema nicht eins zu eins in die Malerei[80], sondern findet eine gänzlich neue Formulierung, nämlich Herkules im Kreis der Hofdamen Omphales, die in der Kunst vor und zu seiner Zeit nicht bildlich nachgewiesen werden kann.

Der Cranach-Werkstatt gelingt es bei den Herkules-und-Omphale-Kompositionen auf unterhaltsame und humorvoll bis laszive Art und Weise die aktuellen Vorstellungen vom Rollenverhalten beider Geschlechter unter den altbekannten Gefahren der Liebe zu kommentieren. Die große Verbreitung der Gemälde ist durch die Aktualisierung des Mythos bzw. seine Übersetzung in die Cranachzeit zu erklären, die eine spielerische Identifikation mit den mythologischen Figuren ermöglichte. Es ist wahrscheinlich das Verdienst Lucas Cranachs d.Ä., den Herkules-und-Omphale-Stoff nördlich der Alpen eingeführt zu haben. Darüber hinaus trugen die zahlreichen Werke der Cranach-Werkstatt, wohl vor allem seiner Söhne Lucas und Hans, so sehr zur Popularität des Themas bei, daß es ›hoffähig‹ wurde und gleichermaßen die weltlichen Fürsten wie den höchsten geistlichen Kirchenfürsten im Kontext von Eheschließung und Konkubinat vor Liebe und Leidenschaft warnte.

Abbildungsnachweis:
1: Kopenhagen, Statens Museum for Kunst, SMK Foto; 2: Braunschweig, Herzog Anton Ulrich-Museum, Museumsfoto: Bernd-Peter Keiser; 3: Christie's Images London

79 Vgl. *Koepplin*, Cranach-Prinzip (wie Anm. 4), S. 145. Dieter Koepplin weist auf ein im Kunsthandel aufgetauchtes Aristoteles-und-Phyllis-Gemälde aus der Hand Cranachs d.Ä. hin, das auch dieses Motiv erstmals übertragen in die Tafelmalerei zeigt (1530 dat., 57,5 × 37,9 cm, unbekannter Privatbesitz); vgl. *Koepplin*, Neue Werke (wie Anm. 46).

80 So ansonsten bei seinen profanen Gemälden üblich, vgl. *Hinz*, Profanierung (wie Anm. 52), S. 58.

Anhang:

Lucas Cranach d.Ä. (1472-1553) werden neben dem erhaltenen späten Exemplar im Braunschweiger Herzog Anton Ulrich-Museum (sig. und dat. 1537, 82 × 118 cm, vgl. *Max J. Friedländer/Jakob Rosenberg*, Die Gemälde von Lucas Cranach. Basel/Boston/Stuttgart 1979, Nr. 274) einige weitere Gemälde zugeschrieben; in unbekanntem Privatbesitz befindet sich das 1966 bei Lempertz (489, Alte Kunst, Abb. S. 13, lot.27, Gutachten A. Stange) versteigerte Gemälde (sig. und dat. 1531, Öl/Holz, 80 × 119 cm) nicht bei *Friedländer/Rosenberg* verzeichnet. Ein weiteres Gemälde befand sich ehem. in Göttingen in der Universitätssammlung, davor Berlin, 1945 Kriegsverlust (sig. und dat. 1532, Öl/Buchenholz, 7 × 116 cm), vgl. *Friedländer/Rosenberg* Nr. 273. Eine weitere Fassung wurde 1966 in Münchner Privatbesitz, Kunsthandel Xaver Scheidwimmer, nachgewiesen (sig. und dat. 1532, Öl/Leinwand, 82,5 × 122,5 cm), vgl. *Friedländer/Rosenberg* Nr. 272. Ein sehr kleines qualitätvolles Gemälde befindet sich noch heute in der Ausstellung des Gothaer Schloßmuseums (Inv.-Nr. 47/7, sig., um 1537, Öl/Buchenholz mit Leinwand hinterklebt, 14,4 × 19,2 cm), bei *Friedländer/Rosenberg* nicht verzeichnet; vgl.: Gotteswort und Menschenbild. Werke von Cranach und seinen Zeitgenossen. T. 1: Malerei, Plastik, Graphik, Buchgraphik, Dokumente. (Ausstellungskatalog) Gotha 1994, S. 24f., Kat.-Nr. 1.6 (von Werner Schade), mit Farbabb. und vgl. *Werner Schade*, Die Malerfamilie Cranach. Dresden 1974, Farbabb., 175. 1969/2000 wurde bei Sotheby's/London eine Variante des Braunschweiger Gemäldes (Ähnlichkeit besteht auch zur Federzeichnung im Berliner Kupferstichkabinett s.u.) wohl aus der Hand Lucas Cranachs d.Ä. versteigert (sig. und dat. 1537, 82,5 × 121 cm); vgl. Auktionskatalog: Sotheby's, Important Old Master Paintings, 25.06.1969 (lot 93, Abb.) (Slg. Mr. and Mrs. Berg), erneut versteigert, siehe Auktionskatalog: Sotheby's/London 06.07.2000 (lot 24, Abb.) – identisch mit *Friedländer/Rosenberg* Nr. 274 E.

Sein Sohn Lucas Cranach d.J. (1515-1586) malte vermutlich die noch heute in Kopenhagen befindliche Version (Inv.-Nr. KMSsp 727, sig. und dat. 1535, Öl/Holz, 82 × 118,9 cm), versehen mit dem Wappen Kardinal Albrechts von Brandenburg; vgl. *Hanne Kolind Poulsen*, Cranach. (Ausstellungskatalog) Kopenhagen 2002, Kat.-Nr. 36, S. 55, Farbabb.; *Hans Spielmann* (Hrsg.), Lucas Cranach. Glaube, Mythologie, Moderne. Ausstellung und Katalog von Werner Schade/Ortrud Westheider/Silke Schuck. (Ausstellungskatalog) Hamburg 2003, Kat.-Nr. 76, Farbabb. S. 77. Die 2001 bei Christie's versteigerte Version (sig. und dat. 1533, 82 × 118 cm) geht, folgt man der Einschätzung Dieter Koepplins, ebenfalls auf ihn zurück; vgl. Auktionskatalog: Christie's, Old Master Pictures, London 25.04.2001, S. 46f. (Farbabb.).

Der bereits im November 1537 in Bologna/Italien verstorbene Sohn Hans Cranach (1513-1537) malte in seinem Todesjahr eine Variante (sig. »HC« und dat. 1537, 57,5 × 85 cm), die sich – wie das ebenfalls mit dem Monogramm HC signierte Porträt eines bärtigen Mannes – heute in Madrid in der Sammlung Thyssen-Bornemisza befindet und dem ikonographischen Typ der väterlichen Gemälde entspricht; vgl. *Friedländer/Rosenberg* Nr. 275; *Dieter Koepplin/Tilman Falk*, Lukas Cranach. Gemälde, Zeichnungen, Druckgrafik. (Ausstellungskatalog) 2 Bde., Basel 1974-76, hier Bd. 1, Taf. 21 (Farbabb.).

Darüber hinaus existiert eine lavierte Federzeichnung von Lucas Cranach d.Ä. oder einem seiner Söhne (Staatliche Museen zu Berlin, Kupferstichkabinett, um 1537, Feder in Braun, Grau laviert, 14,6 × 20,9 cm, mit nachträglich zugefügtem Monogramm, um 1537), die keinem der Gemälde entspricht, ihnen aber ähnlich ist; vgl. *Spielmann*, Cranach (s.o.), Kat.-Nr. 75, Farbabb. S. 76.

Weitere Versionen werden der Cranach-Werkstatt zugeschrieben, wie beispielsweise das stark beschnittene Gemälde im Stiftsmuseum Aschaffenburg (um 1535 oder 1545, 37 × 44 cm), das die Komposition des Kopenhagener Gemäldes wiederholt und weder signiert noch datiert ist; vgl. *Kati Wolf*, Das Gentil Haus. Museen der Stadt Aschaffenburg. 1989, S. 84, Farbabb. 111. Oder das ebenfalls unbezeichnete kleine Gemälde in der Anhaltischen Gemäldegalerie Dessau (um 1537, unbezeichnet, Öl/Holz, 34,7 × 48,5 cm); vgl. *Harald Marx/Ingrid Mössinger* (Hrsg.), Cranach. Mit einem Bestandskatalog der Gemälde in den Staatlichen Kunstsammlungen Dresden, erarbeitet von Karin Kolb. (Ausstellungskatalog) Köln 2005, S. 59, Taf. 19 (Farbabb.).

Der Nachfolge zugeordnet werden hingegen Werke aus dem 17. Jh. wie das jüngst bei Lempertz versteigerte Gemälde (Lempertz, Alte Kunst, Mai 2005, Kat. 874, S. 39, Lot. 630 und Lempertz, Alte Kunst, 1962, Kat. 468), das sich stark an der Braunschweiger Version orientiert, oder aber ein Ölgemälde des 18. oder 19. Jahrhunderts nach der Zeichnung im Kupferstichkabinett Berlin, das 2005 im Dorotheum/Wien (Dorotheum, Alte Meister, Juni 2005, Lot. 65, S. 40) versteigert wurde. Sogar im 20. Jh. hinterließ Cranach bekanntlich seine Spuren. Rückbezüglich auf Cranachs Herkules-und-Omphale-Varianten (insbesondere das Braunschweiger Bild) malte Paul Wunderlich 1990 ein Acryl-Gemälde mit dem Titel »Herkules, unter weiblichem Einfluß zur Hausfrau werdend III« (100 × 130 cm, Privatbesitz des Künstlers); vgl. *Spielmann*, Cranach (s.o.), S. 98 (Farbabb.), Kat.-Nr. 99. Alle genannten Beispiele dokumentieren auch noch Jahrhunderte nach der Existenz der Cranach-Werkstatt die Beliebtheit der ursprünglich auf Cranach d.Ä. zurückgehenden Komposition.

HEINER BORGGREFE

Tizians ruhende Göttinnen und Dienerinnen der Liebe*

Um 1538 erregte ein Gemälde in Tizians Werkstatt Aufsehen. Die Betrachter sahen eine junge Frau, unbekleidet auf komfortablem Lager ruhend, die Dienste zweier Kammermägde erwartend (Abb. 1). Ihre Körperhaltung erinnert an Giorgiones Venus, doch stützt sie den rechten Arm lässig ins Kissen, um zwanglos den Betrachter anzublicken. Mit abgespreizten Fingern umfaßt die Rechte ein Blumenbukett, wogegen die Linke den Gestus der *Venus Pudica* andeutet. Der Schauplatz, durch Wandteppiche, das gemusterte Paviment und eine Säule im Fenster charakterisiert, ist ein vornehmer Innenraum. Das Fenster eröffnet den Ausblick auf die Krone eines Baumes, woran ersichtlich wird, daß wir uns im *piano nobile* eines Palastes befinden. Die grüne, an eine fürstliche Porträtformel erinnernde Samtdraperie bekräftigt den pseudoaristokratischen Status der Ruhenden. Herrschaftlich gibt sie sich auch mit den beiden Dienerinnen, welche der *cassone* Gewänder entnehmen. Während eine vor dem Möbel kniet, trägt die andere schon das kostbare Kleid auf der Schulter, um es der jungen Herrin im folgenden Moment anzulegen. Wir betrachten eine Boudoirszene, die neben der Zurschaustellung delikater Schönheit den Reiz intimer Verrichtung auskostet.

Wenn Giorgio Vasari von einer *Venus* spricht und manche moderne Autoren das Bild als Hochzeitsallegorie deuteten, sind solche Bestimmungen zweifelhaft.[1] Im Grunde genommen fehlt jeder Hinweis auf Venus, die für

* Für Unterstützung und Anregungen danke ich Michael Bischoff, Berthold Hinz, Kerstin Merkel, Rolf Schönlau und Andreas Tacke.

1 *Giorgio Vasari*, Le vite de'più eccelenti pittori, scultori ed architettori. Ed. Gaetano Milanesi. Bd. 7, Firenze 1881, S. 443. Zur Interpretation als Hochzeitsbild siehe *Theodor Reff*, The Meaning of Titian's Venus of Urbino, in: Pantheon 21, 1963, S. 359-366; *Jane Nash*, Titian – the Naples Danaë and the Venus of Urbino, in: Colóquio-Artes 51, 1981, S. 14-19; *Rona Goffen*, Titian's Venus of Urbino. Cambridge 1997. Siehe auch *Harold Wethey*, The Paintings of Titian. Bd. 3, London 1975, S. 203f.; *Grazia Bernini Pezzini* (Hrsg.), Tiziano per i duchi di Urbino. (Ausstellungskatalog) Urbino 1976, S. 44f.; *Grazia Agostini*, La Venere d'Urbino, in: Mina Gregori (Hrsg.), Tiziano nelle Gallerie fiorentine. Firenze 1978, S. 125-135; *Charles Hope*, Titian. London 1980, S. 82; *Hans Ost*, Tizians sogenannte Venus von Urbino und andere Buhlerinnen, in: Justus Müller Hofstede/Werner Spies (Hrsg.), Fschr. für Eduard Trier zum 60. Geburtstag. Berlin 1981, S. 129-149; *Daniel Arasse*, Tiziano – Venere d'Urbino. Venezia 1986; *Amelie Himmel*, Die Venus von Urbino und Guidobaldo della Rovere. Frankfurt a.M. 2000, S. 188-190.

Abb. 1: Tizian, Sogenannte Venus von Urbino; Florenz, Galleria degli Uffizi.

gewöhnlich in der Landschaft auftrat. Einzig die Rosen ließen sich als mythologisches Attribut deuten. Es könnte auf Flora anspielen, die ein Sinnbild von Prostitution war.[2] Ein Attribut gewerblicher Liebe mag ferner die getopfte Pflanze auf der Balustrade sein. Kurtisanen pflegten wohl den Brauch, einen Topf mit Basilikum oder ähnlichem Kraut ins Fenster zu stellen. Es war gewissermaßen ihr Ladenschild. Diese hübsche Konvention sieht man in einer anonymen Illustration (Abb. 2). Eine Dame empfängt Blumen des Verehrers am Fenster, wo der Pflanzenschmuck den aufmerksamen Passanten über die Besonderheit ihrer Adresse informiert.[3]

2 *Ost*, Venus (wie Anm. 1).

3 Das unschickliche Sich-im-Fenster-Zeigen ist ein Motiv der klassischen Komödie, deren Bühnenbild das Haus der Ruffiana mit Fenster aufwies. Siehe dazu und zum Basilikum *Richard Krautheimer*, Scena tragica und Scena comica in der Renaissance – Die Tafeln in Baltimore und Urbino, in: Ders., Ausgewählte Aufsätze zur europäischen Kunstgeschichte. Köln 1988, S. 334-356, hier S. 356; *Lynne Lawner*, Lives of the Courtesans. New York 1987, S. 191. In der Capella di S. Giorgio des Santo zu Padua zeigt das von Altichiero gemalte Fresko der S. Lucia

Abb. 2: Anonymus, Straßenszene vor einem Bordell, aus Vita del lascivo, 17. Jahrhundert.

Tizian malte die Ruhende für Guidobaldo II della Rovere, den angehenden Herzog von Urbino. Das Bild hing in der *guarderoba* des Palastes von Pesaro.[4] Bereits 1536 hatte der Venezianer das Porträt einer Dame im luftigen Pelz gemalt, dessen Ähnlichkeit mit der Ruhenden schwerlich zu übersehen ist.[5] Dies gab Anlaß, zu vermuten, es handele sich bei der sogenannten *Venus von Urbino* um eine Favoritin des jungen Guidobaldo, die in Verkleidung einer *Flora meretrix* auftrete.[6] Es könnte eine venezianische

im Bordell eine Balkonbrüstung mit Topfpflanzen; siehe *Camillo Semenzato* (Hrsg.), Le pitture del Santo di Padova. Vicenza 1984, Abb. 110 und 112. In einer Hochzeit zu Cana von Andrea Delitio, Fresko im Dom zu Atri, stehen zwei Damen am Fenster, von denen eine den Blumentopf berührt; siehe *Pierluigi Cerri* (Hrsg.), La Pittura italiana nell 400. Bd. 2, Milano 1987, S. 441; siehe ferner Boccaccio, Decamerone, 4, 5, Lisabettas Basilikumtopf.

4 *Charles Hope*, A neglected Document about Titian's ›Danae‹ in Naples, in: Arte Veneta 31, 1977, S. 188f.

5 *Harold Wethey*, The Paintings of Titian. Bd. 2, London 1971, S. 106.

6 *Ost*, Venus (wie Anm. 1); siehe auch *Julius Held*, Flora, Godess and Courtesan, in: De artibus Opuscula – Essays in Honour of Erwin Panofsky. New York 1961, S. 201-218.

Kurtisane dargestellt sein, in die sich der Auftraggeber der Bilder verguckt hatte. Vasaris Bezeichnung *Venus* war sicherlich nur ein aus Ritterlichkeit gewählter Euphemismus, welcher Guidobaldo vor Verlegenheit bewahren sollte. Schließlich bezeichneten dieser und auch der päpstliche Legat Giovanni della Casa die Liegende als »donna nuda«.[7]

Um 1536 hatte Tizian die Bildnisse der Eltern des Auftraggebers gemalt.[8] Auffällig sind zu dieser Zeit die Bemühungen von Tizians Freund Pietro Aretino um den Hof von Urbino. Der Maler und der Literat bildeten eine geschäftliche Interessengemeinschaft. Sie bemühten sich oft mit strategischen Mitteln um die Aufmerksamkeit von Fürsten. Im Herbst 1537 hatte Aretino dem jungen Guidobaldo panegyrische Zeilen gesandt, denen im Dezember ein hymnischer Brief an den urbinatischen Agenten Gianjacopo Leonardi folgte. In einem Sonett pries er Tizians Bildnisse der Eltern. Vermutlich wollte Aretino Guidobaldos Gunst gewinnen, denn dieser beerbte den Vater im folgenden Jahr als Herzog von Urbino und 1540 auch in der Stellung des *capitano generale* der Republik Venedig. Noch im Dezember desselben Jahres verfaßte Aretino eine freundliche Epistel an die *Duchessa d'Urbino*.[9]

Die *Liegende* war jedoch kein strategisches Bildgeschenk. Im März 1538 schrieb Guidobaldo einen Brief an seinen Agenten in Venedig. Er hatte ein wenig über seine Verhältnisse gelebt, war finanziell in Bedrängnis geraten. Tizian wollte das Gemälde offenbar nicht ohne Bezahlung herausgeben und hatte wohl damit gedroht, es anderweitig zu veräußern. Bestürzt beschwor der Herzog seinen Mittelsmann, er möge den Maler beknien, die *donna nuda* unter keinen Umständen zu verkaufen. Fürsorglich erlöste schließlich Guidobaldos Mutter, Eleonora Gonzaga, den Sohn aus finanzieller Not.[10]

In Venedig genoß Tizians Bild unmittelbar nach seiner Entstehung einen zweckdienlichen Ruf in den höchsten Kreisen klerikaler Macht. Als der päpstliche Legat Giovanni della Casa dem einflußreichen Kardinal und

7 Siehe hier die Anm. 10f.

8 *Wethey*, Paintings (wie Anm. 5), Bd. 2, S. 134-136.

9 *Pietro Aretino*, Lettere I. A cura di Paolo Procaccioli. Roma 1997, S. 314f: an Veronica Gambara vom 07.11.1537; S. 360f.: an Guidobaldo della Rovere vom 30.11.1637; S. 390: an Eleonora Gonzaga vom 09.12.1537; S. 383-390: an Gianjacopo Leonardi vom 06.12.1537. Siehe auch *Ettore Camesasca* (Hrsg.), Lettere sull'arte di Pietro Aretino. Bd. 1, Milano 1957, S. 94-100.

10 *Georg Gronau*, Documenti artistici urbinati. Firenze 1936, Dok. 31: Brief des Guidobaldo II. della Rovere, Herzog von Camerino, an den Gesandten Leonardi vom 09.03.1538. – *Ders.*, Die Kunstbestrebungen der Herzöge von Urbino, in: Jahrbuch der Königlich Preussischen Kunstsammlungen, Beih. zum 25. Bd., Berlin 1904, S. 1-33.

Freund Alessandro Farnese von einer *Danae* berichtete, welche Tizian in Rom für den Kardinal male, pries er sie mit den Worten, im Vergleich zu dieser neuen Schöpfung des Malers sei die für den *Signor di Urbino* gemalte *nuda* eine *Theatinernonne.*[11] Hinter Tizians *Danae* verbirgt sich, wie wir durch die Forschungen von Roberto Zapperi erfahren, die Signora Camilla, eine römische Kurtisane, die dem Kardinal Farnese gelegentlich amouröse Dienste erwies. Die mythologische Verkleidung der Umworbenen spielt auf ihren professionellen Status an. Hatte *Danae* Jupiter in Gestalt eines vom Himmel fallenden Goldregens empfangen, so war sie schon in der Antike zum geläufigen Sinnbild der Prostitution geworden. Indes ist Tizians Interpretation nicht frei von Ironie. Das Gold stürzt mit solcher Wucht hernieder, daß selbst der unerschrockene Amor bewegt von der Wirkung des auf den Vater abgeschossenen Pfeils zur Seite fährt.

An den führenden Höfen Europas wurde Tizians künstlerisches Vermögen auf dem Gebiet der erotischen Malerei nicht weniger geschätzt als auf jenem des Porträts. Sein Merkmal ist die sinnlich weiche Darstellung des weiblichen Körpers, dessen milchige Haut kein hervorstehender Knochen oder Muskel spannt. Der stets am lebensnahen Bildungserlebnis interessierte Michel Montaigne vermerkte um 1600 mit Blick auf die weibliche Schönheit in der Malerei, »les italiens forment cette beauté grosse et massive«. Hierzu mögen ihn Tizians zahlreiche Bilder der liegenden Venus in musikalischer Begleitung veranlaßt haben (Abb. 4a-f). Sie zeigen rundliche Frauenkörper, mit »kleinem Kopf, wohlproportioniertem Busen, kräftigen Schenkeln, starken Waden und zierlichen Füßen«.[12] Tizian betont die Weichheit der Glieder, deren muskellose Fülle er mit irritierend weißer Haut bedeckt. Kulinarisch klingt eine Wendung des Pietro Aretino, welcher solche Epidermis in den berüchtigten *Ragionamenti* als »latte rappreso« beschreibt, was ein deutscher Übersetzer gleich prosaisch mit den Worten »quabbelig wie Schlickermilch« wiedergab.[13] Den heutigen Betrachter versetzen Tizians Liegende in einen Zwiespalt. Das ihnen zugrunde liegende Schönheitsideal

11 »[...] una nuda, che faria venir il diavol adosso al cardinal San Sylvestro; et quella che vostra Signoria Reverendissima vide in Pesaro nelle Camere del Signor di Urbino è una teatina apresso a quaesta [...]«; *Hope*, Danae (wie Anm. 4). – *Roberto Zapperi*, Alessandro Farnese, Giovanni della Casa and Titian's Danae in Naples, in: Journal of the Warburg and Coutauld Institutes 54, 1991, S. 153-171.

12 *Mario Praz*, Die dicke Venus, in: Ders., Der Garten der Sinne. Frankfurt a.M. 1988, S. 51-60.

13 *Pietro Aretino*, Sei Giornate – Ragionamenti della Nanna e della Antonia (1534). Bari 1969, S. 25. Die Übersetzung in: Die Gespräche des Göttlichen Pietro Aretino. Übertragen von Heinrich Conrad. Frankfurt a.M. 1989, S. 40.

erscheint geradewegs als Antithese zu jenem unserer Tage, wird darin allenfalls von Rubens' voluminösen Schöpfungen übertroffen. Die venezianische Interpretation des weiblichen Körpers versagt sich dem an asketischer Knabengestalt orientierten Ideal unseres auf Ökonomie bedachten Zeitalters. Schon die phlegmatische Geste des Liegens auf bequemem Polster widerspricht modernem Empfinden, welches am menschlichen Leibe schätzt, was zu produktiver Tätigkeit sich tauglich erweist.

Tizians erotische Malerei geschah vornehmlich im Rahmen höfischer Aufträge. Jedoch entwickelte sie sich in der hedonistischen Kultur, welche das öffentliche Leben Venedigs im dritten und vierten Jahrzehnt des 16. Jahrhunderts kennzeichnete. Tizian war befreundet mit dem Schriftsteller Pietro Aretino, dem ungekrönten Haupt der literarischen Pornographen, welcher sich mit Werken wie den *Ragionamenti* und den *Sonetti lussuriosi* Unsterblichkeit erschrieb (Abb. 3a).[14] Dafür hatte er Rom verlassen müssen, 1527 Aufnahme in Venedig gefunden. Der Doge Andrea Gritti beschirmte ihn fortan vor den Ressentiments klerikaler Hüter der Moral.[15] Aretino residierte am Canal Grande – in seinem Palazzo fanden sich hochstehende Persönlichkeiten ein, dazu literarische Mitstreiter und bildende Künstler wie Tizian oder Jacopo Sansovino. Sie vergnügten sich an gedeckter Tafel mit Kurtisanen, denen Aretino vielfältig Gastfreundschaft gewährte.[16]

14 Zu Aretino siehe *Michele Di Monte/Francesco Mozzetti/Giovanna Sarti*, Pietro Aretino – Proposte e propositi, in: Venezia Cinquecento 2, 1992, S. 139-161; *Giuliano Innamorati*, Per la storia della critica, in: Pietro Aretino – Studi e note critiche. Messina/Florenz 1957, S. 7-89; *Dizionario biografico degli italiani* 4, Rom 1962, Art. ›Pietro Aretino‹ von Giuliano Innamorati; *Johannes Hösle*, Pietro Aretinos Werk. Berlin 1969; *Christopher Cairns*, Pietro Aretino and the Republic of Venice, Researches on Aretino and his Circle in Venice 1527-1556. Firenze 1985; *Paul Larivaille*, Pietro Aretino. Roma 1997. Zu den Sonetti Lussuriosi siehe *Louis Dunand/Philippe Lemarchand*, Les compositions de Jules Romain intitulées Les amours des dieux, gravées par Marc-Antoine Raimondi. Lausanne, Institut d'Iconographie, 1977; *Henri Zerner*, L'estampe érotique au temps de Titien, in: Tiziano e Venezia. Vicenza 1980, S. 85-90; *Maria Gazetti*, Lascivia oder das Ende Arkardiens, in: Zauber der Medusa. (Ausstellungskatalog) Wien 1987, S. 72-81; Giulio Romano e Pietro Aretino – i modi ed i sonetti lussuriosi, secondo l'edizione clandestina stampata a Venezia nel 1527. A cura di Riccardo Braglia. Mantova 2000.

15 Von Rom floh er zunächst nach Mantua, siehe *Alessandro Luzio*, L'Aretino e la Corte dei Gonzaga. Torino 1884; *Ders.*, Pietro Aretino nei suoi primi anni a Venezia e la corte dei Gonzaga. Torino 1888, S. 35.

16 *Christopher Cairns*, Domenico Bollani, Bishop of Brescia: Devotion to Church and State in the Republic of Venice. Nieuwkoop 1976; *Jürgen Schulz*, The Houses of Titian, Aretino and Sansovino, in: Titian, His World and His Legacy. New York 1982, S. 73-118.

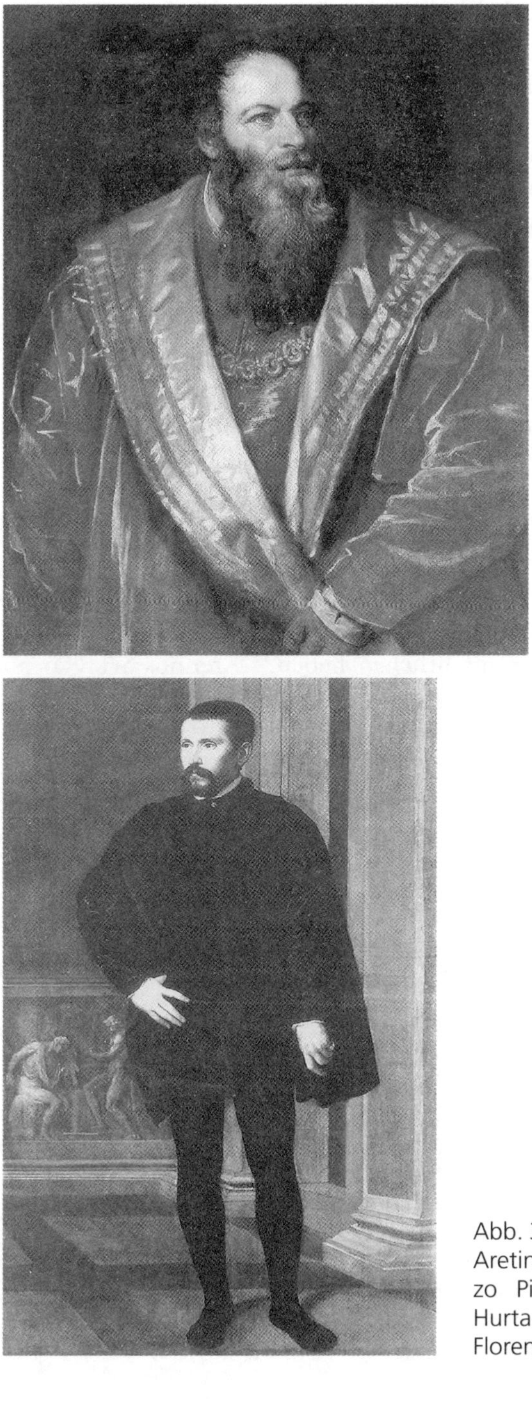

Abb. 3: Tizian, a) Pietro Aretino, Florenz, Palazzo Pitti. – b) Diego Hurtado de Mendoza; Florenz, Uffizien.

Am ausschweifenden Lebensstil des Schriftstellers fand die Nachwelt mitunter stärkeres Interesse als an seinen Werken, die sie oft genug des pornographischen Flachsinnes zieh. Doch ist Aretino ein historisches Phänomen, das weniger durch seine kapriziösen literarischen Einfälle als vielmehr durch deren Erfolg in den höchsten Rängen der höfischen Gesellschaft zu einer bedeutsamen Gestalt wurde. Die Publikation anzüglicher Episteln, die er hochgestellten Häuptern und Künstlern schrieb, verlieh ihm ungekannte Macht, weshalb Lodovico Ariost ihn die »Geißel der Fürsten« nannte. Leicht verstellen Drastik und Obszönität der Sprache den Blick darauf, daß Aretino ein tiefgründiger Kritiker der zeitgenössischen Hofkultur, eine Art Anti-Castiglione war, der das petrarcistische Kulturideal schmähte. Die sittliche Verderbtheit höfischer und städtischer Zivilisation faßte er in nahezu picareskem Sinne als gegeben auf, hielt Triebhaftigkeit und Geldgier für den Wesenskern des Menschen, betrachtete auf das Sittliche zielende Anstrengungen als Beeinträchtigung sozialen Glücks und schätzte die Ausschweifung als modellhafte Form aufrichtigen Daseins. Literarische Vorbilder fand er bei Lukian und anderen antiken Autoren, weshalb trotz skeptischer Haltung gegenüber dem Humanismus bei ihm nicht von Bildungsferne zu sprechen ist. Kurtisanen gehörten im republikanischen Venedig wie im klerikalen Rom zum öffentlichen Leben.[17] Aretinos Sekretär Niccolò Franco schwärmte von der Rückkehr der antiken Hetären und nannte seine Gegenwart darum ein *Goldenes Zeitalter*.[18]

Zu Aretinos häufigen Gästen zählte Don Diego Hurtado di Mendoza. Er residierte als ständiger Vertreter Kaiser Karls V. seit 1539 in Venedig. Tizian verewigte ihn in einem *Ritratto a piedi* (Abb. 3b).[19] Mendoza spielte in der

17 *Antonio Barzaghi*, Donne o Cortigiane? La Prostituzione a Venezia. Verona 1980; *Monica Kurzel-Runtscheiner*, Töchter der Venus – Die Kurtisanen Roms im 16. Jahrhundert. München 1995.

18 »Né solamente avete rivocata si fatta età, ma postala anche ne la debita sua grandezza, e toltale la rustica semplicità, ed ogni ruvidezza di vivere. Invece de le ghiande, de le morole, e de le fragole, avete introdutte le suntuose vivande, egli apparecchi de i cibi delicatissimi sopra i mantili ed i ricchi tapeti«; zit. nach: Le pistole vulgari di M. Niccolò Franco. Venetia 1585, Bl. 223v. Siehe *Lynne Lawner*, Lives of the Courtesans. New York 1987, S. 29 und 52. Zu Franco siehe *Christopher Cairns*, Nicolò Franco, l'umanesimo meridionale e la nascita dell'epistolario in volgare, in: Atti del XI Congresso AISS LI. Napoli/Firenze 1985.

19 Zu Mendoza siehe *Erica Spivatovsky*, Diego Hurtado de Mendoza. Austin/London 1970; *Angel González Palenzia/Eugenio Mele* (Hrsg.), Vida y Obras de Don Diego Hurtado de Mendoza. Madrid 1941-43; *Erika Spivakovsky*, Diego Hurtado de Mendoza and Averroism, in: Journal of the History of Ideas 26, 1965, S. 307-326; *H. Thomas*, Diego

gemeinsamen Geschäftspolitik von Tizian und Aretino, im Hinblick auf die Entwicklung und Verbreitung der ruhenden Liebesgöttinen und -dienerinnen eine belangreiche, bisher unbeachtete Rolle. Er war ein ausgesprochener Freigeist im konservativen Gefüge des Kaiserhofes. Solche Attitüde vermochte er auszuleben, weil er einer einflußreichen kastilischen Dynastie angehörte, die selbst dem Kaiser Respekt abnötigte.[20] 1545 erwies sich Mendoza als dessen Abgesandter einigermaßen desinteressiert am *Konzil von Trient*, forderte nur zur sittlichen Selbstreinigung der Kirche auf. Oft jedoch glänzte er durch Abwesenheit, ein Fieberleiden vorgebend.

Weltanschaulich stand Mendoza dem libertinen Zirkel um Aretino nahe. Während seines Studiums in Salamanca hatte er sich dem arabischen Aristotelismus und dem antiken Lukrezianismus zugewandt. Die Kirche betrachtete diese Lehren mit Argwohn. Und so sah sich Mendoza in Italien gelegentlich dem Vorwurf der Häresie ausgesetzt. Seine vorzügliche Bibliothek, die 1539 eine Unterkunft in Venedig gefunden hatte, umfaßte arabische Handschriften und lutherische Drucke.[21] 1540 widmete ihm der venezianische Goldschmied Alessandro Caravia den *Sogno di Caravia*. Das umstrittene Werk unterminierte die Dogmen der Kirche, gab Sympathien für Luther zu erkennen. Mendoza war geistig zu unabhängig, um Lutheraner zu sein, doch belegt die Widmung, daß er in Venedig schnell als der Freigeist auftrat, der er seit seiner Jugend war. Caravias Buch wurde später einem lesenden Müller zum Verhängnis, der es von einem Maler aus Pordenone bekommen hatte, wie wir aus Forschungen von Carlo Ginzburg wissen.[22] Den Müller, der den Himmel mit einem Käse und die Heiligen mit darin nagenden Würmern verglich, konnte man leicht der Ketzerei bezichtigen, wenn er Inhalte irrgläubiger Bücher gegen die heiligen Wahrheiten kehrte. Dem Angehörigen einer einflußreichen spanischen Adelsdynastie blieb wohl der Vorwurf der Häresie nicht erspart, doch zeitigte dieser keine abträglichen Folgen für seine Karriere und Gesundheit.

Hurtado de Mendoza and his plaquette Bindings, in: Studies in Art and Literature for Belle Costa Green. Princeton University 1954, S. 474-480; *R. Fulché-Delbosch*, Un point contesté de la vie de don Diego Hurtado de Mendoza, in: Revue Hispanique 2, 1895, S. 208-303; *Matteo Mancini*, Titiano e le Corti d'Asburgo nei Documenti degli Archivi Spagnoli. Venezia 1998, S. 28-34.

20 *Karl Brandi*, Kaiser Karl V. Frankfurt a.M. 1986, S. 415 und 445f.

21 Sie befindet sich heute im Escorial, siehe *Wethey*, Paintings (wie Anm. 5), Bd. 2, S. 199, L-19.

22 *Carlo Ginzburg*, Der Käse und die Würmer. Berlin 1993, S. 49f. – Stichwort Alessandro Caravia, in: Dizionario Biografico degli Italiani 19, Rom 1976, S. 669-673.

In Venedig hatte der kaiserliche Gesandte eine Geliebte, deren Name uns verborgen bleibt. Vermutlich war es eine jener bekannten Schönen, die bei Aretino verkehrten. Mendoza ließ sie von Tizian porträtieren. Bedauerlicherweise hat sich dieses Bildnis nicht erhalten. Wir kennen es lediglich aus einer Erwähnung von Carlo Ridolfi, der noch ein dazugehöriges Sonett von Aretino überliefert. Das als Porträt bezeichnete Gemälde zeigte die Geliebte in ihrem Geburtstagskleid.[23]

»Heimlich nehmen Tizian und Amor
Zum Wettstreit ihre Pinsel und Tafeln auf,
Haben zwei Beispiele von einer schönen Frau gemacht
Und sie dem glänzenden Herrn Mendoza geweiht

Woraus er, stolz auf die göttliche Gunst
solcher Göttin folgt als seinem Stern,
Mit der ihr angemessenen Feierlichkeit
Der einen in seinem Gemach, der anderen im Herzen.

Und während jenes Bildnis und diese Erscheinung
Er drinnen entblößt und draußen verbirgt vor den andern
Erscheint ihm, was er am meisten begehrt, weniger fern.

Er lobt das Geheimnis, welches er in sich birgt,
Wenn jeder eine Ahnung hat von seinem Feuer
So weiß doch niemand, wenn er dann brennt, warum.«

Aretinos Sonett spielt mit Zweideutigem. Tizian vermag mit dem Pinsel die Begierde des Liebhabers zu stimulieren, wie Amor mit dem Pfeil das Bild der Geliebten in der Imagination des Verliebten. Solcher *paragone* zwischen Kunst und natürlicher Liebe war ein Topos, den auch Baldesar Castiglione

23 *Carlo Ridolfi*, Le maraviglie dell'arte, 1648, Ed. von Hadeln. Bd. 1, Berlin 1911, S. 170; *Ettore Camesasca* (Hrsg.), Lettere sull'arte di Pietro Aretino. Milano 1957, S. 226 (Brief an Mendoza). Das Sonett lautet: »Furtivamente Titiano e Amore / Presi u gara i penelli e le quadrella / Due esempi han fatto d'una Donna bella, / E sacrat al Mendozza aureo Signore / Onde egli altier di si divin favore, / Per seguir cotal Dea, come sua stella, / Con ceremonie appartenenti à quella, / L'uno in camera tien, l'altro nel core. / E mentre quell'effigie e questa imago / Dentro à se scopre e fuor cela ad altrui; / E in ciò, che più desia meno appar vago, / Vanta il secreto, che si asconde in lui, / Che s'ogn'un è del fogo suo presago / Ardendo poi non sà verun di cui.« – *Luba Freedman*, Titian's Portraits Through Aretino's Lens. Pennsylvania 1995.

im *Cortegiano* bemühte, indem er die Frage aufwarf, ob die Liebe oder die Malerei stärker zu erregen vermöge.[24] Die Zeilen, Mendoza entblöße das Bildnis drinnen und verberge die Erscheinung draußen vor anderen, sind wohl doppeldeutig, da der Angesprochene seine Favoritin auch vor der Öffentlichkeit verborgen haben dürfte. Die anmutige Mätresse des kaiserlichen Gesandten war eine Jüdin. Wenngleich das Verbot der Beziehungen zwischen Christen und Juden in den 1530er Jahren gelockert worden war, so gab es doch vielleicht doppelten Grund, das Bild zu verbergen.[25] Der Hinweis auf sein Entblößen im Verborgenen mag Indiz dafür sein, daß Tizians Gemälde in Mendozas Gemach durch einen Vorhang, *timpano* oder ähnliches verhüllt wurde.[26] Zweifellos schmeichelte Aretino dem Gesandten mit solchen Versen. Der intime Tonfall belegt den vertraulichen Umgang, den wohl auch Tizian mit Mendoza pflegte. Dies bestätigt noch eine anzügliche Bemerkung in den *Ragionamenti*.[27]

Es war im Oktober 1545, als der Gesandte einen Brief an Kaiser Karl V. schrieb, in dem er ihm ein Gemälde Tizians mit den geheimnisvollen Worten *quadro de fantasia* anpries.[28] Mit derlei rätselhafter Andeutung unterbreitete der Spanier dem Habsburger eine pikante Offerte. Über den tatsächlichen Inhalt des Bildes unterrichtet uns ein Brief, den Tizian dem Kaiser im Dezember 1545 noch aus Rom schrieb. Er kündigte darin neben einem posthumen Bildnis der kaiserlichen Gemahlin eine *Venus* an, die er aus eigener Initiative gemalt hatte.[29] Eine Antwort auf sein Anerbieten ist nicht überliefert, und es scheint, als habe Karl V. das Geschenk erst drei Jahre später auf dem Reichstag in Augsburg erhalten, wohin der Maler bekanntlich reiste.

Tizian verband mit seiner Gabe strategische Absichten. Er wollte den Habsburger für seine Kunst interessieren, was nicht unbegründet war. Entgegen seiner früheren Ernennung zum kaiserlichen Apelles in Bologna hatte

24 *Baldesar Castiglione*, Das Buch vom Hofmann. München 1986, S. 94f.

25 *Brian Pullan*, The Jews of Europe and the Inquisition of Venice 1550-1670. Oxford 1983, S. 79f.

26 Zum timpano bei Tizian siehe *Hans Ost*, Tizian-Studien. Köln u.a. 1992, S. 55ff.

27 Gespräche des Göttlichen Pietro Aretino (wie Anm. 13), S. 378.

28 *Mancini*, Titiano (wie Anm. 19), S. 161, Schreiben vom 05.10.1545: »Tiene hecho otro quadro de fantasia para Vuestra Magestad que dizen que es la mejor cosa que él ha hecho.«

29 *Tiziano*, Le Lettere. Belluno 1977, S. 84: »Mandai alcuni mesi sono a Vostra Maestà per le mani del Signor Don Diego suo ambasciator il ritratto della Santa memoria della Imperatrice sua consorte, fatto di mia mano, [...] io venire a presentarle una figura di venere da me fatta a nome suo [...].«

er von ihm seit 1532 keine ansehnlichen Aufträge mehr erhalten. Die Ursache mag darin liegen, daß Karl V. sich zeitweilig von Tizian gekränkt fühlte, weil dieser Venedig für ihn nicht verlassen wollte, jedoch auf seiner Jagd nach Pfründen für die Söhne den päpstlichen Hof aufsuchte.[30] Und auch Aretino war an der Aufmerksamkeit des Habsburgers interessiert. Mit seinen Annäherungsversuchen an den französischen Hof hatte er sich in der Mitte der 1530er Jahre bei Karl V. unbeliebt gemacht. Die Nähe zu Frankreich wurde für ihn im August 1542 unversehens prekär. Anlaß war ein Spionagefall ungeahnter Dimension.[31] Franz I. von Frankreich hatte mit Sultan Suleiman konspiriert, seine Diplomaten der Hohen Pforte venezianische Staatsgeheimnisse verraten. Die Signoria nutzte den aufsehenerregenden Vorfall zur Gründung der staatlichen Inquisition. Aretino war durch persönliche Freundschaften zu den französischen Diplomaten und anderen Beteiligten in die Affäre verstrickt. Rasch suchte er jetzt die ostentative Nähe der Habsburger, um die Inquisition von sich abzulenken. Vor diesem Hintergrund ist auch seine und Tizians Freundschaft mit dem kaiserlichen Gesandten Diego Hurtado di Mendoza zu sehen. Das ganzfigurige Bildnis war eigentlich fürstlichen Herrschern vorbehalten. So dürfte Tizians Porträt dem Höfling Mendoza geschmeichelt haben (Abb. 3b).[32]

Dafür, daß man mit Gemälden, welche die männliche Begehrlichkeit wachriefen, politische Angelegenheiten beeinflussen konnte, hatte es im Kreis um Karl V. ein Beispiel gegeben, das vielen noch im Gedächtnis war. Während eines Besuches in Mantua hatte sich der kaiserliche Sekretär Francisco de los Cobos unsterblich in die schöne Cornelia Malaspina, eine Kammerzofe der Bologneser Gräfin Pepoli, verliebt. Cobos war ein einfluß-

30 *Annie Cloulas*, Documents concernant Titien conservés aux archives de Simancas, in: Melanges de la casa de Velazquez III, 1967, Paris 1965, S. 206; *Gunter Schweikhardt*, Tizian in Augsburg, in: Klaus Bergdolt/Johannes Brüning (Hrsg.), Kunst und ihre Auftraggeber im 16. Jahrhundert – Venedig und Augsburg im Vergleich. Berlin 1997, S. 21-42, hier S. 27; *Mancini*, Titiano (wie Anm. 19), S. 161.

31 *Samuele Romanin*, Storia documentaria di Venezia. Bd. 6, Venezia 1857, S. 57ff.; *Nuccio Ordine*, Giovan Francesco Valier, homme de lettres et espion au service de François Ier, in: La Circulation des hommes et des œuvres entre la France et l'Italie à l'époche de la Renaissance. Paris 1992, S. 224-245; *Jean Zeller*, La diplomatie francaise vers le milieu du XVIe siècle d'après la correspondence de Guillaume Pellicier évêque de Montpellier ambassadeur de François Ier à Venise (1539-1542). Paris 1881, S. 353-387; *Paul Larivaille*, Pietro Aretino. Roma 1997, S. 326f. und 494.

32 *Mancini*, Titiano (wie Anm. 19), S. 33; *Antonio Daniele*, Un ritratto di Tiziano e un sonetto di Alessandro Piccolomini, in: Arte Veneta 33, 1979, S. 126f.; *Wethey*, Paintings (wie Anm. 5), Bd. 2, S. 110 und 199, dessen Skepsis gegenüber der Zuschreibung unbegründet ist.

reicher Mann, verantwortlich für Belange der kaiserlichen Politik in Norditalien. Wie andere kleine Fürsten fürchtete auch Federico Gonzaga, der Markgraf von Mantua, den Eroberungsdrang Karls V., der Italien unter sein Joch zwingen wollte. Als der kaiserliche Sekretär ihn im Mai 1530 um ein Bildnis der Angebeteten bat, beauftragte er damit unabhängig voneinander zwei Maler, Tizian und Primaticcio. Der Venezianer ritt nach Bologna, um festzustellen, daß sich die Begehrte soeben in die Sommerfrische begeben hatte. Die Angelegenheit war so bedeutend, daß man nach Cornelia fahndete, jedoch vergeblich, so daß Tizian ihr Konterfei schließlich nach einem vorhandenen Porträt malen mußte.[33] Dann sandte Federico den Grafen Nicola Maffei mit dem Bildnis und weiteren Geschenken nach Augburg.

Das Bildnis einer unscheinbaren Herzensdame wirkte sich günstig auf politische Angelegenheiten aus. Solche Schwachpunkte seiner Administration ahnend, warnte Karl V. seinen Sohn später vor der Achillesferse des Höflings Cobos.[34] Dabei leiteten ihn politische, keine moralischen Bedenken. Mendozas Brief an den Kaiser zeigt indes, daß dieser ähnliche Schwächen hatte. Da der Spanier die libidinösen Bedürfnisse Karls V. gewiß einzuschätzen vermochte, dürfte hinter der Absicht, den Kaiser durch eine gemalte *Venus* zu verführen, ein Kalkül gestanden haben. Tizian und Aretino diente es dazu, Eis zu brechen, war ein gezieltes Lockmittel für Aufträge, welches Tizian mit der Übersendung des posthumen Konterfeis der Kaiserin in der Hoffnung verband, der zurückgebliebene Gemahl werde sich dafür zu interessieren wissen.

Wie die meisten gekrönten Häupter der Renaissance nahm Karl V. regelmäßig die Dienste von Prostituierten in Anspruch. Ja er ging soweit, Kinder aus natürlichen Begegnungen, wie den Sohn Don Juan d'Austria, der einer Liaison mit der Regensburger Soldatentochter Barbara Blomberg entstammte, oder die Tochter Margarethe von Österreich in sein dynastisches Herrschaftssystem zu integrieren. Dies mag die Frauen dafür entschädigt haben, daß Karl V. die von ihm in Anspruch genommenen aphrodisischen Dienstleistungen knauserig vergalt. Schon 1530 hatte der mantuanische Gesandte in Bologna darüber gespottet, der Kaiser gebe den Frauen, mit denen er sein Nachtlager teile, lediglich zwei Dukaten, während der freigebige Marchese von Mantua den seinen vierhundert verehre.[35]

33 Ebd., S. 201; *Hayward Keniston*, Francisco de los Cobos. Madrid 1989, S. 132-142; *Lisa Zeitz*, ›Tizian, teurer Freund ...‹, Tizian und Federico Gonzaga. Kunstpatronage in Mantua im 16. Jahrhundert. Petersberg 2000, S. 43-45.

34 *Alfred Kohler* (Hrsg.), Quellen zur Geschichte Karls V. Darmstadt 1990, S. 294.

35 Siehe *Gronau*, Documenti (wie Anm. 10), S. 85; Zu Barbara Blomberg siehe *Paul Herre*, Barbara Blomberg. Leipzig 1909, S. 9-28.

Mit Bildern, welche gewisse Sehnsüchte entfachten, ließ sich am Kaiserhof Politik machen. Bedauerlicherweise gab es jedoch auch Höflinge, die dagegen resistent waren oder es zumindest vorgaben. Tizians Freund Aretino erhielt eine kaiserliche Pension, für deren Auszahlung Alfonso d'Avalos, der Marchese del Vasto und habsburgische Statthalter von Mailand, zuständig war. Zwar erwies dieser sich als schwacher Regent, unter dem die Korruption gedieh, doch war er, wie allgemein bekannt, ein frommer Mann. Das Verhältnis zwischen ihm und Aretino war vorbelastet. Als d'Avalos noch nicht in einflußreicher Position stand, hatte Aretino den für seinen Hang zur Kosmetik bekannten d'Avalos in einem Gedicht als »più Vener che Marte« verspottet.[36] So dürfte der Auftrag einer *Vita* des *Thomas von Aquin* nicht ohne die hintersinnige Absicht des Statthalters erfolgt sein, die unkeusche Tinte des Autors durch ein erzhagiographisches Thema zu frommen. Aretino nahm sogleich das Honorar entgegen, dachte aber nicht ans Schreiben. Die Vita des Heiligen kam erst zustande, nachdem der Marchese den Schriftsteller mit der Sperrung der kaiserlichen Pension und der Rückzahlung der bereits für das Manuskript erhaltenen Vorschüsse bedräute.[37]

Aretino wäre nicht Aretino gewesen, wenn er nicht auch diesen spröden Stoff nach seinem Geschmack zu gestalten gewußt hätte. Zu den traditionellen Motiven der Vita des Heiligen gehörte eine Verführungsszene, in welcher seine Brüder ihn mit einer jungen Kurtisane von himmlischem Frohsinn abzulenken suchen. Aretino schildert einen liegenden Akt, wie ihn Tizian wenige Jahre zuvor in der sogenannten *Venus von Urbino* gemalt hatte und vielleicht gerade für Hurtado de Mendoza:

> »[...] si gettò nel letto signorilmente fornito, e spogliatasi tutta ignuda, faceva mostra del più bel proporzionato corpo che mai si vedesse in qual si voglia donna; ella, postasi una delle mani sul fiore guastatole da quel primo che le preruppe il verginal sigillo, si recò l'altra sotto la guancia nell'atto che si scorge in alcune Cleopatre di marmo pario; [...] Degli occhi, il cui lume ripercotendo ogni riflesso del suo splendore in una lucerna accesa facean aleggiarla, non favello, avvenga che mi abbaglino in modo del pensare alla lor rifulgenzia che non mi lasciano vedere dove mi ponga la penna; del riso medesimamente taccio, perché le cose impossibili a descrivere son di piú meraviglia nel mettere in silenzio che nello esprimere in carta; duo soli piccoli senza gran lustro di raggi posti in un cielo isvelato simigliavano le mammelle che le brillavano in seno.«[38]

36 *Hösle*, Aretinos Werk (wie Anm. 14), S. 67f.

37 Ebd., S. 139.

38 Ebd., S. 142.

Auf herrschaftlichem Bett liegt eine Unbekleidete, die mit einer Hand die Scham bedeckt. Der Dichter macht es dem Heiligen nicht leicht, und wenn er sich dann der fleischlichen Versuchung erfolgreich widersetzt, so vergleicht er ihn mit einem angstvoll blökenden Schaf, das vor einer reißenden Wölfin flieht.[39] In der ursprünglichen, von Bartolomeo di Lucca überlieferten Version hatte San Tommaso seine zölibatäre Keuschheit heldenhaft mit dem brennenden Holzscheit gegen die lüsterne Versuchung zu verteidigen verstanden.[40]

Lassen sich heute bedauerlicherweise weder das Bildnis der schönen Cornelia noch jenes der jüdischen Geliebten des kaiserlichen Gesandten in Tizians Werk identifizieren, so ist auch die Venus, welche der Venezianer dem Kaiser verehrte und die wohl zum Prototyp seiner zahlreichen Bilder einer Liegenden mit Musizierenden wurde, unter diesen nicht auffindbar. Tizian erwähnt sie nachmals im September 1548, in einem Brief an den kaiserlichen Sekretär Antoine Perrenot de Granvelle.[41] Auch dieser schätzte wohl des

39 Ebd. – Auch Lodovico Doni spielte auf Tizians Ikonographie der Venus an, siehe *Carlo Cordie* (Hrsg.), Opere di Aretino e di Doni. Bd. 2, Milano 1976, S. 867: »[...] basta che una Venere dipinta da Tiziano non gli avrebbe fatto carico alcuno.« Siehe *Himmel*, Venus (wie Anm. 1), S. 189.

40 *Bartolomeo de Lucca*, Historia Ecclesiastica nuova, Bd. 22, S. 20-25, 39 und Bd. 23, S. 8-15.

41 *Tiziano*, Lettere (wie Anm. 29), S. 119, Brief vom 01.09.1548: »[...] in Augusta il quadro del Christo et la Venere, come me fu comandato per nome di sua maestà.« – Der Absicht, den Kaiser mit einer gemalten Venus zu gewinnen, mag ein antiker Topos Pate gestanden haben. Tizian und Aretino waren mit dem Schriftsteller Lodovico Dolce gut bekannt. In seinem Traktat über die Malerei schreibt er, Apelles habe Pankaspe, die Geliebte Alexanders des Großen gemalt, um wenig später fortzufahren, Karl V. habe, dem Mazedonier gleich, Tizian an seinen Hof gerufen. Plinius d.Ä. und andere Autoren berichten, Apelles malte die thessalische Hetäre Pankaspe unbekleidet und gab dabei eine unerreicht sinnliche Darstellung ihrer Haut. Es führte dazu, daß der verliebte Maler die Favoritin des Königs als Gabe erhielt. Tizian war Apelles revidivus, was also lag näher, als an den antiken Topos anzuknüpfen. Siehe: Dialogo della Pittura di M. Lodovico Dolce, intitolato l'Aretino [...] con esempi di Pittori antichi & moderni: e nel fine si fa mentione delle virtù e delle opere del Divin Titiano. Vinegia 1557. – *Lodovico Dolce*, Aretino oder Dialog über Malerei. Aus dem Italienischen von Cajetan Cerri. Wien 1871, S. 28 und 30. – Zum Thema siehe Plinius, Nat. hist., 35, 86; *Castiglione*, Hofmann (wie Anm. 24), S. 94f.; Thieme/Becker 2, S. 24; *David Cast*, Lucianic and pseudo-Lucianic Themes in the Renaissance – A study in Renaissance Humanism. Ann Arbor, Diss. Columbia Univ. 1970; *Véronique Bücken*, Joos Van Winghe, 1542/44-1603 – son interprétation du thème d'Apelle et Campaspe, in: Annales d'histoire de l'art et d'archéologie 8, 1986, S. 59-73; *Lucia Faedo*, L'impronta delle parole – Due momenti della pittura di ricostruzione, in: Salvatore Settis (Hrsg.), Memoria dell'antico nell'arte italiana. 3 Bde., Turin 1984-86, hier Bd. 2, S. 1-42; *Hans Hildebrandt*, Carlo Carlone. Alexander der Große übergibt Pankaste

Venezianers Vermögen auf dem Gebiete der erotischen Malerei und gelangte vielleicht in den Besitz jener liegenden *Venus mit Amor und Organisten*, die sich heute im Prado befindet (Abb. 4a).[42] Weder auszuschließen noch zu belegen ist, daß es sich bei diesem Bild um Tizians *quadro de fantasia* handelt.

Neben dieser Version gibt es fünf weitere. Um 1548 entstand die *Venus mit Amor und Orgelspieler* in Berlin (Abb. 4c).[43] Die *Ruhende Venus* in den Uffizien wurde vielleicht um 1550 für Giordano Orsini gemalt, der sich darüber hinaus von Tizian auch porträtieren ließ (Abb. 4b).[44] Eine andere Version in Madrid zeigt die Liegende in kurtisanenhafter Anmutung ohne Amor, jedoch in Begleitung eines Hundes und des Organisten (Abb. 4d). Sie wurde um 1550 von Tizian wohl für den Venezianer Francesco Assonica gemalt, wie ein Hinweis von Carlo Ridolfi nahelegt.[45] Das fünfte Exemplar, die als *Fitzwilliam-Venus* bezeichnete, um 1565 gemalte *Venus mit Amor und Lautenist* in Cambridge, befand sich, wie die erste Version des Prado, einst im Besitz Kaiser Rudolfs II. (Abb. 4e).[46] Ganz ähnlich ist die 1565/70 gemalte sogenannte *Holkham-Venus* mit Amor und Lautenist in New York. Da das Bild unvollendet blieb, wird es in die späten Jahre des Künstlers datiert (Abb 4f).[47]

Die Frage nach der Ikonographie dieser Bilder wurde bis heute kaum gestellt. Sie stößt auf Gemeinsamkeiten und Unterschiede.[48] Während das

an Apelles, in: Neue Beiträge zur Archäologie und Kunstgeschichte Schwabens, Fschr. Julius Baum. Stuttgart 1952, S. 205-209; La peinture dans la peinture. (Ausstellungskatalog) Dijon 1982. – Zu Apelles redivivus siehe *Ruth Wedgwood Kennedy*, Apelles redivivus, in: Essays in Memory of Karl Lehmann. Marsyas Supplement 1, New York 1964, S. 160-170.

42 Zur Provenienz siehe *Wethey*, Paintings (wie Anm. 1), Bd. 3, S. 63-68, 196f.

43 Zur Provenienz siehe ebd., S. 197; weiter: Staatliche Museen Preußischer Kulturbesitz. Gemäldegalerie Berlin. Geschichte der Sammlung und ausgewählte Meisterwerke. Berlin 1985, S. 340f.; *Volker Herzner*, Tizians Venus mit dem Orgelspieler, in: Begegnungen, Fschr. Peter Anselm Riedl. Hrsg. von Klaus Güthlein/Franz Matsche. Worms 1993, S. 86.

44 Zur Provenienz siehe *Wethey*, Paintings (wie Anm. 1), Bd. 3, S. 199.

45 *Ridolfi*, 1648 (wie Anm. 23), Bd. 1, S. 194; Zur Provenienz siehe *Wethey*, Paintings (wie Anm. 1), Bd. 3, S. 199.

46 Zur Provenienz siehe ebd., S. 196.

47 Zur Provenienz siehe ebd., S. 195.

48 George *M. Richter*, Titian's Venus and the Lute-Player, in: Burlington Magazine 109, 1931, S. 53-57; *Detlev von Hadeln*, Tizians Venus mit dem Lautenspieler, in: Pantheon 10, 1932, S. 273-275; *Harry B. Wehle*, Titian's Venus from Holkham, in: Bulletin of the Metropolitan Museum of Art 31, 1936, S. 182-186; *Erica Tietze Conrat*, The Holkham Venus

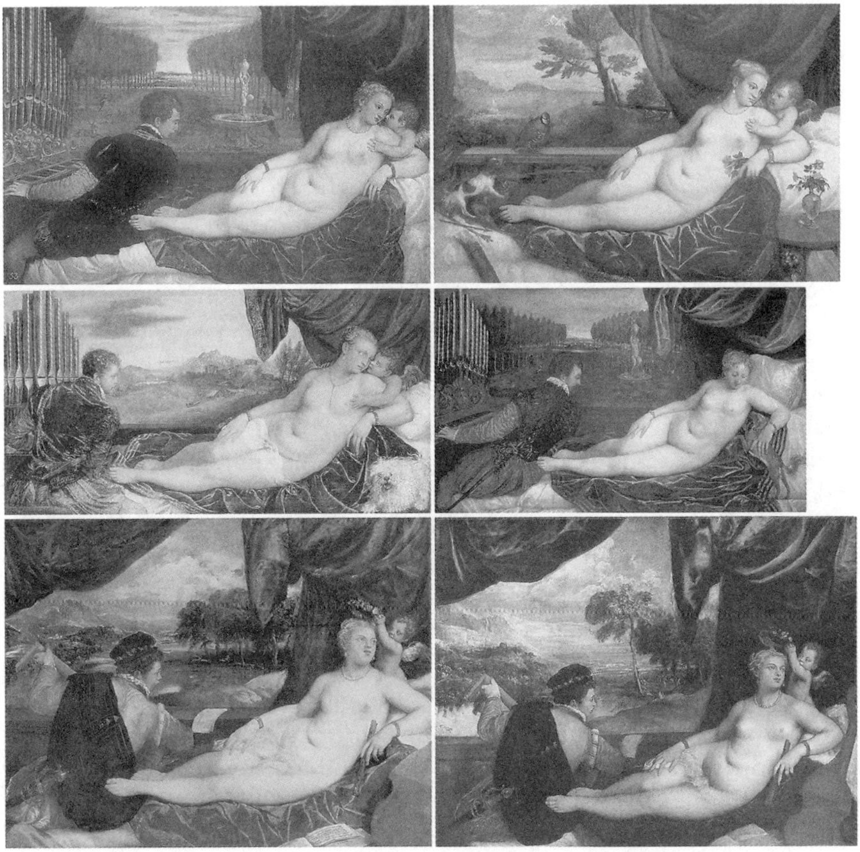

Abb. 4: Tizian, a) Venus, Amor und Organist; Madrid, Prado. – b) Venus und Amor; Florenz, Uffizien. – c) Venus, Amor und Organist; Berlin, Staatliche Museen zu Berlin, Gemäldegalerie. – d) Ruhende Kurtisane mit Organist; Madrid, Prado. – e) Venus, Amor und Lautenist; Cambridge, Fitzwilliam Museum. – f) Venus, Amor und Lautenist; New York, Metropolitan Museum of Art.

Gemälde der Uffizien das Musizieren versagt, fehlt der Liegenden in der zweiten Fassung des Prado Amor, welcher ihrer göttlichen Identität unerläßlich ist (Abb. 4d). Alle Versionen zeigen eine Ruhende, die nach dem Vorbild der sogenannten *Venus von Urbino* im Innenraum auf weichen Kissen ruht. Es unterscheidet sie von der durch die Nymphe der *Hypnerotomachia Poliphili* begründeten Tradition, der noch Giorgiones Dresdener Venus folgte. Als Schaumgeborene am Strand von Zypern oder in der Landschaft verkörperte die Göttin ursprünglich Liebe als Naturmacht, mußte daher in freier Natur erscheinen. Bei Tizian geben Räume meist einen sozialen und zeremoniellen Rahmen für das Dargestellte vor. *Danae* liegt auf künstlichem Liebeslager, Geld empfangend. Die Unbekleidete im Innenraum stellt Eigenschaften der Kurtisane dar, da sie die Liebe nicht als Naturmacht, sondern in zivilisationskonditionierter Form figuriert. Die Schweigsamkeit des Innenraumes erhöht den erotischen Wirkungsgrad. Das Gemach wirkt intimer und geheimnisvoller als die offene Landschaft. Tizian schuf daher eine Synthese aus Kurtisanenbild und Venusmythos, insofern er den Blick auf eine Landschaft gewährt, die auf den Rang des Attributes gestutzt ist.

Während in den meisten Versionen die Naturlandschaft mythischen Zusammenhang herstellt, zeigt die frühe des Prado kultivierte Natur (Abb. 4a). Bäume wachsen in Reihen. Zwischen ihnen gibt es einen Brunnen, an dem Hirsche verweilen. Ein promenierendes Paar ist zu sehen. Mit solchen Motiven erinnerte Tizian an mittelalterliche Bildthemen wie den *Liebesgarten* und die *Planetenkinder.* Darin wurden der Venus Charakteristika menschlichen Daseins in einem Garten zugeordnet. Einzelne Motive wie die gereihten Bäume, der Lautenspieler in Rückenansicht oder der Brunnen erscheinen in Illustrationen der Cristoforo di Predis zugeschriebenen Handschrift *De Sphaera* von circa 1470 (Abb. 5a-f). Sie befand sich am Hofe zu Ferrara, wo Tizian sie früher gesehen haben könnte.

in the Metropolitan Museum of Art, in: Art Bulletin 26, 1944, S. 266-270; *Grose Evans,* Notes in Titian's Venus and the Lute-Player, in: Art Bulletin 29, 1947, S. 123-125; *W. Gerald Studdert-Kennedy,* Titian – the Fitzwilliam Venus, in: Burlington Magazine 100, 1958, S. 349-351; *F. W. Goodison,* Titian's Venus and Cupid with a Lute-player in the Fitzwilliam Museum, in: Burlington Magazine 107, 1965, S. 521f.; *Erwin Panofsky,* Problems in Titian – Mostly Ikonographic. New York 1969, S. 121-125; *David Rosand,* Ermeneutica amorosa: Observations on the Interpretation of Titian's Venusses, in: Tiziano e Venezia. Vicenza 1981, S. 376-381; *Elise Goodman,* Petrachism in Titian's »The Lady and the Musician«, in: Storia dell'arte 49, 1983, S. 179-186; *Herzner,* Venus (wie Anm. 43), S. 80-103; *Roberta Giorgi,* Tiziano – Venere, Amore e il Musicista in cinque dipinti. Roma 1990; *Rona Goffen,* Titian's Women. New Haven 1997, S. 146-169.

Abb. 5: a) Cristoforo di Predis?, Liebesgarten, aus De Sphaera, um 1470; Modena, Biblioteca Estense. – b) wie a, Kinder der Venus. – c) Tizian, Detail aus Abb. 4a. – d) Detail aus Abb. 5a. – e) Detail aus Abb. 5b. – f) Tizian, Detail aus Abb. 4e.

In mittelalterlichen Darstellungen des höfischen Liebesgartens ist der Brunnen oft mit einer Amor-Statue bekrönt. Tizian zeigt in dieser Position einen Satyr, lenkt damit den Sinn der Darstellung auf den tierischen Aspekt der Liebe. Solche Bedeutung verbirgt auch die Präsenz der Hirsche im Bild des Prado. Sie sind Sinnbilder der männlichen Begierde (Abb. 4a). Den voyeuristischen Aktäon verwandelte die gestrenge Diana in einen Hirsch, um seinen Frevel zu bestrafen, aber auch, um seine Tat symbolisch darzustellen. Diese Lesart des Hirsches war durch Boccaccios *La Caccia di Diana* präfiguriert worden.[49] Erotische Neugierde war negativ sanktioniert, wie auch die Reaktion auf die visuelle Wißbegier der alten Männer im biblischen Begebnis der *Susanna im Bade* veranschaulicht. In den Bildern der liegenden Venus hat Tizian das im Musizierenden verkörperte erotische Schauen als natürliche Konsequenz der im Bild dargebotenen Reizquelle inszeniert. Der männliche Blick klebt am gemalten Körper, weshalb der Hirsch an das Schicksal des schaulustigen Aktäon gemahnt.[50]

Der Sinn des Musizierens erklärt sich ebenfalls aus dem Zusammenhang von Liebesgarten- und Planetenkinder-Ikonographie. Das neoplatonische Deutungsparadigma des 20. Jahrhunderts verstellte den Blick auf die aphrodisische Lesart von Musik. Die Leier war auch ein der Venus gefälliges Instrument. Solche Sinnbildlichkeit ging im 15. Jahrhundert auf die modische Laute über.[51] Die Orgel galt in der Renaissance nicht als sakrales, sondern als ausgesprochen weltliches Instrument. Raffaels *Santa Cecilia* entgleiten beim Ertönen der himmlischen als der wahren Musik die Pfeifen eines Portativs.[52] Aretino gebrauchte den Namen des mechanischen Instrumentes als drastisches Synonym geschlechtlicher Liebe.[53] Giulio Romano malte im Palazzo

49 *Marcelle Thiébaux*, An Unpublished Allegory of the Hunt of Love – Le dis dou cerf amoureus, in: Studies in Philology 62, 1965, S. 531-545; *Ders.*, The stag of Love. Ithaca N.Y. 1974; Diana's Hunt, Caccia di Diana, Boccaccios First Fiction. Edited and translated by Anthony K. Cassel/Victoria Kirkham. Philadelphia 1991; *Gordon Poole*, Boccaccios Caccia di Diana, in: Canadian Journal of Italian Studies 5, 1982, S. 149-156; *Viktoria Kirkham*, Numerology and Allegory in Boccaccio's Caccia di Diana, in: Tradition 34, 1978, S. 303-329; *Thomas Godard Bergin*, Boccaccio. New York 1981, S. 66-71.

50 *Carl Nordenfalk*, Tizians Darstellung des Schauens, in: Nationalmusei Arsbok 1947/48, Stockholm 1950, S. 39-60.

51 *Albert P. de Mirimonde*, La Musique dans les Allegories de l'Amour, in: Gazette des Beaux-Arts 68, 1966, S. 265-290 und Bd. 69, 1967, S. 319-346, hier S. 341. – Die wichtigste Quelle für die venerische Lesart von Musik ist Ovid, Ars amatoria, III. 319f.

52 *Stanislaw Mossakowski*, La musica nella Santa Cecilia di Raffaello, in: Quadrivium 15, 1974, S. 161-171.

53 Die Gespräche des Göttlichen Pietro Aretino (wie Anm. 13), S. 42.

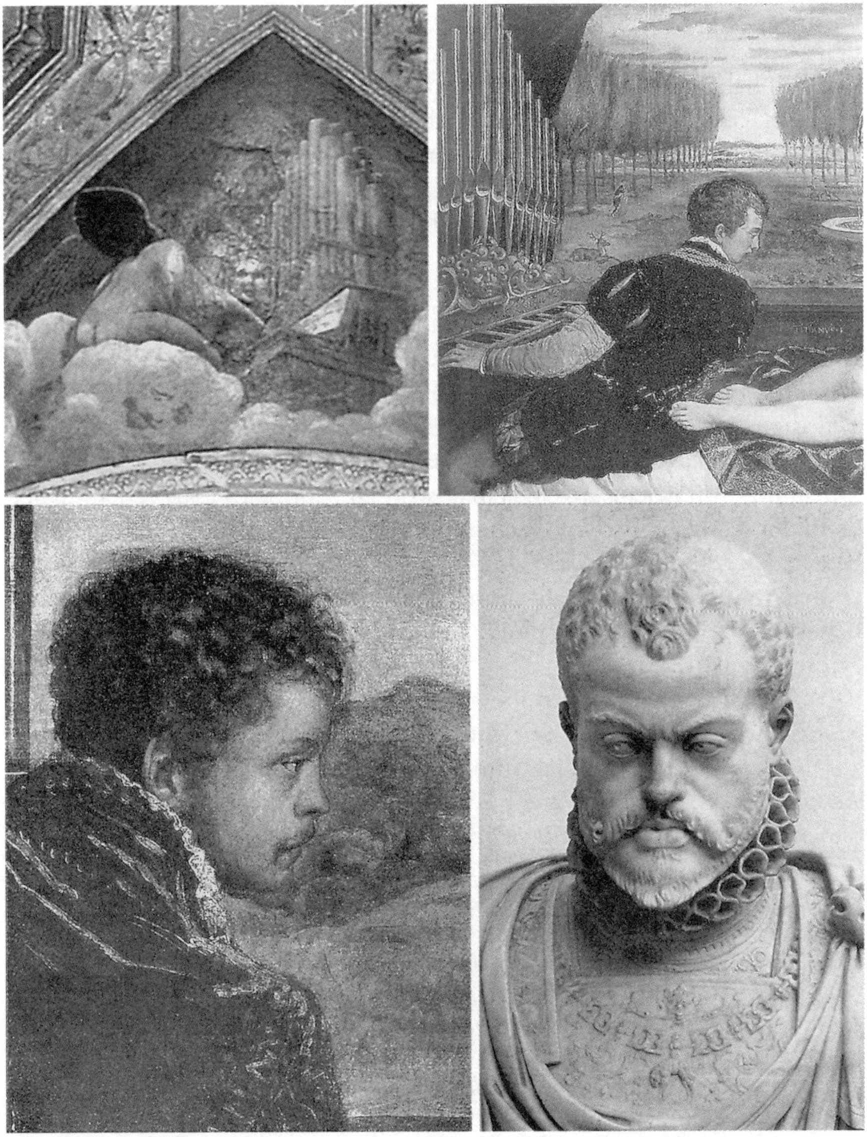

Abb. 6: a) Giulio Romano, Amor als Organist; Mantua, Palazzo del Te. – b) Tizian, Detail aus Abb. 4a. – c) Tizian, Detail aus Abb. 4a. – d) Werkstatt des Pompeo Leoni, Bildnis Philipp II. von Spanien; New York, Metropolitan Museum.

del Te einen auf der Orgel musizierenden Amor neben einer *Voluptas* (Abb. 6a).[54] Auf dieses Vorbild und seinen venerischen Sinn dürfte sich Tizian bezogen haben, denn Giulios Instrument zeigt die Verzierung eines Mascaron, was Tizian im Gemälde des Prado wiederholte (Abb. 6b). Im von Zypressen umgebenen Garten dieser Version sieht man ein flanierendes Paar, welches sich umfaßt hält. Solches Verhalten von Liebenden mag aus heutiger Sicht gewöhnlich erscheinen, der höfischen Kultur galt es indes als unschicklich.[55]

In einigen Gemälden läßt sich Tizians liegende Venus Liebkosungen Amors gefallen (Abb. 4a-c). Das beiläufig wirkende Motiv ist jedoch das Ergebnis einer folgenreichen Begegnung, an der wiederum der kaiserliche Gesandte Hurtado de Mendoza beteiligt war. 1542 kam Giorgio Vasari nach Venedig. Im Gepäck hatte er zwei Gemälde. Beide zeigten eine liegende *Venus mit Amor* und waren von Vasari und Rosso Fiorentino nach einer Zeichnung von Michelangelo gemalt worden (Abb. 7). Vasari verkaufte beide Bilder dem kaiserlichen Gesandten. Mit Tizians Bildnis seiner Geliebten besaß dieser nun mindestens drei pikante Werke der Malkunst, und wenn er sich während des Tridentinums gelegentlich mit Fieber entschuldigen ließ, so bleibt unklar, ob es durch Tizians Gemälde oder dessen Motiv ausgelöst wurde.

Von Michelangelos Invention haben sich mehrere Versionen erhalten.[56] Man sieht, wie Amor sich der Mutter zuwendet, welche den scharfen Pfeil auf ihn richtet (Abb. 7). Der Sinn dieser Szene erschließt sich aus den *Due Lezzioni*, die Benedetto Varchi Bartolomeo Bettini widmete, welcher sich daraufhin von Pontormo eine Kopie malen ließ.[57] Es ging um den Streit der

54 *Gianna Suitner/Chiara Tellini Perina*, Der Palazzo del Te in Mantua. Milano 1990, S. 63.

55 Dürer zeigt ein solches Paar vom Tod begleitet, siehe: Albrecht Dürer, 1471 bis 1528 – Das graphische Werk. Hrsg. von Wolfgang Hütt. 2 Bde., München o.J., Nr. 1933.

56 Zu Vasaris Gemälde siehe *John Shearman*, The Early Italian Pictures in the Collection of her Majesty the Queen. Cambridge 1983, S. 277f.; *Goffen*, Titian's Women (wie Anm. 48), S. 238 und 243. Zu Pontormos Bild *Elisabetta Marchetti Letta* (Hrsg.), Pontormo – Rosso Fiorentino. Milano 1994, S. 50. Zu einer Fassung von Hendrick van den Broeck siehe *Lucia Fornari* (Hrsg.), Der Glanz der Farnese – Kunst und Sammelleidenschaft in der Renaissance. München 1995, S. 107.

57 *Leatrice Mendelsohn*, Benedetto Varchi's ›Due Lezzioni‹ – Paragoni and Cinquecento art theory. New York 1978, S. 120f.; *Paul F. Watson*, Titian and Michelangelo, the Danae of 1545-1546, in: Wendy Stedman Sheard/John T. Paoletti (Hrsg.), Collaboration in Italian Renaissance Art. New Haven/London 1978, S. 245-254; *Leatrice Mendelsohn*, Der Florentiner Kreis – Michelangelos Sonett an Vittoria Colonna, Varchis Lezzioni und Bilder der Reformation, in: Silvia Ferino Pagden, Vittoria Colonna – Dichterin und Muse Michel-

Abb. 7: Giorgio Vasari nach Michelangelo, Amor in Venus verliebt; Hampton Court.

Künste. Michelangelo nahm Bezug auf den antiken Topos der *Agalmatophilia* oder *Statuenliebe,* den Plinius d.Ä. am Beispiel der knidischen Aphrodite geschaffen hatte. Ein Jüngling hatte sich danach in das verführerische Werk des Praxiteles verliebt und sich während einer Nacht im Tempel mit ihm vergnügt.[58] Michelangelo wollte zeigen, daß allein die Bildhauerei eine Venus zu schaffen vermag, die imstande ist, den Betrachter in sie verliebt zu

angelos. Wien 1997, S. 265-273, hier S. 267; Pittura e scultura nel Cinquecento – Benedetto Varchi, Vincenzio Borghini. A cura di Paola Barocchi. Livorno 1998; *Paola Barocchi,* Der Wettstreit zwischen Malerei und Skulptur – Benedetto Varchi und Vincenzio Borghini, in: Hannah Baader (Hrsg.), Ars et scriptura. Berlin 2001, S. 93-106. Zu Varchi siehe *Guido Manacorda,* Benedetto Varchi – l'uomo, il poeta, il critico. Pisa 1903. Zu Vasaris Aufenthalt in Venedig *Jürgen Schulz,* Vasari in Venice, in: Burlington Magazine 103, 1961, S. 500-511; *Luisa Vertova,* Vasari at Venice, an addendum, in: Burlington Magazine 141, 1999, S. 105f.

58 Plinius, Hist. Nat., 36.5; *Berthold Hinz,* Knidia oder des Aktes erster Akt, in: Kritische Berichte 1989, S. 49-77; *Ders.*, Aphrodite – Geschichte einer abendländischen Passion. München 1998, S. 21.

machen. Der Florentiner nutzte den Topos also zur Darstellung der Überlegenheit der Bildhauerkunst gegenüber der Malerei. Ein Genie vermag mit dem Meißel alle Schranken niederzureißen, selbst jene, die vor Inzest bewahren. Der Pfeil wendet sich daher gegen Amor, der sich in die eigene Mutter verliebt, weil der Bildhauer sie unnachahmlich schön erschuf. In Florenz fiel das Thema auf fruchtbaren Boden, wie zahlreiche Nachahmungen und ein originelles Gemälde von Bronzino zeigen.[59]

Benedetto Varchi, der Autor der *Due lezzioni*, lebte seit 1536 in Venedig.[60] Er verkehrte im Kreise von Aretino und Tizian, welcher ihn auch porträtierte. Die beiden Freunde hatten demnach schon Kunde von Michelangelos Venus, bevor sie die von Vasari mitgebrachten Bilder sahen. Aretino hatte den Topos der Statuenliebe bereits in den 1520er Jahren verwendet, indem er dem Marchese von Mantua eine Statue seines Freundes Sansovino zur Aufstellung in dessen Schlafgemach mit den Worten empfohlen hatte, sie sei imstande, die Begehrlichkeit des Betrachters zu wecken.[61] Von Michelangelos künstlerischer Leistung war er indes nicht überzeugt. Er schrieb ihm einen Brief, in dem er bemerkte, seine Venus sei muskulös. In Dolces Dialog heißt es dann vernichtend, Michelangelo male »Lastenträger«.[62]

Obgleich Tizian die weiche Malweise beibehielt, übernahm er doch Michelangelos Motiv des Amor, welcher der Mama inzestuöse Zuneigung offenbart, sie herzt, weil sie so schön ist. Durch ihr ostentatives Schauen bekräftigen seine männlichen Musizierenden, welche ikonographisch als musizierende Planetenkinder der Venus anzusehen sind, die sinnliche Wirksamkeit des gemalten Aktes. Sie musizieren, weil sie in das verliebt sind, was sich ihren Augen darbietet. Der Erfolg von Tizians Bilderfindung der Venus mit Musikanten spricht dafür, daß es ihren Betrachtern nicht anders erging. Bei einem von ihnen ging solches Erlebnis vielleicht so weit, daß er sich als Organist porträtieren ließ. Durch den Vergleich des orgelspielenden Jünglings der Berliner Version mit einer in der Werkstatt des Pompeo Leoni ge-

59 *Charles Hope*, Bronzino's Allegory in the National Gallery, in: Journal of the Warburg and Courtauld Institutes 45, 1982, S. 239-243; *Iris Cheney*, Bronzino's London Allegory: Venus, Cupid, Virtue, and Time, in: Source 6, 1987, S. 12-18.

60 *Wethey*, Paintings (wie Anm. 5), Bd. 2, S. 146.

61 *Diane Bodart*, Tiziano e Federico Gonzaga, Storia di un rapporto di commitenza. Rom 1998, S. 197; *Manfredo Tafuri*, Giulio Romano e Jacopo Sansovino, in: Giulio Romano – Atti del Convegno Internazionali di Studi. Mantova 1989, S. 75-108; *Bruce Boucher*, The Sculpture of Sansovino. New Haven/London 1991, S. 35.

62 *Fredrika H. Jacobs*, Aretino and Michelangelo, Dolce and Titian – Femmina, Masculo, Grazia, in: Art Bulletin 82, 2000, S. 51-67; *Lodovico Dolce*, Aretino oder Dialog über Malerei. Aus dem Italienischen von Cajetan Cerri. Wien 1871, S. 82.

fertigten Porträtbüste versuchte Harold Wethey nach Erwin Panofsky zu zeigen, daß Tizian in jenem ein Bildnis König Philipps II. von Spanien gab (Abb. 4c).[63] Er gründete dies auf Übereinstimmungen in den jugendlichen Gesichtern, besonders in der Haar- und Barttracht (Abb. 6c-d).

Wider diese Lesart wurde bemerkt, ein königliches Konterfei verstoße in solcher Umgebung gegen das *decorum*. Zudem lasse der Organist die typische Mißgestaltung der Habsburger, das vorgerückte Kinn, vermissen.[64] Dagegen ist einzuwenden, daß Tizian als Porträtist von den Habsburgern bevorzugt wurde, weil er deren Antlitze schmeichelhaft wiederzugeben vermochte. Freilich kann man eine solche Porträtdeutung unter Verweis auf die Schicklichkeit leicht verwerfen, und ihren Beweis wird man sicherlich vergebens suchen. Will man ihr dennoch nachgehen, weil sie aufgrund der vorhandenen Ähnlichkeit nicht ganz abwegig ist, so wäre zu fragen, aus welchem Grund ein junger Kronprinz in diesem Bildkontext sein Konterfei hätte auftreten lassen sollen. Philipp II. lernte Tizians für den Kaiser gemalte Venus, die der Gesandte Mendoza angepriesen hatte, 1548 in Augsburg kennen. Wir wissen aus den späteren Aufträgen der nach Ovid gemalten *poesie*, daß er sich für des Venezianers Fertigkeiten auf dem Gebiet der erotischen Bildkunst interessierte. Einem Bildnis des Königs als orgelspielendes Planetenkind der Venus könnte folgende Intention zugrunde gelegen haben.

Karls V. schmächtiger Sohn war in seiner Jugend kaum mehr als eine heiratspolitische Schachfigur des machtbesessenen Vaters. Nachdem seine erste Gemahlin Maria von Portugal 1545, dem geistig behinderten Infanten Don Carlos das Lebens schenkend, im Kindbett von der Welt gegangen war, suchte Philipp die Gunst einer gewissen Isabel Osorio. Dies bescherte ihm väterliche Aufklärung und Ermahnung über den staatspolitischen Zweck des habsburgischen Geschlechtslebens.[65] 1553 verheiratete der Kaiser den Sohn mit Mary Tudor. Er rechnete mit einem englischen Thronfolger aus dieser Ehe, der dem Hause Habsburg beträchtlichen Machtzuwachs verschaffen sollte. Die Ehe blieb indes kinderlos, Mary verstarb 1558 und damit auch die imperialen Hoffnungen auf den territorialen Zugewinn.

63 *Wethey*, Paintings (wie Anm. 5), Bd. 2, S. 42f.; *Panofsky*, Problems (wie Anm. 48), S. 122.

64 *Hope*, Titian (wie Anm. 1), S. 121f.; *Herzner*, Venus (wie Anm. 43).

65 Siehe *González de Amezúla*, Isabel de Valois, Reina de España, 1546-1568. Bd. 1, Madrid 1949, Kap. 10; *Berthold Beinert*, Die Testamente und politischen Instruktionen Karls V. für den Prinzen Philipp, in: Peter Rassow/Fritz Schalk (Hrsg.), Karl V. – Der Kaiser und seine Zeit. Köln u.a. 1960, S. 21-37.

Seit 1548 verfolgte Karl V. den Plan, die Kaiserwürde erblich zu machen, um sie so dem Hause Habsburg zu sichern.[66] Mit der sogenannten Sukzession sollten die Kurfürsten umgangen werden, von denen einige bereits dem Protestantismus zuneigten. Zu diesem Zweck einigte sich der Habsburger mit dem Bruder Ferdinand von Österreich, vereinbarte mit ihm eine Rangliste der Thronfolge. Nach Karl V. sollte der Bruder die Krone erhalten. Über die Frage jedoch, wer ihm folge, herrschte geraume Zeit Unklarheit, da Karl V., um sicherzugehen, seine Tochter Maria 1548 mit dem Neffen Maximilian verheiratete. Die beiden Cousins, der Sohn und der Schwiegersohn des Kaisers, wurden damit zu Konkurrenten der Thronfolge.

Allein von der Entscheidung des Vaters hing ab, ob Philipp die Kaiserkrone noch würde erlangen können. 1548 besaß der Vetter einen entscheidenden Vorteil: Maximilian war verheiratet, wogegen Philipp trotz beständigen väterlichen Drängens keine neuerliche Ehe hatte eingehen können. Die von Machtraison geprägten kaiserlichen Hoffnungen richteten sich nun auf den Neffen. In diesem Augenblick erkrankte Maximilian und war nun zu schwach, ein der Familienpolitik günstiges Eheleben zu führen. Es beunruhigte den Kaiser, bis ihm der Gesandte Gómez im Februar 1549 berichtete, daß der Bräutigam genese und die Vermählten nunmehr unzertrennlich seien, um pflichtschuldigst bisher Versäumtes aufzuholen.[67] Philipp, der sich zu dieser Zeit nachhaltig um eine neue Verbindung bemühte, könnte die Schwäche des Vetters ein willkommener Anlaß gewesen sein, sich dem Vater als potenter Anwärter auf den Kaiserthron vorzustellen. Präsentierte er sich auch in Tizians ganzfigurigem Bildnis von 1551 mit verheißungsvoller Schamkapsel, so könnte man vermuten, daß er Tizians Ikonographie der Venus nutzte, um dem hochgesteckten Ziel näher zu kommen (Abb. 4c).[68] Durch die drastische Aufmerksamkeit gegenüber der ruhenden Göttin könnte er demonstriert haben wollen, daß mit ihm noch zu rechnen sei. Philipp war zur mutmaßlichen Entstehungszeit des Bildes unverheiratet. Und die im Hintergrund der Landschaft auf ein Schloß zufahrende Kutsche könnte bedeuten, daß er bald eine Gemahlin heimführen und damit den väterlichen Erwartungen entsprechen wird.[69] Auf einen

66 *Alfred Kohler*, Karl V. 1500-1558, eine Biographie. München 2000, S. 327-333.

67 *Ludwig Pfandl*, Philipp II. München 1979, S. 173.

68 Zum Porträt siehe *Wethey*, Paintings (wie Anm. 5), Bd. 2, S. 126-128.

69 Ein vergleichbares Motiv hatte Tizian im Hochzeitsbild der Laura Bagarotto anklingen lassen; siehe *Heiner Borggrefe*, Tizians sogenannte Himmlische und Irdische Liebe – Der Beistand der Venus im Hochzeitsbild der Laura Bagarotto, in: Zeitschrift für Kunstgeschichte 64, 2001, S. 331-363, hier 355f., Abb. 14.

hochzeitlichen Kontext verweist zumindest der weiße Pudel, das Attribut der Treue.

Die problematischen Lebensumstände Philipps von Spanien in den Jahren um 1550 liefern keinen Beweis für oder gegen sein mutmaßliches Porträt in Tizians Berliner Gemälde. Sie zeigen aber, daß bloße Skepsis zu bedenken ist. Unser Bild von hochgestellten historischen Personen ist noch von jener Idealisierung geprägt, die entdeckte Begebenheiten ihres anscheinenden Intimlebens als peinlich ansieht, weshalb sie oft ausgelassen werden.[70] Während Karl V. in Tizian den Porträtmaler schätzte, malte dieser bis in die 1570er Jahre hinein für Philipp II. erotische Szenen nach Ovid, die er als *poesie* bezeichnete.[71] Der König war eine treibende Kraft gegenreformatorischer Kultur in Europa, doch huldigte er in seinen Schlössern auch der Schönheit von Tizian gemalten Fleisches.

Dabei hatte sich die permissive venezianische Kultur, welche der Nährboden freizügiger Malerei war, unterdessen verflüchtigt. Nach der Einführung der Inquisition im Jahre 1542 und den Beschlüssen des *Tridentinum* gegen heidnische Bildthemen übernahm restriktive Moral das Zepter. Als Tizian 1566 den Niederländer Cornelis Cort in seinem Haus beherbergte, damit dieser seine Werke radiere, untersagte ihm die Signoria das Publizieren erotischer Themen.[72] Im folgenden Jahr ließ der *Consiglio dei dieci* zwei Drucker in Haft nehmen, weil sie die Novellen des Matteo Bandello neu herausgegeben hatten. Gegen den Autor verlautete das Urteil:

> »Il cardinale Bandello guarda la realtà, secondo la tradizione lombarda, in una cruda luce ben diversa dal lume fantastico dei fiorentini; descrive per es. il cadavere di una donna nei suoi aspetti anatomici più ripugnanti, e ferma sulla pagina, volendo ritrarre il vero, particolari ignobili, laidi, osceni, e i diffusi discorsi di ogni giorno.«[73]

70 Dies wird z.B. an Herres sachlicher Darstellung der Beziehungen des Kaisers zu Barbara Blomberg deutlich; siehe *Herre*, Blomberg (wie Anm. 35).

71 Siehe *Jane C. Nash*, Veiled Images – Titian's Mythological Paintings for Philipp II. Poesie. Cranbury 1985.

72 *Paul F. Grendler*, The Roman Inquisition and the Venetian Press 1540-1605. Princeton 1977, S. 131.

73 Vgl. *Giuliano Pesenti*, Libri censurati a Venezia nei secoli XVI-XVII, in: La Bibliofilia 57, 1956, S. 15-30, hier S. 21; *Adelin-Charles Fiorato*, L'image et la condition de la femme chez Bandello, in: José Guidi (Hrsg.), Images de la femme dans la littérature italienne de la Renaissance. Paris 1980, S. 169-297, hier S. 184-186.

Mit *cadavere di una donna* injurierten die Gestrengen eine Passage, in welcher der Kardinal redselig schildert, wie ein junger Hausherr den zitternden Körper einer in seinem Bett ruhenden jungen Frau zum Entzücken seiner männlichen Gäste entblößt.[74]

Solch drastische Wendung wie auch die zeitgenössischen Inkognitobegriffe *poesie* oder *quadro di fantasia* zeigen, daß Tizians liegende Akte keine philosophischen Sinnbilder waren. Nicht weniger sollte man von der zweifellos originellen, aber verengenden Analogiedeutung als *Pin-up*, wie Charles Hope sie vorschlug, absehen.[75] Tizians erotische Bilder sind von pornographischer Bildkunst, als welche man die berüchtigten *Modi* des Marcanton Raimondi betrachten kann, zu unterscheiden.[76] Jene dienten nicht vordergründig der Triebbefriedigung, waren vielmehr Teil elitärer Kultur, deren visuelle Kommunikation sie geschmacksbildend prägten. Schon die bloße Existenz der sie betreffenden schriftlichen Zeugnisse macht deutlich, daß Tizians Akten auch eine repräsentative Aufgabe zufiel. Konnte Guidobaldo della Rovere mit dem Besitz der *donna nuda* glänzen, so galt dies wohl auch für die Dargestellte selbst, welcher die Nobilitierung ihrer sinnlichen Schönheit durch das gemalte höfische Ambiente geschmeichelt haben dürfte. Leicht übersieht die geistesgeschichtliche Perspektive, daß körperlicher Schönheit anthropologisch ein Repräsentationswert zufällt, der durch historische, mythologische und soziokulturelle Konnotation gewinnt.

So ist denn auch am Wandel von Tizians ruhenden Akten die ikonographische Verfeinerung des Themas abzulesen. Wo die späteren Gemälde der *Venus mit Musikanten* den liegenden Akt in komplexe Zusammenhänge von Motiven der Venuskinder und des Topos der Statuenliebe einbinden, zeigt die am Beginn stehende sogenannte *Venus von Urbino* lediglich eine *donna*

74 *Matteo Bandello*, Tutte le Opere. 2 Bde., Milano 1966, Novella I.3.

75 Zur neoplatonischen Interpretation *Otto Brendel*, The Interpretation of the Holkham Venus, in: Art Bulletin 28, 1946, S. 65-75. Dazu kritisch *Ulrich Middeldorf*, Letter to the Editor, in: Art Bulletin 29, 1947, S. 67-69. Zur Deutung als ›Pin ups‹ siehe *Charles Hope*, Problems of Interpretation in Titian's erotic Paintings, in: Tiziano e Venezia. (Convegno internazionale di studi. Venedig 1976.) Vincenza 1980, S. 111-124.

76 *Louis Dunand/Philippe Lemarchand*, Les compositions de Jules Romain intitulées Les amours des dieux, gravées par Marc-Antoine Raimondi. Lausanne: Institut d'Iconographie 1977; *Henri Zerner*, L'estampe érotique au temps de Titien, in: Tiziano e Venezia. Vicenza 1980, S. 85-90; *Maria Gazetti*, Lascivia oder das Ende Arkardiens, in: Zauber der Medusa. (Ausstellungskatalog) Wien 1987, S. 72-81; Giulio Romano e Pietro Aretino – i modi ed i sonetti lussuriosi, secondo l'edizione clandestina stampata a Venezia nel 1527. A cura di Riccardo Braglia. Mantova 2000.

nuda in verführerischer Pose, die mit herrschaftlichem Interieur um soziale Anerkennung wirbt. Sollte hier eine Favoritin des Herzogs dargestellt sein, so mag Tizian das Malen nicht so mitgenommen haben, wie es sonst gelegentlich bei weiblichen Akten der Fall sein konnte. Als einst der Herzog von Ferrara ungeduldig auf ein Gemälde wartete, nötigte dies seinen Agenten, eine Diagnose vom Gesundheitszustand des Meisters zu geben:

> »Ich habe Tizian gesehen, der kein Fieber hat. Er sieht gut aus, wenn auch etwas ermüdet; und ich vermute, daß die Mädchen, welche er öfter in verschiedenen Posen malt, bei ihm Wünsche wecken, die er dann mehr befriedigt, als es seine begrenzten Kräfte erlauben.«[77]

Abbildungsnachweis:
1-7: Archiv des Autors

77 Siehe *Charles Hope*, Documents concerning Titian, in: Burlington Magazine 115, 1973, S. 809f., hier S. 810; *Hope*, Titian (wie Anm. 1), S. 58.

VERA MAMEROW

Hans Holbeins »Laïs von Korinth« und die Anfänge des Kurtisanenporträts nördlich der Alpen

Die im Jahr 1526 entstandene, heute im Basler Kunstmuseum befindliche Tafel mit der Darstellung der berühmten Hetäre »Laïs Corinthiaca« (Abb. 1) ist eines der brillantesten Kabinettstücke Hans Holbeins des Jüngeren und zudem das einzige Beispiel eines antiken Sujets unter den Tafel- und Leinwandgemälden des Malers.[1] Es entstand in Basel in dem kurzen Zeitraum zwischen Holbeins Rückkehr aus Frankreich, wohin er Anfang des Jahres 1524 in der Hoffnung auf neue Aufträge oder gar eine Anstellung am französischen Hof gereist war, und seiner ersten Englandreise Ende des Jahres 1526. Die in diesem kurzen ›Basler Intermezzo‹ entstandenen Werke – unter ihnen auch die »Darmstädter Madonna« und die Basler Abendmahlstafel – zeigen eine deutliche Resonanz der italienischen Kunst, die Holbein während seines Aufenthaltes am Hof Franz' I. und wahrscheinlich bereits auf einer frühen Reise nach Oberitalien kennengelernt hatte. Am intensivsten wirken diese Eindrücke in der »Laïs Corinthiaca« nach, von der nicht ohne Grund in früherer Zeit angenommen wurde, sie sei das Werk eines Künstlers aus dem Umfeld Leonardos oder Raffaels.[2]

Die kleine Tafel zeigt eine modisch gekleidete junge Frau, die dem Betrachter ihre rechte geöffnete Hand entgegenstreckt und mit leicht geneigtem Kopf in seine Richtung blickt. Ihre sprechende Geste wirft einen starken Schlagschatten auf die steinerne Brüstung vor ihr, auf der ein Haufen Münzen liegt. Die Vorderkante der Brüstung, die den unteren Rand des Bildes abschließt und dessen ästhetische Grenze akzentuiert, trägt den in klassischen Lettern gemeißelten Namen der Dargestellten und das Entstehungsjahr des Bildes »:LAIS: CORINTHIACA: 1526:«.

1 Die Auseinandersetzung mit antiken Themen zeigt sich deutlich häufiger im druckgraphischen Werk Holbeins, z.B. in den diversen Titelholzschnitten wie u.a. dem für Erasmus von Rotterdams 1521 erschienenen »Enchiridion«; aber auch in den Vorzeichnungen für die Fassadenmalerei des Hertensteinhauses (1517-19) setzte er sich mit antiken Motiven auseinander.

2 *Ralph Nicholson Wornum*, Some account of the life and works of Hans Holbein, Painter of Augsburg. London 1867, S. 162-164; siehe auch *Alfred Woltmann*, Holbeins »Laïs Corinthiaca«, in: Kunstchronik. Beiblatt der Zeitschrift für bildende Kunst 2, 1867, S. 136; *Gerald S. Davies*, Hans Holbein the Younger. London 1903, S. 100-103.

Abb. 1: Hans Holbein d.J., Laïs Corinthica, 1526; Öl/Lindenholz, 34,5 × 27 cm; Basel, Öffentliche Kunstsammlungen: Inv.-Nr. 322.

In der Darstellung der unterschiedlichen Beschaffenheit der kostbaren, gefalteten, gerafften und gebauschten Stoffe zeigt sich die kaum zu überbietende malerische Präzision und Akribie des jungen Basler Malers. Hinzu kommen der emailhafte Glanz der Farben, die Glätte des hellen Inkarnats und die Verwendung von Muschelgold für feine Applikationen, die den prächtigen Gesamteindruck dieses Kabinettstücks noch steigern.[3] Das hohe feinmalerische Können zeigt sich auch darin, daß auf der außerordentlich gut erhaltenen Tafel keinerlei Pinselspuren erkennbar sind.[4]

3 *Jochen Sander*, Hans Holbein, Tafelmaler in Basel 1515-1535. München 2004, S. 215.
4 Ebd.

Zur Identität der Dargestellten

Über die Dargestellte berichten zahlreiche antike Autoren, die ihren legendären Lebenswandel anekdotenhaft ausgeschmückt und tradiert haben. Die ausführlichsten Informationen zur Laïs erhalten wir von Athenaios von Naukratis, der im letzten Drittel des zweiten nachchristlichen Jahrhunderts zahlreiche Hetärengeschichten der Klassik und des Hellenismus in seinem Gelehrtengastmahl kompilierte und von zwei Frauengestalten namens Laïs berichtet. Besonders lebhaft schildert er das Leben derjenigen Laïs, die der Maler Apelles, beeindruckt von ihrer Schönheit, aus der Sklaverei freikaufte und ihr damit ein Leben als gefeierte Hetäre ermöglichte. Zahlreiche Männer der geistigen Elite sollen zu ihren Liebhabern gezählt haben, wie zum Beispiel Aristippos d.Ä. (um 435-355 v.Chr.), der einmal auf die ihm entgegengebrachte Kritik, Laïs liebe ihn nicht wirklich, die berühmte Antwort gab, daß auch Wein und Fisch ihn nicht liebten, und er sie trotzdem gerne genieße.[5] Der legendäre Ruf der Laïs nahm jedoch durch ihre maßlosen Geldforderungen Schaden. Als sich der athenische Redner Demosthenes heimlich nach Korinth bringen ließ, um eine Liebesnacht mit ihr zu verbringen, forderte sie dafür 10.000 Drachmen. Demosthenes aber soll, im Weggehen begriffen, mit dem Satz: »Ich bezahle die Reue nicht so teuer«, abgelehnt und sie darauf entgegnet haben: »[...] ich gebe mich dir nicht für weniger, sonst ist die Reue an mir!«[6] Über ihr Lebensende berichten Pausanias und Plutarch, daß Laïs von eifersüchtigen Frauen in einem Aphrodite-Heiligtum mit hölzernen Schemeln erschlagen wurde[7], sie also gewissermaßen als Märtyrerin der Liebe starb.

Der Begriff der Hetäre soll in diesem Zusammenhang nur kurz erläutert werden: Er bezeichnete in der antiken Symposionskultur eine Frau, die dem

5 *Iwan Bloch*, Die Prostitution. Mit Namens-, Länder-, Orts- und Sachregister. 2 Bde., hier Bd. 2, Berlin 1912, S. 296, Anm. 286; bei Athenaios XIII, 588 (= Athenaeus Naucartites, Deipnosophistae. Das Gelehrtenmahl. Übers. von C. Friedrich. Stuttgart 1998) heißt es, Aristippos habe auf den Vorwurf des Hiketas, er zahle der Laïs so viel Geld, obwohl sie mit dem Kyniker Diogenes umsonst ins Bett gehe, im Sinne seiner hedonistischen Weltanschauung geantwortet: »Ich entlohne die Laïs reichlich, damit ich an ihr meinen Genuss habe, nicht, damit ein anderer keinen hat.«

6 *Gellius*, Noctes Atticae, I, 8, 6 (= Aulus Gellius, Noctium Atticarum libri XX. 2 Bde., hrsg. von C. Horsius. Stuttgart 1959). – 10.000 Drachmen waren eine utopische Gehaltsforderung (Demosthenes hätte das Gewicht dieser Summe in Bargeld kaum tragen können).

7 Plut.mor. 786a (= Plutarchus Moralia, Plutarch's Moralia in sixteen volumes. Hrsg. von Heinemann u.a. London o. J.).

Mann als ›Gefährtin‹ in Freundschaft verbunden war. War sie nicht nur zur Befriedigung sexueller Wünsche, sondern auch zur geistreichen Unterhaltung befähigt[8], konnte sie als hetaira zu einem begehrten Statussymbol werden.[9] Viele antike Quellen unterscheiden die kultivierte Hetäre von der porné[10], der ungebildeten Bordell- oder Straßenhure, die meist einem Zuhälter verpflichtet war. Ein zentrales Differenzkriterium war die unterschiedliche Form ihrer Bezahlung: Eine vornehme Hetäre bezog von ihren Liebhabern Gaben, wohingegen sich eine porné für eine bestimmte Münzsumme jedem beliebigen Freier hingab und ihre Käuflichkeit nicht verbergen konnte. Wie noch zu erörtern sein wird, spielt dieses Kriterium in Holbeins Gemälde eine wichtige Rolle, da das von ihm dargestellte Feilschen der Laïs um einen höheren Betrag einer Hetäre nicht angemessen war.

Wenngleich einige antike Autoren wie etwa Plutarch sich über den Euphemismus des Hetärenbegriffs im klaren waren, verbreiteten römische und spätantike Schriften, u.a. Lukians »Hetärengespräche« und Athenaios' von Naukratis »Gelehrtengastmahl« (195 n. Chr.), das aus einer retrospektiven Sicht gewonnene Bild der freien, attraktiven und selbstbewußten ›Gefährtin‹. Mit dieser Überlieferung muß auch Holbein, dessen Gemälde die einzige Darstellung der Laïs ist, konfrontiert worden sein. Er kann mit der antiken Überlieferung sowohl durch seine Nähe zu den angesehensten Basler Druckern Johannes Froben, Adam Petri, Andreas Cratander und Valentin Curio, die er lange Zeit mit Zeichnungen für den Formschnitt versorgte[11], als auch durch seine Bekanntschaft mit dem Juri-

8 Besonders beliebt waren die sogenannten »griphoi« (Rätsel), die von Hetären beim Symposion in unterschiedlichem Schwierigkeitsgrad aufgegeben werden konnten und oft mit sexuellen Anspielungen und erotischen Zweideutigkeiten gespickt waren. Siehe *Elke Hartmann*, Heirat, Hetärentum und Konkubinat im Klassischen Athen. Frankfurt a.M./New York 2002, S. 166.

9 Die Beziehung geriet nur in die gesellschaftliche Kritik, wenn versucht wurde, die Hetäre als gesetzliche Ehefrau auszugeben oder sogar die mit ihr gezeugten Kinder als legitime Nachfolger anerkennen zu lassen. Die angesehene Stellung der Hetären bei ihren Gönnern belegen Gerichtsprozesse, in denen sie sogar von ihren Liebhabern verteidigt und vor Verurteilung geschützt wurden; siehe *Hartmann*, Heirat (wie Anm. 8), S. 210.

10 Wie *Bloch*, Prostitution (wie Anm. 5), S. 274, anführt, existiert der Begriff *porné* schon im 8. bzw. 7. Jh. v.Chr. Er leitet sich von dem Verb *pernemi* (verkaufen, veräußern) ab und bedeutet nach neuesten Erkenntnissen das »Wegführen« in die Sklaverei. Siehe auch *Hartmann*, Heirat (wie Anm. 8), S. 147, Anm. 89.

11 *Heinrich Alfred Schmidt*, Hans Holbein der Jüngere. Sein Aufstieg zur Meisterschaft und sein englischer Stil. 3 Bde., Basel 1899, S. 239. Seit 1519 war Holbein von allen Offizinen als Zeichner beauftragt.

sten Bonifacius Amerbach, den er 1519 in Basel porträtierte[12], in Kontakt gekommen sein.

Basel entwickelte sich zu Beginn des 16. Jahrhunderts neben Straßburg und Augsburg zu einem der bedeutendsten Druckzentren nördlich der Alpen. Maßgebliche Bedeutung kam dabei dem Drucker Johannes Amerbach zu, der enge Beziehungen zu der damals renommiertesten Offizin, der des Aldus Manutius in Venedig, unterhielt. Seinen Kontakten ist es zu verdanken, daß antike Texte schon kurze Zeit nach ihrem Erstdruck in der Lagunenstadt in Basel verlegt wurden. Der Nachfolger der Amerbachschen Offizin war Johannes Froben, der lange Zeit eng mit Holbein zusammenarbeitete. Es ist sehr wahrscheinlich, daß der junge Maler, der die Titeleinfassungen für diverse Ausgaben antiker Schriften entwarf, auch über deren Inhalte informiert war.[13] Zu Beginn des 16. Jahrhunderts erschienen in Basel zentrale Werke der literarischen Überlieferung der »Laïs«, u.a. Sammlungen griechischer Epigramme[14] sowie diverse Lukian-Ausgaben in den Übersetzungen von Erasmus von Rotterdam und Thomas Morus, zwei Schriften des Plutarch in einem Einzeldruck, eine Ausgabe über die Geschichte der griechischen Philosophie von Diogenes Laertius und, im Entstehungsjahr von Holbeins Bild, eine Edition der »Noctes Atticae« des Aulus Gellius.[15] Auf das besondere Interesse der Amerbach-Brüder an griechischer Literatur ist zurückzuführen, daß das 1514 bei Aldus erstmals erschienene und in Deutschland kaum rezipierte »Gelehrtenmahl« des Athenaios von Naukratis im Jahre 1535 in Basel verlegt wurde.[16]

12 Vgl. *Oskar Bätschmann/Pascal Griener*, Holbein-Apelles. Wettbewerb und Definition des Künstlers, in: Zeitschrift für Kunstgeschichte 57, 1994, S. 640f., Abb. 11.

13 Holbein entwarf 1522 u.a. die Titeleinfassung für eine Lukian-Ausgabe, mit dem Tod des Triumvirn und Feldherrn Marcus Crassus, der Sage von Marcus Curtius sowie Herkules und Orpheus; siehe *Schmidt*, Holbein (wie Anm. 11), S. 221-223.

14 Z.B. die im Jahr 1518 bei Froben gedruckten »Epigrammata clarissimi di sertissimique viri Thomae Mori«, die sich auf die »Anthologia Planudea«, eine Sammlung von ungefähr 2.400 griechischen Epigrammen, die um 1300 von dem Mönch Planudes kompiliert und 1503 bei Aldus gedruckt wurde, beziehen.

15 *Luciniani Samosatensis*, Dialogi aliquot Graeci (...). Basel 1522 (Valentin Curio); Lukian-Übersetzungen von Morus und Erasmus im Jahre 1517 und 1521 bei Froben verlegt; *Plutarchi*, Chaeronei Libellus perquam elegans (...). Basel 1525 (Joh. Froben); Diogenis Laertii, clarissimi historici de vita (...). Basel 1524 (Valentin Curio); Annotiones Petri Mosselani Protogensis in clarissimas Auli Gelii notes Atticas. Basel 1526 (Bebel). Siehe hierzu ausführlich http,//www.ub.unibas.ch/kadmos/gg/ (Griechischer Geist aus Basler Pressen, Homepage der Universitätsbibliothek Basel; zuletzt aufgerufen am 12.04.06).

16 Athenaei Deipnosohistarum, hoc est argute sciteque in convivio dissertium (...). Basel 1535 (Johannes Walder). Es ist anzunehmen, daß man im Umfeld des Malers den Druck des Aldus gut kannte. Zu den Schriften siehe http://www.ub.unibas.ch/kadmos/gg/.

Holbeins Gemälde ist die einzige Darstellung der griechischen Hetäre[17] und bezeugt zusätzlich den Anspruch des Malers, mit Apelles in Konkurrenz zu treten. Denn wie oben bereits erwähnt, war es der Hofmaler Alexanders des Großen, der die Schönheit der Laïs entdeckte und ihre *charis*, ihren Liebreiz, öffentlich lobte. Obwohl der Ostionier für seine Fähigkeit, vollkommene Porträts zu schaffen, bekannt war, berichtet keine Quelle von einem Bildnis der Laïs aus seiner Hand. Diese ›Leerstelle‹ in der antiken Überlieferung nahm Holbein, der sich in späteren Jahren hinsichtlich des Apelles-Vergleichs wenig bescheiden gab, zum Anlaß, sich mit dem Bild der Laïs als ›neuer‹ Apelles zu präsentieren. Ein derartiger Bildungsanspruch wird ihm in den humanistischen Kreisen in Basel nahegebracht worden sein.

Ein der »Laïs« motivisch eng verwandtes Bild ist die sogenannte »Venus mit Amorknaben« (Abb. 2). Dieses Gemälde mit beinahe identischen Maßen zeigt eine der »Laïs« ähnliche Frau, die ebenfalls hinter einer steinernen Brüstung sitzt und sich dem Betrachter zuwendet. Zu ihr gesellt sich ein kleiner Knabe mit einem Pfeil, der eine labile Haltung zwischen der Brüstung und ihrem Schoß einnimmt. Obwohl es sich bei diesem Bild, wie jüngste Untersuchungen ergeben haben, um eine Werkstattarbeit nach dem Vorbild der »Laïs« handelt, verdient es hier Erwähnung – u.a., da der Basler Gelehrte Basilius Amerbach, Sohn des Holbein-Freundes Bonifacius Amerbach, beide Gemälde gemeinsam in dem 1585-87 erstellten, detaillierten Inventar seiner stetig wachsenden Kunstsammlung aufführte.

Sein Inventar D vermerkt die »Laïs« zusammen mit der »Venus« wie folgt:

> »[…] Zwei täfelin daruf ein [darunter steht das durchgestrichene Wort ›zwei‹] offenburgerin conterfehet ist vf eim gschriben Lais Corinthiaca. Die ander hat ein kindlin bÿ sich. H. Holb(ein) beide, mit ölfarben vnd in ghüsen«.[18]

17 Nur in *Andrea Alciatis* »Emblematum Libellus«, Paris 1542, S. 66f., dt. Ausgabe, unter dem Stichwort »Dirnenwesen« ist der »tumulus meretrices« abgebildet, das durch Pausanias überlieferte Grabmal der Laïs, auf dem ein Löwe einen Widder reißt. Der Holzschnitt von Jörg Breu zeigt dort die Hetäre als ›transi‹ auf ihrem Grab liegend.

18 *Elisabeth Landolt*, Das Amerbach-Kabinett und seine Inventare, in: Elisabeth Landolt u.a. (Hrsg.), Das Amerbach-Kabinett. Beiträge zur Basilius Amerbach. (Sammeln in der Renaissance. Das Amerbach-Kabinett, 5 Bde.) Basel 1991, S. 145-153. Von Holbein werden hier u.a. das »Bildnis der Gattin und ihrer beiden Kinder«, der »Tote Christus im Grab«, das »Bildnis des Bonifacius Amerbach«, »Venus und Amor«, das Diptychon mit Christus im Elend und Maria als schmerzensreiche Mutter genannt; siehe *Sander*, Holbein (wie Anm. 3), S. 67.

Knapp 60 Jahre nach ihrer Entstehung wurden die »Laïs« und die »Venus« also als Porträts einer gewissen »Offenburgerin« angesehen. Diese Eintragungen blieben für die Holbeinforschung bestimmend. Obwohl sie nicht zusammen in die Amerbachsche Sammlung gekommen waren[19], wurden beide Gemälde fortan als Porträt-Pendants rezipiert, was eine phantasievolle Legendenbildung um die vermeintlich dargestellte Person beförderte. So nahm man lange Zeit an, es handele sich um Rollenporträts einer leichtlebigen Zeitgenossin, die Holbein zuerst als Göttin der Liebe, dann aber, nachdem sie ihm eine angemessene Bezahlung verweigerte, als Sinnbild der Käuflichkeit dargestellt habe. Diese zuerst 1827 von Ulrich Hegner vertretene These griff Alfred Woltmann in seiner 1874 erschienenen Monographie auf, wobei er sich auf die Arbeit von Eduard His stützen konnte, der in den Gerichtsakten der Stadt Basel zwei Offenburgerinnen ausfindig machte, deren lockerer Lebenswandel seiner Auffassung nach dem Leumund der antiken Buhlerin entsprach. Es handelt sich um Magdalena und deren Tochter Dorothea Offenburg: Magdalena Offenburg, geb. Zschekkenbürlin, verheiratete sich im Juli 1506 mit dem angesehenen Junker und Ratsmitglied Hans Offenburg, Sohn des Basler Achtburgers Peter Offenburg.[20] Aus dieser Ehe gingen die drei Kinder Dorothea (1508), Anna (1510) und Peter (1513) hervor.[21] Im Jahr 1514, kurz nach dem Tod ihres Ehemannes, heiratete sie Christoph Truchsess von Wolhusen. Aus einem 1523 datierten Testamentzusatz Maria Zchekkenbürlins, der Tante Magdalenas, geht hervor, daß sie sich wegen des Verlassens ihrer Kinder nach dem Tod des Mannes den Un-

19 Die »Laïs« wird nochmals im Inventar G aufgeführt, das 1662 im Auftrag der Stadt Basel und der Universität im Zuge des Ankaufs der Sammlung erstellt wurde, auf Seite 3 unter Nr. 4: »Ein Täfelin darauff ein Offenburgin Contrafacit, darauff geschrieben-Lais Corinthica. Hs.Holb.« Ein Hinweis auf die Herkunft des Bildes wird allerdings nicht gegeben; siehe *Landolt*, Amerbach (wie Anm. 18), S. 177. Die »Venus« ist hingegen in dem Verzeichnis der zwischen 1579 und 1591 geschenkten und getauschten Gegenstände verzeichnet. Dort sind in Sp. 5, Z. 33-37, Geschenke des Vetters Amerbachs, Franz Rechburger, vermerkt: »Franciscus Rechburgius [...] Tabellam Holbeinicam cum muliere et puero nudo, in aedicula inaurata«. Die »Venus« kam also frühestens zu Beginn der 1580er Jahre in die Sammlung; *Landolt*, Amerbach (wie Anm. 18), S. 215; siehe auch *Sander*, Holbein (wie Anm. 3), S. 65.

20 Peter Offenburg war Bürgermeister der Stadt Basel, eidgenössischer Gesandter bei Ludwig XII. (1502) und Führer der Basler Truppen in den Mailänder-Kriegen; siehe *Rudolf Wackernagel*, Geschichte der Stadt Basel. 4 Bde., Basel 1907-54, hier Bd. 3, S. 205.

21 Staatsarchiv Basel-Stadt: Privatarchiv Nr. 132, Genealogische Sammlung Merian-Wesmer Nr. 1604 und Privatarchiv Nr. 355c, Nachlaß Dr. Arnold Lotz (1862-1923).

Abb. 2: ›Venusmaler‹ (traditionell Hans Holbein d.J. zugeschrieben), Venus und Amor; Öl/Lindenholz, 34,5 × 26 cm; Basel, Öffentliche Kunstsammlungen: Inv.-Nr. 323.

mut ihrer eigenen Verwandtschaft zugezogen hatte.[22] Ob Amerbach sich sechzig Jahre später durch das Bild der Laïs an die Verfehlungen Magdalenas erinnert fühlte und ob diese überhaupt so skandalös waren, um ihr noch einige Jahrzehnte später einen verrufenen Lebenswandel anzudichten, bleibt fraglich. Wesentlich ausführlicher berichten die Quellen über Magdalenas

22 *Eduard His*, Die Basler Archive über Hans Holbein den Jüngeren, seine Familie und einige zu ihm in Beziehung stehenden Zeitgenossen, in: Albert von Zahn. Jahrbücher für Kunstwissenschaft 3, 1870, S. 48. Siehe auch *Jürg Meyer zur Capellen*, Hans Holbeins »Lais Corinthiaca«, in: Zeitschrift für schweizerische Archäologie und Kunstgeschichte 41, 1984, S. 32 Anm. 10.

Tochter, die nach einer 1523 geschlossenen Ehe mit Daniel Zeigler im Jahr 1538 eine zweite mit dem Junker Joachim von Sultz einging. Diese wurde von mehreren Gerichtsprozessen begleitet und in einem komplizierten Scheidungsverfahren im Jahre 1546 aufgelöst, wobei beiden Ehepartnern eine Strafe auferlegt wurde. In einem Kundschaftsbuch aus dem Jahr 1539 berichten einige Zeugen von der unsittlichen Lebensweise der jungen Frau, die zum Zerwürfnis mit ihrem Ehemann geführt hatte.[23] So wurde ihr im August 1538 von einer Hausangestellten vorgeworfen, sie habe sich in ihrem Haus mit dem »Junker von Bern« in einer Kammer eingeschlossen, um mit diesem ungestört »huren und bubenwerck« zu treiben.[24] Diese Sittenwidrigkeiten und der langwierige Prozeß machten sie aus Sicht His' und Woltmanns zur perfekten Kandidatin für eine Darstellung als antike Prostituierte. Ehescheidungen waren jedoch unter der Basler Bevölkerung keine Seltenheit. Nach der Reformation wurde der Ehestand als Fundament der gesellschaftlichen Existenz erheblich aufgewertet und das eheliche Leben daher noch strenger als bisher reglementiert. Dies implizierte aber auch, daß bei Mißachtung der neuen Ehemoral erstmals die Möglichkeit bestand, das eheliche Band zu lösen.[25] Der häufigste Scheidungsgrund war das »offene Leben«, der Ehebruch des Partners, der häufiger Frauen angelastet wurde. Es genügte eine einzige Zeugenaussage, um diesen als bewiesen geltend zu machen und den Ruf einer Ehefrau zu ruinieren.[26] Das diffamierende Gerichtsverfahren gegen Dorothea Offenburg unterscheidet sich darin nicht wesentlich von weiteren zur selben Zeit geführten Prozessen anderer Frauen. Außerdem existierten mindestens noch zwei weitere Offenburgerinnen, die sich mehrmals verheiratet haben und ebenfalls vor dem Ehegericht standen.[27] Alle Fälle jedoch datieren, wie der Dorotheas, in die dreißiger oder vierziger Jahre und können Holbein somit nicht zu dem Bild der Hetäre inspiriert haben.[28]

23 Staatsarchiv Basel-Stadt: Gerichtsarchiv D 26. Schultheissengericht der mehrern Stadt, Kundschaft 1534 Juli 11.-1539 September 10.

24 »[…] frow Dorothea, und derselb Junker giengen ouch mit einandren, In ein Camer, machen Inwendig für das schloß ein papir das man sy nit sehen sollte, was sy mit enandern handleten […]«, Staatsarchiv Basel-Stadt: Gerichtsarchiv D 26. Schultheissengericht der mehrern Stadt, Kundschaft 1534 Juli 11.-1539 September 10, Bl. 245.

25 *Adrian Staehelin*, Die Einführung der Ehescheidung in Basel zur Zeit der Reformation. (Basler Studien zur Rechtswissenschaft, H. 45.) Basel 1957, S. 5.

26 Ebd., S. 47.

27 Diese sind von der Forschung bisher immer übersehen worden, Catharina Offenburg (*1501), Ursula Offenburg (*1507), Margret Offenburg (*?); siehe oben Anm. 21.

28 Dorothea Offenburg war 1526 noch eine rechtmäßig verheiratete Frau.

Die Inventar-Notizen Amerbachs spiegeln m.E. nur seine persönliche Rezeption des Bildes wider und basieren keineswegs auf einer vermeintlichen Bildnisabsicht Holbeins. So ist es möglich, daß Amerbach bei dem Bild der antiken Prostituierten an die besagte Dorothea dachte, über deren Werdegang er vielleicht durch seinen Vater Bonifacius Amerbach, der dem Stadtrat als Rechtsberater im Ehegericht zur Seite stand, unterrichtet war.[29] Er könnte aber auch eine uneheliche Tochter Henman Offenburgs († 1557) gemeint haben, die 1523 den Humanisten Heinrich Loritti, genannt Glareanus, geheiratet hatte und der man aufgrund ihrer Herkunft nachsagte, sie sei eine Dirne.[30]

Es kann weiter vermutet werden, daß Amerbach das Bild der griechischen Hetäre mit einer in seiner Sammlung befindlichen Zeichnung – vermutlich von Hans Hug Kluber – in Verbindung brachte (Hans Hug Kluber nach Hans Holbein d.J., Basler Dirne, ein Getränk anbietend, Basel, Öffentliche Kunstsammlung, Kupferstichkabinett: Inv.-Nr. 43).[31] Sie zeigt eine Dirne mit Federbarett und geöffnetem Goller ein Getränk anbietend. Auf ihrer Halskette sind die Buchstaben »O M« in mehrmaliger Abfolge zu lesen, die Paul Ganz als Initialen des vermeintlichen Modells interpretiert hat.[32] Amerbach könnte gewisse physiognomische Ähnlichkeiten zwischen der Dirne und der Laïs erkannt und – vorausgesetzt, er las die Buchstaben »O M« als Namenskürzel Magdalena Offenburgs – von der Zeichnung auf das Bild der Hetäre geschlossen haben.[33]

29 *Staehelin*, Ehescheidung (wie Anm. 25), S. 48.

30 Siehe oben Anm. 21; *Jakob Amiet*, Hans Holbeins Madonna von Solothurn und der Stifter Nikolaus Conrad, der Held von Dornbeck und Novara. Solothurn 1879, S. 15-17.

31 Diese Zeichnung gehört zu Holbeins Serie der Basler Frauentrachten. In drei Paaren, zwei Bürgerinnen, zwei adelige Damen und zwei Dirnen, werden unterschiedliche Trachten dargestellt. Die beiden Dirnendarstellung sollen nicht eigenhändig sein und erst im 3. Viertel des 16. Jahrhunderts von Hans Hug Kluber nach Holbein angefertigt worden sein; vgl. *Christian Müller*, Hans Holbein d.J. Zeichnungen aus dem Kupferstichkabinett der Öffentlichen Kunstsammlung Basel. Basel 1988, S. 133.

32 Ebd., S. 146 Kat.-Nr. 43; *Paul Ganz*, Die Handzeichnungen Hans Holbeins d.J. Kritischer Katalog. Berlin 1937, Kat.-Nr. 149.

33 Ebenso ist zu vermuten, daß Amerbach das Bild der antiken Hetäre mit der erwähnten Zeichnung einer Dirne von Urs Graf in Verbindung brachte (Basel, Öffentliche Kunstsammlung, Kupferstichkabinett: Inv.-Nr. U.X. 67). Diese trägt auf dem Brustband ihres Kleides den Namenszug »Magdalena Truchsessin von Wohlhus«. Hierbei könnte es sich um jene Magdalena Offenburg, geb. Zwekkenbürlin, handeln, die im Jahr 1514 den Truchsessen Christoph von Wolhusen heiratete. Das Bild datiert auf 1517 und ist eindeutig als Diffamierung ihrer Person zu verstehen.

Koegler und Held vermuten, daß Amerbachs Bezeichnung nicht als Hinweis auf eine konkrete Person, sondern als ein Wortspiel auf den Begriff der sogenannten »Öffentlichen«, der Hure, zu verstehen ist.[34] Da Amerbach nicht wie bei den anderen von ihm genannten Personen den Vornamen nennt, wäre diese Möglichkeit durchaus denkbar. Denn obwohl der Name Offenburg für eine der angesehensten Basler Familien stand, konnte er mit gewerblicher Prostitution in Verbindung gebracht werden, da ein gewisser Adrian Offenburg mit seiner Frau Anna im Jahr 1435 als Wirt eines auf dem Kohlenberg eingerichteten Frauenhauses fungierte.[35] Bei der Bezeichnung »Offenburgerin« könnte es sich also um ein Synonym für Prostituierte handeln, das Amerbach beim Betrachten des Bildes dieser legendären Hetäre in den Sinn kam.

Alle Überlegungen hierzu bleiben aber spekulativ und können zum tieferen Verständnis des Bildes nicht beitragen. Wichtiger ist es, festzuhalten, daß Amerbach wahrscheinlich wegen des kleinen, traditionsgemäß bei Porträts üblichen Formats und der Motive des Vorhangs und der Brüstung, die ihm aus der Porträtmalerei sicherlich bekannt waren, die »Laïs« als Bildnis ansah.

Holbeins Intention war es, die »Laïs von Korinth« zu ›porträtieren‹, wobei er sich der üblichen Bildniskonventionen bediente. So setzte er bewußt den Vorhang als ein Bildmittel ein, das die dargestellte Person hinterfangen und nobilitieren sollte. Dieses Motiv verwendete er in seinen Porträtwerken mehrmals, so etwa in dem 1527 entstandenen Bildnis des Thomas Morus (New York, Frick Collection: Inv.-Nr. 12.1.77), wo ein grüner, zur linken Bildseite hin geraffter Vorhang einen würdevollen Hintergrund für die akribisch dargestellten Gesichtszüge des Kanzlers bietet. Die Bedeutung dieses Motivs liegt eindeutig in einer unspezifischen Würdeform, wobei im Laïs-Bild Assoziationen mit einem zurückgeschlagenen Vorhang eines Alkovens nicht unberechtigt sind. Als ein in Nord- und Südeuropa verbreitetes Porträt-Motiv unterstreicht auch die Brüstung die Zugehörigkeit des Bildes zur Porträttypologie. Der Erscheinungsort der Dargestellten wird ästhetisch vom Betrachterraum abgegrenzt, so daß der Eindruck ihrer bildhaften Ver-

34 *Hans Koegler*, Holbein als Frauenmaler in seiner Basler Zeit, in: Die Ernte. Schweizerisches Jahrbuch 14, 1933, S. 45-71; *Julius Held*, Flora, Goddess and Courtesan, in: M. Meiss (Hrsg.), De Artibus Opuscula XL. Essays in Honor of Erwin Panofsky. New York 1961, S. 216f.; siehe auch *Wackernagel*, Basel (wie Anm. 20), Bd. 2, S. 922.

35 *Katharina Simon-Muscheid*, Randgruppen, Bürgerschaft und Obrigkeit. Der Basler Kohlenberg, 14.-16. Jh., in: Susanna Burghartz (Hrsg.), Spannungen und Widersprüche. Festgabe für Frantisek Graus. Sigmaringen 1992, S. 203-225 und 218.

gegenwärtigung nochmals akzentuiert wird.[36] An die Stelle eines physiognomischen Abbildes aber setzte er ein ideales Gesicht, das, wie noch erläutert wird, auf die legendäre Schönheit der Laïs anspielen sollte.

Wäre da nicht die Notiz Amerbachs, so wäre das Bild wohl allein schon wegen seines hohen Idealisierungsgrades des Gesichts nicht als ein ›portrait historié‹ einer als Dirne verrufenen Frau, sondern als ein Idealporträt der berühmten Hetäre rezipiert worden.[37]

Die »civilità puttanesca« und der Bezug der »Laïs« zu italienischen Kurtisanenbildern

Der Schlüssel zur Deutung der »Laïs Corinthiaca« liegt m.E. hingegen in der augenfälligen Orientierung des Malers am italienischen Kurtisanenporträt, einer Gattung, die zu Beginn des Cinquecento, einhergehend mit der sprunghaften Entwicklung des Kurtisanenwesens, zu florieren begann. Die Anfänge dieses gesellschaftlichen Phänomens liegen in der Zeit des Pontifikats Alexanders VI. (1492-1503), in der das Verhältnis zu einer Prostituierten für die Priester und Kurialen zu einer selbstverständlichen Lebensform wurde.[38] Der Borgia-Papst versuchte, durch seine luxuriöse Hofhaltung mit den bedeutendsten weltlichen Potentaten zu konkurrieren. Dabei wurde jedoch ein wichtiges Element des höfischen Lebens schmerzlich vermißt: die Gesellschaft von ehrbaren Damen. Die vielen Dirnen, die ihrem Geschäft im Kirchenstaat nachgingen, konnten den Anforderungen der höfischen Konversation nicht genügen. Der Frauenmangel war also nicht nur sexueller, sondern vor allem kultureller Natur.[39] Den Wunsch nach einem weiblichen Anteil am Gesellschaftsleben bekundete u.a. Kardinal Bibbiena, der gegenüber Giuliano de' Medici in Hinblick auf dessen Hochzeit mit Filiberta von Savoyen und dessen Absicht, sich in Rom niederzulassen, erklärte:

36 Daher ist das Motiv der fordernden Hand, die diese ästhetische Grenze im Begriff ist wieder aufzuheben bzw. zu durchbrechen, als äußerst kühn zu bewerten.

37 Ein »portrait historié« würde voraussetzen, daß der Grad der Idealisierung noch eine Identifizierung mit einem Individuum zuläßt. Zum Rollenporträt und seinen Varianten siehe *Stephanie Goda Tasch*, Studien zum weiblichen Rollenporträt in England von Anthonis van Dyck bis Joshua Reynolds. Köln 1998, S. 10-12.

38 *Monica Kurzel-Runtscheiner*, Töchter der Venus. Die Kurtisanen Roms im 16. Jahrhundert. München 1995, S. 16f., betont, daß sogar päpstliche Abgeordnete einträgliche Geschäfte mit der Vermietung von Freudenhäusern machen konnten.

39 Ebd., S. 12.

»Die ganze Stadt sagt: Jetzt sei Gott gelobt, denn hier fehlte nichts anderes als ein Hof von Damen, und diese hohe Fürstin [...] wird uns dazu verhelfen und wird den römischen Hof vollkommen machen.«[40]

Die Anwesenheit von gebildeten Frauen war seinerzeit ein unverzichtbares Element des höfischen Lebens. Wie Pietro Bembos »Gli Asolani« und Baldassare Castigliones »Libro del Cortegiano« bezeugen, erfüllten sie wichtige gesellschaftliche Aufgaben und mußten in der Lage sein, den höfischen Alltag durch gesellige Konversation und musikalische sowie literarische Darbietungen zu bereichern.[41]

In Rom jedoch waren Frauen in der Gesamtbevölkerung unterrepräsentiert. Die Hofhaltung der dort residierenden Kardinäle bestand in der Regel zum größten Teil aus Männern, und auch päpstliche Gesandte und Botschafter kamen meist nur in Männerbegleitung in die Stadt. Somit herrschte ein Klima vor, welches für die Etablierung eines ›neuen‹ Berufsstandes überaus günstig war.

Im Jahr 1498 vermerkte der deutsche Zeremonienmeister des päpstlichen Hofes Johannes Burchard in seinem Tagebuch »Liber Notarum« die Festnahme einer Frau namens Corsetta, »welche eine sogenannte Kurtisane, das heißt, eine ehrbare Hure war« (»quedam cortegiana, hoc est meretrix honesta«).[42] Offenbar hielt er es für nötig, den bekannten Begriff »cortegiana« (cortigiana) in diesem Kontext zu erklären. Denn traditionsgemäß bezeichnete dieser die adlige Hofdame, die weibliche Entsprechung des Hofmannes, des cortegiano (cortigiano). Burchard aber verwendete diesen Begriff zum ersten Mal für eine jener im Dienste der Kurie stehenden Prostituierten, die aufgrund ihrer intellektuellen Fähigkeiten hohe gesellschaftliche Anerkennung genoß. Diese sogenannten cortigiane hoben sich nicht nur durch ihr meist makelloses Aussehen, sondern vor allem durch ihre Bildung und soziale Kompetenz von den gewöhnlichen puttane, den Huren, ab. Ihre Vertrautheit mit der höfischen Konversation, ihre Kenntnisse der Literatur und Musik sowie ihre guten Manieren machten sie zu einer gesellschaftsfähigen Unterhalterin. Anfänglich war ihr Kundenkreis nur auf die Kurialen

40 *Giuseppe Lorenzo Moncallero*, Epistolario di Bernardo Dovizi. 2 Bde., Florenz 1955, hier Bd. 2, S. 42 (vom 25.02.1515), zit. nach *Kurzel-Runtscheiner*, Kurtisanen (wie Anm. 38), S. 19.

41 Pietro Bembos »Gli Asolani« erschienen 1515 in Venedig; Baldassare Castigliones »Il libro del Cortegiano« 1528.

42 *Johannes Burchard*, Liber Notarum, II, 80 (vom 02.04.1498), zit. nach *Kurzel-Runtscheiner*, Kurtisanen (wie Anm. 38), S. 19.

beschränkt, später aber leisteten sich auch reiche Kaufleute und Adlige in ganz Rom ihre Dienste.[43]

Masson vermutet, daß der Begriff der Kurtisane deshalb so schnell in den allgemeinen Sprachgebrauch aufgenommen wurde, weil es unschicklich gewesen wäre, diese begehrten, oft einflußreich und wohlhabend gewordenen Frauen weiterhin als Huren, als puttane, zu bezeichnen.[44] Der Begriff cortigiana ist also ebenso euphemistisch wie die antike Bezeichnung hetaira, denn beide beschönigen die Prostitution, um sie in kulturell verfeinerter Form für eine männliche Oberschicht gesellschaftsfähig zu machen. Es ist daher nicht verwunderlich, daß man sich bei den Antikenstudien besonders für das griechische Hetärenwesen und seine berühmten Vertreterinnen interessierte, die durch Lektüre antiker Autoren wie z.B. Lukian und Athenaios bekannt waren.[45] Deren Schriften tradierten, wie oben dargelegt wurde, das Bild der hetaira als einer kultivierten, begehrenswerten ›Gesellschaftsdame‹, und so lag es nahe, die Frauen, welche der Kurie gehobene sexuelle Dienste leisteten, als Nachfahren der bekannten Hetären im humanistischen Sinne aufzuwerten. Um diesem neuen Bildungsanspruch gerecht zu werden, führten manche Kurtisanen klassische Namen wie Faustina, Imperia, Polisena und Flaminia. Der päpstliche Hof nahm also weiterhin die Prostitution in Anspruch, die nun aber kulturell verfeinert und mit einem humanistischen Bildungsanspruch verbrämt wurde. Zeitgenössischen Kritikern des päpstlichen Hofes schien es ein kleineres Übel zu sein, wenn sich Geistliche mit ehrbaren und gebildeten ›Gefährtinnen‹ umgaben, als wenn

43 Ebd., S. 53, legt Kurzel-Runtscheiner dar, daß diejenigen Frauen, die eine feste Anstellung innerhalb der vatikanischen Mauern innehatten, sogar »curialis« genannt wurden, was sowohl den kurialen Würdenträger als auch die Kurtisane bezeichnete. Dies geht aus einem Vertrag zwischen der Kurie und einer bekannten Kurtisane hervor, die dort als gleichwertige Vertragspartnerin angesehen und als »curialis romanam curiam sequens« (Kurtisane, die der römischen Kurie verbunden ist) bezeichnet wird. Hierin zeigt sich der hohe gesellschaftliche Status dieser Frauen, denn bisher nahm man an, dieser Titel sei nur für Männer im kurialen Dienst verwendet worden.

44 *Gorgina Masson,* Kurtisanen der Renaissance. Tübingen 1974, S. 15.

45 1514 war bei Aldus Manutius in Venedig eine erste griechische Ausgabe des erwähnten »Gelehrtengastmahls« des Athenaios erschienen. 1496 (Florenz) und 1503 (Venedig) erschienen die Gesamtausgaben der Dialoge des Lukian, und im Jahre 1525 wurden dessen »Hetärengespräche« ins Italienische übersetzt. Diese Edition muß auch Pietro Aretino bekannt gewesen sein, bevor er seine »Kurtisanengespräche« (*Pietro Aretino,* Sei giornate. Ragionamento della Nanna e della Antonia [1. Aufl. 1534]. Dialogo nel quale la Nanna insegna a la Pippa [1. Aufl. 1536]) in Venedig schrieb.

sie gewöhnlichen Huren freien Zugang zum päpstlichen Palast gewährten.[46]

Einigen der erfolgreichen Kurtisanen zollte man besonders hohe Anerkennung, wenn sie es durch einen wohlhabenden und einflußreichen Kundenstamm zu beachtlichem Reichtum gebracht hatten, und bezeichnete sie als »cortigiane honeste«.[47] Offizielle Würdenträger mußten ihrerseits nicht um die Karriere fürchten, wenn sie ein Verhältnis mit einer Kurtisane eingingen, vielmehr gereichte es ihnen zur Ehre, die Dienste einer gefragten Dame in Anspruch nehmen zu können.[48] So entwickelte sich seit dem späten Quattrocento in Anlehnung an das antike Hetärenwesen vor allem in Rom und Venedig eine regelrechte »civilità puttanesca«, eine Subkultur mit eigenen Gesetzen, Ritualen und Gesten.[49] Ihren Höhepunkt fand diese Entwicklung in den ersten beiden Jahrzehnten des 16. Jahrhunderts, und erst nach dem Sacco di Roma versuchte man, diese wieder zurückzudrängen, indem man strenge Sittengesetze erließ.[50]

Die gesellschaftliche Relevanz der Kurtisanenkultur reflektieren neben den zahlreichen Künstlern, die prominente cortigiane in Bildnissen verewigten, auch die Werke zeitgenössischer Autoren wie z.B. des Pietro Are-

46 *Kurzel-Runtscheiner*, Kurtisanen (wie Anm. 38), S. 20.

47 Der Begriff »honesta« oder »onesta« muß hier mit »ehrbar« oder »gesellschaftlich anerkannt« übersetzt werden. »cortigiana honesta«, »honesta mulier« oder »meretrix honesta« waren in den offiziellen Dokumenten, z.B. in Testamenten oder Verträgen, die gängigsten Bezeichnungen für Kurtisanen; siehe ebd., S. 54f.

48 Ebd., S. 14. Für eine Aufwertung der käuflichen Liebe spricht auch der umstrittene Traktat »De voluptate ac de vero bonum« des Lorenzo Valla. Dieser läßt darin den Epikureer zu dem Christen sagen, »mehr um das Menschengeschlecht machen sich die Buhlerinnen und öffentlichen Dirnen verdient als heilige und enthaltsame Jungfrauen«. *Lorenzo Valla*, Von der Lust oder Vom wahren Guten / De voluptate sive De vero bono. Lateinisch-deutsche Ausgabe hrsg. und übers. von Peter Michael Schenkel, eingeleitet von Eckard Kessler. München 2004, I. 43, 2.

49 *Achillo Olivieri*, Erotik im Venedig des 16. Jahrhunderts, in: Philippe Ariès/Michel Foucault u.a. (Hrsg.), Die Masken des Begehrens und die Metamorphose der Sinnlichkeit. Zur Geschichte der Sexualität im Abendland. o. O. 1986, S. 124.

50 Paul III. verbot den Kurtisanen 1539 den »habito romano«, die Kleidung römischer Patrizierinnen zu tragen, damit sie sich von den ehrbaren Ehefrauen unterschieden. Pius V. verbannte die Kurtisanen in ein umschlossenes Stadtgebiet und ließ alle, die sich außerhalb dieses Sperrbezirks aufgreifen ließen, öffentlich auspeitschen; *Kurzel-Runtscheiner*, Kurtisanen (wie Anm. 38), S. 24 und 76. In dem 1539 erschienenen »Ragionamento di Zoppino«, dessen Verf. wahrscheinlich Pietro Aretino war, werden die ersten beiden Jahrzehnte des 16. Jahrhunderts schon als das längst vergangene ›Goldene Zeitalter‹ der großen Kurtisanen beschrieben. Venedig löste Rom als Zentrum der gehobenen Prostitution allmählich ab und blieb es dann bis ins 17. Jh.

tino, der selbst Sohn einer Kurtisane aus Arezzo war und sich als gnadenloser Kritiker einen Namen machte. In seiner Komödie »La cortigiana« (1526), vor allem aber in den 1534 und 1536 erschienenen »Ragionamenti«[51] thematisierte er das Leben der Kurtisanen und zeichnete ein durchaus ambivalentes, zuweilen ironisch überzeichnetes Bild dieses Berufsstandes. Zugleich verfaßten Dichter und Literaten wie der Kardinal Pietro Bembo und Paolo Giovio schmeichelnde Sonette auf berühmte Kurtisanen. Besondere literarische Verehrung fand die berühmte Imperia Cugnatis, zu deren Liebhabern auch Agostino Chigi und Giulio de' Medici, der spätere Papst Clemens VIII., zählten. Ihren Freitod setzte Gian Francesco Vitale mit dem Untergang des römischen Weltreiches gleich: »Unsere Väter beweinten den Verlust des Imperiums, wir beweinen den ihrigen.«[52]

Ähnlich renommiert war die äußerst gebildete Tullia d'Aragona, deren Haus ein Ort intellektueller Zusammenkünfte war. Hier erörterte man in antiker Symposionsmanier Werke Petrarcas oder Boccaccios. Tullia, die in der turbulenten Zeit des Sacco di Roma Kurtisane geworden war, stellte ihre philosophische Begabung in ihrem 1547 veröffentlichten »Dialogo della infinità di amore« unter Beweis, in welchem sie mit Benedetto Varchi und Lattanzio Benucci Platons Liebestheorien erörterte.[53] Ihre humanistische Bildung jedoch war vielen männlichen Zeitgenossen auch ein ständiger Anlaß zur Kritik. So warf Aretino Tullia vor, diese nur vorzutäuschen und sich in rhetorischer Affektiertheit zu üben.[54] Giovanni Battista Giraldi unterstellte ihr sogar, daß sie sich nicht nur den Anschein von Bildung gebe, sondern obendrein Männer zu ihrem persönlichen Vergnügen vorführe.[55]

Ob nun die vermeintlich vorgetäuschte Bildung der Grund für die Kritik an Kurtisanen wie Tullia war oder eher die Tatsache, daß sie sich über die ihnen traditionsgemäß auferlegten intellektuellen Schranken hinwegsetzten, ist umstritten. Der Vorwurf der Halbbildung wurde schon ihren antiken Vorgängerinnen gemacht, deren Bildung ebenso oft bewundert wie kritisiert wurde. Kurzel-Runtscheiner weist darauf hin, daß Kurtisanen oft

51 *Klaus Thiele-Dohrmann*, Kurtisanenfreund und Fürstenplage. Pietro Aretino und die Kunst der Enthüllung. München 2000, S. 93.

52 Ebd., S. 51.

53 *Tullia d'Aragona*, Dialogo della infinità di amore, in: Giuseppe Zonta (Hrsg.), Trattati d'amore del cinquecento. Bari 1912, S. 185-247.

54 Aretino haßte Tullia, verspottete sie als »kalte Hure des Geistes« und bezeichnete sie in dem ihm zugeschriebenen Werk »La Tariffa delle puttane di Venetia« als die »verworfenste der Huren«; siehe *Masson*, Kurtisanen (wie Anm. 44), S. 137.

55 Ebd., S. 147.

bestens ausgebildet waren, jedoch mit dem alleinigen Ziel, dem Mann eine adäquate Gesellschafterin zu sein. Sie betont: »Die geistigen Leistungen der Kurtisanen wurden daher nur dann honoriert, wenn sie dazu angetan waren, das Unterhaltungsbedürfnis ihrer Kunden zu befriedigen«[56], und kommt zu dem Schluß, daß

> »sie ihre einigermaßen privilegierte Stellung nur dem Umstand verdanken, daß sie sich an reiche und mächtige Männer verkauften. Das Kurtisanenwesen war ausschließlich auf die Bedürfnisse des Mannes zugeschnitten. Daß es zugleich begabten Frauen, [...] die Möglichkeit bot, ihre Fähigkeiten zu nützen und ein selbständiges Leben in Wohlstand zu führen, war nicht mehr als eine unbeabsichtigte Nebenerscheinung.«[57]

Es bleibt also festzuhalten, daß sowohl die antiken Hetären als auch die neuzeitlichen cortigiane über ein gewisses Maß an Klugheit, Bildung, Sprachwitz und sozialer Kompetenz im Umgang mit den einflußreichsten und höchst gebildeten Männern ihrer Epochen verfügten.

Ihre gesellschaftliche Akzeptanz kam auch in den zahlreichen Porträts zum Ausdruck. Wegweisend für die Entwicklung des Kurtisanenbildes waren Werke Leonardo da Vincis, vor allem zwei heute verlorene Gemälde, die »Monna Vanna«, das Bild der Geliebten Giuliano de' Medicis, das Leonardo in seinem Auftrag zwischen 1513 und 1515 begann (Kopie nach Leonardo, Chantilly, Musée Condé)[58], und die sogenannte »verschleierte Pomona«, in der der Künstler, wie Paolo Lomazzo berichtet, eine Mätresse Franz' I. dargestellt hat.[59] Diese und weitere erotische Werke aus Leonardos Umkreis, beispielsweise Giampietrinos »Mythologische Figur« (Wien, Privatbesitz), Francesco Melzis »Colombine« (St. Petersburg, Eremitage) und Bernardino Luinis »Maria Magdalena« (Washington National Gallery of Art, Samuel H. Kress Collection) zeichnen sich durch eine neue, psychologisch aufgeladene, oft anspielungsreiche Ausdrucksweise aus. Auf diese Weise trugen

56 *Kurzel-Runtscheiner*, Kurtisanen (wie Anm. 38), S. 92.

57 Ebd.

58 Dieses Bild ist nur aus verschiedenen Kopien und Varianten bekannt und befand sich schon 1516 in Cloux. Vor allem die bekannten Bilder der Schule von Fontainebleau, wie etwa das Bild der Diane de Poitiers, rekurrieren auf dieses Vorbild; siehe *Daniel Arasse*, Leonardo da Vinci. Köln 2002, S. 466.

59 *Monika Ingenhoff-Danhäuser*, Maria Magdalena. Heilige und Sünderin in der italienischen Renaissance. Studien zur Ikonographie der Heiligen von Leonardo bis Tizian. Tübingen 1984, S. 56.

Leonardos Neuerungen dazu bei, daß sich zu Beginn des 16. Jahrhunderts der Spielraum für versteckte erotische Anspielungen und bewußt erzeugte Ambivalenzen öffnete und sich solche Idealporträts einer großen Beliebtheit erfreuten. Vor allem in Venedig fiel dieser Darstellungstypus aufgrund der dortigen gesellschaftlichen Anerkennung der cortigiana auf fruchtbaren Boden und konnte sich weiterentwickeln, ohne moralisch sanktioniert zu werden. Daher waren vor allem venezianische Maler wie Tizian und Palma il Vecchio maßgeblich an der Etablierung der neuen, durch leonardeske Vorbilder begründeten Gattung beteiligt.

Die Deutung dieser Bilder erweist sich insofern als problematisch, da, wie Hans Ost in seinem wegweisenden Aufsatz zu Tizians »Venus von Urbino« betont, mit dem aufblühenden Kurtisanenwesen auch eine Doppelmoral entstand und Ambivalenzen in den Bildern bewußt inszeniert wurden.[60] Daher bestehen bei manchen Beispielen gewisse Unsicherheiten, ähnlich denjenigen, von denen 1512 ein mantuanischer Beamter an Isabella d'Este schrieb:

> »Ich glaube, es ist schwer in Rom eine ehrbare Frau von einer Kurtisane zu unterscheiden, denn auch diese pflegen den Schleier der ehrbaren Römerinnen zu tragen. Und ich glaube, daß ganz Rom voll von ihnen ist.«[61]

Vor allem in Rom und Venedig waren diese Unsicherheiten eine soziale Realität[62], die auch in den weiblichen Bildnissen zum Ausdruck kam. In den wenigsten Fällen deuten Attribute oder modische Details im Rahmen der von Ost dargelegten ›Kurtisanen-Ikonographie‹[63] so eindeutig auf den Berufsstand der Dargestellten hin wie in Palma il Vecchios Bild der »Flora« (London, National Gallery): Es zeigt eine junge Frau im halbgeöffneten Leibhemd (Camicia), mit entblößter Brust und derangiertem Déshabillée

60 *Hans Ost*, Tizians sogenannte »Venus von Urbino« und andere Buhlerinnen, in: Fschr. Eduard Trier. Berlin 1981, S. 130. Des weiteren sei ein Brief Aretinos an die Kurtisane Angela Zaffetta aus dem Jahr 1537 zu nennen, in dem er ihr Talent lobt, ihre Wollust unter der Maske der Ehrbarkeit zu verbergen; *Masson*, Kurtisanen (wie Anm. 44), S. 226.

61 Zit. nach *Kurzel-Runtscheiner*, Kurtisanen (wie Anm. 38), S. 78.

62 In Rom und Venedig wurden die Kleiderverordnungen, die das äußerliche Unterscheiden einer Kurtisane von einer ehrbaren Frau gewährleisten sollten, lockerer als in anderen europäischen Städten gehandhabt; ebd., S. 76.

63 Hierunter faßt *Ost*, Buhlerinnen (wie Anm. 60), S. 134, folgende Motive: geöffnetes Hemd, Blumen, gelbe Tücher oder Schleier, Perlenschmuck und Hausmantel.

(Hausmantel)[64], die sich mit leichter Kopfdrehung dem Betrachter zuwendet. In ihrer Rechten hält sie einige kleine Blumen, ihre Linke greift mit gespreiztem Zeige- und Mittelfinger in die Falten ihres Mantels. Held legt in seinem grundlegenden Aufsatz über »Flora, Goddess and Courtesan«[65] dar, daß die Dargestellte sowohl durch die Anspielung auf die römische Blumengöttin als auch durch das Tragen des charakteristischen Morgenmantels und des halbgeöffneten, herabgerutschten Hemdes eindeutig als Kurtisane ausgewiesen wird.[66] Auch Tizian unterstreicht 1523 in dem Bild der »Laura dei Dianti« (Sammlung Heinz Kisters) ihre Funktion als Mätresse Alfonsos I. am ferraresischen Hof anhand modischer Details, indem er sie in »abito di donna lasciva«[67] mit einem gelben Schultertuch darstellt, wie es Kurtisanen gemäß den zeitgenössischen Kleiderordnungen tragen mußten.[68] Moretto da Brescias pelzbekleidete »Salome« (Brescia, Pinacoteca Torsio e Martinengo), von der vermutet wird, daß es sich um ein Bildnis der berühmten venezianischen Kurtisane Tullia d'Aragona handelt[69], trägt dieses lässig über die rechte Schulter geknotet. Besonders betont wird dieses Element der ›Kurtisanen-Ikonographie‹ in Giovanni Girolamo Savoldos 1528-31 gemaltem Bild der biblischen Sünderin »Maria Magdalena« (Berlin,

64 Mit diesen Mänteln, die in luxuriösen Ausführungen auch mit Pelz gefüttert waren, empfingen Kurtisanen ihre Kunden; vgl. Tizians »Mädchen im Pelz« (1535), Wien, Kunsthistorisches Museum. Oft waren derartige Kleidungsstücke eine gern angenommene Entlohnung für entsprechende Liebesdienste und gehörten zum Statussymbol der Kurtisane; siehe *Kurzel-Runtscheiner*, Kurtisanen (wie Anm. 38), S. 77.

65 *Held*, Flora (wie Anm. 34), S. 201-218.

66 Erasmus von Rotterdam bezeichnet in seinem »Moriae Encomium« Flora als die Mutter und Göttin aller Wollust. *Held*, Flora (wie Anm. 34), S. 209, weist darauf hin, daß Flora in antiken Texten eben nicht nur *flora-primavera*, die Blumengöttin, war, sondern auch als Kurtisane (meretrix) angesprochen wurde. Giovanni Boccaccio inkorporierte in seinem zwischen 1361 und 1375 entstandenen Werk »De claris mulieribus« das Verständnis der Göttin als *flora meretrix* in die Renaissance-Literatur.

67 *Georg Swarzenski*, Bartolomeo Veneto und Lukrezia Borgia, in: Städel-Jahrbuch 2, 1922, S. 64 Anm. 1.

68 Die Farbe Gelb war schon im Mittelalter negativ besetzt und galt in den Kleiderordnungen als Erkennungsfarbe der Randständigen wie Dirnen, Leprakranken und Juden; siehe *Robert Jütte*, Stigma-Symbole. Kleidung und Prestige-Konkurrenz. Unterschiedliche Identitäten in der städtischen Gesellschaft unter Normierungszwängen, in: Saeculum 44, 1993, S. 81. Cesare Vecellio nennt in seinem Werk zur venezianischen Mode »Habiti antichi et moderni di tutto il mondo« von 1598 den gelben Schal als ein Erkennungszeichen der Kurtisanen; siehe *Ost*, Buhlerinnen (wie Anm. 60), S. 134 Anm. 25. Im Jahr 1582 erwog Clemens VIII., die römischen Kurtisanen zum Tragen gelber Ärmel zu zwingen; siehe *Kurzel-Runtscheiner*, Kurtisanen (wie Anm. 38), S. 25.

69 *Masson*, Kurtisanen (wie Anm. 44), S. 226.

Staatliche Museen Preußischer Kulturbesitz, Gemäldegalerie), die in ein seidig glänzendes, gelbes Manteltuch gehüllt ist.[70] Hier ist der Bezug zum Kurtisanenberuf evident.

Einige dieser Darstellungen, wie etwa Morettos »Salome«, rücken sicherlich in die Nähe des Rollenporträts, wobei jedoch von kaum einer Darstellung bekannt ist, ob und, wenn ja, welche konkrete Person sich hinter der angenommenen Verkleidung verbirgt. Bei dem größten Teil der Bilder, etwa bei Palma il Vecchios sogenannten ›blonden Frauen‹, fehlen dagegen eindeutige Anspielungen auf historische oder mythologische Figuren. Besonders den vollständig bekleideten Frauenfiguren ist daher ihr Berufstand oft nur durch unscheinbare Accessoires oder subtile Gesten anzusehen. So spielt das kleine Veilchen im Dekolleté von Palmas sogenannter »Violante« (Wien, Kunsthistorisches Museum) wohl auf einen bekannten Kurtisanennamen an. Auch die Dargestellten in seinen Gemälden »Frau in Blau« und »Frau in Grün« (beide in Wien, Kunsthistorisches Museum) geben sich nur durch das hauchdünne, mit Goldfäden durchwobene kleine Tuch – den sogenannten restagno –, das sie jeweils über ihre linke Schulter in ihr Hemd gesteckt haben, als venezianische Kurtisane zu erkennen.[71] In einigen Bildern, z.B. in Andrea Picinellis Darstellung einer »Frau mit Turban« (Rom, Galleria Nazionale d'Arte Antica) oder in Giovanni Carianis »Violante« (Budapest, Szepmuveszéti Museum) (Abb. 3), spielen die Protagonistinnen anhand raffinierter Gesten auf ihren Berufstand an. Die Bedeutung dieser in zahlreichen Kurtisanenbildern vorzufindende Gebärde wird im folgenden noch zu erläutern sein.

Zu dem Kreis der Kurtisanenbilder sind wohl auch manche Werke besonders aus oberitalienischen Gebieten zu zählen, von denen einige bisher als anonyme Frauendarstellungen gelten, z.B. Werke Giovanni Carianis (Bergamo, Accademia Carrara), Bernardino Licinios (München, Alte Pinakothek) oder Vincenzo Catenas (El Paso, El Paso Museum of Fine Arts). Die meisten der genannten Darstellungen stehen im engen Zusammenhang mit der zu Beginn des Cinquecento in Mode kommenden petrarkischen Liebeslyrik[72] und orientieren sich an einem dort entworfenen Schönheits-

70 *Sybille Ebert-Schifferer* (Hrsg.), Giovanni Gerolamo Savoldo und die Renaissance zwischen Lombardei und Venetien. Von Foppa und Giorgione bis Caravaggio. (Ausstellungskatalog) Mailand/Frankfurt a.M. 1990, S. 146.

71 *Philip Rylands*, Palma Vecchio. Cambridge 1981, S. 110 Anm. 44. Dies diente offenbar dazu, beim Bleichen der Haare die weißen Schultern vor der Sonne zu schützen.

72 Siehe dazu *Elizabeth Cropper*, On beautiful Women, Parmigianino, Petrarchismo and the Vernacular Style, in: Art Bulletin 58, 1976, S. 374-394.

ideal. Besonders die Schriften des Kardinals Pietro Bembo (1470-1547) feierten die sinnliche Liebe zwischen beiden Geschlechtern. In seinem wohl erfolgreichsten Werk, den »Asolaner Gesprächen«, in denen junge Hofleute über die Liebe diskutieren, wird der u.a. von Marsilio Ficino im Quattrocento wiederaufgenommene philosophische Diskurs über die platonische Liebestheorie unter höfischen Aspekten auf das heterosexuelle Liebesverhältnis übertragen.[73] Das Begehren einer schönen und tugendhaften, aber unerreichbar bleibenden Dame wurde zum Movens zahlreicher Sonette. Dabei wurde immer wieder die physische Attraktivität, die vaghezza, leggiadria und grazia der Angebeteten gepriesen, deren Ursprung in einem raggio divino liege und der Schönheit der Seele zum Ausdruck verhelfe.[74] Da körperlicher Liebreiz also als ein Zeichen für seelische Schönheit galt, wurde er hoch geschätzt und zuweilen als göttlich bezeichnet. Rylands und Boehm betonen, daß man derartige Bilder nicht als Porträts im Sinne mimetischer Abbilder, sondern vielmehr als Sinnbilder dieses Schönheitsideals rezipiert habe.[75] Als Modelle für diese sogenannten ›Bella-Bildnisse‹ waren verehrte Kurtisanen bestens geeignet.[76]

Die Frage nach den Auftraggebern oder Käufern solcher Bilder ist in vielen Fällen nicht eindeutig zu klären. Vasari weiß zu berichten, daß Giovanni Bellinis 1515 gemaltes Bild »Frau bei der Toilette« die Favoritin Pietro Bembos repräsentiert[77], und auch Laura dei Diantis Porträt soll auf Verlangen ihres

73 Siehe hierzu *Sabrina Ebbersmeyer*, Sinnlichkeit und Vernunft. Studien zur Rezeption und Transformation der Liebestheorie Platons in der Renaissance. Diss. phil. München 2002, S. 149-156.

74 *Baldassare Castiglione*, Il Libro del Cortegiano. Das Buch vom Hofmann. Übersetzt und erläutert von Fritz Baumgart, mit einem Nachwort von Roger Willemsen. München 1986, IV, 62.

75 Aus dem 1525 niedergeschriebenen Inventar-Verzeichnis eines venezianischen Sammlers geht hervor, daß Palma il Vecchios Frauenbildnisse in den meisten Fällen nicht als »ritratto«, sondern beispielsweise als »Tafel eine[r] Frau bis zur Hüfte« bezeichnet werden; siehe *Rylands*, Palma (wie Anm. 71), S. 108 Anm. 25. *Gottfried Boehm*, Bildnis und Individuum. Über den Ursprung der Porträtmalerei in der italienischen Renaissance. München 1985, S. 189, legt dar, daß die »Feier der Schönheit« als eigentliche Intention der Bilder im Vordergrund stehe.

76 Ein Agent des Herzogs Alfonso von Ferrara berichtet in einem Brief an diesen im Oktober 1522, Tizian könne die Aktfiguren für »Bacchus und Ariadne« besser in Venedig als in Ferrara studieren, weil er dort die »comoditate de putane« habe, *Giuseppe Campori*, Tiziano e gli Estensi. Nuova Antologia XXVII, 1874, S. 593f.

77 *Petra Schäpers*, Die junge Frau bei der Toilette. Ein Bildthema im venezianischen Cinquecento. (Bochumer Schriften zur Kunstgeschichte, Bd. 21.) Frankfurt a.M. 1997, S. 232f.

Abb. 3: Giovanni Cariani zugeschrieben, Porträt einer Dame (»Violante«), 1520-30; Öl/Leinwand, 64,5 × 60 cm; Budapest, Szepmuveszéti Museum.

Liebhabers Alfonso d'Este bei Tizian in Auftrag gegeben worden sein.[78] Bedenkt man den Hang zur Selbststilisierung mancher Kurtisanen – beispielsweise durch das Führen klassischer Namen –, so erscheint es denkbar, daß diese Frauen nicht nur mit Vergnügen Modell gesessen haben, sondern auch den Auftrag für ein eigenes Idealporträt erteilt haben könnten. Zudem weist Ingenhoff-Danhäuser darauf hin, Tizian habe, wenn ihm gute Modelle zur Verfügung standen, Bilder auf Vorrat produziert, um diese später als begehrte ›Werbegeschenke‹ für fürstliche Auftraggeber bereithalten zu können.[79]

Anderen Zwecken dienten die Kurtisanenbilder in den seit dem 17. Jahrhundert bekannten illustrierten Kurtisanenkatalogen, deren bekanntester

78 *Ingenhoff-Danhäuser*, Maria Magdalena (wie Anm. 59), S. 58.
79 Ebd.

der im Jahre 1630 von Crispijn de Passe in Paris publizierte »Miroir des plus belles Courtisanes de ce temps« ist.[80] Der Frontispiz zeigt deutlich, daß es sich um werbende ›Berufsbilder‹ handelte, deren Begleittexte den potentiellen Kunden über die Fähigkeiten jeder einzelnen Dame Auskunft gaben. Diese Bilder haben jedoch mit denen Tizians oder Palmas wenig gemeinsam, da es sich bei ihnen um künstlerisch anspruchslose, rein zweckorientierte Bildnisse handelte.

Festzuhalten bleibt, daß das Spektrum der Darstellungsformen vielschichtig und der Rahmen der Kurtisanen-Ikonographie dementsprechend weit gespannt ist. Besonders der stark narrative Charakter mancher Darstellung trägt außerdem dazu bei, daß die Gattungsgrenzen zu ebenfalls in Oberitalien und Venedig verbreiteten, genreartigen Darstellungen – wie etwa Paris Bordones Bild des »Venezianischen Liebespaares« (Mailand, Pinacoteca di Brera) (Abb. 4), Giovanni Carianis »Verführung« (St. Petersburg, Eremitage) oder Altobello Melonis »Liebespaar« (Dresden, Staatliche Kunstsammlung, Gemäldegalerie Alte Meister) – fließend sind.

Holbeins »Laïs« steht zweifellos in der Tradition dieser Bildgattung. Entgegen Meyer zur Capellens Behauptung, lediglich die Idealität der »Laïs« verbinde sie mit den Kurtisanenbildern des 16. Jahrhunderts[81], lassen sich noch weitere Gemeinsamkeiten benennen, z.B. die Gestik der Protagonistin und der sich daraus ergebende narrative Gehalt des Bildes. Holbein hat die Hände der Laïs mit großer Sorgfalt ausgeführt. Besonders die Geste ihrer fordernd ausgestreckten Rechten ist durch den kräftigen, auf die Brüstung fallenden Schlagschatten und die zeichnerische Verkürzung so lebendig inszeniert, daß sich der Betrachter unmittelbar von ihr angesprochen fühlen muß. Auch die linke, leicht abgesenkte Hand, die mit V-förmig abgespreiztem Zeige- und Mittelfinger in die Falten des Mantels greift und dabei zwischen Daumen und Zeigefinger einen dicken Faltenwulst zu fassen bekommt, ist eine aussagekräftige, durch den intensiven Kontrast des hellen Inkarnats auf dem dunkelblauen Stoff besonders akzentuierte Geste, der die Forschung bisher wenig Beachtung geschenkt hat.[82] Ein ähnlicher Gestus ist

80 *Crispijn de Passe*, Miroir des plus belles Courtisanes de ce temps. Paris 1630. Siehe *Seymour Slive*, Frans Hals. (Kress Foundation Studies in the history of European art/National Gallery of Art.) 3 Bde., London 1970-74, hier S. 91, Abb. 77.

81 *Meyer zur Capellen*, Hans (wie Anm. 22), S. 22-34, hier S. 28f.

82 *Stefanie Buck*, Hans Holbein 1497/98-1543. Köln 1999, S. 44, weist auf diese hin und zieht Giampietrinos, um 1520 entstandene Darstellung der »Abundantia« zum Vergleich heran. Hier jedoch greift die Dargestellte entgegen Bucks Ausführungen nicht in ein Kleidungsstück, sondern hält nur ein Füllhorn fest.

Abb. 4: Paris Bordone, Venezianisches Liebespaar, um 1520-30; Öl/Leinwand, 95 × 80 cm; Mailand, Pinacoteca di Brera, Inv.-Nr. 00179936.

bei den schon genannten Flora-Darstellungen Palmas und Tizians, bei Tizians Porträt der Laura dei Dianti, Palmas »Violante«, Giovanni Carianis sogenannter Violante, Raffaels »Donna Velata« und vielen anderen Werken zu finden. Es handelt sich m.E. um eine diskret vorgetragene Anspielung auf das weibliche Geschlecht, wobei die gespreizten Finger ebensolche Beine assoziieren lassen und zudem ein »V« für »Vulva« bilden.[83] In diesem Sinne muß wohl auch Laïs' anspielungsreicher Griff in den Mantel verstanden werden, dessen erotische Bedeutung hier durch die Lage der linken

83 *Olivieri*, Erotik (wie Anm. 49), S. 123, spricht von der gestischen Kultur der »civilità puttanesca«, von einer kodifizierten Redeweise der Kurtisanen. Es ist daher anzunehmen, daß diese ebenfalls in der Bildwelt zum Ausdruck kommt.

Hand besonders betont wird, die genau auf Höhe ihrer Scham positioniert ist.

Weitere Gemeinsamkeiten, die die »Laïs« mit italienischen Werken verbinden, sind die kühne Betrachteransprache und der narrative Gehalt des Bildes: Mit ihrer ausgestreckten Rechten fordert Laïs den Betrachter zum Dialog auf, wobei ihre Finger die durch die Brüstung markierte ästhetische Grenze des Bildes beinahe durchbrechen. Die kühne Annäherung an den Betrachterraum, das Präsentieren der geöffneten Hand und die auf die Fingerspitzen gesetzten Lichtpunkte steigern die Präsenz ihrer unverschämten Geste, die in der Unterzeichnung noch stärker akzentuiert wurde.[84] Das Bild suggeriert eine offene Interaktion zwischen Bildfigur und Betrachter, der durch Laïs aufgefordert wird, die auf der Brüstung liegende Summe zu erhöhen. Die auffordernde Geste der Protagonistin wird durch ihre leichte Körperdrehung und das Raffen ihres über den Schoß geworfenen Mantels unterstrichen, die darauf hinweisen, daß sie im Begriff ist, augenblicklich aufzustehen.[85] Der transitorische Moment dieser Szene wird durch ihre leicht verschattete rechte Gesichtshälfte und den von der rechten Hand geworfenen Schlagschatten besonders betont. Diese mit feinsten malerischen Mitteln erzeugte Spannung zwischen dem Moment des selbstbewußten Forderns und der Drohung, sich zu entziehen, trägt zum emotional indifferenten Ausdruck der Protagonistin bei, den Holbein durch den am Betrachter vorbeischweifenden Blick noch forcierte.

Dieses subtile Spiel der Gesten und Emotionen ist auch auf vielen venezianischen Bildern zu beobachten, die in dieser Hinsicht auf die schon erwähnten Vorbilder des Leonardo-Kreises rekurrierten. So bietet die Flora Tizians dem Betrachter ein Blumenbündel an, wobei sie bemüht ist, mit ihrer Linken die Brust mit dem Mantel zu bedecken. Auch Palma il Vecchios »Dame in Blau« (1512-14) (Wien, Kunsthistorisches Museum) und sein unvollendetes Bild einer sich zurückwendenden jungen Frau (1520-25) (Wien, Kunsthistorisches Museum) sowie Bernardino Licinios »Unbekannte Dame« (um 1515) (München, Alte Pinakothek) zeigen ähnlich einneh-

84 *Sander*, Holbein (wie Anm. 3), S. 363, kann anhand der Infrarot-Reflektographie des Bildes deutlich machen, daß die Hand der Laïs in der Unterzeichnung noch stärker in den Betrachterraum eingriff. Die fordernde Geste wurde durch eine Verkleinerung der Hand in der endgültigen Farbfassung ›entschärft‹.

85 Es entsteht der Eindruck, als könne sie hinter dem in der rechten Bildecke zurückgeschlagenen Vorhang verschwinden. Der Maler deutete hier jedoch keinen weiteren Bildraum an, so daß auch vermutet werden kann, daß es sich nur um eine monochrome Rückwand handelt.

mende Gesten, die den Betrachter in das Bildgeschehen involvieren sollen. Diese werden in mehrfigurigen, genreartigen Szenen besonders betont, wie etwa in Paris Bordones hinter einer Brüstung stehendem »Liebespaar« (Mailand, Pinacoteca di Brera) aus den 1520er Jahren, das im Beisein einer dritten Person einen geheimnisvollen Liebeshandel abschließt, dessen Währung eine kostbare Kette ist. In einer Verführungsszene Giovanni Carianis (St. Petersburg, Eremitage) aus den Jahren 1515-16 sind die Personen ebenfalls in einen narrativen Kontext eingebunden. Offenbar versucht hier ein älterer Kunde, der seine Zahlungsbereitschaft durch einen auf die Brüstung gelegten Geldbeutel angedeutet hat, eine Kurtisane zu einem Geschäft zu bewegen. Derselbe Künstler verortet 1519 in seinem sogenannten »Ritratto dei sette fratelli Albani« (Bergamo, Collezione Roncalli) eine merkwürdige Zusammenkunft von drei Männern und vier Kurtisanen ebenfalls hinter einer steinernen Brüstung. Auch hier wird offenbar der eingegangene Handel durch den Münzbeutel angedeutet, den eine links im Bild stehende Dame hinter ihrem Rücken bereithält. Holbeins Bild ist den Werken Bordones und Carianis motivisch sehr ähnlich, denn wie in diesen wird der Liebeslohn auf einer in Aufsicht dargestellten Brüstung präsentiert. Der Handel findet also hinter oder im Fall des Basler Bildes über die Brüstung hinweg statt. Der agierende Kunde bei Bordone oder Cariani wird bei der »Laïs« durch den Betrachter ersetzt, dem sich die Dargestellte zuwendet.

Solche lebhaft den Betrachter ansprechenden Gesten wurden zu einem Charakteristikum der Porträtmalerei des frühen 16. Jahrhunderts, wie u.a. Raffaels Doppelporträt »Raffael und sein Fechtmeister« (Paris, Musée du Louvre) und das »Bildnis des Kanzlers Morone« (Mailand, Duca Gallarati Scotti) zeigen, das der Leonardo-Nachfolger Andrea Solario um 1518/19 in Mailand schuf. Der Kanzler hält mit weit ausgreifender Rechten einen beschriebenen Zettel zwischen den Fingern und greift mit der Linken nach einem auf dem Tisch entfalteten Brief. Sein linker Arm wirft dabei, wie der der Laïs, einen dunklen Schatten auf die gemusterte Tischfläche. Nicht nur in Hinblick auf diese Geste, sondern auch in der akribischen Malweise steht der Mailänder Künstler Holbein so nahe, daß vermutet werden kann, der Basler Maler habe dieses oder ähnliche Werke Solarios während eines Italienaufenthaltes kennengelernt.[86] Hervorzuheben ist, daß in der Zeit, in der Holbein die »Laïs von Korinth« schuf, auch Lorenzo Lotto in Porträts

86 Andrea Solario hielt sich von 1510 bis kurz nach 1520 in Mailand auf, und *Creighton Gilbert* (Bartolomeo Veneto and his Portrait of a Lady, in: Bulletin of the National Gallery of Canada 22, 1977, S. 9f.) geht davon aus, Holbein habe die Werke Solarios während eines Besuchs in Mailand kennenlernen können.

wie dem »Mann mit der goldenen Tierpranke« (Wien, Kunsthistorisches Museum) und später der »Lucrezia« (London, National Gallery) solche dialogisch auf den Betrachter bezogenen Gesten erprobte.

Das Bildthema der »käuflichen Liebe« nördlich der Alpen

Obwohl keine direkte Abhängigkeit der »Laïs« von einem der genannten Kurtisanenbilder behauptet werden soll, erscheint es dennoch evident, daß Holbein auf einer Reise nach Oberitalien genaue Kenntnis dieser Gattung gewonnen hatte, die damals nördlich der Alpen nicht existierte. Hier waren Prostituierte nicht porträtwürdig, und ihr Beruf wurde nur unter pejorativen Vorzeichen, in eindeutig moralisierenden Darstellungen thematisiert. Die Käuflichkeit von Frauen war in der zeitgenössischen Literatur und besonders in der Graphik ein beliebtes Thema.[87] Sie ist neben dem vermeintlichen Leichtsinn, der Schwäche und List des weiblichen Geschlechts ein weiterer jener frauenfeindlichen Topoi, die seit dem Mittelalter u.a. in der Ikonographie der ›törichten und klugen Jungfrauen‹, der ›Weibermacht‹ sowie des ›ungleichen Paares‹ tradiert wurden. Obwohl Giovanni Boccaccios Schrift »De claris mulieribus« (zwischen 1361 und 1375) einen Diskurs über die Stellung der Frau ausgelöst hat[88], blieb die biblisch verbürgte Vorstellung vom Defizit der Frau, ihrer körperlichen und geistigen Unterlegenheit gegenüber dem männlichen Geschlecht in der nordeuropäischen volkstümlichen Literatur des 16. Jahrhunderts als misogyne Grundhaltung bestehen. Diese kam besonders in den Dirnendarstellungen zum Ausdruck.

Das Bild der Prostituierten wandelte sich zu Beginn des 16. Jahrhunderts und unterlag besonders nach der Reformation nicht mehr nur religiöser, sondern vor allem moralischer Kritik.[89] Die Dirne wurde nicht mehr als die arme Sünderin angesehen, die, wie Augustinus in »De ordine« dargelegt hatte, durch fromme Buße ins ehrbare Leben zurückfinden konnte. Besonders

87 *Meyer zur Capellen*, Hans (wie Anm. 22), S. 31.

88 Siehe dazu *Rüdiger Schnell*, Geschlechterbeziehungen und Textfunktionen. Probleme und Perspektiven. Probleme und Perspektiven eines Forschungsansatzes, in: Ders. (Hrsg.), Geschlechterbeziehungen und Textfunktionen. Studien zu Eheschriften der frühen Neuzeit. Tübingen 1998, S. 2-58.

89 *Beate Schuster*, Die freien Frauen. Dirnen und Frauenhäuser im 15. und 16. Jahrhundert. Frankfurt a.M./New York 1995, S. 268, betont, daß die mittelalterliche Weltsicht, der die Einstellung von der Sündhaftigkeit aller Menschen zugrunde lag, es erlaubte, die Dirne zwar als verworfenste aller Sünderinnen zu deklarieren, ihr aber dennoch die Chance auf Vergebung aller Sünden einzuräumen.

ders in den Lehren Luthers, der den Augustinischen Topos von der Notwendigkeit der Prostitution ablehnte[90], wurde sie als Herd allen Lasters und als Bedrohung der städtischen Ordnung bezeichnet.[91] Mit diesem Paradigmenwechsel veränderte sich das Bild der Dirne von einem Opfer des Luxus, dem sie sich an der Seite reicher Männer zum Preis ihrer körperlichen Verfügbarkeit hingegeben hatte[92], zu dem einer eigenmächtig handelnden, geldgierigen Verführerin. Vor deren Listen wurde in der von Sebastian Brants »Narrenschiff« (1494) ausgehenden satirischen Literatur immer wieder nachdrücklich gewarnt. Auch ein Basler Fastnachtsspiel des Pamphilus Gengenbach aus dem Jahr 1519 ermahnte die Männer, sich nicht den Frauen hinzugeben, andernfalls seien sie nur »ungelenke« Vögel, die Gefahr liefen, sich »fangen und rupfen« zu lassen.[93]

In der Schweiz setzten sich besonders der Basler Urs Graf (ca. 1485-ca. 1528) und der Berner Niklaus Manuel (1484-1530) mit dem Thema der weiblichen Käuflichkeit auseinander, wobei sie diese misogyne Morallehre vertraten.[94] In einer undatierten Zeichnung bediente sich Graf des bekannten Motivs des ›ungleichen Paares‹ (Basel, Öffentliche Kunstsammlung, Kupferstichkabinett: Inv.-Nr. U.X. 105). Hier läuft der als alter Narr charakterisierte Mann Gefahr, Opfer seines Begehrens, nämlich von dem zu einem Liebesknoten verschlungenen Seil der Prostituierten gefangen und gleich darauf von ihr »gestriegelt« zu werden.[95] Die ordinäre Dreistigkeit einer Hure führt Grafs 1516 datierte Tusche-Zeichnung einer bekleideten Dirne vor Augen, die, indem sie keck ihr Kleid anhebt, dem männlichen Betrachter eindeutige Avancen macht. Die Darstellung (Basel, Öffentliche Kunstsammlung, Kupferstichkabinett: Inv.-Nr. U.X. 67) ist durch ein Spruch-

90 Nach Augustinus' Auffassung war die Prostitution als ein notwendiges Übel hinzunehmen, da ohne sie die öffentliche Ordnung auseinanderzubrechen drohe; siehe *Jacques Rossiaud*, Dame Venus. Prostitution im Mittelalter. München 1989, S. 72-85.

91 *Lyndal Roper*, Das fromme Haus. New York 1995, S. 96 und 169f.

92 *Schuster*, Frauen (wie Anm. 89), S. 278.

93 Das Fastnachtsspiel geht auf die Schrift »Die Geuchmatt« des oberdeutschen Reformers Thomas Murner zurück; siehe ebd., S. 285f.

94 *Christiane Andersson*, Jungfrau, Dirne, Fortuna. Das Bild der Frau in den Zeichnungen von Urs Graf, in: Kritische Berichte 16/1, 1988, S. 26-42, hier S. 27, legt dar, daß Urs Graf während seiner Reisläuferschaft eigene Erfahrungen mit Marketenderinnen und Lagerdirnen machte, weshalb sie vermutet, seine Zeichnungen seien z.T. die Verarbeitung eigener sexueller Zwangsvorstellungen und Ängste gegenüber Frauen.

95 Der Striegel spielt auf die Doppeldeutigkeit des Wortes »striegeln« oder »strälen« als Begriff für »Geschlechtsverkehr haben« und »unterdrückt werden« an; siehe im: Schweizer Idiotikon, Bd. XI, Sp. 2221.

band gerahmt, auf dem die derbe Drohung »Ich schis dir ins Füd Loch« zu lesen ist.[96] In gleicher Art bietet sich die Dirne auf einem Blatt Grafs aus dem Jahr 1518 (Basel, Öffentliche Kunstsammlung, Kupferstichkabinett: Inv.-Nr. U.X. 82.b) einem männlichen Gegenüber an. Ähnlich wie Holbeins Laïs fordert sie mit der ausgestreckten Rechten eine Entlohnung ihrer Liebesdienste. Jedoch weisen der Zweihänder in ihrer Linken als Symbol für ihre Macht über das männliche Geschlecht und das auf eine Schwangerschaft hinweisende, über ihrem Bauch geöffnete Mieder nachdrücklich auf ihre moralische Verdorbenheit hin.

Mit diesen Beispielen hat Holbeins Darstellung der eleganten Hetäre wenig gemeinsam. Ihre schöne, gepflegte Gestalt und vornehme italienische Kleidung und ihre Darstellung in einem Gemälde mit Porträtformat unterscheiden sie von den eindeutig negativ gezeichneten Dirnen seiner Zeitgenossen, deren Graphiken der unmißverständlichen moralischen Belehrung dienten. Sehr viel komplexer ist dagegen Holbeins Bild, das auf einer italienischen Darstellungstradition fußte.[97]

Holbeins Leonardo-Rezeption in der »Laïs von Korinth«

Wie schon erwähnt, gibt es eine Vielzahl an Bezügen der »Laïs« zur italienischen Malerei. Der Einfluß eines Künstlers verdient dabei besonders hervorgehoben zu werden; gemeint ist Leonardo da Vinci, mit dessen Werk

96 Graf plazierte sein Monogramm so auf die Steinplatte, daß die Dirne es lesen kann und mit dem Künstler in Dialog tritt.

97 Es gibt nur zwei Beispiele für die Darstellung antiker Hetären vor 1526, Dürers Illustrationen zu einer nie in den Druck gelangten Komödien-Ausgabe des Publius Terenz Afer. Hier werden verschiedene griechische Hetären der Klassik dargestellt, die von Terenz zuweilen als trinkende, intrigierende und zynische Buhlerinnen beschrieben werden. Alle Figuren sind in einen erzählerischen Kontext eingebunden und dienen nur der Bebilderung des Textes; vgl. *Willy Kurth*, The complete Woodcuts of Albrecht Dürer. New York 1946, S. 11, Abb. 23 und ff. Auch Hans Holbein hat sich schon vor 1526 mit dem Thema der antiken Hetäre befaßt, eine Tatsache, die im Kontext des Laïs-Bildes weniger Beachtung fand. Der für die Ausmalung der Fassade des Luzerner Hertenstein-Hauses gedachte Entwurf im Basler Kupferstichkabinett zeigt die griechische Hetäre Leaina, wie sie sich die Zunge vor den athenischen Richtern abbeißt, um nicht gegen den Tyrannenmörder Aristogeiton aussagen zu müssen. Die Darstellung der u.a. von Athenaios und Plutarch überlieferten selbstlosen Tat der Hetäre erscheint hier im obersten Geschoß der Fassade inmitten antiker Tugendbeispiele, die als Teil des gelehrten Bildprogramms dem hohen gesellschaftlichen Status des Auftraggebers Ausdruck verleihen sollten; siehe *Oskar Bätschmann/Pascal Griener*, Hans Holbein. Köln 1997, S. 68, Abb. 88.

Holbein wahrscheinlich schon 1517 bei einer Reise nach Oberitalien, spätestens aber bei seinem Aufenthalt am französischen Hof konfrontiert wurde.[98] Leonardo war 1519 in Cloux bei Amboise verstorben, nachdem er drei Jahre zuvor von Franz I. an seinen Hof berufen worden war.[99] Es ist anzunehmen, daß sich um den großen Maler neben Francesco Melzi noch weitere Anhänger versammelten, die auch nach seinem Tod am Hof verblieben. Holbein hatte wahrscheinlich Kontakte mit diesem Kreis, wie die Übernahme der für ihn neuen Technik des trockenen Kolorierens von zeichnerischen Studien vermuten läßt, die im Leonardo-Umfeld häufig angewandt wurde.[100] Für eine intensive Auseinandersetzung mit den am Hof ansässigen Künstlern spricht auch der lange Aufenthalt in Frankreich, während dessen es ihm dennoch nicht gelang, den König persönlich anzutreffen.[101]

Daß Holbein bei der Darstellung des Gesichts der »Laïs« ein leonardeskes Schönheitsideal übernahm, wurde u.a. von Alfred Woltmann betont, der damit die Vermutungen früherer Autoren bekräftigte.[102] Das Bild der Hetäre wird als das Musterbeispiel für Holbeins Leonardo-Rezeption angese-

98 Den Anstoß zu dieser Reise gab offenbar Erasmus, den Holbein 1523 beim Schreiben einer Paraphrase des Markusevangeliums porträtierte (Basel, Kunstmuseum, Öffentliche Kunstsammlung; Papier auf Tannenholz gezogen, 36,8 × 30,5 cm). Der lesbare Text des Bildes spielt auf Franz I. an, dem Erasmus diese Schrift 1523 widmete und der vergeblich versuchte, den Humanisten an seinen Hof zu berufen. Aus einem Brief des Erasmus vom 03.06.1524 an Willibald Pirckheimer geht hervor, daß der Maler zu diesem Zeitpunkt Basel bereits verlassen und sein Bild »nach Gallien verschleppt« hatte. Der Reiseantritt wird daher Ende 1523 oder Anfang 1524 angesetzt. Erst im Jahr 1526 ist Holbein wieder in Basel faßbar. Für die Jahre 1524/25 finden sich in französischen Quellen keine Hinweise, so daß seine Reiseroute nicht bekannt ist; siehe *Buck*, Hans Holbein (wie Anm. 82), S. 57. Die Darstellung des Palastes der »Kaiserin« in der Serie der »Bilder des Todes« ist mit der Fassade des Schlosses in Blois geradezu identisch, so daß man vermuten darf, daß der Maler es aus eigener Anschauung kannte; siehe *Sander*, Holbein (wie Anm. 3), S. 311.

99 Franz I. war ein großer Liebhaber italienischer Kunst und Verehrer Leonardos. Er erwog sogar das »Abendmahl« in Santa Maria delle Grazie von der Wand nehmen zu lassen. Seine Sammlung umfaßte neben Werken Leonardos auch Bilder Peruginos, Fra Bartolomeos, Raffaels und Andrea del Sartos; siehe *Janet Cox-Rearick*, The Collection of Francis I. Royal Treasures. Antwerpen 1995, S. 72f.

100 *Oskar Bätschmann*, Holbein and Italian Art, in: Mark Roskill/Oliver Hand, Hans Holbein, Paintings, Prints and Reception, in: Studies of Art, 60. Center for Advanced Study in Visual Arts, National Gallery Washington. New Haven/London 2001, S. 38.

101 Siehe *Stefanie Buck*, Holbein am Hofe Heinrichs VIII. (Diss. phil. Berlin 1995) Berlin 1997, S. 57 Anm. 158.

102 *Woltmann*, Lais Corinthiaca (wie Anm. 2), S. 137, betont u.a., man könne den Einfluß Leonardos »nirgends deutlicher sehen als im Bild der ›Laïs‹«.

hen.[103] Wie intensiv sich dieser in der »Laïs« mit Leonardo auseinandersetzte, zeigt der Vergleich mit seinen früheren Frauendarstellungen. So rekurrierte der Maler in seinem 1515 entstandenen Bild einer gekrönten Heiligen (Basel, Öffentliche Kunstsammlung) und der 1517 datierten Tafel »Adam und Eva« (Basel, Öffentliche Kunstsammlung) auf einen Frauentypus, der für die altdeutsche Malerei charakteristisch ist und namentlich auf Matthias Grünewald und Albrecht Dürer zurückgeht. Von diesem Typus, der sich durch eine hohe Stirn, einen vollen, runden Mund, kleine Augen und ein fülliges Doppelkinn auszeichnet, unterscheiden sich die Gesichtsformen der Laïs deutlich. Diese sind ebenmäßig geschnitten und besonders im Augen- und Nasenbereich scharf konturiert. Der leicht geneigte Kopf, die geradlinig geformten Augenbrauen, das stark gewölbte Orbital, der lange Nasenrücken sowie der zu einem schmalen Lächeln gebildete Mund folgen einem von Leonardo formulierten und in seinem Kreis oft verwendeten Ideal. Dieser Typus, den der Basler Maler noch ein weiteres Mal in der »Darmstädter Madonna« der Jahre 1526/28 verwendet hat, findet sich in lombardischen Werken wie der Giampietrino zugeschriebenen »Abundantia« (Isolabella, Palazzo Borromeo) der 1520er Jahre, in Bernardino Luinis Bild »Der Schlaf des Jesuskindes« (Paris, Musée du Louvre), der »Colombine« Francesco Melzis (St. Petersburg, Eremitage) und in zahlreichen zeichnerischen Studien aus der Mailänder Schule. Wenn Holbein in Oberitalien war, wird er diesen weitverbreiteten Typus dort gesehen haben.

Jochen Sander führt jüngst die »Salome mit dem Haupt Johannes' des Täufers« (New York, The Metropolitan Museum of Art, The Friedsam Collection) des Leonardo-Nachfolgers Andrea Solario als ›das‹ entscheidende Vorbild für die »Laïs« an.[104] Die weibliche Hauptfigur ist mit einem ähnlichen Gewand bekleidet und erscheint ebenfalls hinter einer Steinbrüstung. Auch die Formen ihres leicht geneigten Kopfes mit den scharfkantig gezogenen Augenlidern, dem geraden Nasenrücken und dem durch Grübchen betonten Kinn gleichen denen der Laïs. Solario hielt sich zwischen 1507 und 1509 in der Normandie auf, wo er für den kunstliebenden Kardinal Georges d'Amboise arbeitete. Für ihn soll er die »Salome« kurz vor

103 Jüngst *Bätschmann/Griener*, Holbein (wie Anm. 97), S. 144f.; *Bätschmann*, Italian Art (wie Anm. 100), S. 36 und 39f.; *Buck*, Hans Holbein (wie Anm. 82), S. 43f. Allerdings betont *Sander*, Holbein (wie Anm. 3), S. 358, daß die Kunst Leonardos bei der Gestaltung der »Laïs« nur eine indirekte Rolle gespielt habe, da in ihr sein charakteristisches ›sfumato‹ kaum zur Anwendung komme.

104 Ebd., S. 356f.

Reiseantritt 1507 noch in Mailand geschaffen haben.[105] Sander vermutet, daß Holbein dieses Gemälde in der großen Sammlung des Kardinals während seines Frankreichaufenthaltes gesehen hat. Eine direkte Kenntnis des Bildes, dessen Merkmale wie der zur Seite geneigte Kopf und das ebenmäßige leonardeske Gesicht sich auch in zahlreichen anderen Schüler-Arbeiten wiederfinden, läßt sich nicht beweisen. Dennoch scheint der lombardische Maler, der in seiner detailnaturalistischen Gestaltungsweise[106] und der emailhaften Farbigkeit seiner Malerei dem Basler Künstler eng verwandt ist, für diesen ein wichtiger Vermittler Leonardos gewesen zu sein.

Auch das schon besprochene Motiv der aus dem Bildraum entgegenkommenden Hand geht auf eine Bilderfindung Leonardos zurück, die Holbein womöglich in Italien durch das Mailänder »Abendmahl« oder Solarios »Bildnis des Kanzlers Morone« (Mailand, Duca Gallarati Scotti), spätestens aber in Frankreich durch Werke wie die »Felsgrottenmadonna« in der Sammlung des französischen Königs kennengelernt haben wird.

Angesichts der evidenten Bezüge der »Laïs« zur Malerei Leonardos ist anzunehmen, daß sich der Basler Maler auch mit dessen Kunsttheorie auseinandergesetzt hat. Dazu gaben Werke Anlaß wie z.B. die »Mona Lisa«[107], die Arasse als das »Sammelbecken« der »malerischen Reflexionen, Erwartungen und Ambitionen« Leonardos bezeichnet.[108] Gewiß war Holbein an der italienischen Kunsttheorie interessiert, da ihm bewußt gewesen sein muß, daß solche theoretischen Kenntnisse zum Anforderungsprofil des Hofkünstlers gehörten. Leonardos emphatisches Lob des Sehsinns und seine Äußerungen zum Paragone von Dichtung und Malerei mußten jeden ambitionierten Künstler ansprechen.[109]

105 Ebd., S. 357f.

106 Ebd., S. 359.

107 *Cox-Rearick*, Royal Treasures (wie Anm. 99), S. 152. Zudem befanden sich in der Sammlung der Anne de Bretagne in Amboise nach Aussagen eines Zeitgenossen im Jahr 1517 mehr als 17 Porträts aus Leonardos Umkreis, darunter auch das Leonardo zugeschriebene Bild der »Belle Ferronnière« (Paris, Musée du Louvre), das Ludwig XII. in Mailand 1499 erwarb und das in die Sammlung seines Schwiegersohnes überging.

108 *Arasse*, Leonardo (wie Anm. 58), S. 388. Das Bild wurde am 10.10.1517 von Kardinal d'Aragon und seinem Sekretär Antonio de Beatis in Cloux gesehen und bewundert.

109 Der von Leonardo verfaßte »Trattato della pittura« blieb unveröffentlicht und ist durch eine Abschrift – den sog. *Codex Urbinas* – des ungeordneten Textmaterials, die Melzi nach dem Tod Leonardos kompilierte, überliefert; siehe dazu *André Chastel* (Hrsg.), Leonardo da Vinci. Sämtliche Gemälde und Schriften zur Malerei. München 1990, S. 43ff. Es ist anzunehmen, daß viele der Anweisungen Leonardos durch seinen Schülerkreis mündlich tradiert wurden.

Für Leonardo war das Sehen der wichtigste aller Sinne. Er behauptete, daß es niemanden gäbe, der nicht lieber Gehör oder Geruch verliere als die Sehkraft, denn nur durch das Sehen könne der Mensch die Schönheit von Natur und Kunst erfahren.[110] Vermutlich wußte Leonardo, daß schon antike Autoren die Anschaulichkeit und Zuverlässigkeit des Sehsinns betont hatten. So hatte Horaz erläutert: »Schwächer ist der Eindruck, der der Seele durch das Ohr zugeht, minder wirksam als das, was das zuverlässige Auge unmittelbar aufnimmt.«[111] In seinem »Gelehrtengastmahl« überlieferte Athenaios, daß Sokrates über die Hetäre Theodote aus Athen sagte: »Wir müssen gehen, um uns diese Frau anzuschauen; denn man kann Schönheit nicht nach bloßem Hörensagen beurteilen!«[112]

Zum Paragone der Künste erklärte Leonardo, die Dichtung sei eine »blinde Malerei«.[113] Zu Recht habe daher der König Matthias Corvinus einem Bildnis seiner Geliebten den Vorzug vor einer panegyrischen Dichtung gegeben. Die Malerei sei der Dichtung überlegen, da nur sie alle Teile einer Person in einem harmonischen Zusammenspiel gleichzeitig verewigen könne. Leonardo läßt den König zu dem entrüsteten Dichter sagen:

> »Siehst Du denn nicht, daß es in deiner Wissenschaft ein harmonisches Zusammenspiel, in einen Augenblick gefaßt, nicht gibt, sondern, im Gegenteil, ein Teil erst nach dem anderen entsteht, und der nachfolgende nicht entstehen kann, wenn der vorhergehende nicht gestorben ist?«[114]

Das Bildnis kann dagegen allen Teilen einer Person zu einer »lunga permanenzia«[115] verhelfen. Die Überlegenheit der Malerei erweist sich in ihrer anhaltenden Gleichzeitigkeit, also der sinnlichen Totalpräsenz der oder des Dargestellten im Bild.[116] Leonardos Behauptung des Primats der Malerei implizierte zugleich eine Aufwertung der Gattung des Porträts, weshalb sie

110 Zit. nach *Chastel*, Leonardo (wie Anm. 109), S. 139. Leonardo erweitert und vollendet damit ein Thema, das schon Alberti entwickelt hatte, der das Sehen auch als geistige Tätigkeit betrachtete.

111 *Horaz*, Ars poetica, 180f.; siehe auch *Quintilian*, Institutio oratoria, XI 3, 67.

112 Athen. XIII, 588d (wie Anm. 5). In der darauffolgenden Zeile, 588e, ist von der Schönheit der Laïs die Rede, die Maler in ihren Bildern festhielten. Diese Textstelle kann Holbein bekannt gewesen sein.

113 *Chastel*, Leonardo (wie Anm. 109), S. 139 (Codex Urbinas, Bl. 10r).

114 Ebd., S. 144 (Codex Urbinas, Bl. 14r-15r).

115 *Wolfgang Osthoff*, Raffael und die Musik, in: Raffael in seiner Zeit. Sechs Vorträge. Hrsg. von Volker Hoffmann. Nürnberg 1987, S. 155-183, hier S. 165.

116 *Arasse*, Leonardo (wie Anm. 58), S. 264 (Codex Urbinas, Bl. 16r-v).

bei Holbein besonderes Interesse geweckt haben muß. An anderer Stelle betont Leonardo die suggestive Kraft des Porträts, indem er die Fähigkeit des Malers hervorhebt, einen Menschen durch ein gemaltes Bildnis vollkommen in Liebe entflammen zu lassen.[117] Damit richtete er sich gegen die von Leon Battista Alberti vertretene Vorrangstellung der historia und eine entsprechende Nachordnung des Porträts. Ganz in diesem Sinne sollte noch Vasari berichten, Michelangelo habe nur ein Porträt, das des Tommaso de' Cavalieri, geschaffen, weil er davon ausging, daß in dieser Gattung höchste Schönheit nicht zu erreichen sei.[118] Dagegen wertete Leonardo das Porträt auf, was er implizit metaphysisch begründete: Das Bildnis repräsentiert das harmonische Zusammenspiel der Glieder des Gott ebenbildlichen Menschen, dessen Körper als harmonischer Mikrokosmos in Analogie zum harmonischen Makrokosmos der Welt steht.[119] Leonardos Nobilitierung des Porträts war also an den Anspruch gebunden, die harmonia humana, das harmonische Verhältnis von Körper und Geist, anschaulich zu machen, und implizierte somit die klassische Auffassung der Identität von äußerer und innerer Schönheit.

Der Zusammenhang zwischen körperlicher Schönheit und Tugend wurde besonders in der neuplatonischen und petrakistischen Literatur der Zeit thematisiert. Marsilio Ficino hatte erklärt, die unkörperlichen Eigenschaften der Seele seien nicht sichtbar. Doch ausgehend von seinem Symposions-Kommentar betrachteten Autoren wie Leone Ebreo in seinen »Dialoghi d'amore« (1535) und Francesco Cattani da Diacetto in »I tre libri d'amore« (1561) körperliche Schönheit als ein Hervorglänzen der göttlichen Einheit und Güte und somit als Ausdruck gottgegebener geistiger Qualitäten. Bereits Domenico Ghirlandaio hatte von dem Anspruch, nicht nur das Äußere der dargestellten Person wiederzugeben, in seinem 1488 entstandenen Porträt der Giovanna degli Albizzi gesprochen. Seine Inschrift lautet: »Oh, wenn Du, Kunst, doch ihre Tugend und die Seele darstellen könntest, dann gäbe es kein schöneres Bild auf der Welt«.[120] Vieles spricht dafür, daß

117 »[...] und noch mehr geht sie [die Malerei] über den Geist des Menschen hinaus, indem sie ihn verleitet, ein Bild zu lieben und sich in ein Bild zu verlieben, das überhaupt keine lebendige Frau darstellt.« Zit. nach *Chastel*, Leonardo (wie Anm. 109), S. 303.

118 *Giorgio Vasari*, Das Leben der ausgezeichneten Maler, Bildhauer und Baumeister von Cimabue bis zum Jahre 1567. Übersetzt von Ludwig Schorn und Ernst Förster. Stuttgart/Tübingen 1832-49. Reprint hrsg. und eingeleitet von Julian Kliemann. Worms 1988, Bd. 5, S. 421.

119 Vgl. *Osthoff*, Raffael (wie Anm. 115), S. 172ff.

120 *Frank Zöllner*, Leonardo da Vinci, Mona Lisa. Das Porträt der Lisa Gioconda. Legende und Geschichte. Frankfurt a.M. 1995, S. 68.

Ghirlandaio von dieser vermeintlichen Unmöglichkeit in dem stolzen Bewußtsein sprach, die nämliche Schwierigkeit gemeistert zu haben.

Leonardo thematisierte die Koinzidenz von innerer und äußerer Schönheit schon in dem von Bernardo Bembo in Auftrag gegebenen Porträt seiner »platonischen« Geliebten Ginevra de' Benci (1478-80).[121] Hier jedoch wird, wie Frank Zöllner betont, durch ›bildfremde‹ Mittel, nämlich mit einer Inschrift – »virtutem forma decorat« (Schönheit schmückt Tugend)[122] – und emblematischen Attributen die Tugendhaftigkeit der Dame hervorgehoben. In dem 1503 begonnenen Bild der »Mona Lisa« bemühte sich Leonardo dagegen, die Tugenden der Frau mit ›bildeigenen‹ Mitteln anschaulich zu machen.[123]

Nach Leonardo gehören neben ebenmäßigen Gesichtszügen auch eine elegante und zugleich natürliche Haltung der Figur zu den formalen Merkmalen der Schönheit. Holbein folgte in der »Laïs« seinen Anweisungen zur Anordnung der Gliedmaßen. Ihr Oberkörper vollzieht von der Hüfte bis zum geneigten Kopf eine stufenweise Drehung zu ihrer rechten Seite, wie sie Leonardo besonders für die Darstellung sitzender Personen empfohlen hatte:

> »Und mache deine Gestalten immer so, daß der Kopf nicht auf derselben Seite gewendet ist wie die Brust, denn die Natur hat uns zu unserer Bequemlichkeit den Hals gegeben [...] und wenn du einen sitzenden Menschen darstellst und seine Arme sich seitlich zu schaffen machen müßten, dann sieh zu, daß sich seine Brust vom Hüftgelenk aus dreht.«[124]

Leonardos Forderung nach einer natürlichen Eleganz nahm in gewisser Weise das vorweg, was später Castiglione zur Quelle der Anmut und höchsten Tugend des Hofmannes erhob: die bewußte Ungezwungenheit, die sprezzatura.

Zudem scheint es, als habe Holbein auch von Leonardos Ratschlägen zur Schattengebung gewußt. Um einem schönen Gesicht noch mehr Grazie zu verleihen, empfahl Leonardo, im Antlitz der dargestellten Person ein harmonisches Gleichgewicht von Schatten und Licht zu erzeugen. Die Licht-

121 *Joanna Woods-Marsden*, The Portrait of the Lady, 1430-1520, in: David Alan Brown u.a., Virtue und Beauty. Leonrado's Ginevra de' Benci and the Renaissance Portraits of Women. Princeton 2002, S. 74.

122 Ebd., S. 75 [»forma« kann hier auch als »Idealbild« übersetzt werden].

123 *Zöllner*, Mona Lisa (wie Anm. 120), S. 64.

124 *Chastel*, Leonardo (wie Anm. 109), S. 329. Diese Anweisungen werden u.a. bei der »Mona Lisa« genau befolgt.

quelle der »Laïs« liegt außerhalb der oberen rechten Bildhälfte. Die linke Stirnhälfte und die Schultern der Hetäre sind die am hellsten ausgeleuchteten Partien im Bild. Durch die leichte Neigung und Drehung des Kopfes werden aber zugleich die rechte Halsseite, Stirn- und Kinnpartie leicht verschattet. Auch in der Darstellung des Mundes folgte Holbein Leonardos Vorbild, indem er die Laïs auf gleiche Weise lächeln ließ, wie es Firenzuola einige Jahre später, wohl unter dem Eindruck der »Mona Lisa«, von einer Edeldame forderte.[125]

Holbein hat dem legendären Liebreiz der griechischen Hetäre durch die Darstellung einer leonardesken Schönheit, die den höfischen Qualitäten eines eleganten und zugleich lässigen Auftretens – der leggiadria und sprezzatura – gerecht wird, dauerhaft Ausdruck verliehen. Darin zeigt sich noch einmal, daß dem Maler der hohe gesellschaftliche Rang der hetaira und cortigiana im italienischen Kulturkreis bewußt war, der es ihm erlaubte, die Schönheit einer käuflichen Frau in dieser Form zu würdigen.

Holbeins erasmische Kritik am eigenen Bildsujet

Obwohl Holbein dieses ästhetische Konzept von Leonardo übernahm, stellte er zugleich die für Leonardo selbstverständliche Identität von Schönheit und Tugend in Frage. Laïs' elegante Schönheit und ihr anspielungsreicher Griff in den Mantel weisen sie zwar als eine cortigiana honesta aus, ihre unverschämt fordernde Geste aber bricht mit den Prinzipien angemessener Zurückhaltung und vornehmer Eleganz. Leonardo hatte ebenso wie Leon Battista Alberti und andere Regeln der Angemessenheit formuliert und dem Maler geraten, Frauen »mit schamhaften Gebärden« darzustellen.[126] Auch für die cortigiane oneste war eine gewisse Zurückhaltung in der Öffentlichkeit verpflichtend. So rät in Aretinos »Kurtisanengesprächen« die Kurtisane Nanna der jüngeren Pippa, sich in der Öffentlichkeit zurückzuhalten, nicht zu hastig zu essen, nicht zu laut zu lachen und zuviel zu reden.[127]

125 *Agnolo Firenzuola*, Ragionamento. Dialogo delle bellezze delle donne, in: D. Maestri (Hrsg.), Opere. Turin 1977.

126 Zur Kodifizierung des körperlichen Ausdrucks und dem System gesellschaftlicher Verhaltensweisen vgl. *Jacques Revel*, Vom Nutzen der Höflichkeit, in: Philippe Ariès/Georges Duby (Hrsg.), Die Geschichte des privaten Lebens. Dt. Übers. von Fliessbach/Krüger-Wirrer. 5 Bde., Augsburg 2000, hier 3. Bd.: Von der Renaissance zur Aufklärung, S. 173-211.

127 *Pietro Aretino*, Kurtisanengespräche. Aus dem Italienischen von Ernst Otto Kayser. München 1965, S. 263f., 361f., S. 481-599.

Holbein hat also bewußt eine eklatante Diskrepanz zwischen der körperlichen Schönheit und elegantem Auftreten der Laïs und ihrem schäbigen Verhalten inszeniert. Seine cortegiana handelt wie eine billige Straßendirne, hält unverhohlen ihre Hand gegen bare Münze auf, wie es einige antike Quellen der Laïs nachsagten.

Mit der geläufigen Annahme einer Entsprechung von Äußerem und Innerem hat sich auch Bonifacius Amerbach befaßt, als er Holbein im Jahr 1519 mit einem Porträt beauftragte (Basel, Öffentliche Kunstsammlung). Das Brustbild zeigt den jungen bärtigen Gelehrten, dem seitlich eine an einem Feigenbaum befestigte Inschriftentafel zugeordnet ist. Ihr Text, zwei vom Auftraggeber verfaßte lateinische Epigramme, preist die mit der Natur konkurrierende Lebensnähe der Darstellung. Ueli Dill konnte zeigen, daß Amerbach zur selben Zeit darüber nachgedacht haben muß, ein zweites Porträt in Auftrag zu geben, welches ihn diesmal ohne Bart zeigen sollte. Darauf weist ein weiterer Inschriftenentwurf Amerbachs hin, der nun nicht mehr nur die Konkurrenz von Natur und Kunst, sondern in Anlehnung an das antike Sprichwort »barba non facit philosophum« die Diskrepanz von »äußerem Schein« und »wahrem Sein« thematisieren sollte.[128] Diese Thematik hat der Gelehrte vermutlich von Erasmus von Rotterdam übernommen, der sich, wie noch erörtert wird, in seinem Adagium »Sileni Alcibiades« ausführlich mit ihr befaßte.[129] Hervorzuheben ist, daß im Jahr der Entstehung der »Laïs«, 1526, Albrecht Dürer in zwei Kupferstichen ebenfalls die Vorstellung von der Identität von Erscheinung und Wesen problematisierte. Das berühmte Porträt des Erasmus, das den Gelehrten an seinem Schreibpult zeigt, weist eine griechische Inschrift auf, die besagt: »Das bessere Bild werden seine Schriften zeigen.«[130] Auf denselben Sachverhalt hebt auch die Inschrift des im selben Jahr entstandenen Melanchthon-Porträts ab: »Das lebendige Äußere des Philipp konnte Dürer, den Geist konnte die gelehrte Hand nicht malen.«[131]

Wie Buck betont, zeigt das Amerbach-Porträt mit seiner lobenden Inschrift zudem, daß Holbein schon im Jahr seiner Niederlassung in Basel von

128 *Ueli Dill*, Der Bart des Philosophen. Holbeins Amerbach-Porträt – neu gesehen im Lichte eines bisher nicht beachteten Epigramms, in: Zeitschrift für Schweizerische Archäologie und Kunstgeschichte 55, 1999, S. 251f., macht deutlich, daß dieser Sinnspruch sowohl von Erasmus wie auch von Thomas Morus aus den antiken Quellen übersetzt wurde.

129 Ebd., S. 251 Anm. 60.

130 Zit. nach *Erwin Panofsky*, Das Leben und die Kunst Albrecht Dürers. München 1977, S. 320.

131 Zit. nach *Bätschmann/Griener*, Holbein (wie Anm. 97), S. 30f.

Amerbach hoch geschätzt wurde.[132] Da der Humanist dem Maler freundschaftlich verbunden war, ist zu vermuten, daß er ihm diese gelehrte Thematik detaillierter als für den auszuführenden Auftrag nötig auslegte und dabei ein tieferes Interesse bei ihm weckte.

Darüber hinaus verschaffte sich Holbein durch seine Arbeit für die Basler Drucker seit 1519 in der »Familia Frobeniana«[133] ein gewisses Ansehen, und vermutlich hat Johann Froben, der seit 1521 Erasmus von Rotterdam bei sich beherbergte, den jungen Maler mit dem bedeutenden Humanisten persönlich bekannt gemacht.[134] In den folgenden Jahren hat Holbein mit seinen drei berühmten Porträts des Erasmus großen Eindruck auf den Humanisten gemacht und ihn wahrscheinlich auch dazu veranlassen können, ihm im Jahr 1526 ein Empfehlungsschreiben an Thomas Morus in England auszustellen. Aufgrund der Tatsache, daß Erasmus den Maler zwar als bewundernswerten Künstler schätzte, ihm aber den ehrenvollen Titel eines »neuen Apelles« – den er nur Albrecht Dürer zuerkannte – vorenthielt, hat man das Verhältnis der beiden Männer allerdings als pragmatisch und auch als zwiespältig bewertet.[135] Dennoch ist anzunehmen, daß sich Holbein, vor allem weil er sich in Konkurrenz zu Dürer sah, an dem humanistischen Leitbild des »pictor doctus« orientierte. Nur auf diese Weise konnte er sich dem Gelehrtenkreis um Erasmus empfehlen, von dem eine weitere Förderung zu

132 *Buck*, Holbein am Hofe (wie Anm. 101), S. 24.

133 Dies war der Kreis um den angesehenen Drucker Johann Froben.

134 *Hans Reinhardt*, Erasmus und Holbein, in: Basler Zeitschrift für Geschichte und Altertumskunde 81, 1981, S. 42-49, führt an, daß der Drucker Johann Froben maßgeblich daran beteiligt war, daß sich Erasmus in Basel niederließ. Er druckte nicht nur eine besonders schöne Ausgabe der »Adagia«, sondern stellte dem Humanisten auch ein Haus auf dem Nadelberg zur Verfügung.

135 In einem Schreiben vom 29.08.1526 an Petrus Ägidius hielt Erasmus es nicht für nötig, Holbein namentlich zu nennen, und bezeichnet ihn nur als »ausgezeichneten Maler«. Nachdem aber Morus am 18.12.1526 in voller Bewunderung an Erasmus schrieb »Dein Maler, liebster Freund, ist ein wunderbarer Künstler« und Erasmus die Zeichnung des Familienbildes der Mores erhalten hatte, nannte er zum ersten Mal Holbeins lateinisierten Namen »Olpeius« und sprach ebenfalls lobend über ihn. Drei Jahre später erwähnte Erasmus Holbein noch einmal, wobei er sich diesmal in bitterem Ton über ihn beklagte. An Bonifacius Amerbach schrieb er im April 1533, »[...] so hat mir Olpeius Deinetwegen Briefe nach England abgepresst [...] in England hat er die getäuscht, denen er empfohlen war.« Diese Äußerungen beziehen sich auf den zweiten Englandaufenthalt, den Erasmus wiederum durch entsprechende Empfehlungsschreiben unterstützt hatte. Seine Verärgerung ist möglicherweise mit den Sympathien des Künstlers für die Reformatoren zu begründen. Siehe dazu *Reinhardt*, Erasmus und Holbein (wie Anm. 134), S. 67f.

erwarten war. Vor allem aufgrund des Ausbleibens kirchlicher Aufträge während der Reformation waren die Humanisten zu einem wichtigen Adressatenkreis für Künstler wie Holbein geworden.

Besonders die »Adagia« des Erasmus, die in mehreren Ausgaben bei Froben und seinen Erben gedruckt wurden[136], dürften dem Maler bekannt gewesen sein. In dieser berühmten Sammlung von Sentenzen und Sprichwörtern erörtert Erasmus unter der Überschrift »Sileni Alcibiades« das Verhältnis von Äußerem und Innerem anhand der Silen-Statuen, die, von außen betrachtet, häßlich waren, im Inneren aber kleine Götterstatuen bargen.[137] Erasmus beklagte darin den übertriebenen Wert, den die Menschen auf ihr Äußeres legen, und stellte die Identität von körperlicher Schönheit und seelischer Tugend in Frage. Auch Holbeins Randzeichnungen zu Erasmus' »Lob der Torheit« lassen erkennen, daß sich der Maler schon 1515 mit dieser Thematik auseinandergesetzt hat. Eine dieser humorvollen Zeichnungen zeigt einen Mann, der durch seinen Bart eigentlich als tugendhafter Philosoph gekennzeichnet ist, jedoch einer Frau dreist an die Brust greift.[138] Hier verhält sich der »Philosoph« ähnlich unangemessen wie die Laïs.

Es ist deutlich geworden, daß die Frage nach dem Verhältnis von Äußerem und Innerem, Physiognomie und Charakter, in dem engeren humanistischen Umfeld Holbeins eingehend erörtert wurde. In der »Laïs« visualisierte der Künstler die erasmische Einsicht, daß das äußere Erscheinungsbild nicht auf innere Werte schließen läßt. In dieser Hinsicht ist das Bild der Hetäre als moralisierende Darstellung zu verstehen. Der moralische Gehalt erschließt sich allerdings nur präzise, wenn man den bewußt inszenierten Gegensatz von gottgegebener Schönheit und »häßlichem« Verhalten erkennt. Mit dieser Ambivalenz, die Jürgen Müller nur ungenau als »Kontrast von Zurückhaltung und Selbstbewußtsein« beschreibt[139], verunsichert das

136 1517/18, 1520, 1523 und 1536 als »Adagiorum Chiliades«, 1526, 1528 und 1533 als »Adagiorum Opus«. Siehe *Erasmus von Rotterdam*, Adagiorum Chiliades [Adagia Selecta]/Mehrere tausend Sprichwörter und sprichwörtliche Redensarten [Auswahl], in: Werner Welzig (Hrsg.), Erasmus von Rotterdam, Ausgewählte Schriften, Bd. 7. Darmstadt 1995, S. XXIII, S. 358-632.

137 *Erasmus von Rotterdam*, »Adagia«, Nr. 2201, in: Opera omnia Desiderii Erasmi Rotterdami, Ordo II, Bd. 5. Ed. Felix Heinimann/Emanuel Kienzle. Amsterdam/Oxford 1981, S. 161, Z. 52f.

138 *Erasmus von Rotterdam*, Das Lob der Torheit. Übersetzt von Alfred Hartmann. Mit den Holbeinischen Randzeichnungen. Hrsg. von Emil Major. o.O. o.J., S. 26 und 46.

139 *Jürgen Müller*, Von der Verführung der Sinne. Eine neue Deutung von Hans Holbeins »Lais von Korinth« in der Öffentlichen Kunstsammlung Basel, in: Matthias Senn (Hrsg.), Hans Holbein der Jüngere, Akten des Internationalen Symposiums Basel, 26.-28.06.1997. Basel 1999, S. 229ff.

Gemälde den Betrachter, der sich von der körperlichen Attraktivität und der höfischen Eleganz der Hetäre angesprochen fühlen muß, aber auch durch ihr unverschämtes Gebaren abgestoßen wird. Die schöne »Laïs« unterscheidet sich somit von den Dirnen Grafs und Baldungs, deren unlautere Absichten auch an ihren Kostümen und Attributen unmißverständlich abzulesen sind.[140] Angesichts der eindeutig negativ konnotierten Geste, die ihre Schönheit überschattet, dürfte auch deutlich sein, daß sich Müllers These nicht halten läßt, Holbein habe sich in dem Bild der Hetäre als epikureischer Maler zu erkennen gegeben, der, einem Kuppler gleich, seine gemalte Schönheit einem potentiellen Käufer anbiete.[141]

Die hier erkennbaren moralischen Vorbehalte gegenüber der Prostitution hat Erasmus in seinem vielgelesenen Werk der 1518 erstmals bei Johann Froben gedruckten »Colloquia familiaria« (»Vertraute Gespräche«) formuliert, einer Sammlung von gesellschaftskritischen Dialogen, die der Autor in erster Linie zu Unterrichtszwecken erstellte. Eines dieser fiktiven Gespräche findet zwischen dem Jüngling Sophronius und der Prostituierten Lucretia statt. Der von einer Romreise zurückgekehrte junge Mann, der einst ein frivoler Lebemann und ihr Kunde war, versucht sie zu überzeugen, ihren unehrenhaften Beruf aufzugeben und zu heiraten oder in ein Kloster einzutreten.[142] Lucretia ist zunächst über seinen Sinneswandel verwundert, da sie davon ausgeht, daß alle Männer in Rom den Verlockungen des Lasters erliegen würden. Doch Sophronius versichert:

> »Die andern ziehen im allgemeinen deswegen nach Rom, damit sie ärger wiederkommen. Gelegenheiten dazu gibt es in reichlicher Fülle. Ich bin mit einem tugendhaften Mann gereist, auf dessen Aufforderung hin ich statt der Weinflasche ein kleines Buch mit mir geführt habe, das Neue Testament, von Erasmus übersetzt.«[143]

140 Auch Pietro Aretino, der selbst Freund und Kunde von Kurtisanen war, fühlte sich wohl von einigen dieser Frauen aufs Glatteis geführt. In seinen spitzzüngigen »Kurtisanengesprächen« kritisierte er das Verhalten der cortigiane, die sich den Schein der höfischen Vornehmheit geben, in ihrem Verhalten jedoch eine proletarische Nüchternheit an den Tag legten. Auf humorvolle Weise entlarvt er das Kurtisanenleben, wenn er schildert, daß Frauen Bildung und Schönheit mit einfachen Mitteln nur vortäuschen und vornehmes Verhalten von einer alten Kurtisane wie eine Theaterrolle anerzogen bekommen; siehe *Aretino*, Kurtisanengespräche (wie Anm. 127), S. 481-599.

141 *Müller*, Lais von Korinth (wie Anm. 139), S. 233.

142 *Erasmus*, Colloquia, in: Werner Welzig (Hrsg.), Erasmus von Rotterdam, Ausgewählte Schriften. Darmstadt 1995, S. 203-205.

143 Ebd., S. 205.

Der junge Mann erklärt Lucretia, sie werde ihn zwar als Kunden verlieren, doch als einen um ihr Seelenheil bemühten Freund gewinnen. Erasmus räumt also der Ehe als christlicher Lebensform einen höheren Rang ein als der priesterlichen Ehelosigkeit. Er fordert in diesem Dialog u.a., daß alle Geistlichen, die den Zölibat nicht einhalten können und im Konkubinat leben, durch die Heirat zu »heilen« seien. Dezidiert lobt Erasmus die Ehe und bezeichnet sie als intensive emotionale Gemeinschaft und entscheidenden Baustein der gesellschaftlichen Ordnung. In einer späteren Ausgabe der »Colloquia« führt er im »Conjugium« eingehend aus, wie eine gute Ehegemeinschaft herzustellen ist. In vielen Dialogen der »Colloquia« kommt auch die Romkritik Erasmus' zum Ausdruck, der er u.a. mit dem 1529 erschienenen »Ciceronianus« eine eigene Schrift widmen sollte. Wenn er Lucretia sagen läßt, Sophronius hätte in Rom reichlich Gelegenheiten gehabt, sich dem Laster hinzugeben, dann bezieht sich dies auf das Kurtisanenwesen in der heiligen Stadt, das zu der Zeit, als Erasmus selbst dorthin reiste, in höchster Blüte stand.

Daß Erasmus sich auch mit Laïs auseinandergesetzt hat, steht außer Frage.[144] In seiner Abhandlung »De conscribendis epistolis« verwendet er den Namen der korinthischen Hetäre als Synonym für das luxuriöse Leben am Hof.[145] An anderer Stelle erwähnt er die von Athenaios überlieferte Anekdote, nach der Laïs ein Tonsiegel als Geschenk eines Verehrers arrogant ablehnte.

Auch dem mit Erasmus befreundeten Thomas Morus war die literarische Überlieferung der antiken Hetäre bekannt. In den 1518 gedruckten »Epigrammata« – die Morus in Zusammenarbeit mit Erasmus erstellte – wurden sowohl Epigramme des Lukian, als auch Gedichte aus der »Anthologia Planudea« und der »Anthologia Palatina«, den bekanntesten Kompilationen griechischer Epigramme, von ihm übersetzt.[146] In einem der Epigramme klagt die gealterte Laïs:

144 Erasmus übersetzte die »Moralia« Plutarchs, die 1514 in Basel gedruckt (Opuscula Plutarchi nuper traducta, Basilea 1514) wurden. Zahlreiche Epigramme des Lukian, in denen u.a. die Hetäre erwähnt wird, wurden von Thomas Morus und Erasmus übersetzt und 1517 bzw. 1521 bei Froben gedruckt.

145 *Erasmus von Rotterdam*, »De conscribendis epistolis«. Aliud exemplum de vita aulica, in: Opera omnia Desiderii Erasmi Rotterdami, 2. T. Ed. Jean-Claude Margolin. Amsterdam 1971, S.499, Z. 5.

146 Die »Anthologia Palatina« umfaßte rund 4.000 Gedichte berühmter griechischer Dichter und wurde als Codex Palatinus schon im Mittelalter rezipiert. 1420 ist das Manuskript in Italien belegt; siehe *Egidius Schmalzriedt* (Hrsg.), Hauptwerke der antiken Literatur. Einzeldarstellungen und Interpretationen zur griechischen, lateinischen und biblisch-patristischen Literatur. München 1976, S. 487.

»Lais anus ad speculum e graeco
Nequiter arrisi tibi, quae modo, Graecia, amantum
Turbam in uestibulis Lais habens iuuenum,
Hoc Veneri speculum dico, nam me cernere talem
Qualis sum nolo, qualis eram nequeo.«[147]

»Lais, eine alte Frau, an ihren Spiegel, aus dem Griechischen
Ich, Lais, die noch vor kurzer Zeit auf Graecia stolz herabsah, / vor deren Tür eine liebesbereite Schar junger Männer schmachtete, / weihe diesen Spiegel Venus. Wie ich jetzt bin, will ich nicht sehen, / und wie ich einst war, kann ich nicht mehr sehen.«[148]

Noch im Entstehungsjahr der »Laïs« reiste Holbein auf Empfehlung des Erasmus nach England und verweilte dort bis zu seiner Rückkehr nach Basel im Haus des Thomas Morus. In dieser Zeit porträtierte er den namhaften Juristen, der Mitglied des königlichen Rates und Kanzler des Herzogtums Lancaster war, in einem Bildnis, das auffällige gestalterische Ähnlichkeiten mit der »Laïs« aufweist (New York, The Frick Collection). Auch Morus ist neben einer Brüstung und vor einem grünen Vorhang sitzend dargestellt. Obwohl wesentlich größer, steht dieses Porträt auch in der malerischen Behandlung der unterschiedlichen Stoffe – z.B. des changierenden Samtes – der »Laïs« sehr nahe. Ursprünglich hat Holbein die leuchtend roten Samtärmel des Porträtierten sogar, wie die der »Laïs«, mit zahlreichen Schlitzungen versehen, die Morus jedoch als zu luxuriös empfand und den Künstler zu übermalen bat.[149] Mit dem Porträt des Kanzlers und dem nur in der Vorzeichnung erhaltenen Gruppenbild seiner Familie hat Holbein großen Eindruck bei dem Gelehrten hinterlassen, der ihn in einem Brief an Erasmus überschwenglich lobte. Möglicherweise kannte der Maler sein Laïs-Epigramm und nahm deshalb die kleine Tafel der »Laïs« als eine Arbeitsprobe mit nach England, um sich Morus und der Londoner Gelehrtenwelt zu empfehlen.[150]

147 Zit. nach *Clarence Miller* (Hrsg.), The Complete Works of St. Thomas More, Vol. 3, Part II, Latin Poems, No. 54, S. 131. Dieses Epigramm wird sowohl in der »Anthologia Planudea« als auch in der »Anthologia Palatina« überliefert.

148 Dt. Übersetzung nach *Hans P. Heinrich*, Thomas Morus, Epigramme. Übersetzt, eingeleitet und kommentiert von Hans P. Heinrich. Düsseldorf 1983, S. 88.

149 *Buck*, Hans Holbein (wie Anm. 82), S. 54.

150 Für die 1518 bei Froben erschienene Ausgabe der »Epigrammata« hat Holbein den Titelholzschnitt entworfen. Siehe *Bätschmann/Griener*, Holbein-Apelles (wie Anm. 12), S. 636. Morus hat Holbein in den Hofkreis eingeführt und ihm so wichtige Aufträge

Wir können somit festhalten, daß sich Holbein mit der »Laïs« von den traditionellen Darstellungsformen nördlich der Alpen absetzte, indem er eine Bildform übernahm, die sich im 16. Jahrhundert in Italien unter den dort gegebenen kulturellen Bedingungen entwickelt hatte. Indem er die schöne Hetäre als unverschämt fordernde Gesprächspartnerin des Betrachters inszenierte, erzeugte er eine offensichtliche Diskrepanz von äußerlicher Schönheit und innerer Häßlichkeit. Damit stellte er eine hohe Anforderung an den Betrachter, der so zur Reflexion kunsttheoretischer Fragen angehalten wird.

Die »Laïs« und die »Venus mit Amorknaben« als komplementäre Werke

Wie eingangs bereits erwähnt, ist zu einer umfassenden Deutung der »Laïs« die Darstellung der »Venus mit Amorknabe« hinzuzuziehen, die, wie Jochen Sander durch gemäldetechnologische Untersuchungen belegen konnte, nach dem Vorzeichnungs-Karton der »Laïs« in der Zeit um 1527 entstanden ist.[151] Die »Venus« schaut den Betrachter, eine offene und freundliche Haltung einnehmend, direkt an. Sie hält ihren kleinen Sohn Amor an der Schulter scheinbar davor zurück, über die steinerne Brüstung zu klettern. In der Unterzeichnung kam ihre mütterliche Fürsorge noch deutlicher zum Ausdruck, da sie in dieser ihre linke Hand auf die linke Schulter des Jungen legte.[152] Warum sich der Künstler später gegen diese Lösung entschied, bleibt unklar. Auf jeden Fall wird die »Venus« durch das Motiv des kleinen Knaben durch ein karitatives, ja mariologisches Moment ausgezeichnet, das sie deutlich von der »Laïs« unterscheidet.

Auch das Kleid der Venus unterscheidet sich in kleinen, aber relevanten Details von dem der Hetäre: Die Liebesgöttin trägt keine Wechselärmel. Sie präsentiert die weiße Innenseite ihres rechten, ausgestreckten Unterarms. Diese Geste galt nach zeitgenössischem Empfinden als erotisches Zeichen.[153] Meines Erachtens spielt sie zudem auf eine Textstelle in den Metamorphosen Ovids an, in der es heißt, die Göttin sei durch ihren mit den Pfeilen

verschafft. Der englische Chronist Edward Hall (1498-1547) und der Venezianer Caspare Spinelli berichten von zwei Leinwandbildern eines »Meisters Hans«, die als ephemere Dekoration für ein opulentes Fest am englischen Hof 1527 gedient haben. Sie berichten, daß Holbein einer der am höchsten bezahlten Künstler war, die an den Vorbereitungen dieses Festes beteiligt waren; siehe *Buck*, Hans Holbein (wie Anm. 82), S. 54.

151 *Sander*, Holbein (wie Anm. 3), S. 225ff.

152 Ebd., S. 227.

153 Siehe hier oben Anm. 125.

hantierenden Sohn Amor versehentlich verletzt worden.[154] Somit ist die Geste keinesfalls eine »ins Leere gehende Gebärde«[155], sondern deutet Venus' Bereitschaft an, sich der Liebe und womöglich auch dem Schmerz hinzugeben, den ihr der kleine Knabe jeden Moment mit seinem, auf ihr Handgelenk gerichteten Pfeil zufügen kann. Im Gegensatz zur fordernden Hetäre zeigt sie sich erfahrungs- und opferbereit.

Der Schlüssel zur Deutung der »Venus« verbirgt sich hinter dem Motiv des Gürtels. Dieser ist ein sehr aufwendig gearbeitetes Stück, das aus einem schwarzen, wohl ledernen Gürtelband und großen, goldenen Ringen besteht, von denen vier sichtbar sind. Auf dem ledernen Band sind pflanzenartige Ornamente appliziert, die wahrscheinlich mit Goldfäden aufgestickt oder als Goldschmiedearbeit aufgeschlagen wurden. Solche Gürtel waren im 16. Jahrhundert in Süddeutschland und in der Schweiz ein weitverbreitetes modisches Accessoire.[156]

Schon im Mittelalter diente der Gürtel als Bestandteil der Hausfrauentracht. An ihm wurden häusliche ›Insignien‹ wie Schlüssel, Messer und Beutel befestigt.[157] Im Laufe des 16. Jahrhunderts trat der Gebrauchswert dieser Gürtel jedoch hinter ihrer Schmuckfunktion zurück. Aufwendig gearbeitete Gürtel wie der der »Venus« galten als ein luxuriöses Statussymbol und wurden vor allem von der städtischen Oberschicht getragen. In der ersten Hälfte des 16. Jahrhunderts überwiegen breite und enggeschnürte Formen, die jedoch im Verlauf der zweiten Jahrhunderthälfte immer schmaler wurden und nur locker um die Taille gegürtet wurden (Unbekannter Nürnberger Maler, »Bildnis einer 38-jährigen«, 1545, Bamberg, Nationalbibliothek; Nicolas Neufchâtel, »Katharina Gößwein geb. Tucher«, 1565, Prag, Nationalgalerie). Bei dem Gürtel der »Venus« ist eine besondere Signifikanz anzunehmen, da er in Verbindung mit einem, wie wir gesehen haben, italienischen Kleid auftritt. Diese wurden jedoch zumeist ohne Gürtel getragen. Für die typisch süddeutschen, modischen Frauengürtel hat Holbein selbst einige Entwürfe geschaffen.[158]

154 *Publius Ovidius*, Metamorphosen. Epos in 15 Büchern. Übers. und hrsg. von H. Breitenbach. Stuttgart 1998, X, 525. Eine Gesamtausgabe der Werke Ovids erschien 1527 in Basel bei Adam Petri.

155 *Sander*, Holbein (wie Anm. 3), S. 368.

156 Siehe *Jutta Zander-Seidel*, Textiler Hausrat, Kleidung und Haustextilien in Nürnberg von 1500-1650. München 1990, S. 142ff.

157 Ebd., S. 143.

158 Siehe *Ganz*, Handzeichnungen (wie Anm. 32), Taf. 36-40, XXXVIII.

Vieles spricht dafür, daß das Accessoire der »Venus« als ein sogenannter ›Venusgürtel‹ zu deuten ist, von dem die antike Mythologie berichtet, der Gott Vulkan habe ihn in seiner Schmiede für seine Ehefrau angefertigt.[159] Derartigen Gürteln wurde in der Antike nachgesagt, sie würden jeder Frau große sexuelle Anziehungskraft verleihen. Erasmus erklärte in seinem Adagium »Cestum habent veneris«: »Den Gürtel der Venus besitzt, wer in überraschender Weise jedermanns Zuneigung gewinnt«[160], und führte antike Autoren wie Homer und Martial an, die diesen Glauben überliefern. Das Motiv des Venusgürtels spielt eine besondere Rolle in einer der erasmischen Schriften über die Ehe. In dem von zwei Ehefrauen geführten Dialog »Uxor Mempsígamos sive Conjugium« (»Der Hausdrachen, oder: Die Ehe«)[161], der erstmals in der 1523 bei Johannes Froben edierten Ausgabe der »Familiarium colloquiorum formulae« publiziert wurde, erörtert Erasmus sein Ideal der Gelehrtenehe. In dieser Schrift rät die gebildete Eulalia der unglücklich verheirateten, zänkischen Xanthippe, dem Ehemann das Leben so angenehm wie möglich zu gestalten. Sie beschreibt, wie ein gebildeter Mann – gemeint ist Thomas Morus – seine junge Ehefrau mit großem psychologischen Geschick und Nachsicht zähmte und dazu überredete, sich zu bilden. Ein solch geschicktes Verhalten empfiehlt Eulalia der Xanthippe:

> »Zunächst mußt du alles Unrecht des Mannes schlucken und sein Herz durch Dienstbereitschaft, Freundlichkeit und Güte allmählich gewinnen. [...] Kein Tier ist so schrecklich, daß es sich nicht durch Gefälligkeiten zähmen ließe.«[162]

Erasmus stellt zwar den Vorrang des Mannes nicht in Frage, doch er erörtert ein Verhalten, durch das die kluge Frau ihrem Mann überlegen wird: die weibliche persuasio.[163] Nicht wie die Männer durch Worte, sondern durch ihre klug eingesetzten erotischen Reize können Frauen ihre Ehegatten mit ihren berechenbaren Bedürfnissen sanft »erziehen« und sie unter ihre Kon-

159 Herder Lexikon, Griechische und römische Mythologie. 4. Aufl. Freiburg i.Br./Basel/Wien 1998, S. 229.

160 *Erasmus*, Adagia (wie Anm. 136), III 2, 36, S. 551f.

161 *Erasmus*, Colloquia (wie Anm. 142), S. 145-181.

162 Ebd., S. 169.

163 *Katrin Graf*, »Ut quam quuisque vult esse, ita est«. Die Gelehrtenehe als Frauenerziehung. Drei Eheschriften des Erasmus von Rotterdam (1518-1526), in: Rüdiger Schnell (Hrsg.), Geschlechterbeziehungen und Textfunktionen. Studien zu Eheschriften der frühen Neuzeit. Tübingen 1998, S. 233-257, hier S. 246.

trolle bringen. Wie Eulalia ausführt, gelinge ihnen dies kraft ihres Venusgürtels, »den jede Frau besitzt, um Männer zu zähmen« und in den »alles, was es an Liebesmitteln gibt, hineingewoben« ist.[164]

Im christlichen Verständnis galt der Gürtel als Zeichen der Keuschheit, nämlich der Trennung von Ober- und Unterkörper, d.h. der Beherrschung der Triebe durch die Ratio.[165] Erasmus aber hat, den antiken Mythos aufgreifend, den von Vulkan, dem Gott des Feuers und Schöpfer der Sprache und Konversation[166], geschaffenen Venusgürtel als Symbol der zivilisierenden Macht der Liebe eingesetzt. Ganz in diesem Sinne hat auch Friedrich Schiller in seiner 1793 erschienenen Schrift »Ueber Anmuth und Würde« über den Gürtelmythos geschrieben: »[...] es ist der ausdrückliche Sinn des griechischen Mythus, daß die Trägerin des Gürtels wirklich liebenswürdig sey, nicht bloß so scheine.«[167]

Es erscheint offensichtlich, daß der prächtige Gürtel der Basler »Venus« die Qualitäten, die sie augenscheinlich auszeichnen, ihre erotische Ausstrahlung, die Freundlichkeit, mit der sie sich dem Betrachter zuwendet, und ihre mütterliche Fürsorge, symbolisch unterstreicht. Die »Laïs« hingegen besitzt diesen Gürtel nicht, sondern nur ihre kalte körperliche Schönheit, die sich selber selig bleibt und die sie zur Ware gemacht hat. Die Schönheit der »käuflichen Liebe« erscheint als nichtssagender äußerer Schein neben dem Bild der »Venus«, der ›wahren‹, beseelten, von menschlicher Güte getragenen Liebe.

Die Qualitäten, die die wahrscheinlich um 1527 entstandene »Venus« von der »Laïs« unterscheiden, charakterisieren auch Holbeins Darstellung seiner Frau in dem Bildnis mit den beiden älteren Kindern, das er wahrscheinlich 1528, nach der Rückkehr aus England schuf. In diesem auf Papier gemalten Porträt, das später ausgeschnitten und auf Holz gezogen wurde, hat der Maler seine Frau in einem einfachen Hauskleid – ohne Halshemd oder Goller – tief dekolletiert dargestellt. In dieser intimen Darstellung, die Berüh-

164 *Erasmus*, Colloquia (wie Anm. 142), S. 172 (Eulalia sagt dies zu Xanthippe).

165 Art. »Gürtel«, in: Gerd Heinz-Mohr, Lexikon der Symbole. München 1998, 130.

166 Boccaccio belegt dies in seinem mythologischen Nachschlagewerk »De Genealogia deorum gentilium« mit einer Stelle in Vitruvs »De architectura«, wo berichtet wird, wie die ersten Menschen ohne Sprache und soziale Kontakte in den Höhlen gehaust haben. Erst als ein Blitz einschlug und ein Feuer entfachte, seien alle an diesem zusammengekommen und hätten begonnen, sich zu unterhalten; siehe *Graf*, Gelehrtenehe (wie Anm. 163), S. 246 Anm. 56.

167 *Friedrich Schiller*, Ueber Anmuth und Würde. Erstdruck in der »Neuen Thalia« 1793, 3. Bd., S. 115-230, Z. 118.

rungen mit der Marien- und der caritas-Ikonographie aufweist, ist sie nicht nur als Mutter, sondern auch als die Liebste ihres Mannes, als seine Venus[168], charakterisiert. Es scheint somit, daß Holbein sich bei diesem Gemälde, das demnach ebenfalls das erasmische epikureische Verständnis der Ehe visualisiert, von der »Venus« inspirieren ließ, die sein Mitarbeiter als Pendant der »Laïs« geschaffen hatte. Und so ist es nicht erstaunlich, daß im späten 17. Jahrhundert ein Schweizer Maler, wahrscheinlich Wilhelm Stettler, die Darstellungen des Familienporträts und der »Laïs« in einem Gemälde vereinte (Wien, Graphische Sammlung der Albertina): »Mutterliebe wurde der käuflichen Liebe gegenübergestellt – eine perfekte Antithese, wie sie zu einer moralischen Oratio paßte.«[169]

Resümee

Anschließend an die Erörterung der antiken Quellen zur Laïs von Korinth und zum Hetärenwesen haben wir deren neuzeitliche Rezeption und die Wiedergeburt solcher kultivierter Formen der Prostitution in den cortigiane des 16. Jahrhunderts erörtert. Diese war die kulturelle Voraussetzung für die Entstehung der neuen Gattung des Kurtisanenbildes in Italien. An zahlreichen Beispielen und mit Blick auf verschiedene ikonographische Elemente konnte gezeigt werden, daß Holbein sich in der »Laïs« an solchen Werken vor allem oberitalienischer Provenienz orientiert hat. Damit setzte er sich von der heimischen Tradition der Darstellung käuflicher Liebe ab. Die »Laïs«, die lange als Porträt einer Basler Bürgerin von zweifelhaftem Ruf gedeutet wurde, ist ein vor allem von leonardesken Beispielen angeregtes Idealbild weiblicher Schönheit. Das Gemälde, mit dem Holbein zudem den Anspruch bekundete, der »neue Apelles« zu sein, bezeugt nicht nur in stilistischer und ikonographischer, sondern auch in kunsttheoretischer Hinsicht eine intensive Auseinandersetzung mit Leonardo. Tatsächlich hat Holbein bei der Darstellung der Hetäre dessen Empfehlungen beherzigt, wie man einer Figur Lebendigkeit und Anmut verleihen könne. Darüber hinaus konnte gezeigt werden, daß er den Kriterien, unter denen Leonardo einen Vorrang der Malerei vor der Dichtung und eine Aufwertung des Porträts propagiert hatte, folgte und ihnen zugleich widersprach: Denn offensicht-

168 Zu diesem Verständnis der Ehefrau als »Eheliebster«, als der Venus ihres Ehemannes, siehe auch *Heide Wunder/Christina Vanja* (Hrsg.), Wandel der Geschlechterbeziehungen zu Beginn der Neuzeit. Frankfurt a.M. 1991, S. 23.

169 *Bätschmann/Griener*, Holbein (wie Anm. 97), S. 204.

lich negierte Holbein im Bild der »Laïs« die klassische Annahme einer Identität von Schönheit und Tugend, die für Leonardo grundlegend war, indem er eine deutliche Diskrepanz von äußerer Schönheit und innerer Häßlichkeit inszenierte. Erasmus' Adagium »Sileni Alkibiades« sowie Holbeins Porträt des Bonifazius Amerbach bezeugen, daß diese Thematik, die kunsttheoretische Kardinalfrage nach der Signifikanz der Physiognomie, seinerzeit die Basler Humanisten eingehend beschäftigte.

Von der in Italien durchgesetzten Bildwürdigkeit der Kurtisane und entsprechenden Bildformen ausgehend, formulierte Holbein so zugleich eine moralische Kritik an seinem Sujet. Dabei folgte er, wie gezeigt werden konnte, der Kritik an den Zuständen in Rom und der neuen Ehe-Ethik, die Erasmus in Schriften wie den »Colloquia familiaria«, insbesondere dem »Conjugium«, formuliert hat. Erasmus' Ideal einer umfassenden Partnerschaft, in der die Frau Gefährtin, Freundin und Geliebte ihres Mannes, seine Venus, ist, stellt den thematischen Leitfaden dar, der die von einem Werkstattmitglied um 1527 geschaffene »Venus« und das wahrscheinlich 1528, nach der Rückkehr aus England von Holbein gemalte Bildnis seiner Frau mit den beiden älteren Kindern mit der »Laïs« verbindet. Als Beispiel der Antikenrezeption Holbeins und seiner Auseinandersetzung mit der Bildkultur Italiens, die er wahrscheinlich aus eigener Anschauung kannte, nämlich während einer Reise nach Oberitalien studiert hatte, sowie als erstes Kurtisanenbild nördlich der Alpen ist die »Laïs« eines der komplexesten und kunsttheoretisch anspruchsvollsten Werke des Basler Malers. Dieses zeigt, daß er durchaus den Titel eines »pictor doctus« verdiente.

Bemerkenswert ist, daß dieses – von der »Venus« abgesehen – keine Nachahmung gefunden hat. Weitere Beispiele zeigen, daß man hier weiterhin den etablierten Darstellungskonventionen folgte. Im Brustbild einer sogenannten »Hübschlerin«, also einer Dirne, von Daniel Hopfer findet sich der Liebesknoten wieder, ein Symbol der Weibermacht. Als »deutsche Schwester der italienischen Kurtisane«, wie M. Ingenhoff-Danhäuser sie bezeichnet, kann sie wohl kaum angesehen werden, denn mit den italienischen Darstellungen hat sie nichts außer dem Halbfiguren-Format gemein. Wesentlich enger orientierte sich Bartholomäus Bruyn in seinem um 1535 entstandenen Halbfigurenporträt an italienischen Vorbildern. Die als Halbakt Dargestellte nimmt eine Sitzhaltung ein, die auf Leonardos »Monna Vanna« oder »Mona Lisa« zurückgeht und Bruyn wahrscheinlich durch ein Werk Joos van Cleves vermittelt wurde. Aufgrund des auf der Brüstung liegenden Waldstiefmütterchens nimmt man an, daß es sich hierbei um ein Porträt Katharina Jabachs, der Mätresse des späteren Kurfürsten und Erzbischofs von Köln, Johann Gebhard von Mansfeld, handelt, deren Familienwappen eine solche Pflanze aufweist.[170] Jedoch findet man in zahlreichen Kurtisanenbildern aus oberitalienischen Gebieten das Veilchen, das dort auf den tatsächlichen Namen der Dargestellten oder auf die in Boccaccios »donne illustri« erwähnten schönen Violantina anspielen soll.[171] Bruyn orientiert sich also ca. zehn Jahre nach Holbeins »Laïs« ebenso an einer auf Leonardo zurückgehenden Bilderfindung, jedoch ohne den Anspruch, sich kritisch mit dieser auseinanderzusetzen.

Als moralisierende Variation einer italienischen Bildform blieb die »Laïs von Korinth« also eine Ausnahme, die die Verbreitung und zugleich die Kritik der Renaissancekultur nördlich der Alpen bezeugt.

Abbildungsnachweis:
1-4: Archiv der Autorin

170 *Hildegard Westhoff-Krummacher*, Barthel Bruyn der Ältere als Bildnismaler. (Kunstwissenschaftliche Studien, Bd. 35.) München/Berlin 1965, S. 26f. und 44f.; siehe auch den Beitrag von Nina Trauth im vorliegenden Band.

171 *Rylands*, Palma (wie Anm. 71), S. 92 Anm. 17.

Summaries

translated by Timothy S. Pursell

GABRIELE BAUMBACH

Beginning in the 1530s, the Cranach workshops produced numerous paintings with the theme of »Hercules and Omphale«. The mythological couple had been especially popular since Roman times, because Hercules – according to numerous versions of the myth (e.g. Ovid, Heroides) – had traded clothing and attributes (including spinning) with the Lydian Queen Omphale during his enslavement to her. The previously mighty hero allowed himself to be subjugated by a seductive woman – according to modern interpretation – and like countless other slaves of love, he is turned into a warning against the dangers of carnal love. Cranach portrays Hercules as a contemporary among the ladies in waiting to the Lydian Queen who set a bonnet on his head and who teach him to spin. The essay directs the eye to details of the portrayal such as clothing and gestures. Cranach's humorously lascivious interpretation is always paired with an edifying Latin quatrain and is less influenced by the Humanists than by the familiar allegorists (Fulgentius, Boccaccio) and contemporary German Renaissance literature (farces, Shrovetide plays, e.g. by Hans Sachs and Jörg Wickram). It seems that Cranach was the first artist north of the Alps to paint this theme in a courtly context of wedding and concubinage for ecclesiastical and temporal princes such as Cardinal Albrecht of Brandenburg as well as for Duke Johann the Steady or for Johann Friedrich the Magnanimous.

HEINER BORGGREFE

In the 1540s, after completing the so-called »Venus of Urbino«, Titian painted a number of reclining nudes with musicians. In the past these erotic pictures were examined primarily as pieces of technical art or, earlier, they even tended to be subjected to over-interpretation in order to extract philosophical meanings. It was generally overlooked that they often served diplomatic purposes. In 1543 in Rome, Titian portrayed the mistress of Cardinal Alessandro Farnese as a resting Danae, and shortly thereafter he created a reclining Venus with Cupid for Emperor Charles V. The essay focuses on how these subjects originated from Habsburg diplomacy. Titian's paintings for leading members of the Habsburg imperial court are discussed in terms of their iconography as well as how they convey lost likenesses of mistresses of members of the Habsburg court.

PAUL-JOACHIM HEINIG

Around the year 1500 concubinage was legally banned in ecclesiastical regions (celibacy) and was morally discredited in secular states because of the sacramental character of marriage. Nonetheless, concubinal alliances were commonplace throughout society as a result of and as compensation for necessities of rank and position, forms of conduct and family strategies. Those involved were generally evasive in public about their activity, and ecclesiastical dispensations generally smoothed over discrepancies between norms and realities. It is impossible to determine the actual extent or possible increase in concubinage either among the temporal or the ecclesiastical princes of the empire (the latter not necessarily all coming from the high nobility or princely houses). It is clear that within these (among others) the venerated but mixed temporal-ecclesiastical structure of the office of bishop as well the regulations of the choice of partner (for temporal princes) did play a role in the prevalence of concubines. Detailed analysis of the ecclesiastical and temporal princes of Central and Northeastern Germany confirms the thesis about the existence of a South-North or West-East gradient in the entire Empire north of the Alps, particularly as based on episcopacies in the period from 1450 to 1500 to which the widespread dependency of the temporal princes upon ecclesiastical regulations may have contributed. Some of those highborn temporal imperial princes were politically embarrassed less by clerical concubinage than by the criminalization and sanctioning of the custom as taught by the Reformation. This contributed just as little to the confessionalization process as it did in such cases of familial emergencies as exemplified by the Margraves of Brandenburg, because the causes of concubinal continued. Once it relieved itself of its medieval restrictions, the high nobility of the early modern era simply created new instruments in the matter of concubines and a whole range of juridical possibilities in order to enjoy their desire for extra-marital relationships within the confines of their age-old value systems, group interests, survival strategies and patterns of behavior.

HANNS HUBACH

From time immemorial the bishops of Worms owned a princely court in Ladenburg dating back to Carolingian origins. For the most part used as a summer residence, the complex also was frequently used as a retreat for the bishops and the church administration, namely every time when (as frequently occurred) they were more or less forced into exile owing to quarrels with the town council of Worms. Around 1470 Bishop Reinhard von Sickingen (reigned 1446-82) ordered extensive alterations to the complex. These affected not only the Church of St. Sebastian (which served as the palace chapel) but also the »royal hall« where the first floor was completely transformed into an elaborate festival ballroom. The walls were painted with a cycle on the theme of »womanly cunning«, which over the course of the centuries were then painted over and forgotten. When the building was torn down in 1868 a few portions of the scenes were rediscovered, including scenes of »Aristotle and Phyllis«, »Samson and Delilah«, and »Judith and Holofernes (?)«, and possibly also the episode concerning the »Wives of Weinsberg«. Since it was impossible to save the paintings themselves, the Mannheim Society for Antiquities (*Altertumsverein*) ordered full-scale tracings to be made which unfortunately burned during the Second World War. Fortunately photographs of the tracings survived and make it possible to imagine the arrangement of the images at least partially. Their significance as a constant warning to men about the cunningness of women is discussed on the one hand with respect to the off-color tastes of the bishop who commissioned them, and on the other hand as a typical product resulting from the cultural context of the times as dominated by the electoral court in Heidelberg.

ALEXANDER JENDORFF

More than in the case of any other prince of his day, historiographic judgments concerning Albrecht of Brandenburg go back and forth between admiration and disgust. This essay delves into the intellectual arguments in the literature on Albrecht in order to point out the argumentative structures and categories that underpin these discussions. To do this, three soundings are taken from the reception history concerning Albrecht and from his life: (1) the role played by religion and ecclesiastical history, (2) the role played by national and dynastic history and (3) the role played by regional history. These soundings make it possible to show that the accusation of concubinage was often part of an argumentative posture. Judgments concerning Albrecht do not straightforwardly follow confessional lines. In the nineteenth century, Catholics as well as Protestants were united in their condemnation of the Hohenzollern. They distinguished themselves with respect to the criterion for their judgments: Catholic historians blamed him for bringing discredit upon the papal church. Protestants blamed him for failing to recognize the inherent progressiveness and the national implications of Luther's work. It is thus all the more surprising to see how greatly the opinions concerning Albrecht were divided within each camp. Although early nineteenth century Catholicism (heavily influenced by the Enlightenment) prized Albrecht's life and court because of his Humanism, the Catholicism of the late nineteenth century, characterized by ultramontanism and under attack from Bismarck's *Kulturkampf*, criticized him precisely because the Elector was supposed to have encouraged secularization. Only in the twentieth century, in connection with the establishment of the new model of Catholic reform, was Albrecht once again positively evaluated. This came in combination with the growing strength of the ecumenical movement that also served to moderate the Protestant judgments.

HEINER LÜCK

The desire for female company is as a rule genetically determined with regard to the male variety of *Homo sapiens*. Since they have a normal male constitution, this is no less true of male clerics. Vows and legal restrictions have been and are only partially successful in containing such natural drives. Since its establishment in Late Antiquity, the clergy has been beset by conflict between rules on the one side and the desires of the flesh and spirit on the other side. In general, this configuration affects members of the clergy without regard to rank and position within the church hierarchy. Nevertheless, in practice as well as in ideal, canon law did make distinctions based on the level of office. Cases of cohabitation with the opposite sex on the part of holders of high office that were openly known (or also those that were merely suspected or sufficiently proven) were clear and evident opportunities for publicity. Preventive measures were intended to place at least physical distance between high ecclesiastical officeholders and women, whether the women provided certain services to the cleric or had no particular relationship to him. Clergymen's affairs with their mistresses are best understood through consideration of the legal categorizations of celibacy and clerical-concubinage. It is certainly true that concubinage was tolerated within the secular world as a form of cohabitation of the sexes, although it took second place far behind the normal form of marriage, not unlike unmarried cohabitation today. The relevant question for the law was to what degree such a construction could be tolerated for the Church and its members as well. Despite all of the ongoing efforts, clerical concubinage had to be more or less tolerated within the official church. The burgeoning growth of love affairs and living conditions of more and more clergy as the 15th century passed into the 16th century provided an additional point of attack for the Reformers as part of their general assault on the foundations of the old Church. In no way was the problem solved by the Protestant introduction of the right of pastors to marry because quite a few pastors chose to live with women either in an unmarried condition or in an unmistakable mélange of married and unmarried status.

VERA MAMEROW

In Holbein's portrayal of Laïs of Corinth from 1526, a legendary Antique hetaira, Italian influences come to the foreground as in none of his other work. At the very latest, the Basel-based painter could have received such impressions during his stay at the court of Francis I, but it is more likely that he received them during an earlier journey into Northern Italy. The older scholarship traditionally described the painting as the portrait of a lady of Basel of questionable virtue. In fact the face seems to be something other than a portrait. The lines of the face more clearly conform to those of an ideal female type originating in the work of Leonardo da Vinci. Holbein's *œuvre* intensively engages Leonardo's theories about the art of painting and the genre of paintings of courtesans that developed in Italy around the year 1500 which emphasized the beauty embodied in the ideal of the »honest courtesan« or »*cortigiane honeste*«. Holbein adopted this pictorial type, which did not yet exist in Northern Europe. In so doing he produced a striking opposition of beautiful exterior and the ugly behavior of Laïs, who, although a pile of coins is already lying in front of her, through a shameless gesture, demands even more from her customer, a role into which the painting places the viewer. In so doing he casts doubt on the otherwise obvious natural Renaissance assumption that external beauty and inner virtue were identical, an assumption which Erasmus of Rotterdam had already called into question. At the same time this criticized the Roman system of hetairas and propagated a new ethical ideal of marriage. As a moralizing variation on an Italian pictorial tradition, the »Laïs of Corinth« remained an exception that bears witness to the spread of Renaissance culture north of the Alps as well as criticism of the same.

KERSTIN MERKEL

Were one to believe the stories, then Cardinal Albrecht of Brandenburg was involved with a great many courtesans. The most famous is Ursula Rehdinger, around whom many legends developed over the course of the 19th century that do not stand up to careful examination of her as an historical figure. It is likely that Albrecht's first female companion Leys Schütz von Holzhausen is hidden behind the paintings by Cranach and Simon Franck. After her death and until his own death Albrecht was linked with Agnes Pless, a wealthy woman from Frankfurt. Monogamy seems to characterize Cardinal Albrecht better, especially when he also included his female companions, the daughter, the grandson, and even the »mother-in-law« among those intimates whom he cared for. His reputation results primarily from Luther's commentaries and gossip. Even when such brief affairs are plausible, such as those with an Italian singer in Halle or with Else Kotz, a woman from Magdeburg, nonetheless the greater part of the tale that have been spun around his life must be consigned to the realm of fantasy alone. Even so, it was not only Protestant pens that ascribed so many women to Albrecht but also Catholic ones – nonetheless in such instances tending to do so with a amused grin rather than with an accusatory finger.

MARKUS LEO MOCK

From 1506 to 1510 Archbishop Ernst of Magdeburg ordered Hans Baldung Grien to create two altarpieces for the decoration of the Mary Magdalene Chapel of the Moritzburg in Halle. The patron introduced a portrait into the events in both panels. The panels were executed not only under the influence of the Black Death but also with regard to another epidemic raging at the time. The symptoms of plague resembled those of syphilis which had first appeared in Italy in 1495 and which within a few years had spread throughout Europe. This prince of the church in Magdeburg had himself been infected with the disease in 1503. In 1505 he believed that he had been healed from it. Through the recommendation of Sebastian, Ernst seems to have hoped not only to be spared from the plague but also from a »renewed« outbreak of syphilis. The remaining saints included in the panels can also be interpreted in this way – Stephen, Christopher, Dorothea and Apollonia – since they could all be related to syphilis and its consequences. Infection with »the disease of lust« itself proves conclusively that Archbishop Ernst engaged in sexual relations. Under the threat of dire penalties, he forbade the clergy of his diocese from living in »open concubinage«. Thus it is difficult to find proof of any »official« concubines on the part of Ernst (as in the case of his successor, Albrecht of Brandenburg); the Lord of the Land seems to have attempted to set a good example for his subjects. At the time it was not uncommon for princely rulers to marry their lovers to their courtiers. It is possible that Archbishop Ernst did something similar, because in 1505 his will bequeathed sums of money to two personages, namely the two daughters of Ilse and Siegmund of Brandenstein, the *Hauptmann* of the archbishop's residence in Halle. In case of marriage each was to receive the sum of 500 guilders as a dowry, while a son born thereafter was not considered in the will. In 1508 Archbishop Ernst arranged an elaborate wedding for one of the girls in the Moritzburg, to which he invited numerous princes and counts. The unusual concern about the well-being and fortunes of these two women allows plenty of room for speculation that the case concerns the Archbishop's own illegitimate daughters which his own concubine Ilse had borne him although she had been married off to his *Hauptmann.*

IRIS RITSCHEL

Proof of the existence of Master H.W. comes from the first quarter of the 16th century in the form of several works from Upper Saxony that were either signed by him or which can be convincingly attributed to him. After leaving either Lower Saxony or the northern foothills of the Harz Mountains, his commissions brought him to Halle where his activities for the town council can be proven through signed documents and with works he left behind him there. His frequently quite eccentric forms of pictorial expression and his knowledge of concubinage at the Ernestine princely court after 1500 make it tempting to think that he could have depicted a mistress in a religious context. The possible depiction of mistresses is described following an introduction to his work based on several major pieces with reference to the difficulties of interpreting them and through examining the iconographic traditions and their likely sacred context. Moreover analogous conjectures concerning works of Saxon art from the first quarter of the 16th century are examined with regard to their compatibility with historical facts and enriched with a newly discovered item. The essay concludes with remarks concerning historical reality in which a freely chosen relationship could not have been accepted.

BRIGITTE STUPLICH

In 1534 Hans Sachs wrote and published a collection of aphorisms entitled »Die vier treflich menner sampt ander vilen, so durch frawen-lieb betrogen sind und noch betrogen werden« (the four excellent men as well as many others who were deceived and who will continue to be deceived by the love of women). Scholars consider it to be as early proof for the literary broadening of the theme of »womanly power«. Linguistic misunderstanding and a focus on the first four titles mentioned in the title have obstructed an examination of the text. In it, Sachs introduces an additional array of thoroughly ambivalent examples. Men appear as willing victims, as seducers, as adulterers, and as sexual offenders but also as the masculine portion of a love affair that ends in tragedy. They all have one thing in common: their love of women comes along as »burning rut« (*flammende prunst*). Their uncontrollable feelings and drives turn them into fools and bring ruin and disaster upon them. Sachs provides didactic interpretation of his aphorisms and directs them at his audience in order to warn them of the consequences of such »disorderly love« (*unordentlich lieb*). In the accompanying verses he advises readers (fully in the sense of Luther) to save love for marriage and only to live for love within the bonds of marriage. The theme of »disorderly love« is a central motive threading its way through Hans Sachs's writing. This thread should be grasped, even though other examples used by Sachs have already been researched.

ANDREAS TACKE

In the Cranach painting »Albrecht of Brandenburg as St Erasmus with St Ursula« (in Berlin), St Ursula is wearing a neckband that is quite unusual for the figure of a saint. Why? Because on in one may read the letters »O M • V I • A« which may be decoded to mean »OMNIA VINCIT AMOR« or »love (*amor*) conquers all«. This phrase has its origins in a well-known quotation from Virgil. The painting reminds the viewer of the second part of the quotation that continues »and we should want to give love room«. The addressee of this request is Cardinal Albrecht of Brandenburg who as the commissioner of this intimate little painting (measuring a mere 28 x 10 cm) is making a declaration of love to his mistress: »omnia vincit Amor et nos cedamus Amori«. Albrecht dressed up the portrait of his concubine in the role of St Ursula and had himself portrayed on the left side as St Erasmus. We remain in the dark about the historical identity of »Ursula«. The sources only mention Agnes Pless, who, as far as we know, was the successor to »St Ursula«.

NINA TRAUTH

Scholarly approaches to the »mistress question« from various disciplines are examined as they pertain to a single example from the 16th century. Three main themes organize the essay: (1) the surviving images of mistresses, (2) typological characterization of the objects being research, (3) and the nature of the language used in the discussion. The body of work available for a discussion of the Early Modern phenomenon of mistresses is limited and problematic. Thus it is useful to construct criteria for recognizing the depiction of a mistress. Along with the corps of paintings the way the discourse surrounding the objects being researched, i.e. how they are named, must also be discussed. It was previously not considered that an object to be researched was transformed according to how it was named. The various appellations of courtesans, mistress, or concubine have different national contexts and are accompanied by widely divergent research questions. Concubinage seems to be, at first glance, advantageous for the object. Concubinage describes a heterosexual (or same-sex) extramarital relationship. In so doing, it draws attention away from the figure of the woman that is otherwise the focus of discussion when thinking about mistresses and courtesans. In so doing, it becomes possible to speculate as to whether or not this shift provides incentives for new lines of research. Doing so, not only opens up the field of female depictions as part of pictorial culture (to which the gaze has primarily been directed) but potentially also making it possible to discover »masculine« depictions. The conclusion introduces approaches by which the category »gender« plays a role. The overall goal is to bring together historical, art historical, and gender research by focusing on a single example in order to suggest future, constructive methodological approaches for research into the history of mistresses.

JOHANNES TRIPPS

In 1484-85 as the result of ingenious and secret diplomacy the Bern Town Council gained acceptance from the Curia in Rome for a canon chapter at the parish church of St Vincent, now known as the Bern Cathedral (*Münster*). Because the council hat the right of co-approval of appointments to the positions of canon, the canons tended to come from the most powerful Bernese families. The canons presented themselves in a correspondingly splendid and self-conscious manner. Many were major art patrons, and they frequently lived in concubinage. Concubines and children were well cared for in their wills. On the evening of the Reformation the chapter became an intellectual form for many key ideas of the Reformation. The younger canons in particular were no longer ready to engage in »a moral balancing act«. In favor of a legal marriage they preferred to abandon the chapter and renounce all church beneficence. The marital wave which seized the chapter from 1523 to 1526 seems to have brought the life of the chapter to a standstill since whole stretches of log entries for the chapter are missing in what otherwise comprises a more or less complete archival collection. In the course of the Reformation the Bern Town Council dissolved the chapter in 1528 without further ado even though 40 years earlier it had expended considerable energy to establish it in the first place.

ELLEN WIDDER

The Early Modern court has been a major object of interest for art history, music history, and literary studies. In such cases, mistresses have been interesting subjects because of their frequent role as patrons of the arts, as subjects for various artistic products and not least because of the importance they achieved because of their ability to influence the will of the ruling prince. However the picture changes when he turn to historical scholarship examining the same era. For most of the twentieth century, historians interested in the late medieval and early modern court only examined it as a place where state institutions were being formed. A paradigm shift began to appear only in the last two decades as the court has begun to be viewed as a social system. As a result, courts have been increasingly examined through the lens of social history. Along with learned councilors, chancery personnel, moneylenders from high finance, the »ladies« as well as the ruler and his dynasty have all been subjected to social historical analysis. Recently the presence of concubines and illegitimate children at court has become a focus of interest. But in the case of these last groups the historiographical gaze includes an array of problems. These are the subject of the present essay. These problems both touch upon and limit the field of »perception« of concubines and illegitimate children at court as »objects worthy of research«, the source base, methodological approaches, research traditions, and the explanatory potential. The research concentrates primarily on late medieval Germany.

Résumés

traduits par Jacqueline Rainaud

GABRIELE BAUMBACH

A partir des années 1530, de nombreux tableaux sur »Hercule et Omphale« furent réalisés dans l'atelier de Cranach. Depuis l'antiquité romaine le couple mythologique attirait tout particulièrement l'attention car – selon de nombreuses versions du mythe (par exemple Ovide, les Héroïdes) – Hercule, dans la période de son esclavage auprès d'Omphale, reine de Lydie, échangeait des vêtements et des attributs avec elle et filait le coton. Comme le montre l'interprétation moderne, le héros si puissant de l'époque se laisse asservir par une femme séduisante et devient comme de nombreux autres esclaves courtois l'exemple prémonitoire des dangers de l'amour charnel. Cranach montre Hercule comme contemporain des dames de cour de la reine de Lydie qui lui mettent une coiffe et lui donnent des instructions pour filer la laine. L'exposé attire l'attention sur les détails de description: vêtements et gestes. L'interprétation humoristique et lascive de Cranach est toujours accompagnée d'un quatrain latin moralisateur et est davantage influencée par l'allégorèse mythique bien connue (Fulgence, Boccace) et la littérature de l'époque de la Renaissance (par exemple farces, jeux de carnaval d'Hans Sachs et Jörg Wickram) que par les humanistes. Cranach est supposé être le premier artiste au nord des Alpes à peindre ce sujet dans le contexte du mariage et du concubinage pour les princes cléricaux et séculiers de la cour comme le cardinal Albrecht de Brandebourg, le Duc Jean Le Constant et Jean-Frédéric Le Magnanime.

HEINER BORGGREFE

Après la »Vénus d'Urbino« Le Titien peignit dans les années 1540 de nombreux nus couchés accompagnés de musiciens. Autrefois ces images érotiques furent mises en rapport avec l'art la plupart du temps et firent même l'objet d'une surinterprétation philosophique. On ignorait qu'elles servaient souvent à des fins diplomatiques. En 1543 Le Titien peignit à Rome la maîtresse du cardinal Alessandro Farnese comme Danae au repos, aussitôt après il créa une Vénus au repos avec Amor pour l'Empereur Charles V. L'article se concentre sur l'historique de ce sujet dans le contexte de la diplomatie habsbourgeoise. Outre l'iconographie, on traite ici des effigies perdues des maîtresses que Le Titien peignit pour les membres de la cour impériale habsbourgeoise.

PAUL-JOACHIM HEINIG

Bien que le concubinage était interdit pour le clergé (célibat) et discrédité pour les séculiers à cause du caractère sacramental du mariage, il était très répandu dans toute la société vers 1500 par suite et en compensation des conditions d'existence, des couches sociales, des formes de comportement et des stratégies de famille. Ce faisant, la dissimulation affichée des protagonistes ainsi que les dispenses accordées par l'Eglise pour réconcilier la norme et la réalité contribuèrent à accroître ce phénomène. Même pour les princes de l'Empire séculiers et certains princes cléricaux dont un petit nombre seulement était de haute noblesse (pour lesquels entre autre la structure de la tradition séculière et ecclésiastique de la fonction de l'Evêque ainsi que les règlements sur le choix de partenaire étaient la cause de ce phénomène), on ne peut pas vraiment définir avec exactitude l'ampleur véritable ni une éventuelle croissance de cette tendance. Une analyse détaillée sur les princes cléricaux et séculiers de l'Allemagne Centrale et de l'Allemagne du Nord-est confirme la thèse d'une déclivité sud-nord et ouest-est dans l'ensemble de l'Empire au nord des Alpes de 1450 à 1550 tout au plus pour l'Episcopat. Sa dépendance du régiment clérical du prince souverain peut y avoir joué un rôle. Dans le cadre de la criminalisation et des sanctions de cette coutume par l'idéologie réformiste, certains souverains séculiers de haute noblesse firent officiellement l'objet d'un scandale davantage en raison de leurs intentions politiques que par leur concubinage. Ceci influença peu la confessionnalisation et ne modifia pas le comportement de crise au sein de la famille comme le montre l'exemple du Margrave de Brandebourg puisque les motifs du concubinage persistèrent. Après s'être d'abord démise de ses attaches moyenâgeuses, la haute noblesse des temps modernes précoces donna socialement et politiquement davantage le ton qu'auparavant et créa pour le domaine des maîtresses toute une gamme de nouveaux instruments et de possibilités juridiques. Ceux-ci lui permirent de répondre aux besoins d'entretenir des relations extraconjugales en conservant ses propres valeurs ainsi que l'ensemble de ses intérêts, ses stratégies existentielles et ses types de comportement.

HANNS HUBACH

A Ladenbourg les Evêques de Worms ont toujours eu une cour princière remontant à des origines carolingiennes. Le site servait la plupart du temps de résidence d'été mais souvent aussi de lieu de retraite pour les Evêques et l'administration cléricale chaque fois que ceux-ci – ce qui arrivait fréquemment – étaient obligés de partir quasiment en exil parce qu'ils avaient des dissensions avec le Conseil de Worms.

En 1470 l'Evêque Reinhard de Sickingen (gouvernant de 1446 à 82) fit exécuter d'importantes transformations aussi bien dans l'Eglise St. Sébastien servant de chapelle du palais que dans la »salle royale« dont le premier étage fut complètement transformé en salle de réception. Les murs furent recouverts de peintures représentant le cycle des »ruses des femmes« qui furent effacées au cours des siècles et tombèrent dans l'oubli. Lors de la démolition du bâtiment en 1868 une partie des scènes de »Aristotèles et Phyllis«, »Samson et Dalila« et »Judith et Holofernes« refit surface, peut-être aussi les épisodes des »Femmes de Weinsberg«. Comme il n'était pas possible de sauver les peintures, le Cercle de l'Antiquité de Mannheim fit exécuter des décalques de grandeur d'origine qui cependant furent brûlées lors de la seconde guerre mondiale.

Par un heureux hasard des photos de ces décalques furent récupérées et permirent de présenter tout du moins en partie la séquence des images. On aborde ici leur importance comme mise en garde permanente des hommes contre les ruses des femmes, en considérant pour ce qui est du donneur d'ordre épiscopal d'une part le côté piquant et d'autre part le produit typique du milieu culturel de cette époque marquée surtout par la cour du Prince Electeur d'Heidelberg.

ALEXANDER JENDORFF

Les jugements historiographiques sur Albrecht de Brandebourg oscillèrent entre admiration et mépris, ce qui n'est le cas pour aucun des autres Princes de son époque. L'article jette un regard sur l'arrière-plan argumentatif et intellectuel de l'historiographie d'Albrecht afin de montrer les structures et les catégories profondes du jugement. Pour ce faire on utilise trois moyens d'investigation en sondant l'histoire de réception et la vie d'Albrecht pour mesurer l'étendue de: (1.) l'histoire des religions et de l'Eglise, (2.) l'histoire nationale et des dynasties et (3.) l'histoire du pays. Ainsi on peut montrer que le reproche du concubinage n'a toujours été qu'un additif argumentatif. De surcroît, le jugement sur Albrecht s'effectua en dépit des limites confessionnelles. Aussi bien du côté catholique que protestant on était d'accord dans la seconde moitié du 19ème siècle sur la damnation des Hohenzollern. Les critères de jugement n'étaient pas les mêmes: les historiens catholiques en voulaient à Albrecht d'avoir discrédité l'Eglise papale. Du côté protestant on lui reprochait de ne voir ni le progrès ni les implications nationales de l'œuvre de Luther. Il semble d'autant plus étonnant de constater la divergence d'opinion sur Albrecht au sein des deux camps. Tandis que le catholicisme influencé par le siècle des Lumières dans la première moitié du 19ème siècle estimait la cour d'Albrecht et sa vie à cause de son humanisme, le catholicisme en proie à la guerre culturelle ultra-montaniste le critiquait, en particulier parce que le Prince Electeur avait par là-même encouragé le sécularisme. Ce n'est qu'au 20ème siècle – dans le cadre de l'établissement du paradigme d'une réforme catholique – que le jugement porté sur Albrecht devint plus favorable. C'était au moment de l'instauration de l'œcuménie ce qui atténua aussi le jugement protestant.

HEINER LÜCK

Le désir de se rapprocher des femmes est pour l'homo sapiens masculin en règle générale donné par les gènes. Vu la constitution humaine, cette tendance n'exclut pas les ecclésiastiques. Promesses solennelles et restrictions juridiques ne purent et ne peuvent que partiellement maîtriser les forces naturelles. Le conflit entre la loi d'une part et le désir physique et mental d'autre part accompagne le clergé depuis ses origines à la fin de l'antiquité jusqu'à nos jours. Par principe le grade de l'ecclésiastique dans la hiérarchie de l'Eglise n'est pas déterminant pour cette situation. Dans la façon de considérer les faits, le droit ecclésiastique fit malgré tout une différence selon l'importance de la fonction de la personne et visa et pratiqua aussi des règlements en conséquence. Certes les formes de vie commune des hauts fonctionnaires de l'Eglise avec des personnes de l'autre sexe étaient particulièrement évidentes et avaient un impact médiatique visible (ou bien elles étaient seulement supposées et propagées). En prenant des mesures préventives on voulait déjà réglementer la promiscuité des fonctionnaires cléricaux et des femmes qui occupaient ou non certaines fonctions en rapport avec les ecclésiastiques. Les rapports entre les ecclésiastiques et leurs maîtresses sont juridiquement classifiés dans la catégorie célibat et concubinage (des ecclésiastiques). Le concubinage était toutefois toléré dans le domaine séculier de la vie commune sexuelle, même s'il jouissait d'une considération moindre que la forme réglementée du mariage (comme la communauté non maritale aujourd'hui). Du point de vue juridique il était important de savoir dans quelle mesure un tel système était tolérable pour l'Eglise et ses membres. En dépit de tous les efforts contraires, le concubinage ecclésiastique de l'Eglise officielle dut en fait être finalement accepté. La situation des conditions de vie de nombreux ecclésiastiques au tournant du 15ème au 16ème siècle stimula les attaques des réformateurs contre les fondements de la vieille Eglise. Avec l'introduction du droit de mariage pour les ecclésiastiques de l'Eglise protestante le problème n'était pas du tout résolu, un certain nombre de prêtres préférèrent vivre en communauté non maritale avec des femmes ou dans des formes (mixtes) confuses se situant entre situation maritale et non maritale.

VERA MAMEROW

Comme ce n'est le cas pour aucune autre œuvre d'Holbein, on retrouve des impressions italiennes dans la représentation de 1526 de la Laïs de Corinthe, une hétaïre antique légendaire. Celles-ci étaient nées au plus tard lors du séjour du peintre bâlois à la cour de François Ier mais vraisemblablement dès lors d'un précédent voyage en Haute-Italie. La recherche antérieure interpréta le tableau comme étant le portrait d'une bourgeoise bâloise de réputation douteuse. Effectivement les traits de la personne sont loin d'être dignes d'un portrait, ils correspondent à un type idéal de femme qui remonte à Leonardo da Vinci. Dans son œuvre, Holbein s'est longuement penché sur la théorie de la peinture de Leonardo et le genre des tableaux de courtisanes né vers 1500 en Italie qui immortalisait la beauté des »cortigiane honeste«. Holbein a repris ce type de tableau non existant jusqu'ici dans le nord de l'Europe, et il a mis en scène un contraste éclatant entre la beauté extérieure (physique) et le comportement méprisable de la Laïs qui, bien qu'ayant devant elle un monceau de pièces de monnaie, fait un geste insolent pour exiger davantage d'argent de son client (l'observateur prend le rôle du client). Il mit ainsi en doute l'analogie (évidente pour l'art de la Renaissance) entre la beauté physique et la vertu intérieure qu'Erasme de Rotterdam remit aussi en question En critiquant en outre l'hétaïre romaine il propagea une nouvelle éthique du mariage. La »Laïs de Corinthe« resta en tant que variante moralisante de la forme de tableau italien une exception qui témoigne de la propagation et en même temps de la critique de la culture de la Renaissance au Nord des Alpes.

KERSTIN MERKEL

Si on en croit la littérature, les courtisanes du cardinal Albrecht de Brandebourg étaient très nombreuses. On souligne toujours tout particulièrement Ursula Rehdinger qui fit l'objet de nombreuses légendes au cours du 19ème siècle, mais cependant si on vérifie, elle n'a pas l'envergure d'un personnage historique. Vraisemblablement derrière les figures féminines des tableaux de Cranach ou Simon Franck se cache la compagne d'Albrecht, Leys Schütz de Holzhausen. Après la mort de celle-ci, il resta lié à la riche Francfortoise Agnès Pless jusqu'à la fin de ses jours. Le cardinal Albrecht très attaché à la notion de famille se présente plutôt comme monogame qui veillait au bien-être de la compagne, la fille, le petit-fils et même de la »belle-mère«.

Sa réputation provient essentiellement de rumeurs et des commentaires de Luther. Même si de courtes liaisons comme celle avec la cantatrice italienne à Halle ou avec la Magdebourgeoise Else Kotz sont plausibles, la plupart des histoires à son sujet sont du domaine de l'imagination. Ce n'étaient pas uniquement des auteurs protestants qui, le doigt levé, prêtaient des femmes à Albrecht, mais aussi des catholiques dont le récit semblait plutôt amusé.

MARKUS LEO MOCK

En 1506/07 l'archevêque Ernest de Magdebourg fit confectionner par Hans Baldung Grien deux retables pour la chapelle Maria-Magdalena de la Moritzburg à Halle. Le maître d'ouvrage laissa son empreinte à l'époque par un portrait sur les deux tableaux. Il fit exécuter les tableaux non seulement en raison de la Mort noire mais aussi d'une autre épidémie qui sévissait à l'époque. Les symptômes de la peste ressemblent à ceux de la syphilis qui était apparue pour la première fois en 1495 en Italie et qui s'était répandue en quelques années dans toute l'Europe. Le Prince ecclésiastique de Magdebourg s'était lui-même contaminé en 1503; en 1505 il croyait enfin être guéri de cette maladie. Compte-tenu de l'intercession de Sébastien, Ernest espérait non seulement être épargné de la peste mais aussi d'une nouvelle irruption de la syphilis. On interprète également dans le même sens les autres Saints représentés – Etienne, Christophe, Dorothée et Apollonie –, car on peut tous les mettre en rapport avec la syphilis et ses conséquences. L'archevêque Ernest était contaminé par »l'épidémie du plaisir« ce qui suffisait à démontrer qu'il avait des relations sexuelles. Il interdisait aux ecclésiastiques de son diocèse de vivre en »concubinage public« en les menaçant de punitions sévères. Et on ne peut pas non plus prouver qu'Ernest avait une concubine »officielle« comme c'est le cas pour son successeur Albrecht de Brandebourg, – le souverain semble lui avoir montré l'exemple. A l'époque il n'était pas inhabituel que les souverains princiers marient leurs maîtresses à des disciples. Il a pu en être de même pour l'archevêque Ernest: dans son testament de 1505 il légua des sommes d'argent uniquement à deux personnes, à savoir aux deux filles d'Ilse et Siegmund de Brandenstein, le capitaine de la résidence de l'archevêché à Halle. Chacune d'elles devait recevoir en cas de mariage 500 florins comme dot, tandis qu'on ne tint pas compte d'un fils né ultérieurement. En 1508 l'archevêque Ernest organisa pour l'une des deux sœurs un mariage luxueux à la Moritzburg et y invita de nombreux Princes et Comtes. Le souci inhabituel du bien-être de ces femmes laisse largement supposer qu'il s'agit de ses propres filles illégitimes – dont la mère était Ilse, sa concubine de l'époque qui épousa le capitaine ultérieurement.

IRIS RITSCHEL

Dans le premier quart du 16ème siècle on retrouva la trace du maître H. W. dans des œuvres signées d'exergues et d'autres nombreuses œuvres reconnues crédibles en Haute-Saxe. Ses commandes acheminées depuis la Basse-Saxe ou les contreforts du nord du Harz, passèrent d'abord par Halle où on retrouve ses activités pour le conseil de la ville et par des témoignages écrits. Ses formes d'expression artistiques souvent très obstinées et la prise de connaissance du concubinage à la cour d'Ernest vers 1500 incitèrent à le croire capable d'une description des maîtresses dans un contexte religieux.

Après une entrée en matière dans l'œuvre du maître à l'aide de quelques œuvres principales tout en mentionnant les difficultés de les interpréter, il s'agit d'examiner la prétendue description des maîtresses compte-tenu des traditions iconographiques et à l'aide du contexte sacral. En outre il s'agit de vérifier des suppositions analogues dans les œuvres de l'art saxon du premier quart du 16ème siècle en envisageant également leur compatibilité avec les faits historiques et en vue d'apporter un nouvel enrichissement. L'article se termine par des remarques sur la réalité historique où les relations librement choisies ne purent pas s'imposer.

BRIGITTE STUPLICH

Le dicton »Die vier trefliche menner sampt ander vilen, so durch frawen-lieb betrogen sind und noch betrogen werden«, qu'Hans Sachs écrivit et publia en 1534, passe pour être dans la recherche de l'histoire de l'art le témoin précoce du développement littéraire sur »le pouvoir féminin«. Des malentendus linguistiques et un point de mire centré sur les quatre premiers exemples indiqués dans le titre ont faussé la vue sur le texte. Toutefois Sachs présente encore un certain nombre d'autres exemples absolument ambivalents, dans lesquels les hommes apparaissent comme des victimes complaisantes, des séducteurs et des adultères, des sadiques mais aussi comme la part masculine d'un couple finissant tragiquement. Ils ont cependant une chose en commun, leur amour pour les femmes se présente comme »ardeur enflammée«. Leurs sentiments et leurs instincts non contrôlés en font des fous et les mettent finalement en perdition. L'auteur axe l'interprétation didactique de son dicton ci-dessus de sorte que son public soit mis en garde contre de telles suites de »unordentlichen lieb«. Dans les derniers vers il conseille – tout à fait dans l'esprit de Luther –, de ne pas prodiguer l'amour avant le mariage et de ne le vivre que dans ce cadre. Le sujet de »unordentlichen lieb« se retrouve comme un fil rouge dans l'œuvre d'Hans Sachs et devra être repris. Les figures exemplaires du dicton surtout dans la version de Sachs feront l'objet d'une analyse dans d'autres genres.

ANDREAS TACKE

Sur le tableau berlinois de Cranach »Albrecht de Brandebourg comme St-Erasme et Ste-Ursule« Ste-Ursule porte un collier inhabituel pour une Sainte. On peut y lire les lettres »O M • V I • A«, ce qui signifie »OMNIA VINCIT AMOR«, en français »Amor triomphe de tout« ou plus concrètement »l'amour triomphe de tout«. Ces mots proviennent d'une citation courante de Virgile, dont la seconde partie – qui si l'on observe le tableau donne sujet à réflexion – dit: »et nous voulons donner de l'espace à l'amour«. Cette invitation s'adresse au cardinal Albrecht de Brandebourg qui était le demandeur de ce petit tableau intime de sa maîtresse (chaque petit tableau mesure seulement 28 × 10 cm) à qui il fait une déclaration d'amour: »omnia vincit Amor et nos cedamus Amori«.

Sur le portrait, Albrecht donna à sa concubine le rôle de Ste-Ursule et se représenta lui-même comme St-Erasme sur le côté gauche.

On n'a pas élucidé jusqu'ici quel personnage historique correspond à Ursule. On peut seulement prouver par les sources l'existence d'Agnès Pless, la concubine d'Albrecht, qui autant que nous sachions, – succéda à ›Ste-Ursule‹.

NINA TRAUTH

L'analyse des diverses approches scientifiques de la maîtresse s'oriente à un exemple du 16ème siècle. L'article se divise en trois parties principales: les tableaux conservés des maîtresses (1.), la dénomination de l'objet de recherche (2.) ainsi que la discussion de la recherche (3.). Le corpus de la maîtresse à l'époque moderne précoce est limité et problématique. C'est pourquoi il est précieux d'élaborer des critères sur les effigies des maîtresses. Outre le corpus, il s'agit de discuter sur la dénomination de l'objet de recherche. Jusqu'ici on n'a pas tenu compte du fait que l'objet à analyser change selon la dénomination. Les courtisanes, les maîtresses et le concubinage ont des contextes divergents (nationaux) et impliquent des questions différentes dans la recherche. A première vue, le concubinage semble être un avantage pour décrire l'objet. Le concubinage désigne une relation extra-conjugale hétérosexuelle (ou homosexuelle). Par là même l'observation s'éloigne de la femme uniquement prise en considération étroite dans le contexte des maîtresses et courtisanes. Ainsi on peut se demander si cela procure de nouveaux stimulants pour de nouvelles recherches, permettant de »découvrir« des effigies masculines à côté des effigies féminines qui attirent davantage l'attention. La conclusion présente les indices jouant un rôle dans la catégorie »sexe«.

Le but est, à l'aide d'un exemple, de rassembler des recherches choisies sur l'histoire de l'art, l'histoire et les sexes afin de parvenir à des approches constructives et méthodiques en vue d'autres analyses systématiques sur le domaine des maîtresses.

JOHANNES TRIPPS

En raison d'une diplomatie secrète astucieuse le Conseil de Berne réussit en 1484/85 à imposer à la curie de Rome un chapitre collégial dans l'Eglise paroissiale St. Vincent, aujourd'hui cathédrale de Berne. Comme le Conseil avait droit d'intervention lors de la distribution des postes de chanoines, ceux-ci venaient principalement des familles bernoises les plus influentes. En conséquence ils présentaient bien, avaient de l'assurance et étaient en partie de grands mécènes qui vivaient librement en concubinage. Les femmes et les enfants étaient bien pourvus par les légations testamentaires. A la veille de la réformation, la collégiale devint cependant un forum intellectuel pour les idées de la réformation. Ce sont précisément les chanoines les plus jeunes qui n'étaient plus disposés à faire un exercice de ›haute voltige morale‹. Ils préférèrent se détourner de l'Eglise en faveur d'un mariage légal et renoncèrent à tous les bénéfices. La vague de mariage au sein de la collégiale en 1523-26 semble avoir paralysé en partie la vie de la collégiale, car les rapports du chapitre collégial manquent en partie alors que sinon le suivi des archives n'a pas de lacunes. Au cours de la réformation de 1528 le conseil supprima sans tambour ni trompette la collégiale qui avait été créée avec beaucoup de peine quarante ans auparavant.

ELLEN WIDDER

Dans le domaine de l'histoire de l'art, des lettres et de la musique la cour pré-moderne joue un rôle important comme objet d'analyse. Dans ce contexte les maîtresses sont des mécènes, elles représentent des objets de production artistique et prennent finalement une grande influence sur la volonté des souverains. Si l'on s'en réfère à la science historique, cette vision va changer de façon étonnante. Pendant la majeure partie du 20ème siècle les historiens portèrent surtout leur attention sur la cour du Moyen-Âge tardif et des temps modernes précoces qui était à l'époque un lieu d'administration. C'est seulement au cours des deux derniers siècles qu'une modification de paradigme a eu lieu faisant de la cour un système social, depuis elle est devenue l'objet de la recherche socio-historique. Plus récemment, comme les conseillers érudits, le personnel de la chancellerie, les bailleurs de fonds de la haute finance, la »bonne femme« ainsi que le souverain lui-même et sa dynastie, les concubines et leur progéniture illégitime à la cour sont aussi devenues centre d'intérêt. En ce qui concerne cette dernière catégorie, un certain nombre de problèmes s'ensuivirent du point de vue historique. Ils font l'objet de cet exposé. Ces problèmes touchent aussi bien le domaine consistant à discerner la personnalité des concubines et des progénitures illégitimes à la cour comme objets ›dignes d'être examinés‹ que le domaine de transmission des sources, des moyens méthodiques d'approche, des traditions de la recherche et des possibilités et limites des témoignages. L'analyse se concentre principalement sur l'Allemagne du Moyen-Âge tardif.

Autorinnen, Autoren und Herausgeber

Gabriele Baumbach (Hannover), geboren 1965 in Köln. 1985-92 Studium der Kunstgeschichte, Germanistik und Baugeschichte an der Rheinisch-Westfälisch Technischen Hochschule Aachen; 1988/89 Studium an der Universität Florenz; 1992 Magister mit der Arbeit »Die Schule Giottos und die Entwicklung des perspektivischen Raumes«. 1995/96 Wissenschaftliche Mitarbeiterin im Neuen Aachener Kunstverein; 1996-2001 Wissenschaftliche Mitarbeiterin im Fachgebiet Kunstwissenschaft an der Kunsthochschule der Universität/Gesamthochschule Kassel. Dissertationsvorhaben zum Thema »Herkules und Omphale. Ein außergewöhnliches Liebespaar in der Kunst des 15. bis 18. Jahrhunderts«. Seit 2000 Mitarbeiterin im Museumspädagogischen Dienst des Landesmuseums Hannover, Landesgalerie und seit 2004 Erwachsenenbildung, VHS Hannover.

Heiner Borggrefe (Lemgo), geboren 1957. Promoviert, wissenschaftlicher Kurator und stellvertretender Museumsdirektor am Weserrenaissance-Museum Schloß Brake, wo er mehrere international beachtete Sonderausstellungen initiierte; Autor zahlreicher Bücher und Beiträge zur Kunst und Kultur der Renaissance sowie Mitherausgeber mehrerer wissenschaftlicher Schriftenreihen. Publikationen unter anderem über Tizian, Hans Vredeman de Vries, Moritz von Hessen und über höfische Bildprogramme der Renaissance.

Paul-Joachim Heinig (Mainz), geboren 1950 in Lüdenscheid. Studium in Münster und Gießen, 1978 Promotion, 1993 Habilitation an der Universität Gießen, ebd. seit 1999 apl. Prof. für Mittelalterliche Geschichte und Historische Hilfswissenschaften. Lehrstuhlvertretungen an den Universitäten Bielefeld und Frankfurt a.M. Arbeitsstellen- und Projektleiter sowie Geschäftsführer und Sekretär der »Deutsche(n) Kommission für die Bearbeitung der Regesta Imperii e.V.« bei der Akademie der Wissenschaften und der Literatur, Mainz. Mitherausgeber der »Regesten Kaiser Friedrichs III. (1440-93) nach Archiven und Bibliotheken«.

Hanns Hubach (Zürich), geboren 1961 in Speyer. Ab 1983 Studium der Europäischen Kunstgeschichte, Germanistik, Soziologie und Pädagogik an der Universität Heidelberg und der Università degli Studi in Siena; 1994 Promotion. 1993-98 Assistent am Kunsthistorischen Institut in Heidelberg; 1998-2003 Forschungsstipendien des Center for Advanced Study in the Visual Arts (CASVA) der National Gallery of Art in Washington, D.C., und der Dr. Meyer-Struckmann-Stiftung in Essen; seit 2004 Assistent am Kunsthistorischen Institut der Universität Zürich.

Alexander Jendorff (Gießen), geboren 1970 in Frankfurt a.M. 1990-95 Studium der Geschichte und Altphilologie an den Universitäten Gießen, Leicester (GB) und der Humboldt-Universität zu Berlin; 1995-98 Stipendiat des Gießener Graduiertenkollegs »Mittelalterliche und neuzeitliche Staatlichkeit«; 1998 Dissertation zur Katholischen Reform und Konfessionalisierung im Erzstift Mainz 1514-1630. 1998-2000 Referendariat für das Lehramt an Gymnasien; Verleihung des Hubert-Jedin-Preises des Jahres 2000 der Gesellschaft zur Herausgabe des Corpus Catholicorum; seit 2000 Studienrat an der Goethe-Oberstufenschule Wetzlar.

Heiner Lück (Halle/Saale), geboren 1954 in Nauendorf (Saalkreis). 1975-79 Studium der Rechtswissenschaft an der Martin-Luther-Universität Halle-Wittenberg; 1979 Diplom-Jurist; 1983 Dr. iur.; 1988 Habilitation für Rechtsgeschichte in Halle; 1993 Habilitation für Bürgerliches Recht in Gießen; 1993 Rufe an die Universitäten Greifswald und Halle-Wittenberg; 1994 Professor für Bürgerliches Recht, Europäische, Deutsche und Sächsische Rechtsgeschichte in Halle-Wittenberg; 1999 Ruf an die Universität Passau (abgelehnt). Ordentliches Mitglied der Sächsischen Akademie der Wissenschaften zu Leipzig, Sekretär ihrer Philologisch-historischen Klasse; stellv. Vorsitzender der »Wissenschaftlichen Kommission für Akademienvorhaben« der Union der deutschen Akademien der Wissenschaften; Mitglied der Historischen Kommission für Sachsen, der Historischen Kommission für Sachsen-Anhalt, der Vereinigung für Verfassungsgeschichte sowie der Wissenschaftlichen Vereinigung für Familienrecht; stellv. Richter am Landesverfassungsgericht Sachsen-Anhalt; 2006 Veranstalter des 36. Deutschen Rechtshistorikertages in Halle.

Vera Mamerow (Bamberg), geboren 1977. Studium der Kunstgeschichte, Klassischen Archäologie sowie Ur- und Frühgeschichte an der Ruhr-Universität Bochum, 2005 Magistra Artium; 1999-2001 freie Mitarbeit im museumspädagogischen Programm des Westfälischen Freilichtmuseums Hagen und Teilnahme an vier Grabungskampagnen in Haltern/Westf.; seit 2006 Promotionsprojekt.

Kerstin Merkel (Nassenfels), geboren 1962 in Mainz. Studium der Kunstgeschichte, Archäologie und Ägyptologie in Mainz; 1989 Promotion in Mainz. 1990-99 wissenschaftliche Assistentin an der Universität in Kassel. 2003 Habilitation über das Grabdenkmal des Kardinals Albrecht von Brandenburg ebendort. Lehraufträge an der Katholischen Universität Eichstätt. Die Forschungsschwerpunkte sind die Frühe Neuzeit, die Antikenrezeption sowie Memoria und Mentalitätsgeschichte.

Markus Leo Mock (Berlin), geboren 1971 in Bad Neustadt a.d. Saale. 1993-2001 Studium der Kunstgeschichte, der Mittelalterlichen und Neueren Geschichte in Bamberg und der Technischen Universität Berlin. 2001 Magister (»Bürgerliche Stiftung und Repräsentation: Die Annenkapelle in Görlitz«); 2005 Promotion (»Kunst unter Erzbischof Ernst von Magdeburg [1464-1513]«). Freier Mitarbeiter beim Corpus Vitrearum Medii Aevi, Potsdam.

Iris Ritschel (Leipzig). Studium der Kunstgeschichte und klassischen Archäologie in Leipzig; anschließend Forschungsstudium an der Universität Leipzig und damit verbundene Lehrtätigkeit; danach Stipendiatin am Zentralinstitut für Kunstgeschichte in München und wissenschaftliche Mitarbeiterin im Projekt »Maltechnische Untersuchungen an Tafelgemälden von Lucas Cranach d. Ä. und seiner Zeit« des Bundesministeriums für Forschung und Technologie im Forschungszentrum Rossendorf (bei Dresden); 2002 Promotion an der Universität Leipzig mit dem Dissertationsthema: »Sakrale Tafelmalerei im ehemaligen Bistum Merseburg zwischen 1470 und 1520 unter Ausschluß der Werke von Lucas Cranach, seiner Werkstatt und seinem Kreis«; freiberufliche Kunsthistorikerin mit den Arbeitsschwerpunkten sächsische Malerei und Skulptur vom Mittelalter bis zum Barock.

Brigitte Stuplich (Trier), geboren 1952 in Koblenz. Studium in Bonn und Trier der Fächer Germanistik und Geschichte; Magister im Fach Germanistik an der Universität Trier; Promotion 1991 mit einer Arbeit zur Dramentechnik des Hans Sachs; seit 1992 Wissenschaftliche Mitarbeiterin an der Universität Trier im Fachteil Ältere Deutsche Philologie (mittelalterliche Literatur mit einem Schwerpunkt in der Frühen Neuzeit).

Andreas Tacke (Trier), geboren 1954 in Blankenstein (Ruhr). Nach dem Studium der Architektur an der FH Münster (Dipl. Ing.) und TU Berlin (Dr.-Ing.) sowie Berufstätigkeit als Architekt Studium der Kunstgeschichte, Soziologie und Philosophie an den Universitäten in Bonn, Münster und Berlin mit längeren Aufenthalten in Italien, vorwiegend Rom; Magister Artium an der FU Berlin, Dr. phil. an der TU Berlin. Anschließend, finanziert durch die Paul-Getty-Stiftung (USA), als Mitarbeiter des Germanischen Nationalmuseums in Nürnberg mit Bearbeitung und Publikation des Bestandskataloges der Barockgemälde betraut. Danach als Hochschulassistent, später akademischer Rat, an der Universität Augsburg und Habilitation in Kunstwissenschaften (2000) an der TU Berlin. Vertretungs- und Gastprofessuren in Kassel, Jena, Kiel, Marburg, Heidelberg, Graz und Trier. 2004 Ruf auf den Lehrstuhl für Kunstgeschichte der Universität Trier (Rheinland-Pfalz). – Forschungsschwerpunkt ist die deutsche Kunst- und Kulturgeschichte mit ihren europäischen und außereuropäischen Implikationen sowie Wissenschaftsgeschichte der Frühen Neuzeit und Neuzeit. Im Entstehen ist ein Projekt zur Sozialgeschichte des Künstlers (bis um 1800).

Nina Trauth (Mannheim), geboren 1975 in Kandel. Ab 1994 Studium der Europäischen Kunstgeschichte, Neueren Literaturwissenschaft und Klassischen Archäologie an den Universitäten Heidelberg, Karlsruhe, Wien, Basel und Trier. 2000-03 Stipendiatin im Rahmen des Trierer Graduiertenkollegs »Identität und Differenz. Geschlechterkonstruktion und Interkulturalität 18.-20. Jahrhundert« und 2003/04 wissenschaftliche Mitarbeiterin an der Universität Trier. 2005 Promotion zum Thema »Maske und Person: Orientalisierende Inszenierungen im Porträt des Barock«. Seit 2006 Volontärin an der Staatlichen Kunsthalle Karlsruhe.

Johnnes Tripps (Florenz), geboren 1962 in Heilbronn. Studium der Kunstgeschichte, Klassischen Archäologie, Mittlerer und Neuerer Geschichte; 1988 Promotion an der Universität Heidelberg über »Andrea Bonaiuti, Pisaner Fresken, Tafel- und Glasmalerei«; anschließend ebendort Assistent am Kunsthistorischen Institut und am Kunsthistorischen Institut in Florenz; 1996 Habilitation über »Das handelnde Bildwerk in der Gotik, Forschungen zu den Bedeutungsschichten und der Funktion des Kirchengebäudes und seiner Ausstattung in der Hoch- und Spätgotik«; anschließend Heisenberg-Stipendiat der Deutschen Forschungsgemeinschaft, dann Konservator und Vizedirektor am Historischen Museum Bern/Stiftung Schloß Oberhofen. Seit Anno accademico 2003/04 Professur für Storia Comparata dell'Arte Europea an der Università degli Studi in Florenz.

Ellen Widder (Tübingen), geboren 1955 in Duisburg. Studium der Geschichte, Geographie, Pädagogik und Kunstgeschichte an der Universität Münster; 1. Staatsexamen 1982 für das Lehramt an Gymnasien; 1986 Promotion in Mittelalterlicher Geschichte; 1996 Habilitation an der Universität Münster, Lehrbefugnis für Mittelalterliche Geschichte, Vergleichende Landesgeschichte und Historische Hilfswissenschaften; nach Lehrstuhlvertretungen an der Universität Regensburg, der Humboldt-Universität Berlin und der Universität Tübingen seit Herbst 1997 Professorin für mittelalterliche Geschichte an der Universität Tübingen; 2002 Gastprofessorin an der Universität Aix-en-Provence; seit 2003 Programmbeauftragte des Integrierten Deutsch-Französischen Studiengangs Geschichte Tübingen – Aix-en-Provence; Korrespondierendes Mitglied der Historischen Kommission für Westfalen; Kuratoriumsmitglied des Instituts für vergleichende Städtegeschichte, Münster; Mitglied des Alemannischen Instituts, Freiburg; Beiratsmitglied des Arbeitskreises für südwestdeutsche Stadtgeschichtsforschung.

Redaktion: Dr. Christiane Häslein, Trier

Bibliografische Information der Deutschen Nationalbibliothek

Die Deutsche Nationalbibliothek verzeichnet diese Publikation in der Deutschen Nationalbibliografie; detaillierte bibliografische Daten sind im Internet über http://dnb.d-nb.de abrufbar.

www.wallstein-verlag.de
Vom Verlag gesetzt aus der Adobe Garamond
Umschlaggestaltung: Susanne Gerhards, Düsseldorf,
unter Verwendung zweier Gemälde der Cranach-Werkstatt (siehe auch Frontispiz)
Druck: Hubert & Co, Göttingen

ISBN-13: 978-3-8353-0052-1
ISBN-10: 3-8353-0052-0